# 2012

# CHINA POPULATION AND EMPLOYMENT STATISTICS YEARBOOK

国家统计局人口和就业统计司　编

COMPILED BY
Department of Population and Employment Statistics
National Bureau of Statistics of China

# 中国人口和就业统计年鉴

蒋正华题

中国统计出版社
China Statistics Press

图书在版编目（CIP）数据

中国人口和就业统计年鉴. 2012 / 国家统计局人口和就业统计司编. -- 北京 : 中国统计出版社, 2013.1
ISBN 978-7-5037-6773-9

Ⅰ. ①中… Ⅱ. ①国… Ⅲ. ①人口调查－统计资料－中国－2012－年鉴②就业－统计资料－中国－2012－年鉴 Ⅳ. ①C924.25-54②D669.2-54

中国版本图书馆 CIP 数据核字（2013）第 008951 号

中国人口和就业统计年鉴—2012

作　　者 / 国家统计局人口和就业统计司
责任编辑 / 徐　涛
封面设计 / 杨　超　李雪燕
出版发行 / 中国统计出版社
通信地址 / 北京市丰台区西三环南路甲 6 号　邮政编码/100073
电　　话 / 邮购（010）63376909　书店（010）68783171
网　　址 / http://csp.stats.gov.cn
印　　刷 / 河北天普润印刷厂
经　　销 / 新华书店
开　　本 / 890×1240mm　1/16
字　　数 / 760 千字
印　　张 / 23.75
版　　别 / 2013 年 2 月第 1 版
版　　次 / 2013 年 2 月第 1 次印刷
定　　价 / 280.00 元

本书附同版本 CD-ROM 一张，光盘内容以书面文字为准。
如有印装差错，由本社发行部调换。

# 《中国人口和就业统计年鉴—2012》编委会和编辑工作人员

# CHINA POPULATION AND EMPLOYMENT STATISTICS YEARBOOK-2012 EDITORIAL BOARD AND STAFF

# 编辑说明

一、《中国人口和就业统计年鉴—2012》是一部以全面反映我国人口和就业状况为主的资料性年刊，收集了全国和各省、自治区、直辖市人口就业统计的主要数据，同时附录了世界部分国家和地区的相关数据。

二、本年鉴由国家统计局人口和就业统计司负责编辑整理，并得到公安部治安管理局、国家人口和计划生育委员会发展规划与信息司等单位的大力支持和协助。

三、本年鉴内容分为八部分：（一）综合数据；（二）2011 年全国人口变动情况抽样调查数据；（三）2011 年劳动力抽样调查主要数据；（四）2011 年城镇单位就业人员统计数据；（五）2011 年全国户籍统计人口数据；（六）2011 年全国计划生育统计人口数据；（七）世界部分国家及地区人口和就业统计数据；（八）2011 年人口变动和劳动力调查制度说明及主要统计指标解释。

四、2011 年全国人口变动调查的调查时点为 2011 年 11 月 1 日零时。该调查以全国为总体，以各省、自治区、直辖市为次总体，采用分层、多阶段、整群概率比例抽样方法，在全国 31 个省、自治区、直辖市抽取了 2133 个县(市、区)、4420 个乡(镇、街道)、4828 个调查小区中的 115 万人。经加权后汇总，2011 年全国人口出生率为 11.93‰，死亡率为 7.14‰，自然增长率为 4.79‰。按此推算，2011 年末全国总人口为 134735 万人，出生人口为 1604 万人，死亡人口为 960 万人，净增人口为 644 万人。本年鉴第二部分除表 2-1、表 2-2 外，其余各表中的绝对数为样本数，全国抽样比为 0.850‰。

五、本年鉴中收集的 2011 年全国人口变动情况抽样调查数据（第二部分）和 2011 年全国户籍统计人口数据（第五部分），统计方法和口径不同，请用户在使用时加以注意。

六、本年鉴涉及的全国性统计数据，均未包括香港、澳门特别行政区和台湾省数据。

七、符号使用说明：

年鉴各表中的“空格”表示该项统计指标数据不足本表最小单位数、数据不详或无该项数据；“#”表示其中的主要项。

八、本年鉴在资料的整理和编排方面难免存在不足和疏误，敬请用户指正。

# PREFACE

Ⅰ. *China Population and Employment Statistics Yearbook 2012* is an annual statistical publication, which contains data on basic condition of population and employment in 2011 as well as for the previous years for the whole nation and 31 provinces, autonomous regions and municipalities directly under the Central Government. It also includes the relevant data of some other countries and territories in the world.

Ⅱ. The yearbook is compiled by the Department of Population and Employment Statistics of the National Bureau of Statistics of China, and assisted by the Public Order Bureau of the Ministry of Public Security and the Department of Development and Planning of the National Population and Family Planning Commission of China.

Ⅲ. The yearbook contains the following eight chapters: 1.General Survey; 2.Data from 2011 National Sample Survey on Population Changes; 3.Main Data from 2011 Labor Force Survey; 4. Data from Statistics on Employment in Urban Units in 2011; 5.Data from Household Registration in 2011; 6.Data from Family Planning Statistics in 2011; 7.Population and Employment Data of Selected Countries and Territories of the World; 8.Explanatory Notes on Main Statistical Indicators.

Ⅳ. The reference time of 2011 National Sample Survey on Population Changes and Labor Force was at zero hour on November 1 in 2011. The sample survey adopted multi-stage systematic PPES cluster sampling scheme, taking the whole nation as the population and each province, autonomous region or municipality as sub-population. A total of 1.15 million people were selected from 4828 survey districts in 4420 townships (towns or street committees) in 2133 counties (cities or districts) of the 31 provinces, autonomous regions and municipalities. The weighted estimation procedure suggested that the birth rate was 11.93 per thousand, the death rate was 7.14 per thousand and the natural growth rate was 4.79 per thousand for China in 2011. Based on these rates, it was further estimated that China had a total population of 1347.35 million at the end of 2011, with 16.04 million births, 9.6 million deaths and a net increase of 6.44 million people during the year. Except table 2-1 and table 2-2, the rest of tabulations in Chapter Two were sample data. The sampling fraction for the nation was 0.850 per thousand.

Ⅴ. The population data of Chapter Two in the yearbook are from 2011 National Sample Survey on Population Changes, and those of Chapter Five are from the household registration, which use different definitions and data collection methods. Users should notice that the data under the same or similar heading in these two chapters may be different.

Ⅵ. The national data in the yearbook do not include that of Hong Kong Special Administrative Region, Macao Special Administrative Region and Taiwan Province.

Ⅶ. Notations used in the yearbook:

(blank space) indicates that the figure is not large enough to be measured with the smallest unit in the table, or data are unknown or are not available; "#" indicates a major breakdown of the total.

Ⅷ. We welcome comments and suggestions from users with regard to deficiencies and mistakes in data editing and compilation.

# 目　　录
# CONTENTS

## 第一部分　综合数据
## Chapter One: General Survey


1-1　各地区人口数 ······ 2
Total Population by Region
1-2　按性别分人口数 ······ 4
Population by Sex
1-3　人口年龄结构和抚养比 ······ 5
Age Composition and Dependency Ratio of Population
1-4　按城乡分人口数 ······ 6
Population by Urban and Rural Residence
1-5　人口出生率、死亡率和自然增长率 ······ 7
Birth Rate, Death Rate and Natural Growth Rate of Population
1-6　各地区人口出生率、死亡率和自然增长率 ······ 8
Birth Rate, Death Rate and Natural Growth Rate of Population by Region
1-7　六次全国人口普查人口基本情况 ······ 15
Basic Statistics on National Population Census in 1953, 1964, 1982, 1990, 2000 and 2010
1-8　各地区人口平均预期寿命 ······ 16
Population Life Expectancy by Region
1-9　全国历年人口密度 ······ 17
Population Density
1-10　全国劳动统计主要指标 ······ 18
Main Indicators of National Labor Statistics
1-11　分城乡就业人员年末人数 ······ 19
Number of Employed Persons at Year-end in Urban and Rural Areas
1-12　分产业就业人员年末人数 ······ 21
Number of Employed Persons at Year-end by Three Strata Industries
1-13　城镇登记失业人数及失业率(年末数) ······ 23
Registered Unemployed Persons and Registered Unemployment Rate in Urban Areas (year-end)
1-14　分地区城镇登记失业人员数(年末数) ······ 24
Registered Unemployed Persons in Urban Areas by Region (year-end)
1-15　分地区城镇登记失业率(年末数) ······ 25
Registered Unemployment Rate in Urban Areas by Region (year-end)
1-16　分行业城镇单位就业人员年末人数 ······ 26
Employed Persons at Year-end in Urban Units by Sector

1-17 分登记注册类型城镇单位就业人员年末人数 …… 27
Employed Persons at Year-end in Urban Units by Registration Status
1-18 分行业城镇单位女性就业人员年末人数 …… 27
Female Employed Persons at Year-end in Urban Units by Sector
1-19 分登记注册类型城镇单位女性就业人员年末人数 …… 28
Female Employed Persons at Year-end in Urban Units by Registration Status
1-20 分登记注册类型城镇单位就业人员平均工资及指数 …… 28
Average Wage of Employed Persons in Urban Units and Related Indices by Status of Registration
1-21 分登记注册类型城镇单位就业人员平均实际工资指数 …… 29
Average Real Wage Indices of Employed Persons in Urban Units by Status of Registration
1-22 分行业城镇单位就业人员平均工资 …… 30
Average Wage of Employed Persons in Urban Units by Sector
1-23 分地区城镇单位就业人员平均工资 …… 31
Average Wage of Employed Persons in Urban Units by Region
1-24 国内生产总值及构成 …… 32
Gross Domestic Product and Its Composition
1-25 国内生产总值指数 …… 33
Indices of Gross Domestic Product

**第二部分 2011 年全国人口变动情况抽样调查数据**

**Chapter Two: Data from 2011 National Sample Survey on Population Changes**

2-1 各地区人口数及人口自然变动情况 …… 36
Total Population and Natural Changes by Region
2-2 各地区人口的城乡构成 …… 37
Population by Urban and Rural Residence and Region
2-3 全国分年龄、性别的人口数 …… 38
Population by Age and Sex
2-4 全国城市分年龄、性别的人口数 …… 41
City Population by Age and Sex
2-5 全国镇分年龄、性别的人口数 …… 44
Town Population by Age and Sex
2-6 全国乡村分年龄、性别的人口数 …… 47
Rural Population by Age and Sex
2-7 各地区人口年龄构成和抚养比 …… 50
Age Composition and Dependency Ratio of Population by Region
2-8 各地区城市人口年龄构成和抚养比 …… 51
Age Composition and Dependency Ratio of City Population by Region
2-9 各地区镇人口年龄构成和抚养比 …… 52
Age Composition and Dependency Ratio of Town Population by Region
2-10 各地区乡村人口年龄构成和抚养比 …… 53
Age Composition and Dependency Ratio of Rural Population by Region
2-11 各地区户数、人口数、性别比和平均家庭户规模 …… 54
Households, Population, Sex Ratio and Household Size by Region

2-12 各地区城市户数、人口数、性别比和平均家庭户规模 56
Households, Population, Sex Ratio and Household Size of Cities by Region
2-13 各地区镇的户数、人口数、性别比和平均家庭户规模 58
Households, Population, Sex Ratio and Household Size of Towns by Region
2-14 各地区乡村户数、人口数、性别比和平均家庭户规模 60
Households, Population, Sex Ratio and Household Size of Rural Areas by Region
2-15 各地区按家庭户规模分的户数 62
Family Households by Size and Region
2-16 各地区城市按家庭户规模分的户数 63
Family Households of Cities by Size and Region
2-17 各地区镇按家庭户规模分的户数 64
Family Households of Towns by Size and Region
2-18 各地区乡村按家庭户规模分的户数 65
Family Households of Rural Areas by Size and Region
2-19 各地区家庭户类别 66
Family Households by Type and Region
2-20 各地区城市家庭户类别 67
Family Households of Cities by Type and Region
2-21 各地区镇家庭户类别 68
Family Households of Towns by Type and Region
2-22 各地区乡村家庭户类别 69
Family Households of Rural Areas by Type and Region
2-23 全国家庭户人数和户主的年龄、性别构成 70
Population of Family Households, Age and Sex Composition of the Household Head
2-24 各地区分性别、受教育程度的人口 72
Population by Sex, Educational Attainment and Region
2-25 各地区城市分性别、受教育程度的人口 74
City Population by Sex, Educational Attainment and Region
2-26 各地区镇分性别、受教育程度的人口 76
Town Population by Sex, Educational Attainment and Region
2-27 各地区乡村分性别、受教育程度的人口 78
Rural Population by Sex, Educational Attainment and Region
2-28 各地区分性别的 15 岁及以上文盲人口 80
Illiterate Population Aged 15 and Over by Sex and Region
2-29 各地区城市分性别的 15 岁及以上文盲人口 81
City Illiterate Population Aged 15 and Over by Sex and Region
2-30 各地区镇分性别的 15 岁及以上文盲人口 82
Town Illiterate Population Aged 15 and Over by Sex and Region
2-31 各地区乡村分性别的 15 岁及以上文盲人口 83
Rural Illiterate Population Aged 15 and Over by Sex and Region
2-32 全国 15 岁及以上人口分年龄、性别的婚姻状况 84
Population Aged 15 and Over by Age, Sex and Marital Status
2-33 全国城市 15 岁及以上人口分年龄、性别的婚姻状况 88
City Population Aged 15 and Over by Age, Sex and Marital Status

2-34 全国镇 15 岁及以上人口分年龄、性别的婚姻状况 ······ 92
Town Population Aged 15 and Over by Age, Sex and Marital Status
2-35 全国乡村 15 岁及以上人口分年龄、性别的婚姻状况 ······ 96
Rural Population Aged 15 and Over by Age, Sex and Marital Status
2-36 各地区分性别、婚姻状况的人口 ······ 100
Population by Sex, Marital Status and Region
2-37 各地区城市分性别、婚姻状况的人口 ······ 102
City Population by Sex, Marital Status and Region
2-38 各地区镇分性别、婚姻状况的人口 ······ 104
Town Population by Sex, Marital Status and Region
2-39 各地区农村分性别、婚姻状况的人口 ······ 106
Rural Population by Sex, Marital Status and Region
2-40 全国育龄妇女分年龄、孩次的生育状况(2010 年 11 月 1 日至 2011 年 10 月 31 日) ······ 108
Age-specific Fertility Rate of Women at Childbearing Ages by Age of Mother and Birth Order (2010.11.1-2011.10.31)
2-41 全国城市育龄妇女分年龄、孩次的生育状况(2010 年 11 月 1 日至 2011 年 10 月 31 日) ······ 109
Age-specific Fertility Rate of City Women at Childbearing Ages by Age of Mother and Birth Order (2010.11.1-2011.10.31)
2-42 全国镇育龄妇女分年龄、孩次的生育状况(2010 年 11 月 1 日至 2011 年 10 月 31 日) ······ 110
Age-specific Fertility Rate of Town Women at Childbearing Ages by Age of Mother and Birth Order (2010.11.1-2011.10.31)
2-43 全国乡村育龄妇女分年龄、孩次的生育状况(2010 年 11 月 1 日至 2011 年 10 月 31 日) ······ 111
Age-specific Fertility Rate of Rural Women at Childbearing Ages by Age of Mother and Birth Order (2010.11.1-2011.10.31)
2-44 全国分年龄、性别的死亡人口状况(2010 年 11 月 1 日至 2011 年 10 月 31 日) ······ 112
Status of Deaths by Age and Sex (2010.11.1-2011.10.31)
2-45 全国城市分年龄、性别的死亡人口状况(2010 年 11 月 1 日至 2011 年 10 月 31 日) ······ 115
Status of City Deaths by Age and Sex (2010.11.1-2011.10.31)
2-46 全国镇分年龄、性别的死亡人口状况(2010 年 11 月 1 日至 2011 年 10 月 31 日) ······ 118
Status of Town Deaths by Age and Sex (2010.11.1-2011.10.31)
2-47 全国乡村分年龄、性别的死亡人口状况(2010 年 11 月 1 日至 2011 年 10 月 31 日) ······ 121
Status of Rural Deaths by Age and Sex (2010.11.1-2011.10.31)
2-48 各地区分性别的各种户口状况人口 ······ 124
Population by Sex, Household Registration Status and Region
2-49 各地区城市分性别的各种户口状况人口 ······ 126
City Population by Sex, Household Registration Status and Region
2-50 各地区镇分性别的各种户口状况人口 ······ 128
Town Population by Sex, Household Registration Status and Region
2-51 各地区乡村分性别的各种户口状况人口 ······ 130
Rural Population by Sex, Household Registration Status and Region
2-52 各地区 60 岁及以上分性别、健康状况的人口 ······ 132
Population Aged 60 and Over by Sex, Health Status and Region
2-53 各地区城市 60 岁及以上分性别、健康状况的人口 ······ 134
City Population Aged 60 and Over by Sex, Health Status and Region

2-54 各地区镇 60 岁及以上分性别、健康状况的人口 …… 136
Town Population Aged 60 and Over by Sex, Health Status and Region
2-55 各地区乡村 60 岁及以上分性别、健康状况的人口 …… 138
Rural Population Aged 60 and Over by Sex, Health Status and Region
2-56 全国 60 岁及以上分年龄、性别、健康状况的人口 …… 140
Population Aged 60 and Over by Age, Sex and Health Status
2-57 全国城市 60 岁及以上分年龄、性别、健康状况的人口 …… 142
City Population Aged 60 and Over by Age, Sex and Health Status
2-58 全国镇 60 岁及以上分年龄、性别、健康状况的人口 …… 144
Town Population Aged 60 and Over by Age, Sex and Health Status
2-59 全国乡村 60 岁及以上分年龄、性别、健康状况的人口 …… 146
Rural Population Aged 60 and Over by Age, Sex and Health Status

## 第三部分　2011 年劳动力抽样调查主要数据

## Chapter Three: Main Data from 2011 Labor Force Survey

3-1 分地区全国就业人员受教育程度构成 …… 150
Educational Attainment of Employed Persons by Region
3-2 分地区全国男性就业人员受教育程度构成 …… 151
Educational Attainment of Male Employed Persons by Region
3-3 分地区全国女性就业人员受教育程度构成 …… 152
Educational Attainment of Female Employed Persons by Region
3-4 按年龄、性别分的全国就业人员受教育程度构成 …… 153
Educational Attainment of Employed Persons by Age and Sex
3-5 按受教育程度、性别分的全国就业人员年龄构成 …… 154
Age Composition of Employed Persons by Educational Attainment and Sex
3-6 按行业、性别分的全国就业人员受教育程度构成 …… 155
Educational Attainment of Employed Persons by Sector and Sex
3-7 按职业、性别分的全国就业人员受教育程度构成 …… 158
Educational Attainment of Employed Persons by Occupation and Sex
3-8 按受教育程度、性别分的全国就业人员职业构成 …… 159
Occupation of Employed Persons by Educational Attainment and Sex
3-9 按年龄、性别分的全国就业人员就业身份构成 …… 160
Employment Status of Employed Persons by Age and Sex
3-10 按就业身份、性别分的全国就业人员年龄构成 …… 161
Age Composition of Employed Persons by Employment Status and Sex
3-11 按受教育程度、性别分的全国就业人员就业身份构成 …… 162
Employment Status of Employed Persons by Educational Attainment and Sex
3-12 按就业身份、性别分的全国就业人员受教育程度构成 …… 163
Educational Attainment of Employed Persons by Employment Status and Sex
3-13 按年龄、性别分的城镇就业人员就业身份构成 …… 164
Employment Status of Urban Employed Persons by Age and Sex
3-14 按就业身份、性别分的城镇就业人员年龄构成 …… 165
Age Composition of Urban Employed Persons by Employment Status and Sex

3-15 按受教育程度、性别分的城镇就业人员就业身份构成 166
Employment Status of Urban Employed Persons by Educational Attainment and Sex
3-16 按就业身份、性别分的城镇就业人员受教育程度构成 167
Educational Attainment of Urban Employed Persons by Employment Status and Sex
3-17 按年龄、性别分的城镇就业人员行业构成 168
Urban Employed Persons by Age, Sex and Sector
3-18 按行业、性别分的城镇就业人员年龄构成 171
Age Composition of Urban Employed Persons by Sector and Sex
3-19 按受教育程度、性别分的城镇就业人员行业构成 174
Urban Employed Persons by Sex, Educational Attainment and Sector
3-20 按行业、性别分的城镇就业人员受教育程度构成 177
Educational Attainment of Urban Employed Persons by Sector and Sex
3-21 按年龄、性别分的城镇就业人员职业构成 180
Occupation of Urban Employed Persons by Age and Sex
3-22 按职业、性别分的城镇就业人员年龄构成 181
Age Composition of Urban Employed Persons by Occupation and Sex
3-23 按受教育程度、性别分的城镇就业人员职业构成 182
Occupation of Urban Employed Persons by Educational Attainment and Sex
3-24 按职业、性别分的城镇就业人员受教育程度构成 183
Educational Attainment of Urban Employed Persons by Occupation and Sex
3-25 城镇就业人员调查周平均工作时间 184
Weekly Working Hours of Urban Employed Persons
3-26 城镇男性就业人员调查周平均工作时间 185
Weekly Working Hours of Urban Male Employed Persons
3-27 城镇女性就业人员调查周平均工作时间 186
Weekly Working Hours of Urban Female Employed Persons
3-28 按年龄、性别分的城镇就业人员工作时间构成 187
Working Hours of Urban Employed Persons by Age and Sex
3-29 按受教育程度、性别分的城镇就业人员工作时间构成 188
Working Hours of Urban Employed Persons by Educational Attainment and Sex
3-30 按户口性质、性别分的城镇就业人员工作时间构成 189
Working Hours of Urban Employed Persons by Household Registration and Sex
3-31 按就业身份、性别分的城镇就业人员工作时间构成 189
Working Hours of Urban Employed Persons by Employment Status and Sex
3-32 按行业、性别分的城镇就业人员工作时间构成 190
Working Hours of Urban Employed Persons by Sector and Sex
3-33 按职业、性别分的城镇就业人员工作时间构成 194
Working Hours of Urban Employed Persons by Occupation and Sex
3-34 按年龄、性别分的城镇失业人员失业原因构成 195
Reason for Unemployment of Urban Unemployed Persons by Age and Sex
3-35 按失业原因、性别分的城镇失业人员年龄构成 196
Age Composition of Urban Unemployed Persons by Reason and Sex
3-36 按受教育程度、性别分的城镇失业人员失业原因构成 197
Reason for Unemployment of Urban Unemployed Persons by Educational Attainment and Sex

3-37 按失业原因、性别分的城镇失业人员受教育程度构成 ······ 198
Educational Attainment of Urban Unemployed Persons by Reason and Sex
3-38 按年龄、性别分的城镇失业人员受教育程度构成 ······ 199
Educational Attainment of Urban Unemployed Persons by Age and Sex
3-39 按受教育程度、性别分的城镇失业人员年龄构成 ······ 200
Age Composition of Urban Unemployed Persons by Educational Attainment and Sex
3-40 按年龄、性别分的城镇失业人员寻找工作方式构成 ······ 201
Method of Job-seeking of Urban Unemployed Persons by Age and Sex
3-41 按受教育程度、性别分的城镇失业人员寻找工作方式构成 ······ 202
Method of Job-seeking of Urban Unemployed Persons by Educational Attainment and Sex
3-42 按年龄、性别分的城镇失业人员失业前的行业构成 ······ 203
Sector of Urban Unemployed Persons (Prior to Unemployment) by Age and Sex
3-43 按受教育程度、性别分的城镇失业人员失业前的行业构成 ······ 206
Sector of Urban Unemployed Persons (Prior to Unemployment) by Educational Attainment and Sex
3-44 按年龄、性别分的城镇失业人员失业前的职业构成 ······ 209
Occupation of Urban Unemployed Persons (Prior to Unemployment) by Age and Sex
3-45 按受教育程度、性别分的城镇失业人员失业前的职业构成 ······ 210
Occupation of Urban Unemployed Persons (Prior to Unemployment) by Educational Attainment and Sex
3-46 按受教育程度、性别分的城镇失业人员未工作时间构成 ······ 211
Unemployment Duration of Urban Unemployed Persons by Educational Attainment and Sex
3-47 按年龄、性别分的城镇失业人员未工作时间构成 ······ 212
Unemployment Duration of Urban Unemployed Persons by Age and Sex

## 第四部分 2011 年城镇单位就业人员统计数据

## Chapter Four: Data from Statistics on Employment in Urban Units in 2011

4-1 各地区分行业国有单位就业人员数 ······ 215
Employed Persons in State-owned Units by Sector and Region
4-2 各地区分行业城镇集体单位就业人员数 ······ 235
Employed Persons in Urban Collective-owned Units by Sector and Region
4-3 各地区分行业其他单位就业人员数 ······ 254
Employed Persons in Units of Other Types of Ownership by Sector and Region

## 第五部分 2011 年全国户籍统计人口数据

## Chapter Five: Data from Household Registration in 2011

5-1 各地区总户数、总人口 ······ 277
Households and Population by Region
5-2 各地区市总户数、总人口 ······ 278
Households and Population in Cities by Region
5-3 各地区县总户数、总人口 ······ 279
Households and Population in Counties by Region
5-4 各地区镇总户数、总人口 ······ 280

Households and Population in Towns by Region
5-5 各地区非农业、农业人口 281
Non-agricultural and Agricultural Population by Region
5-6 各地区市非农业、农业人口 282
Non-agricultural and Agricultural Population in Cities by Region
5-7 各地区县非农业、农业人口 283
Non-agricultural and Agricultural Population in Counties by Region
5-8 各地区镇非农业、农业人口 284
Non-agricultural and Agricultural Population in Towns by Region
5-9 按总人口排序的市及人口数 285
Cities and Population by Size of Total Population
5-10 按非农业人口排序的市及人口数 293
Cities and Population by Size of Non-agricultural Population

## 第六部分 2011 年全国计划生育统计人口数据

## Chapter Six: Data from Family Planning Statistics in 2011

6-1 各地区分孩次计划生育率与上年同期比较 303
Family Planning Rate Compared with That of Last Year by Birth Order and Region
6-2 各地区已婚育龄妇女领证情况及避孕率与上年同期比较 304
Married Women at Childbearing Ages with One-child Certificate and Contraception Rate Compared with That of Last Year by Region
6-3 各地区采用各种节育措施人数 305
Contraception User by Method and Region
6-4 各地区采用各种节育措施人数与上年同期比较 306
Contraception User Compared with That of Last Year by Method and Region
6-5 各地区采取各种避孕措施分布 307
Distribution of Contraception Method by Region
6-6 各地区采取各种避孕措施分布与上年同期对比 308
Distribution of Contraception Method Compared with That of Last Year by Region
6-7 各地区实施各种节育手术的例数 309
Number of Birth Control Operations by Region
6-8 各地区实施各种节育手术例数与上年同期对比 310
Number of Birth Control Operations Compared with That of Last Year by Region

## 第七部分 世界部分国家及地区人口和就业统计数据

## Chapter Seven: Population and Employment Data of Selected Countries and Territories of the World

### 一、世界部分国家人口和就业统计数据

### I.Population and Employment Data of Selected Countries of the World

7-1 人口数 315
Total Population
7-2 人口出生率、死亡率、自然增长率 317

Crude Birth Rate, Crude Death Rate and Rate of Natural Increase
7-3 人口年龄构成 …… 318
Age Composition
7-4 人口指标 …… 319
Demographic Indicators
7-5 全部就业人数 …… 320
Employment
7-6 全部女性就业人数 …… 321
Female Employment
7-7 全部男性就业人数 …… 322
Male Employment
7-8 非农行业有酬就业人数 …… 323
Paid-employment in Non-agricultural Activities
7-9 制造业有酬就业人数 …… 324
Paid-employment in Manufacturing
7-10 失业人数 …… 325
Unemployment
7-11 消费价格指数 …… 326
Consumer Price Index

**二、香港特别行政区人口和就业统计数据**

**II.Population and Employment Data of Hong Kong Special Administrative Region**

7-12 人口主要指标 …… 329
Main Indicators of Population
7-13 劳动人口及失业状况 …… 329
Labour Force and Unemployment
7-14 按行业划分的就业人数 …… 330
Employed Persons by Industry
7-15 按每月收入划分的就业人数 …… 331
Employed Persons by Monthly Earnings
7-16 按行业划分管理级(不包括经理级与专业雇员)以下雇员工资指数 …… 332
Wage Indices for Employees up to Supervisory Level (Managerial and Professional Employees Are Not Included) by Industry
7-17 消费价格指数 …… 333
Consumer Price Indices

**三、澳门特别行政区人口和就业统计数据**

**III.Population and Employment Data of Macao Special Administrative Region**

7-18 人口主要指标 …… 337
Main Demographic Indicators
7-19 经济活动人口及失业状况 …… 338
Labour Force and Unemployment
7-20 按行业划分的就业人口 …… 338
Employed Population by Industry

7-21 按行业划分的每月工作收入中位数 339
Median Monthly Employment Earnings by Industry
7-22 消费物价指数 339
Consumer Price Index

**四、台湾省人口和就业统计数据**

**IV.Population and Employment Data of Taiwan Province**

7-23 面积及人口主要指标 343
Main Indicators of Area and Population
7-24 劳动力和就业状况 344
Labour Force and Employment
7-25 居民消费价格分类指数 345
Consumer Price Indices

## 第八部分 2011 年人口变动和劳动力调查制度说明及主要指标解释

## Chapter Eight: Explanatory Notes on Main Statistical Indicators

**一、2011 年人口变动情况抽样调查制度说明**

（一）总说明 349
（二）调查表式 351

**二、2011-2012 年劳动力调查制度说明**

（一）总说明 353
（二）调查表式 355
**三、主要统计指标解释** 358
**Explanatory Notes on Main Statistical Indicators**

# 第一部分

Chapter One

## 综合数据

General Survey

# 1-1 各地区人口数

单位：万人

| 地 区 | Region | 1990 | 1991 | 1992 | 1993 | 1994 | 1995 | 1996 | 1997 |
|---|---|---|---|---|---|---|---|---|---|
| **全 国** | **National Total** | **114333** | **115823** | **117171** | **118517** | **119850** | **121121** | **122389** | **123626** |
| 北 京 | Beijing | 1086 | 1094 | 1102 | 1112 | 1125 | 1251 | 1259 | 1240 |
| 天 津 | Tianjin | 884 | 909 | 920 | 928 | 935 | 942 | 948 | 953 |
| 河 北 | Hebei | 6159 | 6220 | 6275 | 6334 | 6388 | 6437 | 6484 | 6525 |
| 山 西 | Shanxi | 2899 | 2942 | 2979 | 3012 | 3045 | 3077 | 3109 | 3141 |
| 内蒙古 | Inner Mongolia | 2163 | 2184 | 2207 | 2232 | 2260 | 2284 | 2307 | 2326 |
| 辽 宁 | Liaoning | 3967 | 3990 | 4016 | 4042 | 4067 | 4092 | 4116 | 4138 |
| 吉 林 | Jilin | 2483 | 2509 | 2532 | 2555 | 2574 | 2592 | 2610 | 2628 |
| 黑龙江 | Heilongjiang | 3543 | 3575 | 3608 | 3640 | 3672 | 3701 | 3728 | 3751 |
| 上 海 | Shanghai | 1337 | 1340 | 1345 | 1349 | 1356 | 1415 | 1419 | 1457 |
| 江 苏 | Jiangsu | 6767 | 6844 | 6911 | 6967 | 7021 | 7066 | 7110 | 7148 |
| 浙 江 | Zhejiang | 4168 | 4202 | 4236 | 4266 | 4294 | 4319 | 4343 | 4435 |
| 安 徽 | Anhui | 5675 | 5761 | 5834 | 5897 | 5955 | 6013 | 6070 | 6127 |
| 福 建 | Fujian | 3037 | 3079 | 3116 | 3150 | 3183 | 3237 | 3261 | 3282 |
| 江 西 | Jiangxi | 3810 | 3865 | 3913 | 3966 | 4015 | 4063 | 4105 | 4150 |
| 山 东 | Shandong | 8493 | 8570 | 8610 | 8642 | 8671 | 8705 | 8738 | 8785 |
| 河 南 | Henan | 8649 | 8763 | 8862 | 8946 | 9027 | 9100 | 9172 | 9243 |
| 湖 北 | Hubei | 5439 | 5512 | 5580 | 5653 | 5719 | 5772 | 5825 | 5873 |
| 湖 南 | Hunan | 6128 | 6209 | 6267 | 6311 | 6355 | 6392 | 6428 | 6465 |
| 广 东 | Guangdong | 6346 | 6439 | 6525 | 6607 | 6689 | 6868 | 6961 | 7051 |
| 广 西 | Guangxi | 4261 | 4324 | 4380 | 4438 | 4493 | 4543 | 4589 | 4633 |
| 海 南 | Hainan | 663 | 674 | 686 | 701 | 711 | 724 | 734 | 743 |
| 重 庆 | Chongqing | | | | | | | | 3042 |
| 四 川 | Sichuan | 10804 | 10897 | 10998 | 11104 | 11214 | 11325 | 11430 | 8430 |
| 贵 州 | Guizhou | 3268 | 3315 | 3361 | 3409 | 3458 | 3508 | 3555 | 3606 |
| 云 南 | Yunnan | 3731 | 3782 | 3832 | 3885 | 3939 | 3990 | 4042 | 4094 |
| 西 藏 | Tibet | 222 | 226 | 228 | 232 | 236 | 240 | 244 | 248 |
| 陕 西 | Shaanxi | 3316 | 3363 | 3405 | 3443 | 3481 | 3514 | 3543 | 3570 |
| 甘 肃 | Gansu | 2255 | 2285 | 2314 | 2345 | 2378 | 2438 | 2467 | 2494 |
| 青 海 | Qinghai | 448 | 454 | 461 | 467 | 474 | 481 | 488 | 496 |
| 宁 夏 | Ningxia | 470 | 480 | 487 | 495 | 504 | 513 | 521 | 530 |
| 新 疆 | Xinjiang | 1529 | 1555 | 1581 | 1605 | 1632 | 1661 | 1689 | 1718 |

注：1.本表数据均为年末人口数。
2.全国人口数中未包括香港、澳门特别行政区和台湾省的人口。
3.全国人口数中包括中国人民解放军现役军人，分地区人口数中未包括。
4.1990、2000、2010年数据为当年人口普查数据推算数；其余年份数据为年度人口抽样调查推算数据。2005年起各地区数据为常住人口口径。

# Total Population by Region

(10 000 persons)

| 1998 | 1999 | 2000 | 2001 | 2002 | 2003 | 2004 | 2005 | 2006 | 2007 | 2008 | 2009 | 2010 | 2011 |
|---|---|---|---|---|---|---|---|---|---|---|---|---|---|
| **124761** | **125786** | **126743** | **127627** | **128453** | **129227** | **129988** | **130756** | **131448** | **132129** | **132802** | **133450** | **134091** | **134735** |
| 1246 | 1257 | 1364 | 1385 | 1423 | 1456 | 1493 | 1538 | 1581 | 1633 | 1695 | 1755 | 1962 | 2019 |
| 957 | 959 | 1001 | 1004 | 1007 | 1011 | 1024 | 1043 | 1075 | 1115 | 1176 | 1228 | 1299 | 1355 |
| 6569 | 6614 | 6674 | 6699 | 6735 | 6769 | 6809 | 6851 | 6898 | 6943 | 6989 | 7034 | 7194 | 7241 |
| 3172 | 3204 | 3247 | 3272 | 3294 | 3314 | 3335 | 3355 | 3375 | 3393 | 3411 | 3427 | 3574 | 3593 |
| 2345 | 2362 | 2372 | 2381 | 2384 | 2386 | 2393 | 2403 | 2415 | 2429 | 2444 | 2458 | 2472 | 2482 |
| 4157 | 4171 | 4184 | 4194 | 4203 | 4210 | 4217 | 4221 | 4271 | 4298 | 4315 | 4341 | 4375 | 4383 |
| 2644 | 2658 | 2682 | 2691 | 2699 | 2704 | 2709 | 2716 | 2723 | 2730 | 2734 | 2740 | 2747 | 2749 |
| 3773 | 3792 | 3807 | 3811 | 3813 | 3815 | 3817 | 3820 | 3823 | 3824 | 3825 | 3826 | 3833 | 3834 |
| 1464 | 1474 | 1609 | 1668 | 1713 | 1766 | 1835 | 1890 | 1964 | 2064 | 2141 | 2210 | 2303 | 2347 |
| 7182 | 7213 | 7327 | 7359 | 7406 | 7458 | 7523 | 7588 | 7656 | 7723 | 7762 | 7810 | 7869 | 7899 |
| 4456 | 4475 | 4680 | 4729 | 4776 | 4857 | 4925 | 4991 | 5072 | 5155 | 5212 | 5276 | 5447 | 5463 |
| 6184 | 6237 | 6093 | 6128 | 6144 | 6163 | 6228 | 6120 | 6110 | 6118 | 6135 | 6131 | 5957 | 5968 |
| 3299 | 3316 | 3410 | 3445 | 3476 | 3502 | 3529 | 3557 | 3585 | 3612 | 3639 | 3666 | 3693 | 3720 |
| 4191 | 4231 | 4149 | 4186 | 4222 | 4254 | 4284 | 4311 | 4339 | 4368 | 4400 | 4432 | 4462 | 4488 |
| 8838 | 8883 | 8998 | 9041 | 9082 | 9125 | 9180 | 9248 | 9309 | 9367 | 9417 | 9470 | 9588 | 9637 |
| 9315 | 9387 | 9488 | 9555 | 9613 | 9667 | 9717 | 9380 | 9392 | 9360 | 9429 | 9487 | 9405 | 9388 |
| 5907 | 5938 | 5646 | 5658 | 5672 | 5685 | 5698 | 5710 | 5693 | 5699 | 5711 | 5720 | 5728 | 5758 |
| 6502 | 6532 | 6562 | 6596 | 6629 | 6663 | 6698 | 6326 | 6342 | 6355 | 6380 | 6406 | 6570 | 6596 |
| 7143 | 7270 | 8650 | 8733 | 8842 | 8963 | 9111 | 9194 | 9442 | 9660 | 9893 | 10130 | 10441 | 10505 |
| 4675 | 4713 | 4751 | 4788 | 4822 | 4857 | 4889 | 4660 | 4719 | 4768 | 4816 | 4856 | 4610 | 4645 |
| 753 | 762 | 789 | 796 | 803 | 811 | 818 | 828 | 836 | 845 | 854 | 864 | 869 | 877 |
| 3060 | 3075 | 2849 | 2829 | 2814 | 2803 | 2793 | 2798 | 2808 | 2816 | 2839 | 2859 | 2885 | 2919 |
| 8493 | 8550 | 8329 | 8143 | 8110 | 8176 | 8090 | 8212 | 8169 | 8127 | 8138 | 8185 | 8045 | 8050 |
| 3658 | 3710 | 3756 | 3799 | 3837 | 3870 | 3904 | 3730 | 3690 | 3632 | 3596 | 3537 | 3479 | 3469 |
| 4144 | 4192 | 4241 | 4287 | 4333 | 4376 | 4415 | 4450 | 4483 | 4514 | 4543 | 4571 | 4602 | 4631 |
| 252 | 256 | 258 | 263 | 267 | 270 | 274 | 277 | 283 | 287 | 292 | 297 | 301 | 303 |
| 3596 | 3618 | 3644 | 3653 | 3662 | 3672 | 3681 | 3690 | 3699 | 3708 | 3718 | 3727 | 3735 | 3743 |
| 2519 | 2543 | 2515 | 2523 | 2531 | 2537 | 2541 | 2545 | 2547 | 2548 | 2551 | 2555 | 2560 | 2564 |
| 503 | 510 | 517 | 523 | 529 | 534 | 539 | 543 | 548 | 552 | 554 | 557 | 563 | 568 |
| 538 | 543 | 554 | 563 | 572 | 580 | 588 | 596 | 604 | 610 | 618 | 625 | 633 | 639 |
| 1747 | 1774 | 1849 | 1876 | 1905 | 1934 | 1963 | 2010 | 2050 | 2095 | 2131 | 2159 | 2185 | 2209 |

Note: a) Data in this table are the year-end population.

b) The national total population does not include the population of Hong kong SAR, Macao SAR and Taiwan Province.

c) The millitary personnel of Chinese People's Liberation Army are included in the national total population, but are not included in the population by region.

d) Data of 1990, 2000 and 2009 are the census year estimates; the rest of the data are the estimates from the annual national sample survey on population changes. Since 2005, data by region are of usual residents.

# 1-2 按性别分人口数
# Population by Sex

单位: 万人 (10 000 persons)

| 年 份 Year | 总人口(年末) Total Population (year-end) | 男 Male 人口数 Population | 男 Male 比重(%) Proportion | 女 Female 人口数 Population | 女 Female 比重(%) Proportion |
|---|---|---|---|---|---|
| 1949 | 54167 | 28145 | 51.96 | 26022 | 48.04 |
| 1950 | 55196 | 28669 | 51.94 | 26527 | 48.06 |
| 1955 | 61465 | 31809 | 51.75 | 29656 | 48.25 |
| 1960 | 66207 | 34283 | 51.78 | 31924 | 48.22 |
| 1965 | 72538 | 37128 | 51.18 | 35410 | 48.82 |
| 1970 | 82992 | 42686 | 51.43 | 40306 | 48.57 |
| 1971 | 85229 | 43819 | 51.41 | 41410 | 48.59 |
| 1972 | 87177 | 44813 | 51.40 | 42364 | 48.60 |
| 1973 | 89211 | 45876 | 51.42 | 43335 | 48.58 |
| 1974 | 90859 | 46727 | 51.43 | 44132 | 48.57 |
| 1975 | 92420 | 47564 | 51.47 | 44856 | 48.53 |
| 1976 | 93717 | 48257 | 51.49 | 45460 | 48.51 |
| 1977 | 94974 | 48908 | 51.50 | 46066 | 48.50 |
| 1978 | 96259 | 49567 | 51.49 | 46692 | 48.51 |
| 1979 | 97542 | 50192 | 51.46 | 47350 | 48.54 |
| 1980 | 98705 | 50785 | 51.45 | 47920 | 48.55 |
| 1981 | 100072 | 51519 | 51.48 | 48553 | 48.52 |
| 1982 | 101654 | 52352 | 51.50 | 49302 | 48.50 |
| 1983 | 103008 | 53152 | 51.60 | 49856 | 48.40 |
| 1984 | 104357 | 53848 | 51.60 | 50509 | 48.40 |
| 1985 | 105851 | 54725 | 51.70 | 51126 | 48.30 |
| 1986 | 107507 | 55581 | 51.70 | 51926 | 48.30 |
| 1987 | 109300 | 56290 | 51.50 | 53010 | 48.50 |
| 1988 | 111026 | 57201 | 51.52 | 53825 | 48.48 |
| 1989 | 112704 | 58099 | 51.55 | 54605 | 48.45 |
| 1990 | 114333 | 58904 | 51.52 | 55429 | 48.48 |
| 1991 | 115823 | 59466 | 51.34 | 56357 | 48.66 |
| 1992 | 117171 | 59811 | 51.05 | 57360 | 48.95 |
| 1993 | 118517 | 60472 | 51.02 | 58045 | 48.98 |
| 1994 | 119850 | 61246 | 51.10 | 58604 | 48.90 |
| 1995 | 121121 | 61808 | 51.03 | 59313 | 48.97 |
| 1996 | 122389 | 62200 | 50.82 | 60189 | 49.18 |
| 1997 | 123626 | 63131 | 51.07 | 60495 | 48.93 |
| 1998 | 124761 | 63940 | 51.25 | 60821 | 48.75 |
| 1999 | 125786 | 64692 | 51.43 | 61094 | 48.57 |
| 2000 | 126743 | 65437 | 51.63 | 61306 | 48.37 |
| 2001 | 127627 | 65672 | 51.46 | 61955 | 48.54 |
| 2002 | 128453 | 66115 | 51.47 | 62338 | 48.53 |
| 2003 | 129227 | 66556 | 51.50 | 62671 | 48.50 |
| 2004 | 129988 | 66976 | 51.52 | 63012 | 48.48 |
| 2005 | 130756 | 67375 | 51.53 | 63381 | 48.47 |
| 2006 | 131448 | 67728 | 51.52 | 63720 | 48.48 |
| 2007 | 132129 | 68048 | 51.50 | 64081 | 48.50 |
| 2008 | 132802 | 68357 | 51.47 | 64445 | 48.53 |
| 2009 | 133450 | 68647 | 51.44 | 64803 | 48.56 |
| 2010 | 134091 | 68748 | 51.27 | 65343 | 48.73 |
| 2011 | 134735 | 69068 | 51.26 | 65667 | 48.74 |

注：1. 本表各年人口数中包括中国人民解放军现役军人，但未包括香港、澳门特别行政区和台湾省的人口。
2. 1981年及以前数据为户籍统计数;1982、1990、2000、2010年数据为当年人口普查数据推算数；其余年份数据为年度人口抽样调查推算数据(下表同)。

Note: a) Data in this table include the military personnel of Chinese People's Liberation Army, but do not include the population of Hong Kong SAR, Macao SAR and Taiwan Province.
b)Figures 1981 (inclusive) are from household registrations; for the year 1982, 1990, 2000 and 2010 are the census year estimates; the rest of the data covered in those tables have been estimated on the basis of the annual national sample survey on population changes, the same applies to the table following.

# 1-3 人口年龄结构和抚养比

# Age Composition and Dependency Ratio of Population

单位：万人 (10 000 persons)

| 年份 Year | 总人口(年末) Total Population (year-end) | 0-14岁 Aged 0-14 | | 15-64岁 Aged 15-64 | | 65岁及以上 Aged 65 and Over | | 总抚养比(%) Gross Dependency Ratio | 少儿抚养比 Children Dependency Ratio | 老年抚养比 Old Dependency Ratio |
|---|---|---|---|---|---|---|---|---|---|---|
| | | 人口数 Population | 比重(%) Proportion | 人口数 Population | 比重(%) Proportion | 人口数 Population | 比重(%) Proportion | | | |
| 1953 | 58796 | 21331 | 36.3 | 34872 | 59.3 | 2593 | 4.4 | 68.6 | 61.2 | 7.4 |
| 1964 | 70499 | 28686 | 40.7 | 39303 | 55.8 | 2510 | 3.6 | 79.4 | 73.0 | 6.4 |
| 1982 | 101654 | 34146 | 33.6 | 62517 | 61.5 | 4991 | 4.9 | 62.6 | 54.6 | 8.0 |
| 1987 | 109300 | 31347 | 28.7 | 71985 | 65.9 | 5968 | 5.4 | 51.8 | 43.5 | 8.3 |
| 1990 | 114333 | 31659 | 27.7 | 76306 | 66.7 | 6368 | 5.6 | 49.8 | 41.5 | 8.3 |
| 1995 | 121121 | 32218 | 26.6 | 81393 | 67.2 | 7510 | 6.2 | 48.8 | 39.6 | 9.2 |
| 1996 | 122389 | 32311 | 26.4 | 82245 | 67.2 | 7833 | 6.4 | 48.8 | 39.3 | 9.5 |
| 1997 | 123626 | 32093 | 26.0 | 83448 | 67.5 | 8085 | 6.5 | 48.1 | 38.5 | 9.7 |
| 1998 | 124761 | 32064 | 25.7 | 84338 | 67.6 | 8359 | 6.7 | 47.9 | 38.0 | 9.9 |
| 1999 | 125786 | 31950 | 25.4 | 85157 | 67.7 | 8679 | 6.9 | 47.7 | 37.5 | 10.2 |
| 2000 | 126743 | 29012 | 22.9 | 88910 | 70.1 | 8821 | 7.0 | 42.6 | 32.6 | 9.9 |
| 2001 | 127627 | 28716 | 22.5 | 89849 | 70.4 | 9062 | 7.1 | 42.0 | 32.0 | 10.1 |
| 2002 | 128453 | 28774 | 22.4 | 90302 | 70.3 | 9377 | 7.3 | 42.2 | 31.9 | 10.4 |
| 2003 | 129227 | 28559 | 22.1 | 90976 | 70.4 | 9692 | 7.5 | 42.0 | 31.4 | 10.7 |
| 2004 | 129988 | 27947 | 21.5 | 92184 | 70.9 | 9857 | 7.6 | 41.0 | 30.3 | 10.7 |
| 2005 | 130756 | 26504 | 20.3 | 94197 | 72.0 | 10055 | 7.7 | 38.8 | 28.1 | 10.7 |
| 2006 | 131448 | 25961 | 19.8 | 95068 | 72.3 | 10419 | 7.9 | 38.3 | 27.3 | 11.0 |
| 2007 | 132129 | 25660 | 19.4 | 95833 | 72.5 | 10636 | 8.1 | 37.9 | 26.8 | 11.1 |
| 2008 | 132802 | 25166 | 19.0 | 96680 | 72.7 | 10956 | 8.3 | 37.4 | 26.0 | 11.3 |
| 2009 | 133450 | 24659 | 18.5 | 97484 | 73.0 | 11307 | 8.5 | 36.9 | 25.3 | 11.6 |
| 2010 | 134091 | 22259 | 16.6 | 99938 | 74.5 | 11894 | 8.9 | 34.2 | 22.3 | 11.9 |
| 2011 | 134735 | 22164 | 16.5 | 100283 | 74.4 | 12288 | 9.1 | 34.4 | 22.1 | 12.3 |

# 1-4 按城乡分人口数
# Population by Urban and Rural Residence

单位: 万人 (10 000 persons)

| 年 份 Year | 总人口(年末) Total Population (year-end) | 城 镇 Urban | | 乡 村 Rural | |
|---|---|---|---|---|---|
| | | 人口数 Population | 比重(%) Proportion | 人口数 Population | 比重(%) Proportion |
| 1949 | 54167 | 5765 | 10.64 | 48402 | 89.36 |
| 1950 | 55196 | 6169 | 11.18 | 49027 | 88.82 |
| 1955 | 61465 | 8285 | 13.48 | 53180 | 86.52 |
| 1960 | 66207 | 13073 | 19.75 | 53134 | 80.25 |
| 1965 | 72538 | 13045 | 17.98 | 59493 | 82.02 |
| 1970 | 82992 | 14424 | 17.38 | 68568 | 82.62 |
| 1971 | 85229 | 14711 | 17.26 | 70518 | 82.74 |
| 1972 | 87177 | 14935 | 17.13 | 72242 | 82.87 |
| 1973 | 89211 | 15345 | 17.20 | 73866 | 82.80 |
| 1974 | 90859 | 15595 | 17.16 | 75264 | 82.84 |
| 1975 | 92420 | 16030 | 17.34 | 76390 | 82.66 |
| 1976 | 93717 | 16341 | 17.44 | 77376 | 82.56 |
| 1977 | 94974 | 16669 | 17.55 | 78305 | 82.45 |
| 1978 | 96259 | 17245 | 17.92 | 79014 | 82.08 |
| 1979 | 97542 | 18495 | 18.96 | 79047 | 81.04 |
| 1980 | 98705 | 19140 | 19.39 | 79565 | 80.61 |
| 1981 | 100072 | 20171 | 20.16 | 79901 | 79.84 |
| 1982 | 101654 | 21480 | 21.13 | 80174 | 78.87 |
| 1983 | 103008 | 22274 | 21.62 | 80734 | 78.38 |
| 1984 | 104357 | 24017 | 23.01 | 80340 | 76.99 |
| 1985 | 105851 | 25094 | 23.71 | 80757 | 76.29 |
| 1986 | 107507 | 26366 | 24.52 | 81141 | 75.48 |
| 1987 | 109300 | 27674 | 25.32 | 81626 | 74.68 |
| 1988 | 111026 | 28661 | 25.81 | 82365 | 74.19 |
| 1989 | 112704 | 29540 | 26.21 | 83164 | 73.79 |
| 1990 | 114333 | 30195 | 26.41 | 84138 | 73.59 |
| 1991 | 115823 | 31203 | 26.94 | 84620 | 73.06 |
| 1992 | 117171 | 32175 | 27.46 | 84996 | 72.54 |
| 1993 | 118517 | 33173 | 27.99 | 85344 | 72.01 |
| 1994 | 119850 | 34169 | 28.51 | 85681 | 71.49 |
| 1995 | 121121 | 35174 | 29.04 | 85947 | 70.96 |
| 1996 | 122389 | 37304 | 30.48 | 85085 | 69.52 |
| 1997 | 123626 | 39449 | 31.91 | 84177 | 68.09 |
| 1998 | 124761 | 41608 | 33.35 | 83153 | 66.65 |
| 1999 | 125786 | 43748 | 34.78 | 82038 | 65.22 |
| 2000 | 126743 | 45906 | 36.22 | 80837 | 63.78 |
| 2001 | 127627 | 48064 | 37.66 | 79563 | 62.34 |
| 2002 | 128453 | 50212 | 39.09 | 78241 | 60.91 |
| 2003 | 129227 | 52376 | 40.53 | 76851 | 59.47 |
| 2004 | 129988 | 54283 | 41.76 | 75705 | 58.24 |
| 2005 | 130756 | 56212 | 42.99 | 74544 | 57.01 |
| 2006 | 131448 | 58288 | 44.34 | 73160 | 55.66 |
| 2007 | 132129 | 60633 | 45.89 | 71496 | 54.11 |
| 2008 | 132802 | 62403 | 46.99 | 70399 | 53.01 |
| 2009 | 133450 | 64512 | 48.34 | 68938 | 51.66 |
| 2010 | 134091 | 66978 | 49.95 | 67113 | 50.05 |
| 2011 | 134735 | 69079 | 51.27 | 65656 | 48.73 |

注：按城乡分人口数中现役军人全部计入城镇人口。
Note: The military personnel of Chinese People's Liberation Army are classified as urban population in the item of population by residence.

# 1-5 人口出生率、死亡率和自然增长率
# Birth Rate, Death Rate and Natural Growth Rate of Population

单位：‰ (‰)

| 年 份<br>Year | 出生率<br>Birth Rate | 死亡率<br>Death Rate | 自然增长率<br>Natural Growth Rate |
|---|---|---|---|
| 1978 | 18.25 | 6.25 | 12.00 |
| 1979 | 17.82 | 6.21 | 11.61 |
| 1980 | 18.21 | 6.34 | 11.87 |
| 1981 | 20.91 | 6.36 | 14.55 |
| 1982 | 22.28 | 6.60 | 15.68 |
| 1983 | 20.19 | 6.90 | 13.29 |
| 1984 | 19.90 | 6.82 | 13.08 |
| 1985 | 21.04 | 6.78 | 14.26 |
| 1986 | 22.43 | 6.86 | 15.57 |
| 1987 | 23.33 | 6.72 | 16.61 |
| 1988 | 22.37 | 6.64 | 15.73 |
| 1989 | 21.58 | 6.54 | 15.04 |
| 1990 | 21.06 | 6.67 | 14.39 |
| 1991 | 19.68 | 6.70 | 12.98 |
| 1992 | 18.24 | 6.64 | 11.60 |
| 1993 | 18.09 | 6.64 | 11.45 |
| 1994 | 17.70 | 6.49 | 11.21 |
| 1995 | 17.12 | 6.57 | 10.55 |
| 1996 | 16.98 | 6.56 | 10.42 |
| 1997 | 16.57 | 6.51 | 10.06 |
| 1998 | 15.64 | 6.50 | 9.14 |
| 1999 | 14.64 | 6.46 | 8.18 |
| 2000 | 14.03 | 6.45 | 7.58 |
| 2001 | 13.38 | 6.43 | 6.95 |
| 2002 | 12.86 | 6.41 | 6.45 |
| 2003 | 12.41 | 6.40 | 6.01 |
| 2004 | 12.29 | 6.42 | 5.87 |
| 2005 | 12.40 | 6.51 | 5.89 |
| 2006 | 12.09 | 6.81 | 5.28 |
| 2007 | 12.10 | 6.93 | 5.17 |
| 2008 | 12.14 | 7.06 | 5.08 |
| 2009 | 11.95 | 7.08 | 4.87 |
| 2010 | 11.90 | 7.11 | 4.79 |
| 2011 | 11.93 | 7.14 | 4.79 |

# 1-6 各地区人口出生率、死亡率和自然增长率

## Birth Rate, Death Rate and Natural Growth Rate of Population by Region

单位：‰ (‰)

| 地区 | Region | 1990 出生率 Birth Rate | 1990 死亡率 Death Rate | 1990 自然增长率 Natural Growth Rate | 1991 出生率 Birth Rate | 1991 死亡率 Death Rate | 1991 自然增长率 Natural Growth Rate | 1992 出生率 Birth Rate | 1992 死亡率 Death Rate | 1992 自然增长率 Natural Growth Rate |
|---|---|---|---|---|---|---|---|---|---|---|
| **全国** | **National Total** | **21.06** | **6.67** | **14.39** | **19.68** | **6.70** | **12.98** | **18.24** | **6.64** | **11.60** |
| 北京 | Beijing | 13.01 | 5.81 | 7.20 | 8.03 | 5.82 | 2.21 | 9.22 | 6.11 | 3.11 |
| 天津 | Tianjin | 15.61 | 5.78 | 9.83 | 11.94 | 5.78 | 6.16 | 12.50 | 6.00 | 6.50 |
| 河北 | Hebei | 20.46 | 6.82 | 13.64 | 16.59 | 6.75 | 9.84 | 15.33 | 6.43 | 8.90 |
| 山西 | Shanxi | 22.54 | 6.56 | 15.98 | 21.56 | 6.87 | 14.69 | 19.59 | 6.94 | 12.65 |
| 内蒙古 | Inner Mongolia | 21.19 | 7.21 | 13.98 | 16.77 | 6.97 | 9.80 | 17.07 | 6.73 | 10.34 |
| 辽宁 | Liaoning | 16.30 | 6.59 | 9.71 | 12.10 | 6.64 | 5.46 | 12.57 | 6.11 | 6.46 |
| 吉林 | Jilin | 19.49 | 6.56 | 12.93 | 17.09 | 6.84 | 10.25 | 15.74 | 6.57 | 9.17 |
| 黑龙江 | Heilongjiang | 18.11 | 6.35 | 11.76 | 15.89 | 5.70 | 10.19 | 16.25 | 6.12 | 10.13 |
| 上海 | Shanghai | 10.31 | 6.64 | 3.67 | 7.68 | 7.01 | 0.67 | 7.28 | 6.74 | 0.54 |
| 江苏 | Jiangsu | 20.54 | 6.53 | 14.01 | 17.05 | 6.50 | 10.55 | 15.71 | 6.76 | 8.95 |
| 浙江 | Zhejiang | 15.33 | 6.31 | 9.02 | 14.48 | 6.39 | 8.09 | 14.72 | 6.57 | 8.15 |
| 安徽 | Anhui | 24.47 | 6.25 | 18.22 | 21.19 | 6.06 | 15.13 | 18.76 | 6.14 | 12.62 |
| 福建 | Fujian | 24.44 | 6.71 | 17.73 | 20.03 | 6.26 | 13.77 | 18.18 | 6.02 | 12.16 |
| 江西 | Jiangxi | 24.59 | 7.54 | 17.05 | 21.20 | 7.13 | 14.07 | 19.53 | 7.07 | 12.46 |
| 山东 | Shandong | 18.21 | 6.96 | 11.25 | 15.40 | 6.54 | 8.86 | 11.43 | 6.88 | 4.55 |
| 河南 | Henan | 24.92 | 6.52 | 18.40 | 19.78 | 6.63 | 13.15 | 18.13 | 6.99 | 11.14 |
| 湖北 | Hubei | 21.60 | 7.30 | 14.30 | 20.70 | 7.36 | 13.34 | 19.05 | 6.87 | 12.18 |
| 湖南 | Hunan | 23.93 | 7.23 | 16.70 | 20.50 | 7.30 | 13.20 | 16.70 | 7.30 | 9.40 |
| 广东 | Guangdong | 22.26 | 5.76 | 16.50 | 20.54 | 5.95 | 14.59 | 19.31 | 6.17 | 13.14 |
| 广西 | Guangxi | 20.20 | 6.60 | 13.60 | 21.89 | 7.24 | 14.65 | 20.19 | 7.28 | 12.91 |
| 海南 | Hainan | 24.86 | 6.26 | 18.60 | 22.97 | 5.97 | 17.00 | 21.31 | 6.07 | 15.24 |
| 重庆 | Chongqing | | | | | | | | | |
| 四川 | Sichuan | 19.11 | 7.66 | 11.45 | 15.82 | 7.29 | 8.53 | 16.27 | 7.03 | 9.24 |
| 贵州 | Guizhou | 23.09 | 7.90 | 15.19 | 22.42 | 8.11 | 14.31 | 22.40 | 8.52 | 13.88 |
| 云南 | Yunnan | 23.60 | 7.92 | 15.68 | 21.80 | 8.10 | 13.70 | 21.00 | 8.00 | 13.00 |
| 西藏 | Tibet | 23.98 | 7.55 | 16.43 | 23.53 | 7.40 | 16.13 | 23.63 | 8.09 | 15.54 |
| 陕西 | Shaanxi | 23.48 | 6.52 | 16.96 | 19.82 | 6.51 | 13.31 | 18.85 | 6.57 | 12.28 |
| 甘肃 | Gansu | 20.68 | 6.20 | 14.48 | 19.38 | 6.05 | 13.33 | 19.37 | 6.64 | 12.73 |
| 青海 | Qinghai | 24.34 | 7.47 | 16.87 | 23.37 | 8.35 | 15.02 | 22.54 | 8.14 | 14.40 |
| 宁夏 | Ningxia | 24.34 | 5.52 | 18.82 | 21.96 | 5.13 | 16.83 | 20.11 | 5.36 | 14.75 |
| 新疆 | Xinjiang | 26.44 | 7.82 | 18.62 | 24.45 | 7.86 | 16.59 | 22.80 | 7.84 | 14.96 |

## 1-6 续表 1 continued

单位：‰ (‰)

| 地 区 | Region | 1993 出生率 Birth Rate | 1993 死亡率 Death Rate | 1993 自然增长率 Natural Growth Rate | 1994 出生率 Birth Rate | 1994 死亡率 Death Rate | 1994 自然增长率 Natural Growth Rate | 1995 出生率 Birth Rate | 1995 死亡率 Death Rate | 1995 自然增长率 Natural Growth Rate |
|---|---|---|---|---|---|---|---|---|---|---|
| **全 国** | **National Total** | **18.09** | **6.64** | **11.45** | **17.70** | **6.49** | **11.21** | **17.12** | **6.57** | **10.55** |
| 北 京 | Beijing | 9.35 | 6.16 | 3.19 | 8.96 | 5.76 | 3.20 | 7.92 | 5.12 | 2.80 |
| 天 津 | Tianjin | 10.71 | 6.20 | 4.51 | 10.98 | 6.19 | 4.79 | 10.23 | 6.23 | 4.00 |
| 河 北 | Hebei | 15.43 | 6.11 | 9.32 | 14.93 | 6.50 | 8.43 | 13.93 | 6.32 | 7.61 |
| 山 西 | Shanxi | 17.48 | 6.36 | 11.12 | 17.46 | 6.70 | 10.76 | 16.60 | 6.12 | 10.48 |
| 内蒙古 | Inner Mongolia | 18.48 | 6.83 | 11.65 | 18.98 | 6.50 | 12.48 | 17.23 | 6.70 | 10.53 |
| 辽 宁 | Liaoning | 12.43 | 6.11 | 6.32 | 12.26 | 6.03 | 6.23 | 12.17 | 6.15 | 6.02 |
| 吉 林 | Jilin | 15.28 | 6.31 | 8.97 | 14.11 | 6.35 | 7.76 | 12.90 | 6.09 | 6.81 |
| 黑龙江 | Heilongjiang | 15.90 | 5.52 | 10.38 | 15.15 | 5.47 | 9.68 | 13.23 | 5.33 | 7.90 |
| 上 海 | Shanghai | 6.50 | 7.30 | -0.80 | 5.80 | 7.00 | -1.20 | 5.75 | 7.05 | -1.30 |
| 江 苏 | Jiangsu | 13.97 | 6.61 | 7.36 | 13.78 | 6.86 | 6.92 | 12.32 | 6.56 | 5.76 |
| 浙 江 | Zhejiang | 13.61 | 6.58 | 7.03 | 13.24 | 6.60 | 6.64 | 12.66 | 6.75 | 5.91 |
| 安 徽 | Anhui | 17.18 | 6.51 | 10.67 | 16.70 | 6.86 | 9.84 | 16.07 | 6.41 | 9.66 |
| 福 建 | Fujian | 16.72 | 5.62 | 11.10 | 16.24 | 5.95 | 10.29 | 15.20 | 5.90 | 9.30 |
| 江 西 | Jiangxi | 20.33 | 6.89 | 13.44 | 19.38 | 7.00 | 12.38 | 18.94 | 7.28 | 11.66 |
| 山 东 | Shandong | 10.47 | 6.76 | 3.71 | 9.69 | 6.67 | 3.02 | 9.82 | 6.47 | 3.35 |
| 河 南 | Henan | 15.87 | 6.11 | 9.76 | 15.36 | 6.34 | 9.02 | 14.41 | 6.28 | 8.13 |
| 湖 北 | Hubei | 20.04 | 6.93 | 13.11 | 18.17 | 6.68 | 11.49 | 16.18 | 6.91 | 9.27 |
| 湖 南 | Hunan | 14.08 | 7.13 | 6.95 | 13.88 | 7.03 | 6.85 | 13.02 | 7.15 | 5.87 |
| 广 东 | Guangdong | 18.34 | 5.84 | 12.50 | 18.20 | 5.78 | 12.42 | 18.10 | 5.70 | 12.40 |
| 广 西 | Guangxi | 19.58 | 6.35 | 13.23 | 18.84 | 6.60 | 12.24 | 17.54 | 6.53 | 11.01 |
| 海 南 | Hainan | 20.81 | 5.26 | 15.55 | 20.77 | 6.29 | 14.48 | 20.12 | 5.61 | 14.51 |
| 重 庆 | Chongqing | | | | | | | | | |
| 四 川 | Sichuan | 16.77 | 7.21 | 9.56 | 16.93 | 6.99 | 9.94 | 17.08 | 7.21 | 9.87 |
| 贵 州 | Guizhou | 22.60 | 8.50 | 14.10 | 22.92 | 8.14 | 14.78 | 21.86 | 7.60 | 14.26 |
| 云 南 | Yunnan | 22.00 | 8.10 | 13.90 | 21.80 | 8.00 | 13.80 | 20.75 | 8.03 | 12.72 |
| 西 藏 | Tibet | 26.68 | 7.60 | 19.08 | 25.64 | 8.71 | 16.93 | 24.90 | 8.80 | 16.10 |
| 陕 西 | Shaanxi | 17.63 | 6.55 | 11.08 | 17.59 | 6.60 | 10.99 | 15.93 | 6.57 | 9.36 |
| 甘 肃 | Gansu | 20.16 | 6.84 | 13.32 | 20.82 | 6.84 | 13.98 | 20.65 | 6.49 | 14.16 |
| 青 海 | Qinghai | 20.50 | 8.26 | 12.24 | 22.06 | 6.82 | 15.24 | 22.01 | 6.89 | 15.12 |
| 宁 夏 | Ningxia | 19.43 | 5.36 | 14.07 | 19.67 | 6.02 | 13.65 | 19.28 | 5.49 | 13.79 |
| 新 疆 | Xinjiang | 21.53 | 7.68 | 13.85 | 20.82 | 7.43 | 13.39 | 18.90 | 6.45 | 12.45 |

## 1-6 续表 2 continued

单位：‰ (‰)

| 地 区 | Region | 1996 出生率 Birth Rate | 1996 死亡率 Death Rate | 1996 自然增长率 Natural Growth Rate | 1997 出生率 Birth Rate | 1997 死亡率 Death Rate | 1997 自然增长率 Natural Growth Rate | 1998 出生率 Birth Rate | 1998 死亡率 Death Rate | 1998 自然增长率 Natural Growth Rate |
|---|---|---|---|---|---|---|---|---|---|---|
| **全 国** | **National Total** | **16.98** | **6.56** | **10.42** | **16.57** | **6.51** | **10.06** | **15.64** | **6.50** | **9.14** |
| 北 京 | Beijing | 8.02 | 5.34 | 2.68 | 7.91 | 6.02 | 1.89 | 6.00 | 5.30 | 0.70 |
| 天 津 | Tianjin | 10.09 | 6.53 | 3.56 | 9.98 | 6.95 | 3.03 | 9.89 | 6.49 | 3.40 |
| 河 北 | Hebei | 13.85 | 6.55 | 7.30 | 13.11 | 6.82 | 6.29 | 13.01 | 6.18 | 6.83 |
| 山 西 | Shanxi | 16.59 | 6.25 | 10.34 | 16.18 | 6.06 | 10.12 | 16.09 | 6.17 | 9.92 |
| 内蒙古 | Inner Mongolia | 16.09 | 6.43 | 9.66 | 15.21 | 6.96 | 8.25 | 14.40 | 6.17 | 8.23 |
| 辽 宁 | Liaoning | 12.15 | 6.19 | 5.96 | 11.78 | 6.38 | 5.40 | 11.39 | 6.81 | 4.58 |
| 吉 林 | Jilin | 12.53 | 5.60 | 6.93 | 12.22 | 5.42 | 6.80 | 11.81 | 5.76 | 6.05 |
| 黑龙江 | Heilongjiang | 12.40 | 5.05 | 7.35 | 12.02 | 5.17 | 6.85 | 11.68 | 5.32 | 6.36 |
| 上 海 | Shanghai | 5.60 | 7.00 | -1.40 | 5.50 | 6.80 | -1.30 | 5.20 | 7.00 | -1.80 |
| 江 苏 | Jiangsu | 12.11 | 6.58 | 5.53 | 11.43 | 6.84 | 4.59 | 10.97 | 6.84 | 4.13 |
| 浙 江 | Zhejiang | 12.09 | 6.58 | 5.51 | 11.41 | 6.48 | 4.93 | 11.15 | 6.33 | 4.82 |
| 安 徽 | Anhui | 16.00 | 6.50 | 9.50 | 15.80 | 6.50 | 9.30 | 15.74 | 6.54 | 9.20 |
| 福 建 | Fujian | 13.22 | 5.94 | 7.28 | 12.41 | 6.09 | 6.32 | 11.53 | 6.20 | 5.33 |
| 江 西 | Jiangxi | 17.53 | 7.02 | 10.51 | 17.43 | 6.56 | 10.87 | 16.85 | 7.05 | 9.80 |
| 山 东 | Shandong | 10.60 | 6.76 | 3.84 | 11.28 | 6.65 | 4.63 | 11.58 | 6.12 | 5.46 |
| 河 南 | Henan | 14.28 | 6.44 | 7.84 | 13.97 | 6.30 | 7.67 | 14.17 | 6.37 | 7.80 |
| 湖 北 | Hubei | 16.08 | 6.93 | 9.15 | 14.81 | 6.69 | 8.12 | 12.58 | 6.70 | 5.88 |
| 湖 南 | Hunan | 12.81 | 7.20 | 5.61 | 12.59 | 6.99 | 5.60 | 12.31 | 7.10 | 5.21 |
| 广 东 | Guangdong | 18.05 | 6.09 | 11.96 | 16.90 | 5.40 | 11.50 | 16.51 | 5.61 | 10.90 |
| 广 西 | Guangxi | 16.83 | 6.82 | 10.01 | 15.93 | 6.40 | 9.53 | 15.87 | 6.86 | 9.01 |
| 海 南 | Hainan | 20.08 | 5.88 | 14.20 | 19.18 | 5.62 | 13.56 | 18.48 | 5.56 | 12.92 |
| 重 庆 | Chongqing | | | | 13.60 | 7.36 | 6.24 | 13.19 | 7.68 | 5.51 |
| 四 川 | Sichuan | 16.68 | 7.35 | 9.33 | 15.75 | 7.00 | 8.75 | 14.62 | 7.14 | 7.48 |
| 贵 州 | Guizhou | 22.05 | 7.69 | 14.36 | 22.15 | 7.67 | 14.48 | 22.02 | 7.76 | 14.26 |
| 云 南 | Yunnan | 20.87 | 7.94 | 12.93 | 20.82 | 7.91 | 12.91 | 20.01 | 7.91 | 12.10 |
| 西 藏 | Tibet | 24.70 | 8.50 | 16.20 | 23.90 | 7.90 | 16.00 | 23.70 | 7.80 | 15.90 |
| 陕 西 | Shaanxi | 14.99 | 6.51 | 8.48 | 13.91 | 6.29 | 7.62 | 13.56 | 6.43 | 7.13 |
| 甘 肃 | Gansu | 18.43 | 6.64 | 11.79 | 17.22 | 6.20 | 11.02 | 16.45 | 6.41 | 10.04 |
| 青 海 | Qinghai | 21.89 | 7.20 | 14.69 | 21.80 | 6.95 | 14.85 | 21.26 | 6.78 | 14.48 |
| 宁 夏 | Ningxia | 19.03 | 5.25 | 13.78 | 18.90 | 5.43 | 13.47 | 18.19 | 5.11 | 13.08 |
| 新 疆 | Xinjiang | 19.45 | 6.60 | 12.85 | 19.66 | 6.55 | 13.11 | 19.74 | 6.93 | 12.81 |

# 1-6 续表 3 continued

单位：‰ (‰)

| 地 区 | Region | 1999 出生率 Birth Rate | 1999 死亡率 Death Rate | 1999 自然增长率 Natural Growth Rate | 2001 出生率 Birth Rate | 2001 死亡率 Death Rate | 2001 自然增长率 Natural Growth Rate | 2002 出生率 Birth Rate | 2002 死亡率 Death Rate | 2002 自然增长率 Natural Growth Rate |
|---|---|---|---|---|---|---|---|---|---|---|
| **全 国** | **National Total** | **14.64** | **6.46** | **8.18** | **13.38** | **6.43** | **6.95** | **12.86** | **6.41** | **6.45** |
| 北 京 | Beijing | 6.50 | 5.60 | 0.90 | 6.10 | 5.30 | 0.80 | 6.60 | 5.70 | 0.90 |
| 天 津 | Tianjin | 9.68 | 6.73 | 2.95 | 7.58 | 5.94 | 1.64 | 7.49 | 6.04 | 1.45 |
| 河 北 | Hebei | 12.99 | 6.26 | 6.73 | 11.16 | 6.18 | 4.98 | 11.53 | 6.25 | 5.28 |
| 山 西 | Shanxi | 15.93 | 6.07 | 9.86 | 13.06 | 5.90 | 7.16 | 12.86 | 6.14 | 6.72 |
| 内蒙古 | Inner Mongolia | 13.32 | 6.08 | 7.24 | 10.77 | 5.79 | 4.98 | 9.60 | 5.92 | 3.68 |
| 辽 宁 | Liaoning | 10.38 | 7.05 | 3.33 | 7.74 | 6.10 | 1.64 | 7.38 | 6.04 | 1.34 |
| 吉 林 | Jilin | 10.68 | 5.45 | 5.23 | 8.76 | 5.38 | 3.38 | 8.30 | 5.11 | 3.19 |
| 黑龙江 | Heilongjiang | 10.55 | 5.49 | 5.06 | 8.48 | 5.49 | 2.99 | 7.98 | 5.44 | 2.54 |
| 上 海 | Shanghai | 5.40 | 6.50 | -1.10 | 5.02 | 5.97 | -0.95 | 5.41 | 5.95 | -0.54 |
| 江 苏 | Jiangsu | 10.50 | 6.94 | 3.56 | 9.03 | 6.62 | 2.41 | 9.17 | 6.99 | 2.18 |
| 浙 江 | Zhejiang | 10.64 | 6.35 | 4.29 | 10.02 | 6.25 | 3.77 | 9.98 | 6.19 | 3.79 |
| 安 徽 | Anhui | 15.10 | 6.50 | 8.60 | 12.46 | 5.85 | 6.61 | 11.20 | 5.17 | 6.03 |
| 福 建 | Fujian | 11.06 | 5.85 | 5.21 | 11.56 | 5.52 | 6.04 | 11.35 | 5.57 | 5.78 |
| 江 西 | Jiangxi | 16.51 | 7.02 | 9.49 | 15.44 | 6.06 | 9.38 | 14.74 | 6.02 | 8.72 |
| 山 东 | Shandong | 11.08 | 6.27 | 4.81 | 11.12 | 6.24 | 4.88 | 11.17 | 6.62 | 4.55 |
| 河 南 | Henan | 14.07 | 6.35 | 7.72 | 13.20 | 6.26 | 6.94 | 12.41 | 6.38 | 6.03 |
| 湖 北 | Hubei | 11.57 | 6.37 | 5.20 | 8.51 | 6.07 | 2.44 | 8.38 | 6.17 | 2.21 |
| 湖 南 | Hunan | 11.72 | 7.12 | 4.60 | 11.80 | 6.72 | 5.08 | 11.56 | 6.70 | 4.86 |
| 广 东 | Guangdong | 15.32 | 5.40 | 9.92 | 13.95 | 5.12 | 8.83 | 13.29 | 5.08 | 8.21 |
| 广 西 | Guangxi | 14.96 | 6.93 | 8.03 | 13.80 | 6.07 | 7.73 | 13.30 | 6.30 | 7.00 |
| 海 南 | Hainan | 17.26 | 5.23 | 12.03 | 15.23 | 5.76 | 9.47 | 15.20 | 5.72 | 9.48 |
| 重 庆 | Chongqing | 11.90 | 6.94 | 4.96 | 9.70 | 6.90 | 2.80 | 9.36 | 6.08 | 3.28 |
| 四 川 | Sichuan | 13.80 | 7.02 | 6.78 | 11.16 | 6.79 | 4.37 | 10.44 | 6.55 | 3.89 |
| 贵 州 | Guizhou | 21.92 | 7.68 | 14.24 | 18.56 | 7.23 | 11.33 | 17.96 | 7.21 | 10.75 |
| 云 南 | Yunnan | 19.48 | 7.82 | 11.66 | 18.51 | 7.57 | 10.94 | 17.90 | 7.30 | 10.60 |
| 西 藏 | Tibet | 23.20 | 7.40 | 15.80 | 18.60 | 6.50 | 12.10 | 18.83 | 6.07 | 12.76 |
| 陕 西 | Shaanxi | 12.51 | 6.38 | 6.13 | 10.50 | 6.34 | 4.16 | 10.48 | 6.36 | 4.12 |
| 甘 肃 | Gansu | 15.61 | 6.44 | 9.17 | 13.58 | 6.43 | 7.15 | 13.16 | 6.45 | 6.71 |
| 青 海 | Qinghai | 20.68 | 6.78 | 13.90 | 19.06 | 6.44 | 12.62 | 18.05 | 6.35 | 11.70 |
| 宁 夏 | Ningxia | 17.97 | 5.65 | 12.32 | 16.55 | 4.84 | 11.71 | 16.42 | 4.86 | 11.56 |
| 新 疆 | Xinjiang | 18.76 | 6.96 | 11.80 | 16.82 | 5.69 | 11.13 | 16.30 | 5.43 | 10.87 |

## 1-6 续表 4 continued

单位：‰ (‰)

| 地区 | Region | 2003 出生率 Birth Rate | 2003 死亡率 Death Rate | 2003 自然增长率 Natural Growth Rate | 2004 出生率 Birth Rate | 2004 死亡率 Death Rate | 2004 自然增长率 Natural Growth Rate | 2005 出生率 Birth Rate | 2005 死亡率 Death Rate | 2005 自然增长率 Natural Growth Rate |
|---|---|---|---|---|---|---|---|---|---|---|
| **全 国** | **National Total** | **12.41** | **6.40** | **6.01** | **12.29** | **6.42** | **5.87** | **12.40** | **6.51** | **5.89** |
| 北 京 | Beijing | 5.10 | 5.20 | -0.10 | 6.10 | 5.40 | 0.70 | 6.29 | 5.20 | 1.09 |
| 天 津 | Tianjin | 7.14 | 6.04 | 1.10 | 7.31 | 5.97 | 1.34 | 7.44 | 6.01 | 1.43 |
| 河 北 | Hebei | 11.43 | 6.27 | 5.16 | 11.98 | 6.19 | 5.79 | 12.84 | 6.75 | 6.09 |
| 山 西 | Shanxi | 12.26 | 6.04 | 6.22 | 12.36 | 6.11 | 6.25 | 12.02 | 6.00 | 6.02 |
| 内蒙古 | Inner Mongolia | 9.24 | 6.17 | 3.07 | 9.53 | 5.98 | 3.55 | 10.08 | 5.46 | 4.62 |
| 辽 宁 | Liaoning | 6.90 | 5.83 | 1.07 | 6.51 | 5.60 | 0.91 | 7.01 | 6.04 | 0.97 |
| 吉 林 | Jilin | 7.25 | 5.64 | 1.61 | 7.39 | 5.63 | 1.76 | 7.89 | 5.32 | 2.57 |
| 黑龙江 | Heilongjiang | 7.48 | 5.45 | 2.03 | 7.27 | 5.45 | 1.82 | 7.87 | 5.20 | 2.67 |
| 上 海 | Shanghai | 4.85 | 6.20 | -1.35 | 6.00 | 6.00 | 0.00 | 7.04 | 6.08 | 0.96 |
| 江 苏 | Jiangsu | 9.04 | 7.03 | 2.01 | 9.45 | 7.20 | 2.25 | 9.24 | 7.03 | 2.21 |
| 浙 江 | Zhejiang | 9.66 | 6.38 | 3.28 | 10.71 | 5.76 | 4.95 | 11.10 | 6.08 | 5.02 |
| 安 徽 | Anhui | 11.15 | 5.20 | 5.95 | 11.62 | 5.50 | 6.12 | 12.43 | 6.23 | 6.20 |
| 福 建 | Fujian | 11.43 | 5.58 | 5.85 | 11.58 | 5.62 | 5.96 | 11.60 | 5.62 | 5.98 |
| 江 西 | Jiangxi | 14.07 | 5.98 | 8.09 | 13.61 | 5.99 | 7.62 | 13.79 | 5.96 | 7.83 |
| 山 东 | Shandong | 11.42 | 6.64 | 4.78 | 12.50 | 6.49 | 6.01 | 12.14 | 6.31 | 5.83 |
| 河 南 | Henan | 12.10 | 6.46 | 5.64 | 11.67 | 6.47 | 5.20 | 11.55 | 6.30 | 5.25 |
| 湖 北 | Hubei | 8.26 | 5.94 | 2.32 | 8.43 | 6.03 | 2.40 | 8.74 | 5.69 | 3.05 |
| 湖 南 | Hunan | 11.82 | 6.87 | 4.95 | 11.89 | 6.80 | 5.09 | 11.90 | 6.75 | 5.15 |
| 广 东 | Guangdong | 13.66 | 5.31 | 8.35 | 13.13 | 5.12 | 8.01 | 11.70 | 4.68 | 7.02 |
| 广 西 | Guangxi | 13.86 | 6.57 | 7.29 | 13.32 | 6.12 | 7.20 | 14.26 | 6.09 | 8.16 |
| 海 南 | Hainan | 14.68 | 5.52 | 9.16 | 14.77 | 5.79 | 8.98 | 14.65 | 5.72 | 8.93 |
| 重 庆 | Chongqing | 9.89 | 7.20 | 2.69 | 9.45 | 6.60 | 2.85 | 9.40 | 6.40 | 3.00 |
| 四 川 | Sichuan | 9.18 | 6.06 | 3.12 | 9.05 | 6.27 | 2.78 | 9.70 | 6.80 | 2.90 |
| 贵 州 | Guizhou | 15.91 | 6.87 | 9.04 | 15.08 | 6.35 | 8.73 | 14.59 | 7.21 | 7.38 |
| 云 南 | Yunnan | 17.00 | 7.20 | 9.80 | 15.60 | 6.60 | 9.00 | 14.72 | 6.75 | 7.97 |
| 西 藏 | Tibet | 17.40 | 6.30 | 11.10 | 17.40 | 6.20 | 11.20 | 17.94 | 7.15 | 10.79 |
| 陕 西 | Shaanxi | 10.67 | 6.38 | 4.29 | 10.59 | 6.33 | 4.26 | 10.02 | 6.01 | 4.01 |
| 甘 肃 | Gansu | 12.58 | 6.46 | 6.12 | 12.43 | 6.52 | 5.91 | 12.59 | 6.57 | 6.02 |
| 青 海 | Qinghai | 16.94 | 6.09 | 10.85 | 16.32 | 6.45 | 9.87 | 15.70 | 6.21 | 9.49 |
| 宁 夏 | Ningxia | 15.68 | 4.73 | 10.95 | 15.97 | 4.79 | 11.18 | 15.93 | 4.95 | 10.98 |
| 新 疆 | Xinjiang | 16.01 | 5.23 | 10.78 | 16.00 | 5.09 | 10.91 | 16.42 | 5.04 | 11.38 |

# 1-6 续表 5 continued

单位：‰ (‰)

| 地区 Region | 2006 出生率 Birth Rate | 2006 死亡率 Death Rate | 2006 自然增长率 Natural Growth Rate | 2007 出生率 Birth Rate | 2007 死亡率 Death Rate | 2007 自然增长率 Natural Growth Rate | 2008 出生率 Birth Rate | 2008 死亡率 Death Rate | 2008 自然增长率 Natural Growth Rate |
|---|---|---|---|---|---|---|---|---|---|
| **全 国 National Total** | **12.09** | **6.81** | **5.28** | **12.10** | **6.93** | **5.17** | **12.14** | **7.06** | **5.08** |
| 北 京 Beijing | 6.26 | 4.97 | 1.29 | 8.32 | 4.92 | 3.40 | 8.17 | 4.75 | 3.42 |
| 天 津 Tianjin | 7.67 | 6.07 | 1.60 | 7.91 | 5.86 | 2.05 | 8.13 | 5.94 | 2.19 |
| 河 北 Hebei | 12.82 | 6.59 | 6.23 | 13.33 | 6.78 | 6.55 | 13.04 | 6.49 | 6.55 |
| 山 西 Shanxi | 11.48 | 5.73 | 5.75 | 11.30 | 5.97 | 5.33 | 11.31 | 6.01 | 5.30 |
| 内蒙古 Inner Mongolia | 9.87 | 5.91 | 3.96 | 10.21 | 5.73 | 4.48 | 9.81 | 5.54 | 4.27 |
| 辽 宁 Liaoning | 6.40 | 5.30 | 1.10 | 6.89 | 5.36 | 1.53 | 6.32 | 5.22 | 1.10 |
| 吉 林 Jilin | 7.67 | 5.00 | 2.67 | 7.55 | 5.05 | 2.50 | 6.65 | 5.04 | 1.61 |
| 黑龙江 Heilongjiang | 7.57 | 5.18 | 2.39 | 7.88 | 5.39 | 2.49 | 7.91 | 5.68 | 2.23 |
| 上 海 Shanghai | 7.47 | 5.89 | 1.58 | 9.07 | 6.03 | 3.04 | 8.89 | 6.17 | 2.72 |
| 江 苏 Jiangsu | 9.36 | 7.08 | 2.28 | 9.37 | 7.07 | 2.30 | 9.34 | 7.04 | 2.30 |
| 浙 江 Zhejiang | 10.29 | 5.42 | 4.87 | 10.38 | 5.57 | 4.81 | 10.20 | 5.62 | 4.58 |
| 安 徽 Anhui | 12.60 | 6.30 | 6.30 | 12.75 | 6.40 | 6.35 | 13.05 | 6.60 | 6.45 |
| 福 建 Fujian | 12.00 | 5.75 | 6.25 | 11.90 | 5.90 | 6.00 | 12.20 | 5.90 | 6.30 |
| 江 西 Jiangxi | 13.80 | 6.01 | 7.79 | 13.86 | 5.99 | 7.87 | 13.92 | 6.01 | 7.91 |
| 山 东 Shandong | 11.60 | 6.10 | 5.50 | 11.11 | 6.11 | 5.00 | 11.25 | 6.16 | 5.09 |
| 河 南 Henan | 11.59 | 6.27 | 5.32 | 11.26 | 6.32 | 4.94 | 11.42 | 6.45 | 4.97 |
| 湖 北 Hubei | 9.08 | 5.95 | 3.13 | 9.19 | 5.96 | 3.23 | 9.21 | 6.50 | 2.71 |
| 湖 南 Hunan | 11.92 | 6.73 | 5.19 | 11.96 | 6.71 | 5.25 | 12.68 | 7.28 | 5.40 |
| 广 东 Guangdong | 11.78 | 4.49 | 7.29 | 11.96 | 4.66 | 7.30 | 11.80 | 4.55 | 7.25 |
| 广 西 Guangxi | 14.44 | 6.10 | 8.34 | 14.19 | 5.99 | 8.20 | 14.40 | 5.70 | 8.70 |
| 海 南 Hainan | 14.59 | 5.73 | 8.86 | 14.62 | 5.71 | 8.91 | 14.71 | 5.72 | 8.99 |
| 重 庆 Chongqing | 9.90 | 6.50 | 3.40 | 10.10 | 6.30 | 3.80 | 10.10 | 6.30 | 3.80 |
| 四 川 Sichuan | 9.14 | 6.28 | 2.86 | 9.21 | 6.29 | 2.92 | 9.54 | 7.15 | 2.39 |
| 贵 州 Guizhou | 13.97 | 6.71 | 7.26 | 13.28 | 6.60 | 6.68 | 13.49 | 6.77 | 6.72 |
| 云 南 Yunnan | 13.20 | 6.30 | 6.90 | 13.08 | 6.22 | 6.86 | 12.63 | 6.31 | 6.32 |
| 西 藏 Tibet | 17.40 | 5.70 | 11.70 | 16.40 | 5.10 | 11.30 | 15.50 | 5.20 | 10.30 |
| 陕 西 Shaanxi | 10.19 | 6.15 | 4.04 | 10.21 | 6.16 | 4.05 | 10.29 | 6.21 | 4.08 |
| 甘 肃 Gansu | 12.86 | 6.62 | 6.24 | 13.14 | 6.65 | 6.49 | 13.22 | 6.68 | 6.54 |
| 青 海 Qinghai | 15.24 | 6.27 | 8.97 | 14.93 | 6.13 | 8.80 | 14.49 | 6.14 | 8.35 |
| 宁 夏 Ningxia | 15.53 | 4.84 | 10.69 | 14.80 | 5.04 | 9.76 | 14.31 | 4.62 | 9.69 |
| 新 疆 Xinjiang | 15.79 | 5.03 | 10.76 | 16.79 | 5.01 | 11.78 | 16.05 | 4.88 | 11.17 |

# 1-6 续表 6 continued

单位：‰ (‰)

| 地 区 | Region | 2009 出生率 Birth Rate | 2009 死亡率 Death Rate | 2009 自然增长率 Natural Growth Rate | 2010 出生率 Birth Rate | 2010 死亡率 Death Rate | 2010 自然增长率 Natural Growth Rate | 2011 出生率 Birth Rate | 2011 死亡率 Death Rate | 2011 自然增长率 Natural Growth Rate |
|---|---|---|---|---|---|---|---|---|---|---|
| **全 国** | **National Total** | **11.95** | **7.08** | **4.87** | **11.90** | **7.11** | **4.79** | **11.93** | **7.14** | **4.79** |
| 北 京 | Beijing | 8.06 | 4.56 | 3.50 | 7.48 | 4.41 | 3.07 | 8.29 | 4.27 | 4.02 |
| 天 津 | Tianjin | 8.30 | 5.70 | 2.60 | 8.18 | 5.58 | 2.60 | 8.58 | 6.08 | 2.50 |
| 河 北 | Hebei | 12.93 | 6.43 | 6.50 | 13.22 | 6.41 | 6.81 | 13.02 | 6.52 | 6.50 |
| 山 西 | Shanxi | 10.87 | 5.98 | 4.89 | 10.68 | 5.38 | 5.30 | 10.47 | 5.61 | 4.86 |
| 内蒙古 | Inner Mongolia | 9.57 | 5.61 | 3.96 | 9.30 | 5.54 | 3.76 | 8.94 | 5.43 | 3.51 |
| 辽 宁 | Liaoning | 6.06 | 5.09 | 0.97 | 6.68 | 6.26 | 0.42 | 5.71 | 6.05 | -0.34 |
| 吉 林 | Jilin | 6.69 | 4.74 | 1.95 | 7.91 | 5.88 | 2.03 | 6.53 | 5.51 | 1.02 |
| 黑龙江 | Heilongjiang | 7.48 | 5.42 | 2.06 | 7.35 | 5.03 | 2.32 | 6.99 | 5.92 | 1.07 |
| 上 海 | Shanghai | 8.64 | 5.94 | 2.70 | 7.05 | 5.07 | 1.98 | 6.97 | 5.10 | 1.87 |
| 江 苏 | Jiangsu | 9.55 | 6.99 | 2.56 | 9.73 | 6.88 | 2.85 | 9.59 | 6.98 | 2.61 |
| 浙 江 | Zhejiang | 10.22 | 5.59 | 4.63 | 10.27 | 5.54 | 4.73 | 9.47 | 5.40 | 4.07 |
| 安 徽 | Anhui | 13.07 | 6.60 | 6.47 | 12.70 | 5.95 | 6.75 | 12.23 | 5.91 | 6.32 |
| 福 建 | Fujian | 12.20 | 6.00 | 6.20 | 11.27 | 5.16 | 6.11 | 11.41 | 5.20 | 6.21 |
| 江 西 | Jiangxi | 13.87 | 5.98 | 7.89 | 13.72 | 6.06 | 7.66 | 13.48 | 5.98 | 7.50 |
| 山 东 | Shandong | 11.70 | 6.08 | 5.62 | 11.65 | 6.26 | 5.39 | 11.50 | 6.40 | 5.10 |
| 河 南 | Henan | 11.45 | 6.46 | 4.99 | 11.52 | 6.57 | 4.95 | 11.56 | 6.62 | 4.94 |
| 湖 北 | Hubei | 9.48 | 6.00 | 3.48 | 10.36 | 6.02 | 4.34 | 10.39 | 6.01 | 4.38 |
| 湖 南 | Hunan | 13.05 | 6.94 | 6.11 | 13.10 | 6.70 | 6.40 | 13.35 | 6.80 | 6.55 |
| 广 东 | Guangdong | 11.78 | 4.52 | 7.26 | 11.18 | 4.21 | 6.97 | 10.45 | 4.35 | 6.10 |
| 广 西 | Guangxi | 14.17 | 5.64 | 8.53 | 14.13 | 5.48 | 8.65 | 13.71 | 6.04 | 7.67 |
| 海 南 | Hainan | 14.66 | 5.70 | 8.96 | 14.71 | 5.73 | 8.98 | 14.72 | 5.75 | 8.97 |
| 重 庆 | Chongqing | 9.90 | 6.20 | 3.70 | 9.17 | 6.40 | 2.77 | 9.88 | 6.71 | 3.17 |
| 四 川 | Sichuan | 9.15 | 6.43 | 2.72 | 8.93 | 6.62 | 2.31 | 9.79 | 6.81 | 2.98 |
| 贵 州 | Guizhou | 13.65 | 6.69 | 6.96 | 13.96 | 6.55 | 7.41 | 13.31 | 6.93 | 6.38 |
| 云 南 | Yunnan | 12.53 | 6.45 | 6.08 | 13.10 | 6.56 | 6.54 | 12.71 | 6.36 | 6.35 |
| 西 藏 | Tibet | 15.31 | 5.07 | 10.24 | 15.80 | 5.55 | 10.25 | 15.39 | 5.13 | 10.26 |
| 陕 西 | Shaanxi | 10.24 | 6.24 | 4.00 | 9.73 | 6.01 | 3.72 | 9.75 | 6.06 | 3.69 |
| 甘 肃 | Gansu | 13.32 | 6.71 | 6.61 | 12.05 | 6.02 | 6.03 | 12.08 | 6.03 | 6.05 |
| 青 海 | Qinghai | 14.51 | 6.19 | 8.32 | 14.94 | 6.31 | 8.63 | 14.43 | 6.12 | 8.31 |
| 宁 夏 | Ningxia | 14.38 | 4.70 | 9.68 | 14.14 | 5.10 | 9.04 | 13.65 | 4.68 | 8.97 |
| 新 疆 | Xinjiang | 15.99 | 5.43 | 10.56 | 15.99 | 5.43 | 10.56 | 14.99 | 4.42 | 10.57 |

# 1-7 六次全国人口普查人口基本情况
# Basic Statistics on National Population Census in 1953, 1964, 1982, 1990, 2000 and 2010

| 指　　标 | | Item | | 1953 | 1964 | 1982 | 1990 | 2000 | 2010 |
|---|---|---|---|---|---|---|---|---|---|
| **总人口** | **（万人）** | **Total Population** | **(10 000 persons)** | **58260** | **69458** | **100818** | **113368** | **126583** | **133972** |
| 男 | | Male | | 30190 | 35652 | 51944 | 58495 | 65355 | 68685 |
| 女 | | Female | | 28070 | 33806 | 48874 | 54873 | 61228 | 65287 |
| 性别比（以女性为100） | | Sex Ratio (female=100) | | 107.56 | 105.46 | 106.30 | 106.60 | 106.74 | 105.20 |
| **家庭户规模** | **（人/户）** | **Average Family Household Size** | **(person/household)** | **4.33** | **4.43** | **4.41** | **3.96** | **3.44** | **3.10** |
| **各年龄组人口** | **（%）** | **Population by Age Group** | **(%)** | | | | | | |
| 0-14岁 | | 0-14 | | 36.28 | 40.69 | 33.59 | 27.69 | 22.89 | 16.60 |
| 15-64岁 | | 15-64 | | 59.31 | 55.75 | 61.50 | 66.74 | 70.15 | 74.53 |
| 65岁及以上 | | 65 and Over | | 4.41 | 3.56 | 4.91 | 5.57 | 6.96 | 8.87 |
| **民族人口** | | **Population by Ethnicity** | | | | | | | |
| 汉族 | （万人） | Han | (10 000 persons) | 54728 | 65456 | 94088 | 104248 | 115940 | 122593 |
| 占总人口比重 | （%） | Percentage to Total Population | (%) | 93.94 | 94.24 | 93.32 | 91.96 | 91.59 | 91.51 |
| 少数民族 | （万人） | Ethnic Minorities | (10 000 persons) | 3532 | 4002 | 6730 | 9120 | 10643 | 11379 |
| 占总人口比重 | （%） | Percentage to Total Population | (%) | 6.06 | 5.76 | 6.68 | 8.04 | 8.41 | 8.49 |
| **每十万人拥有的各种受教育程度人口** | **（人）** | **Population with Various Education Attainments Per 100 000 Persons** | **(person)** | | | | | | |
| 大专及以上 | | Junior College and Above | | | 416 | 615 | 1422 | 3611 | 8930 |
| 高中和中专 | | Senior Secondary School and Technical Secondary School | | | 1319 | 6779 | 8039 | 11146 | 14032 |
| 初中 | | Junior Secondary School | | | 4680 | 17892 | 23344 | 33961 | 38788 |
| 小学 | | Primary School | | | 28330 | 35237 | 37057 | 35701 | 26779 |
| **文盲人口及文盲率** | | **Illiterate Population and Illiterate Rate** | | | | | | | |
| 文盲人口 | （万人） | Illiterate Population | (10 000 persons) | | 23327 | 22996 | 18003 | 8507 | 5466 |
| 文盲率 | （%） | Illiterate Rate | (%) | | 33.58 | 22.81 | 15.88 | 6.72 | 4.08 |
| **城乡人口** | | **Population by Residence** | | | | | | | |
| 城镇化率 | （%） | Urbanization Rate | (%) | 13.26 | 18.30 | 20.91 | 26.44 | 36.22 | 49.68 |
| 城镇人口 | （万人） | Urban Population | (10 000 persons) | 7726 | 12710 | 21082 | 29971 | 45844 | 66557 |
| 乡村人口 | （万人） | Rural Population | (10 000 persons) | 50534 | 56748 | 79736 | 83397 | 80739 | 67415 |
| **平均预期寿命** | **（岁）** | **Life Expectancy** | **(year old)** | | | **67.77*** | **68.55** | **71.40** | **74.83** |
| 男 | | Male | | | | 66.28* | 66.84 | 69.63 | 72.38 |
| 女 | | Female | | | | 69.27* | 70.47 | 73.33 | 77.37 |

注：1.1953年、1964年、1982年及1990年全国人口普查标准时点为当年7月1日零时，2000年和2010年全国人口普查标准时点为当年11月1日零时。

2.历次普查总人口数据包括中国人民解放军现役军人。在城乡人口中，中国人民解放军现役军人列为城镇人口统计。

3.1964年文盲人口为13岁及以上不识字人口，1982、1990、2000、2010年文盲人口为15岁及以上不识字或识字很少的人。

4.表中“*”号表示为1981年数据。

Note:a) Standard reference time of national population census in 1953, 1964, 1982 and 1990 was zero hour of July 1st, and in 2000 and 2010 was zero hour of November 1st.

b) Total population from the five national population censuses includes the military personnel. Military personnel is listed as urban population in population by residence.

c) Illiterate population of 1964 National Population Census referred to the population aged 13 and over who are unable to read. Illiterate population of 1982, 1990, 2000 and 2010 National Population Censuses referred to the population aged 15 and over who are unable or have difficulty to read.

d) Data with “*” in this table are of 1981.

# 1-8 各地区人口平均预期寿命

## Population Life Expectancy by Region

单位：岁 (year old)

| 地区 | Region | 1990年 预期寿命 Life Expectancy in 1990 | 男 Male | 女 Female | 2000年 预期寿命 Life Expectancy in 2000 | 男 Male | 女 Female | 2010年 预期寿命 Life Expectancy in 2010 | 男 Male | 女 Female |
|---|---|---|---|---|---|---|---|---|---|---|
| **全国** | **National Total** | **68.55** | **66.84** | **70.47** | **71.40** | **69.63** | **73.33** | **74.83** | **72.38** | **77.37** |
| 北京 | Beijing | 72.86 | 71.07 | 74.93 | 76.10 | 74.33 | 78.01 | 80.18 | 78.28 | 82.21 |
| 天津 | Tianjin | 72.32 | 71.03 | 73.73 | 74.91 | 73.31 | 76.63 | 78.89 | 77.42 | 80.48 |
| 河北 | Hebei | 70.35 | 68.47 | 72.53 | 72.54 | 70.68 | 74.57 | 74.97 | 72.70 | 77.47 |
| 山西 | Shanxi | 68.97 | 67.33 | 70.93 | 71.65 | 69.96 | 73.57 | 74.92 | 72.87 | 77.28 |
| 内蒙古 | Inner Mongolia | 65.68 | 64.47 | 67.22 | 69.87 | 68.29 | 71.79 | 74.44 | 72.04 | 77.27 |
| 辽宁 | Liaoning | 70.22 | 68.72 | 71.94 | 73.34 | 71.51 | 75.36 | 76.38 | 74.12 | 78.86 |
| 吉林 | Jilin | 67.95 | 66.65 | 69.49 | 73.10 | 71.38 | 75.04 | 76.18 | 74.12 | 78.44 |
| 黑龙江 | Heilongjiang | 66.97 | 65.50 | 68.73 | 72.37 | 70.39 | 74.66 | 75.98 | 73.52 | 78.81 |
| 上海 | Shanghai | 74.90 | 72.77 | 77.02 | 78.14 | 76.22 | 80.04 | 80.26 | 78.20 | 82.44 |
| 江苏 | Jiangsu | 71.37 | 69.26 | 73.57 | 73.91 | 71.69 | 76.23 | 76.63 | 74.60 | 78.81 |
| 浙江 | Zhejiang | 71.78 | 69.66 | 74.24 | 74.70 | 72.50 | 77.21 | 77.73 | 75.58 | 80.21 |
| 安徽 | Anhui | 69.48 | 67.75 | 71.36 | 71.85 | 70.18 | 73.59 | 75.08 | 72.65 | 77.84 |
| 福建 | Fujian | 68.57 | 66.49 | 70.93 | 72.55 | 70.30 | 75.07 | 75.76 | 73.27 | 78.64 |
| 江西 | Jiangxi | 66.11 | 64.87 | 67.49 | 68.95 | 68.37 | 69.32 | 74.33 | 71.94 | 77.06 |
| 山东 | Shandong | 70.57 | 68.64 | 72.67 | 73.92 | 71.70 | 76.26 | 76.46 | 74.05 | 79.06 |
| 河南 | Henan | 70.15 | 67.96 | 72.55 | 71.54 | 69.67 | 73.41 | 74.57 | 71.84 | 77.59 |
| 湖北 | Hubei | 67.25 | 65.51 | 69.23 | 71.08 | 69.31 | 73.02 | 74.87 | 72.68 | 77.35 |
| 湖南 | Hunan | 66.93 | 65.41 | 68.70 | 70.66 | 69.05 | 72.47 | 74.70 | 72.28 | 77.48 |
| 广东 | Guangdong | 72.52 | 69.71 | 75.43 | 73.27 | 70.79 | 75.93 | 76.49 | 74.00 | 79.37 |
| 广西 | Guangxi | 68.72 | 67.17 | 70.34 | 71.29 | 69.07 | 73.75 | 75.11 | 71.77 | 79.05 |
| 海南 | Hainan | 70.01 | 66.93 | 73.28 | 72.92 | 70.66 | 75.26 | 76.30 | 73.20 | 80.01 |
| 重庆 | Chongqing | | | | 71.73 | 69.84 | 73.89 | 75.70 | 73.16 | 78.60 |
| 四川 | Sichuan | 66.33 | 65.06 | 67.70 | 71.20 | 69.25 | 73.39 | 74.75 | 72.25 | 77.59 |
| 贵州 | Guizhou | 64.29 | 63.04 | 65.63 | 65.96 | 64.54 | 67.57 | 71.10 | 68.43 | 74.11 |
| 云南 | Yunnan | 63.49 | 62.08 | 64.98 | 65.49 | 64.24 | 66.89 | 69.54 | 67.06 | 72.43 |
| 西藏 | Tibet | 59.64 | 57.64 | 61.57 | 64.37 | 62.52 | 66.15 | 68.17 | 66.33 | 70.07 |
| 陕西 | Shaanxi | 67.40 | 66.23 | 68.79 | 70.07 | 68.92 | 71.30 | 74.68 | 72.84 | 76.74 |
| 甘肃 | Gansu | 67.24 | 66.35 | 68.25 | 67.47 | 66.77 | 68.26 | 72.23 | 70.60 | 74.06 |
| 青海 | Qinghai | 60.57 | 59.29 | 61.96 | 66.03 | 64.55 | 67.70 | 69.96 | 68.11 | 72.07 |
| 宁夏 | Ningxia | 66.94 | 65.95 | 68.05 | 70.17 | 68.71 | 71.84 | 73.38 | 71.31 | 75.71 |
| 新疆 | Xinjiang | 62.59 | 61.95 | 63.26 | 67.41 | 65.98 | 69.14 | 72.35 | 70.30 | 74.86 |

注：根据人口普查数据计算。
Note: Data in this table are calculated according to the National Population Census.

# 1-9 全国历年人口密度

# Population Density

| 年 份<br>Year | 总人口<br>(万人)<br>Population<br>(10 000 persons) | 人口密度<br>(人/平方公里)<br>Population Density<br>(person/sq.km) | 年 份<br>Year | 总人口<br>(万人)<br>Population<br>(10 000 persons) | 人口密度<br>(人/平方公里)<br>Population Density<br>(person/sq.km) |
|---|---|---|---|---|---|
| 1949 | 54167 | 56 | 1981 | 100072 | 104 |
| 1950 | 55196 | 57 | 1982 | 101654 | 106 |
| 1951 | 56300 | 59 | 1983 | 103008 | 107 |
| 1952 | 57482 | 60 | 1984 | 104357 | 109 |
| | | | 1985 | 105851 | 110 |
| 1953 | 58796 | 61 | | | |
| 1954 | 60266 | 63 | 1986 | 107507 | 112 |
| 1955 | 61465 | 64 | 1987 | 109300 | 114 |
| 1956 | 62828 | 65 | 1988 | 111026 | 116 |
| 1957 | 64653 | 67 | 1989 | 112704 | 117 |
| | | | 1990 | 114333 | 119 |
| 1958 | 65994 | 69 | | | |
| 1959 | 67207 | 70 | 1991 | 115823 | 121 |
| 1960 | 66207 | 69 | 1992 | 117171 | 122 |
| 1961 | 65859 | 69 | 1993 | 118517 | 123 |
| 1962 | 67295 | 70 | 1994 | 119850 | 125 |
| | | | 1995 | 121121 | 126 |
| 1963 | 69172 | 72 | | | |
| 1964 | 70499 | 73 | 1996 | 122389 | 127 |
| 1965 | 72538 | 76 | 1997 | 123626 | 129 |
| | | | 1998 | 124761 | 130 |
| 1966 | 74542 | 78 | 1999 | 125786 | 131 |
| 1967 | 76368 | 80 | 2000 | 126743 | 132 |
| 1968 | 78534 | 82 | | | |
| 1969 | 80671 | 84 | 2001 | 127627 | 133 |
| 1970 | 82992 | 86 | 2002 | 128453 | 134 |
| | | | 2003 | 129227 | 135 |
| 1971 | 85229 | 89 | 2004 | 129988 | 135 |
| 1972 | 87177 | 91 | 2005 | 130756 | 136 |
| 1973 | 89211 | 93 | | | |
| 1974 | 90859 | 95 | 2006 | 131448 | 137 |
| 1975 | 92420 | 96 | 2007 | 132129 | 138 |
| | | | 2008 | 132802 | 138 |
| 1976 | 93717 | 98 | 2009 | 133450 | 139 |
| 1977 | 94974 | 99 | 2010 | 134091 | 140 |
| 1978 | 96259 | 100 | | | |
| 1979 | 97542 | 102 | 2011 | 134735 | 140 |
| 1980 | 98705 | 103 | | | |

# 1-10 全国劳动统计主要指标
# Main Indicators of National Labor Statistics

| 指标 | Item | 2010 | 2011 | 2011年比上年增长 % Increase Rate (2010=100) |
|---|---|---|---|---|
| **总人口 （万人）** | **Total Population (10 000 persons)** | **134091** | **134735** | **0.5** |
| **16岁以上人口数 （万人）** | **Population Above 16 (10 000 persons)** | **110011** | **110932** | **0.8** |
| **经济活动人口 （万人）** | **Economically Active Population (10 000 persons)** | **78388** | **78579** | **0.2** |
| **全国就业人员年末人数 （万人）** | **Employment (end of year, 10 000 persons)** | **76105** | **76420** | **0.4** |
| 城镇就业人员 | Urban Employment | 34687 | 35914 | 3.5 |
| 单位就业人员 | Unit Employment | 13051.5 | 14413.3 | 10.4 |
| #国有单位 | State-owned Units | 6516.4 | 6704.2 | 2.9 |
| 集体单位 | Collective-owned Units | 597.5 | 603.1 | 0.9 |
| 其他单位 | Other Ownership Units | 5937.6 | 7106.0 | 19.7 |
| 城镇私营和个体就业人员 | Employment in Urban Private Enterprises and Individuals | 10538.4 | 12138.8 | 15.2 |
| 乡村就业人员 | Rural Employment | 41418 | 40506 | -2.2 |
| **城镇单位就业人员工资总额 （亿元）** | **Total Wages of the Urban Units Employment (100 million yuan)** | **47269.9** | **59954.7** | **26.8** |
| #国有单位 | State-owned Units | 24886.4 | 28954.8 | 16.3 |
| 集体单位 | Collective-owned Units | 1433.7 | 1737.4 | 21.2 |
| 其他单位 | Other Ownership Units | 20949.7 | 29262.4 | 39.7 |
| **城镇单位就业人员平均工资 （元）** | **Average Wage of the Urban Units Employment (yuan)** | **36539** | **41799** | **14.4** |
| #国有单位 | State-owned Units | 38359 | 43483 | 13.4 |
| 集体单位 | Collective-owned Units | 24010 | 28791 | 19.9 |
| 其他单位 | Other Ownership Units | 35801 | 41323 | 15.4 |
| **城镇登记失业人员年末人数 （万人）** | **Urban Registered Unemployment (10 000 persons)** | **908** | **922** | **1.5** |
| **非经济活动人口 （万人）** | **Noneconomically Active Population (10 000 persons)** | **31623** | **32353** | **2.3** |

注：自2009年始，“城镇单位就业人员工资总额”和“城镇单位就业人员平均工资”即为2008年及以前的“城镇单位就业人员劳动报酬”和“城镇单位就业人员平均劳动报酬”。往年本年鉴及相关资料中1994-2008年城镇单位就业人员劳动报酬和平均劳动报酬指标与此指标统计口径相同(下表同)。

Note: Since 2009, "Total wages of the urban units employment" and "Average wage of the urban units employment" refer to "Earnings of the urban units employment" and "Average earning of the urban units employment" before 2008. Statistical coverage of "Earnings of the urban units employment" and "Average earning of the urban units employment" in this previous yearbook and relevant books from 1994 to 2008 are the same with the indicators above.The same applies to the tables followings.

# 1-11　分城乡就业人员年末人数
## Number of Employed Persons at Year-end in Urban and Rural Areas

单位：万人　　　　(10 000 persons)

| 年份 Year | 就业人员 Total Number of Employed Persons | 城镇 Urban | | 乡村 Rural | |
|---|---|---|---|---|---|
| | | 就业人员 Employed Persons | 比重（%） Proportion | 就业人员 Employed Persons | 比重（%） Proportion |
| 1952 | 20729 | 2486 | 12.0 | 18243 | 88.0 |
| 1953 | 21364 | 2754 | 12.9 | 18610 | 87.1 |
| 1954 | 21832 | 2744 | 12.6 | 19088 | 87.4 |
| 1955 | 22328 | 2802 | 12.5 | 19526 | 87.5 |
| 1956 | 23018 | 2993 | 13.0 | 20025 | 87.0 |
| 1957 | 23771 | 3205 | 13.5 | 20566 | 86.5 |
| 1958 | 26600 | 5300 | 19.9 | 21300 | 80.1 |
| 1959 | 26173 | 5389 | 20.6 | 20784 | 79.4 |
| 1960 | 25880 | 6119 | 23.6 | 19761 | 76.4 |
| 1961 | 25590 | 5336 | 20.9 | 20254 | 79.1 |
| 1962 | 25910 | 4537 | 17.5 | 21373 | 82.5 |
| 1963 | 26640 | 4603 | 17.3 | 22037 | 82.7 |
| 1964 | 27736 | 4828 | 17.4 | 22908 | 82.6 |
| 1965 | 28670 | 5136 | 17.9 | 23534 | 82.1 |
| 1966 | 29805 | 5354 | 18.0 | 24451 | 82.0 |
| 1967 | 30814 | 5446 | 17.7 | 25368 | 82.3 |
| 1968 | 31915 | 5630 | 17.6 | 26285 | 82.4 |
| 1969 | 33225 | 5825 | 17.5 | 27400 | 82.5 |
| 1970 | 34432 | 6312 | 18.3 | 28120 | 81.7 |
| 1971 | 35620 | 6868 | 19.3 | 28752 | 80.7 |
| 1972 | 35854 | 7200 | 20.1 | 28654 | 79.9 |
| 1973 | 36652 | 7388 | 20.2 | 29264 | 79.8 |
| 1974 | 37369 | 7687 | 20.6 | 29682 | 79.4 |
| 1975 | 38168 | 8222 | 21.5 | 29946 | 78.5 |
| 1976 | 38834 | 8692 | 22.4 | 30142 | 77.6 |
| 1977 | 39377 | 9127 | 23.2 | 30250 | 76.8 |
| 1978 | 40152 | 9514 | 23.7 | 30638 | 76.3 |
| 1979 | 41024 | 9999 | 24.4 | 31025 | 75.6 |
| 1980 | 42361 | 10525 | 24.8 | 31836 | 75.2 |

注：全国就业人员1990年及以后的数据根据劳动力调查、人口普查推算，2001年及以后数据根据第六次人口普查数据重新修订(下表同)。

Note:From 1990 to 2000, the total number of employed persons were estimated according to Labour Force Survey and Population Census, since 2001, were revised according to the 6th National Population Census. The same applies to the following tables.

## 1-11 续表 continued

单位：万人 (10 000 persons)

| 年 份<br>Year | 就业人员<br>Total Number of Employed Persons | 城镇 Urban | | 乡村 Rural | |
|---|---|---|---|---|---|
| | | 就业人员<br>Employed Persons | 比重（%）<br>Proportion | 就业人员<br>Employed Persons | 比重（%）<br>Proportion |
| 1981 | 43725 | 11053 | 25.3 | 32672 | 74.7 |
| 1982 | 45295 | 11428 | 25.2 | 33867 | 74.8 |
| 1983 | 46436 | 11746 | 25.3 | 34690 | 74.7 |
| 1984 | 48197 | 12229 | 25.4 | 35968 | 74.6 |
| 1985 | 49873 | 12808 | 25.7 | 37065 | 74.3 |
| 1986 | 51282 | 13292 | 25.9 | 37990 | 74.1 |
| 1987 | 52783 | 13783 | 26.1 | 39000 | 73.9 |
| 1988 | 54334 | 14267 | 26.3 | 40067 | 73.7 |
| 1989 | 55329 | 14390 | 26.0 | 40939 | 74.0 |
| 1990 | 64749 | 17041 | 26.3 | 47708 | 73.7 |
| 1991 | 65491 | 17465 | 26.7 | 48026 | 73.3 |
| 1992 | 66152 | 17861 | 27.0 | 48291 | 73.0 |
| 1993 | 66808 | 18262 | 27.3 | 48546 | 72.7 |
| 1994 | 67455 | 18653 | 27.7 | 48802 | 72.3 |
| 1995 | 68065 | 19040 | 28.0 | 49025 | 72.0 |
| 1996 | 68950 | 19922 | 28.9 | 49028 | 71.1 |
| 1997 | 69820 | 20781 | 29.8 | 49039 | 70.2 |
| 1998 | 70637 | 21616 | 30.6 | 49021 | 69.4 |
| 1999 | 71394 | 22412 | 31.4 | 48982 | 68.6 |
| 2000 | 72085 | 23151 | 32.1 | 48934 | 67.9 |
| 2001 | 72797 | 24123 | 33.1 | 48674 | 66.9 |
| 2002 | 73280 | 25159 | 34.3 | 48121 | 65.7 |
| 2003 | 73736 | 26230 | 35.6 | 47506 | 64.4 |
| 2004 | 74264 | 27293 | 36.8 | 46971 | 63.2 |
| 2005 | 74647 | 28389 | 38.0 | 46258 | 62.0 |
| 2006 | 74978 | 29630 | 39.5 | 45348 | 60.5 |
| 2007 | 75321 | 30953 | 41.1 | 44368 | 58.9 |
| 2008 | 75564 | 32103 | 42.5 | 43461 | 57.5 |
| 2009 | 75828 | 33322 | 43.9 | 42506 | 56.1 |
| 2010 | 76105 | 34687 | 45.6 | 41418 | 54.4 |
| 2011 | 76420 | 35914 | 47.0 | 40506 | 53.0 |

# 1-12 分产业就业人员年末人数

## Number of Employed Persons at Year-end by Three Strata Industries

单位: 万人 (10 000 persons)

| 年 份 Year | 就业人员合计 Total Number of Employed Persons | 第一产业 Primary Industry 就业人员 Employed Persons | 第一产业 比重 (%) Proportion | 第二产业 Secondary Industry 就业人员 Employed Persons | 第二产业 比重 (%) Proportion | 第三产业 Tertiary Industry 就业人员 Employed Persons | 第三产业 比重 (%) Proportion |
|---|---|---|---|---|---|---|---|
| 1952 | 20729 | 17317 | 83.5 | 1531 | 7.4 | 1881 | 9.1 |
| 1953 | 21364 | 17747 | 83.1 | 1715 | 8.0 | 1902 | 8.9 |
| 1954 | 21832 | 18151 | 83.1 | 1882 | 8.6 | 1799 | 8.3 |
| 1955 | 22328 | 18592 | 83.3 | 1913 | 8.6 | 1823 | 8.1 |
| 1956 | 23018 | 18544 | 80.6 | 2468 | 10.7 | 2006 | 8.7 |
| 1957 | 23771 | 19309 | 81.2 | 2142 | 9.0 | 2320 | 9.8 |
| 1958 | 26600 | 15490 | 58.2 | 7076 | 26.6 | 4034 | 15.2 |
| 1959 | 26173 | 16271 | 62.2 | 5402 | 20.6 | 4500 | 17.2 |
| 1960 | 25880 | 17016 | 65.7 | 4112 | 15.9 | 4752 | 18.4 |
| 1961 | 25590 | 19747 | 77.2 | 2856 | 11.2 | 2987 | 11.6 |
| 1962 | 25910 | 21276 | 82.1 | 2059 | 8.0 | 2575 | 9.9 |
| 1963 | 26640 | 21966 | 82.5 | 2038 | 7.6 | 2636 | 9.9 |
| 1964 | 27736 | 22801 | 82.2 | 2183 | 7.9 | 2752 | 9.9 |
| 1965 | 28670 | 23396 | 81.6 | 2408 | 8.4 | 2866 | 10.0 |
| 1966 | 29805 | 24297 | 81.5 | 2600 | 8.7 | 2908 | 9.8 |
| 1967 | 30814 | 25165 | 81.7 | 2661 | 8.6 | 2988 | 9.7 |
| 1968 | 31915 | 26063 | 81.7 | 2743 | 8.6 | 3109 | 9.7 |
| 1969 | 33225 | 27117 | 81.6 | 3030 | 9.1 | 3078 | 9.3 |
| 1970 | 34432 | 27811 | 80.8 | 3518 | 10.2 | 3103 | 9.0 |
| 1971 | 35620 | 28397 | 79.7 | 3990 | 11.2 | 3233 | 9.1 |
| 1972 | 35854 | 28283 | 78.9 | 4276 | 11.9 | 3295 | 9.2 |
| 1973 | 36652 | 28857 | 78.7 | 4492 | 12.3 | 3303 | 9.0 |
| 1974 | 37369 | 29218 | 78.2 | 4712 | 12.6 | 3439 | 9.2 |
| 1975 | 38168 | 29456 | 77.2 | 5152 | 13.5 | 3560 | 9.3 |
| 1976 | 38834 | 29443 | 75.8 | 5611 | 14.5 | 3780 | 9.7 |
| 1977 | 39377 | 29340 | 74.5 | 5831 | 14.8 | 4206 | 10.7 |
| 1978 | 40152 | 28318 | 70.5 | 6945 | 17.3 | 4890 | 12.2 |
| 1979 | 41024 | 28634 | 69.8 | 7214 | 17.6 | 5177 | 12.6 |
| 1980 | 42361 | 29122 | 68.7 | 7707 | 18.2 | 5532 | 13.1 |

## 1-12 续表 continued

单位：万人 (10 000 persons)

| 年 份 Year | 就业人员合 计 Total Number of Employed Persons | 第一产业 Primary Industry | | 第二产业 Secondary Industry | | 第三产业 Tertiary Industry | |
|---|---|---|---|---|---|---|---|
| | | 就业人员 Employed Persons | 比重 (%) Proportion | 就业人员 Employed Persons | 比重 (%) Proportion | 就业人员 Employed Persons | 比重 (%) Proportion |
| 1981 | 43725 | 29777 | 68.1 | 8003 | 18.3 | 5945 | 13.6 |
| 1982 | 45295 | 30859 | 68.1 | 8346 | 18.4 | 6090 | 13.5 |
| 1983 | 46436 | 31151 | 67.1 | 8679 | 18.7 | 6606 | 14.2 |
| 1984 | 48197 | 30868 | 64.0 | 9590 | 19.9 | 7739 | 16.1 |
| 1985 | 49873 | 31130 | 62.4 | 10384 | 20.8 | 8359 | 16.8 |
| 1986 | 51282 | 31254 | 60.9 | 11216 | 21.9 | 8811 | 17.2 |
| 1987 | 52783 | 31663 | 60.0 | 11726 | 22.2 | 9395 | 17.8 |
| 1988 | 54334 | 32249 | 59.3 | 12152 | 22.4 | 9933 | 18.3 |
| 1989 | 55329 | 33225 | 60.1 | 11976 | 21.6 | 10129 | 18.3 |
| 1990 | 64749 | 38914 | 60.1 | 13856 | 21.4 | 11979 | 18.5 |
| 1991 | 65491 | 39098 | 59.7 | 14015 | 21.4 | 12378 | 18.9 |
| 1992 | 66152 | 38699 | 58.5 | 14355 | 21.7 | 13098 | 19.8 |
| 1993 | 66808 | 37680 | 56.4 | 14965 | 22.4 | 14163 | 21.2 |
| 1994 | 67455 | 36628 | 54.3 | 15312 | 22.7 | 15515 | 23.0 |
| 1995 | 68065 | 35530 | 52.2 | 15655 | 23.0 | 16880 | 24.8 |
| 1996 | 68950 | 34820 | 50.5 | 16203 | 23.5 | 17927 | 26.0 |
| 1997 | 69820 | 34840 | 49.9 | 16547 | 23.7 | 18432 | 26.4 |
| 1998 | 70637 | 35177 | 49.8 | 16600 | 23.5 | 18860 | 26.7 |
| 1999 | 71394 | 35768 | 50.1 | 16421 | 23.0 | 19205 | 26.9 |
| 2000 | 72085 | 36043 | 50.0 | 16219 | 22.5 | 19823 | 27.5 |
| 2001 | 72797 | 36399 | 50.0 | 16234 | 22.3 | 20165 | 27.7 |
| 2002 | 73280 | 36640 | 50.0 | 15682 | 21.4 | 20958 | 28.6 |
| 2003 | 73736 | 36204 | 49.1 | 15927 | 21.6 | 21605 | 29.3 |
| 2004 | 74264 | 34830 | 46.9 | 16709 | 22.5 | 22725 | 30.6 |
| 2005 | 74647 | 33442 | 44.8 | 17766 | 23.8 | 23439 | 31.4 |
| 2006 | 74978 | 31941 | 42.6 | 18894 | 25.2 | 24143 | 32.2 |
| 2007 | 75321 | 30731 | 40.8 | 20186 | 26.8 | 24404 | 32.4 |
| 2008 | 75564 | 29923 | 39.6 | 20553 | 27.2 | 25087 | 33.2 |
| 2009 | 75828 | 28890 | 38.1 | 21080 | 27.8 | 25857 | 34.1 |
| 2010 | 76105 | 27931 | 36.7 | 21842 | 28.7 | 26332 | 34.6 |
| 2011 | 76420 | 26594 | 34.8 | 22544 | 29.5 | 27282 | 35.7 |

# 1-13 城镇登记失业人数及失业率(年末数)

# Registered Unemployed Persons and Registered Unemployment Rate in Urban Areas (year-end)

| 年 份<br>Year | 城镇登记失业人数<br>(万人)<br>Registered Unemployed Persons in Urban Areas<br>(10 000 persons) | 比上年增长<br>(%)<br>Increase over Preceeding year<br>(%) | 城镇登记失业率<br>(%)<br>Registered Unemployment Rate in Urban Areas<br>(%) |
|---|---|---|---|
| 1978 | 530.0 | | 5.3 |
| 1979 | 567.6 | 7.1 | 5.4 |
| 1980 | 541.5 | -4.6 | 4.9 |
| 1981 | 439.5 | -18.8 | 3.8 |
| 1982 | 379.4 | -13.7 | 3.2 |
| 1983 | 271.4 | -28.5 | 2.3 |
| 1984 | 235.7 | -13.2 | 1.9 |
| 1985 | 238.5 | 1.2 | 1.8 |
| 1986 | 264.4 | 10.9 | 2.0 |
| 1987 | 276.6 | 4.6 | 2.0 |
| 1988 | 296.2 | 7.1 | 2.0 |
| 1989 | 377.9 | 27.6 | 2.6 |
| 1990 | 383.2 | 1.4 | 2.5 |
| 1991 | 352.2 | -8.1 | 2.3 |
| 1992 | 363.9 | 3.3 | 2.3 |
| 1993 | 420.1 | 15.4 | 2.6 |
| 1994 | 476.4 | 13.4 | 2.8 |
| 1995 | 519.6 | 9.1 | 2.9 |
| 1996 | 552.8 | 6.3 | 3.0 |
| 1997 | 576.8 | 4.3 | 3.1 |
| 1998 | 571.0 | -1.0 | 3.1 |
| 1999 | 575.0 | 0.7 | 3.1 |
| 2000 | 595.0 | 3.5 | 3.1 |
| 2001 | 681.0 | 14.4 | 3.6 |
| 2002 | 770.0 | 13.1 | 4.0 |
| 2003 | 800.0 | 3.9 | 4.3 |
| 2004 | 827.0 | 3.4 | 4.2 |
| 2005 | 839.0 | 1.5 | 4.2 |
| 2006 | 847.0 | 1.0 | 4.1 |
| 2007 | 830.0 | -2.0 | 4.0 |
| 2008 | 886.0 | 6.7 | 4.2 |
| 2009 | 921.0 | 4.0 | 4.3 |
| 2010 | 908.0 | -1.4 | 4.1 |
| 2011 | 922.0 | 1.5 | 4.1 |

# 1-14 分地区城镇登记失业人员数(年末数)
## Registered Unemployed Persons in Urban Areas by Region (year-end)

单位：万人 (10 000 persons)

| 地　区 | Region | 2000 | 2001 | 2002 | 2003 | 2004 | 2005 | 2006 | 2007 | 2008 | 2009 | 2010 | 2011 |
|---|---|---|---|---|---|---|---|---|---|---|---|---|---|
| 北　京 | Beijing | 3.3 | 5.2 | 6.0 | 7.0 | 6.5 | 10.6 | 10.4 | 10.6 | 10.3 | 8.2 | 7.7 | 8.1 |
| 天　津 | Tianjin | 10.5 | 11.4 | 12.9 | 12.0 | 11.8 | 11.7 | 11.7 | 15.0 | 13.0 | 15.0 | 16.1 | 20.1 |
| 河　北 | Hebei | 17.4 | 19.5 | 22.2 | 25.7 | 28.0 | 27.8 | 28.7 | 29.3 | 32.2 | 34.5 | 35.1 | 36.0 |
| 山　西 | Shanxi | 9.7 | 12.2 | 14.5 | 13.1 | 13.7 | 14.3 | 15.6 | 16.1 | 17.5 | 21.6 | 20.4 | 21.1 |
| 内蒙古 | Inner Mongolia | 12.6 | 14.5 | 16.3 | 17.6 | 18.5 | 17.7 | 18.0 | 18.5 | 19.9 | 20.1 | 20.8 | 21.8 |
| 辽　宁 | Liaoning | 41.2 | 55.5 | 75.6 | 72.0 | 70.1 | 60.4 | 54.1 | 44.5 | 41.7 | 41.6 | 38.9 | 39.4 |
| 吉　林 | Jilin | 23.0 | 20.2 | 23.8 | 28.4 | 28.2 | 27.6 | 26.3 | 23.9 | 24.3 | 23.4 | 22.7 | 22.2 |
| 黑龙江 | Heilongjiang | 25.3 | 35.5 | 41.6 | 35.0 | 32.9 | 31.3 | 31.2 | 31.5 | 32.1 | 31.4 | 36.2 | 35.0 |
| 上　海 | Shanghai | 20.1 | 25.7 | 28.8 | 30.1 | 27.4 | 27.5 | 27.8 | 26.7 | 26.6 | 27.9 | 27.7 | 27.0 |
| 江　苏 | Jiangsu | 30.4 | 36.1 | 42.2 | 41.8 | 42.9 | 41.6 | 40.4 | 39.3 | 41.1 | 40.7 | 40.6 | 41.4 |
| 浙　江 | Zhejiang | 21.8 | 24.0 | 27.7 | 28.3 | 30.1 | 29.0 | 29.1 | 28.6 | 30.7 | 30.7 | 31.1 | 31.7 |
| 安　徽 | Anhui | 16.5 | 19.9 | 22.6 | 25.1 | 26.1 | 27.8 | 28.2 | 27.2 | 29.3 | 30.1 | 26.9 | 33.1 |
| 福　建 | Fujian | 9.1 | 13.2 | 15.0 | 14.6 | 14.5 | 14.9 | 15.1 | 14.9 | 15.0 | 15.2 | 14.5 | 14.6 |
| 江　西 | Jiangxi | 16.7 | 17.3 | 17.8 | 21.6 | 22.4 | 22.8 | 25.3 | 24.3 | 26.0 | 27.3 | 26.3 | 24.6 |
| 山　东 | Shandong | 37.5 | 35.4 | 39.7 | 41.3 | 42.3 | 42.9 | 43.7 | 43.5 | 60.7 | 45.1 | 59.5 | 45.0 |
| 河　南 | Henan | 21.4 | 23.1 | 25.4 | 26.3 | 31.2 | 33.0 | 35.4 | 33.1 | 36.5 | 38.5 | 38.2 | 38.4 |
| 湖　北 | Hubei | 36.6 | 42.2 | 44.7 | 49.3 | 49.4 | 52.6 | 52.6 | 54.1 | 55.1 | 55.3 | 55.7 | 55.1 |
| 湖　南 | Hunan | 27.6 | 30.3 | 30.4 | 37.1 | 43.0 | 41.9 | 43.3 | 44.4 | 47.0 | 47.8 | 43.2 | 43.1 |
| 广　东 | Guangdong | 30.2 | 34.5 | 36.5 | 35.5 | 35.9 | 34.5 | 36.2 | 36.2 | 38.1 | 39.5 | 39.3 | 38.8 |
| 广　西 | Guangxi | 11.3 | 14.2 | 14.7 | 14.9 | 17.8 | 18.5 | 20.0 | 18.5 | 18.8 | 19.1 | 19.1 | 18.8 |
| 海　南 | Hainan | 3.7 | 3.8 | 4.0 | 3.6 | 4.7 | 5.1 | 5.2 | 5.4 | 5.6 | 5.3 | 4.8 | 2.9 |
| 重　庆 | Chongqing | 10.1 | 13.7 | 16.2 | 16.2 | 16.8 | 16.9 | 15.4 | 14.1 | 13.0 | 13.4 | 13.0 | 13.0 |
| 四　川 | Sichuan | 30.8 | 31.9 | 33.8 | 33.1 | 33.3 | 34.3 | 36.1 | 34.5 | 37.9 | 36.3 | 34.6 | 36.9 |
| 贵　州 | Guizhou | 10.2 | 11.1 | 11.1 | 11.2 | 11.6 | 12.1 | 12.1 | 12.1 | 12.5 | 12.3 | 12.2 | 12.5 |
| 云　南 | Yunnan | 6.8 | 8.0 | 9.8 | 12.1 | 11.9 | 13.0 | 13.8 | 14.0 | 14.8 | 15.4 | 15.7 | 16.0 |
| 西　藏 | Tibet | 1.0 | | 1.3 | | 1.2 | | | | | 2.0 | 2.1 | 1.0 |
| 陕　西 | Shaanxi | 11.4 | 14.0 | 13.5 | 13.9 | 18.5 | 21.5 | 21.5 | 21.0 | 20.8 | 21.5 | 21.4 | 20.9 |
| 甘　肃 | Gansu | 7.4 | 7.4 | 8.7 | 9.3 | 9.5 | 9.3 | 9.7 | 9.5 | 9.4 | 10.3 | 10.7 | 10.8 |
| 青　海 | Qinghai | 1.8 | 2.4 | 2.9 | 3.1 | 3.5 | 3.6 | 3.7 | 3.7 | 3.9 | 4.1 | 4.2 | 4.4 |
| 宁　夏 | Ningxia | 3.8 | 3.7 | 3.5 | 3.8 | 4.1 | 4.4 | 4.2 | 4.4 | 4.8 | 4.8 | 4.8 | 5.2 |
| 新　疆 | Xinjiang | 11.0 | 9.7 | 9.9 | 9.9 | 13.3 | 11.1 | 11.6 | 11.7 | 11.8 | 11.9 | 11.0 | 11.1 |

# 1-15 分地区城镇登记失业率(年末数)

## Registered Unemployment Rate in Urban Areas by Region (year-end)

单位：% (%)

| 地 区 | Region | 2000 | 2001 | 2002 | 2003 | 2004 | 2005 | 2006 | 2007 | 2008 | 2009 | 2010 | 2011 |
|---|---|---|---|---|---|---|---|---|---|---|---|---|---|
| 北 京 | Beijing | 0.8 | 1.2 | 1.4 | 1.4 | 1.3 | 2.1 | 2.0 | 1.8 | 1.8 | 1.4 | 1.4 | 1.4 |
| 天 津 | Tianjin | 3.2 | 3.6 | 3.9 | 3.8 | 3.8 | 3.7 | 3.6 | 3.6 | 3.6 | 3.6 | 3.6 | 3.6 |
| 河 北 | Hebei | 2.8 | 3.2 | 3.6 | 3.9 | 4.0 | 3.9 | 3.8 | 3.8 | 4.0 | 3.9 | 3.9 | 3.8 |
| 山 西 | Shanxi | 2.2 | 2.6 | 3.4 | 3.0 | 3.1 | 3.0 | 3.2 | 3.2 | 3.3 | 3.9 | 3.6 | 3.5 |
| 内蒙古 | Inner Mongolia | 3.3 | 3.7 | 4.1 | 4.5 | 4.6 | 4.3 | 4.1 | 4.0 | 4.1 | 4.0 | 3.9 | 3.8 |
| 辽 宁 | Liaoning | 3.7 | 3.2 | 6.5 | 6.5 | 6.5 | 5.6 | 5.1 | 4.3 | 3.9 | 3.9 | 3.6 | 3.7 |
| 吉 林 | Jilin | 3.7 | 3.1 | 3.6 | 4.3 | 4.2 | 4.2 | 4.2 | 3.9 | 4.0 | 4.0 | 3.8 | 3.7 |
| 黑龙江 | Heilongjiang | 3.3 | 4.7 | 4.9 | 4.2 | 4.5 | 4.4 | 4.3 | 4.3 | 4.2 | 4.3 | 4.3 | 4.1 |
| 上 海 | Shanghai | 3.5 |  | 4.8 | 4.9 | 4.5 |  | 4.4 | 4.2 | 4.2 | 4.3 | 4.4 | 3.5 |
| 江 苏 | Jiangsu | 3.2 | 3.6 | 4.2 | 4.1 | 3.8 | 3.6 | 3.4 | 3.2 | 3.3 | 3.2 | 3.2 | 3.2 |
| 浙 江 | Zhejiang | 3.5 | 3.7 | 4.2 | 4.2 | 4.1 | 3.7 | 3.5 | 3.3 | 3.5 | 3.3 | 3.2 | 3.1 |
| 安 徽 | Anhui | 3.3 | 3.7 | 4.0 | 4.1 | 4.2 | 4.4 | 4.2 | 4.1 | 3.9 | 3.9 | 3.7 | 3.7 |
| 福 建 | Fujian | 2.6 | 3.8 | 4.2 | 4.1 | 4.0 | 4.0 | 3.9 | 3.9 | 3.9 | 3.9 | 3.8 | 3.7 |
| 江 西 | Jiangxi | 2.9 | 3.3 | 3.4 | 3.6 | 3.6 | 3.5 | 3.6 | 3.4 | 3.4 | 3.4 | 3.3 | 3.0 |
| 山 东 | Shandong | 3.2 | 3.3 | 3.6 | 3.6 | 3.4 | 3.3 | 3.3 | 3.2 | 3.7 | 3.4 | 3.4 | 3.4 |
| 河 南 | Henan | 2.6 | 2.8 | 2.9 | 3.1 | 3.4 | 3.5 | 3.5 | 3.4 | 3.4 | 3.5 | 3.4 | 3.4 |
| 湖 北 | Hubei | 3.5 | 4.0 | 4.3 | 4.3 | 4.2 | 4.3 | 4.2 | 4.2 | 4.2 | 4.2 | 4.2 | 4.1 |
| 湖 南 | Hunan | 3.7 | 4.0 | 4.0 | 4.5 | 4.4 | 4.3 | 4.3 | 4.3 | 4.2 | 4.1 | 4.2 | 4.2 |
| 广 东 | Guangdong | 2.5 | 2.9 | 3.1 | 2.9 | 2.7 | 2.6 | 2.6 | 2.5 | 2.6 | 2.6 | 2.5 | 2.5 |
| 广 西 | Guangxi | 3.2 | 3.5 | 3.7 | 3.6 | 4.1 | 4.2 | 4.1 | 3.8 | 3.8 | 3.7 | 3.7 | 3.5 |
| 海 南 | Hainan | 3.2 | 3.4 | 3.1 | 3.4 | 3.4 | 3.6 | 3.6 | 3.5 | 3.7 | 3.5 | 3.0 | 1.7 |
| 重 庆 | Chongqing | 3.5 | 3.9 | 4.1 | 4.1 | 4.1 | 4.1 | 4.0 | 4.0 | 4.0 | 4.0 | 3.9 | 3.5 |
| 四 川 | Sichuan | 4.0 | 4.3 | 4.5 | 4.4 | 4.4 | 4.6 | 4.5 | 4.2 | 4.6 | 4.3 | 4.1 | 4.2 |
| 贵 州 | Guizhou | 3.8 | 4.0 | 4.1 | 4.0 | 4.1 | 4.2 | 4.1 | 4.0 | 4.0 | 3.8 | 3.6 | 3.6 |
| 云 南 | Yunnan | 2.6 | 3.3 | 4.0 | 4.1 | 4.3 | 4.2 | 4.3 | 4.2 | 4.2 | 4.3 | 4.2 | 4.1 |
| 西 藏 | Tibet | 4.1 |  | 4.9 |  | 4.0 |  |  |  |  | 3.8 | 4.0 | 3.2 |
| 陕 西 | Shaanxi | 2.7 | 3.2 | 3.3 | 3.5 | 3.8 | 4.2 | 4.0 | 4.0 | 3.9 | 3.9 | 3.9 | 3.6 |
| 甘 肃 | Gansu | 2.7 | 2.8 | 3.2 | 3.4 | 3.4 | 3.3 | 3.6 | 3.3 | 3.2 | 3.3 | 3.2 | 3.1 |
| 青 海 | Qinghai | 2.4 | 3.5 | 3.6 | 3.8 | 3.9 | 3.9 | 3.9 | 3.8 | 3.8 | 3.8 | 3.8 | 3.8 |
| 宁 夏 | Ningxia | 4.6 | 4.4 | 4.4 | 4.4 | 4.5 | 4.5 | 4.3 | 4.3 | 4.4 | 4.4 | 4.4 | 4.4 |
| 新 疆 | Xinjiang | 3.8 | 3.7 | 3.7 | 3.5 | 3.5 | 3.9 | 3.9 | 3.9 | 3.7 | 3.8 | 3.2 | 3.2 |

# 1-16 分行业城镇单位就业人员年末人数

# Employed Persons at Year-end in Urban Units by Sector

单位：万人 (10 000 persons)

| 行业 | Sector | 2003 | 2004 | 2005 | 2006 | 2007 | 2008 | 2009 | 2010 | 2011 |
|---|---|---|---|---|---|---|---|---|---|---|
| **合计** | **Total** | **10969.7** | **11098.9** | **11404.0** | **11713.2** | **12024.4** | **12192.5** | **12573.0** | **13051.5** | **14413.3** |
| 农、林、牧、渔业 | Agriculture,Forestry,Animal Husbandry and Fishery | 484.5 | 466.1 | 446.3 | 435.2 | 426.3 | 410.1 | 373.7 | 375.7 | 359.5 |
| 采矿业 | Mining | 488.3 | 500.7 | 509.2 | 529.7 | 535.0 | 540.4 | 553.7 | 562.0 | 611.6 |
| 制造业 | Manufacturing | 2980.5 | 3050.8 | 3210.9 | 3351.6 | 3465.4 | 3434.3 | 3491.9 | 3637.2 | 4088.3 |
| 电力、燃气及水的生产和供应业 | Production and Supply of Electricity,Gas and Water | 297.6 | 300.6 | 299.9 | 302.5 | 303.4 | 306.5 | 307.7 | 310.5 | 334.7 |
| 建筑业 | Construction | 833.7 | 841.0 | 926.6 | 988.7 | 1050.8 | 1072.6 | 1177.5 | 1267.5 | 1724.8 |
| 交通运输、仓储和邮政业 | Transport,Storage and Post | 636.5 | 631.8 | 613.9 | 612.7 | 623.1 | 627.3 | 634.4 | 631.1 | 662.8 |
| 信息传输、计算机服务和软件业 | Information Transmission, Computer Services and Software | 116.8 | 123.7 | 130.1 | 138.2 | 150.2 | 159.5 | 173.8 | 185.8 | 212.8 |
| 批发和零售业 | Wholesale and Retail Trades | 628.1 | 586.7 | 544.0 | 515.7 | 506.9 | 514.4 | 520.8 | 535.1 | 647.5 |
| 住宿和餐饮业 | Hotels and Catering Services | 172.1 | 177.1 | 181.2 | 183.9 | 185.8 | 193.2 | 202.1 | 209.2 | 242.7 |
| 金融业 | Financial Intermediation | 353.3 | 356.0 | 359.3 | 367.4 | 389.7 | 417.6 | 449.0 | 470.1 | 505.3 |
| 房地产业 | Real Estate | 120.2 | 133.4 | 146.5 | 153.9 | 166.5 | 172.7 | 190.9 | 211.6 | 248.6 |
| 租赁和商务服务业 | Leasing and Business Services | 183.5 | 194.4 | 218.5 | 236.7 | 247.2 | 274.7 | 290.5 | 310.1 | 286.6 |
| 科学研究、技术服务和地质勘查业 | Scientific Research,Technical Services and Geological Prospecting | 221.9 | 222.1 | 227.7 | 235.5 | 243.4 | 257.0 | 272.6 | 292.3 | 298.5 |
| 水利、环境和公共设施管理业 | Management of Water Conservancy, Environment and Public Facilities | 172.5 | 176.1 | 180.4 | 187.0 | 193.5 | 197.3 | 205.7 | 218.9 | 230.3 |
| 居民服务和其他服务业 | Services to Households and Other Services | 52.8 | 54.2 | 53.9 | 56.6 | 57.4 | 56.5 | 58.8 | 60.2 | 59.9 |
| 教育 | Education | 1442.8 | 1466.8 | 1483.2 | 1504.4 | 1520.9 | 1534.0 | 1550.4 | 1581.8 | 1617.8 |
| 卫生、社会保障和社会福利业 | Health,Social Securities and Social Welfare | 485.8 | 494.7 | 508.9 | 525.4 | 542.8 | 563.6 | 595.8 | 632.5 | 679.1 |
| 文化、体育和娱乐业 | Culture, Sports and Entertainment | 127.8 | 123.4 | 122.5 | 122.4 | 125.0 | 126.0 | 129.5 | 131.4 | 135.0 |
| 公共管理和社会组织 | Public Management and Social Organizations | 1171.0 | 1199.0 | 1240.8 | 1265.6 | 1291.2 | 1335.0 | 1394.3 | 1428.5 | 1467.6 |

## 1-17 分登记注册类型城镇单位就业人员年末人数

## Employed Persons at Year-end in Urban Units by Registration Status

单位：万人 (10 000 persons)

| Year | 合 计<br>Total | 国有单位<br>State-owned Units | 城镇集体单位<br>Urban Collective-owned Units | 其他单位<br>Units of Other Types of Ownership |
|---|---|---|---|---|
| 1994 | 15258.5 | 11213.9 | 3285.4 | 759.2 |
| 1995 | 15300.8 | 11260.5 | 3146.7 | 893.6 |
| 1996 | 15221.1 | 11243.6 | 3015.8 | 961.7 |
| 1997 | 15036.2 | 11044.2 | 2882.7 | 1109.4 |
| 1998 | 12695.7 | 9058.1 | 1963.2 | 1674.5 |
| 1999 | 12130.2 | 8572.1 | 1711.8 | 1846.3 |
| 2000 | 11612.5 | 8101.9 | 1499.3 | 2011.3 |
| 2001 | 11165.8 | 7639.9 | 1291.0 | 2234.9 |
| 2002 | 10985.2 | 7162.9 | 1122.0 | 2700.3 |
| 2003 | 10969.7 | 6875.6 | 999.9 | 3094.3 |
| 2004 | 11098.9 | 6709.9 | 897.2 | 3491.8 |
| 2005 | 11404.0 | 6488.2 | 809.9 | 4105.9 |
| 2006 | 11713.2 | 6430.5 | 763.6 | 4519.1 |
| 2007 | 12024.4 | 6423.5 | 718.4 | 4882.4 |
| 2008 | 12192.5 | 6447.0 | 661.8 | 5083.7 |
| 2009 | 12573.0 | 6420.2 | 618.1 | 5534.7 |
| 2010 | 13051.5 | 6516.4 | 597.5 | 5937.6 |
| 2011 | 14413.3 | 6704.2 | 603.1 | 7106.0 |

## 1-18 分行业城镇单位女性就业人员年末人数

## Female Employed Persons at Year-end in Urban Units by Sector

单位：万人 (10 000 persons)

| 行 业 | Sector | 2003 | 2004 | 2005 | 2006 | 2007 | 2008 | 2009 | 2010 | 2011 |
|---|---|---|---|---|---|---|---|---|---|---|
| **合 计** | **Total** | **4156.1** | **4227.3** | **4324.6** | **4445.7** | **4540.3** | **4579.6** | **4678.5** | **4861.5** | **5227.7** |
| 农、林、牧、渔业 | Agriculture,Forestry,Animal Husbandry and Fishery | 176.1 | 172.3 | 165.7 | 163.5 | 157.3 | 148.9 | 136.1 | 137.8 | 132.5 |
| 采矿业 | Mining | 119.7 | 117.1 | 113.0 | 115.0 | 109.7 | 105.1 | 107.6 | 105.5 | 115.9 |
| 制造业 | Manufacturing | 1293 | 1329.8 | 1397.5 | 1464.0 | 1495.0 | 1444.3 | 1447.9 | 1501.3 | 1613.3 |
| 电力、燃气及水的生产和供应业 | Production and Supply of Electricity, Gas and Water | 92.7 | 93.1 | 91.3 | 91.3 | 90.7 | 90.1 | 89.8 | 91.6 | 95.7 |
| 建筑业 | Construction | 128.4 | 129.3 | 134.2 | 138.1 | 142.4 | 149.3 | 157.4 | 165.9 | 206.5 |
| 交通运输、仓储和邮政业 | Transport,Storage and Post | 182.5 | 177.6 | 171.0 | 164.7 | 169.3 | 171.5 | 171.2 | 168.8 | 178.6 |
| 信息传输、计算机服务和软件业 | Information Transmission, Computer Services and Software | 42.1 | 45.2 | 48.7 | 52.4 | 58.5 | 61.9 | 66.0 | 71.3 | 84.9 |
| 批发和零售业 | Wholesale and Retail Trades | 280.3 | 260.2 | 242.3 | 230.3 | 228.8 | 237.2 | 239.6 | 249.7 | 308.7 |
| 住宿和餐饮业 | Hotels and Catering Services | 95.0 | 97.8 | 98.9 | 99.5 | 100.8 | 105.2 | 109.2 | 113.2 | 131.5 |
| 金融业 | Financial Intermediation | 164.5 | 170.5 | 172.0 | 178.6 | 192.9 | 209.1 | 225.8 | 237.7 | 256.8 |
| 房地产业 | Real Estate | 40.4 | 44.9 | 48.3 | 50.8 | 56.0 | 58.5 | 64.2 | 72.4 | 86.0 |
| 租赁和商务服务业 | Leasing and Business Services | 62.7 | 65.6 | 74.0 | 78.0 | 82.1 | 93.8 | 97.5 | 104.1 | 91.6 |
| 科学研究、技术服务和地质勘查业 | Scientific Research,Technical Services and Geological Prospecting | 70.7 | 70.3 | 71.6 | 74.9 | 75.6 | 80.0 | 85.6 | 92.1 | 90.0 |
| 水利、环境和公共设施管理业 | Management of Water Conservancy, Environment and Public Facilities | 68.8 | 70.7 | 73.5 | 76.6 | 79.2 | 80.9 | 84.1 | 89.5 | 94.3 |
| 居民服务和其他服务业 | Services to Households and Other Services | 22.2 | 24.1 | 21.6 | 21.9 | 22.1 | 24.7 | 24.0 | 26.4 | 25.6 |
| 教 育 | Education | 672.8 | 696.7 | 713.2 | 733.8 | 747.7 | 759.4 | 775.0 | 795.0 | 820.8 |
| 卫生、社会保障和社会福利业 | Health,Social Securities and Social Welfare | 284.5 | 292.2 | 300.9 | 312.9 | 324.1 | 336.8 | 354.9 | 379.8 | 411.4 |
| 文化、体育和娱乐业 | Culture, Sports and Entertainment | 51.9 | 50.3 | 50.1 | 50.7 | 52.1 | 52.5 | 54.6 | 55.8 | 57.4 |
| 公共管理和社会组织 | Public Management and Social Organizations | 308.1 | 319.6 | 336.9 | 348.6 | 356.0 | 370.2 | 388.0 | 403.7 | 426.1 |

# 1-19 分登记注册类型城镇单位女性就业人员年末人数

## Female Employed Persons at Year-end in Urban Units by Registration Status

单位：万人 (10 000 persons)

| 年 份<br>Year | 合 计<br>Total | 国有单位<br>State-owned Units | 城镇集体单位<br>Urban Collective-owned Units | 其他单位<br>Units of Other Types of Ownership |
|---|---|---|---|---|
| 1994 | 5799.1 | 3982.5 | 1451.1 | 364.5 |
| 1995 | 5889.0 | 4059.0 | 1399.0 | 431.0 |
| 1996 | 5883.3 | 4088.3 | 1337.8 | 457.3 |
| 1997 | 5824.8 | 4030.2 | 1271.0 | 523.6 |
| 1999 | 4613.4 | 3128.0 | 702.8 | 782.7 |
| 2000 | 4411.3 | 2952.5 | 605.8 | 853.0 |
| 2001 | 4225.7 | 2788.2 | 509.9 | 927.5 |
| 2002 | 4156.2 | 2627.7 | 436.9 | 1091.5 |
| 2003 | 4156.1 | 2529.6 | 383.9 | 1242.6 |
| 2004 | 4227.3 | 2480.7 | 336.7 | 1410.0 |
| 2005 | 4324.6 | 2399.3 | 299.1 | 1626.2 |
| 2006 | 4445.7 | 2386.9 | 277.7 | 1781.1 |
| 2007 | 4540.3 | 2383.0 | 254.5 | 1902.8 |
| 2008 | 4579.6 | 2401.7 | 234.2 | 1943.7 |
| 2009 | 4678.5 | 2391.6 | 212.7 | 2074.2 |
| 2010 | 4861.5 | 2447.4 | 205.2 | 2208.9 |
| 2011 | 5227.7 | 2522.4 | 195.9 | 2509.4 |

# 1-20 分登记注册类型城镇单位就业人员平均工资及指数

## Average Wage of Employed Persons in Urban Units and Related Indices by Status of Registration

| 年 份<br>Year | 平均工资(元) Average Wage(yuan) | | | | | 指数(以上年为100) Indices(preceding year=100) | | | | |
|---|---|---|---|---|---|---|---|---|---|---|
| | 合计<br>Total | #在岗职工<br>Of Which: Staff and Workers | 国有单位<br>State-owned Units | 城镇集体单位<br>Urban Collective-owned Units | 其他单位<br>Units of Other Types of Ownership | 合计<br>Total | #在岗职工<br>Of Which: Staff and Workers | 国有单位<br>State-owned Units | 城镇集体单位<br>Urban Collective-owned Units | 其他单位<br>Units of Other Types of Ownership |
| 1995 | 5348 | 5500 | 5553 | 3934 | 7728 | 118.9 | 121.2 | 117.3 | 121.1 | 119.9 |
| 1996 | 5980 | 6210 | 6207 | 4312 | 8521 | 111.8 | 112.9 | 111.8 | 109.6 | 110.3 |
| 1997 | 6444 | 6470 | 6679 | 4516 | 9092 | 107.8 | 104.2 | 107.6 | 104.7 | 106.7 |
| 1998 | 7446 | 7479 | 7579 | 5314 | 9241 | 115.5 | 106.6 | 113.5 | 117.7 | 101.6 |
| 1999 | 8319 | 8346 | 8443 | 5758 | 10142 | 111.7 | 111.6 | 111.4 | 108.4 | 109.8 |
| 2000 | 9333 | 9371 | 9441 | 6241 | 11238 | 112.2 | 112.3 | 111.8 | 108.4 | 110.8 |
| 2001 | 10834 | 10870 | 11045 | 6851 | 12437 | 116.1 | 116.0 | 117.0 | 109.8 | 110.7 |
| 2002 | 12373 | 12422 | 12701 | 7636 | 13486 | 114.2 | 114.3 | 115.0 | 111.5 | 108.4 |
| 2003 | 13969 | 14040 | 14358 | 8627 | 14843 | 112.9 | 113.0 | 113.0 | 113.0 | 110.1 |
| 2004 | 15920 | 16024 | 16445 | 9723 | 16519 | 114.0 | 114.1 | 114.5 | 112.7 | 111.3 |
| 2005 | 18200 | 18364 | 18978 | 11176 | 18362 | 114.3 | 114.6 | 115.4 | 114.9 | 111.2 |
| 2006 | 20856 | 21001 | 21706 | 12866 | 21004 | 114.6 | 114.4 | 114.4 | 115.1 | 114.4 |
| 2007 | 24721 | 24932 | 26100 | 15444 | 24271 | 118.5 | 118.7 | 120.2 | 120.0 | 115.6 |
| 2008 | 28898 | 29229 | 30287 | 18103 | 28552 | 116.9 | 117.2 | 116.0 | 117.2 | 117.6 |
| 2009 | 32244 | 32736 | 34130 | 20607 | 31350 | 111.6 | 112.0 | 112.7 | 113.8 | 109.8 |
| 2010 | 36539 | 37147 | 38359 | 24010 | 35801 | 113.3 | 113.5 | 112.4 | 116.5 | 114.2 |
| 2011 | 41799 | 42452 | 43483 | 28791 | 41323 | 114.4 | 114.3 | 113.4 | 119.9 | 115.4 |

# 1-21 分登记注册类型城镇单位就业人员平均实际工资指数
# Average Real Wage Indices of Employed Persons in Urban Units by Status of Registration

| 年 份<br>Year | 平均实际工资指数(1994年=100)<br>Average Real Wage Indices(year of 1994=100) | | | | | 平均实际工资指数(上年=100)<br>Average Real Wage Indices(preceding year=100) | | | | |
|---|---|---|---|---|---|---|---|---|---|---|
| | 合计<br>Total | #在岗职工<br>Of Which: Staff and Workers | 国有单位<br>State-owned Units | 城镇集体单位<br>Urban Collective-owned Units | 其他单位<br>Units of Other Types of Ownership | 合计<br>Total | #在岗职工<br>Of Which: Staff and Workers | 国有单位<br>State-owned Units | 城镇集体单位<br>Urban Collective-owned Units | 其他单位<br>Units of Other Types of Ownership |
| 1995 | 101.8 | 103.8 | 100.4 | 103.7 | 102.6 | 101.8 | 103.8 | 100.4 | 103.7 | 102.6 |
| 1996 | 104.6 | 107.7 | 103.2 | 104.5 | 104.0 | 102.8 | 103.8 | 102.7 | 100.7 | 101.3 |
| 1997 | 109.3 | 108.9 | 107.7 | 106.1 | 107.7 | 104.5 | 101.1 | 104.4 | 101.6 | 103.5 |
| 1998 | 127.1 | 116.8 | 123.0 | 125.6 | 110.1 | 116.2 | 107.2 | 114.2 | 118.4 | 102.3 |
| 1999 | 143.9 | 132.1 | 138.8 | 137.9 | 122.4 | 113.2 | 113.1 | 112.9 | 109.8 | 111.2 |
| 2000 | 160.1 | 147.1 | 154.0 | 148.3 | 134.6 | 111.3 | 111.4 | 110.9 | 107.5 | 109.9 |
| 2001 | 184.6 | 169.5 | 178.9 | 161.7 | 147.9 | 115.3 | 115.2 | 116.2 | 109.0 | 109.9 |
| 2002 | 212.9 | 195.8 | 207.8 | 182.0 | 162.0 | 115.4 | 115.5 | 116.2 | 112.6 | 109.5 |
| 2003 | 238.2 | 219.3 | 232.8 | 203.8 | 176.7 | 111.9 | 112.0 | 112.0 | 112.0 | 109.1 |
| 2004 | 262.8 | 242.3 | 258.1 | 222.3 | 190.3 | 110.3 | 110.5 | 110.9 | 109.1 | 107.7 |
| 2005 | 295.7 | 273.3 | 293.1 | 251.6 | 208.3 | 112.5 | 112.8 | 113.6 | 113.1 | 109.4 |
| 2006 | 333.9 | 307.9 | 330.3 | 285.3 | 234.7 | 112.9 | 112.7 | 112.7 | 113.4 | 112.7 |
| 2007 | 378.6 | 349.7 | 379.9 | 327.6 | 259.6 | 113.4 | 113.6 | 115.0 | 114.8 | 110.6 |
| 2008 | 419.1 | 388.2 | 417.4 | 363.6 | 289.1 | 110.7 | 111.0 | 109.8 | 111.0 | 111.4 |
| 2009 | 472.0 | 438.7 | 474.6 | 417.6 | 320.3 | 112.6 | 113.0 | 113.7 | 114.8 | 110.8 |
| 2010 | 518.2 | 482.5 | 517.0 | 471.4 | 354.5 | 109.8 | 110.0 | 108.9 | 112.9 | 110.7 |
| 2011 | 562.8 | 523.5 | 556.8 | 536.9 | 388.5 | 108.6 | 108.5 | 107.7 | 113.9 | 109.6 |

# 1-22 分行业城镇单位就业人员平均工资
## Average Wage of Employed Persons in Urban Units by Sector

单位：元 (yuan)

| 行 业 | Sector | 2003 | 2004 | 2005 | 2006 | 2007 | 2008 | 2009 | 2010 | 2011 |
|---|---|---|---|---|---|---|---|---|---|---|
| **合 计** | **Total** | **13969** | **15920** | **18200** | **20856** | **24721** | **28898** | **32244** | **36539** | **41799** |
| 农、林、牧、渔业 | Agriculture, Forestry, Animal Husbandry and Fishery | 6884 | 7497 | 8207 | 9269 | 10847 | 12560 | 14356 | 16717 | 19469 |
| 采矿业 | Mining | 13627 | 16774 | 20449 | 24125 | 28185 | 34233 | 38038 | 44196 | 52230 |
| 制造业 | Manufacturing | 12671 | 14251 | 15934 | 18225 | 21144 | 24404 | 26810 | 30916 | 36665 |
| 电力、燃气及水的生产和供应业 | Production and Supply of Electricity, Gas and Water | 18574 | 21543 | 24750 | 28424 | 33470 | 38515 | 41869 | 47309 | 52723 |
| 建筑业 | Construction | 11328 | 12578 | 14112 | 16164 | 18482 | 21223 | 24161 | 27529 | 32103 |
| 交通运输、仓储和邮政业 | Transport, Storage and Post | 15753 | 18071 | 20911 | 24111 | 27903 | 32041 | 35315 | 40466 | 47078 |
| 信息传输、计算机服务和软件业 | Information Transmission, Computer Services and Software | 30897 | 33449 | 38799 | 43435 | 47700 | 54906 | 58154 | 64436 | 70918 |
| 批发和零售业 | Wholesale and Retail Trades | 10894 | 13012 | 15256 | 17796 | 21074 | 25818 | 29139 | 33635 | 40654 |
| 住宿和餐饮业 | Hotels and Catering Services | 11198 | 12618 | 13876 | 15236 | 17046 | 19321 | 20860 | 23382 | 27486 |
| 金融业 | Financial Intermediation | 20780 | 24299 | 29229 | 35495 | 44011 | 53897 | 60398 | 70146 | 81109 |
| 房地产业 | Real Estate | 17085 | 18467 | 20253 | 22238 | 26085 | 30118 | 32242 | 35870 | 42837 |
| 租赁和商务服务业 | Leasing and Business Services | 17020 | 18723 | 21233 | 24510 | 27807 | 32915 | 35494 | 39566 | 46976 |
| 科学研究、技术服务和地质勘查业 | Scientific Research, Technical Services and Geological Prospecting | 20442 | 23351 | 27155 | 31644 | 38432 | 45512 | 50143 | 56376 | 64252 |
| 水利、环境和公共设施管理业 | Management of Water Conservancy, Environment and Public Facilities | 11774 | 12884 | 14322 | 15630 | 18383 | 21103 | 23159 | 25544 | 28868 |
| 居民服务和其他服务业 | Services to Households and Other Services | 12665 | 13680 | 15747 | 18030 | 20370 | 22858 | 25172 | 28206 | 33169 |
| 教 育 | Education | 14189 | 16085 | 18259 | 20918 | 25908 | 29831 | 34543 | 38968 | 43194 |
| 卫生、社会保障和社会福利业 | Health, Social Securities and Social Welfare | 16185 | 18386 | 20808 | 23590 | 27892 | 32185 | 35662 | 40232 | 46206 |
| 文化、体育和娱乐业 | Culture, Sports and Entertainment | 17098 | 20522 | 22670 | 25847 | 30430 | 34158 | 37755 | 41428 | 47878 |
| 公共管理和社会组织 | Public Management and Social Organizations | 15355 | 17372 | 20234 | 22546 | 27731 | 32296 | 35326 | 38242 | 42062 |

# 1-23 分地区城镇单位就业人员平均工资
# Average Wage of Employed Persons in Urban Units by Region

单位：元 (yuan)

| 地 区 | Region | 2003 | 2004 | 2005 | 2006 | 2007 | 2008 | 2009 | 2010 | 2011 |
|---|---|---|---|---|---|---|---|---|---|---|
| **全 国** | **National Total** | **13969** | **15920** | **18200** | **20856** | **24721** | **28898** | **32244** | **36539** | **41799** |
| 北 京 | Beijing | 25008 | 29216 | 33660 | 39684 | 45823 | 55844 | 57779 | 65158 | 75482 |
| 天 津 | Tianjin | 18511 | 21146 | 24122 | 27628 | 33312 | 39990 | 43937 | 51489 | 55658 |
| 河 北 | Hebei | 11105 | 12793 | 14583 | 16456 | 19742 | 24276 | 27774 | 31451 | 35309 |
| 山 西 | Shanxi | 10620 | 12794 | 15473 | 18106 | 21315 | 25489 | 28066 | 33057 | 39230 |
| 内蒙古 | Inner Mongolia | 11208 | 13233 | 15910 | 18382 | 21794 | 25949 | 30486 | 35211 | 41118 |
| 辽 宁 | Liaoning | 12921 | 14787 | 17156 | 19365 | 22882 | 27179 | 30523 | 34437 | 38154 |
| 吉 林 | Jilin | 11048 | 12388 | 14380 | 16393 | 20371 | 23294 | 25943 | 29003 | 33610 |
| 黑龙江 | Heilongjiang | 10787 | 12209 | 13980 | 15894 | 18481 | 21764 | 24805 | 27735 | 31302 |
| 上 海 | Shanghai | 25565 | 27965 | 31578 | 37585 | 44976 | 52122 | 58336 | 66115 | 75591 |
| 江 苏 | Jiangsu | 15619 | 18054 | 20885 | 23657 | 27212 | 31297 | 35217 | 39772 | 45487 |
| 浙 江 | Zhejiang | 21116 | 23243 | 25696 | 27570 | 30818 | 33622 | 36553 | 40640 | 45162 |
| 安 徽 | Anhui | 10419 | 12693 | 15019 | 17610 | 21699 | 25703 | 28723 | 33341 | 39352 |
| 福 建 | Fujian | 14343 | 15627 | 17190 | 19424 | 22277 | 25555 | 28366 | 32340 | 38588 |
| 江 西 | Jiangxi | 10382 | 11713 | 13524 | 15370 | 18144 | 20597 | 24165 | 28363 | 33239 |
| 山 东 | Shandong | 12554 | 14321 | 16564 | 19135 | 22734 | 26234 | 29398 | 33321 | 37618 |
| 河 南 | Henan | 10639 | 11970 | 14119 | 16791 | 20639 | 24438 | 26906 | 29819 | 33634 |
| 湖 北 | Hubei | 10575 | 11692 | 13725 | 15779 | 19548 | 22384 | 26547 | 31811 | 36128 |
| 湖 南 | Hunan | 12002 | 13624 | 15306 | 17400 | 21060 | 24146 | 26534 | 29670 | 34586 |
| 广 东 | Guangdong | 20052 | 22230 | 24122 | 26400 | 29658 | 33282 | 36469 | 40432 | 45060 |
| 广 西 | Guangxi | 11611 | 13234 | 15079 | 17571 | 21251 | 24798 | 27322 | 30673 | 33032 |
| 海 南 | Hainan | 10396 | 12622 | 14377 | 15843 | 19220 | 21767 | 24790 | 30775 | 36244 |
| 重 庆 | Chongqing | 12409 | 14373 | 16583 | 19172 | 22965 | 26640 | 30499 | 34727 | 39430 |
| 四 川 | Sichuan | 12320 | 13887 | 15638 | 17612 | 21081 | 24725 | 28149 | 32567 | 37330 |
| 贵 州 | Guizhou | 10801 | 12163 | 14081 | 16481 | 20254 | 23979 | 27437 | 30433 | 36102 |
| 云 南 | Yunnan | 12629 | 14255 | 15732 | 18262 | 19912 | 23305 | 26163 | 29195 | 34004 |
| 西 藏 | Tibet | 23730 | 27339 | 26437 | 29119 | 42820 | 44055 | 45347 | 49898 | 49464 |
| 陕 西 | Shaanxi | 11276 | 12907 | 14562 | 16646 | 20977 | 25478 | 29566 | 33384 | 38143 |
| 甘 肃 | Gansu | 12062 | 13328 | 14654 | 16991 | 20657 | 23632 | 26743 | 29096 | 32092 |
| 青 海 | Qinghai | 15044 | 16601 | 18556 | 21981 | 25318 | 30101 | 32481 | 36121 | 41370 |
| 宁 夏 | Ningxia | 12811 | 14431 | 16973 | 20900 | 25723 | 30050 | 32916 | 37166 | 42703 |
| 新 疆 | Xinjiang | 13185 | 14406 | 15507 | 17704 | 21249 | 24686 | 27617 | 32003 | 38238 |

# 1-24 国内生产总值及构成

## Gross Domestic Product and Its Composition

单位：亿元 (100 million yuan)

| 年份 Year | 国内生产总值 Gross Domestic Product | 第一产业 Primary Industry | | 第二产业 Secondary Industry | | 第三产业 Tertiary Industry | | 人均国内生产总值（元/人） Per Capita GDP (yuan/person) |
|---|---|---|---|---|---|---|---|---|
| | | 绝对数 Value | 比重（%） Proportion | 绝对数 Value | 比重（%） Proportion | 绝对数 Value | 比重（%） Proportion | |
| 1978 | 3645.2 | 1027.5 | 28.2 | 1745.2 | 47.9 | 872.5 | 23.9 | 381 |
| 1979 | 4062.6 | 1270.2 | 31.3 | 1913.5 | 47.1 | 878.9 | 21.6 | 419 |
| 1980 | 4545.6 | 1371.6 | 30.2 | 2192.0 | 48.2 | 982.0 | 21.6 | 463 |
| 1981 | 4891.6 | 1559.5 | 31.9 | 2255.5 | 46.1 | 1076.6 | 22.0 | 492 |
| 1982 | 5323.4 | 1777.4 | 33.4 | 2383.0 | 44.8 | 1163.0 | 21.8 | 528 |
| 1983 | 5962.7 | 1978.4 | 33.2 | 2646.2 | 44.4 | 1338.1 | 22.4 | 583 |
| 1984 | 7208.1 | 2316.1 | 32.1 | 3105.7 | 43.1 | 1786.3 | 24.8 | 695 |
| 1985 | 9016.0 | 2564.4 | 28.4 | 3866.6 | 42.9 | 2585.0 | 28.7 | 858 |
| 1986 | 10275.2 | 2788.7 | 27.1 | 4492.7 | 43.7 | 2993.8 | 29.1 | 963 |
| 1987 | 12058.6 | 3233.0 | 26.8 | 5251.6 | 43.6 | 3574.0 | 29.6 | 1112 |
| 1988 | 15042.8 | 3865.4 | 25.7 | 6587.2 | 43.8 | 4590.3 | 30.5 | 1366 |
| 1989 | 16992.3 | 4265.9 | 25.1 | 7278.0 | 42.8 | 5448.4 | 32.1 | 1519 |
| 1990 | 18667.8 | 5062.0 | 27.1 | 7717.4 | 41.3 | 5888.4 | 31.5 | 1644 |
| 1991 | 21781.5 | 5342.2 | 24.5 | 9102.2 | 41.8 | 7337.1 | 33.7 | 1893 |
| 1992 | 26923.5 | 5866.6 | 21.8 | 11699.5 | 43.5 | 9357.4 | 34.8 | 2311 |
| 1993 | 35333.9 | 6963.8 | 19.7 | 16454.4 | 46.6 | 11915.7 | 33.7 | 2998 |
| 1994 | 48197.9 | 9572.7 | 19.9 | 22445.4 | 46.6 | 16179.8 | 33.6 | 4044 |
| 1995 | 60793.7 | 12135.8 | 20.0 | 28679.5 | 47.2 | 19978.5 | 32.9 | 5046 |
| 1996 | 71176.6 | 14015.4 | 19.7 | 33835.0 | 47.5 | 23326.2 | 32.8 | 5846 |
| 1997 | 78973.0 | 14441.9 | 18.3 | 37543.0 | 47.5 | 26988.1 | 34.2 | 6420 |
| 1998 | 84402.3 | 14817.6 | 17.6 | 39004.2 | 46.2 | 30580.5 | 36.2 | 6796 |
| 1999 | 89677.1 | 14770.0 | 16.5 | 41033.6 | 45.8 | 33873.4 | 37.8 | 7159 |
| 2000 | 99214.6 | 14944.7 | 15.1 | 45555.9 | 45.9 | 38714.0 | 39.0 | 7858 |
| 2001 | 109655.2 | 15781.3 | 14.4 | 49512.3 | 45.2 | 44361.6 | 40.5 | 8622 |
| 2002 | 120332.7 | 16537.0 | 13.7 | 53896.8 | 44.8 | 49898.9 | 41.5 | 9398 |
| 2003 | 135822.8 | 17381.7 | 12.8 | 62436.3 | 46.0 | 56004.7 | 41.2 | 10542 |
| 2004 | 159878.3 | 21412.7 | 13.4 | 73904.3 | 46.2 | 64561.3 | 40.4 | 12336 |
| 2005 | 184937.4 | 22420.0 | 12.1 | 87598.1 | 47.4 | 74919.3 | 40.5 | 14185 |
| 2006 | 216314.4 | 24040.0 | 11.1 | 103719.5 | 47.9 | 88554.9 | 40.9 | 16500 |
| 2007 | 265810.3 | 28627.0 | 10.8 | 125831.4 | 47.3 | 111351.9 | 41.9 | 20169 |
| 2008 | 314045.4 | 33702.0 | 10.7 | 149003.4 | 47.4 | 131340.0 | 41.8 | 23708 |
| 2009 | 340902.8 | 35226.0 | 10.3 | 157638.8 | 46.2 | 148038.0 | 43.4 | 25608 |
| 2010 | 401512.8 | 40533.6 | 10.1 | 187383.2 | 46.7 | 173596.0 | 43.2 | 30015 |
| 2011 | 472881.6 | 47486.2 | 10.0 | 220412.8 | 46.6 | 204982.5 | 43.4 | 35181 |

注：1.本表按当年价格计算。
2.2011年为初步核实数据(下表同)。

Note: a) Data in this table are calculated at current prices.
b) Data of 2011 were preliminary verification. The same applies to the table following.

# 1-25 国内生产总值指数
# Indices of Gross Domestic Product

(上年=100) (preceding year=100)

| 年 份<br>Year | 国内生产总值<br>Gross Domestic Product | 第一产业<br>Primary Industry | 第二产业<br>Secondary Industry | 第三产业<br>Tertiary Industry | 人均国内生产总值<br>Per Capita GDP |
|---|---|---|---|---|---|
| 1978 | 111.7 | 104.1 | 115.0 | 113.8 | 110.2 |
| 1979 | 107.6 | 106.1 | 108.2 | 107.9 | 106.1 |
| 1980 | 107.8 | 98.5 | 113.6 | 106.0 | 106.5 |
| 1981 | 105.2 | 107.0 | 101.9 | 110.4 | 103.9 |
| 1982 | 109.1 | 111.5 | 105.6 | 113.0 | 107.5 |
| 1983 | 110.9 | 108.3 | 110.4 | 115.2 | 109.3 |
| 1984 | 115.2 | 112.9 | 114.5 | 119.3 | 113.7 |
| 1985 | 113.5 | 101.8 | 118.6 | 118.2 | 111.9 |
| 1986 | 108.8 | 103.3 | 110.2 | 112.0 | 107.2 |
| 1987 | 111.6 | 104.7 | 113.7 | 114.4 | 109.8 |
| 1988 | 111.3 | 102.5 | 114.5 | 113.2 | 109.5 |
| 1989 | 104.1 | 103.1 | 103.8 | 105.4 | 102.5 |
| 1990 | 103.8 | 107.3 | 103.2 | 102.3 | 102.3 |
| 1991 | 109.2 | 102.4 | 113.9 | 108.9 | 107.7 |
| 1992 | 114.2 | 104.7 | 121.2 | 112.4 | 112.8 |
| 1993 | 114.0 | 104.7 | 119.9 | 112.2 | 112.7 |
| 1994 | 113.1 | 104.0 | 118.4 | 111.1 | 111.8 |
| 1995 | 110.9 | 105.0 | 113.9 | 109.8 | 109.7 |
| 1996 | 110.0 | 105.1 | 112.1 | 109.4 | 108.9 |
| 1997 | 109.3 | 103.5 | 110.5 | 110.7 | 108.2 |
| 1998 | 107.8 | 103.5 | 108.9 | 108.4 | 106.8 |
| 1999 | 107.6 | 102.8 | 108.1 | 109.3 | 106.7 |
| 2000 | 108.4 | 102.4 | 109.4 | 109.7 | 107.6 |
| 2001 | 108.3 | 102.8 | 108.4 | 110.3 | 107.5 |
| 2002 | 109.1 | 102.9 | 109.8 | 110.4 | 108.4 |
| 2003 | 110.0 | 102.5 | 112.7 | 109.5 | 109.3 |
| 2004 | 110.1 | 106.3 | 111.1 | 110.1 | 109.4 |
| 2005 | 111.3 | 105.2 | 112.1 | 112.2 | 110.7 |
| 2006 | 112.7 | 105.0 | 113.4 | 114.1 | 112.0 |
| 2007 | 114.2 | 103.7 | 115.1 | 116.0 | 113.6 |
| 2008 | 109.6 | 105.4 | 109.9 | 110.4 | 109.1 |
| 2009 | 109.2 | 104.2 | 109.9 | 109.6 | 108.7 |
| 2010 | 110.4 | 104.3 | 112.3 | 109.8 | 109.9 |
| 2011 | 109.3 | 104.3 | 110.3 | 109.4 | 108.8 |

注：本表按可比价格计算。
Note: Data in this table are calculated at constant prices.

# 第二部分

Chapter Two

## 2011 年全国人口变动情况抽样调查数据

Data from 2011 National Sample Survey on Population Changes

# 2-1 各地区人口数及人口自然变动情况

# Total Population and Natural Changes by Region

| 地区 | Region | 出生率 Birth Rate (‰) | 死亡率 Death Rate (‰) | 自然增长率 Natural Growth Rate (‰) | 总人口(年末)(万人) Total Population (year-end) (10 000 persons) |
|---|---|---|---|---|---|
| 全国 | National Total | **11.93** | **7.14** | **4.79** | **134735** |
| 北京 | Beijing | 8.29 | 4.27 | 4.02 | 2019 |
| 天津 | Tianjin | 8.58 | 6.08 | 2.50 | 1355 |
| 河北 | Hebei | 13.02 | 6.52 | 6.50 | 7241 |
| 山西 | Shanxi | 10.47 | 5.61 | 4.86 | 3593 |
| 内蒙古 | Inner Mongolia | 8.94 | 5.43 | 3.51 | 2482 |
| 辽宁 | Liaoning | 5.71 | 6.05 | -0.34 | 4383 |
| 吉林 | Jilin | 6.53 | 5.51 | 1.02 | 2749 |
| 黑龙江 | Heilongjiang | 6.99 | 5.92 | 1.07 | 3834 |
| 上海 | Shanghai | 6.97 | 5.10 | 1.87 | 2347 |
| 江苏 | Jiangsu | 9.59 | 6.98 | 2.61 | 7899 |
| 浙江 | Zhejiang | 9.47 | 5.40 | 4.07 | 5463 |
| 安徽 | Anhui | 12.23 | 5.91 | 6.32 | 5968 |
| 福建 | Fujian | 11.41 | 5.20 | 6.21 | 3720 |
| 江西 | Jiangxi | 13.48 | 5.98 | 7.50 | 4488 |
| 山东 | Shandong | 11.50 | 6.40 | 5.10 | 9637 |
| 河南 | Henan | 11.56 | 6.62 | 4.94 | 9388 |
| 湖北 | Hubei | 10.39 | 6.01 | 4.38 | 5758 |
| 湖南 | Hunan | 13.35 | 6.80 | 6.55 | 6596 |
| 广东 | Guangdong | 10.45 | 4.35 | 6.10 | 10505 |
| 广西 | Guangxi | 13.71 | 6.04 | 7.67 | 4645 |
| 海南 | Hainan | 14.72 | 5.75 | 8.97 | 877 |
| 重庆 | Chongqing | 9.88 | 6.71 | 3.17 | 2919 |
| 四川 | Sichuan | 9.79 | 6.81 | 2.98 | 8050 |
| 贵州 | Guizhou | 13.31 | 6.93 | 6.38 | 3469 |
| 云南 | Yunnan | 12.71 | 6.36 | 6.35 | 4631 |
| 西藏 | Tibet | 15.39 | 5.13 | 10.26 | 303 |
| 陕西 | Shaanxi | 9.75 | 6.06 | 3.69 | 3743 |
| 甘肃 | Gansu | 12.08 | 6.03 | 6.05 | 2564 |
| 青海 | Qinghai | 14.43 | 6.12 | 8.31 | 568 |
| 宁夏 | Ningxia | 13.65 | 4.68 | 8.97 | 639 |
| 新疆 | Xinjiang | 14.99 | 4.42 | 10.57 | 2209 |

注：1.本表数据根据2011年人口变动情况抽样调查数据推算。
2.全国总人口包括现役军人数，分地区数字中未包括；全国总人口未包括香港、澳门特别行政区和台湾省的人口数据。
3.全国总人口根据2011年人口变动情况抽样误差和调查误差进行了修正，分地区人口未做修正。

Note:a) Data in this table are estimates from the 2011 National Sample Survey on Population Changes.

b) The military personnel were included in the national total population, but were not included in the population by region. The national total population does not include the population of Hong Kong SAR, Macao SAR and Taiwan Province.

c) The national total population were adjusted on the basis of sampling errors and survey errors from the 2011 National Sample Survey on Population Changes. Similar adjustments were not made to regional figures.

# 2-2 各地区人口的城乡构成

## Population by Urban and Rural Residence and Region

单位：万人 (10 000 persons)

| 地 区 | Region | 总人口（年末）Total Population (year-end) | 城镇人口 Urban Population | | 乡村人口 Rural Population | |
|---|---|---|---|---|---|---|
| | | | 人口数 Population | 比重（%）Proportion | 人口数 Population | 比重（%）Proportion |
| 全 国 | National Total | **134735** | **69079** | **51.27** | **65656** | **48.73** |
| 北 京 | Beijing | 2019 | 1740 | 86.20 | 279 | 13.80 |
| 天 津 | Tianjin | 1355 | 1091 | 80.50 | 264 | 19.50 |
| 河 北 | Hebei | 7241 | 3302 | 45.60 | 3939 | 54.40 |
| 山 西 | Shanxi | 3593 | 1785 | 49.68 | 1808 | 50.32 |
| 内蒙古 | Inner Mongolia | 2482 | 1405 | 56.62 | 1077 | 43.38 |
| 辽 宁 | Liaoning | 4383 | 2807 | 64.05 | 1576 | 35.95 |
| 吉 林 | Jilin | 2749 | 1468 | 53.40 | 1281 | 46.60 |
| 黑龙江 | Heilongjiang | 3834 | 2166 | 56.50 | 1668 | 43.50 |
| 上 海 | Shanghai | 2347 | 2096 | 89.30 | 251 | 10.70 |
| 江 苏 | Jiangsu | 7899 | 4889 | 61.90 | 3010 | 38.10 |
| 浙 江 | Zhejiang | 5463 | 3403 | 62.30 | 2060 | 37.70 |
| 安 徽 | Anhui | 5968 | 2674 | 44.80 | 3294 | 55.20 |
| 福 建 | Fujian | 3720 | 2161 | 58.10 | 1559 | 41.90 |
| 江 西 | Jiangxi | 4488 | 2051 | 45.70 | 2437 | 54.30 |
| 山 东 | Shandong | 9637 | 4910 | 50.95 | 4727 | 49.05 |
| 河 南 | Henan | 9388 | 3809 | 40.57 | 5579 | 59.43 |
| 湖 北 | Hubei | 5758 | 2984 | 51.83 | 2774 | 48.17 |
| 湖 南 | Hunan | 6596 | 2975 | 45.10 | 3621 | 54.90 |
| 广 东 | Guangdong | 10505 | 6986 | 66.50 | 3519 | 33.50 |
| 广 西 | Guangxi | 4645 | 1942 | 41.80 | 2703 | 58.20 |
| 海 南 | Hainan | 877 | 443 | 50.50 | 434 | 49.50 |
| 重 庆 | Chongqing | 2919 | 1606 | 55.02 | 1313 | 44.98 |
| 四 川 | Sichuan | 8050 | 3367 | 41.83 | 4683 | 58.17 |
| 贵 州 | Guizhou | 3469 | 1213 | 34.96 | 2256 | 65.04 |
| 云 南 | Yunnan | 4631 | 1704 | 36.80 | 2927 | 63.20 |
| 西 藏 | Tibet | 303 | 69 | 22.71 | 234 | 77.29 |
| 陕 西 | Shaanxi | 3743 | 1770 | 47.30 | 1973 | 52.70 |
| 甘 肃 | Gansu | 2564 | 953 | 37.15 | 1611 | 62.85 |
| 青 海 | Qinghai | 568 | 263 | 46.22 | 305 | 53.78 |
| 宁 夏 | Ningxia | 639 | 318 | 49.82 | 321 | 50.18 |
| 新 疆 | Xinjiang | 2209 | 962 | 43.54 | 1247 | 56.46 |

注：本表数据根据2011年人口变动情况抽样调查数据推算。

a) Data in the table are estimates from the 2011 National Sample Survey on Population Changes.

# 2-3 全国分年龄、性别的人口数

# Population by Age and Sex

单位：人、% (person,%)

| 年 龄 Age | 人口数 Population 合计 Total | 男 Male | 女 Female | 占总人口比重 Percentage to Total Population 合计 Total | 男 Male | 女 Female | 性别比(女=100) Sex Ratio (Female=100) |
|---|---|---|---|---|---|---|---|
| 总计 Total | **1145209** | **587039** | **558170** | **100.00** | **51.26** | **48.74** | **105.17** |
| 0–4 | **64830** | **35247** | **29583** | **5.66** | **3.08** | **2.58** | **119.15** |
| 0 | 11321 | 6047 | 5274 | 0.99 | 0.53 | 0.46 | 114.64 |
| 1 | 12251 | 6750 | 5501 | 1.07 | 0.59 | 0.48 | 122.71 |
| 2 | 13742 | 7506 | 6237 | 1.20 | 0.66 | 0.54 | 120.34 |
| 3 | 14008 | 7701 | 6307 | 1.22 | 0.67 | 0.55 | 122.10 |
| 4 | 13508 | 7244 | 6264 | 1.18 | 0.63 | 0.55 | 115.65 |
| 5–9 | **61279** | **33242** | **28037** | **5.35** | **2.90** | **2.45** | **118.57** |
| 5 | 13105 | 7036 | 6068 | 1.14 | 0.61 | 0.53 | 115.95 |
| 6 | 12482 | 6886 | 5596 | 1.09 | 0.60 | 0.49 | 123.06 |
| 7 | 12616 | 6833 | 5783 | 1.10 | 0.60 | 0.51 | 118.14 |
| 8 | 11288 | 6158 | 5129 | 0.99 | 0.54 | 0.45 | 120.06 |
| 9 | 11788 | 6328 | 5460 | 1.03 | 0.55 | 0.48 | 115.91 |
| 10–14 | **62481** | **33709** | **28772** | **5.46** | **2.94** | **2.51** | **117.16** |
| 10 | 12149 | 6471 | 5678 | 1.06 | 0.57 | 0.50 | 113.97 |
| 11 | 12481 | 6796 | 5685 | 1.09 | 0.59 | 0.50 | 119.55 |
| 12 | 11894 | 6488 | 5406 | 1.04 | 0.57 | 0.47 | 120.03 |
| 13 | 13054 | 7051 | 6003 | 1.14 | 0.62 | 0.52 | 117.45 |
| 14 | 12904 | 6904 | 6000 | 1.13 | 0.60 | 0.52 | 115.05 |
| 15–19 | **80388** | **42066** | **38322** | **7.02** | **3.67** | **3.35** | **109.77** |
| 15 | 14708 | 7666 | 7042 | 1.28 | 0.67 | 0.61 | 108.86 |
| 16 | 15785 | 8221 | 7564 | 1.38 | 0.72 | 0.66 | 108.69 |
| 17 | 15518 | 8195 | 7323 | 1.36 | 0.72 | 0.64 | 111.91 |
| 18 | 17410 | 9437 | 7973 | 1.52 | 0.82 | 0.70 | 118.35 |
| 19 | 16967 | 8547 | 8420 | 1.48 | 0.75 | 0.74 | 101.51 |
| 20–24 | **108567** | **55243** | **53323** | **9.48** | **4.82** | **4.66** | **103.60** |
| 20 | 19080 | 9609 | 9471 | 1.67 | 0.84 | 0.83 | 101.47 |
| 21 | 23520 | 12088 | 11432 | 2.05 | 1.06 | 1.00 | 105.74 |
| 22 | 22348 | 11486 | 10862 | 1.95 | 1.00 | 0.95 | 105.75 |
| 23 | 20886 | 10539 | 10347 | 1.82 | 0.92 | 0.90 | 101.85 |
| 24 | 22733 | 11521 | 11212 | 1.99 | 1.01 | 0.98 | 102.75 |
| 25–29 | **89259** | **44976** | **44282** | **7.79** | **3.93** | **3.87** | **101.57** |
| 25 | 19187 | 9486 | 9701 | 1.68 | 0.83 | 0.85 | 97.77 |
| 26 | 17041 | 8535 | 8506 | 1.49 | 0.75 | 0.74 | 100.34 |
| 27 | 16884 | 8552 | 8332 | 1.47 | 0.75 | 0.73 | 102.65 |
| 28 | 16902 | 8656 | 8247 | 1.48 | 0.76 | 0.72 | 104.96 |
| 29 | 19245 | 9748 | 9497 | 1.68 | 0.85 | 0.83 | 102.64 |

注：由于各地区数据采用加权汇总的方法，全国人口变动情况抽样调查样本数据合计与各分项相加略有误差(以下表同)。

Note: Because data by region are calculated by the method of weighted sum, total data of the national sample survey on population changes is not equal to the sum of each item. The same applies to the tables following.

## 2–3 续表 1 continued

单位：人、% (person,%)

| 年 龄 Age | 人口数 Population | | | 占总人口比重 Percentage to Total Population | | | 性别比 (女=100) Sex Ratio (Female=100) |
|---|---|---|---|---|---|---|---|
| | 合计 Total | 男 Male | 女 Female | 合计 Total | 男 Male | 女 Female | |
| 30–34 | **82148** | **41908** | **40240** | **7.17** | **3.66** | **3.51** | **104.15** |
| 30 | 16672 | 8528 | 8144 | 1.46 | 0.74 | 0.71 | 104.73 |
| 31 | 16020 | 8106 | 7915 | 1.40 | 0.71 | 0.69 | 102.41 |
| 32 | 16814 | 8613 | 8201 | 1.47 | 0.75 | 0.72 | 105.02 |
| 33 | 16877 | 8607 | 8270 | 1.47 | 0.75 | 0.72 | 104.08 |
| 34 | 15765 | 8054 | 7711 | 1.38 | 0.70 | 0.67 | 104.45 |
| 35–39 | **96895** | **49570** | **47325** | **8.46** | **4.33** | **4.13** | **104.74** |
| 35 | 17638 | 8970 | 8668 | 1.54 | 0.78 | 0.76 | 103.48 |
| 36 | 17877 | 9154 | 8723 | 1.56 | 0.80 | 0.76 | 104.94 |
| 37 | 19615 | 10057 | 9558 | 1.71 | 0.88 | 0.83 | 105.22 |
| 38 | 20749 | 10583 | 10166 | 1.81 | 0.92 | 0.89 | 104.10 |
| 39 | 21016 | 10807 | 10209 | 1.84 | 0.94 | 0.89 | 105.86 |
| 40–44 | **107391** | **54806** | **52585** | **9.38** | **4.79** | **4.59** | **104.22** |
| 40 | 21144 | 10954 | 10190 | 1.85 | 0.96 | 0.89 | 107.49 |
| 41 | 22994 | 11633 | 11361 | 2.01 | 1.02 | 0.99 | 102.40 |
| 42 | 21297 | 10748 | 10550 | 1.86 | 0.94 | 0.92 | 101.88 |
| 43 | 23327 | 11981 | 11346 | 2.04 | 1.05 | 0.99 | 105.59 |
| 44 | 18630 | 9491 | 9139 | 1.63 | 0.83 | 0.80 | 103.86 |
| 45–49 | **100853** | **51434** | **49419** | **8.81** | **4.49** | **4.32** | **104.08** |
| 45 | 20176 | 10317 | 9859 | 1.76 | 0.90 | 0.86 | 104.64 |
| 46 | 20477 | 10494 | 9983 | 1.79 | 0.92 | 0.87 | 105.12 |
| 47 | 23177 | 11877 | 11300 | 2.02 | 1.04 | 0.99 | 105.10 |
| 48 | 19919 | 10012 | 9906 | 1.74 | 0.87 | 0.87 | 101.07 |
| 49 | 17104 | 8734 | 8370 | 1.49 | 0.76 | 0.73 | 104.35 |
| 50–54 | **62204** | **31821** | **30383** | **5.43** | **2.78** | **2.65** | **104.73** |
| 50 | 9402 | 4669 | 4732 | 0.82 | 0.41 | 0.41 | 98.67 |
| 51 | 12052 | 6167 | 5884 | 1.05 | 0.54 | 0.51 | 104.81 |
| 52 | 11081 | 5688 | 5393 | 0.97 | 0.50 | 0.47 | 105.46 |
| 53 | 14034 | 7295 | 6738 | 1.23 | 0.64 | 0.59 | 108.27 |
| 54 | 15636 | 8001 | 7635 | 1.37 | 0.70 | 0.67 | 104.80 |
| 55–59 | **71667** | **36213** | **35453** | **6.26** | **3.16** | **3.10** | **102.14** |
| 55 | 14306 | 7300 | 7007 | 1.25 | 0.64 | 0.61 | 104.18 |
| 56 | 15012 | 7598 | 7414 | 1.31 | 0.66 | 0.65 | 102.47 |
| 57 | 15170 | 7627 | 7543 | 1.32 | 0.67 | 0.66 | 101.12 |
| 58 | 13533 | 6815 | 6718 | 1.18 | 0.60 | 0.59 | 101.45 |
| 59 | 13646 | 6874 | 6772 | 1.19 | 0.60 | 0.59 | 101.50 |
| 60–64 | **52708** | **26688** | **26020** | **4.60** | **2.33** | **2.27** | **102.57** |
| 60 | 11454 | 5683 | 5771 | 1.00 | 0.50 | 0.50 | 98.46 |
| 61 | 11563 | 5924 | 5639 | 1.01 | 0.52 | 0.49 | 105.05 |
| 62 | 11139 | 5758 | 5381 | 0.97 | 0.50 | 0.47 | 107.01 |

2-3 续表 2 continued

单位：人、%　　　　(person,%)

| 年 龄 Age | 人口数 Population | | | 占总人口比重 Percentage to Total Population | | | 性别比 (女=100) Sex Ratio (Female=100) |
|---|---|---|---|---|---|---|---|
| | 合计 Total | 男 Male | 女 Female | 合计 Total | 男 Male | 女 Female | |
| 63 | 9552 | 4766 | 4786 | 0.83 | 0.42 | 0.42 | 99.58 |
| 64 | 8999 | 4557 | 4442 | 0.79 | 0.40 | 0.39 | 102.59 |
| 65-69 | **36054** | **18064** | **17990** | **3.15** | **1.58** | **1.57** | **100.41** |
| 65 | 8364 | 4182 | 4182 | 0.73 | 0.37 | 0.37 | 100.00 |
| 66 | 7511 | 3775 | 3736 | 0.66 | 0.33 | 0.33 | 101.04 |
| 67 | 7254 | 3601 | 3653 | 0.63 | 0.31 | 0.32 | 98.57 |
| 68 | 6631 | 3290 | 3341 | 0.58 | 0.29 | 0.29 | 98.46 |
| 69 | 6294 | 3216 | 3077 | 0.55 | 0.28 | 0.27 | 104.52 |
| 70-74 | **28826** | **14394** | **14432** | **2.52** | **1.26** | **1.26** | **99.74** |
| 70 | 6485 | 3254 | 3231 | 0.57 | 0.28 | 0.28 | 100.70 |
| 71 | 6109 | 3081 | 3028 | 0.53 | 0.27 | 0.26 | 101.77 |
| 72 | 5207 | 2602 | 2605 | 0.45 | 0.23 | 0.23 | 99.89 |
| 73 | 5774 | 2836 | 2938 | 0.50 | 0.25 | 0.26 | 96.52 |
| 74 | 5252 | 2622 | 2630 | 0.46 | 0.23 | 0.23 | 99.67 |
| 75-79 | **21174** | **9959** | **11216** | **1.85** | **0.87** | **0.98** | **88.79** |
| 75 | 4932 | 2384 | 2548 | 0.43 | 0.21 | 0.22 | 93.58 |
| 76 | 4579 | 2128 | 2451 | 0.40 | 0.19 | 0.21 | 86.81 |
| 77 | 4190 | 1985 | 2206 | 0.37 | 0.17 | 0.19 | 89.98 |
| 78 | 4110 | 1958 | 2152 | 0.36 | 0.17 | 0.19 | 90.98 |
| 79 | 3363 | 1504 | 1859 | 0.29 | 0.13 | 0.16 | 80.90 |
| 80-84 | **11964** | **5324** | **6640** | **1.04** | **0.46** | **0.58** | **80.17** |
| 80 | 2936 | 1353 | 1582 | 0.26 | 0.12 | 0.14 | 85.52 |
| 81 | 2970 | 1396 | 1574 | 0.26 | 0.12 | 0.14 | 88.68 |
| 82 | 2275 | 984 | 1292 | 0.20 | 0.09 | 0.11 | 76.14 |
| 83 | 2091 | 874 | 1218 | 0.18 | 0.08 | 0.11 | 71.73 |
| 84 | 1691 | 717 | 974 | 0.15 | 0.06 | 0.09 | 73.62 |
| 85-89 | **4796** | **1855** | **2941** | **0.42** | **0.16** | **0.26** | **63.07** |
| 85 | 1398 | 595 | 803 | 0.12 | 0.05 | 0.07 | 74.09 |
| 86 | 1139 | 418 | 720 | 0.10 | 0.04 | 0.06 | 58.12 |
| 87 | 908 | 348 | 560 | 0.08 | 0.03 | 0.05 | 62.05 |
| 88 | 748 | 280 | 468 | 0.07 | 0.02 | 0.04 | 59.95 |
| 89 | 604 | 214 | 390 | 0.05 | 0.02 | 0.03 | 54.76 |
| 90-94 | **1437** | **446** | **991** | **0.13** | **0.04** | **0.09** | **45.04** |
| 90 | 495 | 169 | 326 | 0.04 | 0.01 | 0.03 | 51.99 |
| 91 | 392 | 127 | 265 | 0.03 | 0.01 | 0.02 | 47.79 |
| 92 | 224 | 75 | 149 | 0.02 | 0.01 | 0.01 | 50.37 |
| 93 | 200 | 48 | 152 | 0.02 | | 0.01 | 31.59 |
| 94 | 125 | 27 | 98 | 0.01 | | 0.01 | 27.39 |
| 95+ | **290** | **73** | **216** | **0.03** | **0.01** | **0.02** | **33.82** |

# 2-4 全国城市分年龄、性别的人口数

## City Population by Age and Sex

单位：人、%　　　　(person,%)

| 年龄 Age | 人口数 Population | | | 占总人口比重 Percentage to Total Population | | | 性别比 (女=100) |
|---|---|---|---|---|---|---|---|
| | 合计 Total | 男 Male | 女 Female | 合计 Total | 男 Male | 女 Female | Sex Ratio (Female=100) |
| 总计 Total | **339518** | **171644** | **167874** | **100.00** | **50.56** | **49.44** | **102.25** |
| 0-4 | **14566** | **7743** | **6823** | **4.29** | **2.28** | **2.01** | **113.49** |
| 0 | 2406 | 1202 | 1204 | 0.71 | 0.35 | 0.35 | 99.86 |
| 1 | 2969 | 1589 | 1379 | 0.87 | 0.47 | 0.41 | 115.23 |
| 2 | 3079 | 1657 | 1421 | 0.91 | 0.49 | 0.42 | 116.62 |
| 3 | 3024 | 1627 | 1396 | 0.89 | 0.48 | 0.41 | 116.56 |
| 4 | 3089 | 1667 | 1422 | 0.91 | 0.49 | 0.42 | 117.18 |
| 5-9 | **13435** | **7202** | **6233** | **3.96** | **2.12** | **1.84** | **115.54** |
| 5 | 2732 | 1432 | 1300 | 0.80 | 0.42 | 0.38 | 110.13 |
| 6 | 2808 | 1552 | 1256 | 0.83 | 0.46 | 0.37 | 123.49 |
| 7 | 2707 | 1413 | 1294 | 0.80 | 0.42 | 0.38 | 109.22 |
| 8 | 2451 | 1346 | 1105 | 0.72 | 0.40 | 0.33 | 121.79 |
| 9 | 2738 | 1460 | 1278 | 0.81 | 0.43 | 0.38 | 114.21 |
| 10-14 | **14068** | **7572** | **6496** | **4.14** | **2.23** | **1.91** | **116.56** |
| 10 | 2752 | 1426 | 1326 | 0.81 | 0.42 | 0.39 | 107.61 |
| 11 | 2894 | 1567 | 1327 | 0.85 | 0.46 | 0.39 | 118.15 |
| 12 | 2752 | 1507 | 1245 | 0.81 | 0.44 | 0.37 | 121.01 |
| 13 | 2833 | 1539 | 1294 | 0.83 | 0.45 | 0.38 | 118.93 |
| 14 | 2836 | 1532 | 1304 | 0.84 | 0.45 | 0.38 | 117.45 |
| 15-19 | **22478** | **11068** | **11410** | **6.62** | **3.26** | **3.36** | **97.01** |
| 15 | 3541 | 1846 | 1695 | 1.04 | 0.54 | 0.50 | 108.93 |
| 16 | 4261 | 2073 | 2188 | 1.26 | 0.61 | 0.64 | 94.77 |
| 17 | 4491 | 2236 | 2255 | 1.32 | 0.66 | 0.66 | 99.16 |
| 18 | 4861 | 2408 | 2452 | 1.43 | 0.71 | 0.72 | 98.19 |
| 19 | 5324 | 2505 | 2820 | 1.57 | 0.74 | 0.83 | 88.83 |
| 20-24 | **37621** | **18696** | **18925** | **11.08** | **5.51** | **5.57** | **98.79** |
| 20 | 6520 | 3077 | 3443 | 1.92 | 0.91 | 1.01 | 89.38 |
| 21 | 8204 | 4053 | 4151 | 2.42 | 1.19 | 1.22 | 97.64 |
| 22 | 7615 | 3820 | 3796 | 2.24 | 1.12 | 1.12 | 100.63 |
| 23 | 7260 | 3663 | 3597 | 2.14 | 1.08 | 1.06 | 101.82 |
| 24 | 8022 | 4084 | 3938 | 2.36 | 1.20 | 1.16 | 103.69 |
| 25-29 | **32986** | **16470** | **16516** | **9.72** | **4.85** | **4.86** | **99.72** |
| 25 | 6815 | 3347 | 3468 | 2.01 | 0.99 | 1.02 | 96.53 |
| 26 | 6077 | 3009 | 3068 | 1.79 | 0.89 | 0.90 | 98.08 |
| 27 | 6086 | 3066 | 3020 | 1.79 | 0.90 | 0.89 | 101.55 |
| 28 | 6437 | 3261 | 3176 | 1.90 | 0.96 | 0.94 | 102.68 |
| 29 | 7571 | 3786 | 3785 | 2.23 | 1.12 | 1.11 | 100.03 |
| 30-34 | **29924** | **15219** | **14705** | **8.81** | **4.48** | **4.33** | **103.50** |

## 2-4 续表 1 continued

单位：人、% (person,%)

| 年 龄 Age | 人口数 Population 合计 Total | 男 Male | 女 Female | 占总人口比重 Percentage to Total Population 合计 Total | 男 Male | 女 Female | 性别比 (女=100) Sex Ratio (Female=100) |
|---|---|---|---|---|---|---|---|
| 30 | 6268 | 3165 | 3103 | 1.85 | 0.93 | 0.91 | 101.98 |
| 31 | 5857 | 3011 | 2847 | 1.73 | 0.89 | 0.84 | 105.77 |
| 32 | 6149 | 3154 | 2996 | 1.81 | 0.93 | 0.88 | 105.28 |
| 33 | 6016 | 3047 | 2969 | 1.77 | 0.90 | 0.87 | 102.64 |
| 34 | 5633 | 2842 | 2790 | 1.66 | 0.84 | 0.82 | 101.85 |
| 35-39 | **32471** | **16536** | **15935** | **9.56** | **4.87** | **4.69** | **103.77** |
| 35 | 6054 | 2996 | 3058 | 1.78 | 0.88 | 0.90 | 98.00 |
| 36 | 6003 | 3084 | 2919 | 1.77 | 0.91 | 0.86 | 105.67 |
| 37 | 6479 | 3317 | 3162 | 1.91 | 0.98 | 0.93 | 104.89 |
| 38 | 7044 | 3548 | 3497 | 2.07 | 1.04 | 1.03 | 101.45 |
| 39 | 6891 | 3591 | 3300 | 2.03 | 1.06 | 0.97 | 108.81 |
| 40-44 | **32881** | **16896** | **15985** | **9.68** | **4.98** | **4.71** | **105.70** |
| 40 | 6782 | 3477 | 3305 | 2.00 | 1.02 | 0.97 | 105.20 |
| 41 | 7232 | 3672 | 3560 | 2.13 | 1.08 | 1.05 | 103.13 |
| 42 | 6621 | 3366 | 3254 | 1.95 | 0.99 | 0.96 | 103.45 |
| 43 | 6953 | 3620 | 3333 | 2.05 | 1.07 | 0.98 | 108.59 |
| 44 | 5294 | 2761 | 2532 | 1.56 | 0.81 | 0.75 | 109.03 |
| 45-49 | **29435** | **15239** | **14196** | **8.67** | **4.49** | **4.18** | **107.34** |
| 45 | 5503 | 2819 | 2684 | 1.62 | 0.83 | 0.79 | 105.01 |
| 46 | 5948 | 3088 | 2860 | 1.75 | 0.91 | 0.84 | 107.95 |
| 47 | 7156 | 3736 | 3420 | 2.11 | 1.10 | 1.01 | 109.22 |
| 48 | 5962 | 3065 | 2897 | 1.76 | 0.90 | 0.85 | 105.80 |
| 49 | 4865 | 2531 | 2334 | 1.43 | 0.75 | 0.69 | 108.44 |
| 50-54 | **19356** | **9796** | **9560** | **5.70** | **2.89** | **2.82** | **102.48** |
| 50 | 2903 | 1469 | 1434 | 0.86 | 0.43 | 0.42 | 102.47 |
| 51 | 3852 | 1989 | 1862 | 1.13 | 0.59 | 0.55 | 106.82 |
| 52 | 3547 | 1773 | 1775 | 1.04 | 0.52 | 0.52 | 99.88 |
| 53 | 4365 | 2234 | 2131 | 1.29 | 0.66 | 0.63 | 104.80 |
| 54 | 4689 | 2332 | 2357 | 1.38 | 0.69 | 0.69 | 98.91 |
| 55-59 | **19840** | **9901** | **9939** | **5.84** | **2.92** | **2.93** | **99.62** |
| 55 | 4152 | 2102 | 2050 | 1.22 | 0.62 | 0.60 | 102.54 |
| 56 | 4278 | 2122 | 2157 | 1.26 | 0.62 | 0.64 | 98.39 |
| 57 | 4270 | 2107 | 2163 | 1.26 | 0.62 | 0.64 | 97.39 |
| 58 | 3635 | 1839 | 1796 | 1.07 | 0.54 | 0.53 | 102.43 |
| 59 | 3505 | 1731 | 1773 | 1.03 | 0.51 | 0.52 | 97.62 |
| 60-64 | **13295** | **6521** | **6773** | **3.92** | **1.92** | **1.99** | **96.28** |
| 60 | 2987 | 1414 | 1572 | 0.88 | 0.42 | 0.46 | 89.94 |
| 61 | 2995 | 1517 | 1478 | 0.88 | 0.45 | 0.44 | 102.60 |
| 62 | 2772 | 1385 | 1387 | 0.82 | 0.41 | 0.41 | 99.84 |
| 63 | 2333 | 1120 | 1214 | 0.69 | 0.33 | 0.36 | 92.25 |

## 2-4 续表 2 continued

单位：人、%　　　　(person,%)

| 年 龄 Age | 人口数 Population | | | 占总人口比重 Percentage to Total Population | | | 性别比 (女=100) Sex Ratio (Female=100) |
|---|---|---|---|---|---|---|---|
| | 合计 Total | 男 Male | 女 Female | 合计 Total | 男 Male | 女 Female | |
| 64 | 2207 | 1086 | 1122 | 0.65 | 0.32 | 0.33 | 96.78 |
| 65-69 | **8845** | **4199** | **4646** | **2.61** | **1.24** | **1.37** | **90.38** |
| 65 | 2033 | 969 | 1063 | 0.60 | 0.29 | 0.31 | 91.18 |
| 66 | 1844 | 893 | 952 | 0.54 | 0.26 | 0.28 | 93.84 |
| 67 | 1793 | 826 | 967 | 0.53 | 0.24 | 0.28 | 85.44 |
| 68 | 1617 | 753 | 864 | 0.48 | 0.22 | 0.25 | 87.17 |
| 69 | 1558 | 758 | 800 | 0.46 | 0.22 | 0.24 | 94.65 |
| 70-74 | **7690** | **3695** | **3996** | **2.27** | **1.09** | **1.18** | **92.47** |
| 70 | 1659 | 808 | 852 | 0.49 | 0.24 | 0.25 | 94.82 |
| 71 | 1598 | 754 | 843 | 0.47 | 0.22 | 0.25 | 89.45 |
| 72 | 1463 | 698 | 765 | 0.43 | 0.21 | 0.23 | 91.23 |
| 73 | 1552 | 726 | 826 | 0.46 | 0.21 | 0.24 | 87.80 |
| 74 | 1419 | 709 | 709 | 0.42 | 0.21 | 0.21 | 99.98 |
| 75-79 | **5728** | **2672** | **3055** | **1.69** | **0.79** | **0.90** | **87.47** |
| 75 | 1397 | 637 | 760 | 0.41 | 0.19 | 0.22 | 83.80 |
| 76 | 1245 | 569 | 676 | 0.37 | 0.17 | 0.20 | 84.24 |
| 77 | 1119 | 544 | 575 | 0.33 | 0.16 | 0.17 | 94.54 |
| 78 | 1096 | 517 | 579 | 0.32 | 0.15 | 0.17 | 89.21 |
| 79 | 871 | 406 | 465 | 0.26 | 0.12 | 0.14 | 87.23 |
| 80-84 | **3229** | **1529** | **1700** | **0.95** | **0.45** | **0.50** | **89.93** |
| 80 | 806 | 391 | 415 | 0.24 | 0.12 | 0.12 | 94.21 |
| 81 | 760 | 380 | 379 | 0.22 | 0.11 | 0.11 | 100.21 |
| 82 | 644 | 298 | 346 | 0.19 | 0.09 | 0.10 | 85.93 |
| 83 | 559 | 249 | 309 | 0.16 | 0.07 | 0.09 | 80.59 |
| 84 | 461 | 211 | 250 | 0.14 | 0.06 | 0.07 | 84.28 |
| 85-89 | **1223** | **525** | **699** | **0.36** | **0.15** | **0.21** | **75.11** |
| 85 | 378 | 179 | 199 | 0.11 | 0.05 | 0.06 | 90.04 |
| 86 | 287 | 124 | 163 | 0.08 | 0.04 | 0.05 | 76.19 |
| 87 | 238 | 92 | 146 | 0.07 | 0.03 | 0.04 | 63.04 |
| 88 | 189 | 82 | 107 | 0.06 | 0.02 | 0.03 | 76.43 |
| 89 | 131 | 48 | 84 | 0.04 | 0.01 | 0.02 | 56.83 |
| 90-94 | **382** | **146** | **236** | **0.11** | **0.04** | **0.07** | **61.87** |
| 90 | 135 | 51 | 83 | 0.04 | 0.02 | 0.02 | 61.46 |
| 91 | 81 | 32 | 49 | 0.02 | 0.01 | 0.01 | 66.88 |
| 92 | 63 | 31 | 32 | 0.02 | 0.01 | 0.01 | 95.42 |
| 93 | 69 | 21 | 48 | 0.02 | 0.01 | 0.01 | 42.56 |
| 94 | 34 | 11 | 23 | 0.01 | | 0.01 | 46.46 |
| 95+ | **64** | **19** | **45** | **0.02** | **0.01** | **0.01** | **41.80** |

# 2-5 全国镇分年龄、性别的人口数

## Town Population by Age and Sex

单位：人、% (person,%)

| 年 龄 Age | 人口数 Population 合计 Total | 男 Male | 女 Female | 占总人口比重 Percentage to Total Population 合计 Total | 男 Male | 女 Female | 性别比 (女=100) Sex Ratio (Female=100) |
|---|---|---|---|---|---|---|---|
| 总计 Total | **252615** | **130527** | **122088** | **100.00** | **51.67** | **48.33** | **106.91** |
| 0-4 | **13879** | **7653** | **6226** | **5.49** | **3.03** | **2.46** | **122.93** |
| 0 | 2288 | 1246 | 1042 | 0.91 | 0.49 | 0.41 | 119.58 |
| 1 | 2628 | 1476 | 1152 | 1.04 | 0.58 | 0.46 | 128.15 |
| 2 | 2964 | 1674 | 1290 | 1.17 | 0.66 | 0.51 | 129.76 |
| 3 | 3050 | 1651 | 1398 | 1.21 | 0.65 | 0.55 | 118.07 |
| 4 | 2949 | 1606 | 1343 | 1.17 | 0.64 | 0.53 | 119.56 |
| 5-9 | **14073** | **7740** | **6333** | **5.57** | **3.06** | **2.51** | **122.23** |
| 5 | 3055 | 1693 | 1362 | 1.21 | 0.67 | 0.54 | 124.33 |
| 6 | 2846 | 1586 | 1260 | 1.13 | 0.63 | 0.50 | 125.95 |
| 7 | 2844 | 1554 | 1290 | 1.13 | 0.61 | 0.51 | 120.39 |
| 8 | 2632 | 1445 | 1187 | 1.04 | 0.57 | 0.47 | 121.69 |
| 9 | 2697 | 1463 | 1234 | 1.07 | 0.58 | 0.49 | 118.53 |
| 10-14 | **14490** | **7878** | **6611** | **5.74** | **3.12** | **2.62** | **119.16** |
| 10 | 2839 | 1514 | 1324 | 1.12 | 0.60 | 0.52 | 114.33 |
| 11 | 2849 | 1589 | 1260 | 1.13 | 0.63 | 0.50 | 126.18 |
| 12 | 2811 | 1570 | 1241 | 1.11 | 0.62 | 0.49 | 126.54 |
| 13 | 3075 | 1626 | 1448 | 1.22 | 0.64 | 0.57 | 112.28 |
| 14 | 2917 | 1578 | 1338 | 1.15 | 0.62 | 0.53 | 117.96 |
| 15-19 | **20544** | **11426** | **9118** | **8.13** | **4.52** | **3.61** | **125.32** |
| 15 | 3439 | 1820 | 1619 | 1.36 | 0.72 | 0.64 | 112.42 |
| 16 | 3754 | 1989 | 1765 | 1.49 | 0.79 | 0.70 | 112.68 |
| 17 | 3948 | 2221 | 1728 | 1.56 | 0.88 | 0.68 | 128.52 |
| 18 | 5223 | 3177 | 2046 | 2.07 | 1.26 | 0.81 | 155.23 |
| 19 | 4180 | 2221 | 1959 | 1.65 | 0.88 | 0.78 | 113.32 |
| 20-24 | **22680** | **11658** | **11022** | **8.98** | **4.61** | **4.36** | **105.77** |
| 20 | 4141 | 2198 | 1943 | 1.64 | 0.87 | 0.77 | 113.10 |
| 21 | 4823 | 2601 | 2221 | 1.91 | 1.03 | 0.88 | 117.11 |
| 22 | 4595 | 2366 | 2229 | 1.82 | 0.94 | 0.88 | 106.15 |
| 23 | 4307 | 2121 | 2186 | 1.71 | 0.84 | 0.87 | 97.04 |
| 24 | 4814 | 2372 | 2442 | 1.91 | 0.94 | 0.97 | 97.10 |
| 25-29 | **19512** | **9637** | **9875** | **7.72** | **3.81** | **3.91** | **97.59** |
| 25 | 4181 | 2036 | 2146 | 1.66 | 0.81 | 0.85 | 94.88 |
| 26 | 3771 | 1868 | 1903 | 1.49 | 0.74 | 0.75 | 98.12 |
| 27 | 3775 | 1837 | 1938 | 1.49 | 0.73 | 0.77 | 94.77 |
| 28 | 3617 | 1810 | 1808 | 1.43 | 0.72 | 0.72 | 100.09 |
| 29 | 4167 | 2087 | 2080 | 1.65 | 0.83 | 0.82 | 100.34 |
| 30-34 | **19018** | **9526** | **9492** | **7.53** | **3.77** | **3.76** | **100.36** |

## 2-5 续表 1 continued

单位：人、%　　(person,%)

| 年 龄 Age | 人口数 Population | | | 占总人口比重 Percentage to Total Population | | | 性别比 (女=100) Sex Ratio (Female=100) |
|---|---|---|---|---|---|---|---|
| | 合计 Total | 男 Male | 女 Female | 合计 Total | 男 Male | 女 Female | |
| 30 | 3709 | 1853 | 1856 | 1.47 | 0.73 | 0.73 | 99.85 |
| 31 | 3602 | 1758 | 1844 | 1.43 | 0.70 | 0.73 | 95.36 |
| 32 | 3994 | 1990 | 2005 | 1.58 | 0.79 | 0.79 | 99.23 |
| 33 | 3976 | 1993 | 1983 | 1.57 | 0.79 | 0.78 | 100.50 |
| 34 | 3738 | 1933 | 1805 | 1.48 | 0.77 | 0.71 | 107.07 |
| 35-39 | **22713** | **11649** | **11064** | **8.99** | **4.61** | **4.38** | **105.29** |
| 35 | 4229 | 2218 | 2010 | 1.67 | 0.88 | 0.80 | 110.33 |
| 36 | 4164 | 2093 | 2071 | 1.65 | 0.83 | 0.82 | 101.07 |
| 37 | 4732 | 2399 | 2333 | 1.87 | 0.95 | 0.92 | 102.83 |
| 38 | 4749 | 2468 | 2281 | 1.88 | 0.98 | 0.90 | 108.22 |
| 39 | 4838 | 2470 | 2368 | 1.92 | 0.98 | 0.94 | 104.31 |
| 40-44 | **24491** | **12489** | **12001** | **9.69** | **4.94** | **4.75** | **104.07** |
| 40 | 4878 | 2567 | 2311 | 1.93 | 1.02 | 0.91 | 111.12 |
| 41 | 5367 | 2677 | 2690 | 2.12 | 1.06 | 1.06 | 99.53 |
| 42 | 4794 | 2428 | 2366 | 1.90 | 0.96 | 0.94 | 102.60 |
| 43 | 5346 | 2759 | 2587 | 2.12 | 1.09 | 1.02 | 106.65 |
| 44 | 4105 | 2058 | 2047 | 1.62 | 0.81 | 0.81 | 100.51 |
| 45-49 | **22457** | **11479** | **10978** | **8.89** | **4.54** | **4.35** | **104.56** |
| 45 | 4471 | 2322 | 2149 | 1.77 | 0.92 | 0.85 | 108.07 |
| 46 | 4566 | 2326 | 2240 | 1.81 | 0.92 | 0.89 | 103.85 |
| 47 | 5088 | 2573 | 2515 | 2.01 | 1.02 | 1.00 | 102.33 |
| 48 | 4583 | 2316 | 2267 | 1.81 | 0.92 | 0.90 | 102.15 |
| 49 | 3749 | 1942 | 1808 | 1.48 | 0.77 | 0.72 | 107.39 |
| 50-54 | **13180** | **6836** | **6344** | **5.22** | **2.71** | **2.51** | **107.75** |
| 50 | 2087 | 1024 | 1063 | 0.83 | 0.41 | 0.42 | 96.41 |
| 51 | 2589 | 1329 | 1260 | 1.02 | 0.53 | 0.50 | 105.55 |
| 52 | 2317 | 1254 | 1064 | 0.92 | 0.50 | 0.42 | 117.86 |
| 53 | 2975 | 1574 | 1401 | 1.18 | 0.62 | 0.55 | 112.40 |
| 54 | 3212 | 1654 | 1558 | 1.27 | 0.65 | 0.62 | 106.18 |
| 55-59 | **14691** | **7383** | **7308** | **5.82** | **2.92** | **2.89** | **101.02** |
| 55 | 3019 | 1465 | 1554 | 1.20 | 0.58 | 0.62 | 94.23 |
| 56 | 2953 | 1505 | 1448 | 1.17 | 0.60 | 0.57 | 103.90 |
| 57 | 3129 | 1551 | 1578 | 1.24 | 0.61 | 0.62 | 98.30 |
| 58 | 2703 | 1376 | 1327 | 1.07 | 0.54 | 0.53 | 103.66 |
| 59 | 2887 | 1486 | 1400 | 1.14 | 0.59 | 0.55 | 106.15 |
| 60-64 | **10783** | **5447** | **5336** | **4.27** | **2.16** | **2.11** | **102.07** |
| 60 | 2333 | 1169 | 1164 | 0.92 | 0.46 | 0.46 | 100.40 |
| 61 | 2333 | 1184 | 1149 | 0.92 | 0.47 | 0.45 | 103.11 |
| 62 | 2201 | 1119 | 1083 | 0.87 | 0.44 | 0.43 | 103.34 |
| 63 | 2013 | 1018 | 995 | 0.80 | 0.40 | 0.39 | 102.32 |

## 2-5 续表 2 continued

单位：人、%　　　　　　　　　　(person,%)

| 年 龄<br>Age | 人口数<br>Population | | | 占总人口比重<br>Percentage to Total Population | | | 性别比<br>(女=100)<br>Sex Ratio<br>(Female=100) |
|---|---|---|---|---|---|---|---|
| | 合计<br>Total | 男<br>Male | 女<br>Female | 合计<br>Total | 男<br>Male | 女<br>Female | |
| 64 | 1902 | 956 | 946 | 0.75 | 0.38 | 0.37 | 101.13 |
| 65-69 | **7103** | **3637** | **3466** | **2.81** | **1.44** | **1.37** | **104.95** |
| 65 | 1646 | 839 | 806 | 0.65 | 0.33 | 0.32 | 104.11 |
| 66 | 1508 | 766 | 742 | 0.60 | 0.30 | 0.29 | 103.25 |
| 67 | 1387 | 727 | 660 | 0.55 | 0.29 | 0.26 | 110.11 |
| 68 | 1316 | 671 | 645 | 0.52 | 0.27 | 0.26 | 104.13 |
| 69 | 1246 | 634 | 613 | 0.49 | 0.25 | 0.24 | 103.43 |
| 70-74 | **5445** | **2693** | **2752** | **2.16** | **1.07** | **1.09** | **97.84** |
| 70 | 1179 | 585 | 593 | 0.47 | 0.23 | 0.23 | 98.61 |
| 71 | 1159 | 581 | 578 | 0.46 | 0.23 | 0.23 | 100.55 |
| 72 | 1003 | 506 | 496 | 0.40 | 0.20 | 0.20 | 102.01 |
| 73 | 1114 | 540 | 574 | 0.44 | 0.21 | 0.23 | 94.17 |
| 74 | 990 | 480 | 510 | 0.39 | 0.19 | 0.20 | 93.96 |
| 75-79 | **4023** | **1908** | **2115** | **1.59** | **0.76** | **0.84** | **90.19** |
| 75 | 929 | 450 | 479 | 0.37 | 0.18 | 0.19 | 93.87 |
| 76 | 893 | 423 | 469 | 0.35 | 0.17 | 0.19 | 90.17 |
| 77 | 829 | 394 | 434 | 0.33 | 0.16 | 0.17 | 90.81 |
| 78 | 770 | 377 | 393 | 0.30 | 0.15 | 0.16 | 95.92 |
| 79 | 602 | 263 | 339 | 0.24 | 0.10 | 0.13 | 77.60 |
| 80-84 | **2272** | **1042** | **1230** | **0.90** | **0.41** | **0.49** | **84.73** |
| 80 | 539 | 261 | 278 | 0.21 | 0.10 | 0.11 | 93.88 |
| 81 | 593 | 275 | 318 | 0.23 | 0.11 | 0.13 | 86.31 |
| 82 | 454 | 200 | 254 | 0.18 | 0.08 | 0.10 | 78.45 |
| 83 | 378 | 177 | 201 | 0.15 | 0.07 | 0.08 | 88.19 |
| 84 | 308 | 130 | 178 | 0.12 | 0.05 | 0.07 | 72.70 |
| 85-89 | **901** | **339** | **563** | **0.36** | **0.13** | **0.22** | **60.19** |
| 85 | 254 | 108 | 146 | 0.10 | 0.04 | 0.06 | 74.16 |
| 86 | 222 | 83 | 138 | 0.09 | 0.03 | 0.05 | 60.30 |
| 87 | 170 | 62 | 107 | 0.07 | 0.02 | 0.04 | 57.86 |
| 88 | 152 | 51 | 102 | 0.06 | 0.02 | 0.04 | 49.73 |
| 89 | 104 | 34 | 69 | 0.04 | 0.01 | 0.03 | 49.55 |
| 90-94 | **292** | **90** | **202** | **0.12** | **0.04** | **0.08** | **44.72** |
| 90 | 94 | 35 | 58 | 0.04 | 0.01 | 0.02 | 60.61 |
| 91 | 92 | 26 | 65 | 0.04 | 0.01 | 0.03 | 40.40 |
| 92 | 43 | 11 | 32 | 0.02 | | 0.01 | 34.49 |
| 93 | 38 | 9 | 29 | 0.02 | | 0.01 | 28.91 |
| 94 | 26 | 9 | 17 | 0.01 | | 0.01 | 53.42 |
| 95+ | **68** | **16** | **52** | **0.03** | **0.01** | **0.02** | **30.47** |

# 2-6 全国乡村分年龄、性别的人口数

## Rural Population by Age and Sex

单位：人、%　(person,%)

| 年龄 Age | 人口数 Population 合计 Total | 男 Male | 女 Female | 占总人口比重 Percentage to Total Population 合计 Total | 男 Male | 女 Female | 性别比 (女=100) Sex Ratio (Female=100) |
|---|---|---|---|---|---|---|---|
| 总计 Total | **553076** | **284868** | **268208** | **100.00** | **51.51** | **48.49** | **106.21** |
| 0-4 | **36385** | **19851** | **16534** | **6.58** | **3.59** | **2.99** | **120.06** |
| 0 | 6626 | 3598 | 3028 | 1.20 | 0.65 | 0.55 | 118.82 |
| 1 | 6654 | 3685 | 2970 | 1.20 | 0.67 | 0.54 | 124.08 |
| 2 | 7700 | 4174 | 3526 | 1.39 | 0.75 | 0.64 | 118.40 |
| 3 | 7934 | 4422 | 3512 | 1.43 | 0.80 | 0.64 | 125.91 |
| 4 | 7470 | 3972 | 3498 | 1.35 | 0.72 | 0.63 | 113.52 |
| 5-9 | **33770** | **18300** | **15470** | **6.11** | **3.31** | **2.80** | **118.29** |
| 5 | 7318 | 3912 | 3407 | 1.32 | 0.71 | 0.62 | 114.82 |
| 6 | 6828 | 3748 | 3080 | 1.23 | 0.68 | 0.56 | 121.70 |
| 7 | 7065 | 3866 | 3199 | 1.28 | 0.70 | 0.58 | 120.85 |
| 8 | 6205 | 3368 | 2837 | 1.12 | 0.61 | 0.51 | 118.71 |
| 9 | 6353 | 3406 | 2947 | 1.15 | 0.62 | 0.53 | 115.56 |
| 10-14 | **33923** | **18259** | **15664** | **6.13** | **3.30** | **2.83** | **116.56** |
| 10 | 6558 | 3530 | 3028 | 1.19 | 0.64 | 0.55 | 116.60 |
| 11 | 6738 | 3639 | 3099 | 1.22 | 0.66 | 0.56 | 117.45 |
| 12 | 6331 | 3411 | 2920 | 1.14 | 0.62 | 0.53 | 116.84 |
| 13 | 7146 | 3885 | 3261 | 1.29 | 0.70 | 0.59 | 119.16 |
| 14 | 7151 | 3793 | 3358 | 1.29 | 0.69 | 0.61 | 112.96 |
| 15-19 | **37366** | **19571** | **17795** | **6.76** | **3.54** | **3.22** | **109.98** |
| 15 | 7728 | 4000 | 3728 | 1.40 | 0.72 | 0.67 | 107.29 |
| 16 | 7770 | 4159 | 3611 | 1.40 | 0.75 | 0.65 | 115.17 |
| 17 | 7079 | 3738 | 3340 | 1.28 | 0.68 | 0.60 | 111.91 |
| 18 | 7326 | 3852 | 3474 | 1.32 | 0.70 | 0.63 | 110.87 |
| 19 | 7463 | 3822 | 3641 | 1.35 | 0.69 | 0.66 | 104.97 |
| 20-24 | **48266** | **24889** | **23377** | **8.73** | **4.50** | **4.23** | **106.47** |
| 20 | 8419 | 4334 | 4084 | 1.52 | 0.78 | 0.74 | 106.12 |
| 21 | 10493 | 5434 | 5060 | 1.90 | 0.98 | 0.91 | 107.39 |
| 22 | 10138 | 5301 | 4837 | 1.83 | 0.96 | 0.87 | 109.59 |
| 23 | 9319 | 4755 | 4564 | 1.68 | 0.86 | 0.83 | 104.18 |
| 24 | 9897 | 5065 | 4831 | 1.79 | 0.92 | 0.87 | 104.84 |
| 25-29 | **36761** | **18869** | **17891** | **6.65** | **3.41** | **3.23** | **105.47** |
| 25 | 8191 | 4103 | 4088 | 1.48 | 0.74 | 0.74 | 100.35 |
| 26 | 7193 | 3658 | 3535 | 1.30 | 0.66 | 0.64 | 103.50 |
| 27 | 7022 | 3649 | 3373 | 1.27 | 0.66 | 0.61 | 108.17 |
| 28 | 6848 | 3585 | 3263 | 1.24 | 0.65 | 0.59 | 109.86 |
| 29 | 7507 | 3875 | 3632 | 1.36 | 0.70 | 0.66 | 106.69 |
| 30-34 | **33206** | **17163** | **16043** | **6.00** | **3.10** | **2.90** | **106.98** |

## 2-6 续表 1 continued

单位：人、% (person,%)

| 年 龄 Age | 人口数 Population 合计 Total | 男 Male | 女 Female | 占总人口比重 Percentage to Total Population 合计 Total | 男 Male | 女 Female | 性别比 (女=100) Sex Ratio (Female=100) |
|---|---|---|---|---|---|---|---|
| 30 | 6695 | 3510 | 3184 | 1.21 | 0.63 | 0.58 | 110.24 |
| 31 | 6561 | 3337 | 3224 | 1.19 | 0.60 | 0.58 | 103.48 |
| 32 | 6671 | 3470 | 3201 | 1.21 | 0.63 | 0.58 | 108.40 |
| 33 | 6885 | 3567 | 3318 | 1.24 | 0.64 | 0.60 | 107.50 |
| 34 | 6394 | 3279 | 3115 | 1.16 | 0.59 | 0.56 | 105.27 |
| 35-39 | **41711** | **21385** | **20326** | **7.54** | **3.87** | **3.68** | **105.21** |
| 35 | 7355 | 3755 | 3600 | 1.33 | 0.68 | 0.65 | 104.31 |
| 36 | 7710 | 3976 | 3733 | 1.39 | 0.72 | 0.68 | 106.51 |
| 37 | 8404 | 4341 | 4063 | 1.52 | 0.78 | 0.73 | 106.84 |
| 38 | 8955 | 4567 | 4388 | 1.62 | 0.83 | 0.79 | 104.07 |
| 39 | 9287 | 4746 | 4541 | 1.68 | 0.86 | 0.82 | 104.52 |
| 40-44 | **50020** | **25421** | **24599** | **9.04** | **4.60** | **4.45** | **103.34** |
| 40 | 9484 | 4909 | 4575 | 1.71 | 0.89 | 0.83 | 107.31 |
| 41 | 10395 | 5284 | 5110 | 1.88 | 0.96 | 0.92 | 103.40 |
| 42 | 9882 | 4953 | 4929 | 1.79 | 0.90 | 0.89 | 100.49 |
| 43 | 11027 | 5602 | 5425 | 1.99 | 1.01 | 0.98 | 103.25 |
| 44 | 9231 | 4672 | 4559 | 1.67 | 0.84 | 0.82 | 102.48 |
| 45-49 | **48961** | **24717** | **24244** | **8.85** | **4.47** | **4.38** | **101.95** |
| 45 | 10202 | 5176 | 5026 | 1.84 | 0.94 | 0.91 | 102.98 |
| 46 | 9963 | 5080 | 4883 | 1.80 | 0.92 | 0.88 | 104.04 |
| 47 | 10933 | 5568 | 5365 | 1.98 | 1.01 | 0.97 | 103.78 |
| 48 | 9374 | 4631 | 4742 | 1.69 | 0.84 | 0.86 | 97.66 |
| 49 | 8490 | 4262 | 4228 | 1.53 | 0.77 | 0.76 | 100.80 |
| 50-54 | **29667** | **15188** | **14479** | **5.36** | **2.75** | **2.62** | **104.90** |
| 50 | 4411 | 2176 | 2236 | 0.80 | 0.39 | 0.40 | 97.31 |
| 51 | 5611 | 2849 | 2763 | 1.01 | 0.52 | 0.50 | 103.11 |
| 52 | 5216 | 2661 | 2555 | 0.94 | 0.48 | 0.46 | 104.17 |
| 53 | 6694 | 3487 | 3206 | 1.21 | 0.63 | 0.58 | 108.77 |
| 54 | 7734 | 4015 | 3719 | 1.40 | 0.73 | 0.67 | 107.95 |
| 55-59 | **37136** | **18929** | **18206** | **6.71** | **3.42** | **3.29** | **103.97** |
| 55 | 7136 | 3733 | 3402 | 1.29 | 0.67 | 0.62 | 109.72 |
| 56 | 7780 | 3971 | 3809 | 1.41 | 0.72 | 0.69 | 104.25 |
| 57 | 7771 | 3969 | 3802 | 1.41 | 0.72 | 0.69 | 104.41 |
| 58 | 7195 | 3600 | 3595 | 1.30 | 0.65 | 0.65 | 100.15 |
| 59 | 7255 | 3656 | 3599 | 1.31 | 0.66 | 0.65 | 101.59 |
| 60-64 | **28630** | **14720** | **13910** | **5.18** | **2.66** | **2.52** | **105.82** |
| 60 | 6134 | 3100 | 3035 | 1.11 | 0.56 | 0.55 | 102.13 |
| 61 | 6235 | 3223 | 3012 | 1.13 | 0.58 | 0.54 | 106.99 |
| 62 | 6165 | 3254 | 2911 | 1.11 | 0.59 | 0.53 | 111.79 |
| 63 | 5205 | 2628 | 2577 | 0.94 | 0.48 | 0.47 | 101.97 |

## 2-6 续表 2 continued

单位：人、% (person,%)

| 年 龄 Age | 人口数 Population 合计 Total | 男 Male | 女 Female | 占总人口比重 Percentage to Total Population 合计 Total | 男 Male | 女 Female | 性别比 (女=100) Sex Ratio (Female=100) |
|---|---|---|---|---|---|---|---|
| 64 | 4890 | 2515 | 2375 | 0.88 | 0.45 | 0.43 | 105.92 |
| 65-69 | **20105** | **10227** | **9878** | **3.64** | **1.85** | **1.79** | **103.54** |
| 65 | 4685 | 2373 | 2312 | 0.85 | 0.43 | 0.42 | 102.62 |
| 66 | 4158 | 2116 | 2042 | 0.75 | 0.38 | 0.37 | 103.59 |
| 67 | 4075 | 2048 | 2026 | 0.74 | 0.37 | 0.37 | 101.08 |
| 68 | 3698 | 1865 | 1832 | 0.67 | 0.34 | 0.33 | 101.79 |
| 69 | 3489 | 1825 | 1664 | 0.63 | 0.33 | 0.30 | 109.67 |
| 70-74 | **15691** | **8007** | **7684** | **2.84** | **1.45** | **1.39** | **104.20** |
| 70 | 3647 | 1861 | 1786 | 0.66 | 0.34 | 0.32 | 104.20 |
| 71 | 3352 | 1746 | 1606 | 0.61 | 0.32 | 0.29 | 108.68 |
| 72 | 2742 | 1398 | 1344 | 0.50 | 0.25 | 0.24 | 104.04 |
| 73 | 3107 | 1570 | 1538 | 0.56 | 0.28 | 0.28 | 102.08 |
| 74 | 2843 | 1433 | 1410 | 0.51 | 0.26 | 0.25 | 101.58 |
| 75-79 | **11423** | **5378** | **6045** | **2.07** | **0.97** | **1.09** | **88.97** |
| 75 | 2606 | 1297 | 1308 | 0.47 | 0.23 | 0.24 | 99.15 |
| 76 | 2442 | 1135 | 1306 | 0.44 | 0.21 | 0.24 | 86.93 |
| 77 | 2243 | 1046 | 1196 | 0.41 | 0.19 | 0.22 | 87.48 |
| 78 | 2244 | 1064 | 1180 | 0.41 | 0.19 | 0.21 | 90.20 |
| 79 | 1889 | 835 | 1054 | 0.34 | 0.15 | 0.19 | 79.17 |
| 80-84 | **6463** | **2752** | **3710** | **1.17** | **0.50** | **0.67** | **74.19** |
| 80 | 1591 | 701 | 889 | 0.29 | 0.13 | 0.16 | 78.85 |
| 81 | 1618 | 741 | 877 | 0.29 | 0.13 | 0.16 | 84.54 |
| 82 | 1178 | 486 | 691 | 0.21 | 0.09 | 0.12 | 70.39 |
| 83 | 1155 | 447 | 708 | 0.21 | 0.08 | 0.13 | 63.18 |
| 84 | 922 | 377 | 546 | 0.17 | 0.07 | 0.10 | 69.04 |
| 85-89 | **2672** | **992** | **1680** | **0.48** | **0.18** | **0.30** | **59.04** |
| 85 | 765 | 307 | 458 | 0.14 | 0.06 | 0.08 | 67.13 |
| 86 | 630 | 211 | 419 | 0.11 | 0.04 | 0.08 | 50.38 |
| 87 | 501 | 194 | 307 | 0.09 | 0.04 | 0.06 | 63.06 |
| 88 | 407 | 148 | 259 | 0.07 | 0.03 | 0.05 | 57.15 |
| 89 | 369 | 132 | 237 | 0.07 | 0.02 | 0.04 | 55.55 |
| 90-94 | **763** | **210** | **553** | **0.14** | **0.04** | **0.10** | **37.98** |
| 90 | 266 | 83 | 184 | 0.05 | 0.01 | 0.03 | 44.95 |
| 91 | 220 | 68 | 152 | 0.04 | 0.01 | 0.03 | 44.86 |
| 92 | 118 | 33 | 85 | 0.02 | 0.01 | 0.02 | 39.17 |
| 93 | 94 | 19 | 75 | 0.02 |  | 0.01 | 25.56 |
| 94 | 66 | 7 | 58 | 0.01 |  | 0.01 | 12.31 |
| 95+ | **157** | **38** | **119** | **0.03** | **0.01** | **0.02** | **32.25** |

# 2-7 各地区人口年龄构成和抚养比

## Age Composition and Dependency Ratio of Population by Region

| 地 区 | Region | 人口数(人) Population (person) | 0-14岁 Aged 0-14 | 15-64岁 Aged 15-64 | 65岁及以上 Aged 65 and Over | 总抚养比(%) Gross Dependency Ratio (%) | 少儿抚养比 Children Dependency Ratio | 老年抚养比 Old Dependency Ratio |
|---|---|---|---|---|---|---|---|---|
| 全 国 | National Total | **1145209** | **188590** | **852078** | **104541** | **34.40** | **22.13** | **12.27** |
| 北 京 | Beijing | 17246 | 1510 | 14216 | 1521 | 21.31 | 10.62 | 10.70 |
| 天 津 | Tianjin | 11577 | 1233 | 9213 | 1131 | 25.66 | 13.39 | 12.27 |
| 河 北 | Hebei | 61861 | 10890 | 45918 | 5053 | 34.72 | 23.72 | 11.00 |
| 山 西 | Shanxi | 30698 | 4961 | 23353 | 2384 | 31.45 | 21.24 | 10.21 |
| 内蒙古 | Inner Mongolia | 21203 | 2900 | 16842 | 1461 | 25.89 | 17.22 | 8.67 |
| 辽 宁 | Liaoning | 37447 | 4254 | 29159 | 4034 | 28.42 | 14.59 | 13.84 |
| 吉 林 | Jilin | 23490 | 2989 | 18458 | 2044 | 27.27 | 16.19 | 11.07 |
| 黑龙江 | Heilongjiang | 32757 | 3845 | 26293 | 2618 | 24.58 | 14.62 | 9.96 |
| 上 海 | Shanghai | 20056 | 1662 | 16816 | 1579 | 19.27 | 9.88 | 9.39 |
| 江 苏 | Jiangsu | 67485 | 8765 | 51421 | 7300 | 31.24 | 17.05 | 14.20 |
| 浙 江 | Zhejiang | 46674 | 5885 | 36790 | 3999 | 26.87 | 16.00 | 10.87 |
| 安 徽 | Anhui | 50989 | 9187 | 36459 | 5342 | 39.85 | 25.20 | 14.65 |
| 福 建 | Fujian | 31783 | 5009 | 24335 | 2438 | 30.60 | 20.58 | 10.02 |
| 江 西 | Jiangxi | 38348 | 8234 | 27191 | 2923 | 41.03 | 30.28 | 10.75 |
| 山 东 | Shandong | 82336 | 12785 | 60696 | 8854 | 35.65 | 21.06 | 14.59 |
| 河 南 | Henan | 80208 | 16632 | 56519 | 7057 | 41.91 | 29.43 | 12.49 |
| 湖 北 | Hubei | 49190 | 7037 | 37180 | 4974 | 32.30 | 18.93 | 13.38 |
| 湖 南 | Hunan | 56351 | 10087 | 40358 | 5906 | 39.63 | 24.99 | 14.63 |
| 广 东 | Guangdong | 89750 | 15466 | 68401 | 5884 | 31.21 | 22.61 | 8.60 |
| 广 西 | Guangxi | 39686 | 8716 | 27183 | 3786 | 45.99 | 32.07 | 13.93 |
| 海 南 | Hainan | 7496 | 1493 | 5487 | 516 | 36.61 | 27.21 | 9.40 |
| 重 庆 | Chongqing | 24939 | 4001 | 17841 | 3097 | 39.78 | 22.42 | 17.36 |
| 四 川 | Sichuan | 68777 | 11141 | 49359 | 8277 | 39.34 | 22.57 | 16.77 |
| 贵 州 | Guizhou | 29636 | 7161 | 19776 | 2698 | 49.85 | 36.21 | 13.64 |
| 云 南 | Yunnan | 39564 | 7744 | 28780 | 3041 | 37.47 | 26.91 | 10.56 |
| 西 藏 | Tibet | 2591 | 598 | 1868 | 125 | 38.70 | 32.00 | 6.71 |
| 陕 西 | Shaanxi | 31976 | 4803 | 24457 | 2715 | 30.74 | 19.64 | 11.10 |
| 甘 肃 | Gansu | 21908 | 3697 | 16260 | 1951 | 34.74 | 22.74 | 12.00 |
| 青 海 | Qinghai | 4854 | 998 | 3568 | 288 | 36.04 | 27.98 | 8.06 |
| 宁 夏 | Ningxia | 5463 | 1143 | 4021 | 299 | 35.87 | 28.43 | 7.44 |
| 新 疆 | Xinjiang | 18871 | 3764 | 13860 | 1247 | 36.15 | 27.16 | 9.00 |

# 2-8 各地区城市人口年龄构成和抚养比

## Age Composition and Dependency Ratio of City Population by Region

| 地 区 | Region | 人口数（人）Population (person) | 0-14岁 Aged 0-14 | 15-64岁 Aged 15-64 | 65岁及以上 Aged 65 and Over | 总抚养比(%) Gross Dependency Ratio (%) | 少儿抚养比 Children Dependency Ratio | 老年抚养比 Old Dependency Ratio |
|---|---|---|---|---|---|---|---|---|
| 全 国 | National Total | **339518** | **42069** | **270287** | **27162** | **25.61** | **15.56** | **10.05** |
| 北 京 | Beijing | 13268 | 1150 | 11011 | 1107 | 20.49 | 10.44 | 10.05 |
| 天 津 | Tianjin | 7814 | 712 | 6275 | 827 | 24.51 | 11.34 | 13.18 |
| 河 北 | Hebei | 10568 | 1636 | 8080 | 852 | 30.79 | 20.25 | 10.54 |
| 山 西 | Shanxi | 8419 | 1226 | 6552 | 641 | 28.50 | 18.71 | 9.79 |
| 内蒙古 | Inner Mongolia | 6514 | 828 | 5373 | 313 | 21.23 | 15.40 | 5.82 |
| 辽 宁 | Liaoning | 19437 | 1815 | 15384 | 2238 | 26.35 | 11.80 | 14.55 |
| 吉 林 | Jilin | 8037 | 879 | 6411 | 747 | 25.36 | 13.72 | 11.65 |
| 黑龙江 | Heilongjiang | 11589 | 1136 | 9428 | 1025 | 22.93 | 12.05 | 10.88 |
| 上 海 | Shanghai | 14611 | 1106 | 12287 | 1218 | 18.92 | 9.00 | 9.92 |
| 江 苏 | Jiangsu | 24854 | 2692 | 19956 | 2206 | 24.54 | 13.49 | 11.05 |
| 浙 江 | Zhejiang | 18159 | 1969 | 15301 | 889 | 18.68 | 12.87 | 5.81 |
| 安 徽 | Anhui | 10216 | 1431 | 8010 | 776 | 27.54 | 17.86 | 9.68 |
| 福 建 | Fujian | 10613 | 1554 | 8562 | 497 | 23.95 | 18.15 | 5.80 |
| 江 西 | Jiangxi | 6923 | 1162 | 5217 | 544 | 32.70 | 22.27 | 10.43 |
| 山 东 | Shandong | 25501 | 3467 | 19469 | 2565 | 30.98 | 17.81 | 13.17 |
| 河 南 | Henan | 15091 | 2780 | 11090 | 1221 | 36.07 | 25.06 | 11.01 |
| 湖 北 | Hubei | 14140 | 1671 | 11182 | 1288 | 26.46 | 14.94 | 11.51 |
| 湖 南 | Hunan | 10409 | 1234 | 8134 | 1041 | 27.97 | 15.17 | 12.80 |
| 广 东 | Guangdong | 36248 | 4642 | 30048 | 1558 | 20.63 | 15.45 | 5.19 |
| 广 西 | Guangxi | 7292 | 1070 | 5625 | 597 | 29.63 | 19.02 | 10.61 |
| 海 南 | Hainan | 2069 | 320 | 1657 | 92 | 24.85 | 19.30 | 5.55 |
| 重 庆 | Chongqing | 8994 | 1087 | 7113 | 793 | 26.44 | 15.29 | 11.15 |
| 四 川 | Sichuan | 14915 | 1898 | 11371 | 1646 | 31.17 | 16.69 | 14.48 |
| 贵 州 | Guizhou | 5585 | 776 | 4520 | 289 | 23.57 | 17.17 | 6.40 |
| 云 南 | Yunnan | 6545 | 830 | 5249 | 465 | 24.68 | 15.82 | 8.86 |
| 西 藏 | Tibet | 223 | 18 | 196 | 10 | 13.85 | 8.96 | 4.89 |
| 陕 西 | Shaanxi | 7582 | 988 | 6100 | 493 | 24.29 | 16.20 | 8.09 |
| 甘 肃 | Gansu | 3951 | 515 | 2987 | 449 | 32.29 | 17.25 | 15.04 |
| 青 海 | Qinghai | 1314 | 200 | 1026 | 88 | 28.08 | 19.49 | 8.60 |
| 宁 夏 | Ningxia | 1877 | 315 | 1471 | 90 | 27.54 | 21.42 | 6.12 |
| 新 疆 | Xinjiang | 6762 | 964 | 5200 | 597 | 30.02 | 18.54 | 11.48 |

# 2-9 各地区镇人口年龄构成和抚养比

# Age Composition and Dependency Ratio of Town Population by Region

| 地 区 | Region | 人口数(人) Population (person) | 0-14岁 Aged 0-14 | 15-64岁 Aged 15-64 | 65岁及以上 Aged 65 and Over | 总抚养比(%) Gross Dependency Ratio (%) | 少儿抚养比 Children Dependency Ratio | 老年抚养比 Old Dependency Ratio |
|---|---|---|---|---|---|---|---|---|
| 全 国 | National Total | **252615** | **42442** | **190069** | **20104** | **32.91** | **22.33** | **10.58** |
| 北 京 | Beijing | 1599 | 150 | 1308 | 141 | 22.22 | 11.47 | 10.75 |
| 天 津 | Tianjin | 1506 | 168 | 1261 | 77 | 19.41 | 13.29 | 6.12 |
| 河 北 | Hebei | 17579 | 3218 | 13147 | 1214 | 33.71 | 24.48 | 9.24 |
| 山 西 | Shanxi | 6832 | 1198 | 5213 | 421 | 31.06 | 22.98 | 8.09 |
| 内蒙古 | Inner Mongolia | 5493 | 860 | 4215 | 418 | 30.32 | 20.40 | 9.91 |
| 辽 宁 | Liaoning | 4548 | 602 | 3537 | 409 | 28.60 | 17.03 | 11.57 |
| 吉 林 | Jilin | 4506 | 604 | 3491 | 411 | 29.07 | 17.29 | 11.77 |
| 黑龙江 | Heilongjiang | 6918 | 793 | 5597 | 527 | 23.59 | 14.17 | 9.42 |
| 上 海 | Shanghai | 3299 | 307 | 2839 | 153 | 16.19 | 10.80 | 5.39 |
| 江 苏 | Jiangsu | 16922 | 2402 | 12883 | 1637 | 31.36 | 18.65 | 12.71 |
| 浙 江 | Zhejiang | 10920 | 1565 | 8545 | 809 | 27.79 | 18.32 | 9.47 |
| 安 徽 | Anhui | 12628 | 2304 | 9179 | 1145 | 37.58 | 25.10 | 12.48 |
| 福 建 | Fujian | 7853 | 1246 | 6164 | 443 | 27.41 | 20.22 | 7.19 |
| 江 西 | Jiangxi | 10602 | 2230 | 7694 | 678 | 37.79 | 28.99 | 8.81 |
| 山 东 | Shandong | 16449 | 2672 | 12291 | 1487 | 33.83 | 21.74 | 12.10 |
| 河 南 | Henan | 17454 | 3045 | 13265 | 1143 | 31.57 | 22.96 | 8.62 |
| 湖 北 | Hubei | 11355 | 1725 | 8583 | 1047 | 32.30 | 20.10 | 12.20 |
| 湖 南 | Hunan | 15006 | 2732 | 10984 | 1290 | 36.62 | 24.88 | 11.74 |
| 广 东 | Guangdong | 23436 | 4288 | 17528 | 1620 | 33.71 | 24.47 | 9.24 |
| 广 西 | Guangxi | 9297 | 1921 | 6624 | 751 | 40.34 | 29.01 | 11.33 |
| 海 南 | Hainan | 1717 | 350 | 1262 | 105 | 35.98 | 27.69 | 8.30 |
| 重 庆 | Chongqing | 4730 | 752 | 3479 | 498 | 35.95 | 21.62 | 14.32 |
| 四 川 | Sichuan | 13855 | 2092 | 10296 | 1468 | 34.57 | 20.32 | 14.25 |
| 贵 州 | Guizhou | 4776 | 1179 | 3199 | 398 | 49.29 | 36.86 | 12.43 |
| 云 南 | Yunnan | 8015 | 1408 | 5946 | 662 | 34.81 | 23.69 | 11.13 |
| 西 藏 | Tibet | 365 | 86 | 266 | 14 | 37.54 | 32.27 | 5.27 |
| 陕 西 | Shaanxi | 7544 | 1231 | 5697 | 615 | 32.41 | 21.61 | 10.80 |
| 甘 肃 | Gansu | 4185 | 700 | 3185 | 300 | 31.41 | 21.98 | 9.43 |
| 青 海 | Qinghai | 929 | 150 | 723 | 56 | 28.48 | 20.76 | 7.73 |
| 宁 夏 | Ningxia | 844 | 189 | 604 | 52 | 39.80 | 31.22 | 8.58 |
| 新 疆 | Xinjiang | 1453 | 275 | 1064 | 115 | 36.58 | 25.81 | 10.77 |

# 2-10 各地区乡村人口年龄构成和抚养比

## Age Composition and Dependency Ratio of Rural Population by Region

| 地区 | Region | 人口数(人) Population (person) | 0-14岁 Aged 0-14 | 15-64岁 Aged 15-64 | 65岁及以上 Aged 65 and Over | 总抚养比(%) Gross Dependency Ratio (%) | 少儿抚养比 Children Dependency Ratio | 老年抚养比 Old Dependency Ratio |
|---|---|---|---|---|---|---|---|---|
| 全国 | National Total | **553076** | **104079** | **391723** | **57274** | **41.19** | **26.57** | **14.62** |
| 北京 | Beijing | 2380 | 210 | 1897 | 273 | 25.45 | 11.05 | 14.40 |
| 天津 | Tianjin | 2257 | 354 | 1677 | 227 | 34.64 | 21.12 | 13.52 |
| 河北 | Hebei | 33714 | 6036 | 24691 | 2987 | 36.55 | 24.45 | 12.10 |
| 山西 | Shanxi | 15447 | 2537 | 11589 | 1321 | 33.29 | 21.89 | 11.40 |
| 内蒙古 | Inner Mongolia | 9196 | 1213 | 7254 | 730 | 26.78 | 16.72 | 10.06 |
| 辽宁 | Liaoning | 13462 | 1836 | 10238 | 1387 | 31.49 | 17.94 | 13.55 |
| 吉林 | Jilin | 10946 | 1506 | 8555 | 886 | 27.96 | 17.60 | 10.36 |
| 黑龙江 | Heilongjiang | 14250 | 1916 | 11268 | 1066 | 26.46 | 17.00 | 9.46 |
| 上海 | Shanghai | 2146 | 249 | 1689 | 207 | 27.03 | 14.76 | 12.27 |
| 江苏 | Jiangsu | 25709 | 3671 | 18582 | 3457 | 38.36 | 19.75 | 18.60 |
| 浙江 | Zhejiang | 17596 | 2351 | 12944 | 2300 | 35.94 | 18.17 | 17.77 |
| 安徽 | Anhui | 28145 | 5453 | 19270 | 3422 | 46.05 | 28.30 | 17.76 |
| 福建 | Fujian | 13317 | 2209 | 9609 | 1498 | 38.58 | 22.99 | 15.59 |
| 江西 | Jiangxi | 20823 | 4842 | 14280 | 1701 | 45.82 | 33.91 | 11.91 |
| 山东 | Shandong | 40385 | 6647 | 28936 | 4802 | 39.57 | 22.97 | 16.60 |
| 河南 | Henan | 47664 | 10808 | 32163 | 4693 | 48.19 | 33.60 | 14.59 |
| 湖北 | Hubei | 23695 | 3640 | 17415 | 2639 | 36.06 | 20.90 | 15.15 |
| 湖南 | Hunan | 30936 | 6121 | 21240 | 3575 | 45.65 | 28.82 | 16.83 |
| 广东 | Guangdong | 30066 | 6536 | 20825 | 2706 | 44.38 | 31.38 | 12.99 |
| 广西 | Guangxi | 23096 | 5725 | 14933 | 2438 | 54.67 | 38.34 | 16.33 |
| 海南 | Hainan | 3710 | 824 | 2568 | 319 | 44.50 | 32.07 | 12.43 |
| 重庆 | Chongqing | 11215 | 2161 | 7248 | 1806 | 54.72 | 29.81 | 24.91 |
| 四川 | Sichuan | 40006 | 7151 | 27693 | 5163 | 44.47 | 25.82 | 18.64 |
| 贵州 | Guizhou | 19275 | 5206 | 12058 | 2011 | 59.86 | 43.18 | 16.68 |
| 云南 | Yunnan | 25004 | 5505 | 17585 | 1914 | 42.19 | 31.30 | 10.88 |
| 西藏 | Tibet | 2003 | 495 | 1407 | 102 | 42.39 | 35.16 | 7.23 |
| 陕西 | Shaanxi | 16850 | 2584 | 12660 | 1606 | 33.10 | 20.41 | 12.69 |
| 甘肃 | Gansu | 13772 | 2482 | 10088 | 1202 | 36.51 | 24.60 | 11.91 |
| 青海 | Qinghai | 2611 | 648 | 1819 | 144 | 43.53 | 35.64 | 7.89 |
| 宁夏 | Ningxia | 2742 | 640 | 1946 | 157 | 40.95 | 32.87 | 8.08 |
| 新疆 | Xinjiang | 10656 | 2525 | 7596 | 535 | 40.29 | 33.24 | 7.05 |

# 2-11 各地区户数、人口数、性别比和平均家庭户规模

# Households, Population, Sex Ratio and Household Size by Region

| 地 区 | Region | 户 数 (户) Number of Households (households) | 家庭户 Family Household | 集体户 Collective Household | 人口数 (人) Population (person) | 男 Male | 女 Female | 性别比 (女=100) Sex Ratio (Female=100) |
|---|---|---|---|---|---|---|---|---|
| **全 国** | **National Total** | **371977** | **360447** | **11530** | **1145209** | **587039** | **558170** | **105.17** |
| 北 京 | Beijing | 6678 | 6166 | 512 | 17246 | 8796 | 8450 | 104.09 |
| 天 津 | Tianjin | 4093 | 3887 | 206 | 11577 | 5754 | 5822 | 98.83 |
| 河 北 | Hebei | 18239 | 18033 | 206 | 61861 | 32083 | 29778 | 107.74 |
| 山 西 | Shanxi | 9392 | 9287 | 105 | 30698 | 15718 | 14980 | 104.93 |
| 内蒙古 | Inner Mongolia | 7591 | 7365 | 226 | 21203 | 10540 | 10663 | 98.85 |
| 辽 宁 | Liaoning | 13691 | 13583 | 108 | 37447 | 18846 | 18601 | 101.32 |
| 吉 林 | Jilin | 8059 | 7996 | 63 | 23490 | 12002 | 11488 | 104.48 |
| 黑龙江 | Heilongjiang | 11535 | 11439 | 96 | 32757 | 16483 | 16273 | 101.29 |
| 上 海 | Shanghai | 8294 | 7564 | 730 | 20056 | 10644 | 9412 | 113.09 |
| 江 苏 | Jiangsu | 22592 | 21717 | 875 | 67485 | 33888 | 33597 | 100.86 |
| 浙 江 | Zhejiang | 17425 | 16306 | 1119 | 46674 | 22833 | 23842 | 95.77 |
| 安 徽 | Anhui | 16880 | 16591 | 289 | 50989 | 25834 | 25155 | 102.70 |
| 福 建 | Fujian | 11010 | 10128 | 882 | 31783 | 15680 | 16103 | 97.37 |
| 江 西 | Jiangxi | 10972 | 10758 | 214 | 38348 | 20190 | 18157 | 111.20 |
| 山 东 | Shandong | 28335 | 28063 | 272 | 82336 | 41319 | 41017 | 100.74 |
| 河 南 | Henan | 22882 | 22346 | 536 | 80208 | 41614 | 38595 | 107.82 |
| 湖 北 | Hubei | 15736 | 15450 | 286 | 49190 | 25274 | 23917 | 105.67 |
| 湖 南 | Hunan | 18336 | 18054 | 282 | 56351 | 28993 | 27358 | 105.98 |
| 广 东 | Guangdong | 26340 | 23808 | 2532 | 89750 | 48050 | 41700 | 115.23 |
| 广 西 | Guangxi | 12450 | 12130 | 320 | 39686 | 20785 | 18900 | 109.97 |
| 海 南 | Hainan | 2102 | 2031 | 71 | 7496 | 3897 | 3599 | 108.28 |
| 重 庆 | Chongqing | 8787 | 8609 | 178 | 24939 | 12716 | 12223 | 104.03 |
| 四 川 | Sichuan | 23453 | 22994 | 459 | 68777 | 35134 | 33643 | 104.43 |
| 贵 州 | Guizhou | 9236 | 9155 | 81 | 29636 | 15658 | 13978 | 112.01 |
| 云 南 | Yunnan | 11701 | 11401 | 300 | 39564 | 20179 | 19385 | 104.10 |
| 西 藏 | Tibet | 611 | 598 | 13 | 2591 | 1324 | 1268 | 104.43 |
| 陕 西 | Shaanxi | 9983 | 9715 | 268 | 31976 | 16410 | 15566 | 105.42 |
| 甘 肃 | Gansu | 6679 | 6593 | 86 | 21908 | 11384 | 10523 | 108.18 |
| 青 海 | Qinghai | 1372 | 1316 | 56 | 4854 | 2458 | 2396 | 102.61 |
| 宁 夏 | Ningxia | 1622 | 1566 | 56 | 5463 | 2875 | 2588 | 111.07 |
| 新 疆 | Xinjiang | 5901 | 5798 | 103 | 18871 | 9679 | 9191 | 105.31 |

## 2-11 续表 continued

| 地 区 | Region | 家庭户人口数(人) Family Household Population (person) | 男 Male | 女 Female | 性别比(女=100) Sex Ratio (Female=100) | 集体户人口数(人) Collective Household Population (person) | 男 Male | 女 Female | 平均家庭户规模(人/户) Average Family Size (person/household) |
|---|---|---|---|---|---|---|---|---|---|
| **全 国** | **National Total** | **1088965** | **553070** | **535895** | **103.20** | **56244** | **33969** | **22275** | **3.02** |
| 北 京 | Beijing | 14896 | 7448 | 7448 | 99.99 | 2350 | 1348 | 1002 | 2.42 |
| 天 津 | Tianjin | 10627 | 5308 | 5319 | 99.79 | 950 | 446 | 503 | 2.73 |
| 河 北 | Hebei | 60087 | 30421 | 29666 | 102.55 | 1774 | 1661 | 112 | 3.33 |
| 山 西 | Shanxi | 29945 | 15291 | 14654 | 104.35 | 752 | 427 | 326 | 3.22 |
| 内蒙古 | Inner Mongolia | 20091 | 10194 | 9897 | 103.00 | 1112 | 346 | 766 | 2.73 |
| 辽 宁 | Liaoning | 37002 | 18540 | 18462 | 100.43 | 445 | 306 | 140 | 2.72 |
| 吉 林 | Jilin | 23231 | 11857 | 11375 | 104.24 | 259 | 146 | 113 | 2.91 |
| 黑龙江 | Heilongjiang | 32181 | 16371 | 15810 | 103.55 | 575 | 112 | 464 | 2.81 |
| 上 海 | Shanghai | 17631 | 9043 | 8587 | 105.31 | 2425 | 1601 | 825 | 2.33 |
| 江 苏 | Jiangsu | 63464 | 31824 | 31640 | 100.58 | 4021 | 2064 | 1957 | 2.92 |
| 浙 江 | Zhejiang | 42178 | 21434 | 20744 | 103.32 | 4496 | 1399 | 3097 | 2.59 |
| 安 徽 | Anhui | 50225 | 25293 | 24932 | 101.45 | 764 | 541 | 223 | 3.03 |
| 福 建 | Fujian | 28187 | 14285 | 13902 | 102.76 | 3596 | 1394 | 2201 | 2.78 |
| 江 西 | Jiangxi | 36983 | 19069 | 17914 | 106.45 | 1365 | 1121 | 243 | 3.44 |
| 山 东 | Shandong | 81311 | 40633 | 40678 | 99.89 | 1024 | 685 | 339 | 2.90 |
| 河 南 | Henan | 75796 | 38242 | 37553 | 101.83 | 4413 | 3371 | 1041 | 3.39 |
| 湖 北 | Hubei | 47230 | 23997 | 23233 | 103.29 | 1961 | 1276 | 684 | 3.06 |
| 湖 南 | Hunan | 55134 | 28186 | 26948 | 104.59 | 1217 | 807 | 410 | 3.05 |
| 广 东 | Guangdong | 79261 | 41096 | 38165 | 107.68 | 10489 | 6954 | 3535 | 3.33 |
| 广 西 | Guangxi | 38261 | 19630 | 18631 | 105.36 | 1425 | 1156 | 269 | 3.15 |
| 海 南 | Hainan | 7182 | 3756 | 3426 | 109.63 | 313 | 141 | 173 | 3.54 |
| 重 庆 | Chongqing | 23969 | 12085 | 11884 | 101.69 | 970 | 631 | 339 | 2.78 |
| 四 川 | Sichuan | 65029 | 32539 | 32490 | 100.15 | 3748 | 2595 | 1153 | 2.83 |
| 贵 州 | Guizhou | 28448 | 14737 | 13711 | 107.49 | 1188 | 920 | 268 | 3.11 |
| 云 南 | Yunnan | 37699 | 19340 | 18359 | 105.34 | 1865 | 839 | 1026 | 3.31 |
| 西 藏 | Tibet | 2516 | 1270 | 1246 | 101.96 | 75 | 53 | 22 | 4.21 |
| 陕 西 | Shaanxi | 30724 | 15732 | 14992 | 104.93 | 1251 | 678 | 574 | 3.16 |
| 甘 肃 | Gansu | 21375 | 11001 | 10374 | 106.05 | 533 | 383 | 150 | 3.24 |
| 青 海 | Qinghai | 4599 | 2348 | 2251 | 104.30 | 255 | 110 | 145 | 3.49 |
| 宁 夏 | Ningxia | 5164 | 2649 | 2514 | 105.37 | 299 | 225 | 74 | 3.30 |
| 新 疆 | Xinjiang | 18536 | 9447 | 9088 | 103.95 | 335 | 232 | 103 | 3.20 |

# 2-12 各地区城市户数、人口数、性别比和平均家庭户规模

# Households, Population, Sex Ratio and Household Size of Cities by Region

| 地区 | Region | 户数 (户) Number of Households (households) | 家庭户 Family Household | 集体户 Collective Household | 人口数 (人) Population (person) | 男 Male | 女 Female | 性别比 (女=100) Sex Ratio (Female=100) |
|---|---|---|---|---|---|---|---|---|
| **全国** | **National Total** | **122051** | **114569** | **7482** | **339518** | **171644** | **167874** | **102.25** |
| 北京 | Beijing | 5300 | 4914 | 386 | 13268 | 6788 | 6480 | 104.76 |
| 天津 | Tianjin | 2926 | 2814 | 112 | 7814 | 4011 | 3803 | 105.47 |
| 河北 | Hebei | 3405 | 3358 | 47 | 10568 | 5299 | 5269 | 100.58 |
| 山西 | Shanxi | 2877 | 2829 | 48 | 8419 | 4214 | 4204 | 100.23 |
| 内蒙古 | Inner Mongolia | 2293 | 2087 | 206 | 6514 | 2992 | 3522 | 84.97 |
| 辽宁 | Liaoning | 7530 | 7454 | 76 | 19437 | 9682 | 9754 | 99.26 |
| 吉林 | Jilin | 3074 | 3018 | 56 | 8037 | 4043 | 3994 | 101.24 |
| 黑龙江 | Heilongjiang | 4415 | 4335 | 80 | 11589 | 5663 | 5926 | 95.57 |
| 上海 | Shanghai | 5980 | 5392 | 588 | 14611 | 7679 | 6932 | 110.79 |
| 江苏 | Jiangsu | 8570 | 7814 | 756 | 24854 | 12472 | 12382 | 100.73 |
| 浙江 | Zhejiang | 6766 | 5871 | 895 | 18159 | 8270 | 9889 | 83.63 |
| 安徽 | Anhui | 3588 | 3384 | 204 | 10216 | 5297 | 4919 | 107.70 |
| 福建 | Fujian | 4058 | 3665 | 393 | 10613 | 5531 | 5082 | 108.83 |
| 江西 | Jiangxi | 2308 | 2229 | 79 | 6923 | 3573 | 3349 | 106.69 |
| 山东 | Shandong | 9124 | 8954 | 170 | 25501 | 12551 | 12950 | 96.91 |
| 河南 | Henan | 4636 | 4531 | 105 | 15091 | 7376 | 7715 | 95.61 |
| 湖北 | Hubei | 4847 | 4755 | 92 | 14140 | 7240 | 6900 | 104.92 |
| 湖南 | Hunan | 4199 | 3977 | 222 | 10409 | 5295 | 5114 | 103.54 |
| 广东 | Guangdong | 12362 | 10350 | 2012 | 36248 | 20129 | 16120 | 124.87 |
| 广西 | Guangxi | 2550 | 2485 | 65 | 7292 | 3738 | 3554 | 105.17 |
| 海南 | Hainan | 698 | 642 | 56 | 2069 | 1061 | 1007 | 105.36 |
| 重庆 | Chongqing | 3100 | 2958 | 142 | 8994 | 4549 | 4445 | 102.35 |
| 四川 | Sichuan | 5510 | 5370 | 140 | 14915 | 7328 | 7587 | 96.58 |
| 贵州 | Guizhou | 1690 | 1615 | 75 | 5585 | 3120 | 2465 | 126.59 |
| 云南 | Yunnan | 2393 | 2220 | 173 | 6545 | 2933 | 3611 | 81.23 |
| 西藏 | Tibet | 84 | 77 | 7 | 223 | 118 | 105 | 112.11 |
| 陕西 | Shaanxi | 2631 | 2521 | 110 | 7582 | 3660 | 3922 | 93.33 |
| 甘肃 | Gansu | 1443 | 1400 | 43 | 3951 | 2000 | 1951 | 102.53 |
| 青海 | Qinghai | 459 | 441 | 18 | 1314 | 636 | 678 | 93.73 |
| 宁夏 | Ningxia | 648 | 601 | 47 | 1877 | 976 | 901 | 108.39 |
| 新疆 | Xinjiang | 2585 | 2507 | 78 | 6762 | 3417 | 3345 | 102.17 |

## 2-12 续表 continued

| 地 区 | Region | 家庭户人口数（人）Family Household Population (person) | 男 Male | 女 Female | 性别比（女=100）Sex Ratio (Female=100) | 集体户人口数（人）Collective Household Population (person) | 男 Male | 女 Female | 平均家庭户规模（人/户）Average Family Size (person/household) |
|---|---|---|---|---|---|---|---|---|---|
| **全 国** | **National Total** | **309808** | **155813** | **153996** | **101.18** | **29710** | **15832** | **13878** | **2.70** |
| 北 京 | Beijing | 11562 | 5742 | 5821 | 98.64 | 1705 | 1046 | 659 | 2.35 |
| 天 津 | Tianjin | 7288 | 3612 | 3676 | 98.27 | 526 | 399 | 127 | 2.59 |
| 河 北 | Hebei | 10440 | 5210 | 5230 | 99.61 | 128 | 89 | 39 | 3.11 |
| 山 西 | Shanxi | 8029 | 4034 | 3995 | 100.98 | 390 | 180 | 210 | 2.84 |
| 内蒙古 | Inner Mongolia | 5499 | 2725 | 2773 | 98.27 | 1015 | 267 | 748 | 2.63 |
| 辽 宁 | Liaoning | 19121 | 9484 | 9637 | 98.42 | 316 | 198 | 118 | 2.57 |
| 吉 林 | Jilin | 7814 | 3920 | 3894 | 100.66 | 223 | 124 | 100 | 2.59 |
| 黑龙江 | Heilongjiang | 11100 | 5613 | 5487 | 102.30 | 489 | 50 | 439 | 2.56 |
| 上 海 | Shanghai | 12648 | 6376 | 6272 | 101.67 | 1963 | 1303 | 660 | 2.35 |
| 江 苏 | Jiangsu | 21480 | 10725 | 10755 | 99.73 | 3373 | 1746 | 1627 | 2.75 |
| 浙 江 | Zhejiang | 14637 | 7436 | 7200 | 103.28 | 3522 | 834 | 2689 | 2.49 |
| 安 徽 | Anhui | 9753 | 4949 | 4804 | 103.01 | 463 | 349 | 115 | 2.88 |
| 福 建 | Fujian | 9378 | 4699 | 4679 | 100.44 | 1235 | 832 | 403 | 2.56 |
| 江 西 | Jiangxi | 6521 | 3248 | 3273 | 99.25 | 402 | 325 | 77 | 2.93 |
| 山 东 | Shandong | 25033 | 12306 | 12727 | 96.69 | 468 | 245 | 223 | 2.80 |
| 河 南 | Henan | 14291 | 7198 | 7093 | 101.47 | 800 | 178 | 622 | 3.15 |
| 湖 北 | Hubei | 13638 | 6905 | 6733 | 102.55 | 502 | 335 | 167 | 2.87 |
| 湖 南 | Hunan | 9889 | 5018 | 4871 | 103.03 | 520 | 277 | 243 | 2.49 |
| 广 东 | Guangdong | 29228 | 15358 | 13870 | 110.73 | 7020 | 4771 | 2249 | 2.82 |
| 广 西 | Guangxi | 7096 | 3618 | 3478 | 104.01 | 196 | 120 | 76 | 2.86 |
| 海 南 | Hainan | 1891 | 981 | 910 | 107.89 | 178 | 80 | 98 | 2.95 |
| 重 庆 | Chongqing | 8421 | 4211 | 4210 | 100.03 | 573 | 338 | 235 | 2.85 |
| 四 川 | Sichuan | 14362 | 7048 | 7314 | 96.35 | 553 | 280 | 273 | 2.67 |
| 贵 州 | Guizhou | 4441 | 2242 | 2200 | 101.92 | 1144 | 879 | 265 | 2.75 |
| 云 南 | Yunnan | 5690 | 2828 | 2862 | 98.80 | 854 | 105 | 749 | 2.56 |
| 西 藏 | Tibet | 198 | 99 | 99 | 99.30 | 25 | 19 | 6 | 2.57 |
| 陕 西 | Shaanxi | 7077 | 3572 | 3505 | 101.91 | 504 | 88 | 416 | 2.81 |
| 甘 肃 | Gansu | 3848 | 1918 | 1931 | 99.33 | 102 | 82 | 20 | 2.75 |
| 青 海 | Qinghai | 1233 | 622 | 611 | 101.84 | 81 | 14 | 67 | 2.80 |
| 宁 夏 | Ningxia | 1707 | 869 | 839 | 103.60 | 169 | 107 | 62 | 2.84 |
| 新 疆 | Xinjiang | 6492 | 3245 | 3247 | 99.96 | 269 | 172 | 98 | 2.59 |

# 2-13 各地区镇的户数、人口数、性别比和平均家庭户规模
# Households, Population, Sex Ratio and Household Size of Towns by Region

| 地 区 | Region | 户 数 (户) Number of Households (households) | 家庭户 Family Household | 集体户 Collective Household | 人口数 (人) Population (person) | 男 Male | 女 Female | 性别比 (女=100) Sex Ratio (Female=100) |
|---|---|---|---|---|---|---|---|---|
| **全 国** | **National Total** | **79323** | **76490** | **2833** | **252615** | **130527** | **122088** | **106.91** |
| 北 京 | Beijing | 534 | 443 | 91 | 1599 | 755 | 844 | 89.38 |
| 天 津 | Tianjin | 441 | 349 | 92 | 1506 | 594 | 911 | 65.21 |
| 河 北 | Hebei | 4899 | 4781 | 118 | 17579 | 9343 | 8236 | 113.45 |
| 山 西 | Shanxi | 2006 | 1954 | 52 | 6832 | 3485 | 3347 | 104.10 |
| 内蒙古 | Inner Mongolia | 2039 | 2036 | 3 | 5493 | 2749 | 2743 | 100.21 |
| 辽 宁 | Liaoning | 1713 | 1688 | 25 | 4548 | 2269 | 2279 | 99.59 |
| 吉 林 | Jilin | 1648 | 1642 | 6 | 4506 | 2290 | 2216 | 103.37 |
| 黑龙江 | Heilongjiang | 2573 | 2561 | 12 | 6918 | 3534 | 3384 | 104.41 |
| 上 海 | Shanghai | 1420 | 1307 | 113 | 3299 | 1834 | 1465 | 125.22 |
| 江 苏 | Jiangsu | 5518 | 5430 | 88 | 16922 | 8580 | 8342 | 102.85 |
| 浙 江 | Zhejiang | 4087 | 3955 | 132 | 10920 | 5558 | 5362 | 103.66 |
| 安 徽 | Anhui | 4243 | 4173 | 70 | 12628 | 6289 | 6339 | 99.22 |
| 福 建 | Fujian | 2618 | 2286 | 332 | 7853 | 3698 | 4155 | 89.00 |
| 江 西 | Jiangxi | 3024 | 2899 | 125 | 10602 | 5773 | 4829 | 119.53 |
| 山 东 | Shandong | 5566 | 5478 | 88 | 16449 | 8351 | 8098 | 103.13 |
| 河 南 | Henan | 4465 | 4080 | 385 | 17454 | 10056 | 7398 | 135.92 |
| 湖 北 | Hubei | 3323 | 3160 | 163 | 11355 | 5918 | 5438 | 108.84 |
| 湖 南 | Hunan | 4758 | 4708 | 50 | 15006 | 7813 | 7192 | 108.63 |
| 广 东 | Guangdong | 6078 | 5725 | 353 | 23436 | 12301 | 11135 | 110.47 |
| 广 西 | Guangxi | 2808 | 2639 | 169 | 9297 | 4880 | 4417 | 110.48 |
| 海 南 | Hainan | 440 | 433 | 7 | 1717 | 888 | 828 | 107.23 |
| 重 庆 | Chongqing | 1682 | 1662 | 20 | 4730 | 2331 | 2400 | 97.12 |
| 四 川 | Sichuan | 4687 | 4506 | 181 | 13855 | 6805 | 7050 | 96.52 |
| 贵 州 | Guizhou | 1493 | 1489 | 4 | 4776 | 2407 | 2368 | 101.64 |
| 云 南 | Yunnan | 2508 | 2460 | 48 | 8015 | 4098 | 3917 | 104.61 |
| 西 藏 | Tibet | 97 | 94 | 3 | 365 | 181 | 184 | 98.44 |
| 陕 西 | Shaanxi | 2293 | 2270 | 23 | 7544 | 3872 | 3671 | 105.46 |
| 甘 肃 | Gansu | 1297 | 1263 | 34 | 4185 | 2240 | 1945 | 115.14 |
| 青 海 | Qinghai | 305 | 271 | 34 | 929 | 471 | 458 | 102.73 |
| 宁 夏 | Ningxia | 251 | 248 | 3 | 844 | 439 | 405 | 108.24 |
| 新 疆 | Xinjiang | 506 | 499 | 7 | 1453 | 724 | 729 | 99.43 |

## 2-13 续表 continued

| 地 区 | Region | 家庭户人口数（人） Family Household Population (person) | 男 Male | 女 Female | 性别比（女=100） Sex Ratio (Female=100) | 集体户人口数（人） Collective Household Population (person) | 男 Male | 女 Female | 平均家庭户规模（人/户） Average Family Size (person/household) |
|---|---|---|---|---|---|---|---|---|---|
| **全 国** | **National Total** | **236520** | **120156** | **116365** | **103.26** | **16095** | **10371** | **5724** | **3.09** |
| 北 京 | Beijing | 1140 | 586 | 554 | 105.91 | 459 | 168 | 291 | 2.57 |
| 天 津 | Tianjin | 1084 | 548 | 536 | 102.25 | 422 | 46 | 375 | 3.11 |
| 河 北 | Hebei | 16682 | 8467 | 8214 | 103.08 | 897 | 876 | 21 | 3.49 |
| 山 西 | Shanxi | 6533 | 3302 | 3231 | 102.20 | 298 | 182 | 116 | 3.34 |
| 内蒙古 | Inner Mongolia | 5478 | 2740 | 2739 | 100.03 | 15 | 10 | 5 | 2.69 |
| 辽 宁 | Liaoning | 4452 | 2193 | 2259 | 97.08 | 97 | 77 | 20 | 2.64 |
| 吉 林 | Jilin | 4476 | 2272 | 2204 | 103.06 | 30 | 19 | 12 | 2.73 |
| 黑龙江 | Heilongjiang | 6844 | 3482 | 3362 | 103.57 | 74 | 51 | 22 | 2.67 |
| 上 海 | Shanghai | 2906 | 1578 | 1328 | 118.83 | 393 | 256 | 137 | 2.22 |
| 江 苏 | Jiangsu | 16605 | 8376 | 8229 | 101.79 | 317 | 203 | 113 | 3.06 |
| 浙 江 | Zhejiang | 10495 | 5345 | 5149 | 103.81 | 425 | 212 | 212 | 2.65 |
| 安 徽 | Anhui | 12406 | 6146 | 6259 | 98.19 | 222 | 143 | 79 | 2.97 |
| 福 建 | Fujian | 6453 | 3319 | 3134 | 105.89 | 1400 | 379 | 1021 | 2.82 |
| 江 西 | Jiangxi | 9668 | 4997 | 4671 | 106.97 | 934 | 776 | 158 | 3.34 |
| 山 东 | Shandong | 15935 | 7949 | 7986 | 99.54 | 514 | 402 | 112 | 2.91 |
| 河 南 | Henan | 14713 | 7457 | 7256 | 102.77 | 2741 | 2599 | 142 | 3.61 |
| 湖 北 | Hubei | 10120 | 5175 | 4945 | 104.65 | 1236 | 743 | 493 | 3.20 |
| 湖 南 | Hunan | 14412 | 7361 | 7051 | 104.39 | 594 | 453 | 141 | 3.06 |
| 广 东 | Guangdong | 21032 | 10867 | 10165 | 106.90 | 2404 | 1434 | 970 | 3.67 |
| 广 西 | Guangxi | 8695 | 4450 | 4245 | 104.81 | 602 | 430 | 172 | 3.29 |
| 海 南 | Hainan | 1652 | 861 | 791 | 108.81 | 65 | 27 | 37 | 3.82 |
| 重 庆 | Chongqing | 4656 | 2292 | 2364 | 96.96 | 74 | 38 | 36 | 2.80 |
| 四 川 | Sichuan | 13062 | 6620 | 6442 | 102.75 | 793 | 185 | 608 | 2.90 |
| 贵 州 | Guizhou | 4765 | 2399 | 2366 | 101.37 | 11 | 9 | 2 | 3.20 |
| 云 南 | Yunnan | 7713 | 3884 | 3830 | 101.41 | 302 | 214 | 88 | 3.14 |
| 西 藏 | Tibet | 354 | 175 | 179 | 98.17 | 11 | 6 | 5 | 3.77 |
| 陕 西 | Shaanxi | 7292 | 3773 | 3519 | 107.22 | 251 | 99 | 152 | 3.21 |
| 甘 肃 | Gansu | 3846 | 1997 | 1849 | 108.04 | 339 | 243 | 97 | 3.04 |
| 青 海 | Qinghai | 796 | 410 | 386 | 106.12 | 133 | 61 | 72 | 2.94 |
| 宁 夏 | Ningxia | 819 | 423 | 396 | 106.69 | 26 | 16 | 9 | 3.30 |
| 新 疆 | Xinjiang | 1435 | 712 | 723 | 98.41 | 18 | 13 | 5 | 2.88 |

# 2-14 各地区乡村户数、人口数、性别比和平均家庭户规模
# Households, Population, Sex Ratio and Household Size of Rural Areas by Region

| 地区 | Region | 户数(户) Number of Households (households) | 家庭户 Family Household | 集体户 Collective Household | 人口数(人) Population (person) | 男 Male | 女 Female | 性别比(女=100) Sex Ratio (Female=100) |
|---|---|---|---|---|---|---|---|---|
| **全国** | **National Total** | **170603** | **169388** | **1215** | **553076** | **284868** | **268208** | **106.21** |
| 北京 | Beijing | 843 | 809 | 34 | 2380 | 1253 | 1126 | 111.30 |
| 天津 | Tianjin | 726 | 725 | 1 | 2257 | 1149 | 1108 | 103.69 |
| 河北 | Hebei | 9935 | 9894 | 41 | 33714 | 17440 | 16274 | 107.17 |
| 山西 | Shanxi | 4509 | 4505 | 4 | 15447 | 8019 | 7428 | 107.95 |
| 内蒙古 | Inner Mongolia | 3259 | 3242 | 17 | 9196 | 4799 | 4398 | 109.13 |
| 辽宁 | Liaoning | 4448 | 4441 | 7 | 13462 | 6894 | 6568 | 104.96 |
| 吉林 | Jilin | 3338 | 3336 | 2 | 10946 | 5669 | 5278 | 107.40 |
| 黑龙江 | Heilongjiang | 4548 | 4544 | 4 | 14250 | 7287 | 6963 | 104.64 |
| 上海 | Shanghai | 892 | 864 | 28 | 2146 | 1130 | 1016 | 111.30 |
| 江苏 | Jiangsu | 8504 | 8473 | 31 | 25709 | 12836 | 12873 | 99.71 |
| 浙江 | Zhejiang | 6572 | 6480 | 92 | 17596 | 9005 | 8591 | 104.82 |
| 安徽 | Anhui | 9050 | 9034 | 16 | 28145 | 14247 | 13898 | 102.51 |
| 福建 | Fujian | 4334 | 4177 | 157 | 13317 | 6451 | 6866 | 93.95 |
| 江西 | Jiangxi | 5641 | 5630 | 11 | 20823 | 10844 | 9979 | 108.67 |
| 山东 | Shandong | 13645 | 13631 | 14 | 40385 | 20417 | 19969 | 102.24 |
| 河南 | Henan | 13782 | 13735 | 47 | 47664 | 24182 | 23482 | 102.98 |
| 湖北 | Hubei | 7567 | 7536 | 31 | 23695 | 12116 | 11579 | 104.63 |
| 湖南 | Hunan | 9377 | 9368 | 9 | 30936 | 15885 | 15051 | 105.54 |
| 广东 | Guangdong | 7900 | 7733 | 167 | 30066 | 15621 | 14446 | 108.13 |
| 广西 | Guangxi | 7092 | 7006 | 86 | 23096 | 12167 | 10929 | 111.33 |
| 海南 | Hainan | 964 | 956 | 8 | 3710 | 1947 | 1763 | 110.45 |
| 重庆 | Chongqing | 4005 | 3989 | 16 | 11215 | 5836 | 5379 | 108.49 |
| 四川 | Sichuan | 13255 | 13117 | 138 | 40006 | 21001 | 19005 | 110.50 |
| 贵州 | Guizhou | 6053 | 6051 | 2 | 19275 | 10130 | 9145 | 110.77 |
| 云南 | Yunnan | 6799 | 6721 | 78 | 25004 | 13148 | 11856 | 110.89 |
| 西藏 | Tibet | 429 | 426 | 3 | 2003 | 1025 | 978 | 104.73 |
| 陕西 | Shaanxi | 5060 | 4924 | 136 | 16850 | 8878 | 7973 | 111.35 |
| 甘肃 | Gansu | 3939 | 3930 | 9 | 13772 | 7145 | 6627 | 107.80 |
| 青海 | Qinghai | 607 | 603 | 4 | 2611 | 1352 | 1259 | 107.35 |
| 宁夏 | Ningxia | 723 | 717 | 6 | 2742 | 1460 | 1282 | 113.85 |
| 新疆 | Xinjiang | 2809 | 2792 | 17 | 10656 | 5538 | 5118 | 108.20 |

## 2-14 续表 continued

| 地 区 | Region | 家庭户人口数 (人) Family Household Population (person) | 男 Male | 女 Female | 性别比 (女=100) Sex Ratio (Female=100) | 集体户人口数 (人) Collective Household Population (person) | 男 Male | 女 Female | 平均家庭户规模 (人/户) Average Family Size (person/household) |
|---|---|---|---|---|---|---|---|---|---|
| **全 国** | **National Total** | **542636** | **277101** | **265535** | **104.36** | **10439** | **7766** | **2673** | **3.20** |
| 北 京 | Beijing | 2194 | 1120 | 1074 | 104.24 | 186 | 134 | 52 | 2.71 |
| 天 津 | Tianjin | 2255 | 1148 | 1108 | 103.63 | 2 | 1 | 1 | 3.11 |
| 河 北 | Hebei | 32965 | 16744 | 16221 | 103.22 | 748 | 696 | 52 | 3.33 |
| 山 西 | Shanxi | 15383 | 7955 | 7428 | 107.09 | 64 | 64 | | 3.41 |
| 内蒙古 | Inner Mongolia | 9115 | 4729 | 4385 | 107.85 | 82 | 69 | 12 | 2.81 |
| 辽 宁 | Liaoning | 13429 | 6863 | 6566 | 104.53 | 33 | 31 | 2 | 3.02 |
| 吉 林 | Jilin | 10941 | 5665 | 5276 | 107.37 | 5 | 3 | 2 | 3.28 |
| 黑龙江 | Heilongjiang | 14237 | 7276 | 6961 | 104.53 | 13 | 10 | 2 | 3.13 |
| 上 海 | Shanghai | 2076 | 1089 | 987 | 110.28 | 70 | 41 | 28 | 2.40 |
| 江 苏 | Jiangsu | 25378 | 12722 | 12656 | 100.52 | 331 | 114 | 217 | 3.00 |
| 浙 江 | Zhejiang | 17047 | 8652 | 8395 | 103.07 | 549 | 353 | 196 | 2.63 |
| 安 徽 | Anhui | 28067 | 14198 | 13869 | 102.37 | 78 | 49 | 29 | 3.11 |
| 福 建 | Fujian | 12356 | 6267 | 6089 | 102.93 | 960 | 183 | 777 | 2.96 |
| 江 西 | Jiangxi | 20794 | 10824 | 9970 | 108.56 | 29 | 21 | 9 | 3.69 |
| 山 东 | Shandong | 40343 | 20378 | 19965 | 102.07 | 42 | 38 | 4 | 2.96 |
| 河 南 | Henan | 46792 | 23588 | 23204 | 101.65 | 872 | 594 | 278 | 3.41 |
| 湖 北 | Hubei | 23472 | 11917 | 11555 | 103.14 | 223 | 198 | 25 | 3.11 |
| 湖 南 | Hunan | 30833 | 15807 | 15026 | 105.20 | 103 | 78 | 25 | 3.29 |
| 广 东 | Guangdong | 29001 | 14872 | 14129 | 105.25 | 1065 | 749 | 316 | 3.75 |
| 广 西 | Guangxi | 22470 | 11562 | 10908 | 106.00 | 627 | 605 | 22 | 3.21 |
| 海 南 | Hainan | 3639 | 1914 | 1725 | 110.93 | 71 | 33 | 38 | 3.81 |
| 重 庆 | Chongqing | 10892 | 5582 | 5310 | 105.11 | 323 | 254 | 69 | 2.73 |
| 四 川 | Sichuan | 37605 | 18871 | 18734 | 100.74 | 2402 | 2130 | 272 | 2.87 |
| 贵 州 | Guizhou | 19242 | 10097 | 9145 | 110.41 | 33 | 33 | | 3.18 |
| 云 南 | Yunnan | 24295 | 12628 | 11667 | 108.24 | 709 | 520 | 189 | 3.61 |
| 西 藏 | Tibet | 1964 | 996 | 968 | 102.93 | 39 | 28 | 10 | 4.61 |
| 陕 西 | Shaanxi | 16355 | 8387 | 7968 | 105.26 | 496 | 491 | 5 | 3.32 |
| 甘 肃 | Gansu | 13681 | 7086 | 6595 | 107.46 | 91 | 58 | 33 | 3.48 |
| 青 海 | Qinghai | 2570 | 1316 | 1254 | 104.93 | 41 | 36 | 5 | 4.26 |
| 宁 夏 | Ningxia | 2638 | 1358 | 1280 | 106.13 | 104 | 102 | 3 | 3.68 |
| 新 疆 | Xinjiang | 10608 | 5490 | 5118 | 107.26 | 48 | 48 | | 3.80 |

# 2-15 各地区按家庭户规模分的户数

# Family Households by Size and Region

单位: 户 (household)

| 地区 | Region | 家庭户户数 Number of Family Households | 一人户 One Person | 二人户 Two Persons | 三人户 Three Persons | 四人户 Four Persons | 五人户 Five Persons | 六人户 Six Persons | 七人户 Seven Persons | 八人户 Eight Persons | 九人户 Nine Persons | 十人及以上户 Ten Persons and Over |
|---|---|---|---|---|---|---|---|---|---|---|---|---|
| **全 国** | **National Total** | **360447** | **50488** | **93719** | **99854** | **60977** | **33903** | **14716** | **3986** | **1643** | **654** | **506** |
| 北 京 | Beijing | 6166 | 1541 | 1851 | 1837 | 550 | 295 | 69 | 16 | 6 | 1 | |
| 天 津 | Tianjin | 3887 | 488 | 1139 | 1511 | 439 | 234 | 61 | 9 | 4 | 1 | |
| 河 北 | Hebei | 18033 | 1629 | 4227 | 4695 | 3770 | 2122 | 1145 | 276 | 103 | 41 | 26 |
| 山 西 | Shanxi | 9287 | 883 | 2054 | 2761 | 2045 | 951 | 451 | 96 | 26 | 10 | 9 |
| 内蒙古 | Inner Mongolia | 7365 | 778 | 2332 | 2827 | 1005 | 340 | 72 | 8 | 3 | | |
| 辽 宁 | Liaoning | 13583 | 1690 | 4380 | 4884 | 1538 | 842 | 205 | 33 | 10 | | 1 |
| 吉 林 | Jilin | 7996 | 885 | 2441 | 2621 | 1033 | 720 | 223 | 55 | 13 | 6 | 1 |
| 黑龙江 | Heilongjiang | 11439 | 1261 | 3597 | 4124 | 1289 | 874 | 221 | 50 | 19 | 4 | |
| 上 海 | Shanghai | 7564 | 1793 | 2770 | 2052 | 569 | 305 | 55 | 12 | 5 | 2 | 1 |
| 江 苏 | Jiangsu | 21717 | 3022 | 6318 | 6106 | 3086 | 2199 | 700 | 172 | 63 | 28 | 22 |
| 浙 江 | Zhejiang | 16306 | 3289 | 5298 | 4359 | 1919 | 1000 | 325 | 71 | 34 | 7 | 3 |
| 安 徽 | Anhui | 16591 | 2078 | 4402 | 4749 | 2940 | 1531 | 661 | 137 | 63 | 19 | 10 |
| 福 建 | Fujian | 10128 | 2013 | 2714 | 2605 | 1559 | 771 | 321 | 89 | 34 | 11 | 11 |
| 江 西 | Jiangxi | 10758 | 1143 | 2125 | 2679 | 2364 | 1320 | 713 | 219 | 107 | 49 | 39 |
| 山 东 | Shandong | 28063 | 3283 | 8188 | 8859 | 4763 | 2051 | 705 | 137 | 58 | 13 | 5 |
| 河 南 | Henan | 22346 | 2211 | 4543 | 5608 | 5167 | 2818 | 1333 | 415 | 148 | 73 | 29 |
| 湖 北 | Hubei | 15450 | 1953 | 3926 | 4596 | 2565 | 1504 | 666 | 127 | 62 | 27 | 25 |
| 湖 南 | Hunan | 18054 | 3033 | 4260 | 4404 | 3334 | 1788 | 804 | 256 | 98 | 44 | 33 |
| 广 东 | Guangdong | 23808 | 3961 | 4709 | 4998 | 4468 | 2930 | 1550 | 597 | 320 | 130 | 145 |
| 广 西 | Guangxi | 12130 | 1779 | 2770 | 3100 | 2254 | 1256 | 619 | 188 | 90 | 43 | 29 |
| 海 南 | Hainan | 2031 | 231 | 363 | 464 | 460 | 263 | 144 | 61 | 24 | 13 | 9 |
| 重 庆 | Chongqing | 8609 | 1454 | 2533 | 2335 | 1334 | 664 | 224 | 42 | 20 | 3 | 1 |
| 四 川 | Sichuan | 22994 | 4141 | 6383 | 6022 | 3526 | 1882 | 774 | 180 | 58 | 14 | 12 |
| 贵 州 | Guizhou | 9155 | 1286 | 2312 | 2245 | 1664 | 962 | 465 | 148 | 49 | 15 | 10 |
| 云 南 | Yunnan | 11401 | 1484 | 2317 | 2672 | 2471 | 1404 | 774 | 187 | 58 | 24 | 11 |
| 西 藏 | Tibet | 598 | 67 | 100 | 99 | 107 | 75 | 52 | 33 | 25 | 19 | 22 |
| 陕 西 | Shaanxi | 9715 | 1167 | 2290 | 2610 | 1904 | 1076 | 499 | 119 | 37 | 6 | 6 |
| 甘 肃 | Gansu | 6593 | 1000 | 1381 | 1621 | 1162 | 772 | 464 | 123 | 39 | 19 | 12 |
| 青 海 | Qinghai | 1316 | 148 | 261 | 319 | 262 | 156 | 100 | 35 | 18 | 8 | 8 |
| 宁 夏 | Ningxia | 1566 | 137 | 348 | 446 | 339 | 179 | 86 | 21 | 7 | 2 | 2 |
| 新 疆 | Xinjiang | 5798 | 661 | 1386 | 1645 | 1091 | 623 | 230 | 74 | 43 | 21 | 24 |

# 2-16 各地区城市按家庭户规模分的户数
## Family Households of Cities by Size and Region

单位：户 (household)

| 地 区 | Region | 家庭户户数 Number of Family Households | 一人户 One Person | 二人户 Two Persons | 三人户 Three Persons | 四人户 Four Persons | 五人户 Five Persons | 六人户 Six Persons | 七人户 Seven Persons | 八人户 Eight Persons | 九人户 Nine Persons | 十人及以上户 Ten Persons and Over |
|---|---|---|---|---|---|---|---|---|---|---|---|---|
| **全 国** | **National Total** | **114569** | **19000** | **32704** | **39129** | **13743** | **7135** | **2013** | **482** | **229** | **81** | **53** |
| 北 京 | Beijing | 4914 | 1301 | 1473 | 1487 | 395 | 196 | 44 | 13 | 4 | 1 | |
| 天 津 | Tianjin | 2814 | 393 | 853 | 1182 | 242 | 122 | 18 | 2 | 1 | | |
| 河 北 | Hebei | 3358 | 278 | 871 | 1164 | 554 | 311 | 116 | 32 | 22 | 5 | 6 |
| 山 西 | Shanxi | 2829 | 314 | 714 | 1168 | 420 | 163 | 37 | 8 | 4 | 2 | |
| 内蒙古 | Inner Mongolia | 2087 | 249 | 600 | 943 | 239 | 47 | 9 | 1 | | | |
| 辽 宁 | Liaoning | 7454 | 1048 | 2477 | 2994 | 584 | 304 | 35 | 10 | 2 | | 1 |
| 吉 林 | Jilin | 3018 | 420 | 1008 | 1174 | 251 | 142 | 17 | 4 | 1 | 1 | |
| 黑龙江 | Heilongjiang | 4335 | 619 | 1451 | 1722 | 319 | 184 | 32 | 5 | 3 | | |
| 上 海 | Shanghai | 5392 | 1239 | 1893 | 1593 | 402 | 217 | 35 | 8 | 3 | 2 | 1 |
| 江 苏 | Jiangsu | 7814 | 1148 | 2368 | 2619 | 873 | 593 | 153 | 35 | 14 | 4 | 8 |
| 浙 江 | Zhejiang | 5871 | 1318 | 1896 | 1632 | 602 | 305 | 77 | 22 | 13 | 4 | 3 |
| 安 徽 | Anhui | 3384 | 388 | 873 | 1317 | 510 | 204 | 68 | 11 | 7 | 3 | 1 |
| 福 建 | Fujian | 3665 | 922 | 935 | 1048 | 457 | 212 | 64 | 12 | 7 | 7 | 2 |
| 江 西 | Jiangxi | 2229 | 236 | 566 | 850 | 355 | 155 | 49 | 7 | 8 | 2 | 1 |
| 山 东 | Shandong | 8954 | 984 | 2715 | 3353 | 1125 | 596 | 154 | 18 | 8 | 2 | |
| 河 南 | Henan | 4531 | 458 | 895 | 1600 | 887 | 485 | 142 | 34 | 19 | 12 | |
| 湖 北 | Hubei | 4755 | 576 | 1266 | 1814 | 588 | 370 | 97 | 22 | 14 | 4 | 4 |
| 湖 南 | Hunan | 3977 | 900 | 1175 | 1275 | 383 | 178 | 48 | 11 | 4 | 1 | |
| 广 东 | Guangdong | 10350 | 2338 | 2376 | 2567 | 1623 | 900 | 354 | 113 | 47 | 15 | 17 |
| 广 西 | Guangxi | 2485 | 471 | 554 | 805 | 372 | 169 | 74 | 14 | 12 | 8 | 5 |
| 海 南 | Hainan | 642 | 105 | 137 | 208 | 114 | 46 | 20 | 7 | 3 | 1 | |
| 重 庆 | Chongqing | 2958 | 384 | 815 | 1027 | 415 | 248 | 55 | 11 | 3 | 1 | |
| 四 川 | Sichuan | 5370 | 991 | 1579 | 1662 | 650 | 364 | 87 | 24 | 8 | 2 | 2 |
| 贵 州 | Guizhou | 1615 | 286 | 413 | 529 | 233 | 104 | 35 | 7 | 5 | | 2 |
| 云 南 | Yunnan | 2220 | 511 | 615 | 656 | 264 | 119 | 42 | 6 | 6 | 1 | |
| 西 藏 | Tibet | 77 | 14 | 31 | 14 | 12 | 4 | 2 | | | | |
| 陕 西 | Shaanxi | 2521 | 373 | 699 | 887 | 288 | 164 | 81 | 22 | 8 | | |
| 甘 肃 | Gansu | 1400 | 195 | 390 | 550 | 146 | 78 | 27 | 11 | | 3 | 1 |
| 青 海 | Qinghai | 441 | 65 | 130 | 138 | 63 | 29 | 12 | 3 | 2 | | |
| 宁 夏 | Ningxia | 601 | 71 | 154 | 234 | 99 | 31 | 9 | 3 | 1 | | |
| 新 疆 | Xinjiang | 2507 | 404 | 781 | 917 | 278 | 96 | 20 | 7 | 3 | 1 | 1 |

# 2-17 各地区镇按家庭户规模分的户数
## Family Households of Towns by Size and Region

单位：户 (household)

| 地区 | Region | 家庭户户数 Number of Family Households | 一人户 One Person | 二人户 Two Persons | 三人户 Three Persons | 四人户 Four Persons | 五人户 Five Persons | 六人户 Six Persons | 七人户 Seven Persons | 八人户 Eight Persons | 九人户 Nine Persons | 十人及以上户 Ten Persons and Over |
|---|---|---|---|---|---|---|---|---|---|---|---|---|
| **全 国** | **National Total** | **76490** | **9404** | **19075** | **22264** | **13512** | **7235** | **3357** | **901** | **399** | **187** | **155** |
| 北 京 | Beijing | 443 | 100 | 109 | 150 | 48 | 32 | 3 | 1 | 1 | | |
| 天 津 | Tianjin | 349 | 22 | 97 | 122 | 56 | 36 | 12 | 3 | | | |
| 河 北 | Hebei | 4781 | 352 | 1022 | 1262 | 1030 | 600 | 360 | 92 | 28 | 19 | 16 |
| 山 西 | Shanxi | 1954 | 99 | 406 | 617 | 531 | 195 | 79 | 15 | 6 | 2 | 2 |
| 内蒙古 | Inner Mongolia | 2036 | 188 | 630 | 891 | 260 | 58 | 9 | 2 | | | |
| 辽 宁 | Liaoning | 1688 | 228 | 554 | 638 | 162 | 90 | 13 | 1 | 1 | | |
| 吉 林 | Jilin | 1642 | 215 | 552 | 536 | 199 | 101 | 31 | 5 | 3 | | 1 |
| 黑龙江 | Heilongjiang | 2561 | 284 | 829 | 1066 | 231 | 129 | 14 | 6 | 2 | | |
| 上 海 | Shanghai | 1307 | 366 | 533 | 262 | 87 | 43 | 10 | 4 | 1 | | 1 |
| 江 苏 | Jiangsu | 5430 | 570 | 1472 | 1584 | 897 | 638 | 215 | 41 | 9 | 3 | 1 |
| 浙 江 | Zhejiang | 3955 | 634 | 1299 | 1183 | 495 | 225 | 84 | 21 | 12 | 2 | |
| 安 徽 | Anhui | 4173 | 470 | 1095 | 1415 | 681 | 335 | 124 | 33 | 12 | 6 | 2 |
| 福 建 | Fujian | 2286 | 404 | 615 | 613 | 385 | 162 | 73 | 16 | 10 | 2 | 7 |
| 江 西 | Jiangxi | 2899 | 331 | 601 | 776 | 602 | 317 | 170 | 53 | 25 | 10 | 12 |
| 山 东 | Shandong | 5478 | 633 | 1582 | 1722 | 973 | 383 | 145 | 25 | 12 | 4 | |
| 河 南 | Henan | 4080 | 324 | 737 | 1024 | 941 | 541 | 319 | 93 | 56 | 29 | 17 |
| 湖 北 | Hubei | 3160 | 388 | 659 | 996 | 528 | 350 | 183 | 26 | 10 | 9 | 11 |
| 湖 南 | Hunan | 4708 | 780 | 1053 | 1163 | 959 | 455 | 198 | 66 | 18 | 9 | 7 |
| 广 东 | Guangdong | 5725 | 694 | 1016 | 1122 | 1126 | 783 | 540 | 214 | 122 | 58 | 50 |
| 广 西 | Guangxi | 2639 | 281 | 561 | 791 | 500 | 269 | 148 | 37 | 24 | 16 | 10 |
| 海 南 | Hainan | 433 | 27 | 64 | 102 | 115 | 61 | 37 | 14 | 7 | 4 | 2 |
| 重 庆 | Chongqing | 1662 | 269 | 464 | 491 | 248 | 140 | 37 | 7 | 5 | 1 | 1 |
| 四 川 | Sichuan | 4506 | 670 | 1199 | 1347 | 701 | 400 | 150 | 28 | 6 | 2 | 2 |
| 贵 州 | Guizhou | 1489 | 166 | 316 | 414 | 307 | 179 | 85 | 15 | 4 | 3 | |
| 云 南 | Yunnan | 2460 | 357 | 528 | 621 | 512 | 275 | 125 | 31 | 7 | 3 | 1 |
| 西 藏 | Tibet | 94 | 12 | 18 | 22 | 17 | 8 | 6 | 3 | 2 | 2 | 3 |
| 陕 西 | Shaanxi | 2270 | 243 | 476 | 671 | 494 | 250 | 96 | 24 | 10 | 3 | 3 |
| 甘 肃 | Gansu | 1263 | 159 | 333 | 374 | 216 | 101 | 57 | 16 | 3 | 2 | 3 |
| 青 海 | Qinghai | 271 | 48 | 68 | 72 | 44 | 22 | 11 | 4 | 1 | | 1 |
| 宁 夏 | Ningxia | 248 | 19 | 55 | 69 | 59 | 30 | 13 | 2 | 1 | | |
| 新 疆 | Xinjiang | 499 | 71 | 133 | 145 | 109 | 27 | 10 | 4 | 1 | 1 | |

# 2-18 各地区乡村按家庭户规模分的户数

## Family Households of Rural Areas by Size and Region

单位：户 (household)

| 地 区 | Region | 家庭户户数 Number of Family Households | 一人户 One Person | 二人户 Two Persons | 三人户 Three Persons | 四人户 Four Persons | 五人户 Five Persons | 六人户 Six Persons | 七人户 Seven Persons | 八人户 Eight Persons | 九人户 Nine Persons | 十人及以上户 Ten Persons and Over |
|---|---|---|---|---|---|---|---|---|---|---|---|---|
| **全 国** | **National Total** | **169388** | **22084** | **41941** | **38462** | **33721** | **19534** | **9346** | **2603** | **1016** | **386** | **298** |
| 北 京 | Beijing | 809 | 140 | 268 | 200 | 107 | 67 | 22 | 3 | 1 | | |
| 天 津 | Tianjin | 725 | 74 | 189 | 208 | 141 | 76 | 31 | 4 | 3 | | |
| 河 北 | Hebei | 9894 | 999 | 2334 | 2268 | 2186 | 1211 | 670 | 152 | 53 | 18 | 4 |
| 山 西 | Shanxi | 4505 | 470 | 934 | 977 | 1094 | 593 | 336 | 73 | 16 | 6 | 6 |
| 内蒙古 | Inner Mongolia | 3242 | 342 | 1103 | 992 | 507 | 235 | 55 | 5 | 3 | | |
| 辽 宁 | Liaoning | 4441 | 414 | 1349 | 1252 | 791 | 448 | 157 | 23 | 7 | | |
| 吉 林 | Jilin | 3336 | 250 | 882 | 910 | 583 | 477 | 175 | 45 | 9 | 5 | |
| 黑龙江 | Heilongjiang | 4544 | 358 | 1317 | 1336 | 739 | 561 | 175 | 39 | 14 | 4 | |
| 上 海 | Shanghai | 864 | 188 | 344 | 197 | 79 | 45 | 10 | 1 | 1 | | |
| 江 苏 | Jiangsu | 8473 | 1304 | 2478 | 1902 | 1317 | 968 | 333 | 96 | 40 | 22 | 12 |
| 浙 江 | Zhejiang | 6480 | 1337 | 2104 | 1545 | 823 | 470 | 164 | 27 | 9 | 1 | |
| 安 徽 | Anhui | 9034 | 1220 | 2433 | 2017 | 1749 | 992 | 469 | 94 | 44 | 10 | 7 |
| 福 建 | Fujian | 4177 | 686 | 1165 | 945 | 717 | 396 | 184 | 61 | 17 | 3 | 3 |
| 江 西 | Jiangxi | 5630 | 576 | 958 | 1053 | 1406 | 848 | 494 | 159 | 74 | 37 | 26 |
| 山 东 | Shandong | 13631 | 1666 | 3892 | 3784 | 2666 | 1073 | 406 | 94 | 38 | 7 | 5 |
| 河 南 | Henan | 13735 | 1429 | 2911 | 2985 | 3339 | 1792 | 872 | 288 | 73 | 32 | 13 |
| 湖 北 | Hubei | 7536 | 988 | 2001 | 1786 | 1450 | 784 | 386 | 78 | 39 | 15 | 10 |
| 湖 南 | Hunan | 9368 | 1352 | 2032 | 1967 | 1992 | 1154 | 557 | 178 | 75 | 34 | 27 |
| 广 东 | Guangdong | 7733 | 929 | 1317 | 1309 | 1719 | 1246 | 656 | 270 | 151 | 57 | 78 |
| 广 西 | Guangxi | 7006 | 1027 | 1654 | 1504 | 1382 | 818 | 397 | 137 | 54 | 19 | 14 |
| 海 南 | Hainan | 956 | 99 | 162 | 154 | 230 | 155 | 87 | 40 | 15 | 8 | 7 |
| 重 庆 | Chongqing | 3989 | 801 | 1254 | 817 | 671 | 276 | 132 | 24 | 13 | 1 | |
| 四 川 | Sichuan | 13117 | 2479 | 3606 | 3013 | 2174 | 1119 | 536 | 127 | 44 | 10 | 8 |
| 贵 州 | Guizhou | 6051 | 834 | 1583 | 1302 | 1123 | 679 | 345 | 126 | 39 | 12 | 8 |
| 云 南 | Yunnan | 6721 | 616 | 1173 | 1395 | 1694 | 1010 | 607 | 150 | 45 | 21 | 10 |
| 西 藏 | Tibet | 426 | 41 | 51 | 63 | 78 | 62 | 45 | 30 | 22 | 17 | 18 |
| 陕 西 | Shaanxi | 4924 | 551 | 1115 | 1051 | 1123 | 662 | 322 | 74 | 20 | 3 | 3 |
| 甘 肃 | Gansu | 3930 | 646 | 658 | 697 | 801 | 593 | 381 | 96 | 36 | 14 | 8 |
| 青 海 | Qinghai | 603 | 35 | 63 | 110 | 155 | 105 | 76 | 29 | 16 | 8 | 7 |
| 宁 夏 | Ningxia | 717 | 47 | 139 | 142 | 180 | 119 | 64 | 16 | 6 | 2 | 2 |
| 新 疆 | Xinjiang | 2792 | 187 | 472 | 582 | 704 | 501 | 201 | 63 | 39 | 20 | 24 |

# 2-19 各地区家庭户类别

# Family Households by Type and Region

单位：户 (household)

| 地区 | Region | 家庭户户数 Number of Family Households | 一代户 One Generation | 二代户 Two Generations | 三代户 Three Generations | 四代户 Four Generations | 五代户 Five Generations |
|---|---|---|---|---|---|---|---|
| **全 国** | **National Total** | **360447** | **127568** | **169555** | **60999** | **2322** | **4** |
| 北 京 | Beijing | 6166 | 3136 | 2402 | 620 | 8 | |
| 天 津 | Tianjin | 3887 | 1430 | 1969 | 473 | 15 | |
| 河 北 | Hebei | 18033 | 5254 | 8920 | 3702 | 156 | 1 |
| 山 西 | Shanxi | 9287 | 2545 | 5181 | 1526 | 34 | |
| 内蒙古 | Inner Mongolia | 7365 | 2849 | 3941 | 566 | 9 | |
| 辽 宁 | Liaoning | 13583 | 5304 | 6571 | 1666 | 42 | |
| 吉 林 | Jilin | 7996 | 2910 | 3784 | 1260 | 43 | |
| 黑龙江 | Heilongjiang | 11439 | 4298 | 5580 | 1514 | 47 | |
| 上 海 | Shanghai | 7564 | 4300 | 2659 | 586 | 19 | |
| 江 苏 | Jiangsu | 21717 | 8325 | 9018 | 4153 | 218 | 2 |
| 浙 江 | Zhejiang | 16306 | 8002 | 6317 | 1886 | 101 | |
| 安 徽 | Anhui | 16591 | 5602 | 8097 | 2771 | 121 | |
| 福 建 | Fujian | 10128 | 4311 | 4282 | 1470 | 65 | |
| 江 西 | Jiangxi | 10758 | 2817 | 5504 | 2350 | 87 | |
| 山 东 | Shandong | 28063 | 10283 | 13818 | 3822 | 140 | |
| 河 南 | Henan | 22346 | 5788 | 11572 | 4791 | 194 | |
| 湖 北 | Hubei | 15450 | 5077 | 7246 | 2992 | 134 | 1 |
| 湖 南 | Hunan | 18054 | 6367 | 7955 | 3579 | 153 | |
| 广 东 | Guangdong | 23808 | 7980 | 11166 | 4536 | 127 | |
| 广 西 | Guangxi | 12130 | 4019 | 5962 | 2075 | 74 | |
| 海 南 | Hainan | 2031 | 547 | 1125 | 347 | 13 | |
| 重 庆 | Chongqing | 8609 | 3475 | 3692 | 1406 | 36 | |
| 四 川 | Sichuan | 22994 | 8796 | 9806 | 4234 | 157 | |
| 贵 州 | Guizhou | 9155 | 3134 | 4623 | 1357 | 41 | |
| 云 南 | Yunnan | 11401 | 3269 | 5441 | 2566 | 125 | |
| 西 藏 | Tibet | 598 | 144 | 311 | 136 | 7 | |
| 陕 西 | Shaanxi | 9715 | 2953 | 4659 | 2034 | 69 | |
| 甘 肃 | Gansu | 6593 | 2069 | 3006 | 1452 | 66 | |
| 青 海 | Qinghai | 1316 | 348 | 676 | 281 | 11 | |
| 宁 夏 | Ningxia | 1566 | 439 | 917 | 206 | 4 | |
| 新 疆 | Xinjiang | 5798 | 1795 | 3354 | 642 | 7 | |

# 2-20 各地区城市家庭户类别

# Family Households of Cities by Type and Region

单位：户 (household)

| 地 区 | Region | 家庭户户数 Number of Family Households | 一代户 One Generation | 二代户 Two Generations | 三代户 Three Generations | 四代户 Four Generations | 五代户 Five Generations |
|---|---|---|---|---|---|---|---|
| **全 国** | **National Total** | **114569** | **46548** | **54440** | **13288** | **293** | |
| 北 京 | Beijing | 4914 | 2544 | 1921 | 445 | 4 | |
| 天 津 | Tianjin | 2814 | 1084 | 1444 | 282 | 4 | |
| 河 北 | Hebei | 3358 | 1039 | 1686 | 620 | 14 | |
| 山 西 | Shanxi | 2829 | 922 | 1645 | 260 | 2 | |
| 内蒙古 | Inner Mongolia | 2087 | 786 | 1202 | 99 | | |
| 辽 宁 | Liaoning | 7454 | 3029 | 3742 | 672 | 11 | |
| 吉 林 | Jilin | 3018 | 1245 | 1489 | 283 | 1 | |
| 黑龙江 | Heilongjiang | 4335 | 1805 | 2172 | 353 | 5 | |
| 上 海 | Shanghai | 5392 | 2907 | 2036 | 441 | 8 | |
| 江 苏 | Jiangsu | 7814 | 3145 | 3497 | 1127 | 46 | |
| 浙 江 | Zhejiang | 5871 | 3056 | 2254 | 533 | 29 | |
| 安 徽 | Anhui | 3384 | 1146 | 1840 | 388 | 10 | |
| 福 建 | Fujian | 3665 | 1733 | 1535 | 382 | 15 | |
| 江 西 | Jiangxi | 2229 | 690 | 1231 | 306 | 2 | |
| 山 东 | Shandong | 8954 | 3328 | 4529 | 1068 | 29 | |
| 河 南 | Henan | 4531 | 1204 | 2601 | 715 | 10 | |
| 湖 北 | Hubei | 4755 | 1619 | 2372 | 749 | 15 | |
| 湖 南 | Hunan | 3977 | 1854 | 1727 | 388 | 9 | |
| 广 东 | Guangdong | 10350 | 4513 | 4516 | 1294 | 27 | |
| 广 西 | Guangxi | 2485 | 944 | 1217 | 317 | 7 | |
| 海 南 | Hainan | 642 | 230 | 332 | 77 | 2 | |
| 重 庆 | Chongqing | 2958 | 1053 | 1397 | 497 | 11 | |
| 四 川 | Sichuan | 5370 | 2174 | 2385 | 792 | 18 | |
| 贵 州 | Guizhou | 1615 | 608 | 856 | 149 | 2 | |
| 云 南 | Yunnan | 2220 | 980 | 965 | 269 | 6 | |
| 西 藏 | Tibet | 77 | 44 | 28 | 6 | | |
| 陕 西 | Shaanxi | 2521 | 938 | 1232 | 348 | 3 | |
| 甘 肃 | Gansu | 1400 | 501 | 726 | 173 | 1 | |
| 青 海 | Qinghai | 441 | 168 | 219 | 53 | 1 | |
| 宁 夏 | Ningxia | 601 | 204 | 351 | 47 | | |
| 新 疆 | Xinjiang | 2507 | 1056 | 1292 | 157 | 1 | |

# 2-21 各地区镇家庭户类别

## Family Households of Towns by Type and Region

单位：户 (household)

| 地 区 | Region | 家庭户户数 Number of Family Households | 一代户 One Generation | 二代户 Two Generations | 三代户 Three Generations | 四代户 Four Generations | 五代户 Five Generations |
|---|---|---|---|---|---|---|---|
| **全 国** | **National Total** | **76490** | **25079** | **37889** | **13063** | **459** | |
| 北 京 | Beijing | 443 | 198 | 192 | 51 | 1 | |
| 天 津 | Tianjin | 349 | 106 | 177 | 61 | 4 | |
| 河 北 | Hebei | 4781 | 1232 | 2457 | 1046 | 46 | |
| 山 西 | Shanxi | 1954 | 442 | 1178 | 325 | 9 | |
| 内蒙古 | Inner Mongolia | 2036 | 735 | 1209 | 90 | 2 | |
| 辽 宁 | Liaoning | 1688 | 681 | 839 | 166 | 3 | |
| 吉 林 | Jilin | 1642 | 641 | 801 | 200 | 1 | |
| 黑龙江 | Heilongjiang | 2561 | 985 | 1350 | 221 | 5 | |
| 上 海 | Shanghai | 1307 | 883 | 345 | 74 | 4 | |
| 江 苏 | Jiangsu | 5430 | 1849 | 2412 | 1109 | 59 | |
| 浙 江 | Zhejiang | 3955 | 1825 | 1677 | 435 | 18 | |
| 安 徽 | Anhui | 4173 | 1265 | 2266 | 621 | 21 | |
| 福 建 | Fujian | 2286 | 928 | 1050 | 297 | 11 | |
| 江 西 | Jiangxi | 2899 | 810 | 1545 | 529 | 16 | |
| 山 东 | Shandong | 5478 | 1967 | 2740 | 748 | 23 | |
| 河 南 | Henan | 4080 | 892 | 2157 | 990 | 41 | |
| 湖 北 | Hubei | 3160 | 886 | 1627 | 621 | 25 | |
| 湖 南 | Hunan | 4708 | 1605 | 2196 | 871 | 37 | |
| 广 东 | Guangdong | 5725 | 1539 | 2759 | 1392 | 35 | |
| 广 西 | Guangxi | 2639 | 746 | 1402 | 477 | 14 | |
| 海 南 | Hainan | 433 | 88 | 261 | 80 | 4 | |
| 重 庆 | Chongqing | 1662 | 635 | 747 | 276 | 4 | |
| 四 川 | Sichuan | 4506 | 1593 | 1981 | 898 | 35 | |
| 贵 州 | Guizhou | 1489 | 397 | 827 | 261 | 3 | |
| 云 南 | Yunnan | 2460 | 766 | 1143 | 530 | 20 | |
| 西 藏 | Tibet | 94 | 24 | 52 | 18 | 1 | |
| 陕 西 | Shaanxi | 2270 | 607 | 1256 | 397 | 11 | |
| 甘 肃 | Gansu | 1263 | 412 | 672 | 174 | 4 | |
| 青 海 | Qinghai | 271 | 105 | 126 | 39 | 1 | |
| 宁 夏 | Ningxia | 248 | 65 | 154 | 29 | | |
| 新 疆 | Xinjiang | 499 | 175 | 289 | 36 | | |

# 2-22　各地区乡村家庭户类别

# Family Households of Rural Areas by Type and Region

单位：户　　(household)

| 地　区 | Region | 家庭户户数 Number of Family Households | 一代户 One Generation | 二代户 Two Generations | 三代户 Three Generations | 四代户 Four Generations | 五代户 Five Generations |
|---|---|---|---|---|---|---|---|
| **全　国** | **National Total** | **169388** | **55940** | **77226** | **34648** | **1571** | **4** |
| 北　京 | Beijing | 809 | 393 | 289 | 123 | 3 | |
| 天　津 | Tianjin | 725 | 240 | 348 | 130 | 7 | |
| 河　北 | Hebei | 9894 | 2983 | 4777 | 2037 | 97 | 1 |
| 山　西 | Shanxi | 4505 | 1182 | 2358 | 941 | 24 | |
| 内蒙古 | Inner Mongolia | 3242 | 1328 | 1530 | 377 | 8 | |
| 辽　宁 | Liaoning | 4441 | 1595 | 1990 | 828 | 28 | |
| 吉　林 | Jilin | 3336 | 1024 | 1494 | 777 | 40 | |
| 黑龙江 | Heilongjiang | 4544 | 1508 | 2058 | 940 | 37 | |
| 上　海 | Shanghai | 864 | 510 | 277 | 71 | 7 | |
| 江　苏 | Jiangsu | 8473 | 3332 | 3109 | 1918 | 113 | 2 |
| 浙　江 | Zhejiang | 6480 | 3122 | 2385 | 918 | 55 | |
| 安　徽 | Anhui | 9034 | 3192 | 3992 | 1761 | 89 | |
| 福　建 | Fujian | 4177 | 1650 | 1697 | 792 | 39 | |
| 江　西 | Jiangxi | 5630 | 1318 | 2728 | 1516 | 69 | |
| 山　东 | Shandong | 13631 | 4989 | 6549 | 2006 | 87 | |
| 河　南 | Henan | 13735 | 3692 | 6813 | 3087 | 143 | |
| 湖　北 | Hubei | 7536 | 2572 | 3247 | 1621 | 95 | 1 |
| 湖　南 | Hunan | 9368 | 2909 | 4033 | 2320 | 107 | |
| 广　东 | Guangdong | 7733 | 1928 | 3891 | 1850 | 64 | |
| 广　西 | Guangxi | 7006 | 2329 | 3343 | 1281 | 53 | |
| 海　南 | Hainan | 956 | 228 | 531 | 190 | 6 | |
| 重　庆 | Chongqing | 3989 | 1787 | 1549 | 633 | 21 | |
| 四　川 | Sichuan | 13117 | 5029 | 5440 | 2544 | 104 | |
| 贵　州 | Guizhou | 6051 | 2129 | 2939 | 947 | 36 | |
| 云　南 | Yunnan | 6721 | 1522 | 3332 | 1768 | 99 | |
| 西　藏 | Tibet | 426 | 77 | 232 | 112 | 6 | |
| 陕　西 | Shaanxi | 4924 | 1408 | 2171 | 1289 | 55 | |
| 甘　肃 | Gansu | 3930 | 1156 | 1608 | 1105 | 60 | |
| 青　海 | Qinghai | 603 | 75 | 331 | 188 | 9 | |
| 宁　夏 | Ningxia | 717 | 170 | 412 | 130 | 4 | |
| 新　疆 | Xinjiang | 2792 | 564 | 1773 | 449 | 6 | |

# 2-23 全国家庭户人数和户主的年龄、性别构成
# Population of Family Households, Age and Sex Composition of the Household Head

| 年龄 Age | 家庭户人口数 Population of Family Household (person) | 男 Male | 女 Female | 户主数 Number of Household Head (person) | 男 Male | 女 Female | 户主率 Household Head Rate (%) | 男 Male | 女 Female |
|---|---|---|---|---|---|---|---|---|---|
| **总计 Total** | **1088965** | **553070** | **535895** | **334359** | **278402** | **55957** | **30.70** | **50.34** | **10.44** |
| 14岁以下 | **187838** | **101788** | **86051** | **255** | **160** | **95** | **0.14** | **0.16** | **0.11** |
| 15-19 | **67651** | **35335** | **32316** | **1251** | **786** | **465** | **1.85** | **2.23** | **1.44** |
| 15 | 13980 | 7291 | 6689 | 98 | 68 | 29 | 0.70 | 0.94 | 0.44 |
| 16 | 14261 | 7519 | 6742 | 141 | 99 | 42 | 0.99 | 1.32 | 0.62 |
| 17 | 13070 | 6876 | 6194 | 203 | 137 | 66 | 1.55 | 1.99 | 1.06 |
| 18 | 13361 | 6950 | 6410 | 331 | 197 | 133 | 2.47 | 2.84 | 2.08 |
| 19 | 12979 | 6698 | 6280 | 479 | 284 | 195 | 3.69 | 4.24 | 3.10 |
| 20-24 | **89958** | **45768** | **44191** | **8288** | **6077** | **2211** | **9.21** | **13.28** | **5.00** |
| 20 | 14175 | 7493 | 6682 | 669 | 447 | 222 | 4.72 | 5.96 | 3.33 |
| 21 | 18248 | 9471 | 8777 | 1154 | 798 | 356 | 6.32 | 8.42 | 4.06 |
| 22 | 18768 | 9606 | 9162 | 1591 | 1157 | 434 | 8.48 | 12.05 | 4.74 |
| 23 | 18395 | 9122 | 9273 | 2064 | 1531 | 533 | 11.22 | 16.79 | 5.75 |
| 24 | 20373 | 10075 | 10297 | 2809 | 2144 | 665 | 13.79 | 21.28 | 6.46 |
| 25-29 | **82940** | **40777** | **42164** | **18001** | **14498** | **3503** | **21.70** | **35.55** | **8.31** |
| 25 | 17470 | 8435 | 9035 | 2736 | 2121 | 616 | 15.66 | 25.14 | 6.81 |
| 26 | 15688 | 7639 | 8050 | 2997 | 2413 | 584 | 19.11 | 31.59 | 7.26 |
| 27 | 15733 | 7749 | 7984 | 3439 | 2769 | 670 | 21.86 | 35.74 | 8.39 |
| 28 | 15849 | 7950 | 7899 | 3860 | 3133 | 727 | 24.35 | 39.40 | 9.20 |
| 29 | 18200 | 9004 | 9196 | 4969 | 4062 | 907 | 27.30 | 45.11 | 9.87 |
| 30-34 | **78376** | **39233** | **39143** | **26041** | **21765** | **4276** | **33.23** | **55.48** | **10.92** |
| 30 | 15798 | 7909 | 7889 | 4657 | 3822 | 835 | 29.48 | 48.32 | 10.58 |
| 31 | 15326 | 7620 | 7706 | 4864 | 4031 | 834 | 31.74 | 52.90 | 10.82 |
| 32 | 16025 | 8054 | 7971 | 5321 | 4485 | 836 | 33.20 | 55.68 | 10.49 |
| 33 | 16143 | 8087 | 8056 | 5649 | 4765 | 885 | 35.00 | 58.92 | 10.98 |
| 34 | 15084 | 7563 | 7522 | 5550 | 4663 | 887 | 36.79 | 61.66 | 11.80 |
| 35-39 | **93139** | **46775** | **46365** | **38636** | **33072** | **5564** | **41.48** | **70.70** | **12.00** |
| 35 | 16892 | 8438 | 8454 | 6424 | 5437 | 986 | 38.03 | 64.44 | 11.67 |
| 36 | 17128 | 8618 | 8510 | 6742 | 5759 | 982 | 39.36 | 66.83 | 11.54 |
| 37 | 18856 | 9458 | 9398 | 7821 | 6688 | 1132 | 41.48 | 70.72 | 12.05 |
| 38 | 19971 | 9987 | 9983 | 8579 | 7336 | 1243 | 42.96 | 73.45 | 12.45 |
| 39 | 20293 | 10274 | 10019 | 9070 | 7850 | 1220 | 44.70 | 76.41 | 12.17 |

## 2-23 续表 continued

| 年 龄 Age | 家庭户人口数 Population of Family Household (person) | 男 Male | 女 Female | 户主数 Number of Household Head (person) | 男 Male | 女 Female | 户主率 Household Head Rate (%) | 男 Male | 女 Female |
|---|---|---|---|---|---|---|---|---|---|
| 40-44 | **103886** | **52128** | **51757** | **49056** | **42750** | **6306** | **47.22** | **82.01** | **12.18** |
| 40 | 20405 | 10389 | 10017 | 9420 | 8176 | 1244 | 46.17 | 78.70 | 12.42 |
| 41 | 22213 | 11051 | 11162 | 10263 | 8842 | 1422 | 46.20 | 80.01 | 12.74 |
| 42 | 20634 | 10220 | 10414 | 9606 | 8337 | 1269 | 46.56 | 81.58 | 12.19 |
| 43 | 22567 | 11410 | 11157 | 10928 | 9619 | 1310 | 48.43 | 84.30 | 11.74 |
| 44 | 18067 | 9059 | 9007 | 8838 | 7776 | 1061 | 48.92 | 85.84 | 11.78 |
| 45-49 | **98205** | **49431** | **48774** | **49447** | **43255** | **6191** | **50.35** | **87.51** | **12.69** |
| 45 | 19574 | 9883 | 9691 | 9738 | 8596 | 1142 | 49.75 | 86.98 | 11.78 |
| 46 | 19913 | 10071 | 9842 | 9922 | 8721 | 1201 | 49.83 | 86.59 | 12.21 |
| 47 | 22608 | 11440 | 11168 | 11633 | 10090 | 1543 | 51.46 | 88.21 | 13.81 |
| 48 | 19406 | 9629 | 9777 | 9572 | 8382 | 1190 | 49.33 | 87.05 | 12.17 |
| 49 | 16704 | 8409 | 8296 | 8581 | 7465 | 1115 | 51.37 | 88.78 | 13.44 |
| 50-54 | **61151** | **30973** | **30177** | **31660** | **27256** | **4405** | **51.77** | **88.00** | **14.60** |
| 50 | 9202 | 4531 | 4671 | 4576 | 3944 | 633 | 49.73 | 87.03 | 13.55 |
| 51 | 11857 | 6006 | 5851 | 6098 | 5227 | 871 | 51.43 | 87.02 | 14.89 |
| 52 | 10906 | 5537 | 5369 | 5694 | 4934 | 759 | 52.21 | 89.12 | 14.14 |
| 53 | 13807 | 7105 | 6702 | 7298 | 6286 | 1012 | 52.86 | 88.48 | 15.10 |
| 54 | 15379 | 7794 | 7585 | 7995 | 6865 | 1129 | 51.99 | 88.08 | 14.89 |
| 55-59 | **70776** | **35448** | **35328** | **36409** | **31073** | **5336** | **51.44** | **87.66** | **15.10** |
| 55 | 14105 | 7132 | 6973 | 7323 | 6282 | 1041 | 51.92 | 88.08 | 14.93 |
| 56 | 14798 | 7407 | 7390 | 7587 | 6553 | 1034 | 51.27 | 88.46 | 14.00 |
| 57 | 14986 | 7462 | 7524 | 7680 | 6527 | 1152 | 51.24 | 87.47 | 15.31 |
| 58 | 13379 | 6680 | 6699 | 6849 | 5863 | 986 | 51.19 | 87.77 | 14.72 |
| 59 | 13509 | 6767 | 6742 | 6970 | 5848 | 1122 | 51.60 | 86.42 | 16.64 |
| 60-64 | **52208** | **26283** | **25925** | **26780** | **22261** | **4520** | **51.30** | **84.70** | **17.43** |
| 60 | 11333 | 5581 | 5752 | 5747 | 4822 | 926 | 50.71 | 86.40 | 16.09 |
| 61 | 11474 | 5853 | 5621 | 5909 | 4994 | 915 | 51.50 | 85.33 | 16.28 |
| 62 | 11027 | 5664 | 5363 | 5761 | 4809 | 952 | 52.24 | 84.91 | 17.74 |
| 63 | 9454 | 4688 | 4766 | 4765 | 3897 | 867 | 50.40 | 83.12 | 18.20 |
| 64 | 8920 | 4497 | 4422 | 4598 | 3738 | 860 | 51.55 | 83.13 | 19.44 |
| 65+ | **102836** | **49130** | **53706** | **48535** | **35449** | **13086** | **47.20** | **72.15** | **24.37** |

# 2-24 各地区分性别、受教育程度的人口

## Population by Sex, Educational Attainment and Region

单位：人 (person)

| 地 区 | Region | 6岁及以上人口 Population Aged 6 and Over | 男 Male | 女 Female | 未上过学 No Schooling | 男 Male | 女 Female | 小 学 Primary School | 男 Male | 女 Female |
|---|---|---|---|---|---|---|---|---|---|---|
| **全 国** | **National Total** | **1067267** | **544753** | **522514** | **58732** | **17464** | **41268** | **294232** | **139378** | **154854** |
| 北 京 | Beijing | 16491 | 8402 | 8088 | 306 | 74 | 232 | 1742 | 803 | 939 |
| 天 津 | Tianjin | 11019 | 5454 | 5565 | 307 | 86 | 220 | 1837 | 876 | 961 |
| 河 北 | Hebei | 56753 | 29296 | 27457 | 2317 | 698 | 1619 | 14771 | 6918 | 7853 |
| 山 西 | Shanxi | 28941 | 14827 | 14114 | 965 | 350 | 615 | 6518 | 3034 | 3483 |
| 内蒙古 | Inner Mongolia | 20015 | 9958 | 10057 | 934 | 314 | 620 | 5082 | 2317 | 2765 |
| 辽 宁 | Liaoning | 35906 | 18085 | 17822 | 943 | 289 | 654 | 7869 | 3704 | 4165 |
| 吉 林 | Jilin | 22363 | 11389 | 10974 | 600 | 215 | 384 | 6163 | 2907 | 3256 |
| 黑龙江 | Heilongjiang | 31272 | 15714 | 15558 | 935 | 296 | 639 | 7505 | 3566 | 3939 |
| 上 海 | Shanghai | 19183 | 10168 | 9016 | 509 | 113 | 396 | 2633 | 1207 | 1426 |
| 江 苏 | jiangsu | 63465 | 31594 | 31871 | 3396 | 808 | 2588 | 15096 | 6728 | 8368 |
| 浙 江 | Zhejiang | 44170 | 21561 | 22609 | 2912 | 844 | 2068 | 12682 | 6173 | 6509 |
| 安 徽 | Anhui | 47067 | 23683 | 23384 | 3780 | 1009 | 2771 | 13720 | 6313 | 7407 |
| 福 建 | Fujian | 29539 | 14489 | 15049 | 1530 | 355 | 1175 | 9413 | 4268 | 5145 |
| 江 西 | Jiangxi | 34969 | 18281 | 16688 | 1468 | 424 | 1044 | 10562 | 4844 | 5718 |
| 山 东 | Shandong | 76910 | 38406 | 38503 | 5427 | 1534 | 3893 | 19602 | 8681 | 10922 |
| 河 南 | Henan | 73413 | 37725 | 35689 | 4165 | 1298 | 2867 | 19191 | 9150 | 10040 |
| 湖 北 | Hubei | 46101 | 23542 | 22559 | 2775 | 746 | 2029 | 11150 | 5108 | 6042 |
| 湖 南 | Hunan | 51951 | 26553 | 25398 | 2349 | 717 | 1632 | 14722 | 7127 | 7595 |
| 广 东 | Guangdong | 83713 | 44609 | 39105 | 2845 | 772 | 2074 | 19618 | 8995 | 10623 |
| 广 西 | Guangxi | 36046 | 18805 | 17241 | 1660 | 489 | 1171 | 11836 | 5584 | 6252 |
| 海 南 | Hainan | 6845 | 3542 | 3303 | 348 | 97 | 252 | 1563 | 739 | 824 |
| 重 庆 | Chongqing | 23431 | 11951 | 11479 | 1264 | 404 | 860 | 7869 | 3922 | 3947 |
| 四 川 | Sichuan | 64328 | 32857 | 31471 | 4676 | 1406 | 3271 | 22847 | 11518 | 11329 |
| 贵 州 | Guizhou | 27087 | 14274 | 12813 | 3033 | 854 | 2178 | 10837 | 5537 | 5300 |
| 云 南 | Yunnan | 36655 | 18653 | 18002 | 3174 | 1067 | 2107 | 15759 | 7867 | 7892 |
| 西 藏 | Tibet | 2355 | 1204 | 1151 | 704 | 275 | 428 | 1032 | 571 | 461 |
| 陕 西 | Shaanxi | 30034 | 15364 | 14670 | 1741 | 603 | 1138 | 7339 | 3485 | 3854 |
| 甘 肃 | Gansu | 20547 | 10641 | 9906 | 2048 | 702 | 1346 | 6885 | 3327 | 3558 |
| 青 海 | Qinghai | 4454 | 2244 | 2210 | 534 | 195 | 339 | 1699 | 836 | 863 |
| 宁 夏 | Ningxia | 5045 | 2650 | 2395 | 406 | 134 | 272 | 1546 | 749 | 797 |
| 新 疆 | Xinjiang | 17200 | 8833 | 8367 | 679 | 294 | 385 | 5147 | 2525 | 2622 |

## 2-24 续表 continued

单位：人 (person)

| 地 区 | Region | 初 中 Junior Secondary School | 男 Male | 女 Female | 高 中 Senior Secondary School | 男 Male | 女 Female | 大专及以上 College and Higher Level | 男 Male | 女 Female |
|---|---|---|---|---|---|---|---|---|---|---|
| **全 国** | **National Total** | **441905** | **236369** | **205537** | **165049** | **94528** | **70521** | **107348** | **57013** | **50334** |
| 北 京 | Beijing | 5201 | 2909 | 2292 | 3645 | 1845 | 1801 | 5597 | 2772 | 2825 |
| 天 津 | Tianjin | 4059 | 2143 | 1916 | 2503 | 1293 | 1210 | 2313 | 1055 | 1257 |
| 河 北 | Hebei | 28324 | 15055 | 13269 | 8296 | 5015 | 3281 | 3045 | 1610 | 1435 |
| 山 西 | Shanxi | 13699 | 7251 | 6448 | 5412 | 2977 | 2436 | 2347 | 1214 | 1131 |
| 内蒙古 | Inner Mongolia | 7977 | 4345 | 3632 | 3490 | 1843 | 1647 | 2532 | 1139 | 1394 |
| 辽 宁 | Liaoning | 16810 | 8661 | 8149 | 5785 | 3034 | 2751 | 4500 | 2396 | 2103 |
| 吉 林 | Jilin | 9588 | 5050 | 4539 | 3980 | 2163 | 1817 | 2031 | 1055 | 977 |
| 黑龙江 | Heilongjiang | 15248 | 7975 | 7273 | 4638 | 2486 | 2153 | 2945 | 1391 | 1555 |
| 上 海 | Shanghai | 7809 | 4288 | 3522 | 4168 | 2353 | 1815 | 4063 | 2206 | 1857 |
| 江 苏 | jiangsu | 26449 | 13822 | 12627 | 10873 | 6530 | 4343 | 7651 | 3706 | 3944 |
| 浙 江 | Zhejiang | 17195 | 9272 | 7923 | 5833 | 3389 | 2444 | 5547 | 1883 | 3664 |
| 安 徽 | Anhui | 20595 | 11055 | 9540 | 5755 | 3367 | 2388 | 3218 | 1940 | 1278 |
| 福 建 | Fujian | 11043 | 6388 | 4655 | 3969 | 2320 | 1648 | 3583 | 1157 | 2427 |
| 江 西 | Jiangxi | 14420 | 7864 | 6556 | 5982 | 3662 | 2320 | 2536 | 1486 | 1049 |
| 山 东 | Shandong | 33569 | 17734 | 15835 | 11427 | 6666 | 4760 | 6885 | 3791 | 3093 |
| 河 南 | Henan | 33086 | 16937 | 16149 | 11359 | 6844 | 4515 | 5612 | 3494 | 2117 |
| 湖 北 | Hubei | 18884 | 10099 | 8785 | 8111 | 4536 | 3575 | 5181 | 3052 | 2129 |
| 湖 南 | Hunan | 21941 | 11303 | 10637 | 8826 | 5092 | 3733 | 4114 | 2313 | 1801 |
| 广 东 | Guangdong | 35612 | 19229 | 16383 | 16788 | 9934 | 6854 | 8852 | 5679 | 3172 |
| 广 西 | Guangxi | 14642 | 7896 | 6746 | 4737 | 2772 | 1965 | 3172 | 2064 | 1108 |
| 海 南 | Hainan | 3295 | 1746 | 1549 | 1111 | 661 | 451 | 526 | 299 | 227 |
| 重 庆 | Chongqing | 7955 | 4197 | 3758 | 3647 | 1935 | 1712 | 2696 | 1493 | 1202 |
| 四 川 | Sichuan | 23843 | 13065 | 10778 | 7623 | 4186 | 3437 | 5338 | 2681 | 2657 |
| 贵 州 | Guizhou | 9004 | 5286 | 3718 | 1982 | 1120 | 862 | 2232 | 1477 | 755 |
| 云 南 | Yunnan | 11906 | 6713 | 5194 | 3258 | 1796 | 1462 | 2558 | 1212 | 1346 |
| 西 藏 | Tibet | 378 | 222 | 155 | 126 | 69 | 57 | 117 | 67 | 51 |
| 陕 西 | Shaanxi | 12936 | 6838 | 6098 | 4967 | 2841 | 2127 | 3050 | 1597 | 1454 |
| 甘 肃 | Gansu | 6803 | 3741 | 3062 | 2996 | 1767 | 1229 | 1816 | 1105 | 712 |
| 青 海 | Qinghai | 1261 | 732 | 529 | 554 | 284 | 270 | 405 | 195 | 209 |
| 宁 夏 | Ningxia | 1955 | 1123 | 831 | 685 | 406 | 279 | 452 | 238 | 214 |
| 新 疆 | Xinjiang | 6419 | 3431 | 2988 | 2522 | 1341 | 1181 | 2433 | 1242 | 1191 |

# 2-25 各地区城市分性别、受教育程度的人口

# City Population by Sex, Educational Attainment and Region

单位：人 (person)

| 地 区 | Region | 6岁及以上人口 Population Aged 6 and Over | 男 Male | 女 Female | 未上过学 No Schooling | 男 Male | 女 Female | 小 学 Primary School | 男 Male | 女 Female |
|---|---|---|---|---|---|---|---|---|---|---|
| **全 国** | **National Total** | **322218** | **162468** | **159750** | **7260** | **1991** | **5269** | **51322** | **23659** | **27663** |
| 北 京 | Beijing | 12677 | 6481 | 6196 | 134 | 28 | 106 | 1059 | 476 | 582 |
| 天 津 | Tianjin | 7485 | 3834 | 3651 | 160 | 41 | 119 | 1002 | 481 | 521 |
| 河 北 | Hebei | 9856 | 4913 | 4943 | 220 | 54 | 166 | 1627 | 757 | 870 |
| 山 西 | Shanxi | 7972 | 3992 | 3981 | 145 | 38 | 108 | 1186 | 561 | 625 |
| 内蒙古 | Inner Mongolia | 6176 | 2825 | 3351 | 105 | 34 | 71 | 846 | 360 | 486 |
| 辽 宁 | Liaoning | 18771 | 9365 | 9407 | 290 | 83 | 207 | 2438 | 1131 | 1307 |
| 吉 林 | Jilin | 7709 | 3866 | 3843 | 99 | 32 | 68 | 1060 | 486 | 574 |
| 黑龙江 | Heilongjiang | 11166 | 5445 | 5720 | 177 | 41 | 136 | 1633 | 761 | 872 |
| 上 海 | Shanghai | 14056 | 7384 | 6672 | 259 | 57 | 203 | 1533 | 685 | 848 |
| 江 苏 | Jiangsu | 23599 | 11781 | 11818 | 652 | 148 | 503 | 3738 | 1624 | 2114 |
| 浙 江 | Zhejiang | 17253 | 7797 | 9456 | 556 | 167 | 389 | 3108 | 1453 | 1655 |
| 安 徽 | Anhui | 9602 | 4979 | 4623 | 323 | 85 | 238 | 1734 | 784 | 950 |
| 福 建 | Fujian | 9912 | 5186 | 4726 | 219 | 47 | 171 | 2182 | 983 | 1199 |
| 江 西 | Jiangxi | 6484 | 3324 | 3160 | 135 | 48 | 87 | 1085 | 513 | 573 |
| 山 东 | Shandong | 24145 | 11847 | 12299 | 754 | 219 | 534 | 4175 | 1799 | 2376 |
| 河 南 | Henan | 14136 | 6834 | 7302 | 319 | 102 | 217 | 2477 | 1171 | 1306 |
| 湖 北 | Hubei | 13459 | 6843 | 6616 | 339 | 75 | 264 | 1920 | 838 | 1083 |
| 湖 南 | Hunan | 9906 | 5017 | 4889 | 233 | 80 | 153 | 1508 | 701 | 807 |
| 广 东 | Guangdong | 34260 | 19036 | 15224 | 547 | 139 | 408 | 5496 | 2642 | 2854 |
| 广 西 | Guangxi | 6838 | 3500 | 3338 | 126 | 30 | 96 | 976 | 456 | 520 |
| 海 南 | Hainan | 1926 | 984 | 942 | 28 | 8 | 20 | 249 | 117 | 132 |
| 重 庆 | Chongqing | 8558 | 4332 | 4226 | 169 | 42 | 127 | 1565 | 741 | 824 |
| 四 川 | Sichuan | 14136 | 6934 | 7202 | 432 | 134 | 298 | 3106 | 1475 | 1631 |
| 贵 州 | Guizhou | 5315 | 2983 | 2332 | 142 | 44 | 98 | 937 | 454 | 483 |
| 云 南 | Yunnan | 6190 | 2760 | 3429 | 143 | 43 | 100 | 1246 | 594 | 652 |
| 西 藏 | Tibet | 217 | 115 | 102 | 10 | 2 | 8 | 49 | 24 | 25 |
| 陕 西 | Shaanxi | 7255 | 3476 | 3779 | 205 | 74 | 131 | 976 | 466 | 510 |
| 甘 肃 | Gansu | 3760 | 1897 | 1864 | 168 | 45 | 123 | 663 | 317 | 346 |
| 青 海 | Qinghai | 1244 | 598 | 647 | 39 | 9 | 30 | 289 | 133 | 156 |
| 宁 夏 | Ningxia | 1759 | 917 | 842 | 61 | 17 | 44 | 370 | 185 | 185 |
| 新 疆 | Xinjiang | 6395 | 3224 | 3171 | 70 | 22 | 48 | 1090 | 492 | 599 |

## 2-25 续表 continued

单位：人 (person)

| 地 区 | Region | 初 中 Junior Secondary School | 男 Male | 女 Female | 高 中 Senior Secondary School | 男 Male | 女 Female | 大专及以上 College and Higher Level | 男 Male | 女 Female |
|---|---|---|---|---|---|---|---|---|---|---|
| **全 国** | **National Total** | **113231** | **58122** | **55110** | **78002** | **41267** | **36735** | **72403** | **37429** | **34973** |
| 北 京 | Beijing | 3537 | 1946 | 1591 | 2897 | 1448 | 1448 | 5051 | 2581 | 2467 |
| 天 津 | Tianjin | 2485 | 1329 | 1156 | 2109 | 1081 | 1027 | 1729 | 901 | 828 |
| 河 北 | Hebei | 3973 | 1991 | 1982 | 2300 | 1186 | 1114 | 1736 | 925 | 812 |
| 山 西 | Shanxi | 2727 | 1335 | 1392 | 2401 | 1288 | 1112 | 1514 | 770 | 745 |
| 内蒙古 | Inner Mongolia | 2184 | 1134 | 1051 | 1659 | 792 | 867 | 1382 | 506 | 877 |
| 辽 宁 | Liaoning | 7660 | 3777 | 3883 | 4433 | 2277 | 2156 | 3950 | 2096 | 1853 |
| 吉 林 | Jilin | 2822 | 1408 | 1413 | 2156 | 1118 | 1038 | 1573 | 822 | 751 |
| 黑龙江 | Heilongjiang | 4573 | 2331 | 2242 | 2540 | 1309 | 1231 | 2241 | 1003 | 1239 |
| 上 海 | Shanghai | 5153 | 2759 | 2394 | 3433 | 1891 | 1541 | 3678 | 1991 | 1687 |
| 江 苏 | Jiangsu | 7910 | 4202 | 3708 | 5498 | 3161 | 2337 | 5801 | 2644 | 3157 |
| 浙 江 | Zhejiang | 6362 | 3347 | 3015 | 2888 | 1587 | 1301 | 4338 | 1242 | 3096 |
| 安 徽 | Anhui | 3783 | 1962 | 1821 | 2146 | 1185 | 961 | 1615 | 963 | 654 |
| 福 建 | Fujian | 4080 | 2250 | 1830 | 2007 | 1133 | 874 | 1424 | 773 | 652 |
| 江 西 | Jiangxi | 1931 | 886 | 1045 | 2054 | 1158 | 896 | 1278 | 720 | 558 |
| 山 东 | Shandong | 8837 | 4327 | 4510 | 5713 | 2990 | 2723 | 4666 | 2511 | 2156 |
| 河 南 | Henan | 4442 | 2131 | 2311 | 4003 | 1921 | 2082 | 2894 | 1509 | 1385 |
| 湖 北 | Hubei | 3945 | 1958 | 1987 | 3791 | 1929 | 1862 | 3463 | 2042 | 1421 |
| 湖 南 | Hunan | 2930 | 1428 | 1501 | 2827 | 1489 | 1338 | 2409 | 1319 | 1091 |
| 广 东 | Guangdong | 13459 | 7474 | 5985 | 8098 | 4542 | 3556 | 6660 | 4239 | 2420 |
| 广 西 | Guangxi | 2311 | 1123 | 1188 | 1979 | 1080 | 899 | 1447 | 812 | 634 |
| 海 南 | Hainan | 730 | 341 | 389 | 537 | 301 | 237 | 381 | 217 | 163 |
| 重 庆 | Chongqing | 2791 | 1423 | 1367 | 2177 | 1114 | 1064 | 1855 | 1012 | 844 |
| 四 川 | Sichuan | 4707 | 2332 | 2375 | 3049 | 1515 | 1534 | 2843 | 1478 | 1365 |
| 贵 州 | Guizhou | 1505 | 792 | 713 | 904 | 455 | 449 | 1827 | 1237 | 589 |
| 云 南 | Yunnan | 2171 | 937 | 1233 | 1128 | 574 | 554 | 1501 | 612 | 890 |
| 西 藏 | Tibet | 66 | 37 | 29 | 37 | 20 | 17 | 56 | 33 | 24 |
| 陕 西 | Shaanxi | 2238 | 1107 | 1131 | 1997 | 1045 | 952 | 1840 | 783 | 1056 |
| 甘 肃 | Gansu | 1074 | 520 | 555 | 1086 | 553 | 533 | 769 | 463 | 306 |
| 青 海 | Qinghai | 415 | 224 | 191 | 236 | 122 | 114 | 265 | 110 | 155 |
| 宁 夏 | Ningxia | 675 | 379 | 296 | 311 | 164 | 147 | 342 | 172 | 171 |
| 新 疆 | Xinjiang | 1756 | 930 | 826 | 1608 | 836 | 772 | 1870 | 944 | 928 |

# 2-26 各地区镇分性别、受教育程度的人口

## Town Population by Sex, Educational Attainment and Region

单位：人 (person)

| 地 区 | Region | 6岁及以上人口 Population Aged 6 and Over | 男 Male | 女 Female | 未上过学 No Schooling | 男 Male | 女 Female | 小 学 Primary School | 男 Male | 女 Female |
|---|---|---|---|---|---|---|---|---|---|---|
| **全 国** | **National Total** | **235681** | **121181** | **114500** | **9836** | **2857** | **6979** | **58267** | **27082** | **31185** |
| 北 京 | Beijing | 1536 | 721 | 815 | 39 | 12 | 27 | 227 | 105 | 122 |
| 天 津 | Tianjin | 1436 | 556 | 880 | 26 | 8 | 19 | 191 | 91 | 99 |
| 河 北 | Hebei | 16056 | 8513 | 7543 | 572 | 154 | 418 | 3641 | 1696 | 1944 |
| 山 西 | Shanxi | 6414 | 3269 | 3145 | 123 | 47 | 76 | 1114 | 540 | 574 |
| 内蒙古 | Inner Mongolia | 5141 | 2573 | 2568 | 210 | 67 | 143 | 1133 | 520 | 612 |
| 辽 宁 | Liaoning | 4335 | 2160 | 2175 | 92 | 32 | 60 | 901 | 406 | 495 |
| 吉 林 | Jilin | 4330 | 2195 | 2135 | 135 | 55 | 80 | 1046 | 465 | 581 |
| 黑龙江 | Heilongjiang | 6635 | 3387 | 3248 | 178 | 66 | 112 | 1106 | 526 | 580 |
| 上 海 | Shanghai | 3121 | 1734 | 1387 | 116 | 33 | 83 | 557 | 257 | 301 |
| 江 苏 | Jiangsu | 15864 | 7977 | 7887 | 756 | 175 | 582 | 3771 | 1713 | 2058 |
| 浙 江 | Zhejiang | 10289 | 5232 | 5057 | 577 | 167 | 410 | 3080 | 1481 | 1599 |
| 安 徽 | Anhui | 11766 | 5810 | 5957 | 596 | 121 | 475 | 2832 | 1314 | 1518 |
| 福 建 | Fujian | 7344 | 3417 | 3927 | 234 | 65 | 169 | 1988 | 873 | 1115 |
| 江 西 | Jiangxi | 9719 | 5279 | 4440 | 305 | 93 | 212 | 2508 | 1186 | 1322 |
| 山 东 | Shandong | 15290 | 7736 | 7554 | 958 | 252 | 705 | 3635 | 1624 | 2011 |
| 河 南 | Henan | 16315 | 9401 | 6914 | 711 | 229 | 482 | 3550 | 1710 | 1841 |
| 湖 北 | Hubei | 10730 | 5556 | 5174 | 523 | 151 | 373 | 2301 | 1116 | 1185 |
| 湖 南 | Hunan | 13743 | 7102 | 6641 | 404 | 128 | 276 | 3507 | 1646 | 1860 |
| 广 东 | Guangdong | 21892 | 11402 | 10490 | 774 | 239 | 535 | 5327 | 2273 | 3054 |
| 广 西 | Guangxi | 8493 | 4415 | 4078 | 223 | 74 | 148 | 2318 | 1042 | 1276 |
| 海 南 | Hainan | 1578 | 812 | 766 | 72 | 19 | 53 | 322 | 150 | 173 |
| 重 庆 | Chongqing | 4472 | 2199 | 2273 | 126 | 41 | 85 | 1278 | 603 | 676 |
| 四 川 | Sichuan | 13006 | 6333 | 6673 | 710 | 201 | 510 | 4213 | 2091 | 2122 |
| 贵 州 | Guizhou | 4347 | 2178 | 2169 | 345 | 97 | 248 | 1523 | 720 | 803 |
| 云 南 | Yunnan | 7491 | 3827 | 3664 | 321 | 89 | 232 | 2650 | 1250 | 1400 |
| 西 藏 | Tibet | 328 | 164 | 165 | 76 | 30 | 46 | 142 | 78 | 65 |
| 陕 西 | Shaanxi | 7062 | 3606 | 3456 | 236 | 74 | 162 | 1750 | 836 | 914 |
| 甘 肃 | Gansu | 3952 | 2107 | 1845 | 227 | 77 | 150 | 939 | 430 | 509 |
| 青 海 | Qinghai | 875 | 443 | 432 | 73 | 26 | 47 | 257 | 130 | 128 |
| 宁 夏 | Ningxia | 781 | 405 | 376 | 68 | 23 | 44 | 220 | 108 | 112 |
| 新 疆 | Xinjiang | 1340 | 673 | 667 | 29 | 13 | 16 | 240 | 104 | 135 |

## 2-26 续表 continued

单位：人 (person)

| 地 区 | Region | 初 中 Junior Secondary School | 男 Male | 女 Female | 高 中 Senior Secondary School | 男 Male | 女 Female | 大专及以上 College and Higher Level | 男 Male | 女 Female |
|---|---|---|---|---|---|---|---|---|---|---|
| **全 国** | **National Total** | **99865** | **51858** | **48008** | **44320** | **26518** | **17802** | **23393** | **12866** | **10527** |
| 北 京 | Beijing | 596 | 354 | 243 | 298 | 149 | 149 | 376 | 102 | 274 |
| 天 津 | Tianjin | 511 | 235 | 276 | 188 | 97 | 92 | 520 | 125 | 395 |
| 河 北 | Hebei | 8090 | 4235 | 3855 | 2988 | 2034 | 954 | 765 | 394 | 372 |
| 山 西 | Shanxi | 3076 | 1541 | 1535 | 1475 | 801 | 674 | 626 | 339 | 286 |
| 内蒙古 | Inner Mongolia | 1807 | 914 | 893 | 1101 | 583 | 517 | 890 | 488 | 403 |
| 辽 宁 | Liaoning | 2403 | 1215 | 1188 | 593 | 317 | 276 | 347 | 190 | 157 |
| 吉 林 | Jilin | 1772 | 925 | 847 | 1088 | 605 | 482 | 288 | 144 | 144 |
| 黑龙江 | Heilongjiang | 3329 | 1698 | 1631 | 1464 | 787 | 677 | 560 | 311 | 249 |
| 上 海 | Shanghai | 1638 | 952 | 686 | 533 | 335 | 197 | 277 | 157 | 120 |
| 江 苏 | Jiangsu | 7425 | 3791 | 3634 | 2747 | 1619 | 1127 | 1165 | 679 | 486 |
| 浙 江 | Zhejiang | 4369 | 2297 | 2073 | 1463 | 862 | 601 | 800 | 426 | 374 |
| 安 徽 | Anhui | 5172 | 2541 | 2631 | 2009 | 1138 | 871 | 1157 | 695 | 461 |
| 福 建 | Fujian | 2671 | 1519 | 1152 | 1218 | 681 | 537 | 1232 | 278 | 954 |
| 江 西 | Jiangxi | 4124 | 2320 | 1804 | 1971 | 1189 | 783 | 810 | 491 | 319 |
| 山 东 | Shandong | 6766 | 3490 | 3276 | 2462 | 1548 | 914 | 1471 | 822 | 647 |
| 河 南 | Henan | 6469 | 3299 | 3170 | 3618 | 2632 | 986 | 1967 | 1532 | 435 |
| 湖 北 | Hubei | 4513 | 2312 | 2200 | 2225 | 1282 | 943 | 1169 | 695 | 474 |
| 湖 南 | Hunan | 5977 | 3057 | 2920 | 2717 | 1594 | 1123 | 1139 | 677 | 462 |
| 广 东 | Guangdong | 8686 | 4500 | 4186 | 5379 | 3244 | 2135 | 1726 | 1146 | 580 |
| 广 西 | Guangxi | 3365 | 1771 | 1594 | 1606 | 948 | 658 | 982 | 580 | 401 |
| 海 南 | Hainan | 787 | 402 | 384 | 301 | 184 | 117 | 95 | 57 | 38 |
| 重 庆 | Chongqing | 1614 | 768 | 846 | 841 | 444 | 398 | 612 | 345 | 268 |
| 四 川 | Sichuan | 4698 | 2402 | 2297 | 1867 | 1077 | 790 | 1518 | 562 | 955 |
| 贵 州 | Guizhou | 1776 | 971 | 805 | 435 | 245 | 191 | 267 | 145 | 122 |
| 云 南 | Yunnan | 2738 | 1500 | 1238 | 1061 | 580 | 481 | 721 | 407 | 314 |
| 西 藏 | Tibet | 55 | 29 | 26 | 28 | 13 | 15 | 27 | 14 | 12 |
| 陕 西 | Shaanxi | 3192 | 1629 | 1563 | 1263 | 759 | 504 | 621 | 308 | 313 |
| 甘 肃 | Gansu | 1250 | 656 | 594 | 790 | 477 | 313 | 746 | 468 | 279 |
| 青 海 | Qinghai | 241 | 134 | 107 | 195 | 84 | 110 | 109 | 69 | 40 |
| 宁 夏 | Ningxia | 315 | 173 | 141 | 123 | 68 | 55 | 55 | 32 | 24 |
| 新 疆 | Xinjiang | 443 | 228 | 215 | 274 | 143 | 131 | 355 | 186 | 169 |

# 2-27 各地区乡村分性别、受教育程度的人口

# Rural Population by Sex, Educational Attainment and Region

单位：人 (person)

| 地 区 | Region | 6岁及以上人口 Population Aged 6 and Over | 男 Male | 女 Female | 未上过学 No Schooling | 男 Male | 女 Female | 小 学 Primary School | 男 Male | 女 Female |
|---|---|---|---|---|---|---|---|---|---|---|
| **全 国** | **National Total** | **509368** | **261104** | **248264** | **41636** | **12616** | **29020** | **184643** | **88637** | **96006** |
| 北 京 | Beijing | 2278 | 1201 | 1078 | 133 | 34 | 98 | 456 | 222 | 234 |
| 天 津 | Tianjin | 2098 | 1064 | 1034 | 120 | 37 | 83 | 645 | 304 | 341 |
| 河 北 | Hebei | 30841 | 15869 | 14971 | 1525 | 489 | 1035 | 9503 | 4465 | 5038 |
| 山 西 | Shanxi | 14554 | 7566 | 6988 | 696 | 265 | 431 | 4217 | 1933 | 2284 |
| 内蒙古 | Inner Mongolia | 8699 | 4561 | 4138 | 619 | 213 | 406 | 3103 | 1437 | 1666 |
| 辽 宁 | Liaoning | 12800 | 6560 | 6239 | 561 | 174 | 387 | 4531 | 2168 | 2363 |
| 吉 林 | Jilin | 10324 | 5328 | 4995 | 365 | 128 | 237 | 4057 | 1956 | 2101 |
| 黑龙江 | Heilongjiang | 13471 | 6881 | 6590 | 580 | 189 | 391 | 4766 | 2280 | 2487 |
| 上 海 | Shanghai | 2007 | 1050 | 956 | 134 | 23 | 110 | 543 | 265 | 278 |
| 江 苏 | Jiangsu | 24002 | 11835 | 12166 | 1988 | 484 | 1504 | 7587 | 3390 | 4197 |
| 浙 江 | Zhejiang | 16628 | 8532 | 8095 | 1779 | 510 | 1269 | 6493 | 3239 | 3254 |
| 安 徽 | Anhui | 25698 | 12894 | 12804 | 2861 | 803 | 2058 | 9153 | 4215 | 4939 |
| 福 建 | Fujian | 12283 | 5886 | 6397 | 1078 | 243 | 835 | 5243 | 2413 | 2831 |
| 江 西 | Jiangxi | 18766 | 9678 | 9088 | 1028 | 283 | 745 | 6968 | 3146 | 3822 |
| 山 东 | Shandong | 37474 | 18823 | 18651 | 3716 | 1062 | 2654 | 11792 | 5258 | 6534 |
| 河 南 | Henan | 42962 | 21489 | 21473 | 3136 | 967 | 2168 | 13164 | 6270 | 6894 |
| 湖 北 | Hubei | 21913 | 11144 | 10769 | 1913 | 520 | 1392 | 6928 | 3155 | 3774 |
| 湖 南 | Hunan | 28302 | 14434 | 13869 | 1712 | 509 | 1203 | 9708 | 4780 | 4928 |
| 广 东 | Guangdong | 27561 | 14170 | 13390 | 1524 | 394 | 1130 | 8795 | 4080 | 4715 |
| 广 西 | Guangxi | 20715 | 10890 | 9825 | 1311 | 385 | 926 | 8542 | 4086 | 4456 |
| 海 南 | Hainan | 3341 | 1746 | 1595 | 248 | 70 | 179 | 991 | 472 | 520 |
| 重 庆 | Chongqing | 10401 | 5420 | 4981 | 970 | 322 | 648 | 5026 | 2578 | 2448 |
| 四 川 | Sichuan | 37185 | 19590 | 17596 | 3534 | 1071 | 2464 | 15527 | 7952 | 7576 |
| 贵 州 | Guizhou | 17426 | 9113 | 8312 | 2546 | 713 | 1833 | 8377 | 4363 | 4014 |
| 云 南 | Yunnan | 22974 | 12066 | 10908 | 2710 | 934 | 1776 | 11862 | 6022 | 5840 |
| 西 藏 | Tibet | 1810 | 925 | 885 | 618 | 243 | 374 | 841 | 470 | 371 |
| 陕 西 | Shaanxi | 15717 | 8282 | 7435 | 1300 | 455 | 845 | 4614 | 2183 | 2431 |
| 甘 肃 | Gansu | 12835 | 6638 | 6198 | 1653 | 580 | 1073 | 5284 | 2581 | 2703 |
| 青 海 | Qinghai | 2335 | 1203 | 1131 | 422 | 160 | 262 | 1152 | 573 | 579 |
| 宁 夏 | Ningxia | 2505 | 1328 | 1176 | 277 | 93 | 184 | 956 | 456 | 501 |
| 新 疆 | Xinjiang | 9465 | 4936 | 4529 | 580 | 259 | 321 | 3817 | 1929 | 1888 |

## 2-27 续表 continued

单位：人 (person)

| 地 区 | Region | 初 中 Junior Secondary School | 男 Male | 女 Female | 高 中 Senior Secondary School | 男 Male | 女 Female | 大专及以上 College and Higher Level | 男 Male | 女 Female |
|---|---|---|---|---|---|---|---|---|---|---|
| **全 国** | **National Total** | **228809** | **126390** | **102419** | **42727** | **26744** | **15984** | **11554** | **6719** | **4835** |
| 北 京 | Beijing | 1067 | 610 | 458 | 451 | 247 | 204 | 171 | 88 | 83 |
| 天 津 | Tianjin | 1064 | 579 | 485 | 206 | 115 | 90 | 63 | 29 | 34 |
| 河 北 | Hebei | 16261 | 8828 | 7433 | 3008 | 1796 | 1212 | 543 | 291 | 252 |
| 山 西 | Shanxi | 7896 | 4375 | 3521 | 1537 | 887 | 650 | 208 | 105 | 102 |
| 内蒙古 | Inner Mongolia | 3986 | 2297 | 1689 | 731 | 468 | 263 | 261 | 146 | 115 |
| 辽 宁 | Liaoning | 6747 | 3669 | 3078 | 759 | 440 | 319 | 203 | 110 | 93 |
| 吉 林 | Jilin | 4994 | 2716 | 2278 | 737 | 440 | 297 | 171 | 89 | 82 |
| 黑龙江 | Heilongjiang | 7346 | 3947 | 3400 | 635 | 390 | 245 | 144 | 77 | 68 |
| 上 海 | Shanghai | 1019 | 577 | 442 | 203 | 126 | 76 | 108 | 58 | 50 |
| 江 苏 | Jiangsu | 11114 | 5828 | 5285 | 2629 | 1750 | 879 | 685 | 383 | 302 |
| 浙 江 | Zhejiang | 6463 | 3628 | 2835 | 1482 | 940 | 542 | 410 | 215 | 194 |
| 安 徽 | Anhui | 11639 | 6551 | 5088 | 1601 | 1044 | 557 | 444 | 281 | 163 |
| 福 建 | Fujian | 4292 | 2619 | 1673 | 743 | 506 | 238 | 926 | 105 | 821 |
| 江 西 | Jiangxi | 8365 | 4658 | 3707 | 1957 | 1316 | 641 | 448 | 276 | 173 |
| 山 东 | Shandong | 17966 | 9916 | 8050 | 3251 | 2128 | 1123 | 749 | 458 | 290 |
| 河 南 | Henan | 22175 | 11507 | 10668 | 3738 | 2291 | 1447 | 751 | 454 | 296 |
| 湖 北 | Hubei | 10426 | 5829 | 4598 | 2096 | 1325 | 770 | 549 | 315 | 234 |
| 湖 南 | Hunan | 13034 | 6818 | 6216 | 3282 | 2009 | 1273 | 566 | 318 | 249 |
| 广 东 | Guangdong | 13467 | 7255 | 6212 | 3310 | 2147 | 1162 | 466 | 294 | 171 |
| 广 西 | Guangxi | 8966 | 5003 | 3964 | 1152 | 744 | 408 | 744 | 672 | 72 |
| 海 南 | Hainan | 1779 | 1003 | 776 | 273 | 176 | 97 | 50 | 25 | 25 |
| 重 庆 | Chongqing | 3550 | 2006 | 1545 | 628 | 378 | 250 | 227 | 137 | 91 |
| 四 川 | Sichuan | 14438 | 8332 | 6107 | 2707 | 1594 | 1114 | 978 | 642 | 336 |
| 贵 州 | Guizhou | 5722 | 3522 | 2200 | 643 | 420 | 222 | 138 | 95 | 43 |
| 云 南 | Yunnan | 6997 | 4275 | 2723 | 1068 | 641 | 427 | 336 | 194 | 142 |
| 西 藏 | Tibet | 257 | 157 | 100 | 60 | 35 | 25 | 35 | 20 | 15 |
| 陕 西 | Shaanxi | 7506 | 4102 | 3404 | 1707 | 1037 | 670 | 590 | 505 | 85 |
| 甘 肃 | Gansu | 4478 | 2565 | 1913 | 1120 | 738 | 382 | 300 | 175 | 127 |
| 青 海 | Qinghai | 606 | 374 | 231 | 124 | 79 | 45 | 31 | 18 | 14 |
| 宁 夏 | Ningxia | 965 | 571 | 394 | 252 | 174 | 77 | 54 | 34 | 21 |
| 新 疆 | Xinjiang | 4220 | 2272 | 1948 | 641 | 362 | 278 | 207 | 113 | 94 |

# 2-28 各地区分性别的15岁及以上文盲人口

# Illiterate Population Aged 15 and Over by Sex and Region

| 地 区 | Region | 15岁及以上人口(人) Population Aged 15 and Over (person) | 男 Male | 女 Female | 文盲人口(人) Illiterate Population (person) | 男 Male | 女 Female | 文盲人口占15岁及以上人口的比重(%) % to Total Aged 15 and Over (%) | 男 Male | 女 Female |
|---|---|---|---|---|---|---|---|---|---|---|
| **全 国** | **National Total** | **956619** | **484840** | **471779** | **49876** | **13240** | **36636** | **5.21** | **2.73** | **7.77** |
| 北 京 | Beijing | 15737 | 8012 | 7725 | 272 | 60 | 213 | 1.73 | 0.74 | 2.75 |
| 天 津 | Tianjin | 10344 | 5101 | 5243 | 251 | 60 | 192 | 2.43 | 1.17 | 3.66 |
| 河 北 | Hebei | 50971 | 26109 | 24862 | 1879 | 490 | 1388 | 3.69 | 1.88 | 5.58 |
| 山 西 | Shanxi | 25737 | 13139 | 12598 | 746 | 242 | 504 | 2.90 | 1.84 | 4.00 |
| 内蒙古 | Inner Mongolia | 18303 | 9081 | 9222 | 800 | 242 | 558 | 4.37 | 2.66 | 6.05 |
| 辽 宁 | Liaoning | 33193 | 16656 | 16537 | 757 | 197 | 560 | 2.28 | 1.18 | 3.38 |
| 吉 林 | Jilin | 20501 | 10402 | 10099 | 458 | 143 | 315 | 2.24 | 1.38 | 3.12 |
| 黑龙江 | Heilongjiang | 28912 | 14474 | 14437 | 757 | 210 | 547 | 2.62 | 1.45 | 3.79 |
| 上 海 | Shanghai | 18394 | 9727 | 8667 | 442 | 87 | 356 | 2.40 | 0.89 | 4.10 |
| 江 苏 | Jiangsu | 58720 | 28967 | 29753 | 2855 | 574 | 2281 | 4.86 | 1.98 | 7.67 |
| 浙 江 | Zhejiang | 40789 | 19801 | 20988 | 2553 | 657 | 1896 | 6.26 | 3.32 | 9.04 |
| 安 徽 | Anhui | 41801 | 20765 | 21036 | 3525 | 896 | 2630 | 8.43 | 4.31 | 12.50 |
| 福 建 | Fujian | 26774 | 13033 | 13740 | 1183 | 214 | 969 | 4.42 | 1.64 | 7.05 |
| 江 西 | Jiangxi | 30114 | 15532 | 14582 | 1115 | 249 | 866 | 3.70 | 1.60 | 5.94 |
| 山 东 | Shandong | 69550 | 34507 | 35043 | 4607 | 1147 | 3460 | 6.62 | 3.32 | 9.87 |
| 河 南 | Henan | 63576 | 32155 | 31421 | 3622 | 1017 | 2605 | 5.70 | 3.16 | 8.29 |
| 湖 北 | Hubei | 42154 | 21402 | 20752 | 2469 | 596 | 1873 | 5.86 | 2.78 | 9.03 |
| 湖 南 | Hunan | 46264 | 23459 | 22805 | 1959 | 541 | 1418 | 4.23 | 2.31 | 6.22 |
| 广 东 | Guangdong | 74285 | 39321 | 34964 | 2264 | 484 | 1780 | 3.05 | 1.23 | 5.09 |
| 广 西 | Guangxi | 30969 | 16127 | 14842 | 1261 | 283 | 978 | 4.07 | 1.76 | 6.59 |
| 海 南 | Hainan | 6003 | 3077 | 2926 | 290 | 64 | 226 | 4.82 | 2.07 | 7.73 |
| 重 庆 | Chongqing | 20938 | 10616 | 10322 | 1043 | 298 | 745 | 4.98 | 2.81 | 7.22 |
| 四 川 | Sichuan | 57636 | 29278 | 28358 | 4156 | 1177 | 2978 | 7.21 | 4.02 | 10.50 |
| 贵 州 | Guizhou | 22475 | 11793 | 10682 | 2751 | 723 | 2028 | 12.24 | 6.13 | 18.99 |
| 云 南 | Yunnan | 31821 | 16187 | 15633 | 2773 | 885 | 1888 | 8.71 | 5.47 | 12.08 |
| 西 藏 | Tibet | 1994 | 1011 | 982 | 589 | 214 | 374 | 29.54 | 21.20 | 38.13 |
| 陕 西 | Shaanxi | 27172 | 13772 | 13400 | 1410 | 461 | 950 | 5.19 | 3.35 | 7.09 |
| 甘 肃 | Gansu | 18211 | 9355 | 8856 | 1778 | 566 | 1212 | 9.77 | 6.05 | 13.69 |
| 青 海 | Qinghai | 3856 | 1929 | 1927 | 409 | 133 | 275 | 10.60 | 6.92 | 14.28 |
| 宁 夏 | Ningxia | 4320 | 2264 | 2056 | 362 | 110 | 252 | 8.37 | 4.86 | 12.23 |
| 新 疆 | Xinjiang | 15107 | 7787 | 7320 | 541 | 221 | 320 | 3.58 | 2.83 | 4.37 |

# 2-29　各地区城市分性别的15岁及以上文盲人口

# City Illiterate Population Aged 15 and Over by Sex and Region

| 地　区 | Region | 15岁及以上人口(人) Population Aged 15 and Over (person) | 男 Male | 女 Female | 文　盲人　口(人) Illiterate Population (person) | 男 Male | 女 Female | 文盲人口占15岁及以上人口的比重(%) % to Total Aged 15 and Over (%) | 男 Male | 女 Female |
|---|---|---|---|---|---|---|---|---|---|---|
| **全　国** | **National Total** | **297449** | **149128** | **148322** | **5674** | **1233** | **4441** | **1.91** | **0.83** | **2.99** |
| 北　京 | Beijing | 12118 | 6185 | 5933 | 112 | 18 | 94 | 0.93 | 0.29 | 1.59 |
| 天　津 | Tianjin | 7102 | 3643 | 3460 | 124 | 24 | 100 | 1.74 | 0.66 | 2.88 |
| 河　北 | Hebei | 8932 | 4414 | 4518 | 158 | 30 | 127 | 1.77 | 0.68 | 2.82 |
| 山　西 | Shanxi | 7193 | 3575 | 3618 | 101 | 17 | 84 | 1.40 | 0.47 | 2.32 |
| 内蒙古 | Inner Mongolia | 5686 | 2579 | 3108 | 65 | 12 | 52 | 1.14 | 0.48 | 1.68 |
| 辽　宁 | Liaoning | 17622 | 8752 | 8869 | 201 | 43 | 158 | 1.14 | 0.49 | 1.78 |
| 吉　林 | Jilin | 7158 | 3580 | 3578 | 64 | 17 | 47 | 0.89 | 0.46 | 1.32 |
| 黑龙江 | Heilongjiang | 10453 | 5074 | 5379 | 130 | 19 | 111 | 1.24 | 0.38 | 2.06 |
| 上　海 | Shanghai | 13505 | 7077 | 6428 | 219 | 41 | 178 | 1.62 | 0.58 | 2.76 |
| 江　苏 | Jiangsu | 22162 | 11017 | 11145 | 520 | 89 | 431 | 2.35 | 0.81 | 3.87 |
| 浙　江 | Zhejiang | 16190 | 7239 | 8951 | 465 | 117 | 347 | 2.87 | 1.62 | 3.88 |
| 安　徽 | Anhui | 8785 | 4517 | 4268 | 261 | 58 | 203 | 2.97 | 1.28 | 4.76 |
| 福　建 | Fujian | 9059 | 4714 | 4345 | 181 | 27 | 154 | 2.00 | 0.57 | 3.55 |
| 江　西 | Jiangxi | 5761 | 2907 | 2854 | 87 | 19 | 68 | 1.52 | 0.66 | 2.40 |
| 山　东 | Shandong | 22034 | 10760 | 11275 | 588 | 136 | 452 | 2.67 | 1.26 | 4.01 |
| 河　南 | Henan | 12311 | 5846 | 6465 | 253 | 65 | 187 | 2.05 | 1.11 | 2.90 |
| 湖　北 | Hubei | 12469 | 6299 | 6170 | 279 | 48 | 231 | 2.24 | 0.76 | 3.75 |
| 湖　南 | Hunan | 9176 | 4621 | 4554 | 179 | 56 | 123 | 1.95 | 1.20 | 2.70 |
| 广　东 | Guangdong | 31607 | 17525 | 14081 | 417 | 74 | 342 | 1.32 | 0.43 | 2.43 |
| 广　西 | Guangxi | 6222 | 3167 | 3055 | 76 | 9 | 67 | 1.22 | 0.28 | 2.19 |
| 海　南 | Hainan | 1749 | 881 | 868 | 18 | 3 | 14 | 1.01 | 0.36 | 1.66 |
| 重　庆 | Chongqing | 7907 | 3985 | 3922 | 131 | 23 | 107 | 1.65 | 0.59 | 2.74 |
| 四　川 | Sichuan | 13017 | 6341 | 6676 | 402 | 126 | 276 | 3.09 | 1.99 | 4.13 |
| 贵　州 | Guizhou | 4809 | 2701 | 2108 | 117 | 27 | 90 | 2.43 | 0.98 | 4.29 |
| 云　南 | Yunnan | 5714 | 2531 | 3184 | 128 | 38 | 91 | 2.25 | 1.49 | 2.85 |
| 西　藏 | Tibet | 206 | 109 | 97 | 7 | 1 | 6 | 3.59 | 1.27 | 6.19 |
| 陕　西 | Shaanxi | 6594 | 3106 | 3488 | 122 | 34 | 88 | 1.85 | 1.08 | 2.53 |
| 甘　肃 | Gansu | 3436 | 1728 | 1708 | 151 | 38 | 113 | 4.39 | 2.21 | 6.61 |
| 青　海 | Qinghai | 1114 | 526 | 588 | 32 | 6 | 25 | 2.83 | 1.18 | 4.32 |
| 宁　夏 | Ningxia | 1562 | 808 | 754 | 49 | 10 | 38 | 3.11 | 1.27 | 5.08 |
| 新　疆 | Xinjiang | 5797 | 2921 | 2876 | 41 | 7 | 33 | 0.70 | 0.25 | 1.16 |

# 2-30 各地区镇分性别的15岁及以上文盲人口
# Town Illiterate Population Aged 15 and Over by Sex and Region

| 地　区 | Region | 15岁及以上人口(人) Population Aged 15 and Over (person) | 男 Male | 女 Female | 文盲人口(人) Illiterate Population (person) | 男 Male | 女 Female | 文盲人口占15岁及以上人口的比重(%) % to Total Aged 15 and Over (%) | 男 Male | 女 Female |
|---|---|---|---|---|---|---|---|---|---|---|
| **全　国** | **National Total** | **210173** | **107255** | **102918** | **8050** | **1996** | **6055** | **3.83** | **1.86** | **5.88** |
| 北　京 | Beijing | 1449 | 683 | 766 | 36 | 10 | 26 | 2.49 | 1.50 | 3.37 |
| 天　津 | Tianjin | 1338 | 503 | 835 | 17 | 3 | 14 | 1.27 | 0.69 | 1.62 |
| 河　北 | Hebei | 14361 | 7555 | 6806 | 438 | 93 | 344 | 3.05 | 1.23 | 5.06 |
| 山　西 | Shanxi | 5634 | 2836 | 2798 | 93 | 28 | 65 | 1.65 | 0.98 | 2.33 |
| 内蒙古 | Inner Mongolia | 4633 | 2314 | 2318 | 179 | 50 | 129 | 3.86 | 2.15 | 5.57 |
| 辽　宁 | Liaoning | 3946 | 1967 | 1978 | 72 | 20 | 51 | 1.82 | 1.04 | 2.60 |
| 吉　林 | Jilin | 3903 | 1967 | 1935 | 113 | 42 | 71 | 2.89 | 2.12 | 3.67 |
| 黑龙江 | Heilongjiang | 6125 | 3098 | 3027 | 149 | 49 | 99 | 2.43 | 1.59 | 3.29 |
| 上　海 | Shanghai | 2992 | 1660 | 1332 | 101 | 25 | 76 | 3.37 | 1.51 | 5.69 |
| 江　苏 | Jiangsu | 14520 | 7216 | 7303 | 590 | 111 | 478 | 4.06 | 1.54 | 6.55 |
| 浙　江 | Zhejiang | 9354 | 4741 | 4614 | 495 | 123 | 373 | 5.30 | 2.58 | 8.08 |
| 安　徽 | Anhui | 10324 | 5026 | 5298 | 544 | 96 | 448 | 5.27 | 1.91 | 8.45 |
| 福　建 | Fujian | 6607 | 3031 | 3575 | 158 | 32 | 126 | 2.39 | 1.06 | 3.51 |
| 江　西 | Jiangxi | 8372 | 4537 | 3835 | 231 | 51 | 180 | 2.76 | 1.13 | 4.68 |
| 山　东 | Shandong | 13778 | 6905 | 6873 | 811 | 191 | 620 | 5.89 | 2.76 | 9.02 |
| 河　南 | Henan | 14408 | 8282 | 6126 | 622 | 182 | 440 | 4.32 | 2.20 | 7.19 |
| 湖　北 | Hubei | 9630 | 4947 | 4684 | 448 | 110 | 338 | 4.65 | 2.23 | 7.21 |
| 湖　南 | Hunan | 12274 | 6312 | 5962 | 296 | 80 | 216 | 2.41 | 1.27 | 3.63 |
| 广　东 | Guangdong | 19147 | 9918 | 9229 | 621 | 154 | 467 | 3.24 | 1.55 | 5.06 |
| 广　西 | Guangxi | 7375 | 3820 | 3556 | 135 | 32 | 103 | 1.83 | 0.84 | 2.91 |
| 海　南 | Hainan | 1367 | 691 | 676 | 54 | 9 | 45 | 3.97 | 1.29 | 6.72 |
| 重　庆 | Chongqing | 3978 | 1930 | 2048 | 95 | 23 | 73 | 2.40 | 1.17 | 3.56 |
| 四　川 | Sichuan | 11763 | 5650 | 6114 | 633 | 169 | 464 | 5.38 | 2.99 | 7.59 |
| 贵　州 | Guizhou | 3597 | 1792 | 1804 | 305 | 81 | 224 | 8.47 | 4.50 | 12.42 |
| 云　南 | Yunnan | 6607 | 3377 | 3230 | 276 | 63 | 213 | 4.18 | 1.86 | 6.60 |
| 西　藏 | Tibet | 280 | 136 | 144 | 64 | 23 | 40 | 22.76 | 17.21 | 28.01 |
| 陕　西 | Shaanxi | 6313 | 3193 | 3119 | 170 | 48 | 122 | 2.70 | 1.51 | 3.91 |
| 甘　肃 | Gansu | 3485 | 1846 | 1639 | 166 | 50 | 116 | 4.76 | 2.70 | 7.08 |
| 青　海 | Qinghai | 779 | 393 | 386 | 58 | 18 | 40 | 7.43 | 4.48 | 10.44 |
| 宁　夏 | Ningxia | 656 | 336 | 320 | 59 | 19 | 40 | 9.02 | 5.74 | 12.46 |
| 新　疆 | Xinjiang | 1178 | 593 | 585 | 22 | 10 | 12 | 1.90 | 1.71 | 2.10 |

# 2-31 各地区乡村分性别的15岁及以上文盲人口

# Rural Illiterate Population Aged 15 and Over by Sex and Region

| 地 区 | Region | 15岁及以上人口(人) Population Aged 15 and Over (person) | 男 Male | 女 Female | 文盲人口(人) Illiterate Population (person) | 男 Male | 女 Female | 文盲人口占15岁及以上人口的比重(%) % to Total Aged 15 and Over (%) | 男 Male | 女 Female |
|---|---|---|---|---|---|---|---|---|---|---|
| **全 国** | **National Total** | **448997** | **228458** | **220539** | **36151** | **10011** | **26140** | **8.05** | **4.38** | **11.85** |
| 北 京 | Beijing | 2170 | 1144 | 1026 | 124 | 32 | 92 | 5.71 | 2.76 | 9.00 |
| 天 津 | Tianjin | 1903 | 955 | 948 | 111 | 32 | 79 | 5.83 | 3.35 | 8.32 |
| 河 北 | Hebei | 27677 | 14140 | 13537 | 1283 | 367 | 917 | 4.64 | 2.59 | 6.77 |
| 山 西 | Shanxi | 12910 | 6728 | 6182 | 552 | 198 | 354 | 4.28 | 2.94 | 5.73 |
| 内蒙古 | Inner Mongolia | 7984 | 4188 | 3796 | 556 | 179 | 377 | 6.96 | 4.28 | 9.92 |
| 辽 宁 | Liaoning | 11626 | 5936 | 5689 | 484 | 134 | 350 | 4.16 | 2.25 | 6.16 |
| 吉 林 | Jilin | 9441 | 4855 | 4586 | 282 | 85 | 197 | 2.99 | 1.75 | 4.30 |
| 黑龙江 | Heilongjiang | 12334 | 6303 | 6031 | 478 | 142 | 337 | 3.88 | 2.25 | 5.58 |
| 上 海 | Shanghai | 1897 | 990 | 907 | 122 | 20 | 102 | 6.45 | 2.05 | 11.27 |
| 江 苏 | Jiangsu | 22038 | 10734 | 11305 | 1745 | 374 | 1372 | 7.92 | 3.48 | 12.13 |
| 浙 江 | Zhejiang | 15244 | 7822 | 7423 | 1593 | 417 | 1176 | 10.45 | 5.33 | 15.84 |
| 安 徽 | Anhui | 22692 | 11222 | 11470 | 2721 | 742 | 1979 | 11.99 | 6.61 | 17.25 |
| 福 建 | Fujian | 11108 | 5287 | 5820 | 844 | 155 | 689 | 7.60 | 2.93 | 11.84 |
| 江 西 | Jiangxi | 15981 | 8088 | 7893 | 797 | 178 | 618 | 4.98 | 2.21 | 7.83 |
| 山 东 | Shandong | 33738 | 16843 | 16896 | 3208 | 821 | 2387 | 9.51 | 4.87 | 14.13 |
| 河 南 | Henan | 36857 | 18026 | 18830 | 2747 | 769 | 1977 | 7.45 | 4.27 | 10.50 |
| 湖 北 | Hubei | 20054 | 10156 | 9898 | 1742 | 438 | 1304 | 8.69 | 4.31 | 13.18 |
| 湖 南 | Hunan | 24815 | 12526 | 12289 | 1484 | 406 | 1079 | 5.98 | 3.24 | 8.78 |
| 广 东 | Guangdong | 23531 | 11877 | 11653 | 1227 | 256 | 971 | 5.21 | 2.15 | 8.33 |
| 广 西 | Guangxi | 17372 | 9140 | 8231 | 1050 | 242 | 808 | 6.04 | 2.65 | 9.81 |
| 海 南 | Hainan | 2887 | 1505 | 1382 | 218 | 51 | 166 | 7.54 | 3.42 | 12.03 |
| 重 庆 | Chongqing | 9054 | 4702 | 4352 | 817 | 252 | 565 | 9.02 | 5.36 | 12.97 |
| 四 川 | Sichuan | 32856 | 17287 | 15568 | 3121 | 882 | 2238 | 9.50 | 5.10 | 14.38 |
| 贵 州 | Guizhou | 14069 | 7299 | 6770 | 2329 | 616 | 1714 | 16.56 | 8.43 | 25.32 |
| 云 南 | Yunnan | 19499 | 10280 | 9220 | 2369 | 785 | 1584 | 12.15 | 7.63 | 17.18 |
| 西 藏 | Tibet | 1508 | 767 | 742 | 518 | 190 | 328 | 34.33 | 24.73 | 44.26 |
| 陕 西 | Shaanxi | 14266 | 7473 | 6793 | 1118 | 379 | 739 | 7.84 | 5.07 | 10.89 |
| 甘 肃 | Gansu | 11290 | 5780 | 5510 | 1461 | 478 | 984 | 12.94 | 8.27 | 17.85 |
| 青 海 | Qinghai | 1963 | 1010 | 952 | 319 | 110 | 209 | 16.26 | 10.85 | 22.00 |
| 宁 夏 | Ningxia | 2103 | 1120 | 983 | 254 | 80 | 173 | 12.07 | 7.18 | 17.64 |
| 新 疆 | Xinjiang | 8131 | 4273 | 3858 | 477 | 203 | 274 | 5.87 | 4.76 | 7.11 |

# 2-32 全国15岁及以上人口分年龄、性别的婚姻状况
## Population Aged 15 and Over by Age, Sex and Marital Status

单位：人 (person)

| 年龄 Age | 15岁及以上人口 Population Aged 15 and Over | 男 Male | 女 Female | 未婚 Never Married | 男 Male | 女 Female | 初婚有配偶 First Married | 男 Male | 女 Female |
|---|---|---|---|---|---|---|---|---|---|
| **总计 Total** | **956619** | **484840** | **471779** | **199241** | **114590** | **84651** | **677283** | **339674** | **337609** |
| 15-19 | **80388** | **42066** | **38322** | **78445** | **41285** | **37160** | **1752** | **662** | **1091** |
| 15 | 14708 | 7666 | 7042 | 14591 | 7604 | 6987 | 85 | 44 | 41 |
| 16 | 15785 | 8221 | 7564 | 15581 | 8114 | 7467 | 163 | 78 | 85 |
| 17 | 15518 | 8195 | 7323 | 15223 | 8058 | 7165 | 250 | 105 | 145 |
| 18 | 17410 | 9437 | 7973 | 16936 | 9254 | 7682 | 438 | 165 | 274 |
| 19 | 16967 | 8547 | 8420 | 16113 | 8254 | 7859 | 816 | 270 | 546 |
| 20-24 | **108567** | **55243** | **53323** | **78257** | **43359** | **34898** | **29784** | **11632** | **18151** |
| 20 | 19080 | 9609 | 9471 | 17386 | 9027 | 8360 | 1643 | 552 | 1090 |
| 21 | 23520 | 12088 | 11432 | 19834 | 10845 | 8989 | 3610 | 1205 | 2405 |
| 22 | 22348 | 11486 | 10862 | 16378 | 9269 | 7110 | 5862 | 2159 | 3703 |
| 23 | 20886 | 10539 | 10347 | 12944 | 7343 | 5602 | 7817 | 3153 | 4664 |
| 24 | 22733 | 11521 | 11212 | 11714 | 6876 | 4837 | 10852 | 4563 | 6289 |
| 25-29 | **89259** | **44976** | **44282** | **24368** | **15247** | **9121** | **63341** | **28965** | **34376** |
| 25 | 19187 | 9486 | 9701 | 7957 | 4739 | 3218 | 11008 | 4642 | 6366 |
| 26 | 17041 | 8535 | 8506 | 5562 | 3387 | 2175 | 11248 | 5039 | 6209 |
| 27 | 16884 | 8552 | 8332 | 4428 | 2859 | 1569 | 12182 | 5551 | 6631 |
| 28 | 16902 | 8656 | 8247 | 3373 | 2235 | 1138 | 13162 | 6224 | 6938 |
| 29 | 19245 | 9748 | 9497 | 3048 | 2027 | 1021 | 15742 | 7509 | 8232 |
| 30-34 | **82148** | **41908** | **40240** | **6773** | **4836** | **1936** | **72693** | **35713** | **36980** |
| 30 | 16672 | 8528 | 8144 | 2035 | 1387 | 648 | 14195 | 6913 | 7282 |
| 31 | 16020 | 8106 | 7915 | 1627 | 1137 | 490 | 13959 | 6759 | 7200 |
| 32 | 16814 | 8613 | 8201 | 1292 | 948 | 344 | 14905 | 7348 | 7557 |
| 33 | 16877 | 8607 | 8270 | 1016 | 750 | 266 | 15266 | 7560 | 7707 |
| 34 | 15765 | 8054 | 7711 | 802 | 615 | 188 | 14368 | 7133 | 7235 |
| 35-39 | **96895** | **49570** | **47325** | **3251** | **2597** | **655** | **89279** | **44823** | **44455** |
| 35 | 17638 | 8970 | 8668 | 730 | 570 | 160 | 16211 | 8045 | 8166 |
| 36 | 17877 | 9154 | 8723 | 676 | 528 | 148 | 16412 | 8217 | 8195 |
| 37 | 19615 | 10057 | 9558 | 648 | 513 | 135 | 18130 | 9133 | 8997 |
| 38 | 20749 | 10583 | 10166 | 633 | 503 | 131 | 19162 | 9638 | 9524 |
| 39 | 21016 | 10807 | 10209 | 564 | 482 | 82 | 19364 | 9790 | 9574 |

## 2-32 续表 1 continued

单位：人 (person)

| 年 龄 Age | 15岁及以上人口 Population Aged 15 and Over | 男 Male | 女 Female | 未 婚 Never Married | 男 Male | 女 Female | 初婚有配偶 First Married | 男 Male | 女 Female |
|---|---|---|---|---|---|---|---|---|---|
| 40-44 | **107391** | **54806** | **52585** | **2373** | **2004** | **369** | **98992** | **49897** | **49095** |
| 40 | 21144 | 10954 | 10190 | 538 | 438 | 101 | 19488 | 9988 | 9501 |
| 41 | 22994 | 11633 | 11361 | 534 | 442 | 92 | 21190 | 10620 | 10571 |
| 42 | 21297 | 10748 | 10550 | 458 | 384 | 75 | 19628 | 9754 | 9873 |
| 43 | 23327 | 11981 | 11346 | 486 | 424 | 63 | 21459 | 10899 | 10561 |
| 44 | 18630 | 9491 | 9139 | 356 | 317 | 39 | 17226 | 8637 | 8590 |
| 45-49 | **100853** | **51434** | **49419** | **1636** | **1411** | **226** | **92745** | **47079** | **45665** |
| 45 | 20176 | 10317 | 9859 | 389 | 334 | 55 | 18571 | 9388 | 9183 |
| 46 | 20477 | 10494 | 9983 | 336 | 286 | 50 | 18881 | 9633 | 9249 |
| 47 | 23177 | 11877 | 11300 | 343 | 302 | 41 | 21219 | 10815 | 10404 |
| 48 | 19919 | 10012 | 9906 | 309 | 263 | 46 | 18404 | 9218 | 9186 |
| 49 | 17104 | 8734 | 8370 | 260 | 226 | 34 | 15669 | 8025 | 7643 |
| 50-54 | **62204** | **31821** | **30383** | **911** | **831** | **80** | **56160** | **28782** | **27378** |
| 50 | 9402 | 4669 | 4732 | 135 | 120 | 15 | 8603 | 4250 | 4353 |
| 51 | 12052 | 6167 | 5884 | 160 | 141 | 19 | 10907 | 5605 | 5302 |
| 52 | 11081 | 5688 | 5393 | 158 | 138 | 21 | 9994 | 5152 | 4842 |
| 53 | 14034 | 7295 | 6738 | 207 | 196 | 12 | 12576 | 6546 | 6030 |
| 54 | 15636 | 8001 | 7635 | 250 | 237 | 13 | 14080 | 7228 | 6852 |
| 55-59 | **71667** | **36213** | **35453** | **1075** | **1009** | **66** | **63498** | **32300** | **31198** |
| 55 | 14306 | 7300 | 7007 | 220 | 208 | 12 | 12776 | 6539 | 6237 |
| 56 | 15012 | 7598 | 7414 | 228 | 210 | 19 | 13498 | 6844 | 6654 |
| 57 | 15170 | 7627 | 7543 | 201 | 184 | 16 | 13447 | 6812 | 6635 |
| 58 | 13533 | 6815 | 6718 | 198 | 190 | 8 | 11904 | 6048 | 5857 |
| 59 | 13646 | 6874 | 6772 | 227 | 217 | 11 | 11873 | 6057 | 5816 |
| 60-64 | **52708** | **26688** | **26020** | **792** | **743** | **49** | **44351** | **23139** | **21213** |
| 60 | 11454 | 5683 | 5771 | 165 | 151 | 14 | 9960 | 5017 | 4943 |
| 61 | 11563 | 5924 | 5639 | 171 | 162 | 8 | 9924 | 5185 | 4739 |
| 62 | 11139 | 5758 | 5381 | 173 | 161 | 12 | 9272 | 4953 | 4319 |
| 63 | 9552 | 4766 | 4786 | 169 | 160 | 9 | 7835 | 4056 | 3778 |
| 64 | 8999 | 4557 | 4442 | 114 | 108 | 6 | 7361 | 3928 | 3433 |
| 65+ | **104541** | **50115** | **54426** | **1361** | **1268** | **93** | **64688** | **36683** | **28006** |

## 2-32 续表 2 continued

单位：人 (person)

| 年 龄 Age | 再婚有配偶 Re-married | 男 Male | 女 Female | 离 婚 Divorced | 男 Male | 女 Female | 丧 偶 Widowed | 男 Male | 女 Female |
|---|---|---|---|---|---|---|---|---|---|
| **总计 Total** | **14956** | **7057** | **7900** | **12915** | **7391** | **5523** | **52223** | **16128** | **36095** |
| 15–19 | **50** | **33** | **17** | **113** | **64** | **49** | **27** | **22** | **5** |
| 15 | 20 | 11 | 10 | 8 | 4 | 4 | 3 | 3 | |
| 16 | 14 | 8 | 5 | 24 | 17 | 7 | 3 | 3 | |
| 17 | 7 | 7 | | 31 | 19 | 12 | 7 | 6 | 1 |
| 18 | 7 | 5 | 2 | 22 | 8 | 13 | 7 | 4 | 3 |
| 19 | 2 | 2 | | 28 | 15 | 13 | 7 | 6 | 1 |
| 20–24 | **179** | **80** | **100** | **285** | **133** | **152** | **62** | **39** | **23** |
| 20 | 13 | 5 | 8 | 24 | 14 | 11 | 14 | 12 | 2 |
| 21 | 33 | 16 | 17 | 28 | 12 | 15 | 15 | 9 | 5 |
| 22 | 40 | 20 | 20 | 59 | 33 | 26 | 9 | 5 | 4 |
| 23 | 42 | 15 | 28 | 74 | 25 | 50 | 8 | 4 | 4 |
| 24 | 51 | 24 | 27 | 100 | 50 | 51 | 16 | 8 | 8 |
| 25–29 | **593** | **246** | **347** | **866** | **476** | **389** | **91** | **41** | **49** |
| 25 | 94 | 38 | 56 | 120 | 65 | 55 | 9 | 2 | 6 |
| 26 | 77 | 30 | 46 | 144 | 75 | 69 | 10 | 4 | 7 |
| 27 | 105 | 49 | 55 | 157 | 87 | 70 | 13 | 6 | 7 |
| 28 | 149 | 65 | 84 | 195 | 120 | 75 | 23 | 11 | 12 |
| 29 | 169 | 64 | 105 | 250 | 129 | 121 | 36 | 19 | 18 |
| 30–34 | **1068** | **460** | **608** | **1411** | **830** | **581** | **204** | **69** | **134** |
| 30 | 182 | 90 | 93 | 233 | 133 | 100 | 26 | 6 | 20 |
| 31 | 152 | 61 | 91 | 245 | 134 | 112 | 37 | 15 | 22 |
| 32 | 243 | 106 | 136 | 341 | 198 | 143 | 34 | 13 | 21 |
| 33 | 248 | 99 | 148 | 299 | 181 | 118 | 48 | 18 | 31 |
| 34 | 243 | 103 | 140 | 293 | 184 | 108 | 58 | 18 | 40 |
| 35–39 | **1907** | **838** | **1069** | **2014** | **1152** | **862** | **444** | **161** | **283** |
| 35 | 306 | 140 | 167 | 330 | 185 | 145 | 60 | 29 | 31 |
| 36 | 342 | 152 | 190 | 391 | 239 | 152 | 56 | 17 | 39 |
| 37 | 385 | 182 | 203 | 363 | 208 | 155 | 89 | 21 | 68 |
| 38 | 419 | 163 | 256 | 432 | 241 | 191 | 102 | 39 | 64 |
| 39 | 455 | 201 | 254 | 498 | 279 | 219 | 136 | 55 | 81 |

## 2-32 续表 3 continued

单位：人 (person)

| 年 龄 Age | 再婚有配偶 Re-married | 男 Male | 女 Female | 离 婚 Divorced | 男 Male | 女 Female | 丧 偶 Widowed | 男 Male | 女 Female |
|---|---|---|---|---|---|---|---|---|---|
| 40-44 | **2543** | **1129** | **1414** | **2363** | **1353** | **1010** | **1120** | **423** | **697** |
| 40 | 491 | 208 | 283 | 459 | 265 | 193 | 167 | 55 | 112 |
| 41 | 565 | 233 | 332 | 516 | 269 | 247 | 189 | 70 | 119 |
| 42 | 503 | 220 | 283 | 504 | 318 | 186 | 204 | 72 | 132 |
| 43 | 560 | 258 | 302 | 514 | 280 | 234 | 308 | 121 | 187 |
| 44 | 424 | 210 | 214 | 372 | 222 | 150 | 253 | 106 | 147 |
| 45-49 | **2374** | **1096** | **1278** | **2245** | **1248** | **997** | **1853** | **600** | **1253** |
| 45 | 447 | 226 | 220 | 429 | 251 | 177 | 341 | 117 | 224 |
| 46 | 496 | 216 | 280 | 451 | 243 | 208 | 313 | 117 | 196 |
| 47 | 575 | 271 | 304 | 561 | 334 | 227 | 479 | 154 | 324 |
| 48 | 445 | 201 | 244 | 440 | 239 | 201 | 320 | 91 | 229 |
| 49 | 411 | 182 | 229 | 364 | 180 | 184 | 400 | 121 | 279 |
| 50-54 | **1518** | **737** | **781** | **1307** | **728** | **579** | **2307** | **743** | **1564** |
| 50 | 224 | 103 | 121 | 207 | 119 | 88 | 232 | 77 | 155 |
| 51 | 304 | 141 | 163 | 300 | 155 | 145 | 381 | 125 | 256 |
| 52 | 262 | 133 | 130 | 232 | 134 | 97 | 434 | 131 | 303 |
| 53 | 366 | 177 | 189 | 295 | 168 | 127 | 589 | 209 | 380 |
| 54 | 361 | 183 | 178 | 273 | 152 | 121 | 672 | 201 | 470 |
| 55-59 | **1631** | **787** | **843** | **1064** | **633** | **431** | **4399** | **1484** | **2915** |
| 55 | 359 | 180 | 179 | 254 | 141 | 113 | 697 | 232 | 466 |
| 56 | 318 | 154 | 164 | 212 | 128 | 85 | 754 | 262 | 493 |
| 57 | 340 | 183 | 157 | 226 | 135 | 92 | 956 | 313 | 643 |
| 58 | 335 | 151 | 184 | 183 | 113 | 70 | 912 | 313 | 599 |
| 59 | 279 | 119 | 160 | 188 | 116 | 71 | 1079 | 365 | 715 |
| 60-64 | **1159** | **571** | **588** | **569** | **357** | **212** | **5835** | **1878** | **3958** |
| 60 | 245 | 123 | 122 | 146 | 90 | 56 | 939 | 302 | 637 |
| 61 | 253 | 128 | 125 | 144 | 92 | 51 | 1072 | 356 | 715 |
| 62 | 248 | 123 | 124 | 107 | 65 | 42 | 1339 | 455 | 883 |
| 63 | 216 | 102 | 114 | 98 | 60 | 38 | 1234 | 388 | 847 |
| 64 | 198 | 95 | 103 | 74 | 49 | 25 | 1252 | 377 | 875 |
| 65+ | **1934** | **1081** | **854** | **676** | **417** | **259** | **35881** | **10667** | **25215** |

# 2-33 全国城市15岁及以上人口分年龄、性别的婚姻状况

## City Population Aged 15 and Over by Age, Sex and Marital Status

单位：人 (person)

| 年 龄<br>Age | 15岁及以上人口<br>Population Aged 15 and Over | 男<br>Male | 女<br>Female | 未 婚<br>Never Married | 男<br>Male | 女<br>Female | 初婚有配偶<br>First Married | 男<br>Male | 女<br>Female |
|---|---|---|---|---|---|---|---|---|---|
| **总计 Total** | **297449** | **149128** | **148322** | **70309** | **37665** | **32644** | **205752** | **103657** | **102095** |
| 15-19 | **22478** | **11068** | **11410** | **22125** | **10910** | **11215** | **303** | **122** | **181** |
| 15 | 3541 | 1846 | 1695 | 3515 | 1831 | 1684 | 19 | 9 | 10 |
| 16 | 4261 | 2073 | 2188 | 4217 | 2044 | 2173 | 31 | 21 | 11 |
| 17 | 4491 | 2236 | 2255 | 4426 | 2200 | 2226 | 47 | 22 | 25 |
| 18 | 4861 | 2408 | 2452 | 4787 | 2374 | 2413 | 66 | 29 | 37 |
| 19 | 5324 | 2505 | 2820 | 5180 | 2461 | 2720 | 138 | 41 | 98 |
| 20-24 | **37621** | **18696** | **18925** | **30665** | **15999** | **14666** | **6870** | **2654** | **4216** |
| 20 | 6520 | 3077 | 3443 | 6212 | 2981 | 3231 | 295 | 86 | 209 |
| 21 | 8204 | 4053 | 4151 | 7496 | 3811 | 3685 | 694 | 233 | 460 |
| 22 | 7615 | 3820 | 3796 | 6350 | 3349 | 3002 | 1249 | 462 | 788 |
| 23 | 7260 | 3663 | 3597 | 5434 | 2926 | 2508 | 1810 | 732 | 1078 |
| 24 | 8022 | 4084 | 3938 | 5173 | 2931 | 2241 | 2822 | 1141 | 1681 |
| 25-29 | **32986** | **16470** | **16516** | **11898** | **6995** | **4903** | **20723** | **9310** | **11413** |
| 25 | 6815 | 3347 | 3468 | 3657 | 2060 | 1597 | 3115 | 1270 | 1845 |
| 26 | 6077 | 3009 | 3068 | 2690 | 1515 | 1175 | 3324 | 1465 | 1859 |
| 27 | 6086 | 3066 | 3020 | 2196 | 1318 | 878 | 3840 | 1724 | 2116 |
| 28 | 6437 | 3261 | 3176 | 1719 | 1083 | 636 | 4634 | 2131 | 2503 |
| 29 | 7571 | 3786 | 3785 | 1636 | 1019 | 617 | 5811 | 2720 | 3091 |
| 30-34 | **29924** | **15219** | **14705** | **3111** | **2011** | **1100** | **26052** | **12868** | **13185** |
| 30 | 6268 | 3165 | 3103 | 1044 | 641 | 402 | 5121 | 2476 | 2645 |
| 31 | 5857 | 3011 | 2847 | 750 | 480 | 270 | 5002 | 2483 | 2519 |
| 32 | 6149 | 3154 | 2996 | 594 | 409 | 185 | 5372 | 2665 | 2707 |
| 33 | 6016 | 3047 | 2969 | 413 | 272 | 140 | 5410 | 2689 | 2721 |
| 34 | 5633 | 2842 | 2790 | 310 | 208 | 102 | 5147 | 2555 | 2592 |
| 35-39 | **32471** | **16536** | **15935** | **1031** | **676** | **355** | **29984** | **15216** | **14768** |
| 35 | 6054 | 2996 | 3058 | 246 | 157 | 90 | 5580 | 2748 | 2832 |
| 36 | 6003 | 3084 | 2919 | 232 | 147 | 85 | 5511 | 2818 | 2693 |
| 37 | 6479 | 3317 | 3162 | 216 | 143 | 73 | 5990 | 3055 | 2935 |
| 38 | 7044 | 3548 | 3497 | 174 | 107 | 67 | 6555 | 3307 | 3248 |
| 39 | 6891 | 3591 | 3300 | 162 | 122 | 40 | 6347 | 3287 | 3060 |

## 2-33 续表 1 continued

单位：人 (person)

| 年 龄 Age | 15岁及以上人口 Population Aged 15 and Over | 男 Male | 女 Female | 未 婚 Never Married | 男 Male | 女 Female | 初婚有配偶 First Married | 男 Male | 女 Female |
|---|---|---|---|---|---|---|---|---|---|
| 40-44 | **32881** | **16896** | **15985** | **617** | **445** | **173** | **30171** | **15534** | **14637** |
| 40 | 6782 | 3477 | 3305 | 148 | 102 | 46 | 6234 | 3200 | 3034 |
| 41 | 7232 | 3672 | 3560 | 156 | 108 | 48 | 6608 | 3376 | 3232 |
| 42 | 6621 | 3366 | 3254 | 114 | 85 | 30 | 6077 | 3097 | 2980 |
| 43 | 6953 | 3620 | 3333 | 129 | 95 | 34 | 6350 | 3310 | 3040 |
| 44 | 5294 | 2761 | 2532 | 70 | 55 | 15 | 4901 | 2550 | 2351 |
| 45-49 | **29435** | **15239** | **14196** | **339** | **230** | **109** | **26848** | **14049** | **12800** |
| 45 | 5503 | 2819 | 2684 | 83 | 57 | 26 | 5043 | 2595 | 2449 |
| 46 | 5948 | 3088 | 2860 | 66 | 43 | 23 | 5431 | 2857 | 2574 |
| 47 | 7156 | 3736 | 3420 | 76 | 55 | 22 | 6520 | 3422 | 3098 |
| 48 | 5962 | 3065 | 2897 | 65 | 43 | 22 | 5460 | 2845 | 2616 |
| 49 | 4865 | 2531 | 2334 | 48 | 32 | 16 | 4394 | 2330 | 2064 |
| 50-54 | **19356** | **9796** | **9560** | **161** | **118** | **43** | **17420** | **8922** | **8498** |
| 50 | 2903 | 1469 | 1434 | 33 | 27 | 7 | 2636 | 1330 | 1306 |
| 51 | 3852 | 1989 | 1862 | 28 | 19 | 9 | 3484 | 1825 | 1659 |
| 52 | 3547 | 1773 | 1775 | 40 | 24 | 16 | 3173 | 1608 | 1566 |
| 53 | 4365 | 2234 | 2131 | 33 | 28 | 5 | 3910 | 2025 | 1884 |
| 54 | 4689 | 2332 | 2357 | 27 | 20 | 6 | 4217 | 2133 | 2083 |
| 55-59 | **19840** | **9901** | **9939** | **150** | **116** | **34** | **17805** | **9062** | **8743** |
| 55 | 4152 | 2102 | 2050 | 38 | 32 | 6 | 3732 | 1911 | 1821 |
| 56 | 4278 | 2122 | 2157 | 34 | 23 | 11 | 3873 | 1967 | 1906 |
| 57 | 4270 | 2107 | 2163 | 31 | 22 | 8 | 3806 | 1908 | 1898 |
| 58 | 3635 | 1839 | 1796 | 22 | 18 | 4 | 3294 | 1698 | 1596 |
| 59 | 3505 | 1731 | 1773 | 25 | 21 | 4 | 3099 | 1577 | 1522 |
| 60-64 | **13295** | **6521** | **6773** | **79** | **59** | **21** | **11531** | **5913** | **5617** |
| 60 | 2987 | 1414 | 1572 | 14 | 8 | 6 | 2662 | 1303 | 1359 |
| 61 | 2995 | 1517 | 1478 | 16 | 15 | 2 | 2655 | 1399 | 1256 |
| 62 | 2772 | 1385 | 1387 | 18 | 13 | 5 | 2371 | 1230 | 1141 |
| 63 | 2333 | 1120 | 1214 | 26 | 20 | 6 | 1957 | 993 | 964 |
| 64 | 2207 | 1086 | 1122 | 5 | 3 | 1 | 1886 | 988 | 898 |
| 65+ | **27162** | **12785** | **14378** | **133** | **107** | **26** | **18046** | **10008** | **8038** |

## 2-33 续表 2 continued

单位：人 (person)

| 年 龄 Age | 再婚有配偶 Re-married | 男 Male | 女 Female | 离 婚 Divorced | 男 Male | 女 Female | 丧 偶 Widowed | 男 Male | 女 Female |
|---|---|---|---|---|---|---|---|---|---|
| **总计 Total** | **3992** | **2066** | **1926** | **5838** | **2676** | **3162** | **11558** | **3064** | **8493** |
| 15−19 | **11** | **9** | **2** | **35** | **25** | **10** | **5** | **3** | **2** |
| 15 | 5 | 4 | 1 | 2 | 2 | | | | |
| 16 | 3 | 1 | 1 | 10 | 7 | 3 | 1 | 1 | |
| 17 | 1 | 1 | | 15 | 12 | 3 | 2 | 1 | 1 |
| 18 | 3 | 3 | | 5 | 3 | 2 | | | |
| 19 | 1 | 1 | | 3 | 2 | 1 | 2 | 1 | 1 |
| 20−24 | **30** | **13** | **17** | **42** | **21** | **21** | **14** | **10** | **4** |
| 20 | 1 | | 1 | 4 | 4 | 1 | 8 | 7 | 1 |
| 21 | 9 | 5 | 4 | 3 | 2 | 1 | 2 | 1 | |
| 22 | 4 | 3 | 1 | 11 | 6 | 5 | 1 | | 1 |
| 23 | 6 | 2 | 4 | 7 | 1 | 6 | 3 | 2 | 1 |
| 24 | 10 | 3 | 7 | 17 | 8 | 9 | 1 | | 1 |
| 25−29 | **118** | **44** | **73** | **217** | **103** | **114** | **30** | **17** | **12** |
| 25 | 12 | 4 | 8 | 27 | 12 | 15 | 4 | 1 | 3 |
| 26 | 15 | 3 | 12 | 44 | 24 | 20 | 4 | 2 | 2 |
| 27 | 19 | 9 | 10 | 29 | 15 | 13 | 3 | 1 | 2 |
| 28 | 31 | 18 | 13 | 48 | 25 | 23 | 6 | 4 | 2 |
| 29 | 41 | 11 | 31 | 70 | 27 | 43 | 13 | 9 | 4 |
| 30−34 | **283** | **132** | **151** | **449** | **197** | **252** | **29** | **12** | **17** |
| 30 | 38 | 25 | 13 | 61 | 22 | 39 | 4 | | 4 |
| 31 | 45 | 24 | 21 | 56 | 21 | 35 | 4 | 4 | |
| 32 | 67 | 31 | 35 | 109 | 47 | 62 | 8 | 2 | 6 |
| 33 | 71 | 27 | 44 | 115 | 56 | 59 | 7 | 2 | 4 |
| 34 | 62 | 24 | 38 | 107 | 51 | 56 | 6 | 4 | 2 |
| 35−39 | **527** | **247** | **281** | **854** | **379** | **475** | **75** | **18** | **57** |
| 35 | 87 | 38 | 50 | 134 | 51 | 83 | 6 | 3 | 3 |
| 36 | 86 | 42 | 45 | 165 | 74 | 91 | 9 | 4 | 5 |
| 37 | 115 | 61 | 53 | 142 | 55 | 87 | 16 | 2 | 14 |
| 38 | 111 | 39 | 72 | 191 | 93 | 97 | 13 | 1 | 13 |
| 39 | 129 | 68 | 61 | 222 | 106 | 116 | 31 | 8 | 23 |

## 2-33 续表 3 continued

单位：人 (person)

| 年龄 Age | 再婚有配偶 Re-married | 男 Male | 女 Female | 离婚 Divorced | 男 Male | 女 Female | 丧偶 Widowed | 男 Male | 女 Female |
|---|---|---|---|---|---|---|---|---|---|
| 40-44 | **761** | **367** | **393** | **1131** | **502** | **629** | **201** | **48** | **153** |
| 40 | 159 | 72 | 87 | 207 | 93 | 115 | 33 | 10 | 23 |
| 41 | 179 | 84 | 95 | 255 | 99 | 156 | 33 | 5 | 28 |
| 42 | 153 | 62 | 91 | 241 | 117 | 123 | 36 | 5 | 30 |
| 43 | 152 | 85 | 67 | 258 | 112 | 146 | 65 | 19 | 45 |
| 44 | 118 | 65 | 53 | 170 | 82 | 88 | 34 | 9 | 25 |
| 45-49 | **675** | **341** | **334** | **1236** | **543** | **693** | **337** | **76** | **261** |
| 45 | 118 | 63 | 55 | 216 | 94 | 121 | 44 | 10 | 34 |
| 46 | 121 | 59 | 61 | 259 | 111 | 147 | 71 | 17 | 55 |
| 47 | 170 | 86 | 84 | 313 | 156 | 156 | 78 | 17 | 61 |
| 48 | 130 | 65 | 65 | 240 | 100 | 140 | 67 | 12 | 54 |
| 49 | 136 | 68 | 68 | 209 | 80 | 129 | 78 | 20 | 58 |
| 50-54 | **476** | **258** | **218** | **786** | **365** | **422** | **513** | **134** | **379** |
| 50 | 66 | 34 | 32 | 123 | 67 | 56 | 44 | 11 | 33 |
| 51 | 92 | 54 | 38 | 171 | 69 | 103 | 77 | 22 | 54 |
| 52 | 91 | 47 | 44 | 142 | 66 | 76 | 101 | 28 | 73 |
| 53 | 107 | 58 | 50 | 178 | 83 | 95 | 137 | 40 | 97 |
| 54 | 119 | 66 | 53 | 172 | 80 | 92 | 155 | 33 | 122 |
| 55-59 | **412** | **234** | **179** | **567** | **270** | **297** | **905** | **219** | **686** |
| 55 | 101 | 58 | 44 | 134 | 65 | 68 | 147 | 36 | 111 |
| 56 | 82 | 45 | 37 | 114 | 53 | 62 | 175 | 34 | 141 |
| 57 | 94 | 58 | 35 | 137 | 62 | 75 | 202 | 56 | 146 |
| 58 | 72 | 40 | 32 | 90 | 44 | 46 | 157 | 40 | 118 |
| 59 | 63 | 33 | 30 | 92 | 46 | 46 | 224 | 54 | 170 |
| 60-64 | **262** | **133** | **129** | **260** | **130** | **130** | **1162** | **286** | **876** |
| 60 | 59 | 33 | 27 | 72 | 35 | 37 | 180 | 36 | 144 |
| 61 | 59 | 30 | 29 | 66 | 35 | 31 | 198 | 37 | 161 |
| 62 | 53 | 35 | 18 | 50 | 26 | 25 | 280 | 82 | 198 |
| 63 | 47 | 17 | 30 | 46 | 19 | 27 | 258 | 71 | 187 |
| 64 | 44 | 18 | 26 | 26 | 15 | 11 | 247 | 61 | 186 |
| 65+ | **437** | **288** | **149** | **260** | **140** | **119** | **8288** | **2242** | **6046** |

# 2-34 全国镇15岁及以上人口分年龄、性别的婚姻状况

# Town Population Aged 15 and Over by Age, Sex and Marital Status

单位：人 (person)

| 年龄 Age | 15岁及以上人口 Population Aged 15 and Over | 男 Male | 女 Female | 未婚 Never Married | 男 Male | 女 Female | 初婚有配偶 First Married | 男 Male | 女 Female |
|---|---|---|---|---|---|---|---|---|---|
| **总计 Total** | **210173** | **107255** | **102918** | **43651** | **25426** | **18225** | **150534** | **75841** | **74693** |
| 15-19 | **20544** | **11426** | **9118** | **20197** | **11276** | **8921** | **294** | **114** | **180** |
| 15 | 3439 | 1820 | 1619 | 3405 | 1802 | 1603 | 24 | 12 | 12 |
| 16 | 3754 | 1989 | 1765 | 3711 | 1960 | 1751 | 31 | 19 | 12 |
| 17 | 3948 | 2221 | 1728 | 3896 | 2198 | 1698 | 40 | 15 | 25 |
| 18 | 5223 | 3177 | 2046 | 5149 | 3142 | 2007 | 66 | 30 | 36 |
| 19 | 4180 | 2221 | 1959 | 4036 | 2175 | 1861 | 132 | 38 | 94 |
| 20-24 | **22680** | **11658** | **11022** | **16197** | **9168** | **7029** | **6380** | **2435** | **3945** |
| 20 | 4141 | 2198 | 1943 | 3854 | 2096 | 1758 | 284 | 100 | 184 |
| 21 | 4823 | 2601 | 2221 | 4097 | 2362 | 1736 | 712 | 230 | 482 |
| 22 | 4595 | 2366 | 2229 | 3312 | 1883 | 1429 | 1259 | 469 | 790 |
| 23 | 4307 | 2121 | 2186 | 2582 | 1491 | 1092 | 1699 | 622 | 1077 |
| 24 | 4814 | 2372 | 2442 | 2351 | 1337 | 1015 | 2426 | 1014 | 1412 |
| 25-29 | **19512** | **9637** | **9875** | **4469** | **2798** | **1672** | **14714** | **6697** | **8017** |
| 25 | 4181 | 2036 | 2146 | 1604 | 946 | 657 | 2533 | 1072 | 1460 |
| 26 | 3771 | 1868 | 1903 | 1068 | 661 | 407 | 2659 | 1189 | 1470 |
| 27 | 3775 | 1837 | 1938 | 749 | 481 | 268 | 2948 | 1319 | 1629 |
| 28 | 3617 | 1810 | 1808 | 581 | 397 | 184 | 2972 | 1384 | 1588 |
| 29 | 4167 | 2087 | 2080 | 468 | 313 | 155 | 3601 | 1732 | 1869 |
| 30-34 | **19018** | **9526** | **9492** | **1060** | **750** | **310** | **17342** | **8493** | **8849** |
| 30 | 3709 | 1853 | 1856 | 312 | 219 | 93 | 3296 | 1591 | 1705 |
| 31 | 3602 | 1758 | 1844 | 251 | 176 | 74 | 3245 | 1539 | 1706 |
| 32 | 3994 | 1990 | 2005 | 200 | 142 | 58 | 3653 | 1782 | 1871 |
| 33 | 3976 | 1993 | 1983 | 177 | 122 | 56 | 3661 | 1809 | 1851 |
| 34 | 3738 | 1933 | 1805 | 120 | 92 | 28 | 3487 | 1772 | 1716 |
| 35-39 | **22713** | **11649** | **11064** | **505** | **393** | **112** | **21244** | **10795** | **10449** |
| 35 | 4229 | 2218 | 2010 | 111 | 88 | 23 | 3967 | 2047 | 1920 |
| 36 | 4164 | 2093 | 2071 | 101 | 73 | 27 | 3905 | 1939 | 1966 |
| 37 | 4732 | 2399 | 2333 | 94 | 77 | 17 | 4459 | 2233 | 2226 |
| 38 | 4749 | 2468 | 2281 | 116 | 90 | 26 | 4397 | 2270 | 2127 |
| 39 | 4838 | 2470 | 2368 | 83 | 65 | 19 | 4516 | 2306 | 2209 |

## 2-34 续表 1 continued

单位：人 (person)

| 年 龄 Age | 15岁及以上人口 Population Aged 15 and Over | 男 Male | 女 Female | 未 婚 Never Married | 男 Male | 女 Female | 初婚有配偶 First Married | 男 Male | 女 Female |
|---|---|---|---|---|---|---|---|---|---|
| 40–44 | **24491** | **12489** | **12001** | **371** | **291** | **80** | **22843** | **11578** | **11264** |
| 40 | 4878 | 2567 | 2311 | 82 | 62 | 20 | 4560 | 2384 | 2176 |
| 41 | 5367 | 2677 | 2690 | 100 | 78 | 22 | 4987 | 2470 | 2517 |
| 42 | 4794 | 2428 | 2366 | 63 | 47 | 16 | 4491 | 2263 | 2229 |
| 43 | 5346 | 2759 | 2587 | 72 | 60 | 12 | 4976 | 2553 | 2423 |
| 44 | 4105 | 2058 | 2047 | 52 | 43 | 9 | 3829 | 1908 | 1921 |
| 45–49 | **22457** | **11479** | **10978** | **245** | **189** | **56** | **20898** | **10694** | **10204** |
| 45 | 4471 | 2322 | 2149 | 50 | 39 | 10 | 4176 | 2157 | 2019 |
| 46 | 4566 | 2326 | 2240 | 56 | 43 | 13 | 4273 | 2177 | 2095 |
| 47 | 5088 | 2573 | 2515 | 49 | 38 | 10 | 4698 | 2386 | 2312 |
| 48 | 4583 | 2316 | 2267 | 51 | 37 | 14 | 4273 | 2154 | 2119 |
| 49 | 3749 | 1942 | 1808 | 40 | 32 | 9 | 3477 | 1819 | 1658 |
| 50–54 | **13180** | **6836** | **6344** | **113** | **103** | **9** | **12066** | **6331** | **5735** |
| 50 | 2087 | 1024 | 1063 | 17 | 14 | 3 | 1927 | 954 | 973 |
| 51 | 2589 | 1329 | 1260 | 20 | 16 | 4 | 2373 | 1240 | 1133 |
| 52 | 2317 | 1254 | 1064 | 25 | 23 | 2 | 2124 | 1160 | 964 |
| 53 | 2975 | 1574 | 1401 | 24 | 24 |  | 2687 | 1435 | 1252 |
| 54 | 3212 | 1654 | 1558 | 27 | 25 | 1 | 2956 | 1543 | 1413 |
| 55–59 | **14691** | **7383** | **7308** | **141** | **134** | **7** | **13125** | **6680** | **6444** |
| 55 | 3019 | 1465 | 1554 | 20 | 19 | 1 | 2727 | 1343 | 1384 |
| 56 | 2953 | 1505 | 1448 | 26 | 22 | 4 | 2684 | 1375 | 1309 |
| 57 | 3129 | 1551 | 1578 | 26 | 24 | 2 | 2807 | 1412 | 1395 |
| 58 | 2703 | 1376 | 1327 | 26 | 26 |  | 2400 | 1242 | 1158 |
| 59 | 2887 | 1486 | 1400 | 43 | 43 |  | 2507 | 1309 | 1198 |
| 60–64 | **10783** | **5447** | **5336** | **116** | **109** | **7** | **9107** | **4800** | **4307** |
| 60 | 2333 | 1169 | 1164 | 30 | 27 | 3 | 2038 | 1038 | 1000 |
| 61 | 2333 | 1184 | 1149 | 24 | 23 | 1 | 2035 | 1061 | 974 |
| 62 | 2201 | 1119 | 1083 | 19 | 17 | 2 | 1850 | 993 | 857 |
| 63 | 2013 | 1018 | 995 | 22 | 21 | 1 | 1642 | 879 | 763 |
| 64 | 1902 | 956 | 946 | 22 | 21 | 1 | 1542 | 829 | 713 |
| 65+ | **20104** | **9725** | **10379** | **236** | **214** | **22** | **12521** | **7223** | **5298** |

## 2-34 续表 2 continued

单位：人 (person)

| 年 龄 Age | 再婚有配偶 Re-married | 男 Male | 女 Female | 离 婚 Divorced | 男 Male | 女 Female | 丧 偶 Widowed | 男 Male | 女 Female |
|---|---|---|---|---|---|---|---|---|---|
| **总计 Total** | **3236** | **1585** | **1651** | **2572** | **1410** | **1161** | **10181** | **2993** | **7188** |
| 15-19 | **13** | **11** | **3** | **35** | **20** | **15** | **5** | **5** | |
| 15 | 6 | 4 | 2 | 4 | 2 | 2 | | | |
| 16 | 4 | 3 | 1 | 7 | 6 | 1 | | | |
| 17 | 3 | 3 | | 7 | 2 | 5 | 3 | 3 | |
| 18 | | | | 7 | 3 | 3 | 1 | 1 | |
| 19 | | | | 10 | 7 | 4 | 1 | 1 | |
| 20-24 | **36** | **20** | **16** | **57** | **28** | **29** | **10** | **8** | **2** |
| 20 | 1 | 1 | | 2 | 1 | 1 | | | |
| 21 | 3 | 2 | 1 | 5 | 3 | 2 | 5 | 5 | |
| 22 | 15 | 8 | 6 | 8 | 6 | 3 | 1 | | 1 |
| 23 | 7 | 3 | 4 | 17 | 4 | 13 | 2 | 2 | |
| 24 | 10 | 6 | 4 | 25 | 15 | 11 | 1 | | 1 |
| 25-29 | **136** | **57** | **79** | **179** | **78** | **101** | **15** | **8** | **7** |
| 25 | 20 | 6 | 14 | 23 | 10 | 14 | 1 | 1 | |
| 26 | 17 | 8 | 9 | 25 | 10 | 15 | 2 | | 2 |
| 27 | 34 | 16 | 18 | 41 | 19 | 22 | 3 | 2 | 1 |
| 28 | 26 | 12 | 14 | 33 | 15 | 19 | 5 | 2 | 3 |
| 29 | 39 | 15 | 23 | 57 | 24 | 32 | 3 | 3 | |
| 30-34 | **241** | **96** | **145** | **331** | **179** | **152** | **45** | **8** | **36** |
| 30 | 39 | 15 | 24 | 55 | 28 | 26 | 8 | | 8 |
| 31 | 29 | 9 | 21 | 68 | 31 | 37 | 8 | 2 | 6 |
| 32 | 59 | 26 | 34 | 73 | 39 | 34 | 10 | 2 | 8 |
| 33 | 60 | 22 | 38 | 69 | 38 | 31 | 9 | 2 | 7 |
| 34 | 53 | 24 | 29 | 66 | 43 | 24 | 10 | 2 | 8 |
| 35-39 | **430** | **188** | **242** | **457** | **253** | **205** | **76** | **19** | **56** |
| 35 | 70 | 35 | 35 | 73 | 48 | 25 | 8 | | 8 |
| 36 | 80 | 34 | 46 | 72 | 46 | 26 | 6 | 1 | 5 |
| 37 | 80 | 39 | 41 | 78 | 44 | 34 | 21 | 6 | 14 |
| 38 | 110 | 48 | 62 | 109 | 54 | 54 | 18 | 6 | 12 |
| 39 | 90 | 32 | 58 | 126 | 61 | 65 | 23 | 6 | 17 |

## 2-34 续表 3 continued

单位：人 (person)

| 年 龄 Age | 再婚有配偶 Re-married | 男 Male | 女 Female | 离 婚 Divorced | 男 Male | 女 Female | 丧 偶 Widowed | 男 Male | 女 Female |
|---|---|---|---|---|---|---|---|---|---|
| 40-44 | **561** | **278** | **283** | **495** | **273** | **222** | **221** | **70** | **151** |
| 40 | 99 | 47 | 52 | 109 | 66 | 43 | 28 | 8 | 20 |
| 41 | 134 | 63 | 71 | 109 | 55 | 54 | 37 | 11 | 26 |
| 42 | 104 | 52 | 52 | 98 | 59 | 40 | 38 | 8 | 30 |
| 43 | 125 | 62 | 64 | 102 | 55 | 47 | 71 | 29 | 42 |
| 44 | 99 | 54 | 45 | 76 | 38 | 39 | 48 | 14 | 34 |
| 45-49 | **540** | **272** | **268** | **387** | **217** | **169** | **388** | **106** | **281** |
| 45 | 100 | 57 | 43 | 80 | 47 | 33 | 65 | 22 | 43 |
| 46 | 111 | 51 | 60 | 63 | 37 | 25 | 64 | 18 | 46 |
| 47 | 137 | 70 | 67 | 89 | 49 | 40 | 114 | 29 | 85 |
| 48 | 104 | 55 | 49 | 84 | 49 | 35 | 71 | 21 | 50 |
| 49 | 87 | 39 | 48 | 71 | 35 | 36 | 73 | 17 | 57 |
| 50-54 | **278** | **138** | **140** | **235** | **127** | **108** | **488** | **137** | **351** |
| 50 | 40 | 21 | 18 | 50 | 22 | 28 | 54 | 12 | 41 |
| 51 | 50 | 20 | 30 | 61 | 29 | 31 | 85 | 24 | 60 |
| 52 | 36 | 18 | 18 | 33 | 23 | 9 | 100 | 29 | 71 |
| 53 | 81 | 42 | 38 | 51 | 31 | 20 | 133 | 43 | 90 |
| 54 | 72 | 37 | 35 | 42 | 22 | 20 | 117 | 28 | 89 |
| 55-59 | **331** | **163** | **167** | **178** | **103** | **75** | **917** | **302** | **615** |
| 55 | 64 | 32 | 32 | 53 | 23 | 30 | 154 | 47 | 107 |
| 56 | 66 | 35 | 31 | 35 | 21 | 15 | 141 | 52 | 90 |
| 57 | 74 | 37 | 37 | 24 | 18 | 6 | 198 | 60 | 138 |
| 58 | 67 | 29 | 38 | 30 | 18 | 12 | 180 | 62 | 119 |
| 59 | 60 | 30 | 30 | 35 | 24 | 11 | 242 | 81 | 161 |
| 60-64 | **238** | **114** | **125** | **106** | **66** | **39** | **1215** | **357** | **858** |
| 60 | 44 | 20 | 24 | 25 | 17 | 8 | 195 | 66 | 129 |
| 61 | 52 | 27 | 25 | 26 | 19 | 7 | 195 | 54 | 141 |
| 62 | 48 | 19 | 29 | 17 | 12 | 5 | 267 | 78 | 189 |
| 63 | 50 | 28 | 22 | 17 | 8 | 8 | 283 | 83 | 201 |
| 64 | 44 | 20 | 24 | 20 | 10 | 10 | 274 | 76 | 198 |
| 65+ | **431** | **248** | **183** | **113** | **67** | **46** | **6803** | **1972** | **4830** |

# 2-35 全国乡村15岁及以上人口分年龄、性别的婚姻状况

# Rural Population Aged 15 and Over by Age, Sex and Marital Status

单位：人 (person)

| 年 龄 Age | 15岁及以上人口 Population Aged 15 and Over | 男 Male | 女 Female | 未 婚 Never Married | 男 Male | 女 Female | 初婚有配偶 First Married | 男 Male | 女 Female |
|---|---|---|---|---|---|---|---|---|---|
| **总计 Total** | **448997** | **228458** | **220539** | **85282** | **51500** | **33782** | **320997** | **160177** | **160821** |
| 15-19 | **37366** | **19571** | **17795** | **36123** | **19099** | **17024** | **1156** | **425** | **730** |
| 15 | 7728 | 4000 | 3728 | 7671 | 3971 | 3700 | 42 | 23 | 19 |
| 16 | 7770 | 4159 | 3611 | 7653 | 4110 | 3543 | 100 | 38 | 61 |
| 17 | 7079 | 3738 | 3340 | 6902 | 3661 | 3241 | 162 | 68 | 95 |
| 18 | 7326 | 3852 | 3474 | 7000 | 3739 | 3261 | 306 | 105 | 200 |
| 19 | 7463 | 3822 | 3641 | 6897 | 3619 | 3278 | 546 | 191 | 354 |
| 20-24 | **48266** | **24889** | **23377** | **31394** | **18192** | **13202** | **16533** | **6544** | **9989** |
| 20 | 8419 | 4334 | 4084 | 7320 | 3950 | 3371 | 1064 | 367 | 697 |
| 21 | 10493 | 5434 | 5060 | 8241 | 4672 | 3569 | 2204 | 742 | 1462 |
| 22 | 10138 | 5301 | 4837 | 6716 | 4037 | 2679 | 3354 | 1229 | 2125 |
| 23 | 9319 | 4755 | 4564 | 4928 | 2925 | 2003 | 4308 | 1800 | 2509 |
| 24 | 9897 | 5065 | 4831 | 4190 | 2608 | 1581 | 5604 | 2407 | 3196 |
| 25-29 | **36761** | **18869** | **17891** | **8000** | **5454** | **2546** | **27904** | **12958** | **14945** |
| 25 | 8191 | 4103 | 4088 | 2696 | 1732 | 964 | 5360 | 2300 | 3061 |
| 26 | 7193 | 3658 | 3535 | 1803 | 1211 | 593 | 5265 | 2386 | 2880 |
| 27 | 7022 | 3649 | 3373 | 1483 | 1061 | 422 | 5393 | 2508 | 2886 |
| 28 | 6848 | 3585 | 3263 | 1074 | 756 | 318 | 5555 | 2708 | 2847 |
| 29 | 7507 | 3875 | 3632 | 944 | 695 | 249 | 6330 | 3057 | 3272 |
| 30-34 | **33206** | **17163** | **16043** | **2602** | **2075** | **527** | **29299** | **14352** | **14947** |
| 30 | 6695 | 3510 | 3184 | 679 | 527 | 153 | 5778 | 2846 | 2933 |
| 31 | 6561 | 3337 | 3224 | 626 | 481 | 145 | 5711 | 2737 | 2974 |
| 32 | 6671 | 3470 | 3201 | 498 | 397 | 101 | 5881 | 2902 | 2979 |
| 33 | 6885 | 3567 | 3318 | 426 | 356 | 70 | 6195 | 3061 | 3134 |
| 34 | 6394 | 3279 | 3115 | 373 | 315 | 58 | 5734 | 2807 | 2927 |
| 35-39 | **41711** | **21385** | **20326** | **1716** | **1528** | **188** | **38051** | **18812** | **19239** |
| 35 | 7355 | 3755 | 3600 | 373 | 326 | 47 | 6663 | 3249 | 3414 |
| 36 | 7710 | 3976 | 3733 | 344 | 308 | 36 | 6996 | 3461 | 3535 |
| 37 | 8404 | 4341 | 4063 | 337 | 293 | 44 | 7681 | 3845 | 3836 |
| 38 | 8955 | 4567 | 4388 | 343 | 305 | 38 | 8210 | 4060 | 4149 |
| 39 | 9287 | 4746 | 4541 | 318 | 295 | 23 | 8501 | 4196 | 4304 |

## 2-35 续表 1 continued

单位：人 (person)

| 年 龄 Age | 15岁及以上人口 Population Aged 15 and Over | 男 Male | 女 Female | 未 婚 Never Married | 男 Male | 女 Female | 初婚有配偶 First Married | 男 Male | 女 Female |
|---|---|---|---|---|---|---|---|---|---|
| 40-44 | **50020** | **25421** | **24599** | **1385** | **1269** | **116** | **45978** | **22785** | **23193** |
| 40 | 9484 | 4909 | 4575 | 308 | 273 | 35 | 8694 | 4403 | 4291 |
| 41 | 10395 | 5284 | 5110 | 277 | 256 | 21 | 9595 | 4774 | 4822 |
| 42 | 9882 | 4953 | 4929 | 281 | 252 | 29 | 9060 | 4394 | 4665 |
| 43 | 11027 | 5602 | 5425 | 285 | 269 | 16 | 10133 | 5036 | 5097 |
| 44 | 9231 | 4672 | 4559 | 234 | 219 | 15 | 8496 | 4178 | 4318 |
| 45-49 | **48961** | **24717** | **24244** | **1052** | **991** | **61** | **44999** | **22337** | **22662** |
| 45 | 10202 | 5176 | 5026 | 257 | 238 | 19 | 9351 | 4636 | 4715 |
| 46 | 9963 | 5080 | 4883 | 214 | 200 | 14 | 9178 | 4598 | 4580 |
| 47 | 10933 | 5568 | 5365 | 218 | 209 | 9 | 10001 | 5007 | 4994 |
| 48 | 9374 | 4631 | 4742 | 192 | 182 | 10 | 8671 | 4219 | 4451 |
| 49 | 8490 | 4262 | 4228 | 171 | 162 | 9 | 7797 | 3876 | 3921 |
| 50-54 | **29667** | **15188** | **14479** | **637** | **610** | **27** | **26674** | **13529** | **13145** |
| 50 | 4411 | 2176 | 2236 | 85 | 79 | 6 | 4040 | 1965 | 2075 |
| 51 | 5611 | 2849 | 2763 | 112 | 106 | 6 | 5050 | 2540 | 2510 |
| 52 | 5216 | 2661 | 2555 | 93 | 90 | 3 | 4697 | 2385 | 2312 |
| 53 | 6694 | 3487 | 3206 | 150 | 144 | 6 | 5979 | 3086 | 2894 |
| 54 | 7734 | 4015 | 3719 | 197 | 191 | 6 | 6907 | 3552 | 3355 |
| 55-59 | **37136** | **18929** | **18206** | **784** | **759** | **25** | **32569** | **16557** | **16011** |
| 55 | 7136 | 3733 | 3402 | 162 | 157 | 5 | 6317 | 3285 | 3032 |
| 56 | 7780 | 3971 | 3809 | 168 | 164 | 4 | 6941 | 3502 | 3439 |
| 57 | 7771 | 3969 | 3802 | 144 | 137 | 6 | 6833 | 3492 | 3341 |
| 58 | 7195 | 3600 | 3595 | 151 | 147 | 4 | 6210 | 3108 | 3103 |
| 59 | 7255 | 3656 | 3599 | 159 | 153 | 6 | 6267 | 3171 | 3096 |
| 60-64 | **28630** | **14720** | **13910** | **596** | **575** | **21** | **23713** | **12425** | **11288** |
| 60 | 6134 | 3100 | 3035 | 121 | 116 | 5 | 5260 | 2675 | 2584 |
| 61 | 6235 | 3223 | 3012 | 130 | 124 | 6 | 5234 | 2724 | 2509 |
| 62 | 6165 | 3254 | 2911 | 136 | 131 | 5 | 5051 | 2730 | 2321 |
| 63 | 5205 | 2628 | 2577 | 122 | 120 | 2 | 4236 | 2185 | 2051 |
| 64 | 4890 | 2515 | 2375 | 87 | 84 | 3 | 3933 | 2110 | 1822 |
| 65+ | **57274** | **27605** | **29669** | **992** | **948** | **45** | **34122** | **19452** | **14670** |

## 2-35 续表 2 continued

单位：人 (person)

| 年龄 Age | 再婚有配偶 Re-married | 男 Male | 女 Female | 离婚 Divorced | 男 Male | 女 Female | 丧偶 Widowed | 男 Male | 女 Female |
|---|---|---|---|---|---|---|---|---|---|
| **总计 Total** | **7729** | **3406** | **4322** | **4505** | **3305** | **1200** | **30484** | **10070** | **20414** |
| 15-19 | **26** | **13** | **12** | **44** | **18** | **25** | **18** | **15** | **3** |
| 15 | 10 | 3 | 7 | 2 | | 2 | 3 | 3 | |
| 16 | 7 | 4 | 3 | 7 | 4 | 3 | 3 | 3 | |
| 17 | 3 | 3 | | 9 | 5 | 4 | 2 | 2 | |
| 18 | 4 | 2 | 2 | 10 | 3 | 8 | 6 | 3 | 3 |
| 19 | 2 | 2 | | 15 | 7 | 8 | 4 | 3 | |
| 20-24 | **114** | **48** | **66** | **186** | **84** | **102** | **38** | **21** | **17** |
| 20 | 11 | 4 | 7 | 18 | 9 | 9 | 6 | 5 | |
| 21 | 21 | 10 | 12 | 20 | 7 | 12 | 8 | 3 | 5 |
| 22 | 21 | 9 | 12 | 40 | 21 | 19 | 8 | 5 | 2 |
| 23 | 30 | 10 | 19 | 50 | 20 | 31 | 3 | | 3 |
| 24 | 31 | 15 | 16 | 58 | 27 | 31 | 14 | 8 | 6 |
| 25-29 | **340** | **145** | **195** | **470** | **296** | **174** | **47** | **16** | **31** |
| 25 | 62 | 28 | 34 | 69 | 43 | 26 | 3 | | 3 |
| 26 | 45 | 19 | 26 | 75 | 41 | 34 | 4 | 2 | 3 |
| 27 | 52 | 25 | 27 | 87 | 53 | 34 | 7 | 3 | 4 |
| 28 | 93 | 36 | 57 | 115 | 81 | 34 | 12 | 4 | 7 |
| 29 | 89 | 38 | 51 | 124 | 78 | 46 | 20 | 7 | 13 |
| 30-34 | **544** | **233** | **311** | **632** | **454** | **177** | **130** | **50** | **81** |
| 30 | 105 | 50 | 56 | 118 | 83 | 35 | 14 | 6 | 8 |
| 31 | 78 | 28 | 49 | 121 | 81 | 40 | 26 | 9 | 16 |
| 32 | 117 | 50 | 67 | 159 | 113 | 46 | 16 | 9 | 7 |
| 33 | 116 | 50 | 66 | 114 | 86 | 28 | 33 | 13 | 20 |
| 34 | 127 | 55 | 73 | 119 | 91 | 28 | 41 | 12 | 29 |
| 35-39 | **949** | **402** | **547** | **703** | **520** | **183** | **293** | **123** | **170** |
| 35 | 149 | 68 | 82 | 123 | 86 | 37 | 46 | 26 | 20 |
| 36 | 175 | 76 | 99 | 154 | 120 | 34 | 41 | 12 | 29 |
| 37 | 190 | 81 | 109 | 143 | 109 | 34 | 52 | 13 | 39 |
| 38 | 198 | 76 | 122 | 133 | 93 | 40 | 71 | 32 | 39 |
| 39 | 236 | 101 | 135 | 150 | 113 | 37 | 82 | 40 | 42 |

## 2-35 续表 3 continued

单位：人 (person)

| 年 龄 Age | 再婚有配偶 Re-married | 男 Male | 女 Female | 离 婚 Divorced | 男 Male | 女 Female | 丧 偶 Widowed | 男 Male | 女 Female |
|---|---|---|---|---|---|---|---|---|---|
| 40–44 | **1221** | **484** | **738** | **737** | **578** | **159** | **698** | **305** | **393** |
| 40 | 233 | 89 | 144 | 142 | 107 | 36 | 106 | 38 | 69 |
| 41 | 253 | 87 | 166 | 151 | 114 | 37 | 118 | 54 | 65 |
| 42 | 246 | 106 | 140 | 165 | 142 | 23 | 131 | 59 | 72 |
| 43 | 283 | 111 | 171 | 154 | 113 | 41 | 172 | 73 | 100 |
| 44 | 206 | 91 | 116 | 125 | 102 | 23 | 170 | 82 | 88 |
| 45–49 | **1159** | **483** | **677** | **623** | **488** | **135** | **1129** | **418** | **710** |
| 45 | 228 | 106 | 122 | 133 | 110 | 23 | 233 | 85 | 147 |
| 46 | 264 | 106 | 158 | 130 | 94 | 36 | 178 | 82 | 95 |
| 47 | 268 | 115 | 154 | 159 | 129 | 30 | 287 | 108 | 179 |
| 48 | 211 | 82 | 129 | 116 | 90 | 26 | 183 | 58 | 125 |
| 49 | 188 | 75 | 113 | 84 | 64 | 20 | 249 | 84 | 164 |
| 50–54 | **764** | **340** | **424** | **285** | **236** | **49** | **1306** | **473** | **833** |
| 50 | 118 | 47 | 70 | 34 | 30 | 4 | 135 | 54 | 81 |
| 51 | 162 | 68 | 95 | 68 | 57 | 11 | 219 | 78 | 141 |
| 52 | 136 | 68 | 68 | 57 | 45 | 12 | 233 | 74 | 159 |
| 53 | 178 | 77 | 101 | 67 | 54 | 12 | 319 | 126 | 193 |
| 54 | 170 | 80 | 90 | 60 | 51 | 9 | 400 | 141 | 259 |
| 55–59 | **887** | **390** | **497** | **319** | **260** | **59** | **2577** | **963** | **1614** |
| 55 | 193 | 90 | 103 | 67 | 53 | 15 | 396 | 148 | 248 |
| 56 | 170 | 74 | 96 | 63 | 54 | 8 | 438 | 176 | 262 |
| 57 | 173 | 89 | 84 | 65 | 54 | 11 | 556 | 197 | 359 |
| 58 | 196 | 82 | 114 | 63 | 52 | 12 | 574 | 212 | 362 |
| 59 | 155 | 56 | 99 | 60 | 47 | 13 | 613 | 229 | 384 |
| 60–64 | **659** | **325** | **334** | **204** | **161** | **43** | **3458** | **1234** | **2223** |
| 60 | 141 | 70 | 71 | 49 | 38 | 11 | 564 | 200 | 364 |
| 61 | 142 | 71 | 71 | 51 | 38 | 13 | 678 | 265 | 413 |
| 62 | 147 | 70 | 77 | 39 | 27 | 12 | 791 | 296 | 496 |
| 63 | 119 | 57 | 62 | 35 | 33 | 2 | 693 | 234 | 460 |
| 64 | 110 | 57 | 53 | 28 | 24 | 4 | 731 | 240 | 491 |
| 65+ | **1066** | **544** | **521** | **303** | **209** | **94** | **20791** | **6452** | **14339** |

# 2-36 各地区分性别、婚姻状况的人口

## Population by Sex, Marital Status and Region

单位：人 (person)

| 地 区 | Region | 15岁及以上人口 Population Aged 15 and Over | 男 Male | 女 Female | 未 婚 Never Married | 男 Male | 女 Female | 初婚有配偶 First Married | 男 Male | 女 Female |
|---|---|---|---|---|---|---|---|---|---|---|
| **全 国** | **National Total** | **956619** | **484840** | **471779** | **199241** | **114590** | **84651** | **677283** | **339674** | **337609** |
| 北 京 | Beijing | 15737 | 8012 | 7725 | 3988 | 2079 | 1909 | 10778 | 5602 | 5177 |
| 天 津 | Tianjin | 10344 | 5101 | 5243 | 2446 | 1214 | 1232 | 7098 | 3586 | 3511 |
| 河 北 | Hebei | 50971 | 26109 | 24862 | 9546 | 5802 | 3744 | 37462 | 18763 | 18699 |
| 山 西 | Shanxi | 25737 | 13139 | 12598 | 5585 | 3212 | 2373 | 18366 | 9244 | 9122 |
| 内蒙古 | Inner Mongolia | 18303 | 9081 | 9222 | 3767 | 1876 | 1891 | 13137 | 6656 | 6482 |
| 辽 宁 | Liaoning | 33193 | 16656 | 16537 | 5685 | 3268 | 2417 | 23998 | 12005 | 11992 |
| 吉 林 | Jilin | 20501 | 10402 | 10099 | 3353 | 1945 | 1408 | 15034 | 7511 | 7523 |
| 黑龙江 | Heilongjiang | 28912 | 14474 | 14437 | 5002 | 2734 | 2267 | 20908 | 10458 | 10450 |
| 上 海 | Shanghai | 18394 | 9727 | 8667 | 4263 | 2527 | 1736 | 12983 | 6785 | 6198 |
| 江 苏 | jiangsu | 58720 | 28967 | 29753 | 11095 | 5952 | 5143 | 42913 | 21384 | 21528 |
| 浙 江 | Zhejiang | 40789 | 19801 | 20988 | 8588 | 3908 | 4680 | 29284 | 14839 | 14445 |
| 安 徽 | Anhui | 41801 | 20765 | 21036 | 7669 | 4465 | 3204 | 30628 | 14959 | 15669 |
| 福 建 | Fujian | 26774 | 13033 | 13740 | 6532 | 3082 | 3450 | 18373 | 9276 | 9098 |
| 江 西 | Jiangxi | 30114 | 15532 | 14582 | 5875 | 3566 | 2309 | 21855 | 11082 | 10772 |
| 山 东 | Shandong | 69550 | 34507 | 35043 | 11562 | 6631 | 4932 | 52177 | 25840 | 26337 |
| 河 南 | Henan | 63576 | 32155 | 31421 | 14498 | 8835 | 5664 | 44354 | 21468 | 22886 |
| 湖 北 | Hubei | 42154 | 21402 | 20752 | 8005 | 4748 | 3257 | 30297 | 15093 | 15204 |
| 湖 南 | Hunan | 46264 | 23459 | 22805 | 8479 | 5136 | 3343 | 33182 | 16582 | 16599 |
| 广 东 | Guangdong | 74285 | 39321 | 34964 | 22926 | 13709 | 9217 | 47133 | 24249 | 22884 |
| 广 西 | Guangxi | 30969 | 16127 | 14842 | 7311 | 4730 | 2581 | 20931 | 10422 | 10509 |
| 海 南 | Hainan | 6003 | 3077 | 2926 | 1740 | 1004 | 736 | 3933 | 1971 | 1961 |
| 重 庆 | Chongqing | 20938 | 10616 | 10322 | 3715 | 2245 | 1470 | 14919 | 7446 | 7473 |
| 四 川 | Sichuan | 57636 | 29278 | 28358 | 9837 | 5615 | 4222 | 41577 | 21215 | 20361 |
| 贵 州 | Guizhou | 22475 | 11793 | 10682 | 5202 | 3391 | 1811 | 14924 | 7450 | 7474 |
| 云 南 | Yunnan | 31821 | 16187 | 15633 | 6661 | 3779 | 2882 | 22362 | 11288 | 11074 |
| 西 藏 | Tibet | 1994 | 1011 | 982 | 663 | 366 | 297 | 1167 | 591 | 576 |
| 陕 西 | Shaanxi | 27172 | 13772 | 13400 | 6020 | 3306 | 2714 | 19072 | 9619 | 9453 |
| 甘 肃 | Gansu | 18211 | 9355 | 8856 | 4111 | 2460 | 1650 | 12718 | 6356 | 6361 |
| 青 海 | Qinghai | 3856 | 1929 | 1927 | 930 | 482 | 448 | 2563 | 1305 | 1257 |
| 宁 夏 | Ningxia | 4320 | 2264 | 2056 | 970 | 590 | 380 | 3076 | 1568 | 1508 |
| 新 疆 | Xinjiang | 15107 | 7787 | 7320 | 3219 | 1936 | 1284 | 10088 | 5060 | 5028 |

## 2-36 续表 continued

单位：人 (person)

| 地区 | Region | 再婚有配偶 Re-married | 男 Male | 女 Female | 离婚 Divorced | 男 Male | 女 Female | 丧偶 Widowed | 男 Male | 女 Female |
|---|---|---|---|---|---|---|---|---|---|---|
| **全国** | **National Total** | **14956** | **7057** | **7900** | **12915** | **7391** | **5523** | **52223** | **16128** | **36095** |
| 北京 | Beijing | 196 | 95 | 102 | 206 | 79 | 126 | 568 | 157 | 411 |
| 天津 | Tianjin | 151 | 73 | 77 | 166 | 82 | 84 | 484 | 145 | 338 |
| 河北 | Hebei | 849 | 386 | 463 | 520 | 331 | 189 | 2595 | 828 | 1767 |
| 山西 | Shanxi | 279 | 119 | 161 | 256 | 161 | 94 | 1251 | 403 | 848 |
| 内蒙古 | Inner Mongolia | 348 | 157 | 192 | 281 | 170 | 111 | 769 | 222 | 547 |
| 辽宁 | Liaoning | 611 | 287 | 324 | 1004 | 496 | 509 | 1895 | 600 | 1295 |
| 吉林 | Jilin | 443 | 221 | 222 | 601 | 342 | 259 | 1071 | 383 | 688 |
| 黑龙江 | Heilongjiang | 669 | 325 | 344 | 842 | 487 | 356 | 1490 | 470 | 1020 |
| 上海 | Shanghai | 237 | 116 | 121 | 305 | 150 | 155 | 606 | 149 | 457 |
| 江苏 | jiangsu | 790 | 355 | 434 | 682 | 360 | 322 | 3241 | 916 | 2325 |
| 浙江 | Zhejiang | 663 | 283 | 380 | 416 | 273 | 143 | 1838 | 499 | 1340 |
| 安徽 | Anhui | 615 | 270 | 345 | 430 | 261 | 169 | 2460 | 810 | 1650 |
| 福建 | Fujian | 339 | 173 | 166 | 268 | 151 | 117 | 1261 | 351 | 909 |
| 江西 | Jiangxi | 445 | 213 | 233 | 313 | 192 | 121 | 1626 | 479 | 1147 |
| 山东 | Shandong | 1029 | 447 | 581 | 622 | 350 | 271 | 4161 | 1239 | 2922 |
| 河南 | Henan | 687 | 302 | 384 | 494 | 298 | 196 | 3543 | 1251 | 2291 |
| 湖北 | Hubei | 674 | 331 | 344 | 513 | 299 | 214 | 2664 | 930 | 1734 |
| 湖南 | Hunan | 854 | 398 | 456 | 713 | 449 | 263 | 3037 | 895 | 2142 |
| 广东 | Guangdong | 618 | 348 | 270 | 488 | 286 | 202 | 3120 | 729 | 2391 |
| 广西 | Guangxi | 385 | 180 | 205 | 373 | 224 | 150 | 1970 | 573 | 1397 |
| 海南 | Hainan | 43 | 23 | 20 | 44 | 26 | 18 | 243 | 53 | 190 |
| 重庆 | Chongqing | 476 | 214 | 261 | 445 | 239 | 206 | 1384 | 471 | 913 |
| 四川 | Sichuan | 1188 | 541 | 646 | 977 | 559 | 418 | 4058 | 1348 | 2710 |
| 贵州 | Guizhou | 441 | 216 | 225 | 373 | 225 | 148 | 1534 | 511 | 1024 |
| 云南 | Yunnan | 574 | 277 | 297 | 465 | 283 | 182 | 1759 | 560 | 1198 |
| 西藏 | Tibet | 9 | 6 | 4 | 39 | 12 | 28 | 115 | 37 | 78 |
| 陕西 | Shaanxi | 367 | 177 | 190 | 262 | 187 | 76 | 1452 | 484 | 968 |
| 甘肃 | Gansu | 138 | 65 | 72 | 191 | 112 | 80 | 1054 | 361 | 692 |
| 青海 | Qinghai | 60 | 32 | 28 | 95 | 44 | 51 | 208 | 66 | 142 |
| 宁夏 | Ningxia | 75 | 39 | 36 | 52 | 28 | 24 | 148 | 39 | 108 |
| 新疆 | Xinjiang | 703 | 389 | 314 | 478 | 235 | 243 | 619 | 168 | 451 |

# 2-37 各地区城市分性别、婚姻状况的人口

# City Population by Sex, Marital Status and Region

单位：人 (person)

| 地区 | Region | 15岁及以上人口 Population Aged 15 and Over | 男 Male | 女 Female | 未婚 Never Married | 男 Male | 女 Female | 初婚有配偶 First Married | 男 Male | 女 Female |
|---|---|---|---|---|---|---|---|---|---|---|
| **全 国** | **National Total** | **297449** | **149128** | **148322** | **70309** | **37665** | **32644** | **205752** | **103657** | **102095** |
| 北 京 | Beijing | 12118 | 6185 | 5933 | 3202 | 1732 | 1470 | 8277 | 4255 | 4021 |
| 天 津 | Tianjin | 7102 | 3643 | 3460 | 1584 | 922 | 662 | 4969 | 2527 | 2442 |
| 河 北 | Hebei | 8932 | 4414 | 4518 | 1517 | 834 | 684 | 6757 | 3341 | 3416 |
| 山 西 | Shanxi | 7193 | 3575 | 3618 | 1500 | 786 | 715 | 5272 | 2642 | 2630 |
| 内蒙古 | Inner Mongolia | 5686 | 2579 | 3108 | 1775 | 648 | 1127 | 3552 | 1801 | 1752 |
| 辽 宁 | Liaoning | 17622 | 8752 | 8869 | 3300 | 1854 | 1446 | 12324 | 6125 | 6200 |
| 吉 林 | Jilin | 7158 | 3580 | 3578 | 1283 | 726 | 557 | 5148 | 2565 | 2582 |
| 黑龙江 | Heilongjiang | 10453 | 5074 | 5379 | 2172 | 1047 | 1124 | 7141 | 3568 | 3573 |
| 上 海 | Shanghai | 13505 | 7077 | 6428 | 3494 | 2043 | 1450 | 9117 | 4717 | 4400 |
| 江 苏 | Jiangsu | 22162 | 11017 | 11145 | 5423 | 2638 | 2784 | 15378 | 7915 | 7463 |
| 浙 江 | Zhejiang | 16190 | 7239 | 8951 | 4996 | 1666 | 3330 | 10495 | 5332 | 5164 |
| 安 徽 | Anhui | 8785 | 4517 | 4268 | 1853 | 1111 | 742 | 6307 | 3175 | 3132 |
| 福 建 | Fujian | 9059 | 4714 | 4345 | 2266 | 1351 | 916 | 6343 | 3201 | 3142 |
| 江 西 | Jiangxi | 5761 | 2907 | 2854 | 1242 | 767 | 475 | 4098 | 1993 | 2105 |
| 山 东 | Shandong | 22034 | 10760 | 11275 | 3790 | 2009 | 1782 | 16556 | 8189 | 8367 |
| 河 南 | Henan | 12311 | 5846 | 6465 | 2418 | 1021 | 1397 | 8998 | 4461 | 4537 |
| 湖 北 | Hubei | 12469 | 6299 | 6170 | 2632 | 1588 | 1044 | 8805 | 4319 | 4487 |
| 湖 南 | Hunan | 9176 | 4621 | 4554 | 2036 | 1156 | 879 | 6367 | 3168 | 3199 |
| 广 东 | Guangdong | 31607 | 17525 | 14081 | 10404 | 6581 | 3823 | 19993 | 10547 | 9446 |
| 广 西 | Guangxi | 6222 | 3167 | 3055 | 1456 | 857 | 599 | 4257 | 2140 | 2116 |
| 海 南 | Hainan | 1749 | 881 | 868 | 539 | 291 | 248 | 1145 | 573 | 572 |
| 重 庆 | Chongqing | 7907 | 3985 | 3922 | 1539 | 896 | 643 | 5598 | 2789 | 2809 |
| 四 川 | Sichuan | 13017 | 6341 | 6676 | 2142 | 1215 | 927 | 9552 | 4624 | 4928 |
| 贵 州 | Guizhou | 4809 | 2701 | 2108 | 1942 | 1311 | 631 | 2462 | 1231 | 1230 |
| 云 南 | Yunnan | 5714 | 2531 | 3184 | 1748 | 595 | 1153 | 3547 | 1776 | 1771 |
| 西 藏 | Tibet | 206 | 109 | 97 | 46 | 25 | 21 | 152 | 80 | 71 |
| 陕 西 | Shaanxi | 6594 | 3106 | 3488 | 1567 | 653 | 915 | 4661 | 2311 | 2350 |
| 甘 肃 | Gansu | 3436 | 1728 | 1708 | 662 | 373 | 289 | 2471 | 1245 | 1226 |
| 青 海 | Qinghai | 1114 | 526 | 588 | 247 | 105 | 142 | 764 | 384 | 380 |
| 宁 夏 | Ningxia | 1562 | 808 | 754 | 337 | 177 | 160 | 1128 | 597 | 531 |
| 新 疆 | Xinjiang | 5797 | 2921 | 2876 | 1195 | 684 | 511 | 4119 | 2066 | 2053 |

## 2-37 续表 continued

单位：人 (person)

| 地 区 | Region | 再婚有配偶 Re-married | 男 Male | 女 Female | 离 婚 Divorced | 男 Male | 女 Female | 丧 偶 Widowed | 男 Male | 女 Female |
|---|---|---|---|---|---|---|---|---|---|---|
| **全 国** | **National Total** | **3992** | **2066** | **1926** | **5838** | **2676** | **3162** | **11558** | **3064** | **8493** |
| 北 京 | Beijing | 111 | 60 | 52 | 168 | 56 | 112 | 359 | 82 | 277 |
| 天 津 | Tianjin | 70 | 37 | 33 | 129 | 58 | 71 | 350 | 100 | 250 |
| 河 北 | Hebei | 137 | 70 | 67 | 132 | 64 | 68 | 388 | 105 | 283 |
| 山 西 | Shanxi | 54 | 23 | 31 | 87 | 38 | 49 | 279 | 87 | 192 |
| 内蒙古 | Inner Mongolia | 100 | 50 | 50 | 102 | 50 | 52 | 158 | 30 | 127 |
| 辽 宁 | Liaoning | 261 | 134 | 127 | 745 | 340 | 405 | 992 | 299 | 692 |
| 吉 林 | Jilin | 106 | 54 | 51 | 270 | 130 | 140 | 352 | 105 | 247 |
| 黑龙江 | Heilongjiang | 210 | 112 | 99 | 421 | 217 | 204 | 509 | 130 | 379 |
| 上 海 | Shanghai | 174 | 87 | 87 | 262 | 122 | 140 | 459 | 108 | 351 |
| 江 苏 | Jiangsu | 245 | 112 | 133 | 321 | 133 | 188 | 796 | 219 | 577 |
| 浙 江 | Zhejiang | 191 | 88 | 103 | 147 | 73 | 74 | 361 | 81 | 280 |
| 安 徽 | Anhui | 146 | 70 | 77 | 152 | 67 | 86 | 327 | 95 | 232 |
| 福 建 | Fujian | 96 | 53 | 44 | 118 | 53 | 65 | 235 | 56 | 178 |
| 江 西 | Jiangxi | 67 | 40 | 27 | 122 | 51 | 71 | 232 | 56 | 176 |
| 山 东 | Shandong | 389 | 180 | 209 | 301 | 124 | 177 | 997 | 258 | 740 |
| 河 南 | Henan | 159 | 92 | 67 | 140 | 60 | 81 | 595 | 212 | 383 |
| 湖 北 | Hubei | 186 | 109 | 77 | 292 | 144 | 148 | 554 | 139 | 414 |
| 湖 南 | Hunan | 101 | 57 | 44 | 248 | 125 | 123 | 424 | 115 | 309 |
| 广 东 | Guangdong | 252 | 147 | 104 | 258 | 121 | 138 | 700 | 129 | 571 |
| 广 西 | Guangxi | 109 | 58 | 51 | 149 | 61 | 88 | 251 | 50 | 201 |
| 海 南 | Hainan | 9 | 5 | 4 | 18 | 7 | 11 | 38 | 6 | 32 |
| 重 庆 | Chongqing | 167 | 81 | 86 | 267 | 125 | 141 | 336 | 93 | 243 |
| 四 川 | Sichuan | 217 | 119 | 98 | 293 | 129 | 164 | 812 | 253 | 559 |
| 贵 州 | Guizhou | 93 | 51 | 43 | 162 | 75 | 87 | 151 | 34 | 117 |
| 云 南 | Yunnan | 83 | 41 | 43 | 132 | 66 | 66 | 204 | 53 | 151 |
| 西 藏 | Tibet | 1 | 1 |  | 1 | 1 | 1 | 6 | 2 | 3 |
| 陕 西 | Shaanxi | 103 | 56 | 47 | 71 | 38 | 33 | 192 | 49 | 144 |
| 甘 肃 | Gansu | 21 | 11 | 10 | 90 | 44 | 46 | 192 | 55 | 137 |
| 青 海 | Qinghai | 22 | 12 | 10 | 35 | 16 | 19 | 47 | 10 | 37 |
| 宁 夏 | Ningxia | 24 | 13 | 11 | 28 | 13 | 15 | 46 | 9 | 37 |
| 新 疆 | Xinjiang | 89 | 49 | 41 | 176 | 76 | 100 | 218 | 47 | 171 |

# 2-38 各地区镇分性别、婚姻状况的人口

# Town Population by Sex, Marital Status and Region

单位：人 (person)

| 地 区 | Region | 15岁及以上人口 Population Aged 15 and Over | 男 Male | 女 Female | 未 婚 Never Married | 男 Male | 女 Female | 初婚有配偶 First Married | 男 Male | 女 Female |
|---|---|---|---|---|---|---|---|---|---|---|
| **全 国** | **National Total** | **210173** | **107255** | **102918** | **43651** | **25426** | **18225** | **150534** | **75841** | **74693** |
| 北 京 | Beijing | 1449 | 683 | 766 | 419 | 126 | 293 | 907 | 506 | 401 |
| 天 津 | Tianjin | 1338 | 503 | 835 | 555 | 123 | 433 | 715 | 354 | 361 |
| 河 北 | Hebei | 14361 | 7555 | 6806 | 3186 | 2171 | 1015 | 10163 | 4998 | 5165 |
| 山 西 | Shanxi | 5634 | 2836 | 2798 | 1276 | 726 | 550 | 4040 | 2006 | 2034 |
| 内蒙古 | Inner Mongolia | 4633 | 2314 | 2318 | 750 | 429 | 321 | 3521 | 1755 | 1766 |
| 辽 宁 | Liaoning | 3946 | 1967 | 1978 | 586 | 335 | 251 | 2979 | 1497 | 1482 |
| 吉 林 | Jilin | 3903 | 1967 | 1935 | 592 | 336 | 257 | 2877 | 1438 | 1440 |
| 黑龙江 | Heilongjiang | 6125 | 3098 | 3027 | 987 | 581 | 406 | 4457 | 2230 | 2227 |
| 上 海 | Shanghai | 2992 | 1660 | 1332 | 571 | 361 | 209 | 2313 | 1254 | 1058 |
| 江 苏 | Jiangsu | 14520 | 7216 | 7303 | 2281 | 1311 | 970 | 11160 | 5520 | 5639 |
| 浙 江 | Zhejiang | 9354 | 4741 | 4614 | 1438 | 848 | 591 | 7325 | 3673 | 3652 |
| 安 徽 | Anhui | 10324 | 5026 | 5298 | 1782 | 1001 | 781 | 7698 | 3727 | 3971 |
| 福 建 | Fujian | 6607 | 3031 | 3575 | 1950 | 692 | 1258 | 4318 | 2215 | 2103 |
| 江 西 | Jiangxi | 8372 | 4537 | 3835 | 1314 | 794 | 521 | 6479 | 3518 | 2961 |
| 山 东 | Shandong | 13778 | 6905 | 6873 | 2271 | 1340 | 931 | 10503 | 5224 | 5279 |
| 河 南 | Henan | 14408 | 8282 | 6126 | 4797 | 3664 | 1133 | 8829 | 4317 | 4512 |
| 湖 北 | Hubei | 9630 | 4947 | 4684 | 1689 | 945 | 745 | 7102 | 3631 | 3472 |
| 湖 南 | Hunan | 12274 | 6312 | 5962 | 1991 | 1215 | 776 | 9084 | 4653 | 4430 |
| 广 东 | Guangdong | 19147 | 9918 | 9229 | 5724 | 3208 | 2516 | 12329 | 6393 | 5936 |
| 广 西 | Guangxi | 7375 | 3820 | 3556 | 1605 | 946 | 659 | 5239 | 2679 | 2560 |
| 海 南 | Hainan | 1367 | 691 | 676 | 408 | 226 | 183 | 888 | 443 | 445 |
| 重 庆 | Chongqing | 3978 | 1930 | 2048 | 637 | 359 | 278 | 2943 | 1431 | 1512 |
| 四 川 | Sichuan | 11763 | 5650 | 6114 | 2225 | 1057 | 1168 | 8296 | 4094 | 4202 |
| 贵 州 | Guizhou | 3597 | 1792 | 1804 | 630 | 371 | 258 | 2561 | 1267 | 1294 |
| 云 南 | Yunnan | 6607 | 3377 | 3230 | 1146 | 696 | 450 | 4861 | 2448 | 2412 |
| 西 藏 | Tibet | 280 | 136 | 144 | 82 | 43 | 39 | 173 | 86 | 87 |
| 陕 西 | Shaanxi | 6313 | 3193 | 3119 | 1467 | 806 | 661 | 4415 | 2210 | 2206 |
| 甘 肃 | Gansu | 3485 | 1846 | 1639 | 716 | 410 | 306 | 2570 | 1361 | 1209 |
| 青 海 | Qinghai | 779 | 393 | 386 | 215 | 100 | 115 | 497 | 265 | 232 |
| 宁 夏 | Ningxia | 656 | 336 | 320 | 130 | 76 | 54 | 487 | 244 | 243 |
| 新 疆 | Xinjiang | 1178 | 593 | 585 | 229 | 132 | 97 | 804 | 405 | 399 |

## 2-38 续表 continued

单位：人 (person)

| 地区 | Region | 再婚有配偶 Re-married | 男 Male | 女 Female | 离婚 Divorced | 男 Male | 女 Female | 丧偶 Widowed | 男 Male | 女 Female |
|---|---|---|---|---|---|---|---|---|---|---|
| **全国** | **National Total** | **3236** | **1585** | **1651** | **2572** | **1410** | **1161** | **10181** | **2993** | **7188** |
| 北京 | Beijing | 24 | 9 | 14 | 17 | 9 | 8 | 83 | 33 | 50 |
| 天津 | Tianjin | 21 | 12 | 9 | 12 | 6 | 6 | 35 | 9 | 25 |
| 河北 | Hebei | 235 | 110 | 125 | 139 | 82 | 57 | 638 | 193 | 445 |
| 山西 | Shanxi | 61 | 29 | 33 | 45 | 22 | 23 | 212 | 52 | 160 |
| 内蒙古 | Inner Mongolia | 95 | 46 | 49 | 86 | 44 | 42 | 181 | 40 | 141 |
| 辽宁 | Liaoning | 72 | 35 | 36 | 102 | 41 | 60 | 207 | 59 | 148 |
| 吉林 | Jilin | 54 | 28 | 26 | 156 | 84 | 72 | 223 | 82 | 142 |
| 黑龙江 | Heilongjiang | 168 | 87 | 81 | 194 | 107 | 87 | 319 | 93 | 226 |
| 上海 | Shanghai | 35 | 18 | 17 | 19 | 10 | 8 | 55 | 17 | 39 |
| 江苏 | Jiangsu | 206 | 95 | 111 | 161 | 78 | 83 | 712 | 212 | 500 |
| 浙江 | Zhejiang | 150 | 69 | 80 | 92 | 60 | 32 | 349 | 90 | 259 |
| 安徽 | Anhui | 181 | 83 | 98 | 110 | 60 | 50 | 554 | 155 | 399 |
| 福建 | Fujian | 69 | 38 | 31 | 48 | 25 | 24 | 221 | 62 | 159 |
| 江西 | Jiangxi | 127 | 59 | 68 | 79 | 51 | 28 | 372 | 114 | 258 |
| 山东 | Shandong | 200 | 79 | 121 | 97 | 56 | 41 | 707 | 206 | 501 |
| 河南 | Henan | 126 | 53 | 72 | 116 | 73 | 43 | 540 | 175 | 365 |
| 湖北 | Hubei | 109 | 56 | 53 | 83 | 43 | 41 | 646 | 273 | 373 |
| 湖南 | Hunan | 328 | 152 | 176 | 181 | 102 | 79 | 690 | 188 | 502 |
| 广东 | Guangdong | 138 | 88 | 50 | 84 | 41 | 43 | 872 | 188 | 684 |
| 广西 | Guangxi | 59 | 34 | 25 | 82 | 45 | 36 | 390 | 115 | 275 |
| 海南 | Hainan | 9 | 6 | 3 | 9 | 6 | 3 | 53 | 11 | 42 |
| 重庆 | Chongqing | 109 | 51 | 58 | 67 | 33 | 34 | 222 | 56 | 166 |
| 四川 | Sichuan | 247 | 124 | 123 | 246 | 145 | 101 | 748 | 230 | 519 |
| 贵州 | Guizhou | 90 | 52 | 38 | 73 | 38 | 36 | 243 | 64 | 178 |
| 云南 | Yunnan | 159 | 82 | 76 | 94 | 56 | 38 | 347 | 94 | 253 |
| 西藏 | Tibet | 2 | 1 | 1 | 9 | 2 | 7 | 14 | 5 | 9 |
| 陕西 | Shaanxi | 71 | 37 | 34 | 59 | 42 | 17 | 300 | 98 | 201 |
| 甘肃 | Gansu | 26 | 13 | 13 | 34 | 16 | 19 | 139 | 47 | 92 |
| 青海 | Qinghai | 12 | 7 | 5 | 19 | 8 | 10 | 36 | 13 | 24 |
| 宁夏 | Ningxia | 12 | 6 | 6 | 6 | 4 | 2 | 20 | 6 | 14 |
| 新疆 | Xinjiang | 41 | 25 | 16 | 53 | 19 | 33 | 52 | 12 | 40 |

# 2-39 各地区农村分性别、婚姻状况的人口

# Rural Population by Sex, Marital Status and Region

单位：人 (person)

| 地 区 | Region | 15岁及以上人口 Population Aged 15 and Over | 男 Male | 女 Female | 未 婚 Never Married | 男 Male | 女 Female | 初婚有配偶 First Married | 男 Male | 女 Female |
|---|---|---|---|---|---|---|---|---|---|---|
| **全 国** | **National Total** | **448997** | **228458** | **220539** | **85282** | **51500** | **33782** | **320997** | **160177** | **160821** |
| 北 京 | Beijing | 2170 | 1144 | 1026 | 367 | 222 | 145 | 1595 | 840 | 755 |
| 天 津 | Tianjin | 1903 | 955 | 948 | 306 | 170 | 137 | 1414 | 706 | 708 |
| 河 北 | Hebei | 27677 | 14140 | 13537 | 4842 | 2797 | 2045 | 20542 | 10423 | 10118 |
| 山 西 | Shanxi | 12910 | 6728 | 6182 | 2809 | 1700 | 1109 | 9054 | 4597 | 4458 |
| 内蒙古 | Inner Mongolia | 7984 | 4188 | 3796 | 1243 | 800 | 443 | 6064 | 3100 | 2964 |
| 辽 宁 | Liaoning | 11626 | 5936 | 5689 | 1799 | 1078 | 720 | 8694 | 4384 | 4310 |
| 吉 林 | Jilin | 9441 | 4855 | 4586 | 1478 | 884 | 594 | 7009 | 3508 | 3501 |
| 黑龙江 | Heilongjiang | 12334 | 6303 | 6031 | 1843 | 1106 | 737 | 9310 | 4660 | 4650 |
| 上 海 | Shanghai | 1897 | 990 | 907 | 198 | 122 | 76 | 1553 | 814 | 740 |
| 江 苏 | Jiangsu | 22038 | 10734 | 11305 | 3391 | 2002 | 1389 | 16375 | 7949 | 8426 |
| 浙 江 | Zhejiang | 15244 | 7822 | 7423 | 2153 | 1394 | 760 | 11463 | 5834 | 5629 |
| 安 徽 | Anhui | 22692 | 11222 | 11470 | 4034 | 2352 | 1681 | 16623 | 8058 | 8565 |
| 福 建 | Fujian | 11108 | 5287 | 5820 | 2315 | 1039 | 1276 | 7712 | 3860 | 3852 |
| 江 西 | Jiangxi | 15981 | 8088 | 7893 | 3318 | 2005 | 1314 | 11277 | 5571 | 5706 |
| 山 东 | Shandong | 33738 | 16843 | 16896 | 5501 | 3282 | 2219 | 25118 | 12427 | 12691 |
| 河 南 | Henan | 36857 | 18026 | 18830 | 7283 | 4149 | 3134 | 26527 | 12690 | 13837 |
| 湖 北 | Hubei | 20054 | 10156 | 9898 | 3684 | 2216 | 1468 | 14389 | 7143 | 7246 |
| 湖 南 | Hunan | 24815 | 12526 | 12289 | 4452 | 2764 | 1688 | 17731 | 8761 | 8970 |
| 广 东 | Guangdong | 23531 | 11877 | 11653 | 6797 | 3919 | 2878 | 14810 | 7308 | 7502 |
| 广 西 | Guangxi | 17372 | 9140 | 8231 | 4249 | 2926 | 1323 | 11435 | 5603 | 5832 |
| 海 南 | Hainan | 2887 | 1505 | 1382 | 793 | 488 | 305 | 1899 | 956 | 944 |
| 重 庆 | Chongqing | 9054 | 4702 | 4352 | 1539 | 990 | 550 | 6377 | 3225 | 3152 |
| 四 川 | Sichuan | 32856 | 17287 | 15568 | 5469 | 3343 | 2126 | 23728 | 12497 | 11231 |
| 贵 州 | Guizhou | 14069 | 7299 | 6770 | 2630 | 1708 | 922 | 9901 | 4952 | 4949 |
| 云 南 | Yunnan | 19499 | 10280 | 9220 | 3767 | 2488 | 1279 | 13954 | 7064 | 6890 |
| 西 藏 | Tibet | 1508 | 767 | 742 | 535 | 298 | 236 | 842 | 425 | 418 |
| 陕 西 | Shaanxi | 14266 | 7473 | 6793 | 2986 | 1848 | 1138 | 9995 | 5099 | 4897 |
| 甘 肃 | Gansu | 11290 | 5780 | 5510 | 2732 | 1677 | 1055 | 7676 | 3750 | 3927 |
| 青 海 | Qinghai | 1963 | 1010 | 952 | 468 | 277 | 191 | 1302 | 657 | 645 |
| 宁 夏 | Ningxia | 2103 | 1120 | 983 | 503 | 336 | 167 | 1461 | 728 | 733 |
| 新 疆 | Xinjiang | 8131 | 4273 | 3858 | 1795 | 1120 | 675 | 5165 | 2588 | 2576 |

## 2-39 续表 continued

单位：人 (person)

| 地 区 | Region | 再婚有配偶 Re-married | 男 Male | 女 Female | 离 婚 Divorced | 男 Male | 女 Female | 丧 偶 Widowed | 男 Male | 女 Female |
|---|---|---|---|---|---|---|---|---|---|---|
| **全 国** | **National Total** | **7729** | **3406** | **4322** | **4505** | **3305** | **1200** | **30484** | **10070** | **20414** |
| 北 京 | Beijing | 62 | 26 | 35 | 20 | 15 | 6 | 126 | 42 | 84 |
| 天 津 | Tianjin | 60 | 25 | 35 | 24 | 18 | 6 | 99 | 36 | 63 |
| 河 北 | Hebei | 477 | 206 | 271 | 249 | 185 | 64 | 1568 | 529 | 1039 |
| 山 西 | Shanxi | 164 | 67 | 97 | 124 | 101 | 23 | 760 | 264 | 496 |
| 内蒙古 | Inner Mongolia | 154 | 61 | 93 | 93 | 75 | 17 | 430 | 151 | 279 |
| 辽 宁 | Liaoning | 279 | 118 | 161 | 158 | 114 | 43 | 696 | 242 | 454 |
| 吉 林 | Jilin | 283 | 138 | 145 | 176 | 129 | 47 | 495 | 196 | 299 |
| 黑龙江 | Heilongjiang | 291 | 126 | 165 | 228 | 163 | 65 | 662 | 247 | 415 |
| 上 海 | Shanghai | 28 | 12 | 17 | 24 | 17 | 7 | 92 | 25 | 67 |
| 江 苏 | Jiangsu | 339 | 149 | 191 | 200 | 149 | 51 | 1733 | 485 | 1248 |
| 浙 江 | Zhejiang | 322 | 126 | 196 | 177 | 140 | 37 | 1128 | 328 | 800 |
| 安 徽 | Anhui | 288 | 117 | 171 | 168 | 134 | 33 | 1580 | 560 | 1020 |
| 福 建 | Fujian | 174 | 83 | 91 | 102 | 73 | 28 | 805 | 233 | 572 |
| 江 西 | Jiangxi | 251 | 114 | 137 | 113 | 90 | 23 | 1022 | 309 | 713 |
| 山 东 | Shandong | 440 | 189 | 252 | 223 | 170 | 53 | 2457 | 775 | 1682 |
| 河 南 | Henan | 402 | 157 | 245 | 237 | 165 | 72 | 2408 | 865 | 1543 |
| 湖 北 | Hubei | 379 | 166 | 213 | 137 | 113 | 25 | 1465 | 518 | 947 |
| 湖 南 | Hunan | 425 | 189 | 236 | 284 | 222 | 62 | 1923 | 591 | 1332 |
| 广 东 | Guangdong | 229 | 113 | 116 | 146 | 125 | 21 | 1548 | 413 | 1136 |
| 广 西 | Guangxi | 217 | 87 | 130 | 142 | 117 | 25 | 1329 | 407 | 922 |
| 海 南 | Hainan | 25 | 12 | 13 | 17 | 13 | 4 | 152 | 36 | 116 |
| 重 庆 | Chongqing | 200 | 83 | 117 | 111 | 81 | 30 | 826 | 322 | 504 |
| 四 川 | Sichuan | 723 | 298 | 425 | 437 | 284 | 153 | 2498 | 866 | 1632 |
| 贵 州 | Guizhou | 258 | 114 | 144 | 139 | 113 | 26 | 1141 | 412 | 728 |
| 云 南 | Yunnan | 332 | 154 | 178 | 239 | 161 | 78 | 1207 | 413 | 794 |
| 西 藏 | Tibet | 7 | 5 | 3 | 29 | 9 | 20 | 95 | 30 | 65 |
| 陕 西 | Shaanxi | 193 | 84 | 109 | 133 | 106 | 26 | 960 | 337 | 623 |
| 甘 肃 | Gansu | 91 | 42 | 49 | 67 | 52 | 15 | 723 | 259 | 464 |
| 青 海 | Qinghai | 26 | 13 | 13 | 42 | 19 | 22 | 125 | 44 | 81 |
| 宁 夏 | Ningxia | 39 | 20 | 19 | 18 | 11 | 7 | 82 | 25 | 57 |
| 新 疆 | Xinjiang | 573 | 316 | 257 | 249 | 140 | 109 | 349 | 109 | 240 |

# 2-40 全国育龄妇女分年龄、孩次的生育状况
## (2010年11月1日至2011年10月31日)
## Age-specific Fertility Rate of Women at Childbearing Ages by Age of Mother and Birth Order (2010.11.1-2011.10.31)

| 年 龄<br>Age | 平均育龄妇女人数(人)<br>Average Number of Childbearing Women (person) | 出生人数(人)<br>Births (person) | | | | 生育率(‰)<br>Fertility Rate (‰) | | | |
|---|---|---|---|---|---|---|---|---|---|
| | | | 一孩<br>1st Birth | 二孩<br>2nd Birth | 三孩及以上<br>3rd Birth and Above | | 一孩<br>1st Birth | 二孩<br>2nd Birth | 三孩及以上<br>3rd Birth and Above |
| **总计 Total** | **325497** | **9684** | **6428** | **2837** | **419** | **29.75** | **19.75** | **8.72** | **1.29** |
| 15-19 | **38322** | **236** | **218** | **17** | **1** | **6.16** | **5.69** | **0.44** | **0.02** |
| 15 | 7042 | 7 | 7 | | | 0.94 | 0.94 | | |
| 16 | 7564 | 9 | 9 | | | 1.24 | 1.24 | | |
| 17 | 7323 | 35 | 33 | 2 | | 4.82 | 4.57 | 0.25 | |
| 18 | 7973 | 61 | 57 | 4 | | 7.69 | 7.19 | 0.51 | |
| 19 | 8420 | 123 | 112 | 11 | 1 | 14.65 | 13.24 | 1.29 | 0.11 |
| 20-24 | **53323** | **3547** | **3057** | **458** | **32** | **66.51** | **57.34** | **8.58** | **0.59** |
| 20 | 9471 | 276 | 257 | 19 | | 29.15 | 27.17 | 1.98 | |
| 21 | 11432 | 642 | 584 | 55 | 3 | 56.13 | 51.12 | 4.77 | 0.23 |
| 22 | 10862 | 760 | 658 | 96 | 5 | 69.97 | 60.60 | 8.88 | 0.49 |
| 23 | 10347 | 886 | 739 | 140 | 8 | 85.67 | 71.44 | 13.50 | 0.73 |
| 24 | 11212 | 982 | 818 | 148 | 16 | 87.61 | 72.97 | 13.21 | 1.43 |
| 25-29 | **44282** | **3420** | **2291** | **1010** | **119** | **77.23** | **51.74** | **22.80** | **2.68** |
| 25 | 9701 | 795 | 621 | 161 | 13 | 81.94 | 63.97 | 16.60 | 1.37 |
| 26 | 8506 | 724 | 520 | 186 | 18 | 85.15 | 61.10 | 21.90 | 2.15 |
| 27 | 8332 | 615 | 398 | 185 | 31 | 73.80 | 47.80 | 22.25 | 3.75 |
| 28 | 8247 | 605 | 363 | 223 | 19 | 73.30 | 44.00 | 26.98 | 2.32 |
| 29 | 9497 | 681 | 390 | 255 | 37 | 71.75 | 41.06 | 26.82 | 3.87 |
| 30-34 | **40240** | **1644** | **622** | **876** | **146** | **40.85** | **15.45** | **21.77** | **3.63** |
| 30 | 8144 | 422 | 218 | 171 | 33 | 51.84 | 26.73 | 21.01 | 4.10 |
| 31 | 7915 | 392 | 161 | 194 | 36 | 49.51 | 20.40 | 24.53 | 4.58 |
| 32 | 8201 | 299 | 110 | 162 | 27 | 36.42 | 13.40 | 19.71 | 3.31 |
| 33 | 8270 | 290 | 82 | 181 | 28 | 35.10 | 9.93 | 21.83 | 3.34 |
| 34 | 7711 | 241 | 51 | 168 | 22 | 31.23 | 6.57 | 21.85 | 2.81 |
| 35-39 | **47325** | **594** | **147** | **363** | **85** | **12.56** | **3.10** | **7.66** | **1.79** |
| 35 | 8668 | 145 | 47 | 89 | 9 | 16.77 | 5.37 | 10.32 | 1.09 |
| 36 | 8723 | 129 | 28 | 80 | 20 | 14.80 | 3.25 | 9.22 | 2.32 |
| 37 | 9558 | 134 | 28 | 82 | 25 | 14.06 | 2.93 | 8.54 | 2.59 |
| 38 | 10166 | 117 | 28 | 68 | 22 | 11.54 | 2.76 | 6.66 | 2.12 |
| 39 | 10209 | 68 | 16 | 43 | 9 | 6.68 | 1.54 | 4.26 | 0.88 |
| 40-44 | **52585** | **179** | **60** | **89** | **30** | **3.40** | **1.13** | **1.69** | **0.58** |
| 40 | 10190 | 53 | 18 | 23 | 12 | 5.20 | 1.73 | 2.30 | 1.17 |
| 41 | 11361 | 57 | 18 | 32 | 7 | 4.98 | 1.58 | 2.81 | 0.59 |
| 42 | 10550 | 25 | 8 | 14 | 3 | 2.36 | 0.76 | 1.33 | 0.27 |
| 43 | 11346 | 26 | 13 | 11 | 2 | 2.30 | 1.11 | 0.97 | 0.22 |
| 44 | 9139 | 18 | 3 | 9 | 6 | 2.02 | 0.38 | 0.95 | 0.70 |
| 45-49 | **49419** | **62** | **31** | **26** | **5** | **1.25** | **0.63** | **0.52** | **0.10** |
| 45 | 9859 | 14 | 6 | 7 | 1 | 1.37 | 0.59 | 0.71 | 0.07 |
| 46 | 9983 | 9 | 4 | 5 | | 0.87 | 0.36 | 0.48 | 0.03 |
| 47 | 9906 | 13 | 5 | 8 | | 1.33 | 0.51 | 0.79 | 0.03 |
| 48 | 11300 | 16 | 12 | 4 | 1 | 1.44 | 1.05 | 0.32 | 0.08 |
| 49 | 8370 | 10 | 5 | 2 | 3 | 1.20 | 0.58 | 0.30 | 0.32 |

# 2-41 全国城市育龄妇女分年龄、孩次的生育状况
## (2010年11月1日至2011年10月31日)
## Age-specific Fertility Rate of City Women at Childbearing Ages by Age of Mother and Birth Order (2010.11.1-2011.10.31)

| 年龄 Age | 平均育龄妇女人数(人) Average Number of Childbearing Women (person) | 出生人数(人) Births (person) | 一孩 1st Birth | 二孩 2nd Birth | 三孩及以上 3rd Birth and Above | 生育率(‰) Fertility Rate (‰) | 一孩 1st Birth | 二孩 2nd Birth | 三孩及以上 3rd Birth and Above |
|---|---|---|---|---|---|---|---|---|---|
| **总计 Total** | **107672** | **2349** | **1872** | **438** | **38** | **21.81** | **17.39** | **4.07** | **0.36** |
| 15-19 | **11410** | **25** | **22** | **2** | | **2.16** | **1.97** | **0.19** | |
| 15 | 1695 | | | | | | | | |
| 16 | 2188 | | | | | | | | |
| 17 | 2255 | 4 | 4 | | | 1.80 | 1.80 | | |
| 18 | 2452 | 6 | 4 | 2 | | 2.25 | 1.59 | 0.66 | |
| 19 | 2820 | 15 | 15 | 1 | | 5.33 | 5.15 | 0.18 | |
| 20-24 | **18925** | **587** | **538** | **46** | **3** | **30.99** | **28.44** | **2.41** | **0.14** |
| 20 | 3443 | 22 | 21 | 1 | | 6.31 | 6.02 | 0.29 | |
| 21 | 4151 | 79 | 76 | 3 | | 19.14 | 18.42 | 0.72 | |
| 22 | 3796 | 122 | 110 | 12 | | 32.14 | 29.05 | 3.09 | |
| 23 | 3597 | 149 | 137 | 10 | 2 | 41.38 | 38.16 | 2.76 | 0.46 |
| 24 | 3938 | 215 | 194 | 20 | 1 | 54.47 | 49.15 | 5.07 | 0.25 |
| 25-29 | **16516** | **1022** | **886** | **121** | **16** | **61.89** | **53.63** | **7.32** | **0.94** |
| 25 | 3468 | 212 | 189 | 21 | 1 | 61.05 | 54.61 | 6.09 | 0.35 |
| 26 | 3068 | 188 | 170 | 17 | | 61.19 | 55.49 | 5.70 | |
| 27 | 3020 | 192 | 172 | 15 | 4 | 63.42 | 57.07 | 5.03 | 1.32 |
| 28 | 3176 | 202 | 172 | 28 | 3 | 63.68 | 54.11 | 8.77 | 0.80 |
| 29 | 3785 | 229 | 182 | 39 | 8 | 60.52 | 48.09 | 10.36 | 2.07 |
| 30-34 | **14705** | **497** | **318** | **173** | **6** | **33.81** | **21.62** | **11.78** | **0.41** |
| 30 | 3103 | 143 | 112 | 29 | 2 | 46.00 | 36.07 | 9.37 | 0.56 |
| 31 | 2847 | 102 | 73 | 29 | | 35.89 | 25.79 | 10.10 | |
| 32 | 2996 | 102 | 64 | 36 | 2 | 33.94 | 21.22 | 12.16 | 0.56 |
| 33 | 2969 | 83 | 41 | 40 | 3 | 28.03 | 13.71 | 13.44 | 0.87 |
| 34 | 2790 | 67 | 28 | 39 | | 24.14 | 10.15 | 13.98 | |
| 35-39 | **15935** | **160** | **72** | **79** | **10** | **10.04** | **4.49** | **4.93** | **0.62** |
| 35 | 3058 | 44 | 28 | 16 | 1 | 14.53 | 9.02 | 5.24 | 0.27 |
| 36 | 2919 | 32 | 12 | 19 | 2 | 11.06 | 4.11 | 6.43 | 0.52 |
| 37 | 3162 | 29 | 10 | 15 | 3 | 9.24 | 3.26 | 4.87 | 1.10 |
| 38 | 3497 | 34 | 12 | 18 | 3 | 9.69 | 3.47 | 5.23 | 0.99 |
| 39 | 3300 | 20 | 10 | 10 | 1 | 6.10 | 2.90 | 3.03 | 0.17 |
| 40-44 | **15985** | **44** | **23** | **17** | **4** | **2.74** | **1.42** | **1.05** | **0.27** |
| 40 | 3305 | 15 | 7 | 6 | 3 | 4.63 | 2.09 | 1.76 | 0.77 |
| 41 | 3560 | 14 | 6 | 8 | 1 | 4.06 | 1.61 | 2.20 | 0.25 |
| 42 | 3254 | 4 | 4 | | | 1.37 | 1.37 | | |
| 43 | 3333 | 8 | 4 | 3 | | 2.29 | 1.34 | 0.94 | |
| 44 | 2532 | 2 | 1 | | 1 | 0.81 | 0.45 | | 0.36 |
| 45-49 | **14196** | **13** | **12** | **1** | | **0.94** | **0.88** | **0.07** | |
| 45 | 2684 | 4 | 4 | | | 1.37 | 1.37 | | |
| 46 | 2860 | 3 | 3 | | | 0.92 | 0.92 | | |
| 47 | 2897 | 4 | 3 | 1 | | 1.36 | 1.03 | 0.34 | |
| 48 | 3420 | 3 | 3 | | | 0.92 | 0.92 | | |
| 49 | 2334 | | | | | | | | |

# 2-42 全国镇育龄妇女分年龄、孩次的生育状况 (2010年11月1日至2011年10月31日)

# Age-specific Fertility Rate of Town Women at Childbearing Ages by Age of Mother and Birth Order (2010.11.1-2011.10.31)

| 年 龄 Age | 平均育龄妇女人数(人) Average Number of Childbearing Women (person) | 出生人数(人) Births (person) | 一孩 1st Birth | 二孩 2nd Birth | 三孩及以上 3rd Birth and Above | 生育率(‰) Fertility Rate (‰) | 一孩 1st Birth | 二孩 2nd Birth | 三孩及以上 3rd Birth and Above |
|---|---|---|---|---|---|---|---|---|---|
| **总计 Total** | **73550** | **2024** | **1314** | **613** | **97** | **27.52** | **17.87** | **8.34** | **1.32** |
| 15-19 | **9118** | **41** | **36** | **3** | **1** | **4.46** | **4.00** | **0.35** | **0.10** |
| 15 | 1619 | | | | | | | | |
| 16 | 1765 | 2 | 2 | | | 0.98 | 0.98 | | |
| 17 | 1728 | 5 | 5 | | | 3.17 | 3.17 | | |
| 18 | 2046 | 10 | 10 | | | 4.73 | 4.73 | | |
| 19 | 1959 | 24 | 20 | 3 | 1 | 12.11 | 9.98 | 1.65 | 0.48 |
| 20-24 | **11022** | **726** | **649** | **73** | **4** | **65.87** | **58.92** | **6.61** | **0.34** |
| 20 | 1943 | 53 | 49 | 3 | | 27.13 | 25.44 | 1.69 | |
| 21 | 2221 | 108 | 103 | 5 | | 48.52 | 46.28 | 2.24 | |
| 22 | 2229 | 152 | 140 | 11 | 1 | 68.37 | 62.87 | 5.01 | 0.50 |
| 23 | 2186 | 200 | 173 | 27 | | 91.67 | 79.25 | 12.34 | 0.09 |
| 24 | 2442 | 213 | 184 | 27 | 2 | 87.12 | 75.27 | 10.86 | 0.99 |
| 25-29 | **9875** | **749** | **499** | **223** | **27** | **75.87** | **50.55** | **22.57** | **2.76** |
| 25 | 2146 | 160 | 127 | 28 | 5 | 74.62 | 59.15 | 12.92 | 2.56 |
| 26 | 1903 | 158 | 122 | 34 | 2 | 83.21 | 64.15 | 17.92 | 1.14 |
| 27 | 1938 | 145 | 96 | 45 | 4 | 74.55 | 49.33 | 23.14 | 2.09 |
| 28 | 1808 | 134 | 79 | 51 | 4 | 74.11 | 43.77 | 28.34 | 2.00 |
| 29 | 2080 | 152 | 75 | 65 | 12 | 73.20 | 36.26 | 31.21 | 5.73 |
| 30-34 | **9492** | **321** | **87** | **192** | **42** | **33.84** | **9.18** | **20.22** | **4.44** |
| 30 | 1856 | 84 | 27 | 41 | 16 | 45.41 | 14.48 | 22.26 | 8.67 |
| 31 | 1844 | 60 | 20 | 35 | 5 | 32.45 | 11.01 | 18.91 | 2.54 |
| 32 | 2005 | 58 | 18 | 35 | 5 | 29.13 | 9.15 | 17.30 | 2.68 |
| 33 | 1983 | 63 | 14 | 41 | 9 | 31.89 | 6.99 | 20.59 | 4.31 |
| 34 | 1805 | 55 | 8 | 40 | 7 | 30.72 | 4.32 | 22.29 | 4.12 |
| 35-39 | **11064** | **136** | **26** | **97** | **12** | **12.26** | **2.36** | **8.78** | **1.12** |
| 35 | 2010 | 37 | 9 | 28 | | 18.19 | 4.31 | 13.88 | |
| 36 | 2071 | 24 | 4 | 19 | 1 | 11.42 | 2.12 | 9.00 | 0.29 |
| 37 | 2333 | 31 | 7 | 17 | 7 | 13.13 | 2.99 | 7.34 | 2.80 |
| 38 | 2281 | 24 | 3 | 18 | 3 | 10.49 | 1.26 | 7.83 | 1.41 |
| 39 | 2368 | 21 | 3 | 16 | 2 | 8.81 | 1.34 | 6.60 | 0.87 |
| 40-44 | **12001** | **41** | **13** | **20** | **9** | **3.43** | **1.06** | **1.66** | **0.71** |
| 40 | 2311 | 10 | 3 | 4 | 3 | 4.30 | 1.27 | 1.93 | 1.09 |
| 41 | 2690 | 12 | 5 | 6 | 1 | 4.46 | 1.73 | 2.36 | 0.37 |
| 42 | 2366 | 9 | 1 | 6 | 1 | 3.60 | 0.56 | 2.57 | 0.47 |
| 43 | 2587 | 6 | 3 | 1 | 2 | 2.25 | 1.03 | 0.35 | 0.87 |
| 44 | 2047 | 5 | 1 | 2 | 2 | 2.40 | 0.55 | 1.04 | 0.81 |
| 45-49 | **10978** | **9** | **3** | **5** | **1** | **0.82** | **0.26** | **0.46** | **0.10** |
| 45 | 2149 | | | | | 0.06 | | 0.06 | |
| 46 | 2240 | 1 | | 1 | | 0.26 | | 0.26 | |
| 47 | 2267 | 3 | | 3 | | 1.50 | 0.06 | 1.44 | |
| 48 | 2515 | 3 | 1 | 1 | | 1.02 | 0.59 | 0.43 | |
| 49 | 1808 | 2 | 1 | | 1 | 1.29 | 0.67 | | 0.62 |

# 2-43 全国乡村育龄妇女分年龄、孩次的生育状况
## (2010年11月1日至2011年10月31日)
## Age-specific Fertility Rate of Rural Women at Childbearing Ages by Age of Mother and Birth Order(2010.11.1-2011.10.31)

| 年 龄<br>Age | 平均育龄妇女人数(人)<br>Average Number of Childbearing Women (person) | 出生人数(人)<br>Births (person) | | | | 生育率(‰)<br>Fertility Rate (‰) | | | |
|---|---|---|---|---|---|---|---|---|---|
| | | | 一孩<br>1st Birth | 二孩<br>2nd Birth | 三孩及以上<br>3rd Birth and Above | | 一孩<br>1st Birth | 二孩<br>2nd Birth | 三孩及以上<br>3rd Birth and Above |
| **总计 Total** | **144275** | **5311** | **3242** | **1786** | **283** | **36.81** | **22.47** | **12.38** | **1.96** |
| 15-19 | **17795** | **171** | **159** | **11** | | **9.59** | **8.95** | **0.64** | |
| 15 | 3728 | 7 | 7 | | | 1.77 | 1.77 | | |
| 16 | 3611 | 8 | 8 | | | 2.11 | 2.11 | | |
| 17 | 3340 | 26 | 24 | 2 | | 7.71 | 7.16 | 0.55 | |
| 18 | 3474 | 46 | 44 | 2 | | 13.28 | 12.58 | 0.70 | |
| 19 | 3641 | 85 | 77 | 7 | | 23.23 | 21.26 | 1.96 | |
| 20-24 | **23377** | **2234** | **1870** | **339** | **25** | **95.56** | **79.98** | **14.50** | **1.08** |
| 20 | 4084 | 202 | 187 | 14 | | 49.36 | 45.82 | 3.54 | |
| 21 | 5060 | 454 | 405 | 47 | 3 | 89.82 | 80.08 | 9.21 | 0.53 |
| 22 | 4837 | 486 | 408 | 74 | 4 | 100.39 | 84.32 | 15.22 | 0.86 |
| 23 | 4564 | 537 | 429 | 103 | 6 | 117.72 | 93.94 | 22.51 | 1.26 |
| 24 | 4831 | 555 | 441 | 102 | 13 | 114.87 | 91.22 | 21.03 | 2.62 |
| 25-29 | **17891** | **1649** | **906** | **666** | **76** | **92.14** | **50.66** | **37.23** | **4.25** |
| 25 | 4088 | 423 | 304 | 112 | 7 | 103.49 | 74.44 | 27.44 | 1.61 |
| 26 | 3535 | 378 | 227 | 135 | 16 | 106.98 | 64.33 | 38.09 | 4.56 |
| 27 | 3373 | 279 | 130 | 125 | 23 | 82.66 | 38.63 | 37.14 | 6.89 |
| 28 | 3263 | 268 | 112 | 143 | 13 | 82.22 | 34.29 | 43.95 | 3.98 |
| 29 | 3632 | 300 | 132 | 151 | 17 | 82.63 | 36.48 | 41.47 | 4.69 |
| 30-34 | **16043** | **825** | **217** | **511** | **98** | **51.44** | **13.50** | **31.84** | **6.11** |
| 30 | 3184 | 195 | 79 | 101 | 16 | 61.27 | 24.76 | 31.62 | 4.88 |
| 31 | 3224 | 230 | 68 | 131 | 32 | 71.28 | 21.00 | 40.49 | 9.78 |
| 32 | 3201 | 139 | 28 | 90 | 20 | 43.30 | 8.74 | 28.27 | 6.28 |
| 33 | 3318 | 144 | 28 | 100 | 16 | 43.34 | 8.29 | 30.08 | 4.97 |
| 34 | 3115 | 118 | 15 | 89 | 14 | 37.87 | 4.66 | 28.64 | 4.57 |
| 35-39 | **20326** | **299** | **49** | **187** | **63** | **14.70** | **2.42** | **9.20** | **3.08** |
| 35 | 3600 | 64 | 10 | 45 | 9 | 17.89 | 2.87 | 12.64 | 2.39 |
| 36 | 3733 | 73 | 12 | 43 | 18 | 19.59 | 3.20 | 11.53 | 4.86 |
| 37 | 4063 | 75 | 11 | 49 | 15 | 18.35 | 2.64 | 12.09 | 3.62 |
| 38 | 4388 | 59 | 13 | 32 | 15 | 13.56 | 2.99 | 7.19 | 3.38 |
| 39 | 4541 | 27 | 3 | 18 | 6 | 5.98 | 0.65 | 3.93 | 1.40 |
| 40-44 | **24599** | **94** | **24** | **52** | **17** | **3.82** | **0.98** | **2.13** | **0.71** |
| 40 | 4575 | 28 | 8 | 13 | 7 | 6.06 | 1.69 | 2.88 | 1.50 |
| 41 | 5110 | 30 | 8 | 18 | 5 | 5.91 | 1.49 | 3.47 | 0.95 |
| 42 | 4929 | 12 | 2 | 8 | 2 | 2.42 | 0.45 | 1.61 | 0.36 |
| 43 | 5425 | 13 | 5 | 7 | | 2.33 | 1.00 | 1.28 | 0.04 |
| 44 | 4559 | 11 | 1 | 7 | 4 | 2.52 | 0.26 | 1.43 | 0.83 |
| 45-49 | **24244** | **39** | **16** | **20** | **4** | **1.62** | **0.66** | **0.81** | **0.15** |
| 45 | 5026 | 10 | 2 | 7 | 1 | 1.93 | 0.43 | 1.36 | 0.14 |
| 46 | 4883 | 5 | 1 | 4 | | 1.11 | 0.19 | 0.86 | 0.06 |
| 47 | 4742 | 6 | 2 | 4 | | 1.24 | 0.41 | 0.75 | 0.07 |
| 48 | 5365 | 11 | 7 | 2 | 1 | 1.97 | 1.35 | 0.46 | 0.16 |
| 49 | 4228 | 8 | 4 | 2 | 2 | 1.82 | 0.87 | 0.59 | 0.36 |

# 2-44　全国分年龄、性别的死亡人口状况(2010年11月1日至2011年10月31日)

## Status of Deaths by Age and Sex (2010.11.1-2011.10.31)

| 年　龄 Age | 年平均人口(人) Average Population (person) | 男 Male | 女 Female | 死亡人口(人) Deaths (person) | 男 Male | 女 Female | 死亡率(‰) Death Rate (‰) | 男 Male | 女 Female |
|---|---|---|---|---|---|---|---|---|---|
| **总计　Total** | **1143063** | **586066** | **556997** | **6670** | **3910** | **2760** | **5.84** | **6.67** | **4.95** |
| 0-4 | **59593** | **32447** | **27146** | **86** | **48** | **39** | **1.45** | **1.47** | **1.43** |
| 0 | 6071 | 3238 | 2834 | 63 | 34 | 30 | 10.44 | 10.35 | 10.53 |
| 1 | 12256 | 6754 | 5502 | 10 | 6 | 4 | 0.81 | 0.87 | 0.73 |
| 2 | 13744 | 7507 | 6237 | 5 | 3 | 2 | 0.35 | 0.38 | 0.31 |
| 3 | 14010 | 7702 | 6308 | 5 | 4 | 2 | 0.36 | 0.46 | 0.24 |
| 4 | 13511 | 7246 | 6265 | 3 | 2 | 1 | 0.23 | 0.24 | 0.22 |
| 5-9 | **61298** | **33255** | **28042** | **26** | **17** | **9** | **0.42** | **0.52** | **0.31** |
| 5 | 13108 | 7038 | 6069 | 4 | 3 | 1 | 0.31 | 0.42 | 0.18 |
| 6 | 12483 | 6887 | 5596 | 2 | 2 |  | 0.15 | 0.27 |  |
| 7 | 12622 | 6836 | 5786 | 6 | 4 | 2 | 0.47 | 0.52 | 0.42 |
| 8 | 11291 | 6161 | 5131 | 7 | 5 | 3 | 0.64 | 0.77 | 0.50 |
| 9 | 11793 | 6333 | 5461 | 7 | 4 | 3 | 0.58 | 0.65 | 0.50 |
| 10-14 | **62492** | **33716** | **28776** | **17** | **10** | **7** | **0.27** | **0.29** | **0.25** |
| 10 | 12150 | 6472 | 5678 | 1 | 1 |  | 0.10 | 0.16 | 0.03 |
| 11 | 12485 | 6796 | 5689 | 5 |  | 4 | 0.37 | 0.05 | 0.75 |
| 12 | 11894 | 6488 | 5406 | 2 | 1 | 1 | 0.13 | 0.13 | 0.13 |
| 13 | 13055 | 7052 | 6003 | 5 | 3 | 2 | 0.40 | 0.44 | 0.34 |
| 14 | 12908 | 6908 | 6000 | 4 | 4 |  | 0.35 | 0.65 |  |
| 15-19 | **80405** | **42074** | **38331** | **31** | **20** | **10** | **0.38** | **0.48** | **0.27** |
| 15 | 14712 | 7670 | 7042 | 5 | 5 |  | 0.32 | 0.62 |  |
| 16 | 15785 | 8221 | 7564 | 7 | 6 | 1 | 0.45 | 0.77 | 0.10 |
| 17 | 15520 | 8196 | 7325 | 4 | 2 | 2 | 0.23 | 0.23 | 0.23 |
| 18 | 17415 | 9438 | 7977 | 7 | 3 | 4 | 0.39 | 0.33 | 0.47 |
| 19 | 16973 | 8550 | 8423 | 8 | 4 | 4 | 0.48 | 0.47 | 0.49 |
| 20-24 | **108592** | **55262** | **53330** | **44** | **35** | **9** | **0.41** | **0.63** | **0.17** |
| 20 | 19083 | 9612 | 9471 | 6 | 6 |  | 0.30 | 0.59 |  |
| 21 | 23525 | 12091 | 11434 | 12 | 10 | 2 | 0.52 | 0.86 | 0.17 |
| 22 | 22355 | 11493 | 10862 | 13 | 11 | 2 | 0.59 | 0.96 | 0.21 |
| 23 | 20893 | 10544 | 10349 | 7 | 5 | 2 | 0.36 | 0.47 | 0.24 |
| 24 | 22736 | 11521 | 11215 | 5 | 3 | 3 | 0.23 | 0.23 | 0.24 |
| 25-29 | **89285** | **44992** | **44293** | **43** | **31** | **12** | **0.48** | **0.68** | **0.27** |
| 25 | 19192 | 9488 | 9704 | 7 | 5 | 2 | 0.36 | 0.49 | 0.23 |
| 26 | 17044 | 8536 | 8509 | 10 | 6 | 4 | 0.59 | 0.74 | 0.43 |
| 27 | 16887 | 8554 | 8333 | 7 | 6 | 1 | 0.40 | 0.68 | 0.12 |
| 28 | 16909 | 8661 | 8249 | 7 | 5 | 2 | 0.40 | 0.57 | 0.22 |
| 29 | 19253 | 9753 | 9500 | 12 | 9 | 3 | 0.63 | 0.93 | 0.33 |

## 2-44 续表 1 continued

| 年 龄 Age | 年平均人口(人) Average Population (person) | 男 Male | 女 Female | 死亡人口(人) Deaths (person) | 男 Male | 女 Female | 死亡率(‰) Death Rate (‰) | 男 Male | 女 Female |
|---|---|---|---|---|---|---|---|---|---|
| 30-34 | **82184** | **41937** | **40247** | **70** | **48** | **22** | **0.85** | **1.15** | **0.54** |
| 30 | 16680 | 8534 | 8146 | 13 | 7 | 6 | 0.76 | 0.78 | 0.74 |
| 31 | 16025 | 8108 | 7917 | 12 | 9 | 3 | 0.77 | 1.10 | 0.42 |
| 32 | 16827 | 8625 | 8202 | 21 | 17 | 4 | 1.26 | 2.01 | 0.48 |
| 33 | 16882 | 8611 | 8271 | 10 | 7 | 3 | 0.59 | 0.85 | 0.33 |
| 34 | 15771 | 8060 | 7711 | 14 | 8 | 6 | 0.87 | 0.97 | 0.77 |
| 35-39 | **96958** | **49619** | **47339** | **126** | **93** | **33** | **1.30** | **1.87** | **0.70** |
| 35 | 17648 | 8978 | 8669 | 14 | 11 | 3 | 0.82 | 1.27 | 0.35 |
| 36 | 17888 | 9164 | 8725 | 21 | 13 | 8 | 1.19 | 1.46 | 0.92 |
| 37 | 19624 | 10064 | 9559 | 17 | 14 | 4 | 0.89 | 1.38 | 0.37 |
| 38 | 20763 | 10596 | 10167 | 37 | 33 | 4 | 1.79 | 3.12 | 0.40 |
| 39 | 21035 | 10816 | 10219 | 36 | 21 | 14 | 1.69 | 1.97 | 1.40 |
| 40-44 | **107485** | **54871** | **52614** | **182** | **128** | **54** | **1.69** | **2.33** | **1.03** |
| 40 | 21163 | 10969 | 10194 | 32 | 25 | 7 | 1.51 | 2.25 | 0.71 |
| 41 | 23010 | 11646 | 11364 | 28 | 23 | 5 | 1.20 | 1.95 | 0.43 |
| 42 | 21321 | 10760 | 10561 | 53 | 32 | 20 | 2.47 | 3.02 | 1.91 |
| 43 | 23345 | 11995 | 11350 | 36 | 25 | 11 | 1.56 | 2.12 | 0.96 |
| 44 | 18647 | 9502 | 9145 | 34 | 23 | 11 | 1.80 | 2.38 | 1.20 |
| 45-49 | **100996** | **51537** | **49459** | **274** | **190** | **84** | **2.71** | **3.68** | **1.69** |
| 45 | 20199 | 10335 | 9864 | 52 | 38 | 14 | 2.58 | 3.66 | 1.45 |
| 46 | 20520 | 10526 | 9994 | 67 | 46 | 21 | 3.26 | 4.35 | 2.12 |
| 47 | 23203 | 11894 | 11309 | 57 | 39 | 19 | 2.48 | 3.27 | 1.65 |
| 48 | 19945 | 10031 | 9914 | 48 | 33 | 15 | 2.39 | 3.29 | 1.49 |
| 49 | 17129 | 8750 | 8379 | 49 | 34 | 15 | 2.87 | 3.94 | 1.75 |
| 50-54 | **62348** | **31924** | **30424** | **313** | **230** | **83** | **5.03** | **7.21** | **2.74** |
| 50 | 9429 | 4687 | 4742 | 50 | 35 | 15 | 5.30 | 7.43 | 3.21 |
| 51 | 12066 | 6178 | 5887 | 44 | 31 | 13 | 3.69 | 5.05 | 2.26 |
| 52 | 11109 | 5709 | 5399 | 56 | 42 | 14 | 5.03 | 7.31 | 2.63 |
| 53 | 14060 | 7314 | 6747 | 64 | 51 | 13 | 4.59 | 6.99 | 1.98 |
| 54 | 15685 | 8036 | 7649 | 99 | 71 | 27 | 6.28 | 8.86 | 3.57 |
| 55-59 | **71878** | **36344** | **35534** | **439** | **283** | **157** | **6.11** | **7.78** | **4.41** |
| 55 | 14353 | 7327 | 7025 | 72 | 49 | 23 | 5.02 | 6.70 | 3.27 |
| 56 | 15054 | 7627 | 7428 | 103 | 68 | 35 | 6.81 | 8.90 | 4.67 |
| 57 | 15213 | 7650 | 7563 | 90 | 55 | 35 | 5.91 | 7.17 | 4.64 |
| 58 | 13569 | 6842 | 6728 | 83 | 58 | 25 | 6.14 | 8.52 | 3.73 |
| 59 | 13688 | 6898 | 6790 | 91 | 52 | 39 | 6.68 | 7.60 | 5.74 |
| 60-64 | **52959** | **26844** | **26115** | **546** | **360** | **186** | **10.31** | **13.41** | **7.12** |

## 2-44 续表 2 continued

| 年 龄 Age | 年平均人口(人) Average Population (person) | 男 Male | 女 Female | 死亡人口(人) Deaths (person) | 男 Male | 女 Female | 死亡率(‰) Death Rate (‰) | 男 Male | 女 Female |
|---|---|---|---|---|---|---|---|---|---|
| 60 | 11500 | 5710 | 5791 | 102 | 65 | 37 | 8.89 | 11.45 | 6.38 |
| 61 | 11620 | 5965 | 5655 | 113 | 82 | 32 | 9.76 | 13.74 | 5.57 |
| 62 | 11187 | 5785 | 5402 | 112 | 66 | 46 | 9.97 | 11.40 | 8.43 |
| 63 | 9597 | 4791 | 4806 | 105 | 69 | 36 | 10.94 | 14.34 | 7.54 |
| 64 | 9055 | 4593 | 4462 | 114 | 78 | 36 | 12.57 | 17.00 | 8.01 |
| 65–69 | **36383** | **18258** | **18125** | **659** | **393** | **266** | **18.12** | **21.55** | **14.66** |
| 65 | 8434 | 4223 | 4210 | 131 | 80 | 51 | 15.56 | 18.98 | 12.13 |
| 66 | 7573 | 3808 | 3765 | 131 | 79 | 52 | 17.34 | 20.84 | 13.79 |
| 67 | 7334 | 3650 | 3685 | 142 | 87 | 56 | 19.36 | 23.70 | 15.07 |
| 68 | 6687 | 3319 | 3368 | 126 | 70 | 56 | 18.78 | 21.07 | 16.53 |
| 69 | 6354 | 3257 | 3098 | 129 | 77 | 51 | 20.30 | 23.80 | 16.62 |
| 70–74 | **29230** | **14650** | **14580** | **808** | **502** | **305** | **27.63** | **34.27** | **20.95** |
| 70 | 6551 | 3296 | 3255 | 141 | 96 | 46 | 21.55 | 28.98 | 14.03 |
| 71 | 6183 | 3125 | 3058 | 147 | 81 | 66 | 23.80 | 25.98 | 21.58 |
| 72 | 5278 | 2646 | 2632 | 167 | 101 | 66 | 31.73 | 38.33 | 25.10 |
| 73 | 5876 | 2899 | 2977 | 172 | 109 | 63 | 29.27 | 37.60 | 21.17 |
| 74 | 5342 | 2684 | 2658 | 180 | 115 | 65 | 33.63 | 42.83 | 24.35 |
| 75–79 | **21678** | **10261** | **11417** | **1077** | **611** | **466** | **49.69** | **59.55** | **40.82** |
| 75 | 5000 | 2422 | 2578 | 176 | 95 | 81 | 35.21 | 39.14 | 31.53 |
| 76 | 4685 | 2191 | 2494 | 226 | 140 | 86 | 48.24 | 63.79 | 34.58 |
| 77 | 4325 | 2068 | 2257 | 256 | 150 | 105 | 59.11 | 72.72 | 46.64 |
| 78 | 4218 | 2029 | 2188 | 209 | 123 | 86 | 49.49 | 60.66 | 39.14 |
| 79 | 3451 | 1551 | 1900 | 211 | 103 | 108 | 61.04 | 66.40 | 56.66 |
| 80–84 | **12384** | **5527** | **6857** | **988** | **496** | **491** | **79.75** | **89.79** | **71.66** |
| 80 | 3036 | 1406 | 1630 | 215 | 110 | 105 | 70.85 | 78.14 | 64.57 |
| 81 | 3056 | 1437 | 1619 | 201 | 95 | 106 | 65.82 | 66.44 | 65.27 |
| 82 | 2344 | 1011 | 1334 | 193 | 82 | 112 | 82.53 | 80.70 | 83.91 |
| 83 | 2185 | 915 | 1270 | 222 | 115 | 107 | 101.55 | 125.85 | 84.06 |
| 84 | 1763 | 760 | 1003 | 156 | 94 | 62 | 88.50 | 124.17 | 61.50 |
| 85–89 | **5042** | **1968** | **3074** | **593** | **269** | **325** | **117.68** | **136.61** | **105.57** |
| 85 | 1458 | 629 | 829 | 154 | 73 | 81 | 105.69 | 116.10 | 97.79 |
| 86 | 1189 | 443 | 746 | 133 | 70 | 62 | 111.57 | 158.64 | 83.60 |
| 87 | 960 | 377 | 583 | 122 | 64 | 57 | 126.69 | 170.66 | 98.30 |
| 88 | 797 | 293 | 504 | 108 | 39 | 69 | 135.29 | 132.58 | 136.87 |
| 89 | 639 | 227 | 412 | 77 | 22 | 55 | 120.96 | 99.01 | 133.03 |
| 90+ | **1873** | **579** | **1293** | **348** | **146** | **201** | **185.80** | **252.16** | **155.45** |

# 2-45 全国城市分年龄、性别的死亡人口状况
## (2010年11月1日至2011年10月31日)
## Status of City Deaths by Age and Sex (2010.11.1-2011.10.31)

| 年 龄<br>Age | 年平均人口(人)<br>Average Population (person) | 男<br>Male | 女<br>Female | 死亡人口(人)<br>Deaths (person) | 男<br>Male | 女<br>Female | 死亡率(‰)<br>Death Rate (‰) | 男<br>Male | 女<br>Female |
|---|---|---|---|---|---|---|---|---|---|
| **总计 Total** | **338976** | **171408** | **167568** | **1143** | **677** | **466** | **3.37** | **3.95** | **2.78** |
| 0-4 | **13499** | **7186** | **6313** | **12** | **6** | **6** | **0.89** | **0.77** | **1.02** |
| 0 | 1339 | 645 | 694 | 10 | 6 | 4 | 7.47 | 8.60 | 6.42 |
| 1 | 2969 | 1589 | 1379 | | | | | | |
| 2 | 3079 | 1657 | 1421 | 2 | | 2 | 0.63 | | 1.37 |
| 3 | 3024 | 1627 | 1396 | | | | | | |
| 4 | 3089 | 1667 | 1422 | | | | | | |
| 5-9 | **13438** | **7203** | **6235** | **2** | **1** | **1** | **0.18** | **0.16** | **0.20** |
| 5 | 2732 | 1432 | 1300 | | | | | | |
| 6 | 2808 | 1552 | 1256 | | | | | | |
| 7 | 2709 | 1413 | 1295 | 1 | | 1 | 0.46 | | 0.96 |
| 8 | 2452 | 1347 | 1105 | 1 | 1 | | 0.46 | 0.83 | |
| 9 | 2738 | 1460 | 1278 | | | | | | |
| 10-14 | **14071** | **7574** | **6497** | **4** | **3** | **1** | **0.26** | **0.38** | **0.12** |
| 10 | 2752 | 1426 | 1326 | | | | 0.06 | | 0.12 |
| 11 | 2895 | 1568 | 1327 | 1 | | 1 | 0.34 | 0.23 | 0.46 |
| 12 | 2752 | 1507 | 1245 | 1 | 1 | | 0.30 | 0.54 | |
| 13 | 2834 | 1540 | 1294 | 1 | 1 | | 0.38 | 0.69 | |
| 14 | 2837 | 1533 | 1304 | 1 | 1 | | 0.21 | 0.39 | |
| 15-19 | **22482** | **11071** | **11410** | **7** | **6** | **1** | **0.29** | **0.55** | **0.05** |
| 15 | 3542 | 1847 | 1695 | 1 | 1 | | 0.28 | 0.53 | |
| 16 | 4261 | 2073 | 2188 | 2 | 2 | | 0.42 | 0.86 | |
| 17 | 4491 | 2236 | 2255 | 2 | 2 | | 0.39 | 0.78 | |
| 18 | 4861 | 2408 | 2453 | 1 | | 1 | 0.11 | | 0.23 |
| 19 | 5326 | 2506 | 2820 | 2 | 2 | | 0.29 | 0.61 | |
| 20-24 | **37622** | **18697** | **18925** | **1** | **1** | | **0.02** | **0.04** | |
| 20 | 6520 | 3077 | 3443 | | | | | | |
| 21 | 8204 | 4054 | 4151 | 1 | 1 | | 0.09 | 0.18 | |
| 22 | 7615 | 3820 | 3796 | | | | | | |
| 23 | 7260 | 3663 | 3597 | | | | | | |
| 24 | 8022 | 4084 | 3938 | | | | | | |
| 25-29 | **32986** | **16470** | **16516** | **1** | **1** | | **0.04** | **0.07** | **0.01** |
| 25 | 6815 | 3347 | 3468 | | | | | | |
| 26 | 6077 | 3009 | 3068 | | | | 0.03 | | 0.06 |
| 27 | 6086 | 3066 | 3020 | | | | | | |
| 28 | 6437 | 3261 | 3176 | | | | | | |
| 29 | 7571 | 3786 | 3785 | 1 | 1 | | 0.15 | 0.30 | |

## 2-45 续表 1 continued

| 年 龄 Age | 年平均人口(人) Average Population (person) | 男 Male | 女 Female | 死亡人口(人) Deaths (person) | 男 Male | 女 Female | 死亡率(‰) Death Rate (‰) | 男 Male | 女 Female |
|---|---|---|---|---|---|---|---|---|---|
| 30-34 | **29928** | **15220** | **14707** | **8** | **2** | **6** | **0.26** | **0.10** | **0.43** |
| 30 | 6268 | 3165 | 3103 | 2 | | 2 | 0.31 | | 0.63 |
| 31 | 5859 | 3011 | 2848 | 2 | | 2 | 0.26 | | 0.53 |
| 32 | 6151 | 3155 | 2996 | 1 | 1 | | 0.22 | 0.42 | |
| 33 | 6016 | 3047 | 2969 | | | | | | |
| 34 | 5634 | 2842 | 2791 | 3 | | 3 | 0.53 | 0.06 | 1.00 |
| 35-39 | **32480** | **16543** | **15937** | **20** | **13** | **8** | **0.63** | **0.78** | **0.48** |
| 35 | 6054 | 2996 | 3058 | | | | | | |
| 36 | 6006 | 3087 | 2919 | 5 | 4 | 1 | 0.87 | 1.37 | 0.35 |
| 37 | 6479 | 3317 | 3162 | | | | 0.03 | 0.05 | |
| 38 | 7047 | 3550 | 3497 | 6 | 5 | 1 | 0.90 | 1.47 | 0.32 |
| 39 | 6895 | 3593 | 3302 | 9 | 3 | 6 | 1.27 | 0.90 | 1.67 |
| 40-44 | **32899** | **16905** | **15994** | **31** | **17** | **14** | **0.94** | **1.00** | **0.88** |
| 40 | 6787 | 3481 | 3306 | 9 | 6 | 3 | 1.28 | 1.59 | 0.96 |
| 41 | 7235 | 3674 | 3561 | 5 | 4 | 1 | 0.68 | 1.03 | 0.31 |
| 42 | 6624 | 3367 | 3257 | 7 | 2 | 4 | 0.98 | 0.70 | 1.27 |
| 43 | 6957 | 3622 | 3335 | 6 | 3 | 3 | 0.79 | 0.77 | 0.82 |
| 44 | 5297 | 2763 | 2534 | 5 | 2 | 3 | 0.98 | 0.84 | 1.13 |
| 45-49 | **29452** | **15254** | **14198** | **39** | **29** | **9** | **1.31** | **1.93** | **0.64** |
| 45 | 5506 | 2821 | 2685 | 11 | 6 | 4 | 1.91 | 2.25 | 1.55 |
| 46 | 5951 | 3091 | 2860 | 5 | 5 | 1 | 0.90 | 1.47 | 0.27 |
| 47 | 7161 | 3739 | 3421 | 9 | 6 | 3 | 1.20 | 1.53 | 0.83 |
| 48 | 5967 | 3070 | 2897 | 7 | 7 | 1 | 1.21 | 2.17 | 0.19 |
| 49 | 4868 | 2533 | 2334 | 7 | 6 | 1 | 1.41 | 2.41 | 0.31 |
| 50-54 | **19378** | **9815** | **9563** | **51** | **39** | **11** | **2.61** | **4.02** | **1.16** |
| 50 | 2907 | 1472 | 1435 | 7 | 4 | 3 | 2.30 | 2.62 | 1.97 |
| 51 | 3855 | 1993 | 1862 | 12 | 9 | 3 | 3.22 | 4.74 | 1.60 |
| 52 | 3554 | 1778 | 1776 | 14 | 11 | 3 | 3.86 | 6.02 | 1.69 |
| 53 | 4367 | 2235 | 2132 | 6 | 5 | 1 | 1.35 | 2.14 | 0.52 |
| 54 | 4695 | 2337 | 2357 | 12 | 11 | 1 | 2.52 | 4.56 | 0.49 |
| 55-59 | **19875** | **9918** | **9957** | **89** | **55** | **34** | **4.46** | **5.50** | **3.42** |
| 55 | 4160 | 2106 | 2055 | 16 | 10 | 6 | 3.88 | 4.87 | 2.87 |
| 56 | 4289 | 2126 | 2163 | 22 | 10 | 12 | 5.16 | 4.59 | 5.73 |
| 57 | 4273 | 2108 | 2165 | 15 | 10 | 4 | 3.39 | 4.94 | 1.89 |
| 58 | 3642 | 1843 | 1799 | 15 | 9 | 7 | 4.17 | 4.69 | 3.63 |
| 59 | 3511 | 1736 | 1775 | 21 | 15 | 5 | 5.87 | 8.92 | 2.89 |
| 60-64 | **13339** | **6552** | **6787** | **87** | **61** | **27** | **6.56** | **9.25** | **3.96** |

## 2-45 续表 2 continued

| 年 龄 Age | 年平均人口(人) Average Population (person) | 男 Male | 女 Female | 死亡人口(人) Deaths (person) | 男 Male | 女 Female | 死亡率(‰) Death Rate (‰) | 男 Male | 女 Female |
|---|---|---|---|---|---|---|---|---|---|
| 60 | 2995 | 1420 | 1575 | 19 | 12 | 7 | 6.36 | 8.17 | 4.73 |
| 61 | 3007 | 1525 | 1483 | 18 | 12 | 6 | 6.01 | 7.65 | 4.32 |
| 62 | 2780 | 1390 | 1390 | 21 | 14 | 7 | 7.62 | 10.35 | 4.90 |
| 63 | 2338 | 1123 | 1215 | 11 | 8 | 3 | 4.58 | 7.18 | 2.18 |
| 64 | 2218 | 1094 | 1123 | 18 | 15 | 4 | 8.31 | 13.60 | 3.16 |
| 65-69 | **8892** | **4225** | **4667** | **92** | **55** | **38** | **10.40** | **12.99** | **8.05** |
| 65 | 2045 | 976 | 1069 | 20 | 13 | 7 | 9.93 | 13.12 | 7.01 |
| 66 | 1850 | 895 | 955 | 18 | 11 | 8 | 9.82 | 11.87 | 7.89 |
| 67 | 1805 | 834 | 971 | 21 | 14 | 8 | 11.82 | 16.29 | 7.97 |
| 68 | 1623 | 755 | 868 | 13 | 6 | 6 | 7.93 | 8.50 | 7.43 |
| 69 | 1570 | 766 | 804 | 20 | 11 | 8 | 12.61 | 14.97 | 10.36 |
| 70-74 | **7757** | **3734** | **4023** | **142** | **85** | **57** | **18.32** | **22.81** | **14.16** |
| 70 | 1662 | 809 | 853 | 22 | 12 | 10 | 13.11 | 14.56 | 11.74 |
| 71 | 1612 | 765 | 847 | 24 | 17 | 7 | 14.93 | 22.49 | 8.10 |
| 72 | 1472 | 703 | 768 | 31 | 19 | 12 | 21.38 | 27.57 | 15.70 |
| 73 | 1574 | 738 | 836 | 28 | 17 | 12 | 18.08 | 22.84 | 13.88 |
| 74 | 1437 | 719 | 718 | 36 | 20 | 16 | 25.31 | 27.72 | 22.90 |
| 75-79 | **5832** | **2735** | **3096** | **216** | **126** | **90** | **37.04** | **45.93** | **29.19** |
| 75 | 1410 | 644 | 766 | 29 | 14 | 15 | 20.64 | 22.35 | 19.20 |
| 76 | 1267 | 581 | 685 | 52 | 32 | 20 | 41.04 | 55.15 | 29.07 |
| 77 | 1155 | 569 | 585 | 61 | 37 | 24 | 53.17 | 65.42 | 41.25 |
| 78 | 1119 | 529 | 590 | 45 | 26 | 18 | 39.87 | 49.41 | 31.33 |
| 79 | 881 | 412 | 469 | 29 | 16 | 13 | 32.81 | 38.32 | 27.98 |
| 80-84 | **3302** | **1574** | **1728** | **171** | **98** | **73** | **51.82** | **62.40** | **42.19** |
| 80 | 823 | 400 | 423 | 33 | 17 | 16 | 39.95 | 42.41 | 37.63 |
| 81 | 771 | 391 | 381 | 35 | 24 | 11 | 45.31 | 61.51 | 28.70 |
| 82 | 658 | 303 | 355 | 41 | 18 | 23 | 62.34 | 60.05 | 64.30 |
| 83 | 571 | 255 | 317 | 37 | 20 | 17 | 64.26 | 78.85 | 52.54 |
| 84 | 478 | 226 | 253 | 26 | 19 | 7 | 53.38 | 83.93 | 26.11 |
| 85-89 | **1278** | **551** | **727** | **114** | **55** | **60** | **89.61** | **99.46** | **82.15** |
| 85 | 390 | 186 | 204 | 23 | 10 | 13 | 59.00 | 53.65 | 63.87 |
| 86 | 297 | 127 | 169 | 26 | 14 | 12 | 86.35 | 107.94 | 70.07 |
| 87 | 248 | 101 | 147 | 24 | 16 | 8 | 96.11 | 160.51 | 51.82 |
| 88 | 205 | 85 | 119 | 31 | 11 | 20 | 150.14 | 124.83 | 168.25 |
| 89 | 139 | 51 | 88 | 11 | 4 | 7 | 81.53 | 81.78 | 81.39 |
| 90+ | **466** | **178** | **287** | **56** | **26** | **30** | **120.17** | **146.07** | **104.53** |

# 2-46 全国镇分年龄、性别的死亡人口状况(2010年11月1日至2011年10月31日)

## Status of Town Deaths by Age and Sex (2010.11.1-2011.10.31)

| 年龄 Age | 年平均人口(人) Average Population (person) | 男 Male | 女 Female | 死亡人口(人) Deaths (person) | 男 Male | 女 Female | 死亡率(‰) Death Rate (‰) | 男 Male | 女 Female |
|---|---|---|---|---|---|---|---|---|---|
| 总计 Total | **252136** | **130300** | **121836** | **1116** | **664** | **451** | **4.43** | **5.10** | **3.71** |
| 0-4 | **12849** | **7107** | **5743** | **11** | **7** | **4** | **0.82** | **0.92** | **0.71** |
| 0 | 1258 | 699 | 559 | 8 | 4 | 4 | 6.51 | 5.92 | 7.26 |
| 1 | 2628 | 1476 | 1152 | | | | | | |
| 2 | 2964 | 1674 | 1290 | | | | | | |
| 3 | 3051 | 1652 | 1398 | 2 | 2 | | 0.79 | 1.46 | |
| 4 | 2949 | 1606 | 1343 | | | | | | |
| 5-9 | **14076** | **7743** | **6333** | **3** | **2** | **1** | **0.23** | **0.26** | **0.18** |
| 5 | 3055 | 1693 | 1362 | | | | | | |
| 6 | 2846 | 1586 | 1260 | | | | | | |
| 7 | 2844 | 1554 | 1290 | | | | | | |
| 8 | 2632 | 1445 | 1187 | 1 | | 1 | 0.44 | | 0.98 |
| 9 | 2699 | 1465 | 1234 | 2 | 2 | | 0.75 | 1.39 | |
| 10-14 | **14490** | **7878** | **6611** | | | | | | |
| 10 | 2839 | 1514 | 1324 | | | | | | |
| 11 | 2849 | 1589 | 1260 | | | | | | |
| 12 | 2811 | 1570 | 1241 | | | | | | |
| 13 | 3075 | 1626 | 1448 | | | | | | |
| 14 | 2917 | 1578 | 1338 | | | | | | |
| 15-19 | **20545** | **11428** | **9118** | **3** | **3** | **1** | **0.17** | **0.23** | **0.09** |
| 15 | 3439 | 1820 | 1619 | | | | | | |
| 16 | 3754 | 1989 | 1765 | 1 | | 1 | 0.21 | | 0.44 |
| 17 | 3949 | 2221 | 1728 | | | | 0.04 | 0.07 | |
| 18 | 5224 | 3178 | 2046 | 1 | 1 | | 0.26 | 0.43 | |
| 19 | 4180 | 2221 | 1959 | 1 | 1 | | 0.28 | 0.53 | |
| 20-24 | **22689** | **11665** | **11024** | **10** | **8** | **3** | **0.45** | **0.67** | **0.23** |
| 20 | 4142 | 2199 | 1943 | 1 | 1 | | 0.24 | 0.46 | |
| 21 | 4824 | 2601 | 2222 | 2 | 1 | 1 | 0.37 | 0.31 | 0.45 |
| 22 | 4598 | 2369 | 2229 | 3 | 3 | | 0.69 | 1.20 | 0.15 |
| 23 | 4310 | 2124 | 2186 | 3 | 3 | | 0.72 | 1.47 | |
| 24 | 4815 | 2372 | 2443 | 1 | | 1 | 0.24 | | 0.48 |
| 25-29 | **19515** | **9637** | **9878** | **4** | **1** | **3** | **0.21** | **0.10** | **0.32** |
| 25 | 4183 | 2036 | 2148 | 2 | | 2 | 0.49 | | 0.95 |
| 26 | 3771 | 1868 | 1903 | 1 | 1 | | 0.26 | 0.53 | |
| 27 | 3775 | 1837 | 1938 | | | | | | |
| 28 | 3617 | 1810 | 1808 | | | | | | |
| 29 | 4168 | 2087 | 2081 | 1 | | 1 | 0.28 | | 0.56 |

## 2-46 续表 1 continued

| 年 龄<br>Age | 年平均人口(人)<br>Average Population (person) | 男<br>Male | 女<br>Female | 死亡人口(人)<br>Deaths (person) | 男<br>Male | 女<br>Female | 死亡率(‰)<br>Death Rate (‰) | 男<br>Male | 女<br>Female |
|---|---|---|---|---|---|---|---|---|---|
| 30-34 | **19027** | **9534** | **9493** | **15** | **10** | **5** | **0.81** | **1.05** | **0.58** |
| 30 | 3713 | 1857 | 1856 | 5 | 4 | 1 | 1.29 | 2.25 | 0.34 |
| 31 | 3603 | 1759 | 1844 | 2 | 1 | 1 | 0.62 | 0.64 | 0.61 |
| 32 | 3996 | 1991 | 2005 | 4 | 2 | 3 | 1.12 | 0.98 | 1.26 |
| 33 | 3976 | 1993 | 1983 | | | | | | |
| 34 | 3739 | 1934 | 1805 | 4 | 3 | 1 | 1.06 | 1.44 | 0.65 |
| 35-39 | **22730** | **11663** | **11067** | **23** | **18** | **5** | **1.01** | **1.50** | **0.49** |
| 35 | 4232 | 2221 | 2010 | 3 | 3 | | 0.75 | 1.43 | |
| 36 | 4167 | 2095 | 2072 | 5 | 3 | 2 | 1.16 | 1.46 | 0.86 |
| 37 | 4735 | 2401 | 2334 | 4 | 3 | 1 | 0.91 | 1.26 | 0.54 |
| 38 | 4753 | 2472 | 2281 | 6 | 4 | 1 | 1.18 | 1.79 | 0.51 |
| 39 | 4843 | 2473 | 2369 | 5 | 4 | 1 | 1.04 | 1.56 | 0.49 |
| 40-44 | **24515** | **12510** | **12005** | **37** | **30** | **7** | **1.51** | **2.39** | **0.60** |
| 40 | 4884 | 2572 | 2312 | 8 | 7 | 1 | 1.61 | 2.63 | 0.49 |
| 41 | 5373 | 2682 | 2691 | 6 | 5 | 1 | 1.07 | 1.83 | 0.30 |
| 42 | 4797 | 2431 | 2366 | 8 | 6 | 2 | 1.66 | 2.33 | 0.97 |
| 43 | 5352 | 2764 | 2588 | 10 | 7 | 2 | 1.81 | 2.67 | 0.88 |
| 44 | 4109 | 2061 | 2048 | 6 | 5 | 1 | 1.42 | 2.49 | 0.36 |
| 45-49 | **22478** | **11491** | **10987** | **47** | **30** | **16** | **2.07** | **2.62** | **1.49** |
| 45 | 4475 | 2325 | 2150 | 6 | 3 | 2 | 1.24 | 1.37 | 1.09 |
| 46 | 4574 | 2330 | 2244 | 14 | 8 | 6 | 3.03 | 3.42 | 2.63 |
| 47 | 5088 | 2573 | 2515 | 6 | 5 | 1 | 1.17 | 1.80 | 0.53 |
| 48 | 4585 | 2317 | 2268 | 10 | 8 | 2 | 2.17 | 3.33 | 0.99 |
| 49 | 3756 | 1946 | 1810 | 11 | 7 | 5 | 2.99 | 3.40 | 2.54 |
| 50-54 | **13205** | **6854** | **6350** | **53** | **41** | **11** | **4.01** | **6.05** | **1.80** |
| 50 | 2094 | 1028 | 1066 | 13 | 10 | 4 | 6.30 | 9.36 | 3.36 |
| 51 | 2589 | 1329 | 1260 | 6 | 3 | 3 | 2.42 | 2.08 | 2.77 |
| 52 | 2323 | 1258 | 1065 | 8 | 7 | 1 | 3.49 | 5.52 | 1.08 |
| 53 | 2980 | 1579 | 1401 | 13 | 12 | 1 | 4.33 | 7.61 | 0.63 |
| 54 | 3219 | 1660 | 1559 | 12 | 10 | 2 | 3.88 | 6.11 | 1.50 |
| 55-59 | **14725** | **7403** | **7322** | **77** | **49** | **28** | **5.21** | **6.60** | **3.81** |
| 55 | 3026 | 1470 | 1556 | 11 | 9 | 2 | 3.60 | 6.20 | 1.15 |
| 56 | 2957 | 1507 | 1450 | 15 | 10 | 5 | 5.05 | 6.84 | 3.20 |
| 57 | 3140 | 1556 | 1584 | 19 | 10 | 9 | 6.09 | 6.32 | 5.87 |
| 58 | 2712 | 1381 | 1331 | 18 | 12 | 6 | 6.58 | 8.50 | 4.58 |
| 59 | 2890 | 1489 | 1402 | 14 | 8 | 6 | 4.82 | 5.27 | 4.34 |
| 60-64 | **10832** | **5472** | **5361** | **93** | **56** | **37** | **8.57** | **10.22** | **6.88** |

## 2-46 续表 2 continued

| 年 龄 Age | 年平均人口(人) Average Population (person) | 男 Male | 女 Female | 死亡人口(人) Deaths (person) | 男 Male | 女 Female | 死亡率(‰) Death Rate (‰) | 男 Male | 女 Female |
|---|---|---|---|---|---|---|---|---|---|
| 60 | 2340 | 1172 | 1167 | 15 | 9 | 6 | 6.32 | 7.35 | 5.30 |
| 61 | 2343 | 1192 | 1151 | 21 | 15 | 6 | 8.97 | 12.95 | 4.84 |
| 62 | 2212 | 1122 | 1090 | 19 | 9 | 10 | 8.44 | 8.04 | 8.86 |
| 63 | 2026 | 1021 | 1004 | 17 | 7 | 10 | 8.17 | 6.57 | 9.80 |
| 64 | 1912 | 964 | 948 | 22 | 16 | 6 | 11.38 | 16.75 | 5.93 |
| 65-69 | **7163** | **3674** | **3489** | **118** | **72** | **46** | **16.42** | **19.49** | **13.19** |
| 65 | 1658 | 848 | 810 | 26 | 16 | 9 | 15.50 | 19.26 | 11.56 |
| 66 | 1526 | 777 | 748 | 32 | 23 | 9 | 21.16 | 29.75 | 12.25 |
| 67 | 1401 | 734 | 666 | 20 | 11 | 9 | 13.96 | 14.97 | 12.85 |
| 68 | 1320 | 672 | 648 | 15 | 5 | 10 | 11.61 | 7.40 | 15.97 |
| 69 | 1259 | 643 | 617 | 25 | 16 | 9 | 19.68 | 25.21 | 13.92 |
| 70-74 | **5500** | **2731** | **2769** | **101** | **67** | **34** | **18.42** | **24.51** | **12.41** |
| 70 | 1195 | 595 | 600 | 27 | 18 | 9 | 22.65 | 30.12 | 15.23 |
| 71 | 1168 | 588 | 580 | 19 | 13 | 6 | 16.39 | 21.58 | 11.13 |
| 72 | 1012 | 513 | 500 | 14 | 9 | 6 | 14.17 | 16.84 | 11.43 |
| 73 | 1126 | 550 | 575 | 23 | 17 | 6 | 20.20 | 30.38 | 10.46 |
| 74 | 999 | 485 | 513 | 18 | 11 | 7 | 18.02 | 22.59 | 13.70 |
| 75-79 | **4113** | **1960** | **2153** | **175** | **98** | **77** | **42.53** | **50.13** | **35.61** |
| 75 | 936 | 454 | 482 | 26 | 12 | 14 | 27.99 | 27.00 | 28.92 |
| 76 | 910 | 433 | 477 | 36 | 19 | 17 | 39.48 | 44.36 | 35.05 |
| 77 | 846 | 405 | 442 | 29 | 19 | 11 | 34.63 | 46.20 | 24.03 |
| 78 | 797 | 398 | 399 | 40 | 28 | 11 | 49.62 | 70.60 | 28.72 |
| 79 | 623 | 271 | 353 | 44 | 20 | 24 | 70.45 | 73.88 | 67.82 |
| 80-84 | **2358** | **1077** | **1281** | **190** | **96** | **94** | **80.54** | **88.84** | **73.56** |
| 80 | 558 | 272 | 285 | 39 | 19 | 20 | 70.00 | 70.18 | 69.82 |
| 81 | 617 | 284 | 333 | 42 | 17 | 26 | 68.60 | 58.51 | 77.21 |
| 82 | 466 | 204 | 262 | 29 | 14 | 15 | 62.92 | 70.92 | 56.70 |
| 83 | 400 | 181 | 219 | 49 | 24 | 25 | 122.38 | 134.61 | 112.28 |
| 84 | 317 | 135 | 182 | 30 | 21 | 9 | 95.51 | 156.01 | 50.45 |
| 85-89 | **944** | **357** | **587** | **103** | **52** | **51** | **109.03** | **145.02** | **87.15** |
| 85 | 259 | 110 | 149 | 20 | 13 | 8 | 78.70 | 114.74 | 52.05 |
| 86 | 232 | 89 | 144 | 24 | 14 | 10 | 102.42 | 156.66 | 68.82 |
| 87 | 181 | 67 | 114 | 25 | 12 | 13 | 137.55 | 179.16 | 112.96 |
| 88 | 165 | 55 | 110 | 27 | 11 | 15 | 161.87 | 210.18 | 137.89 |
| 89 | 107 | 36 | 71 | 7 | 2 | 6 | 67.15 | 46.45 | 77.67 |
| 90+ | **382** | **117** | **265** | **53** | **26** | **26** | **138.74** | **222.22** | **98.11** |

# 2-47 全国乡村分年龄、性别的死亡人口状况
## （2010年11月1日至2011年10月31日）
## Status of Rural Deaths by Age and Sex (2010.11.1-2011.10.31)

| 年 龄 Age | 年平均人口(人) Average Population (person) | 男 Male | 女 Female | 死亡人口(人) Deaths (person) | 男 Male | 女 Female | 死亡率(‰) Death Rate (‰) | 男 Male | 女 Female |
|---|---|---|---|---|---|---|---|---|---|
| **总计 Total** | **551951** | **284358** | **267594** | **4411** | **2569** | **1843** | **7.99** | **9.03** | **6.89** |
| 0-4 | **33244** | **18154** | **15090** | **64** | **35** | **28** | **1.92** | **1.95** | **1.87** |
| 0 | 3474 | 1893 | 1581 | 45 | 24 | 21 | 13.00 | 12.59 | 13.49 |
| 1 | 6660 | 3689 | 2971 | 10 | 6 | 4 | 1.49 | 1.60 | 1.35 |
| 2 | 7702 | 4176 | 3526 | 3 | 3 | | 0.37 | 0.69 | |
| 3 | 7935 | 4422 | 3513 | 3 | 1 | 2 | 0.34 | 0.26 | 0.44 |
| 4 | 7473 | 3973 | 3500 | 3 | 2 | 1 | 0.42 | 0.44 | 0.39 |
| 5-9 | **33784** | **18310** | **15475** | **20** | **14** | **6** | **0.61** | **0.77** | **0.41** |
| 5 | 7321 | 3914 | 3408 | 4 | 3 | 1 | 0.56 | 0.76 | 0.32 |
| 6 | 6829 | 3749 | 3080 | 2 | 2 | | 0.27 | 0.50 | |
| 7 | 7070 | 3869 | 3200 | 5 | 4 | 1 | 0.67 | 0.92 | 0.36 |
| 8 | 6208 | 3369 | 2839 | 5 | 4 | 1 | 0.81 | 1.07 | 0.49 |
| 9 | 6356 | 3408 | 2948 | 5 | 2 | 3 | 0.76 | 0.61 | 0.92 |
| 10-14 | **33932** | **18264** | **15668** | **13** | **7** | **6** | **0.40** | **0.38** | **0.41** |
| 10 | 6559 | 3531 | 3028 | 1 | 1 | | 0.16 | 0.30 | |
| 11 | 6741 | 3639 | 3102 | 4 | | 4 | 0.54 | | 1.17 |
| 12 | 6331 | 3411 | 2920 | 1 | | 1 | 0.11 | | 0.24 |
| 13 | 7146 | 3885 | 3261 | 4 | 2 | 2 | 0.58 | 0.53 | 0.63 |
| 14 | 7155 | 3797 | 3358 | 4 | 4 | | 0.54 | 1.02 | |
| 15-19 | **37378** | **19575** | **17803** | **20** | **11** | **9** | **0.55** | **0.58** | **0.51** |
| 15 | 7731 | 4003 | 3728 | 4 | 4 | | 0.49 | 0.94 | |
| 16 | 7770 | 4159 | 3611 | 5 | 5 | | 0.58 | 1.09 | |
| 17 | 7080 | 3738 | 3342 | 2 | | 2 | 0.24 | | 0.51 |
| 18 | 7329 | 3852 | 3478 | 5 | 2 | 3 | 0.68 | 0.46 | 0.91 |
| 19 | 7467 | 3823 | 3644 | 6 | 1 | 4 | 0.74 | 0.36 | 1.14 |
| 20-24 | **48281** | **24900** | **23381** | **33** | **26** | **7** | **0.68** | **1.05** | **0.29** |
| 20 | 8421 | 4336 | 4084 | 5 | 5 | | 0.55 | 1.07 | |
| 21 | 10497 | 5436 | 5061 | 10 | 9 | 1 | 0.93 | 1.64 | 0.17 |
| 22 | 10141 | 5304 | 4837 | 10 | 8 | 2 | 1.00 | 1.54 | 0.41 |
| 23 | 9322 | 4757 | 4566 | 4 | 2 | 2 | 0.46 | 0.38 | 0.55 |
| 24 | 9899 | 5066 | 4833 | 4 | 3 | 1 | 0.42 | 0.53 | 0.31 |
| 25-29 | **36784** | **18885** | **17899** | **37** | **29** | **9** | **1.01** | **1.52** | **0.48** |
| 25 | 8194 | 4105 | 4089 | 5 | 5 | | 0.60 | 1.14 | 0.06 |
| 26 | 7196 | 3659 | 3537 | 9 | 5 | 4 | 1.23 | 1.45 | 0.99 |
| 27 | 7025 | 3651 | 3374 | 7 | 6 | 1 | 0.97 | 1.59 | 0.30 |
| 28 | 6855 | 3590 | 3265 | 7 | 5 | 2 | 0.99 | 1.38 | 0.55 |
| 29 | 7513 | 3880 | 3634 | 10 | 8 | 2 | 1.32 | 2.04 | 0.55 |

## 2-47 续表 1 continued

| 年龄 Age | 年平均人口(人) Average Population (person) | 男 Male | 女 Female | 死亡人口(人) Deaths (person) | 男 Male | 女 Female | 死亡率(‰) Death Rate (‰) | 男 Male | 女 Female |
|---|---|---|---|---|---|---|---|---|---|
| 30-34 | **33230** | **17183** | **16047** | **47** | **37** | **10** | **1.41** | **2.13** | **0.63** |
| 30 | 6698 | 3512 | 3187 | 6 | 2 | 3 | 0.89 | 0.71 | 1.08 |
| 31 | 6563 | 3338 | 3225 | 9 | 8 | 1 | 1.30 | 2.34 | 0.21 |
| 32 | 6681 | 3480 | 3201 | 15 | 14 | 1 | 2.31 | 4.05 | 0.43 |
| 33 | 6890 | 3571 | 3319 | 10 | 7 | 3 | 1.46 | 2.05 | 0.82 |
| 34 | 6398 | 3283 | 3115 | 7 | 5 | 2 | 1.06 | 1.48 | 0.62 |
| 35-39 | **41748** | **21413** | **20335** | **83** | **63** | **20** | **1.98** | **2.92** | **0.98** |
| 35 | 7362 | 3761 | 3601 | 11 | 8 | 3 | 1.53 | 2.19 | 0.84 |
| 36 | 7716 | 3981 | 3734 | 11 | 6 | 5 | 1.46 | 1.52 | 1.40 |
| 37 | 8409 | 4346 | 4063 | 13 | 11 | 2 | 1.54 | 2.45 | 0.57 |
| 38 | 8964 | 4574 | 4389 | 25 | 23 | 2 | 2.81 | 5.12 | 0.40 |
| 39 | 9298 | 4750 | 4548 | 22 | 14 | 8 | 2.35 | 2.99 | 1.68 |
| 40-44 | **50072** | **25456** | **24616** | **114** | **81** | **33** | **2.28** | **3.19** | **1.33** |
| 40 | 9492 | 4915 | 4577 | 15 | 12 | 3 | 1.62 | 2.51 | 0.65 |
| 41 | 10402 | 5290 | 5112 | 17 | 14 | 3 | 1.63 | 2.65 | 0.57 |
| 42 | 9900 | 4962 | 4937 | 38 | 24 | 14 | 3.86 | 4.93 | 2.78 |
| 43 | 11036 | 5610 | 5427 | 21 | 15 | 6 | 1.91 | 2.72 | 1.08 |
| 44 | 9241 | 4678 | 4563 | 22 | 15 | 7 | 2.43 | 3.24 | 1.61 |
| 45-49 | **49066** | **24791** | **24275** | **188** | **130** | **58** | **3.84** | **5.26** | **2.39** |
| 45 | 10219 | 5190 | 5029 | 36 | 28 | 8 | 3.53 | 5.44 | 1.56 |
| 46 | 9994 | 5105 | 4889 | 48 | 33 | 15 | 4.78 | 6.52 | 2.97 |
| 47 | 10955 | 5582 | 5373 | 43 | 28 | 14 | 3.92 | 5.10 | 2.69 |
| 48 | 9393 | 4644 | 4749 | 31 | 19 | 12 | 3.25 | 4.00 | 2.52 |
| 49 | 8505 | 4271 | 4234 | 31 | 22 | 9 | 3.65 | 5.09 | 2.20 |
| 50-54 | **29765** | **15255** | **14511** | **210** | **149** | **61** | **7.05** | **9.78** | **4.19** |
| 50 | 4428 | 2187 | 2241 | 30 | 21 | 9 | 6.81 | 9.76 | 3.92 |
| 51 | 5622 | 2856 | 2765 | 26 | 19 | 7 | 4.59 | 6.64 | 2.48 |
| 52 | 5232 | 2674 | 2558 | 34 | 24 | 10 | 6.52 | 9.01 | 3.92 |
| 53 | 6713 | 3499 | 3214 | 46 | 34 | 11 | 6.80 | 9.81 | 3.53 |
| 54 | 7771 | 4039 | 3732 | 74 | 50 | 24 | 9.56 | 12.48 | 6.38 |
| 55-59 | **37278** | **19023** | **18255** | **274** | **179** | **95** | **7.35** | **9.42** | **5.20** |
| 55 | 7167 | 3752 | 3415 | 45 | 30 | 15 | 6.29 | 7.93 | 4.49 |
| 56 | 7808 | 3993 | 3815 | 65 | 48 | 18 | 8.39 | 11.98 | 4.62 |
| 57 | 7801 | 3986 | 3815 | 56 | 35 | 22 | 7.22 | 8.68 | 5.70 |
| 58 | 7216 | 3618 | 3597 | 50 | 38 | 12 | 6.98 | 10.47 | 3.47 |
| 59 | 7286 | 3674 | 3613 | 57 | 29 | 28 | 7.80 | 7.93 | 7.68 |

## 2-47 续表 2 continued

| 年 龄 Age | 年平均人口(人) Average Population (person) | 男 Male | 女 Female | 死亡人口(人) Deaths (person) | 男 Male | 女 Female | 死亡率(‰) Death Rate (‰) | 男 Male | 女 Female |
|---|---|---|---|---|---|---|---|---|---|
| 60-64 | **28788** | **14820** | **13967** | **366** | **244** | **122** | **12.71** | **16.43** | **8.75** |
| 60 | 6165 | 3118 | 3048 | 68 | 45 | 23 | 11.10 | 14.48 | 7.64 |
| 61 | 6270 | 3248 | 3022 | 74 | 55 | 20 | 11.86 | 16.88 | 6.46 |
| 62 | 6195 | 3273 | 2922 | 72 | 43 | 29 | 11.57 | 13.01 | 9.95 |
| 63 | 5233 | 2647 | 2586 | 78 | 54 | 24 | 14.85 | 20.38 | 9.19 |
| 64 | 4925 | 2535 | 2390 | 74 | 47 | 27 | 14.95 | 18.57 | 11.12 |
| 65-69 | **20328** | **10358** | **9969** | **449** | **267** | **182** | **22.09** | **25.78** | **18.26** |
| 65 | 4731 | 2399 | 2332 | 85 | 51 | 34 | 18.02 | 21.27 | 14.68 |
| 66 | 4198 | 2137 | 2061 | 81 | 46 | 35 | 19.26 | 21.36 | 17.09 |
| 67 | 4129 | 2081 | 2048 | 101 | 62 | 39 | 24.50 | 29.76 | 19.15 |
| 68 | 3745 | 1893 | 1852 | 97 | 59 | 39 | 26.01 | 30.93 | 20.98 |
| 69 | 3526 | 1848 | 1677 | 84 | 50 | 35 | 23.94 | 26.96 | 20.61 |
| 70-74 | **15973** | **8185** | **7788** | **564** | **350** | **214** | **35.32** | **42.76** | **27.49** |
| 70 | 3693 | 1892 | 1802 | 92 | 66 | 27 | 25.00 | 34.79 | 14.73 |
| 71 | 3403 | 1772 | 1631 | 104 | 51 | 53 | 30.55 | 28.94 | 32.30 |
| 72 | 2794 | 1430 | 1364 | 122 | 73 | 48 | 43.55 | 51.32 | 35.40 |
| 73 | 3176 | 1611 | 1565 | 121 | 75 | 45 | 38.04 | 46.82 | 29.00 |
| 74 | 2907 | 1481 | 1426 | 125 | 84 | 41 | 43.12 | 56.79 | 28.91 |
| 75-79 | **11733** | **5565** | **6167** | **686** | **387** | **299** | **58.48** | **69.56** | **48.48** |
| 75 | 2654 | 1324 | 1329 | 121 | 68 | 53 | 45.51 | 51.46 | 39.58 |
| 76 | 2508 | 1177 | 1331 | 138 | 89 | 50 | 55.06 | 75.21 | 37.24 |
| 77 | 2324 | 1094 | 1230 | 165 | 94 | 71 | 70.97 | 86.33 | 57.32 |
| 78 | 2301 | 1102 | 1199 | 125 | 69 | 56 | 54.13 | 62.47 | 46.46 |
| 79 | 1946 | 868 | 1078 | 138 | 67 | 71 | 70.80 | 77.39 | 65.49 |
| 80-84 | **6724** | **2876** | **3847** | **627** | **302** | **324** | **93.19** | **105.13** | **84.26** |
| 80 | 1655 | 734 | 922 | 143 | 74 | 69 | 86.50 | 100.56 | 75.30 |
| 81 | 1667 | 762 | 906 | 124 | 55 | 69 | 74.28 | 71.92 | 76.26 |
| 82 | 1219 | 503 | 716 | 123 | 49 | 74 | 100.93 | 97.12 | 103.60 |
| 83 | 1214 | 479 | 735 | 136 | 71 | 66 | 112.25 | 147.51 | 89.25 |
| 84 | 968 | 399 | 569 | 100 | 54 | 46 | 103.56 | 136.13 | 80.75 |
| 85-89 | **2821** | **1060** | **1760** | **376** | **162** | **214** | **133.30** | **153.07** | **121.39** |
| 85 | 810 | 333 | 477 | 111 | 50 | 60 | 136.77 | 151.39 | 126.57 |
| 86 | 660 | 227 | 433 | 83 | 43 | 41 | 126.13 | 187.90 | 93.78 |
| 87 | 531 | 208 | 323 | 73 | 36 | 37 | 137.26 | 172.83 | 114.29 |
| 88 | 427 | 153 | 274 | 50 | 17 | 34 | 117.91 | 109.17 | 122.79 |
| 89 | 393 | 139 | 253 | 59 | 17 | 42 | 149.58 | 118.98 | 166.39 |
| 90+ | **1024** | **285** | **741** | **239** | **95** | **145** | **233.40** | **333.33** | **195.68** |

# 2-48 各地区分性别的各种户口状况人口

单位：人

| 地 区 | Region | 人口数 Population | | | 住本乡、镇、街道，户口在本乡、镇、街道 Residing in the Townships, Towns and Street Communities with Permanent Household Registration There | | |
|---|---|---|---|---|---|---|---|
| | | 合 计 Total | 男 Male | 女 Female | 小 计 Sub-total | 男 Male | 女 Female |
| **全 国** | **National Total** | **1145209** | **587039** | **558170** | **909392** | **463562** | **445830** |
| 北 京 | Beijing | 17246 | 8796 | 8450 | 7396 | 3755 | 3641 |
| 天 津 | Tianjin | 11577 | 5754 | 5822 | 8557 | 4201 | 4356 |
| 河 北 | Hebei | 61861 | 32083 | 29778 | 54680 | 27956 | 26725 |
| 山 西 | Shanxi | 30698 | 15718 | 14980 | 25890 | 13291 | 12599 |
| 内蒙古 | Inner Mongolia | 21203 | 10540 | 10663 | 14391 | 7338 | 7053 |
| 辽 宁 | Liaoning | 37447 | 18846 | 18601 | 29685 | 15024 | 14660 |
| 吉 林 | Jilin | 23490 | 12002 | 11488 | 19104 | 9855 | 9249 |
| 黑龙江 | Heilongjiang | 32757 | 16483 | 16273 | 27678 | 14177 | 13501 |
| 上 海 | Shanghai | 20056 | 10644 | 9412 | 6996 | 3508 | 3488 |
| 江 苏 | Jiangsu | 67485 | 33888 | 33597 | 50927 | 25324 | 25603 |
| 浙 江 | Zhejiang | 46674 | 22833 | 23842 | 27804 | 13881 | 13923 |
| 安 徽 | Anhui | 50989 | 25834 | 25155 | 43411 | 22018 | 21393 |
| 福 建 | Fujian | 31783 | 15680 | 16103 | 18905 | 9577 | 9328 |
| 江 西 | Jiangxi | 38348 | 20190 | 18157 | 33266 | 17268 | 15998 |
| 山 东 | Shandong | 82336 | 41319 | 41017 | 71990 | 36126 | 35864 |
| 河 南 | Henan | 80208 | 41614 | 38595 | 69766 | 35394 | 34373 |
| 湖 北 | Hubei | 49190 | 25274 | 23917 | 41827 | 21473 | 20354 |
| 湖 南 | Hunan | 56351 | 28993 | 27358 | 50490 | 25894 | 24596 |
| 广 东 | Guangdong | 89750 | 48050 | 41700 | 61502 | 31901 | 29601 |
| 广 西 | Guangxi | 39686 | 20785 | 18900 | 33558 | 17444 | 16114 |
| 海 南 | Hainan | 7496 | 3897 | 3599 | 5773 | 3065 | 2707 |
| 重 庆 | Chongqing | 24939 | 12716 | 12223 | 19441 | 9886 | 9555 |
| 四 川 | Sichuan | 68777 | 35134 | 33643 | 57291 | 28771 | 28520 |
| 贵 州 | Guizhou | 29636 | 15658 | 13978 | 24178 | 12664 | 11514 |
| 云 南 | Yunnan | 39564 | 20179 | 19385 | 32802 | 16898 | 15904 |
| 西 藏 | Tibet | 2591 | 1324 | 1268 | 2368 | 1198 | 1171 |
| 陕 西 | Shaanxi | 31976 | 16410 | 15566 | 27597 | 14009 | 13588 |
| 甘 肃 | Gansu | 21908 | 11384 | 10523 | 19745 | 10165 | 9579 |
| 青 海 | Qinghai | 4854 | 2458 | 2396 | 3842 | 1951 | 1891 |
| 宁 夏 | Ningxia | 5463 | 2875 | 2588 | 4140 | 2120 | 2020 |
| 新 疆 | Xinjiang | 18871 | 9679 | 9191 | 14394 | 7432 | 6963 |

# Population by Sex, Household Registration Status and Region

(person)

| 住本乡、镇、街道，户口在外乡、镇、街道，离开户口登记地半年以上 Residing in Townships, Towns and Street Communities, with Permanent Household Registration Elsewhere, Having Been Away from That Places For More Than 6 Months. | | | 住本乡、镇、街道，户口待定 Residing in Townships, Towns and Street Communities, with Place of Permanent Household Registration Unsettled | | | 居住港澳台或国外，户口在本乡、镇、街道 Residing in Taiwan, Macao, Hong Kong Special Administrative Region and other countries, with Place of Permanent Household Registration in Township, Towns and Street Communities | | |
|---|---|---|---|---|---|---|---|---|
| 小 计 Sub-total | 男 Male | 女 Female | 小 计 Sub-total | 男 Male | 女 Female | 小 计 Sub-total | 男 Male | 女 Female |
| **223697** | **117332** | **106365** | **10164** | **5080** | **5084** | **1956** | **1064** | **892** |
| | | | | | | | | |
| 9765 | 5000 | 4764 | 48 | 24 | 24 | 37 | 16 | 21 |
| 2970 | 1532 | 1438 | 36 | 15 | 22 | 14 | 7 | 7 |
| 6612 | 3832 | 2781 | 547 | 279 | 268 | 22 | 17 | 5 |
| 4629 | 2337 | 2292 | 174 | 88 | 86 | 4 | 2 | 2 |
| 6690 | 3139 | 3552 | 110 | 58 | 52 | 12 | 6 | 6 |
| | | | | | | | | |
| 7593 | 3736 | 3857 | 98 | 50 | 48 | 72 | 36 | 36 |
| 4153 | 2034 | 2119 | 89 | 45 | 44 | 144 | 68 | 75 |
| 4861 | 2199 | 2662 | 141 | 66 | 75 | 77 | 41 | 36 |
| | | | | | | | | |
| 12917 | 7066 | 5851 | 60 | 34 | 26 | 82 | 36 | 46 |
| 15811 | 8125 | 7686 | 588 | 318 | 270 | 160 | 121 | 39 |
| 18307 | 8672 | 9635 | 312 | 148 | 164 | 252 | 132 | 120 |
| 6774 | 3391 | 3384 | 631 | 338 | 293 | 172 | 86 | 86 |
| 12106 | 5717 | 6389 | 468 | 227 | 241 | 303 | 158 | 145 |
| 4499 | 2629 | 1870 | 573 | 288 | 285 | 11 | 6 | 5 |
| 9681 | 4878 | 4803 | 519 | 239 | 280 | 145 | 76 | 69 |
| | | | | | | | | |
| 9798 | 5879 | 3919 | 596 | 306 | 290 | 48 | 35 | 13 |
| 6827 | 3520 | 3307 | 492 | 247 | 245 | 45 | 34 | 11 |
| 5416 | 2865 | 2552 | 428 | 223 | 205 | 16 | 11 | 5 |
| 26914 | 15445 | 11469 | 1159 | 605 | 554 | 175 | 99 | 77 |
| 5491 | 3044 | 2447 | 619 | 290 | 329 | 17 | 7 | 10 |
| 1609 | 773 | 837 | 107 | 56 | 51 | 6 | 3 | 3 |
| | | | | | | | | |
| 5349 | 2759 | 2590 | 140 | 66 | 74 | 9 | 5 | 4 |
| 10953 | 6103 | 4850 | 455 | 227 | 228 | 77 | 32 | 45 |
| 4873 | 2719 | 2154 | 579 | 271 | 308 | 6 | 3 | 2 |
| 6268 | 3036 | 3232 | 468 | 230 | 238 | 26 | 15 | 11 |
| 191 | 112 | 79 | 30 | 14 | 17 | 1 | | 1 |
| | | | | | | | | |
| 4213 | 2325 | 1889 | 161 | 73 | 88 | 5 | 3 | 2 |
| 1987 | 1134 | 853 | 174 | 84 | 91 | 2 | 2 | |
| 964 | 484 | 480 | 47 | 23 | 25 | 1 | 1 | |
| 1274 | 729 | 545 | 49 | 26 | 23 | 1 | | 1 |
| 4199 | 2120 | 2079 | 263 | 122 | 142 | 14 | 6 | 8 |

# 2-49 各地区城市分性别的各种户口状况人口

单位：人

| 地 区 | Region | 人口数 Population | | | 住本乡、镇、街道，户口在本乡、镇、街道 Residing in the Townships, Towns and Street Communities with Permanent Household Registration There | | |
|---|---|---|---|---|---|---|---|
| | | 合计 Total | 男 Male | 女 Female | 小计 Sub-total | 男 Male | 女 Female |
| **全 国** | **National Total** | **339518** | **171644** | **167874** | **194191** | **97006** | **97185** |
| 北 京 | Beijing | 13268 | 6788 | 6480 | 5121 | 2597 | 2524 |
| 天 津 | Tianjin | 7814 | 4011 | 3803 | 5259 | 2618 | 2641 |
| 河 北 | Hebei | 10568 | 5299 | 5269 | 8415 | 4259 | 4156 |
| 山 西 | Shanxi | 8419 | 4214 | 4204 | 5538 | 2788 | 2750 |
| 内蒙古 | Inner Mongolia | 6514 | 2992 | 3522 | 2440 | 1180 | 1260 |
| 辽 宁 | Liaoning | 19437 | 9682 | 9754 | 13675 | 6839 | 6836 |
| 吉 林 | Jilin | 8037 | 4043 | 3994 | 4890 | 2455 | 2435 |
| 黑龙江 | Heilongjiang | 11589 | 5663 | 5926 | 8388 | 4239 | 4149 |
| 上 海 | Shanghai | 14611 | 7679 | 6932 | 5454 | 2732 | 2722 |
| 江 苏 | Jiangsu | 24854 | 12472 | 12382 | 14335 | 6966 | 7369 |
| 浙 江 | Zhejiang | 18159 | 8270 | 9889 | 7017 | 3428 | 3589 |
| 安 徽 | Anhui | 10216 | 5297 | 4919 | 6351 | 3315 | 3035 |
| 福 建 | Fujian | 10613 | 5531 | 5082 | 3760 | 1824 | 1936 |
| 江 西 | Jiangxi | 6923 | 3573 | 3349 | 4727 | 2338 | 2389 |
| 山 东 | Shandong | 25501 | 12551 | 12950 | 18639 | 9128 | 9511 |
| 河 南 | Henan | 15091 | 7376 | 7715 | 9707 | 4834 | 4873 |
| 湖 北 | Hubei | 14140 | 7240 | 6900 | 9502 | 4852 | 4649 |
| 湖 南 | Hunan | 10409 | 5295 | 5114 | 7415 | 3727 | 3688 |
| 广 东 | Guangdong | 36248 | 20129 | 16120 | 14352 | 7472 | 6880 |
| 广 西 | Guangxi | 7292 | 3738 | 3554 | 4141 | 2119 | 2021 |
| 海 南 | Hainan | 2069 | 1061 | 1007 | 955 | 514 | 441 |
| 重 庆 | Chongqing | 8994 | 4549 | 4445 | 5043 | 2503 | 2540 |
| 四 川 | Sichuan | 14915 | 7328 | 7587 | 8814 | 4293 | 4521 |
| 贵 州 | Guizhou | 5585 | 3120 | 2465 | 2134 | 1093 | 1041 |
| 云 南 | Yunnan | 6545 | 2933 | 3611 | 3296 | 1623 | 1674 |
| 西 藏 | Tibet | 223 | 118 | 105 | 119 | 58 | 61 |
| 陕 西 | Shaanxi | 7582 | 3660 | 3922 | 5645 | 2678 | 2967 |
| 甘 肃 | Gansu | 3951 | 2000 | 1951 | 3105 | 1567 | 1538 |
| 青 海 | Qinghai | 1314 | 636 | 678 | 750 | 361 | 389 |
| 宁 夏 | Ningxia | 1877 | 976 | 901 | 1083 | 538 | 545 |
| 新 疆 | Xinjiang | 6762 | 3417 | 3345 | 4119 | 2065 | 2054 |

# City Population by Sex, Household Registration Status and Region

(person)

| 住本乡、镇、街道，户口在外乡、镇、街道，离开户口登记地半年以上 Residing in Townships, Towns and Street Communities, with Permanent Household Registration Elsewhere, Having Been Away from That Places For More Than 6 Months. | | | 住本乡、镇、街道，户口待定 Residing in Townships, Towns and Street Communities, with Place of Permanent Household Registration Unsettled | | | 居住港澳台或国外，户口在本乡、镇、街道 Residing in Taiwan, Macao, Hong Kong Special Administrative Region and other countries, with Place of Permanent Household Registration in Township, Towns and Street Communities | | |
|---|---|---|---|---|---|---|---|---|
| 小计 Sub-total | 男 Male | 女 Female | 小计 Sub-total | 男 Male | 女 Female | 小计 Sub-total | 男 Male | 女 Female |
| **143193** | **73588** | **69605** | **1522** | **762** | **761** | **612** | **289** | **323** |
| | | | | | | | | |
| 8073 | 4157 | 3916 | 36 | 18 | 18 | 37 | 16 | 20 |
| 2537 | 1383 | 1153 | 6 | 3 | 2 | 12 | 6 | 6 |
| 2067 | 993 | 1074 | 78 | 41 | 37 | 9 | 6 | 2 |
| 2834 | 1404 | 1430 | 43 | 21 | 22 | 3 | 1 | 2 |
| 4040 | 1794 | 2245 | 34 | 18 | 16 | | | |
| | | | | | | | | |
| 5706 | 2817 | 2889 | 12 | 6 | 5 | 43 | 19 | 24 |
| 3108 | 1570 | 1538 | 10 | 4 | 6 | 29 | 14 | 15 |
| 3146 | 1395 | 1750 | 25 | 11 | 14 | 30 | 18 | 12 |
| | | | | | | | | |
| 9052 | 4897 | 4155 | 29 | 16 | 13 | 76 | 35 | 41 |
| 10351 | 5426 | 4925 | 127 | 55 | 72 | 41 | 24 | 17 |
| 11010 | 4769 | 6242 | 89 | 51 | 38 | 42 | 22 | 20 |
| 3803 | 1950 | 1853 | 56 | 31 | 25 | 6 | 1 | 5 |
| 6712 | 3642 | 3070 | 98 | 46 | 53 | 43 | 19 | 24 |
| 2138 | 1207 | 931 | 53 | 26 | 27 | 4 | 2 | 2 |
| 6682 | 3333 | 3349 | 94 | 48 | 46 | 86 | 42 | 44 |
| | | | | | | | | |
| 5345 | 2526 | 2820 | 27 | 10 | 17 | 11 | 6 | 5 |
| 4524 | 2327 | 2198 | 89 | 45 | 43 | 26 | 16 | 10 |
| 2945 | 1546 | 1399 | 42 | 19 | 23 | 7 | 2 | 5 |
| 21553 | 12487 | 9066 | 278 | 142 | 137 | 65 | 28 | 37 |
| 3089 | 1586 | 1503 | 58 | 33 | 25 | 5 | | 5 |
| 1103 | 544 | 559 | 9 | 3 | 6 | 2 | | 2 |
| | | | | | | | | |
| 3920 | 2030 | 1890 | 27 | 15 | 12 | 4 | 2 | 2 |
| 6043 | 3010 | 3033 | 42 | 21 | 21 | 17 | 4 | 12 |
| 3406 | 2007 | 1399 | 43 | 19 | 24 | 2 | 1 | 1 |
| 3224 | 1303 | 1920 | 23 | 7 | 16 | 1 | | 1 |
| 103 | 59 | 44 | 1 | 1 | | | | |
| | | | | | | | | |
| 1905 | 963 | 942 | 29 | 18 | 11 | 3 | 1 | 2 |
| 828 | 423 | 405 | 18 | 10 | 8 | | | |
| 554 | 270 | 284 | 10 | 5 | 5 | | | |
| 786 | 435 | 351 | 6 | 2 | 4 | 1 | | |
| 2606 | 1334 | 1272 | 29 | 15 | 14 | 8 | 3 | 5 |

# 2-50 各地区镇分性别的各种户口状况人口

单位：人

| 地区 Region | 人口数 Population | | | 住本乡、镇、街道，户口在本乡、镇、街道 Residing in the Townships, Towns and Street Communities with Permanent Household Registration There | | |
|---|---|---|---|---|---|---|
| | 合计 Total | 男 Male | 女 Female | 小计 Sub-total | 男 Male | 女 Female |
| **全国 National Total** | **252615** | **130527** | **122088** | **200401** | **102395** | **98007** |
| 北京 Beijing | 1599 | 755 | 844 | 546 | 276 | 271 |
| 天津 Tianjin | 1506 | 594 | 911 | 1122 | 471 | 651 |
| 河北 Hebei | 17579 | 9343 | 8236 | 15073 | 7751 | 7323 |
| 山西 Shanxi | 6832 | 3485 | 3347 | 5434 | 2771 | 2663 |
| 内蒙古 Inner Mongolia | 5493 | 2749 | 2743 | 3537 | 1762 | 1775 |
| 辽宁 Liaoning | 4548 | 2269 | 2279 | 3166 | 1580 | 1586 |
| 吉林 Jilin | 4506 | 2290 | 2216 | 3968 | 2023 | 1945 |
| 黑龙江 Heilongjiang | 6918 | 3534 | 3384 | 5684 | 2905 | 2779 |
| 上海 Shanghai | 3299 | 1834 | 1465 | 612 | 316 | 296 |
| 江苏 Jiangsu | 16922 | 8580 | 8342 | 13857 | 6979 | 6878 |
| 浙江 Zhejiang | 10920 | 5558 | 5362 | 6863 | 3423 | 3440 |
| 安徽 Anhui | 12628 | 6289 | 6339 | 10222 | 5099 | 5123 |
| 福建 Fujian | 7853 | 3698 | 4155 | 3901 | 1988 | 1913 |
| 江西 Jiangxi | 10602 | 5773 | 4829 | 8456 | 4438 | 4018 |
| 山东 Shandong | 16449 | 8351 | 8098 | 14317 | 7174 | 7143 |
| 河南 Henan | 17454 | 10056 | 7398 | 13328 | 6848 | 6481 |
| 湖北 Hubei | 11355 | 5918 | 5438 | 9872 | 5185 | 4687 |
| 湖南 Hunan | 15006 | 7813 | 7192 | 12854 | 6642 | 6212 |
| 广东 Guangdong | 23436 | 12301 | 11135 | 19988 | 10485 | 9503 |
| 广西 Guangxi | 9297 | 4880 | 4417 | 7731 | 4000 | 3731 |
| 海南 Hainan | 1717 | 888 | 828 | 1440 | 750 | 690 |
| 重庆 Chongqing | 4730 | 2331 | 2400 | 3686 | 1824 | 1863 |
| 四川 Sichuan | 13855 | 6805 | 7050 | 12181 | 6172 | 6008 |
| 贵州 Guizhou | 4776 | 2407 | 2368 | 3752 | 1895 | 1858 |
| 云南 Yunnan | 8015 | 4098 | 3917 | 6707 | 3386 | 3321 |
| 西藏 Tibet | 365 | 181 | 184 | 353 | 175 | 177 |
| 陕西 Shaanxi | 7544 | 3872 | 3671 | 5866 | 3027 | 2838 |
| 甘肃 Gansu | 4185 | 2240 | 1945 | 3352 | 1761 | 1591 |
| 青海 Qinghai | 929 | 471 | 458 | 631 | 326 | 306 |
| 宁夏 Ningxia | 844 | 439 | 405 | 687 | 357 | 329 |
| 新疆 Xinjiang | 1453 | 724 | 729 | 1212 | 606 | 606 |

# Town Population by Sex, Household Registration Status and Region

(person)

| 住本乡、镇、街道，户口在外乡、镇、街道，离开户口登记地半年以上 Residing in Townships, Towns and Street Communities, with Permanent Household Registration Elsewhere, Having Been Away from That Places For More Than 6 Months. | | | 住本乡、镇、街道，户口待定 Residing in Townships, Towns and Street Communities, with Place of Permanent Household Registration Unsettled | | | 居住港澳台或国外，户口在本乡、镇、街道 Residing in Taiwan, Macao, Hong Kong Special Administrative Region and other countries, with Place of Permanent Household Registration in Township, Towns and Street Communities | | |
|---|---|---|---|---|---|---|---|---|
| 小计 Sub-total | 男 Male | 女 Female | 小计 Sub-total | 男 Male | 女 Female | 小计 Sub-total | 男 Male | 女 Female |
| **50072** | **27048** | **23024** | **1945** | **975** | **970** | **197** | **110** | **87** |
| 1048 | 477 | 572 | 4 | 2 | 2 | 1 | | 1 |
| 358 | 115 | 243 | 26 | 8 | 18 | | | |
| 2357 | 1521 | 836 | 146 | 70 | 76 | 3 | 1 | 1 |
| 1358 | 690 | 668 | 40 | 23 | 17 | | | |
| 1915 | 965 | 951 | 39 | 22 | 17 | 1 | | 1 |
| 1369 | 680 | 689 | 7 | 4 | 2 | 7 | 5 | 1 |
| 521 | 257 | 264 | 15 | 9 | 7 | 2 | 2 | |
| 1163 | 597 | 566 | 48 | 23 | 25 | 22 | 8 | 14 |
| 2671 | 1509 | 1162 | 16 | 9 | 6 | | | |
| 2911 | 1506 | 1405 | 125 | 67 | 58 | 30 | 28 | 1 |
| 3960 | 2093 | 1868 | 81 | 36 | 46 | 15 | 6 | 8 |
| 2302 | 1127 | 1174 | 92 | 58 | 34 | 12 | 5 | 7 |
| 3806 | 1634 | 2172 | 95 | 50 | 45 | 50 | 25 | 24 |
| 2001 | 1266 | 735 | 143 | 68 | 75 | 2 | 1 | 1 |
| 2010 | 1119 | 891 | 105 | 48 | 58 | 17 | 10 | 6 |
| 4064 | 3186 | 878 | 58 | 19 | 39 | 3 | 3 | |
| 1421 | 697 | 723 | 61 | 34 | 27 | 1 | 1 | |
| 1986 | 1085 | 901 | 164 | 85 | 79 | 1 | 1 | |
| 3153 | 1671 | 1482 | 280 | 138 | 143 | 14 | 6 | 8 |
| 1474 | 836 | 638 | 89 | 43 | 46 | 4 | 1 | 2 |
| 253 | 126 | 127 | 23 | 12 | 11 | | | |
| 1025 | 499 | 526 | 17 | 7 | 10 | 2 | 1 | 1 |
| 1569 | 577 | 992 | 97 | 55 | 41 | 8 | | 8 |
| 961 | 484 | 478 | 62 | 29 | 33 | | | |
| 1273 | 689 | 584 | 32 | 21 | 11 | 3 | 2 | 1 |
| 12 | 6 | 6 | | | | | | |
| 1647 | 834 | 813 | 30 | 10 | 20 | 1 | 1 | |
| 803 | 465 | 338 | 30 | 13 | 17 | | | |
| 291 | 141 | 150 | 6 | 4 | 3 | | | |
| 150 | 78 | 72 | 8 | 4 | 4 | | | |
| 236 | 117 | 120 | 4 | 2 | 2 | | | |

# 2-51 各地区乡村分性别的各种户口状况人口

单位：人

| 地区 | Region | 人口数 Population | | | 住本乡、镇、街道，户口在本乡、镇、街道 Residing in the Townships, Towns and Street Communities with Permanent Household Registration There | | |
|---|---|---|---|---|---|---|---|
| | | 合计 Total | 男 Male | 女 Female | 小计 Sub-total | 男 Male | 女 Female |
| **全国** | **National Total** | **553076** | **284868** | **268208** | **514800** | **264161** | **250639** |
| 北京 | Beijing | 2380 | 1253 | 1126 | 1729 | 883 | 846 |
| 天津 | Tianjin | 2257 | 1149 | 1108 | 2175 | 1111 | 1064 |
| 河北 | Hebei | 33714 | 17440 | 16274 | 31192 | 15946 | 15246 |
| 山西 | Shanxi | 15447 | 8019 | 7428 | 14918 | 7732 | 7186 |
| 内蒙古 | Inner Mongolia | 9196 | 4799 | 4398 | 8413 | 4395 | 4018 |
| 辽宁 | Liaoning | 13462 | 6894 | 6568 | 12843 | 6605 | 6238 |
| 吉林 | Jilin | 10946 | 5669 | 5278 | 10246 | 5376 | 4870 |
| 黑龙江 | Heilongjiang | 14250 | 7287 | 6963 | 13606 | 7033 | 6573 |
| 上海 | Shanghai | 2146 | 1130 | 1016 | 930 | 460 | 470 |
| 江苏 | Jiangsu | 25709 | 12836 | 12873 | 22734 | 11379 | 11356 |
| 浙江 | Zhejiang | 17596 | 9005 | 8591 | 13923 | 7030 | 6894 |
| 安徽 | Anhui | 28145 | 14247 | 13898 | 26838 | 13604 | 13234 |
| 福建 | Fujian | 13317 | 6451 | 6866 | 11244 | 5765 | 5479 |
| 江西 | Jiangxi | 20823 | 10844 | 9979 | 20083 | 10492 | 9590 |
| 山东 | Shandong | 40385 | 20417 | 19969 | 39034 | 19824 | 19210 |
| 河南 | Henan | 47664 | 24182 | 23482 | 46731 | 23712 | 23019 |
| 湖北 | Hubei | 23695 | 12116 | 11579 | 22453 | 11436 | 11018 |
| 湖南 | Hunan | 30936 | 15885 | 15051 | 30221 | 15525 | 14696 |
| 广东 | Guangdong | 30066 | 15621 | 14446 | 27161 | 13944 | 13218 |
| 广西 | Guangxi | 23096 | 12167 | 10929 | 21686 | 11325 | 10361 |
| 海南 | Hainan | 3710 | 1947 | 1763 | 3378 | 1801 | 1576 |
| 重庆 | Chongqing | 11215 | 5836 | 5379 | 10712 | 5559 | 5152 |
| 四川 | Sichuan | 40006 | 21001 | 19005 | 36297 | 18306 | 17991 |
| 贵州 | Guizhou | 19275 | 10130 | 9145 | 18292 | 9676 | 8616 |
| 云南 | Yunnan | 25004 | 13148 | 11856 | 22798 | 11890 | 10908 |
| 西藏 | Tibet | 2003 | 1025 | 978 | 1897 | 965 | 932 |
| 陕西 | Shaanxi | 16850 | 8878 | 7973 | 16086 | 8303 | 7782 |
| 甘肃 | Gansu | 13772 | 7145 | 6627 | 13288 | 6837 | 6451 |
| 青海 | Qinghai | 2611 | 1352 | 1259 | 2460 | 1264 | 1196 |
| 宁夏 | Ningxia | 2742 | 1460 | 1282 | 2370 | 1225 | 1145 |
| 新疆 | Xinjiang | 10656 | 5538 | 5118 | 9063 | 4761 | 4302 |

# Rural Population by Sex, Household Registration Status and Region

(person)

| 住本乡、镇、街道，户口在外乡、镇、街道，离开户口登记地半年以上 Residing in Townships, Towns and Street Communities, with Permanent Household Registration Elsewhere, Having Been Away from That Places For More Than 6 Months. | | | 住本乡、镇、街道，户口待定 Residing in Townships, Towns and Street Communities, with Place of Permanent Household Registration Unsettled | | | 居住港澳台或国外，户口在本乡、镇、街道 Residing in Taiwan, Macao, Hong Kong Special Administrative Region and other countries, with Place of Permanent Household Registration in Township, Towns and Street Communities | | |
|---|---|---|---|---|---|---|---|---|
| 小 计 Sub-total | 男 Male | 女 Female | 小 计 Sub-total | 男 Male | 女 Female | 小 计 Sub-total | 男 Male | 女 Female |
| **30432** | **16697** | **13735** | **6697** | **3344** | **3353** | **1147** | **666** | **481** |
| | | | | | | | | |
| 643 | 366 | 276 | 8 | 4 | 4 | | | |
| 75 | 33 | 42 | 4 | 3 | 2 | 2 | 1 | 1 |
| 2188 | 1318 | 871 | 324 | 168 | 156 | 10 | 9 | 1 |
| 437 | 243 | 195 | 91 | 43 | 47 | 1 | 1 | |
| 735 | 380 | 356 | 37 | 18 | 19 | 11 | 6 | 5 |
| | | | | | | | | |
| 518 | 239 | 280 | 79 | 39 | 40 | 22 | 11 | 10 |
| 524 | 208 | 316 | 63 | 32 | 31 | 114 | 53 | 61 |
| 552 | 207 | 345 | 67 | 32 | 35 | 25 | 15 | 10 |
| | | | | | | | | |
| 1194 | 661 | 534 | 16 | 9 | 7 | 6 | 1 | 5 |
| 2550 | 1193 | 1356 | 336 | 196 | 140 | 89 | 68 | 21 |
| 3336 | 1810 | 1525 | 141 | 61 | 80 | 195 | 104 | 92 |
| 669 | 313 | 357 | 483 | 250 | 233 | 154 | 80 | 74 |
| 1588 | 441 | 1147 | 275 | 131 | 143 | 210 | 113 | 96 |
| 359 | 155 | 204 | 377 | 194 | 183 | 5 | 3 | 2 |
| 989 | 426 | 563 | 320 | 144 | 177 | 42 | 24 | 19 |
| | | | | | | | | |
| 389 | 167 | 221 | 510 | 277 | 234 | 34 | 27 | 8 |
| 882 | 496 | 386 | 342 | 167 | 175 | 18 | 17 | 1 |
| 485 | 234 | 251 | 222 | 119 | 104 | 7 | 7 | |
| 2208 | 1287 | 921 | 601 | 326 | 275 | 96 | 64 | 32 |
| 929 | 622 | 306 | 472 | 214 | 258 | 9 | 6 | 3 |
| 253 | 102 | 151 | 75 | 40 | 35 | 4 | 3 | 1 |
| | | | | | | | | |
| 404 | 230 | 174 | 96 | 44 | 52 | 3 | 2 | 1 |
| 3341 | 2516 | 825 | 316 | 151 | 165 | 52 | 28 | 24 |
| 505 | 228 | 277 | 474 | 223 | 251 | 4 | 2 | 1 |
| 1771 | 1043 | 728 | 413 | 202 | 211 | 22 | 13 | 9 |
| 76 | 47 | 29 | 29 | 13 | 16 | 1 | | 1 |
| | | | | | | | | |
| 661 | 528 | 134 | 102 | 46 | 57 | 1 | 1 | |
| 356 | 246 | 110 | 126 | 60 | 66 | 2 | 2 | |
| 119 | 73 | 46 | 31 | 14 | 17 | 1 | 1 | |
| 338 | 216 | 121 | 35 | 19 | 16 | | | |
| 1357 | 669 | 688 | 230 | 105 | 125 | 6 | 3 | 3 |

# 2-52 各地区60岁及以上分性别、健康状况的人口

单位：人

| 地 区 | Region | 60岁及以上人口 Population Aged 60 and over | | | 健康 Healthy | | |
|---|---|---|---|---|---|---|---|
| | | 合计 Total | 男 Male | 女 Female | 小计 Sub-total | 男 Male | 女 Female |
| **全 国** | **National Total** | **157248** | **76803** | **80446** | **79877** | **42339** | **37538** |
| 北 京 | Beijing | 2202 | 1058 | 1143 | 1082 | 550 | 532 |
| 天 津 | Tianjin | 1726 | 824 | 902 | 767 | 402 | 365 |
| 河 北 | Hebei | 8185 | 3914 | 4271 | 4128 | 2116 | 2012 |
| 山 西 | Shanxi | 3685 | 1828 | 1857 | 1810 | 978 | 831 |
| 内蒙古 | Inner Mongolia | 2252 | 1127 | 1125 | 1176 | 624 | 551 |
| 辽 宁 | Liaoning | 6083 | 2927 | 3156 | 2882 | 1485 | 1397 |
| 吉 林 | Jilin | 3315 | 1641 | 1674 | 1522 | 835 | 687 |
| 黑龙江 | Heilongjiang | 4311 | 2110 | 2201 | 2073 | 1093 | 980 |
| 上 海 | Shanghai | 2365 | 1143 | 1221 | 1115 | 605 | 510 |
| 江 苏 | Jiangsu | 10706 | 5090 | 5617 | 5957 | 3063 | 2894 |
| 浙 江 | Zhejiang | 6037 | 3022 | 3015 | 3833 | 2056 | 1777 |
| 安 徽 | Anhui | 7861 | 3897 | 3963 | 3656 | 1990 | 1666 |
| 福 建 | Fujian | 3580 | 1768 | 1811 | 2174 | 1165 | 1009 |
| 江 西 | Jiangxi | 4462 | 2203 | 2259 | 2434 | 1303 | 1132 |
| 山 东 | Shandong | 13320 | 6361 | 6959 | 8223 | 4261 | 3961 |
| 河 南 | Henan | 10753 | 5199 | 5554 | 5332 | 2806 | 2527 |
| 湖 北 | Hubei | 7514 | 3688 | 3826 | 3396 | 1804 | 1592 |
| 湖 南 | Hunan | 8811 | 4356 | 4455 | 3672 | 2015 | 1657 |
| 广 东 | Guangdong | 8767 | 4292 | 4474 | 4920 | 2617 | 2303 |
| 广 西 | Guangxi | 5422 | 2571 | 2851 | 2894 | 1521 | 1373 |
| 海 南 | Hainan | 731 | 344 | 387 | 327 | 177 | 150 |
| 重 庆 | Chongqing | 4558 | 2313 | 2245 | 2163 | 1189 | 974 |
| 四 川 | Sichuan | 12274 | 6092 | 6182 | 5758 | 3116 | 2642 |
| 贵 州 | Guizhou | 3967 | 1929 | 2038 | 1900 | 985 | 915 |
| 云 南 | Yunnan | 4427 | 2161 | 2266 | 2028 | 1071 | 957 |
| 西 藏 | Tibet | 197 | 87 | 110 | 48 | 23 | 24 |
| 陕 西 | Shaanxi | 4121 | 2011 | 2110 | 2072 | 1097 | 975 |
| 甘 肃 | Gansu | 2883 | 1451 | 1431 | 1362 | 738 | 624 |
| 青 海 | Qinghai | 433 | 209 | 224 | 207 | 108 | 99 |
| 宁 夏 | Ningxia | 453 | 224 | 229 | 162 | 89 | 73 |
| 新 疆 | Xinjiang | 1846 | 960 | 887 | 803 | 455 | 348 |

# Population Aged 60 and Over by Sex, Health Status and Region

(person)

| 基本健康 Basic Health | | | 不健康，但生活能自理 Unhealthy, but Live Independently | | | 生活不能自理 Can not Take Care of Oneself | | |
|---|---|---|---|---|---|---|---|---|
| 小计 Sub-total | 男 Male | 女 Female | 小计 Sub-total | 男 Male | 女 Female | 小计 Sub-total | 男 Male | 女 Female |
| **57476** | **26038** | **31438** | **16266** | **6928** | **9338** | **3630** | **1498** | **2132** |
| 837 | 388 | 449 | 194 | 81 | 114 | 89 | 40 | 49 |
| 757 | 338 | 419 | 162 | 66 | 95 | 41 | 18 | 23 |
| 2818 | 1254 | 1564 | 980 | 432 | 548 | 259 | 112 | 147 |
| 1304 | 605 | 699 | 459 | 197 | 263 | 112 | 48 | 64 |
| 758 | 366 | 393 | 250 | 107 | 143 | 68 | 30 | 38 |
| 2432 | 1091 | 1341 | 629 | 292 | 338 | 139 | 60 | 79 |
| 1297 | 579 | 718 | 442 | 202 | 239 | 54 | 25 | 29 |
| 1677 | 764 | 913 | 479 | 210 | 269 | 83 | 44 | 39 |
| 991 | 447 | 544 | 206 | 70 | 136 | 53 | 21 | 32 |
| 3836 | 1666 | 2170 | 722 | 282 | 440 | 191 | 78 | 113 |
| 1726 | 736 | 990 | 380 | 177 | 203 | 98 | 54 | 44 |
| 2916 | 1378 | 1538 | 1040 | 417 | 623 | 248 | 112 | 136 |
| 1099 | 479 | 620 | 231 | 97 | 134 | 76 | 28 | 48 |
| 1548 | 697 | 851 | 390 | 168 | 222 | 90 | 35 | 54 |
| 3951 | 1634 | 2318 | 912 | 388 | 524 | 234 | 78 | 156 |
| 3638 | 1671 | 1967 | 1461 | 608 | 853 | 321 | 114 | 207 |
| 2931 | 1383 | 1548 | 1025 | 444 | 581 | 161 | 57 | 104 |
| 3666 | 1753 | 1913 | 1245 | 510 | 734 | 228 | 77 | 151 |
| 2988 | 1295 | 1693 | 740 | 322 | 418 | 118 | 58 | 60 |
| 1849 | 799 | 1050 | 591 | 221 | 370 | 88 | 30 | 58 |
| 275 | 119 | 156 | 108 | 39 | 68 | 21 | 8 | 13 |
| 1776 | 849 | 927 | 510 | 224 | 287 | 109 | 51 | 58 |
| 5065 | 2334 | 2732 | 1186 | 520 | 666 | 264 | 122 | 142 |
| 1494 | 686 | 808 | 467 | 220 | 247 | 107 | 39 | 69 |
| 1764 | 824 | 940 | 459 | 198 | 261 | 177 | 68 | 109 |
| 102 | 46 | 56 | 34 | 13 | 21 | 13 | 5 | 8 |
| 1617 | 724 | 893 | 356 | 156 | 200 | 75 | 34 | 42 |
| 1191 | 566 | 625 | 287 | 128 | 159 | 43 | 19 | 24 |
| 164 | 76 | 89 | 48 | 20 | 28 | 14 | 5 | 9 |
| 203 | 97 | 106 | 72 | 32 | 40 | 16 | 6 | 10 |
| 802 | 396 | 406 | 203 | 87 | 116 | 37 | 21 | 16 |

# 2-53 各地区城市60岁及以上分性别、健康状况的人口

单位：人

| 地 区 | Region | 60岁及以上人口 Population Aged 60 and over | | | 健康 Healthy | | |
|---|---|---|---|---|---|---|---|
| | | 合计 Total | 男 Male | 女 Female | 小计 Sub-total | 男 Male | 女 Female |
| **全 国** | **National Total** | **40457** | **19306** | **21151** | **22073** | **11283** | **10790** |
| 北 京 | Beijing | 1603 | 752 | 851 | 843 | 417 | 426 |
| 天 津 | Tianjin | 1227 | 576 | 651 | 488 | 252 | 237 |
| 河 北 | Hebei | 1415 | 648 | 767 | 745 | 370 | 376 |
| 山 西 | Shanxi | 950 | 469 | 481 | 525 | 271 | 255 |
| 内蒙古 | Inner Mongolia | 485 | 228 | 257 | 299 | 147 | 152 |
| 辽 宁 | Liaoning | 3183 | 1511 | 1672 | 1457 | 731 | 726 |
| 吉 林 | Jilin | 1174 | 559 | 615 | 565 | 301 | 264 |
| 黑龙江 | Heilongjiang | 1592 | 757 | 834 | 837 | 436 | 401 |
| 上 海 | Shanghai | 1843 | 894 | 949 | 791 | 436 | 355 |
| 江 苏 | Jiangsu | 3184 | 1550 | 1634 | 1804 | 923 | 880 |
| 浙 江 | Zhejiang | 1407 | 694 | 713 | 984 | 525 | 459 |
| 安 徽 | Anhui | 1146 | 553 | 593 | 545 | 281 | 264 |
| 福 建 | Fujian | 741 | 342 | 399 | 519 | 256 | 263 |
| 江 西 | Jiangxi | 822 | 403 | 419 | 497 | 264 | 234 |
| 山 东 | Shandong | 3824 | 1780 | 2044 | 2464 | 1212 | 1252 |
| 河 南 | Henan | 1757 | 838 | 918 | 965 | 483 | 482 |
| 湖 北 | Hubei | 1993 | 952 | 1041 | 1015 | 533 | 482 |
| 湖 南 | Hunan | 1513 | 740 | 773 | 747 | 398 | 349 |
| 广 东 | Guangdong | 2483 | 1181 | 1303 | 1594 | 802 | 792 |
| 广 西 | Guangxi | 892 | 421 | 471 | 459 | 235 | 225 |
| 海 南 | Hainan | 145 | 68 | 77 | 97 | 50 | 47 |
| 重 庆 | Chongqing | 1202 | 589 | 613 | 714 | 379 | 334 |
| 四 川 | Sichuan | 2322 | 1087 | 1235 | 1323 | 655 | 667 |
| 贵 州 | Guizhou | 423 | 190 | 233 | 212 | 101 | 111 |
| 云 南 | Yunnan | 688 | 342 | 345 | 357 | 185 | 172 |
| 西 藏 | Tibet | 18 | 10 | 8 | 7 | 4 | 4 |
| 陕 西 | Shaanxi | 756 | 368 | 388 | 392 | 210 | 182 |
| 甘 肃 | Gansu | 616 | 305 | 311 | 307 | 159 | 147 |
| 青 海 | Qinghai | 126 | 59 | 67 | 69 | 34 | 34 |
| 宁 夏 | Ningxia | 137 | 66 | 72 | 59 | 31 | 28 |
| 新 疆 | Xinjiang | 790 | 373 | 417 | 393 | 203 | 190 |

## City Population Aged 60 and Over by Sex, Health Status and Region

(person)

| 基本健康 Basic Health | | | 不健康，但生活能自理 Unhealthy, but Live Independently | | | 生活不能自理 Can not Take Care of Oneself | | |
|---|---|---|---|---|---|---|---|---|
| 小计 Sub-total | 男 Male | 女 Female | 小计 Sub-total | 男 Male | 女 Female | 小计 Sub-total | 男 Male | 女 Female |
| **15052** | **6660** | **8392** | **2688** | **1094** | **1594** | **644** | **269** | **375** |
| | | | | | | | | |
| 623 | 284 | 338 | 102 | 37 | 66 | 35 | 15 | 21 |
| 591 | 263 | 328 | 119 | 49 | 70 | 29 | 13 | 16 |
| 526 | 223 | 303 | 111 | 39 | 71 | 33 | 15 | 18 |
| 351 | 166 | 185 | 62 | 26 | 35 | 12 | 7 | 6 |
| 157 | 70 | 87 | 25 | 9 | 16 | 4 | 2 | 2 |
| | | | | | | | | |
| 1404 | 633 | 771 | 269 | 129 | 140 | 54 | 18 | 36 |
| 488 | 207 | 281 | 110 | 47 | 63 | 10 | 3 | 7 |
| 612 | 262 | 350 | 119 | 51 | 68 | 24 | 9 | 15 |
| | | | | | | | | |
| 838 | 378 | 460 | 169 | 61 | 108 | 45 | 19 | 26 |
| 1206 | 551 | 655 | 126 | 54 | 71 | 49 | 21 | 28 |
| 351 | 140 | 211 | 50 | 20 | 30 | 22 | 10 | 12 |
| 424 | 188 | 236 | 129 | 57 | 72 | 49 | 27 | 21 |
| 182 | 73 | 109 | 22 | 8 | 14 | 18 | 5 | 14 |
| 276 | 119 | 157 | 39 | 15 | 24 | 9 | 5 | 5 |
| 1114 | 464 | 650 | 197 | 88 | 109 | 50 | 16 | 33 |
| | | | | | | | | |
| 599 | 269 | 330 | 166 | 75 | 91 | 27 | 11 | 16 |
| 792 | 353 | 440 | 157 | 53 | 105 | 28 | 14 | 14 |
| 516 | 245 | 272 | 211 | 84 | 127 | 38 | 14 | 24 |
| 757 | 321 | 436 | 114 | 46 | 68 | 18 | 11 | 7 |
| 385 | 170 | 215 | 40 | 16 | 24 | 7 | | 7 |
| 37 | 15 | 22 | 10 | 3 | 8 | 1 | | 1 |
| | | | | | | | | |
| 416 | 184 | 232 | 54 | 20 | 35 | 18 | 6 | 12 |
| 930 | 414 | 516 | 60 | 17 | 42 | 10 | | 10 |
| 175 | 74 | 101 | 26 | 10 | 16 | 10 | 5 | 5 |
| 276 | 130 | 146 | 43 | 20 | 23 | 11 | 8 | 3 |
| 11 | 6 | 5 | | | | | | |
| | | | | | | | | |
| 301 | 136 | 165 | 55 | 17 | 38 | 7 | 4 | 4 |
| 263 | 123 | 140 | 39 | 21 | 18 | 7 | 2 | 6 |
| 50 | 21 | 29 | 6 | 3 | 3 | 1 | 1 | |
| 62 | 29 | 34 | 13 | 5 | 8 | 3 | 1 | 2 |
| 338 | 147 | 191 | 47 | 16 | 31 | 12 | 7 | 5 |

# 2-54 各地区镇60岁及以上分性别、健康状况的人口

单位：人

| 地 区 | Region | 60岁及以上人口 Population Aged 60 and over | | | 健康 Healthy | | |
|---|---|---|---|---|---|---|---|
| | | 合计 Total | 男 Male | 女 Female | 小计 Sub-total | 男 Male | 女 Female |
| **全 国** | **National Total** | **30887** | **15171** | **15716** | **16179** | **8603** | **7576** |
| 北 京 | Beijing | 192 | 99 | 93 | 45 | 29 | 17 |
| 天 津 | Tianjin | 135 | 65 | 70 | 84 | 43 | 41 |
| 河 北 | Hebei | 1983 | 941 | 1042 | 998 | 503 | 495 |
| 山 西 | Shanxi | 652 | 319 | 334 | 379 | 200 | 180 |
| 内蒙古 | Inner Mongolia | 607 | 289 | 319 | 310 | 153 | 158 |
| 辽 宁 | Liaoning | 652 | 301 | 350 | 301 | 147 | 153 |
| 吉 林 | Jilin | 640 | 319 | 321 | 299 | 158 | 141 |
| 黑龙江 | Heilongjiang | 904 | 435 | 468 | 372 | 190 | 181 |
| 上 海 | Shanghai | 221 | 110 | 111 | 122 | 66 | 56 |
| 江 苏 | Jiangsu | 2555 | 1234 | 1322 | 1514 | 782 | 732 |
| 浙 江 | Zhejiang | 1287 | 659 | 628 | 835 | 464 | 371 |
| 安 徽 | Anhui | 1705 | 821 | 883 | 847 | 448 | 398 |
| 福 建 | Fujian | 670 | 340 | 329 | 484 | 253 | 231 |
| 江 西 | Jiangxi | 1073 | 554 | 518 | 685 | 385 | 300 |
| 山 东 | Shandong | 2302 | 1104 | 1198 | 1460 | 770 | 690 |
| 河 南 | Henan | 1816 | 873 | 943 | 908 | 475 | 433 |
| 湖 北 | Hubei | 1574 | 802 | 772 | 655 | 360 | 295 |
| 湖 南 | Hunan | 2019 | 998 | 1021 | 825 | 459 | 366 |
| 广 东 | Guangdong | 2488 | 1273 | 1215 | 1397 | 763 | 634 |
| 广 西 | Guangxi | 1049 | 494 | 555 | 560 | 287 | 273 |
| 海 南 | Hainan | 149 | 72 | 78 | 66 | 37 | 29 |
| 重 庆 | Chongqing | 744 | 351 | 393 | 391 | 202 | 188 |
| 四 川 | Sichuan | 2275 | 1144 | 1131 | 1158 | 646 | 512 |
| 贵 州 | Guizhou | 597 | 288 | 309 | 352 | 174 | 178 |
| 云 南 | Yunnan | 930 | 442 | 488 | 368 | 198 | 170 |
| 西 藏 | Tibet | 24 | 11 | 13 | 11 | 5 | 5 |
| 陕 西 | Shaanxi | 877 | 434 | 443 | 429 | 229 | 200 |
| 甘 肃 | Gansu | 437 | 226 | 211 | 184 | 95 | 89 |
| 青 海 | Qinghai | 84 | 45 | 39 | 53 | 30 | 23 |
| 宁 夏 | Ningxia | 75 | 39 | 36 | 25 | 14 | 11 |
| 新 疆 | Xinjiang | 169 | 86 | 83 | 62 | 37 | 25 |

# Town Population Aged 60 and Over by Sex, Health Status and Region

(person)

| 基本健康 Basic Health | | | 不健康，但生活能自理 Unhealthy, but Live Independently | | | 生活不能自理 Can not Take Care of Oneself | | |
|---|---|---|---|---|---|---|---|---|
| 小计 Sub-total | 男 Male | 女 Female | 小计 Sub-total | 男 Male | 女 Female | 小计 Sub-total | 男 Male | 女 Female |
| **11050** | **4997** | **6052** | **3073** | **1318** | **1755** | **586** | **253** | **333** |
| 67 | 33 | 34 | 50 | 25 | 25 | 30 | 12 | 18 |
| 36 | 16 | 20 | 11 | 5 | 7 | 3 | 1 | 2 |
| 688 | 314 | 374 | 219 | 90 | 129 | 79 | 34 | 45 |
| 199 | 91 | 107 | 57 | 20 | 37 | 17 | 7 | 10 |
| 208 | 101 | 107 | 72 | 29 | 43 | 17 | 6 | 12 |
| 252 | 107 | 145 | 81 | 35 | 46 | 18 | 12 | 6 |
| 244 | 119 | 126 | 87 | 39 | 48 | 10 | 3 | 6 |
| 416 | 191 | 225 | 101 | 46 | 55 | 15 | 9 | 6 |
| 89 | 40 | 50 | 6 | 3 | 3 | 3 | 1 | 2 |
| 848 | 377 | 471 | 168 | 64 | 103 | 25 | 10 | 15 |
| 356 | 148 | 208 | 81 | 36 | 45 | 15 | 11 | 4 |
| 653 | 293 | 360 | 163 | 59 | 104 | 42 | 21 | 21 |
| 140 | 66 | 74 | 31 | 14 | 17 | 14 | 7 | 8 |
| 319 | 146 | 173 | 63 | 22 | 41 | 7 | 2 | 5 |
| 694 | 264 | 430 | 121 | 60 | 61 | 26 | 9 | 17 |
| 641 | 282 | 359 | 221 | 99 | 122 | 46 | 17 | 29 |
| 616 | 291 | 326 | 292 | 146 | 146 | 11 | 6 | 5 |
| 906 | 430 | 476 | 238 | 90 | 147 | 51 | 19 | 32 |
| 841 | 391 | 450 | 223 | 106 | 117 | 27 | 13 | 14 |
| 333 | 148 | 186 | 143 | 53 | 90 | 13 | 7 | 7 |
| 58 | 27 | 32 | 20 | 6 | 14 | 5 | 2 | 3 |
| 278 | 120 | 158 | 65 | 26 | 39 | 11 | 4 | 7 |
| 858 | 392 | 467 | 228 | 95 | 133 | 31 | 11 | 19 |
| 178 | 81 | 97 | 59 | 31 | 28 | 9 | 2 | 7 |
| 433 | 199 | 234 | 93 | 32 | 61 | 36 | 14 | 23 |
| 8 | 3 | 5 | 3 | 1 | 2 | 3 | 1 | 1 |
| 350 | 156 | 193 | 87 | 44 | 43 | 11 | 5 | 6 |
| 190 | 101 | 89 | 56 | 25 | 31 | 7 | 5 | 2 |
| 24 | 12 | 13 | 5 | 3 | 3 | 1 |  | 1 |
| 38 | 19 | 19 | 11 | 5 | 5 | 2 | 1 | 1 |
| 88 | 41 | 47 | 18 | 7 | 11 | 2 | 1 | 1 |

# 2-55 各地区乡村60岁及以上分性别、健康状况的人口

单位：人

| 地 区 | Region | 60岁及以上人口 Population Aged 60 and over | | | 健康 Healthy | | |
|---|---|---|---|---|---|---|---|
| | | 合计 Total | 男 Male | 女 Female | 小计 Sub-total | 男 Male | 女 Female |
| **全 国** | **National Total** | **85904** | **42325** | **43579** | **41625** | **22452** | **19173** |
| 北 京 | Beijing | 407 | 207 | 200 | 194 | 105 | 89 |
| 天 津 | Tianjin | 364 | 183 | 181 | 194 | 107 | 87 |
| 河 北 | Hebei | 4787 | 2325 | 2462 | 2385 | 1243 | 1142 |
| 山 西 | Shanxi | 2082 | 1040 | 1042 | 905 | 508 | 397 |
| 内蒙古 | Inner Mongolia | 1160 | 609 | 550 | 566 | 324 | 242 |
| 辽 宁 | Liaoning | 2248 | 1115 | 1133 | 1125 | 606 | 518 |
| 吉 林 | Jilin | 1502 | 764 | 738 | 657 | 376 | 281 |
| 黑龙江 | Heilongjiang | 1816 | 918 | 898 | 864 | 467 | 397 |
| 上 海 | Shanghai | 301 | 139 | 162 | 201 | 102 | 99 |
| 江 苏 | Jiangsu | 4967 | 2306 | 2661 | 2640 | 1358 | 1282 |
| 浙 江 | Zhejiang | 3344 | 1669 | 1675 | 2014 | 1067 | 947 |
| 安 徽 | Anhui | 5009 | 2523 | 2487 | 2265 | 1260 | 1004 |
| 福 建 | Fujian | 2169 | 1086 | 1083 | 1171 | 656 | 515 |
| 江 西 | Jiangxi | 2567 | 1246 | 1322 | 1252 | 654 | 598 |
| 山 东 | Shandong | 7194 | 3477 | 3717 | 4299 | 2279 | 2020 |
| 河 南 | Henan | 7180 | 3487 | 3694 | 3459 | 1847 | 1612 |
| 湖 北 | Hubei | 3946 | 1933 | 2013 | 1726 | 911 | 815 |
| 湖 南 | Hunan | 5279 | 2618 | 2661 | 2100 | 1158 | 942 |
| 广 东 | Guangdong | 3795 | 1839 | 1957 | 1929 | 1052 | 877 |
| 广 西 | Guangxi | 3481 | 1656 | 1825 | 1875 | 1000 | 876 |
| 海 南 | Hainan | 437 | 204 | 233 | 164 | 90 | 74 |
| 重 庆 | Chongqing | 2612 | 1372 | 1239 | 1059 | 608 | 451 |
| 四 川 | Sichuan | 7677 | 3861 | 3816 | 3277 | 1815 | 1462 |
| 贵 州 | Guizhou | 2947 | 1451 | 1496 | 1336 | 710 | 626 |
| 云 南 | Yunnan | 2809 | 1376 | 1433 | 1302 | 688 | 614 |
| 西 藏 | Tibet | 155 | 66 | 89 | 30 | 15 | 15 |
| 陕 西 | Shaanxi | 2488 | 1209 | 1279 | 1251 | 658 | 593 |
| 甘 肃 | Gansu | 1830 | 920 | 909 | 872 | 484 | 388 |
| 青 海 | Qinghai | 224 | 106 | 118 | 86 | 44 | 42 |
| 宁 夏 | Ningxia | 241 | 120 | 121 | 79 | 44 | 34 |
| 新 疆 | Xinjiang | 887 | 500 | 386 | 348 | 216 | 133 |

# Rural Population Aged 60 and Over by Sex, Health Status and Region

(person)

| 基本健康 Basic Health | | | 不健康，但生活能自理 Unhealthy, but Live Independently | | | 生活不能自理 Can not Take Care of Oneself | | |
|---|---|---|---|---|---|---|---|---|
| 小计 Sub-total | 男 Male | 女 Female | 小计 Sub-total | 男 Male | 女 Female | 小计 Sub-total | 男 Male | 女 Female |
| **31374** | **14381** | **16993** | **10505** | **4516** | **5990** | **2400** | **976** | **1423** |
| 147 | 71 | 76 | 42 | 18 | 23 | 23 | 13 | 11 |
| 130 | 59 | 71 | 32 | 13 | 19 | 8 | 4 | 4 |
| 1605 | 717 | 888 | 650 | 302 | 348 | 148 | 63 | 84 |
| 755 | 348 | 407 | 340 | 150 | 190 | 83 | 34 | 48 |
| 393 | 194 | 199 | 153 | 69 | 84 | 47 | 22 | 25 |
| 777 | 351 | 426 | 279 | 128 | 151 | 67 | 30 | 37 |
| 565 | 253 | 312 | 245 | 116 | 129 | 34 | 18 | 16 |
| 649 | 311 | 338 | 259 | 113 | 146 | 43 | 26 | 17 |
| 64 | 29 | 34 | 31 | 7 | 25 | 5 | 1 | 4 |
| 1782 | 738 | 1044 | 428 | 164 | 265 | 116 | 47 | 70 |
| 1019 | 447 | 572 | 250 | 122 | 128 | 61 | 33 | 28 |
| 1839 | 896 | 942 | 749 | 302 | 447 | 158 | 64 | 93 |
| 777 | 340 | 437 | 178 | 74 | 104 | 43 | 16 | 27 |
| 953 | 432 | 522 | 288 | 131 | 157 | 74 | 29 | 45 |
| 2144 | 906 | 1237 | 593 | 239 | 354 | 158 | 52 | 106 |
| 2398 | 1120 | 1278 | 1074 | 434 | 640 | 249 | 86 | 163 |
| 1522 | 739 | 783 | 575 | 246 | 330 | 123 | 37 | 85 |
| 2244 | 1079 | 1165 | 796 | 336 | 460 | 140 | 45 | 95 |
| 1390 | 583 | 807 | 404 | 170 | 234 | 73 | 34 | 39 |
| 1131 | 481 | 649 | 407 | 151 | 256 | 68 | 24 | 44 |
| 180 | 78 | 103 | 77 | 31 | 46 | 15 | 5 | 10 |
| 1082 | 545 | 537 | 391 | 178 | 213 | 80 | 42 | 38 |
| 3277 | 1528 | 1750 | 899 | 408 | 491 | 224 | 110 | 113 |
| 1141 | 531 | 610 | 382 | 180 | 203 | 88 | 32 | 57 |
| 1055 | 495 | 560 | 323 | 147 | 176 | 129 | 46 | 83 |
| 83 | 36 | 47 | 31 | 11 | 19 | 11 | 4 | 7 |
| 967 | 432 | 535 | 214 | 94 | 119 | 57 | 25 | 32 |
| 737 | 342 | 395 | 192 | 82 | 110 | 28 | 12 | 16 |
| 90 | 43 | 47 | 37 | 15 | 22 | 12 | 4 | 8 |
| 102 | 49 | 54 | 48 | 22 | 27 | 11 | 5 | 6 |
| 376 | 208 | 168 | 139 | 64 | 75 | 24 | 13 | 11 |

# 2-56 全国60岁及以上分年龄、性别、健康状况的人口

单位：人

| 年 龄<br>Age | 60岁及以上人口<br>Population Aged 60 and over | | | 健康<br>Healthy | | |
|---|---|---|---|---|---|---|
| | 合计<br>Total | 男<br>Male | 女<br>Female | 小计<br>Sub-total | 男<br>Male | 女<br>Female |
| **合计 Total** | **157248** | **76803** | **80446** | **79877** | **42339** | **37538** |
| 60-64 | **52708** | **26688** | **26020** | **35310** | **18718** | **16591** |
| 60 | 11454 | 5683 | 5771 | 8376 | 4362 | 4014 |
| 61 | 11563 | 5924 | 5639 | 8150 | 4330 | 3820 |
| 62 | 11139 | 5758 | 5381 | 7276 | 3929 | 3347 |
| 63 | 9552 | 4766 | 4786 | 6048 | 3162 | 2886 |
| 64 | 8999 | 4557 | 4442 | 5459 | 2935 | 2524 |
| 65-69 | **36054** | **18064** | **17990** | **20311** | **10937** | **9373** |
| 65 | 8364 | 4182 | 4182 | 4983 | 2615 | 2368 |
| 66 | 7511 | 3775 | 3736 | 4377 | 2394 | 1983 |
| 67 | 7254 | 3601 | 3653 | 4072 | 2177 | 1895 |
| 68 | 6631 | 3290 | 3341 | 3631 | 1951 | 1679 |
| 69 | 6294 | 3216 | 3077 | 3248 | 1801 | 1448 |
| 70-74 | **28826** | **14394** | **14432** | **12637** | **6835** | **5801** |
| 70 | 6485 | 3254 | 3231 | 3230 | 1795 | 1436 |
| 71 | 6109 | 3081 | 3028 | 2844 | 1536 | 1308 |
| 72 | 5207 | 2602 | 2605 | 2197 | 1147 | 1050 |
| 73 | 5774 | 2836 | 2938 | 2314 | 1216 | 1098 |
| 74 | 5252 | 2622 | 2630 | 2052 | 1142 | 910 |
| 75-79 | **21174** | **9959** | **11216** | **7328** | **3812** | **3516** |
| 75 | 4932 | 2384 | 2548 | 1794 | 985 | 809 |
| 76 | 4579 | 2128 | 2451 | 1662 | 867 | 795 |
| 77 | 4190 | 1985 | 2206 | 1428 | 749 | 679 |
| 78 | 4110 | 1958 | 2152 | 1372 | 696 | 676 |
| 79 | 3363 | 1504 | 1859 | 1072 | 515 | 557 |
| 80-84 | **11964** | **5324** | **6640** | **3127** | **1557** | **1570** |
| 80 | 2936 | 1353 | 1582 | 908 | 461 | 446 |
| 81 | 2970 | 1396 | 1574 | 792 | 419 | 374 |
| 82 | 2275 | 984 | 1292 | 584 | 289 | 295 |
| 83 | 2091 | 874 | 1218 | 472 | 211 | 260 |
| 84 | 1691 | 717 | 974 | 371 | 176 | 195 |
| 85-89 | **4796** | **1855** | **2941** | **887** | **376** | **511** |
| 85 | 1398 | 595 | 803 | 258 | 115 | 143 |
| 86 | 1139 | 418 | 720 | 213 | 87 | 126 |
| 87 | 908 | 348 | 560 | 159 | 71 | 89 |
| 88 | 748 | 280 | 468 | 143 | 59 | 84 |
| 89 | 604 | 214 | 390 | 114 | 45 | 69 |
| 90-94 | **1437** | **446** | **991** | **246** | **95** | **150** |
| 90 | 495 | 169 | 326 | 100 | 33 | 68 |
| 91 | 392 | 127 | 265 | 65 | 30 | 36 |
| 92 | 224 | 75 | 149 | 30 | 20 | 11 |
| 93 | 200 | 48 | 152 | 27 | 5 | 21 |
| 94 | 125 | 27 | 98 | 23 | 8 | 15 |
| 95+ | **290** | **73** | **216** | **32** | **8** | **25** |

# Population Aged 60 and Over by Age, Sex and Health Status

(person)

| 基本健康 Basic Health | | | 不健康，但生活能自理 Unhealthy, but Live Independently | | | 生活不能自理 Can not Take Care of Oneself | | |
|---|---|---|---|---|---|---|---|---|
| 小计 Sub-total | 男 Male | 女 Female | 小计 Sub-total | 男 Male | 女 Female | 小计 Sub-total | 男 Male | 女 Female |
| **57476** | **26038** | **31438** | **16266** | **6928** | **9338** | **3630** | **1498** | **2132** |
| **14807** | **6781** | **8026** | **2232** | **995** | **1237** | **359** | **193** | **166** |
| 2680 | 1150 | 1530 | 341 | 143 | 198 | 57 | 29 | 29 |
| 2938 | 1364 | 1575 | 403 | 196 | 207 | 71 | 34 | 37 |
| 3260 | 1550 | 1710 | 516 | 230 | 286 | 86 | 48 | 37 |
| 2939 | 1342 | 1597 | 495 | 229 | 266 | 71 | 33 | 37 |
| 2990 | 1376 | 1614 | 476 | 197 | 279 | 74 | 49 | 25 |
| **12883** | **5840** | **7043** | **2445** | **1064** | **1381** | **415** | **223** | **192** |
| 2828 | 1319 | 1509 | 465 | 209 | 257 | 88 | 39 | 48 |
| 2587 | 1130 | 1457 | 476 | 210 | 265 | 71 | 41 | 30 |
| 2611 | 1166 | 1445 | 492 | 221 | 271 | 79 | 37 | 42 |
| 2432 | 1101 | 1331 | 485 | 191 | 294 | 84 | 47 | 37 |
| 2424 | 1124 | 1300 | 528 | 233 | 294 | 93 | 59 | 35 |
| **12281** | **5746** | **6535** | **3361** | **1549** | **1812** | **548** | **264** | **283** |
| 2557 | 1157 | 1401 | 600 | 266 | 334 | 97 | 36 | 61 |
| 2543 | 1209 | 1334 | 627 | 286 | 341 | 94 | 50 | 44 |
| 2297 | 1107 | 1190 | 614 | 298 | 316 | 99 | 51 | 49 |
| 2539 | 1176 | 1363 | 797 | 380 | 417 | 124 | 63 | 61 |
| 2344 | 1097 | 1247 | 723 | 319 | 404 | 134 | 64 | 70 |
| **9701** | **4393** | **5308** | **3456** | **1458** | **1997** | **689** | **294** | **395** |
| 2247 | 1026 | 1221 | 758 | 311 | 447 | 134 | 63 | 71 |
| 2068 | 901 | 1167 | 705 | 303 | 402 | 143 | 56 | 87 |
| 1950 | 875 | 1074 | 707 | 313 | 395 | 106 | 48 | 58 |
| 1887 | 894 | 993 | 688 | 295 | 394 | 162 | 73 | 90 |
| 1550 | 697 | 853 | 597 | 237 | 360 | 144 | 55 | 89 |
| **5253** | **2304** | **2949** | **2834** | **1171** | **1663** | **750** | **293** | **458** |
| 1365 | 610 | 755 | 532 | 225 | 307 | 131 | 57 | 74 |
| 1345 | 624 | 721 | 663 | 289 | 374 | 170 | 64 | 106 |
| 952 | 403 | 549 | 578 | 234 | 344 | 161 | 57 | 104 |
| 892 | 371 | 520 | 569 | 232 | 337 | 158 | 58 | 100 |
| 699 | 295 | 404 | 491 | 190 | 301 | 130 | 56 | 74 |
| **1937** | **755** | **1182** | **1437** | **558** | **878** | **536** | **166** | **370** |
| 599 | 260 | 339 | 418 | 177 | 242 | 122 | 43 | 79 |
| 455 | 160 | 295 | 334 | 130 | 204 | 137 | 42 | 95 |
| 368 | 147 | 220 | 270 | 91 | 179 | 111 | 39 | 72 |
| 293 | 115 | 178 | 232 | 88 | 145 | 80 | 18 | 62 |
| 222 | 72 | 150 | 182 | 73 | 109 | 86 | 24 | 63 |
| **508** | **183** | **325** | **430** | **116** | **314** | **253** | **53** | **201** |
| 177 | 66 | 111 | 144 | 51 | 93 | 73 | 19 | 54 |
| 137 | 58 | 79 | 127 | 28 | 99 | 63 | 12 | 51 |
| 89 | 29 | 60 | 60 | 20 | 40 | 45 | 6 | 39 |
| 63 | 21 | 41 | 62 | 10 | 53 | 49 | 12 | 37 |
| 43 | 9 | 33 | 36 | 7 | 29 | 23 | 3 | 20 |
| **106** | **37** | **70** | **72** | **16** | **56** | **79** | **12** | **67** |

# 2-57 全国城市60岁及以上分年龄、性别、健康状况的人口

单位：人

| 年 龄 Age | 60岁及以上人口 Population Aged 60 and over | | | 健康 Healthy | | |
|---|---|---|---|---|---|---|
| | 合计 Total | 男 Male | 女 Female | 小计 Sub-total | 男 Male | 女 Female |
| **合计 Total** | **40457** | **19306** | **21151** | **22073** | **11283** | **10790** |
| 60-64 | **13295** | **6521** | **6773** | **9441** | **4828** | **4613** |
| 60 | 2987 | 1414 | 1572 | 2279 | 1123 | 1156 |
| 61 | 2995 | 1517 | 1478 | 2219 | 1156 | 1063 |
| 62 | 2772 | 1385 | 1387 | 1950 | 1008 | 942 |
| 63 | 2333 | 1120 | 1214 | 1546 | 794 | 752 |
| 64 | 2207 | 1086 | 1122 | 1448 | 747 | 701 |
| 65-69 | **8845** | **4199** | **4646** | **5441** | **2743** | **2698** |
| 65 | 2033 | 969 | 1063 | 1297 | 619 | 677 |
| 66 | 1844 | 893 | 952 | 1169 | 623 | 546 |
| 67 | 1793 | 826 | 967 | 1122 | 556 | 566 |
| 68 | 1617 | 753 | 864 | 972 | 481 | 491 |
| 69 | 1558 | 758 | 800 | 881 | 464 | 417 |
| 70-74 | **7690** | **3695** | **3996** | **3725** | **1912** | **1812** |
| 70 | 1659 | 808 | 852 | 916 | 472 | 444 |
| 71 | 1598 | 754 | 843 | 792 | 393 | 399 |
| 72 | 1463 | 698 | 765 | 690 | 334 | 357 |
| 73 | 1552 | 726 | 826 | 683 | 347 | 336 |
| 74 | 1419 | 709 | 709 | 643 | 366 | 276 |
| 75-79 | **5728** | **2672** | **3055** | **2211** | **1141** | **1070** |
| 75 | 1397 | 637 | 760 | 545 | 286 | 259 |
| 76 | 1245 | 569 | 676 | 493 | 257 | 237 |
| 77 | 1119 | 544 | 575 | 425 | 236 | 189 |
| 78 | 1096 | 517 | 579 | 428 | 210 | 218 |
| 79 | 871 | 406 | 465 | 320 | 152 | 167 |
| 80-84 | **3229** | **1529** | **1700** | **923** | **502** | **422** |
| 80 | 806 | 391 | 415 | 284 | 152 | 132 |
| 81 | 760 | 380 | 379 | 215 | 130 | 85 |
| 82 | 644 | 298 | 346 | 166 | 91 | 76 |
| 83 | 559 | 249 | 309 | 134 | 68 | 66 |
| 84 | 461 | 211 | 250 | 124 | 61 | 63 |
| 85-89 | **1223** | **525** | **699** | **247** | **116** | **131** |
| 85 | 378 | 179 | 199 | 75 | 39 | 36 |
| 86 | 287 | 124 | 163 | 64 | 32 | 33 |
| 87 | 238 | 92 | 146 | 42 | 16 | 25 |
| 88 | 189 | 82 | 107 | 34 | 13 | 21 |
| 89 | 131 | 48 | 84 | 32 | 16 | 16 |
| 90-94 | **382** | **146** | **236** | **78** | **38** | **40** |
| 90 | 135 | 51 | 83 | 33 | 13 | 20 |
| 91 | 81 | 32 | 49 | 14 | 10 | 5 |
| 92 | 63 | 31 | 32 | 14 | 10 | 3 |
| 93 | 69 | 21 | 48 | 6 | 1 | 5 |
| 94 | 34 | 11 | 23 | 11 | 4 | 7 |
| 95+ | **64** | **19** | **45** | **7** | **3** | **4** |

# City Population Aged 60 and Over by Age, Sex and Health Status

(person)

| 基本健康<br>Basic Health | | | 不健康，但生活能自理<br>Unhealthy, but Live Independently | | | 生活不能自理<br>Can not Take Care of Oneself | | |
|---|---|---|---|---|---|---|---|---|
| 小计<br>Sub-total | 男<br>Male | 女<br>Female | 小计<br>Sub-total | 男<br>Male | 女<br>Female | 小计<br>Sub-total | 男<br>Male | 女<br>Female |
| **15052** | **6660** | **8392** | **2688** | **1094** | **1594** | **644** | **269** | **375** |
| **3490** | **1521** | **1969** | **310** | **147** | **164** | **53** | **25** | **27** |
| 657 | 269 | 388 | 41 | 19 | 22 | 10 | 3 | 6 |
| 706 | 324 | 382 | 56 | 31 | 25 | 15 | 6 | 8 |
| 748 | 340 | 408 | 67 | 33 | 34 | 8 | 5 | 4 |
| 707 | 286 | 420 | 69 | 31 | 38 | 12 | 8 | 4 |
| 674 | 303 | 371 | 77 | 33 | 45 | 9 | 4 | 5 |
| **3071** | **1330** | **1741** | **287** | **104** | **183** | **46** | **22** | **24** |
| 671 | 323 | 348 | 51 | 21 | 30 | 14 | 6 | 8 |
| 623 | 247 | 376 | 50 | 21 | 29 | 3 | 2 | 1 |
| 598 | 244 | 353 | 63 | 21 | 41 | 10 | 5 | 6 |
| 582 | 251 | 331 | 56 | 19 | 37 | 7 | 3 | 5 |
| 598 | 265 | 333 | 67 | 22 | 45 | 12 | 7 | 5 |
| **3320** | **1501** | **1818** | **543** | **231** | **312** | **103** | **50** | **53** |
| 655 | 291 | 364 | 75 | 35 | 40 | 13 | 9 | 4 |
| 680 | 310 | 370 | 107 | 41 | 66 | 19 | 10 | 9 |
| 639 | 300 | 339 | 113 | 51 | 62 | 20 | 13 | 7 |
| 705 | 314 | 391 | 138 | 57 | 81 | 26 | 8 | 19 |
| 642 | 286 | 355 | 110 | 46 | 63 | 25 | 10 | 14 |
| **2792** | **1250** | **1542** | **604** | **228** | **376** | **121** | **53** | **67** |
| 689 | 285 | 403 | 137 | 48 | 88 | 28 | 18 | 10 |
| 607 | 258 | 349 | 117 | 43 | 74 | 28 | 12 | 17 |
| 542 | 249 | 293 | 133 | 52 | 81 | 19 | 6 | 12 |
| 540 | 257 | 283 | 109 | 42 | 67 | 18 | 7 | 11 |
| 415 | 201 | 214 | 108 | 43 | 66 | 28 | 10 | 18 |
| **1603** | **729** | **874** | **549** | **235** | **314** | **154** | **63** | **90** |
| 390 | 182 | 208 | 103 | 44 | 59 | 30 | 13 | 17 |
| 400 | 184 | 215 | 120 | 56 | 64 | 25 | 10 | 15 |
| 333 | 149 | 183 | 107 | 44 | 64 | 38 | 14 | 24 |
| 279 | 122 | 158 | 118 | 50 | 68 | 27 | 10 | 17 |
| 202 | 92 | 110 | 101 | 41 | 59 | 34 | 16 | 18 |
| **588** | **252** | **336** | **289** | **116** | **172** | **100** | **41** | **59** |
| 177 | 86 | 91 | 103 | 42 | 61 | 23 | 13 | 11 |
| 138 | 52 | 86 | 58 | 30 | 29 | 26 | 10 | 16 |
| 121 | 51 | 70 | 56 | 18 | 38 | 20 | 7 | 13 |
| 98 | 47 | 51 | 44 | 18 | 26 | 14 | 4 | 10 |
| 55 | 16 | 39 | 27 | 9 | 18 | 17 | 7 | 10 |
| **157** | **66** | **90** | **93** | **30** | **63** | **54** | **11** | **43** |
| 57 | 23 | 34 | 30 | 11 | 19 | 15 | 4 | 10 |
| 34 | 15 | 19 | 23 | 8 | 15 | 10 | | 10 |
| 25 | 12 | 14 | 15 | 8 | 8 | 9 | 1 | 8 |
| 27 | 13 | 14 | 19 | 2 | 17 | 17 | 4 | 12 |
| 14 | 4 | 10 | 6 | 2 | 4 | 3 | 1 | 2 |
| **31** | **10** | **20** | **13** | **2** | **10** | **14** | **3** | **11** |

# 2-58 全国镇60岁及以上分年龄、性别、健康状况的人口

单位：人

| 年 龄 Age | 60岁及以上人口 Population Aged 60 and over | | | 健康 Healthy | | |
|---|---|---|---|---|---|---|
| | 合计 Total | 男 Male | 女 Female | 小计 Sub-total | 男 Male | 女 Female |
| **合计 Total** | **30887** | **15171** | **15716** | **16179** | **8603** | **7576** |
| 60-64 | **10783** | **5447** | **5336** | **7328** | **3848** | **3481** |
| 60 | 2333 | 1169 | 1164 | 1737 | 895 | 841 |
| 61 | 2333 | 1184 | 1149 | 1661 | 861 | 800 |
| 62 | 2201 | 1119 | 1083 | 1434 | 760 | 674 |
| 63 | 2013 | 1018 | 995 | 1306 | 691 | 615 |
| 64 | 1902 | 956 | 946 | 1192 | 641 | 551 |
| 65-69 | **7103** | **3637** | **3466** | **4094** | **2254** | **1839** |
| 65 | 1646 | 839 | 806 | 987 | 526 | 461 |
| 66 | 1508 | 766 | 742 | 911 | 508 | 402 |
| 67 | 1387 | 727 | 660 | 806 | 455 | 352 |
| 68 | 1316 | 671 | 645 | 739 | 412 | 327 |
| 69 | 1246 | 634 | 613 | 651 | 354 | 297 |
| 70-74 | **5445** | **2693** | **2752** | **2473** | **1320** | **1153** |
| 70 | 1179 | 585 | 593 | 591 | 330 | 261 |
| 71 | 1159 | 581 | 578 | 584 | 321 | 262 |
| 72 | 1003 | 506 | 496 | 428 | 226 | 201 |
| 73 | 1114 | 540 | 574 | 484 | 248 | 236 |
| 74 | 990 | 480 | 510 | 388 | 194 | 193 |
| 75-79 | **4023** | **1908** | **2115** | **1496** | **816** | **680** |
| 75 | 929 | 450 | 479 | 398 | 237 | 161 |
| 76 | 893 | 423 | 469 | 321 | 176 | 145 |
| 77 | 829 | 394 | 434 | 294 | 162 | 131 |
| 78 | 770 | 377 | 393 | 276 | 144 | 133 |
| 79 | 602 | 263 | 339 | 207 | 96 | 111 |
| 80-84 | **2272** | **1042** | **1230** | **581** | **292** | **289** |
| 80 | 539 | 261 | 278 | 166 | 91 | 75 |
| 81 | 593 | 275 | 318 | 146 | 71 | 75 |
| 82 | 454 | 200 | 254 | 124 | 65 | 60 |
| 83 | 378 | 177 | 201 | 77 | 30 | 48 |
| 84 | 308 | 130 | 178 | 67 | 35 | 32 |
| 85-89 | **901** | **339** | **563** | **157** | **59** | **98** |
| 85 | 254 | 108 | 146 | 41 | 21 | 20 |
| 86 | 222 | 83 | 138 | 40 | 13 | 27 |
| 87 | 170 | 62 | 107 | 24 | 14 | 10 |
| 88 | 152 | 51 | 102 | 32 | 7 | 25 |
| 89 | 104 | 34 | 69 | 20 | 4 | 17 |
| 90-94 | **292** | **90** | **202** | **39** | **14** | **25** |
| 90 | 94 | 35 | 58 | 11 | 4 | 7 |
| 91 | 92 | 26 | 65 | 16 | 5 | 12 |
| 92 | 43 | 11 | 32 | 6 | 2 | 3 |
| 93 | 38 | 9 | 29 | 5 | 2 | 4 |
| 94 | 26 | 9 | 17 | 1 | 1 | |
| 95+ | **68** | **16** | **52** | **10** | **1** | **9** |

# Town Population Aged 60 and Over by Age, Sex and Health Status

(person)

| 基本健康 Basic Health | | | 不健康，但生活能自理 Unhealthy, but Live Independently | | | 生活不能自理 Can not Take Care of Oneself | | |
|---|---|---|---|---|---|---|---|---|
| 小计 Sub-total | 男 Male | 女 Female | 小计 Sub-total | 男 Male | 女 Female | 小计 Sub-total | 男 Male | 女 Female |
| **11050** | **4997** | **6052** | **3073** | **1318** | **1755** | **586** | **253** | **333** |
| **3004** | **1391** | **1614** | **394** | **182** | **212** | **56** | **27** | **30** |
| 532 | 245 | 287 | 54 | 23 | 31 | 10 | 5 | 5 |
| 601 | 288 | 313 | 61 | 31 | 30 | 11 | 5 | 6 |
| 653 | 305 | 348 | 105 | 48 | 57 | 9 | 6 | 4 |
| 600 | 275 | 325 | 93 | 48 | 45 | 15 | 5 | 11 |
| 618 | 277 | 341 | 82 | 32 | 50 | 11 | 6 | 4 |
| **2486** | **1136** | **1350** | **458** | **210** | **248** | **65** | **37** | **28** |
| 547 | 257 | 290 | 103 | 53 | 50 | 9 | 4 | 5 |
| 496 | 211 | 285 | 87 | 39 | 48 | 14 | 8 | 6 |
| 479 | 225 | 254 | 90 | 41 | 50 | 12 | 7 | 5 |
| 471 | 219 | 252 | 90 | 32 | 57 | 16 | 8 | 8 |
| 493 | 224 | 269 | 88 | 46 | 42 | 15 | 10 | 5 |
| **2261** | **1025** | **1236** | **624** | **297** | **328** | **86** | **51** | **35** |
| 463 | 199 | 264 | 107 | 49 | 58 | 17 | 7 | 10 |
| 451 | 194 | 257 | 112 | 56 | 56 | 12 | 10 | 2 |
| 437 | 207 | 230 | 117 | 61 | 56 | 21 | 12 | 9 |
| 455 | 202 | 253 | 161 | 80 | 81 | 14 | 10 | 4 |
| 455 | 223 | 232 | 127 | 51 | 76 | 21 | 12 | 9 |
| **1786** | **783** | **1003** | **645** | **263** | **382** | **96** | **46** | **50** |
| 380 | 157 | 223 | 136 | 46 | 90 | 16 | 10 | 6 |
| 407 | 172 | 235 | 144 | 64 | 80 | 21 | 12 | 9 |
| 388 | 170 | 219 | 133 | 58 | 75 | 13 | 4 | 9 |
| 344 | 164 | 180 | 133 | 63 | 70 | 16 | 7 | 10 |
| 267 | 121 | 146 | 99 | 32 | 66 | 29 | 14 | 16 |
| **1013** | **479** | **534** | **561** | **224** | **337** | **117** | **48** | **70** |
| 242 | 113 | 129 | 116 | 51 | 66 | 15 | 6 | 9 |
| 273 | 140 | 133 | 142 | 49 | 93 | 31 | 14 | 17 |
| 174 | 74 | 100 | 128 | 51 | 77 | 27 | 10 | 17 |
| 172 | 87 | 85 | 99 | 49 | 51 | 29 | 12 | 17 |
| 152 | 65 | 87 | 75 | 24 | 51 | 15 | 6 | 9 |
| **370** | **144** | **227** | **278** | **109** | **169** | **96** | **27** | **69** |
| 120 | 58 | 62 | 64 | 22 | 42 | 28 | 7 | 22 |
| 89 | 34 | 55 | 73 | 31 | 42 | 20 | 6 | 15 |
| 65 | 19 | 45 | 62 | 20 | 41 | 19 | 8 | 11 |
| 57 | 18 | 39 | 50 | 24 | 27 | 13 | 2 | 11 |
| 40 | 14 | 26 | 28 | 12 | 17 | 15 | 5 | 10 |
| **97** | **29** | **67** | **99** | **32** | **67** | **56** | **15** | **42** |
| 32 | 10 | 22 | 34 | 17 | 17 | 16 | 5 | 12 |
| 30 | 11 | 19 | 31 | 7 | 24 | 14 | 4 | 11 |
| 11 | 3 | 8 | 14 | 4 | 10 | 12 | 2 | 10 |
| 13 | 2 | 11 | 12 | 1 | 11 | 8 | 3 | 4 |
| 10 | 3 | 7 | 9 | 4 | 5 | 6 | 1 | 4 |
| **32** | **11** | **21** | **14** | **2** | **12** | **13** | **2** | **10** |

# 2-59 全国乡村60岁及以上分年龄、性别、健康状况的人口

单位：人

| 年 龄 Age | 60岁及以上人口 Population Aged 60 and over | | | 健康 Healthy | | |
|---|---|---|---|---|---|---|
| | 合计 Total | 男 Male | 女 Female | 小计 Sub-total | 男 Male | 女 Female |
| 合计 Total | **85904** | **42325** | **43579** | **41625** | **22452** | **19173** |
| 60–64 | **28630** | **14720** | **13910** | **18540** | **10043** | **8498** |
| 60 | 6134 | 3100 | 3035 | 4360 | 2344 | 2017 |
| 61 | 6235 | 3223 | 3012 | 4271 | 2314 | 1957 |
| 62 | 6165 | 3254 | 2911 | 3893 | 2161 | 1732 |
| 63 | 5205 | 2628 | 2577 | 3196 | 1676 | 1519 |
| 64 | 4890 | 2515 | 2375 | 2820 | 1548 | 1272 |
| 65–69 | **20105** | **10227** | **9878** | **10776** | **5940** | **4836** |
| 65 | 4685 | 2373 | 2312 | 2700 | 1470 | 1229 |
| 66 | 4158 | 2116 | 2042 | 2297 | 1262 | 1035 |
| 67 | 4075 | 2048 | 2026 | 2143 | 1166 | 977 |
| 68 | 3698 | 1865 | 1832 | 1919 | 1059 | 861 |
| 69 | 3489 | 1825 | 1664 | 1716 | 983 | 733 |
| 70–74 | **15691** | **8007** | **7684** | **6439** | **3603** | **2836** |
| 70 | 3647 | 1861 | 1786 | 1723 | 993 | 731 |
| 71 | 3352 | 1746 | 1606 | 1468 | 821 | 647 |
| 72 | 2742 | 1398 | 1344 | 1079 | 586 | 492 |
| 73 | 3107 | 1570 | 1538 | 1147 | 621 | 525 |
| 74 | 2843 | 1433 | 1410 | 1021 | 581 | 440 |
| 75–79 | **11423** | **5378** | **6045** | **3621** | **1855** | **1766** |
| 75 | 2606 | 1297 | 1308 | 852 | 463 | 389 |
| 76 | 2442 | 1135 | 1306 | 848 | 434 | 414 |
| 77 | 2243 | 1046 | 1196 | 709 | 350 | 359 |
| 78 | 2244 | 1064 | 1180 | 667 | 342 | 325 |
| 79 | 1889 | 835 | 1054 | 545 | 267 | 279 |
| 80–84 | **6463** | **2752** | **3710** | **1623** | **763** | **860** |
| 80 | 1591 | 701 | 889 | 458 | 218 | 240 |
| 81 | 1618 | 741 | 877 | 431 | 217 | 213 |
| 82 | 1178 | 486 | 691 | 293 | 134 | 159 |
| 83 | 1155 | 447 | 708 | 261 | 114 | 147 |
| 84 | 922 | 377 | 546 | 180 | 80 | 100 |
| 85–89 | **2672** | **992** | **1680** | **483** | **202** | **281** |
| 85 | 765 | 307 | 458 | 142 | 55 | 87 |
| 86 | 630 | 211 | 419 | 108 | 42 | 67 |
| 87 | 501 | 194 | 307 | 94 | 40 | 53 |
| 88 | 407 | 148 | 259 | 78 | 39 | 38 |
| 89 | 369 | 132 | 237 | 61 | 25 | 36 |
| 90–94 | **763** | **210** | **553** | **128** | **43** | **85** |
| 90 | 266 | 83 | 184 | 56 | 15 | 41 |
| 91 | 220 | 68 | 152 | 35 | 15 | 20 |
| 92 | 118 | 33 | 85 | 11 | 7 | 4 |
| 93 | 94 | 19 | 75 | 15 | 2 | 13 |
| 94 | 66 | 7 | 58 | 11 | 3 | 8 |
| 95+ | **157** | **38** | **119** | **15** | **4** | **12** |

# Rural Population Aged 60 and Over by Age, Sex and Health Status

(person)

| 基本健康 Basic Health | | | 不健康，但生活能自理 Unhealthy, but Live Independently | | | 生活不能自理 Can not Take Care of Oneself | | |
|---|---|---|---|---|---|---|---|---|
| 小计 Sub-total | 男 Male | 女 Female | 小计 Sub-total | 男 Male | 女 Female | 小计 Sub-total | 男 Male | 女 Female |
| **31374** | **14381** | **16993** | **10505** | **4516** | **5990** | **2400** | **976** | **1423** |
| **8313** | **3869** | **4443** | **1528** | **667** | **861** | **249** | **141** | **108** |
| 1491 | 636 | 855 | 246 | 100 | 145 | 37 | 20 | 17 |
| 1631 | 751 | 880 | 287 | 134 | 152 | 46 | 23 | 23 |
| 1860 | 906 | 954 | 344 | 149 | 195 | 68 | 38 | 30 |
| 1632 | 781 | 852 | 334 | 150 | 184 | 44 | 21 | 23 |
| 1698 | 796 | 903 | 317 | 133 | 184 | 54 | 39 | 16 |
| **7325** | **3374** | **3952** | **1700** | **750** | **951** | **304** | **164** | **140** |
| 1610 | 739 | 871 | 311 | 134 | 176 | 66 | 30 | 36 |
| 1468 | 672 | 796 | 339 | 151 | 188 | 53 | 31 | 23 |
| 1535 | 697 | 838 | 339 | 159 | 180 | 57 | 26 | 31 |
| 1379 | 631 | 748 | 339 | 140 | 200 | 61 | 36 | 25 |
| 1334 | 635 | 699 | 372 | 165 | 207 | 67 | 42 | 25 |
| **6700** | **3220** | **3480** | **2194** | **1021** | **1173** | **359** | **164** | **195** |
| 1439 | 667 | 773 | 418 | 182 | 236 | 66 | 20 | 47 |
| 1412 | 705 | 707 | 409 | 189 | 219 | 63 | 31 | 32 |
| 1221 | 600 | 621 | 384 | 186 | 198 | 58 | 26 | 32 |
| 1380 | 660 | 719 | 497 | 242 | 255 | 84 | 46 | 38 |
| 1247 | 588 | 659 | 486 | 222 | 265 | 88 | 42 | 46 |
| **5122** | **2360** | **2763** | **2207** | **968** | **1239** | **473** | **195** | **278** |
| 1178 | 583 | 595 | 485 | 217 | 269 | 90 | 35 | 55 |
| 1055 | 471 | 584 | 445 | 197 | 247 | 94 | 33 | 61 |
| 1019 | 457 | 563 | 441 | 203 | 238 | 74 | 37 | 37 |
| 1002 | 473 | 529 | 447 | 190 | 257 | 128 | 59 | 69 |
| 868 | 376 | 492 | 390 | 162 | 228 | 86 | 31 | 55 |
| **2637** | **1097** | **1540** | **1724** | **711** | **1012** | **479** | **181** | **298** |
| 734 | 315 | 418 | 313 | 130 | 183 | 86 | 38 | 48 |
| 673 | 300 | 373 | 401 | 184 | 217 | 114 | 40 | 74 |
| 445 | 180 | 265 | 343 | 139 | 203 | 96 | 33 | 63 |
| 440 | 163 | 277 | 352 | 134 | 218 | 102 | 37 | 65 |
| 345 | 139 | 207 | 315 | 124 | 191 | 82 | 34 | 47 |
| **979** | **360** | **619** | **870** | **333** | **537** | **340** | **97** | **243** |
| 302 | 116 | 187 | 251 | 113 | 138 | 70 | 24 | 46 |
| 228 | 74 | 154 | 203 | 70 | 133 | 90 | 26 | 65 |
| 183 | 78 | 105 | 152 | 52 | 100 | 72 | 24 | 49 |
| 138 | 50 | 88 | 138 | 46 | 92 | 53 | 12 | 41 |
| 127 | 42 | 85 | 127 | 53 | 74 | 54 | 12 | 43 |
| **255** | **87** | **168** | **237** | **53** | **184** | **143** | **27** | **116** |
| 88 | 33 | 55 | 80 | 23 | 57 | 42 | 11 | 32 |
| 73 | 32 | 41 | 73 | 13 | 60 | 38 | 8 | 30 |
| 52 | 14 | 38 | 30 | 9 | 22 | 24 | 3 | 21 |
| 23 | 6 | 17 | 32 | 7 | 25 | 24 | 4 | 20 |
| 19 | 2 | 16 | 21 | 1 | 20 | 14 | 1 | 14 |
| **44** | **15** | **29** | **46** | **12** | **33** | **53** | **7** | **45** |

# 第三部分

Chapter Three

## 2011 年劳动力抽样调查主要数据

Main Data from 2011 Labor Force Survey

# 3-1 分地区全国就业人员受教育程度构成
# Educational Attainment of Employed Persons by Region

单位：% (%)

| 地区 Region | 就业人员 Employed Persons | 男 Male | 女 Female | 未上过学 No Schooling | 小学 Primary School | 初中 Junior Secondary School | 高中 Senior Secondary School | 大学专科 College | 大学本科 University | 研究生及以上 Graduate and Higher Level |
|---|---|---|---|---|---|---|---|---|---|---|
| **全国 National Total** | **100.0** | **55.3** | **44.7** | **2.0** | **19.6** | **48.7** | **16.7** | **7.6** | **4.9** | **0.44** |
| 北京 Beijing | 100.0 | 58.2 | 41.8 | 0.4 | 3.4 | 22.0 | 23.9 | 17.9 | 25.6 | 6.77 |
| 天津 Tianjin | 100.0 | 63.8 | 36.2 | 0.5 | 8.7 | 41.5 | 22.6 | 13.3 | 12.4 | 1.07 |
| 河北 Hebei | 100.0 | 55.1 | 44.9 | 1.0 | 14.6 | 57.4 | 15.8 | 6.8 | 4.1 | 0.24 |
| 山西 Shanxi | 100.0 | 61.7 | 38.3 | 0.6 | 10.1 | 57.4 | 19.0 | 8.4 | 4.4 | 0.13 |
| 内蒙古 Inner Mongolia | 100.0 | 59.4 | 40.6 | 2.0 | 17.2 | 46.7 | 17.5 | 11.2 | 5.0 | 0.28 |
| 辽宁 Liaoning | 100.0 | 57.1 | 42.9 | 0.6 | 15.6 | 57.1 | 13.2 | 7.7 | 5.5 | 0.34 |
| 吉林 Jilin | 100.0 | 55.5 | 44.5 | 1.4 | 17.6 | 53.7 | 14.9 | 6.8 | 5.2 | 0.45 |
| 黑龙江 Heilongjiang | 100.0 | 55.7 | 44.3 | 1.4 | 21.6 | 55.1 | 12.4 | 5.6 | 3.8 | 0.09 |
| 上海 Shanghai | 100.0 | 58.9 | 41.1 | 0.6 | 7.1 | 36.9 | 23.2 | 15.7 | 14.6 | 1.83 |
| 江苏 Jiangsu | 100.0 | 53.5 | 46.5 | 1.9 | 17.4 | 47.5 | 19.5 | 7.7 | 5.4 | 0.56 |
| 浙江 Zhejiang | 100.0 | 57.0 | 43.0 | 1.8 | 20.6 | 45.9 | 15.8 | 9.1 | 6.4 | 0.46 |
| 安徽 Anhui | 100.0 | 53.3 | 46.7 | 4.7 | 25.6 | 50.6 | 10.4 | 5.5 | 2.9 | 0.30 |
| 福建 Fujian | 100.0 | 57.2 | 42.8 | 1.7 | 22.3 | 43.0 | 17.3 | 8.5 | 6.7 | 0.52 |
| 江西 Jiangxi | 100.0 | 53.3 | 46.7 | 1.1 | 19.7 | 55.6 | 15.6 | 4.9 | 3.0 | 0.17 |
| 山东 Shandong | 100.0 | 55.6 | 44.4 | 1.4 | 17.5 | 46.5 | 20.6 | 8.5 | 5.0 | 0.38 |
| 河南 Henan | 100.0 | 52.4 | 47.6 | 2.8 | 16.8 | 56.3 | 15.4 | 5.6 | 2.9 | 0.16 |
| 湖北 Hubei | 100.0 | 55.5 | 44.5 | 1.7 | 18.8 | 45.9 | 19.5 | 8.4 | 5.2 | 0.46 |
| 湖南 Hunan | 100.0 | 56.8 | 43.2 | 0.7 | 14.9 | 46.8 | 22.8 | 9.6 | 4.8 | 0.28 |
| 广东 Guangdong | 100.0 | 55.8 | 44.2 | 0.7 | 14.1 | 49.4 | 23.3 | 7.8 | 4.4 | 0.28 |
| 广西 Guangxi | 100.0 | 53.4 | 46.6 | 1.0 | 21.3 | 56.6 | 13.1 | 5.3 | 2.5 | 0.19 |
| 海南 Hainan | 100.0 | 55.7 | 44.3 | 1.9 | 13.5 | 53.8 | 19.3 | 7.0 | 4.3 | 0.14 |
| 重庆 Chongqing | 100.0 | 53.9 | 46.1 | 2.3 | 31.8 | 41.3 | 13.2 | 6.7 | 4.3 | 0.40 |
| 四川 Sichuan | 100.0 | 53.5 | 46.5 | 2.5 | 26.7 | 48.3 | 13.7 | 5.5 | 3.2 | 0.20 |
| 贵州 Guizhou | 100.0 | 53.3 | 46.7 | 7.6 | 33.3 | 43.1 | 7.6 | 5.0 | 3.2 | 0.20 |
| 云南 Yunnan | 100.0 | 54.1 | 45.9 | 4.9 | 42.4 | 35.4 | 8.5 | 5.1 | 3.5 | 0.16 |
| 西藏 Tibet | 100.0 | 57.9 | 42.1 | 5.3 | 34.8 | 31.2 | 10.2 | 9.9 | 8.6 | |
| 陕西 Shaanxi | 100.0 | 56.3 | 43.7 | 1.5 | 12.4 | 50.5 | 19.6 | 10.0 | 5.4 | 0.63 |
| 甘肃 Gansu | 100.0 | 53.9 | 46.1 | 4.3 | 28.7 | 41.8 | 13.7 | 7.0 | 4.2 | 0.33 |
| 青海 Qinghai | 100.0 | 57.9 | 42.1 | 7.0 | 26.1 | 35.7 | 14.5 | 9.7 | 6.7 | 0.31 |
| 宁夏 Ningxia | 100.0 | 58.3 | 41.7 | 5.7 | 21.2 | 44.0 | 14.2 | 8.9 | 5.6 | 0.42 |
| 新疆 Xinjiang | 100.0 | 58.8 | 41.2 | 0.7 | 26.4 | 42.8 | 14.2 | 10.9 | 4.7 | 0.33 |

资料来源：2011年11月劳动力调查资料(下表同)。
Data Source: Labor Force Survey in Nov.2011. The same applies to the tables following.

# 3-2 分地区全国男性就业人员受教育程度构成

## Educational Attainment of Male Employed Persons by Region

单位：% (%)

| 地 区 | Region | 男性就业人员 Male Employed Persons | 未上过学 No Schooling | 小 学 Primary School | 初 中 Junior Secondary School | 高 中 Senior Secondary School | 大学专科 College | 大学本科 University | 研究生及以上 Graduate and Higher Level |
|---|---|---|---|---|---|---|---|---|---|
| **全 国** | **National Total** | **100.0** | **1.0** | **16.9** | **50.3** | **18.6** | **7.7** | **5.1** | **0.47** |
| 北 京 | Beijing | 100.0 | 0.2 | 3.3 | 23.5 | 25.4 | 16.6 | 23.6 | 7.33 |
| 天 津 | Tianjin | 100.0 | 0.2 | 8.2 | 43.6 | 22.4 | 13.2 | 11.2 | 1.09 |
| 河 北 | Hebei | 100.0 | 0.7 | 12.3 | 58.7 | 17.8 | 6.6 | 3.8 | 0.26 |
| 山 西 | Shanxi | 100.0 | 0.4 | 9.0 | 59.6 | 19.6 | 7.4 | 4.0 | 0.11 |
| 内蒙古 | Inner Mongolia | 100.0 | 0.7 | 15.0 | 49.2 | 19.0 | 11.6 | 4.4 | 0.23 |
| 辽 宁 | Liaoning | 100.0 | 0.5 | 14.3 | 58.6 | 13.7 | 7.2 | 5.4 | 0.39 |
| 吉 林 | Jilin | 100.0 | 0.9 | 15.8 | 54.5 | 16.6 | 7.0 | 4.9 | 0.35 |
| 黑龙江 | Heilongjiang | 100.0 | 1.0 | 19.4 | 56.2 | 13.9 | 5.9 | 3.5 | 0.11 |
| 上 海 | Shanghai | 100.0 | 0.3 | 6.0 | 38.6 | 25.3 | 14.4 | 13.5 | 2.01 |
| 江 苏 | Jiangsu | 100.0 | 0.9 | 13.5 | 48.4 | 22.9 | 7.9 | 5.7 | 0.71 |
| 浙 江 | Zhejiang | 100.0 | 1.0 | 19.3 | 47.5 | 17.7 | 8.0 | 6.0 | 0.47 |
| 安 徽 | Anhui | 100.0 | 2.7 | 21.1 | 54.7 | 11.7 | 5.9 | 3.5 | 0.39 |
| 福 建 | Fujian | 100.0 | 0.6 | 18.3 | 46.4 | 18.7 | 8.4 | 7.1 | 0.52 |
| 江 西 | Jiangxi | 100.0 | 0.7 | 14.6 | 56.4 | 19.1 | 5.6 | 3.4 | 0.15 |
| 山 东 | Shandong | 100.0 | 0.6 | 14.2 | 47.3 | 23.4 | 8.6 | 5.4 | 0.38 |
| 河 南 | Henan | 100.0 | 1.0 | 13.8 | 58.6 | 17.9 | 5.6 | 2.9 | 0.12 |
| 湖 北 | Hubei | 100.0 | 1.1 | 15.0 | 47.9 | 21.2 | 9.1 | 5.2 | 0.50 |
| 湖 南 | Hunan | 100.0 | 0.5 | 14.0 | 46.8 | 23.6 | 9.6 | 5.1 | 0.35 |
| 广 东 | Guangdong | 100.0 | 0.5 | 11.6 | 48.2 | 26.3 | 8.3 | 4.9 | 0.20 |
| 广 西 | Guangxi | 100.0 | 0.5 | 17.6 | 58.8 | 15.1 | 5.2 | 2.6 | 0.23 |
| 海 南 | Hainan | 100.0 | 0.7 | 10.1 | 53.5 | 23.0 | 7.8 | 4.8 | 0.11 |
| 重 庆 | Chongqing | 100.0 | 1.7 | 29.6 | 42.6 | 14.0 | 6.8 | 4.8 | 0.52 |
| 四 川 | Sichuan | 100.0 | 1.4 | 24.8 | 50.3 | 14.4 | 5.4 | 3.5 | 0.17 |
| 贵 州 | Guizhou | 100.0 | 2.5 | 28.5 | 51.1 | 8.8 | 5.5 | 3.5 | 0.17 |
| 云 南 | Yunnan | 100.0 | 2.0 | 39.9 | 40.0 | 9.1 | 5.1 | 3.8 | 0.19 |
| 西 藏 | Tibet | 100.0 | 5.0 | 35.0 | 35.7 | 9.8 | 7.3 | 7.1 | |
| 陕 西 | Shaanxi | 100.0 | 1.0 | 10.6 | 51.1 | 21.1 | 9.8 | 5.6 | 0.71 |
| 甘 肃 | Gansu | 100.0 | 1.9 | 24.4 | 44.6 | 17.0 | 7.1 | 4.6 | 0.38 |
| 青 海 | Qinghai | 100.0 | 3.7 | 23.9 | 39.4 | 16.2 | 9.3 | 7.2 | 0.34 |
| 宁 夏 | Ningxia | 100.0 | 4.2 | 19.1 | 46.9 | 15.4 | 8.6 | 5.4 | 0.41 |
| 新 疆 | Xinjiang | 100.0 | 0.6 | 26.3 | 44.8 | 14.3 | 9.6 | 4.2 | 0.33 |

# 3-3 分地区全国女性就业人员受教育程度构成

# Educational Attainment of Female Employed Persons by Region

单位：% (%)

| 地 区 | Region | 女性就业人员 Female Employed Persons | 未上过学 No Schooling | 小学 Primary School | 初中 Junior Secondary School | 高中 Senior Secondary School | 大学专科 College | 大学本科 University | 研究生及以上 Graduate and Higher Level |
|---|---|---|---|---|---|---|---|---|---|
| **全 国** | **National Total** | **100.0** | **3.2** | **23.1** | **46.7** | **14.3** | **7.6** | **4.7** | **0.39** |
| 北 京 | Beijing | 100.0 | 0.6 | 3.5 | 19.9 | 21.9 | 19.6 | 28.4 | 6.00 |
| 天 津 | Tianjin | 100.0 | 1.0 | 9.4 | 37.9 | 22.9 | 13.4 | 14.5 | 1.04 |
| 河 北 | Hebei | 100.0 | 1.3 | 17.6 | 56.0 | 13.4 | 7.2 | 4.4 | 0.21 |
| 山 西 | Shanxi | 100.0 | 0.8 | 11.8 | 54.0 | 18.1 | 10.2 | 5.0 | 0.16 |
| 内蒙古 | Inner Mongolia | 100.0 | 3.9 | 20.5 | 43.1 | 15.3 | 10.8 | 6.0 | 0.34 |
| 辽 宁 | Liaoning | 100.0 | 0.8 | 17.3 | 55.1 | 12.5 | 8.3 | 5.7 | 0.28 |
| 吉 林 | Jilin | 100.0 | 2.0 | 19.9 | 52.8 | 12.8 | 6.5 | 5.4 | 0.57 |
| 黑龙江 | Heilongjiang | 100.0 | 1.9 | 24.3 | 53.8 | 10.5 | 5.3 | 4.1 | 0.07 |
| 上 海 | Shanghai | 100.0 | 1.2 | 8.7 | 34.5 | 20.3 | 17.7 | 16.1 | 1.57 |
| 江 苏 | Jiangsu | 100.0 | 3.1 | 21.9 | 46.5 | 15.6 | 7.5 | 5.1 | 0.39 |
| 浙 江 | Zhejiang | 100.0 | 2.8 | 22.3 | 43.9 | 13.2 | 10.5 | 6.9 | 0.43 |
| 安 徽 | Anhui | 100.0 | 7.0 | 30.8 | 46.0 | 8.9 | 5.0 | 2.1 | 0.20 |
| 福 建 | Fujian | 100.0 | 3.2 | 27.7 | 38.4 | 15.4 | 8.6 | 6.1 | 0.52 |
| 江 西 | Jiangxi | 100.0 | 1.4 | 25.5 | 54.8 | 11.6 | 4.0 | 2.6 | 0.20 |
| 山 东 | Shandong | 100.0 | 2.5 | 21.6 | 45.4 | 17.1 | 8.5 | 4.5 | 0.38 |
| 河 南 | Henan | 100.0 | 4.9 | 20.0 | 53.8 | 12.7 | 5.6 | 2.8 | 0.21 |
| 湖 北 | Hubei | 100.0 | 2.5 | 23.4 | 43.5 | 17.4 | 7.6 | 5.2 | 0.42 |
| 湖 南 | Hunan | 100.0 | 1.0 | 16.0 | 46.9 | 21.8 | 9.6 | 4.5 | 0.18 |
| 广 东 | Guangdong | 100.0 | 1.1 | 17.2 | 50.9 | 19.4 | 7.3 | 3.8 | 0.37 |
| 广 西 | Guangxi | 100.0 | 1.6 | 25.6 | 54.0 | 10.9 | 5.4 | 2.4 | 0.15 |
| 海 南 | Hainan | 100.0 | 3.3 | 17.8 | 54.3 | 14.7 | 6.1 | 3.6 | 0.17 |
| 重 庆 | Chongqing | 100.0 | 3.0 | 34.5 | 39.8 | 12.2 | 6.6 | 3.6 | 0.27 |
| 四 川 | Sichuan | 100.0 | 3.7 | 28.8 | 46.1 | 12.9 | 5.5 | 2.8 | 0.23 |
| 贵 州 | Guizhou | 100.0 | 13.5 | 38.8 | 34.0 | 6.2 | 4.5 | 2.8 | 0.23 |
| 云 南 | Yunnan | 100.0 | 8.3 | 45.4 | 30.1 | 7.8 | 5.0 | 3.3 | 0.12 |
| 西 藏 | Tibet | 100.0 | 5.8 | 34.5 | 24.9 | 10.8 | 13.3 | 10.7 | |
| 陕 西 | Shaanxi | 100.0 | 2.0 | 14.7 | 49.8 | 17.6 | 10.3 | 5.0 | 0.53 |
| 甘 肃 | Gansu | 100.0 | 7.2 | 33.8 | 38.4 | 9.8 | 6.9 | 3.6 | 0.26 |
| 青 海 | Qinghai | 100.0 | 11.5 | 29.2 | 30.7 | 12.1 | 10.2 | 6.1 | 0.27 |
| 宁 夏 | Ningxia | 100.0 | 7.7 | 24.1 | 39.9 | 12.6 | 9.4 | 5.9 | 0.44 |
| 新 疆 | Xinjiang | 100.0 | 0.8 | 26.5 | 40.1 | 14.0 | 12.8 | 5.6 | 0.33 |

# 3-4 按年龄、性别分的全国就业人员受教育程度构成

# Educational Attainment of Employed Persons by Age and Sex

单位：% (%)

| 年 龄 Age | 就业人员 Employed Persons | 未上过学 No Schooling | 小学 Primary School | 初中 Junior Secondary School | 高中 Senior Secondary School | 大学专科 College | 大学本科 University | 研究生及以上 Graduate and Higher Level |
|---|---|---|---|---|---|---|---|---|
| **总计 Total** | **100.0** | **2.0** | **19.6** | **48.7** | **16.7** | **7.6** | **4.9** | **0.4** |
| 16-19 | 100.0 | 0.3 | 7.8 | 67.5 | 21.8 | 2.3 | 0.3 | |
| 20-24 | 100.0 | 0.3 | 4.7 | 50.6 | 25.7 | 13.0 | 5.7 | 0.1 |
| 25-29 | 100.0 | 0.2 | 5.4 | 48.2 | 20.3 | 13.9 | 11.1 | 0.9 |
| 30-34 | 100.0 | 0.4 | 8.5 | 50.2 | 19.8 | 11.2 | 8.8 | 1.1 |
| 35-39 | 100.0 | 0.6 | 12.5 | 55.4 | 16.8 | 8.6 | 5.6 | 0.6 |
| 40-44 | 100.0 | 0.8 | 18.0 | 56.0 | 14.9 | 6.0 | 4.0 | 0.4 |
| 45-49 | 100.0 | 1.1 | 19.7 | 53.2 | 17.1 | 5.3 | 3.2 | 0.3 |
| 50-54 | 100.0 | 2.3 | 29.4 | 43.3 | 18.4 | 4.5 | 2.0 | 0.1 |
| 55-59 | 100.0 | 4.8 | 46.3 | 37.0 | 8.3 | 2.6 | 1.0 | 0.1 |
| 60-64 | 100.0 | 8.6 | 60.3 | 26.8 | 3.4 | 0.6 | 0.3 | 0.0 |
| 65+ | 100.0 | 17.2 | 64.3 | 16.3 | 1.7 | 0.3 | 0.2 | 0.0 |
| **男 Male** | **100.0** | **1.0** | **16.9** | **50.3** | **18.6** | **7.7** | **5.1** | **0.5** |
| 16-19 | 100.0 | 0.3 | 7.7 | 68.1 | 21.9 | 1.9 | 0.1 | |
| 20-24 | 100.0 | 0.3 | 4.4 | 52.6 | 26.7 | 10.9 | 5.0 | 0.0 |
| 25-29 | 100.0 | 0.2 | 4.9 | 48.1 | 21.8 | 13.7 | 10.6 | 0.8 |
| 30-34 | 100.0 | 0.2 | 7.0 | 49.7 | 21.8 | 11.2 | 8.9 | 1.2 |
| 35-39 | 100.0 | 0.4 | 10.1 | 55.5 | 18.5 | 8.8 | 6.1 | 0.6 |
| 40-44 | 100.0 | 0.5 | 13.8 | 57.3 | 16.9 | 6.4 | 4.6 | 0.5 |
| 45-49 | 100.0 | 0.4 | 14.2 | 55.1 | 19.6 | 6.2 | 4.0 | 0.5 |
| 50-54 | 100.0 | 0.8 | 21.3 | 46.1 | 23.4 | 5.7 | 2.5 | 0.2 |
| 55-59 | 100.0 | 1.7 | 37.2 | 44.3 | 11.4 | 3.8 | 1.5 | 0.1 |
| 60-64 | 100.0 | 3.5 | 55.6 | 34.3 | 5.3 | 0.9 | 0.4 | 0.0 |
| 65+ | 100.0 | 9.4 | 66.4 | 21.2 | 2.3 | 0.4 | 0.2 | 0.0 |
| **女 Female** | **100.0** | **3.2** | **23.1** | **46.7** | **14.3** | **7.6** | **4.7** | **0.4** |
| 16-19 | 100.0 | 0.3 | 8.1 | 66.7 | 21.5 | 2.9 | 0.4 | |
| 20-24 | 100.0 | 0.2 | 5.0 | 48.5 | 24.5 | 15.3 | 6.4 | 0.1 |
| 25-29 | 100.0 | 0.2 | 5.9 | 48.5 | 18.5 | 14.1 | 11.8 | 1.1 |
| 30-34 | 100.0 | 0.6 | 10.2 | 50.8 | 17.4 | 11.1 | 8.8 | 1.1 |
| 35-39 | 100.0 | 0.8 | 15.4 | 55.3 | 14.8 | 8.3 | 4.9 | 0.5 |
| 40-44 | 100.0 | 1.2 | 22.8 | 54.5 | 12.6 | 5.5 | 3.2 | 0.2 |
| 45-49 | 100.0 | 2.0 | 26.5 | 50.9 | 13.9 | 4.3 | 2.2 | 0.2 |
| 50-54 | 100.0 | 4.5 | 41.3 | 39.1 | 11.0 | 2.7 | 1.4 | 0.0 |
| 55-59 | 100.0 | 9.2 | 59.5 | 26.4 | 3.7 | 0.8 | 0.3 | 0.0 |
| 60-64 | 100.0 | 15.5 | 66.7 | 16.6 | 0.7 | 0.3 | 0.1 | 0.0 |
| 65+ | 100.0 | 29.0 | 61.0 | 9.0 | 0.7 | 0.1 | 0.1 | 0.0 |

# 3-5 按受教育程度、性别分的全国就业人员年龄构成

# Age Composition of Employed Persons by Educational Attainment and Sex

单位：% (%)

| 年龄<br>Age | 就业人员<br>Employed Persons | 未上过学<br>No Schooling | 小学<br>Primary School | 初中<br>Junior Secondary School | 高中<br>Senior Secondary School | 大学专科<br>College | 大学本科<br>University | 研究生及以上<br>Graduate and Higher Level |
|---|---|---|---|---|---|---|---|---|
| **总计 Total** | **100.0** | **100.0** | **100.0** | **100.0** | **100.0** | **100.0** | **100.0** | **100.0** |
| 16-19 | 2.5 | 0.4 | 1.0 | 3.4 | 3.2 | 0.8 | 0.1 | |
| 20-24 | 10.9 | 1.4 | 2.6 | 11.3 | 16.8 | 18.7 | 12.7 | 1.9 |
| 25-29 | 11.3 | 1.0 | 3.1 | 11.2 | 13.7 | 20.5 | 25.5 | 24.0 |
| 30-34 | 11.6 | 2.3 | 5.0 | 12.0 | 13.7 | 17.0 | 21.0 | 30.0 |
| 35-39 | 13.4 | 3.9 | 8.5 | 15.2 | 13.4 | 15.0 | 15.2 | 17.6 |
| 40-44 | 15.2 | 6.5 | 13.9 | 17.4 | 13.5 | 11.9 | 12.3 | 12.6 |
| 45-49 | 13.0 | 7.3 | 13.0 | 14.2 | 13.2 | 9.1 | 8.5 | 10.3 |
| 50-54 | 6.9 | 8.1 | 10.3 | 6.1 | 7.6 | 4.0 | 2.9 | 2.0 |
| 55-59 | 7.4 | 18.1 | 17.6 | 5.7 | 3.7 | 2.5 | 1.5 | 1.4 |
| 60-64 | 4.1 | 17.8 | 12.6 | 2.3 | 0.8 | 0.3 | 0.2 | 0.2 |
| 65+ | 3.8 | 33.2 | 12.5 | 1.3 | 0.4 | 0.2 | 0.1 | 0.1 |
| **男 Male** | **100.0** | **100.0** | **100.0** | **100.0** | **100.0** | **100.0** | **100.0** | **100.0** |
| 16-19 | 2.4 | 0.7 | 1.1 | 3.2 | 2.8 | 0.6 | 0.1 | |
| 20-24 | 10.3 | 2.9 | 2.7 | 10.8 | 14.8 | 14.7 | 10.2 | 1.1 |
| 25-29 | 11.1 | 1.8 | 3.2 | 10.6 | 13.0 | 19.9 | 23.3 | 19.0 |
| 30-34 | 11.4 | 2.3 | 4.8 | 11.2 | 13.3 | 16.7 | 20.0 | 28.2 |
| 35-39 | 13.2 | 5.6 | 7.9 | 14.6 | 13.1 | 15.2 | 16.0 | 17.9 |
| 40-44 | 14.8 | 8.1 | 12.1 | 16.8 | 13.4 | 12.3 | 13.5 | 14.8 |
| 45-49 | 13.0 | 5.1 | 11.0 | 14.3 | 13.7 | 10.5 | 10.4 | 13.7 |
| 50-54 | 7.4 | 6.0 | 9.3 | 6.8 | 9.3 | 5.5 | 3.7 | 3.0 |
| 55-59 | 8.0 | 13.7 | 17.5 | 7.0 | 4.9 | 4.0 | 2.3 | 2.1 |
| 60-64 | 4.3 | 14.9 | 14.1 | 2.9 | 1.2 | 0.5 | 0.3 | 0.2 |
| 65+ | 4.1 | 38.9 | 16.3 | 1.7 | 0.5 | 0.2 | 0.2 | 0.2 |
| **女 Female** | **100.0** | **100.0** | **100.0** | **100.0** | **100.0** | **100.0** | **100.0** | **100.0** |
| 16-19 | 2.5 | 0.3 | 0.9 | 3.6 | 3.8 | 1.0 | 0.2 | |
| 20-24 | 11.7 | 0.9 | 2.5 | 12.1 | 19.9 | 23.6 | 15.9 | 3.1 |
| 25-29 | 11.4 | 0.6 | 2.9 | 11.9 | 14.7 | 21.2 | 28.5 | 31.5 |
| 30-34 | 11.9 | 2.4 | 5.3 | 13.0 | 14.4 | 17.5 | 22.2 | 32.8 |
| 35-39 | 13.5 | 3.3 | 9.0 | 16.0 | 13.9 | 14.8 | 14.0 | 17.2 |
| 40-44 | 15.7 | 5.9 | 15.5 | 18.2 | 13.7 | 11.4 | 10.6 | 9.3 |
| 45-49 | 12.9 | 8.1 | 14.8 | 14.0 | 12.5 | 7.3 | 6.0 | 5.3 |
| 50-54 | 6.3 | 9.0 | 11.2 | 5.3 | 4.8 | 2.2 | 1.8 | 0.5 |
| 55-59 | 6.8 | 19.7 | 17.6 | 3.9 | 1.8 | 0.7 | 0.4 | 0.3 |
| 60-64 | 3.9 | 19.0 | 11.2 | 1.4 | 0.2 | 0.1 | 0.1 | 0.1 |
| 65+ | 3.4 | 31.0 | 9.0 | 0.7 | 0.2 | 0.1 | 0.1 | 0.1 |

# 3-6 按行业、性别分的全国就业人员受教育程度构成

# Educational Attainment of Employed Persons by Sector and Sex

单位：% (%)

| 受教育程度 | Educational Attainment | 就业人员 Employed Persons | 农、林、牧、渔业 Agriculture, Forestry, Animal Husbandry and Fishery | 采矿业 Mining | 制造业 Manu-facturing | 电力、热力、燃气及水生产和供应业 Production and Supply of Electricity Power, Heat Power, Gas and Water | 建筑业 Construction | 批发和零售业 Wholesale and Retail Trades |
|---|---|---|---|---|---|---|---|---|
| **总　计** | **Total** | **100.0** | **100.0** | **100.0** | **100.0** | **100.0** | **100.0** | **100.0** |
| 未上过学 | No Schooling | 2.0 | 4.3 | 0.6 | 0.5 | 0.3 | 0.6 | 0.5 |
| 小　学 | Primary School | 19.6 | 35.5 | 12.0 | 10.6 | 3.0 | 17.2 | 8.6 |
| 初　中 | Junior Secondary School | 48.7 | 53.3 | 48.9 | 54.1 | 28.4 | 60.9 | 48.7 |
| 高　中 | Senior Secondary School | 16.7 | 6.3 | 23.5 | 23.3 | 31.6 | 14.7 | 28.2 |
| 大学专科 | College | 7.6 | 0.5 | 10.0 | 7.9 | 22.3 | 4.3 | 9.8 |
| 大学本科 | University | 4.9 | 0.11 | 4.6 | 3.4 | 13.1 | 2.3 | 3.9 |
| 研究生及以上 | Graduate and Higher Level | 0.4 | 0.00 | 0.4 | 0.2 | 1.2 | 0.1 | 0.2 |
| **男** | **Male** | **100.0** | **100.0** | **100.0** | **100.0** | **100.0** | **100.0** | **100.0** |
| 未上过学 | No Schooling | 1.0 | 2.2 | 0.6 | 0.3 | 0.0 | 0.5 | 0.3 |
| 小　学 | Primary School | 16.9 | 32.1 | 12.8 | 8.5 | 3.5 | 16.3 | 8.2 |
| 初　中 | Junior Secondary School | 50.3 | 56.7 | 50.7 | 52.2 | 31.1 | 62.7 | 48.3 |
| 高　中 | Senior Secondary School | 18.6 | 8.3 | 22.8 | 26.2 | 31.9 | 14.9 | 28.1 |
| 大学专科 | College | 7.7 | 0.5 | 8.9 | 8.6 | 20.4 | 3.5 | 10.3 |
| 大学本科 | University | 5.1 | 0.2 | 4.0 | 3.8 | 11.8 | 1.9 | 4.6 |
| 研究生及以上 | Graduate and Higher Level | 0.5 | 0.00 | 0.3 | 0.3 | 1.2 | 0.1 | 0.3 |
| **女** | **Female** | **100.0** | **100.0** | **100.0** | **100.0** | **100.0** | **100.0** | **100.0** |
| 未上过学 | No Schooling | 3.2 | 6.2 | 0.5 | 0.8 | 1.1 | 1.1 | 0.7 |
| 小　学 | Primary School | 23.1 | 38.8 | 8.0 | 13.3 | 1.6 | 23.0 | 9.0 |
| 初　中 | Junior Secondary School | 46.7 | 50.1 | 40.0 | 56.6 | 21.2 | 47.9 | 49.1 |
| 高　中 | Senior Secondary School | 14.3 | 4.4 | 27.5 | 19.5 | 30.9 | 13.3 | 28.4 |
| 大学专科 | College | 7.6 | 0.4 | 15.5 | 7.0 | 27.6 | 9.8 | 9.4 |
| 大学本科 | University | 4.7 | 0.06 | 7.6 | 2.8 | 16.5 | 4.7 | 3.3 |
| 研究生及以上 | Graduate and Higher Level | 0.4 | 0.00 | 0.9 | 0.1 | 1.1 | 0.2 | 0.1 |

注：劳动力调查自2011年开始使用新国民经济行业分类(下表同)。

Note: The new industry classification has been used since 2011 in Labor Force Survey. The same applies to the tables following.

## 3-6 续表 1 continued

单位：% (%)

| 受教育程度 | Educational Attainment | 交通运输、仓储和邮政业 Transport, Storage and Post | 住宿和餐饮业 Hotels and Catering Services | 信息传输、软件和信息技术服务业 Information Transmission, Software and Information Technical Services | 金融业 Financial Intermediation | 房地产业 Real Estate | 租赁和商务服务业 Leasing and Business Services | 科学研究和技术服务业 Scientific Research and Technical Services |
|---|---|---|---|---|---|---|---|---|
| **总 计** | **Total** | **100.0** | **100.0** | **100.0** | **100.0** | **100.0** | **100.0** | **100.0** |
| 未上过学 | No Schooling | 0.4 | 0.6 | 0.4 | 0.1 | 0.3 | 0.3 | 0.2 |
| 小 学 | Primary School | 8.4 | 11.1 | 7.2 | 3.2 | 4.8 | 4.2 | 3.3 |
| 初 中 | Junior Secondary School | 49.9 | 55.5 | 45.1 | 22.6 | 29.7 | 27.1 | 15.2 |
| 高 中 | Senior Secondary School | 25.9 | 24.3 | 26.7 | 21.7 | 29.5 | 26.4 | 19.4 |
| 大学专科 | College | 10.8 | 6.5 | 11.6 | 26.9 | 20.4 | 22.5 | 23.5 |
| 大学本科 | University | 4.6 | 2.1 | 8.3 | 23.5 | 14.4 | 17.5 | 29.0 |
| 研究生及以上 | Graduate and Higher Level | 0.2 | 0.0 | 0.8 | 2.0 | 0.8 | 2.0 | 9.5 |
| **男** | **Male** | **100.0** | **100.0** | **100.0** | **100.0** | **100.0** | **100.0** | **100.0** |
| 未上过学 | No Schooling | 0.4 | 0.3 | 0.2 | 0.0 | 0.1 | 0.3 | 0.1 |
| 小 学 | Primary School | 8.6 | 8.4 | 6.3 | 2.2 | 4.2 | 4.4 | 3.7 |
| 初 中 | Junior Secondary School | 54.1 | 54.9 | 42.2 | 23.0 | 30.9 | 29.1 | 15.4 |
| 高 中 | Senior Secondary School | 24.9 | 27.2 | 27.1 | 21.8 | 32.1 | 28.5 | 17.8 |
| 大学专科 | College | 8.5 | 7.1 | 12.0 | 26.2 | 18.1 | 19.8 | 23.3 |
| 大学本科 | University | 3.4 | 2.1 | 11.0 | 24.0 | 13.5 | 15.9 | 30.6 |
| 研究生及以上 | Graduate and Higher Level | 0.2 |  | 1.2 | 2.7 | 1.1 | 2.0 | 9.1 |
| **女** | **Female** | **100.0** | **100.0** | **100.0** | **100.0** | **100.0** | **100.0** | **100.0** |
| 未上过学 | No Schooling | 0.2 | 0.9 | 0.6 | 0.2 | 0.6 | 0.3 | 0.2 |
| 小 学 | Primary School | 7.2 | 13.4 | 8.1 | 4.1 | 5.8 | 4.0 | 2.6 |
| 初 中 | Junior Secondary School | 29.7 | 56.0 | 48.0 | 22.3 | 27.9 | 24.4 | 14.9 |
| 高 中 | Senior Secondary School | 30.5 | 21.7 | 26.4 | 21.7 | 25.4 | 23.5 | 22.4 |
| 大学专科 | College | 21.8 | 5.9 | 11.1 | 27.5 | 24.0 | 26.2 | 23.8 |
| 大学本科 | University | 10.3 | 2.0 | 5.5 | 22.9 | 16.0 | 19.7 | 26.1 |
| 研究生及以上 | Graduate and Higher Level | 0.2 | 0.1 | 0.3 | 1.4 | 0.3 | 1.9 | 10.1 |

## 3-6 续表 2 continued

单位：% (%)

| 受教育程度 | Educational Attainment | 水利、环境和公共设施管理业 Management of Water Conservancy, Environment and Public Facilities | 居民服务、修理和其他服务业 Services to Households, Repair and Other Services | 教育 Education | 卫生和社会工作 Health and Society | 文化、体育和娱乐业 Culture, Sports and Entertainment | 公共管理、社会保障和社会组织 Public Management Social Security and Social Organizations | 国际组织 International Organizations |
|---|---|---|---|---|---|---|---|---|
| **总计** | **Total** | **100.0** | **100.0** | **100.0** | **100.0** | **100.0** | **100.0** | **100.0** |
| 未上过学 | No Schooling | 1.7 | 1.2 | 0.2 | 0.2 | 0.2 | 0.2 | |
| 小学 | Primary School | 13.2 | 12.2 | 3.0 | 3.7 | 3.7 | 2.1 | 1.8 |
| 初中 | Junior Secondary School | 29.9 | 54.3 | 15.3 | 16.1 | 22.3 | 12.3 | 7.6 |
| 高中 | Senior Secondary School | 28.3 | 23.6 | 18.3 | 22.1 | 25.4 | 22.9 | 31.1 |
| 大学专科 | College | 16.0 | 6.0 | 27.4 | 31.8 | 26.4 | 32.4 | 47.1 |
| 大学本科 | University | 9.9 | 2.5 | 31.9 | 23.4 | 20.1 | 28.1 | 12.2 |
| 研究生及以上 | Graduate and Higher Level | 1.1 | 0.1 | 3.9 | 2.7 | 2.0 | 1.9 | 0.3 |
| **男** | **Male** | **100.0** | **100.0** | **100.0** | **100.0** | **100.0** | **100.0** | **100.0** |
| 未上过学 | No Schooling | 1.3 | 0.8 | 0.2 | 0.2 | 0.2 | 0.2 | |
| 小学 | Primary School | 9.6 | 10.2 | 3.3 | 5.1 | 3.4 | 1.8 | 2.0 |
| 初中 | Junior Secondary School | 27.4 | 55.3 | 16.0 | 20.3 | 25.0 | 13.3 | 8.5 |
| 高中 | Senior Secondary School | 32.7 | 24.7 | 18.2 | 23.1 | 26.0 | 23.8 | 31.1 |
| 大学专科 | College | 17.0 | 6.4 | 26.6 | 25.1 | 24.6 | 31.7 | 47.6 |
| 大学本科 | University | 10.7 | 2.5 | 31.5 | 23.2 | 19.1 | 27.4 | 10.6 |
| 研究生及以上 | Graduate and Higher Level | 1.4 | 0.1 | 4.2 | 2.9 | 1.8 | 1.9 | 0.3 |
| **女** | **Female** | **100.0** | **100.0** | **100.0** | **100.0** | **100.0** | **100.0** | **100.0** |
| 未上过学 | No Schooling | 2.4 | 1.8 | 0.2 | 0.3 | 0.2 | 0.3 | |
| 小学 | Primary School | 18.5 | 15.0 | 2.7 | 2.6 | 4.0 | 2.7 | |
| 初中 | Junior Secondary School | 33.4 | 53.0 | 14.8 | 12.7 | 19.4 | 10.3 | |
| 高中 | Senior Secondary School | 21.9 | 22.2 | 18.4 | 21.3 | 24.7 | 21.3 | 31.1 |
| 大学专科 | College | 14.7 | 5.5 | 28.0 | 37.2 | 28.4 | 33.8 | 42.9 |
| 大学本科 | University | 8.6 | 2.5 | 32.2 | 23.5 | 21.1 | 29.6 | 26.0 |
| 研究生及以上 | Graduate and Higher Level | 0.6 | 0.0 | 3.8 | 2.5 | 2.2 | 1.9 | |

# 3-7 按职业、性别分的全国就业人员受教育程度构成

## Educational Attainment of Employed Persons by Occupation and Sex

单位：% (%)

| 受教育程度 | Educational Attainment | 就业人员 Employed Persons | 单位负责人 Unit Head | 专业技术人员 Technical Personnel | 办事人员和有关人员 Clerk and Related Workers | 商业、服务业人员 Business Service Personnel | 农林牧渔水利业生产人员 Producers in the Sectors of Agriculture, Forestry, Animal Husbandry, Fishery and Water Conservancy | 生产运输设备操作人员及有关人员 Production, Transport Equipment Operators and Related Workers | 其他 Others |
|---|---|---|---|---|---|---|---|---|---|
| **总　计** | **Total** | **100.0** | **100.0** | **100.0** | **100.0** | **100.0** | **100.0** | **100.0** | **100.0** |
| 未上过学 | No Schooling | 2.0 | 0.3 | 0.2 | 0.3 | 0.6 | 4.3 | 0.6 | 1.2 |
| 小　学 | Primary School | 19.6 | 4.8 | 3.8 | 4.1 | 9.6 | 35.4 | 13.1 | 12.8 |
| 初　中 | Junior Secondary School | 48.7 | 33.8 | 21.1 | 20.0 | 50.3 | 53.4 | 59.1 | 44.7 |
| 高　中 | Senior Secondary School | 16.7 | 26.5 | 22.3 | 26.1 | 26.6 | 6.4 | 20.4 | 23.7 |
| 大学专科 | College | 7.6 | 18.2 | 26.3 | 27.3 | 9.1 | 0.5 | 5.1 | 11.9 |
| 大学本科 | University | 4.9 | 15.0 | 23.6 | 20.7 | 3.6 | 0.1 | 1.7 | 5.4 |
| 研究生及以上 | Graduate and Higher Level | 0.4 | 1.5 | 2.8 | 1.5 | 0.2 | 0.0 | 0.1 | 0.3 |
| **男** | **Male** | **100.0** | **100.0** | **100.0** | **100.0** | **100.0** | **100.0** | **100.0** | **100.0** |
| 未上过学 | No Schooling | 1.0 | 0.1 | 0.1 | 0.3 | 0.4 | 2.2 | 0.4 | 1.7 |
| 小　学 | Primary School | 16.9 | 4.6 | 4.3 | 4.7 | 8.6 | 31.8 | 11.7 | 14.1 |
| 初　中 | Junior Secondary School | 50.3 | 33.7 | 23.5 | 22.7 | 50.0 | 56.7 | 58.7 | 43.9 |
| 高　中 | Senior Secondary School | 18.6 | 27.3 | 22.1 | 26.3 | 27.2 | 8.5 | 22.0 | 23.7 |
| 大学专科 | College | 7.7 | 17.6 | 23.1 | 25.3 | 9.6 | 0.6 | 5.4 | 11.3 |
| 大学本科 | University | 5.1 | 15.2 | 23.8 | 19.1 | 4.2 | 0.2 | 1.7 | 5.2 |
| 研究生及以上 | Graduate and Higher Level | 0.5 | 1.5 | 3.1 | 1.5 | 0.2 | 0.0 | 0.1 | 0.2 |
| **女** | **Female** | **100.0** | **100.0** | **100.0** | **100.0** | **100.0** | **100.0** | **100.0** | **100.0** |
| 未上过学 | No Schooling | 3.2 | 0.6 | 0.2 | 0.3 | 0.9 | 6.2 | 0.9 | 0.2 |
| 小　学 | Primary School | 23.1 | 5.6 | 3.4 | 2.9 | 10.7 | 38.8 | 16.1 | 10.2 |
| 初　中 | Junior Secondary School | 46.7 | 34.0 | 18.6 | 15.1 | 50.7 | 50.2 | 59.8 | 46.5 |
| 高　中 | Senior Secondary School | 14.3 | 23.7 | 22.5 | 25.7 | 26.0 | 4.4 | 17.1 | 23.8 |
| 大学专科 | College | 7.6 | 20.3 | 29.5 | 30.8 | 8.6 | 0.4 | 4.4 | 13.3 |
| 大学本科 | University | 4.7 | 14.2 | 23.4 | 23.7 | 3.1 | 0.1 | 1.6 | 5.7 |
| 研究生及以上 | Graduate and Higher Level | 0.4 | 1.6 | 2.4 | 1.5 | 0.2 |  | 0.1 | 0.3 |

# 3-8 按受教育程度、性别分的全国就业人员职业构成

## Occupation of Employed Persons by Educational Attainment and Sex

单位：%　　　　　　　　　　　　　　　　　　　　　　　　　　　　(%)

| 受教育程度 | Educational Attainment | 就业人员<br>Employed Persons | 单位负责人<br>Unit Head | 专业技术人员<br>Technical Personnel | 办事人员和有关人员<br>Clerk and Related Workers | 商业、服务业人员<br>Business Service Personnel | 农林牧渔水利业生产人员<br>Producers in the Sectors of Agriculture, Forestry, Animal Husbandry, Fishery and Water Conservancy | 生产运输设备操作人员及有关人员<br>Production, Transport Equipment Operators and Related Workers | 其他<br>Others |
|---|---|---|---|---|---|---|---|---|---|
| **总　计** | **Total** | **100.0** | **2.0** | **9.9** | **5.4** | **19.5** | **39.4** | **23.6** | **0.3** |
| 未上过学 | No Schooling | 100.0 | 0.3 | 0.8 | 0.8 | 6.1 | 84.8 | 7.0 | 0.2 |
| 小　学 | Primary School | 100.0 | 0.5 | 1.9 | 1.1 | 9.6 | 70.9 | 15.8 | 0.2 |
| 初　中 | Junior Secondary School | 100.0 | 1.4 | 4.3 | 2.2 | 20.2 | 43.1 | 28.6 | 0.3 |
| 高　中 | Senior Secondary School | 100.0 | 3.1 | 13.2 | 8.4 | 31.0 | 15.0 | 28.8 | 0.4 |
| 大学专科 | College | 100.0 | 4.7 | 34.0 | 19.3 | 23.3 | 2.5 | 15.7 | 0.4 |
| 大学本科 | University | 100.0 | 6.0 | 47.5 | 22.8 | 14.4 | 0.9 | 8.0 | 0.3 |
| 研究生及以上 | Graduate and Higher Level | 100.0 | 6.8 | 62.1 | 19.0 | 7.9 | 0.2 | 3.8 | 0.2 |
| **男** | **Male** | **100.0** | **2.8** | **9.0** | **6.2** | **17.7** | **34.7** | **29.2** | **0.3** |
| 未上过学 | No Schooling | 100.0 | 0.4 | 1.2 | 2.0 | 6.3 | 76.6 | 12.9 | 0.6 |
| 小　学 | Primary School | 100.0 | 0.7 | 2.3 | 1.7 | 9.0 | 65.6 | 20.3 | 0.3 |
| 初　中 | Junior Secondary School | 100.0 | 1.8 | 4.2 | 2.8 | 17.6 | 39.1 | 34.1 | 0.3 |
| 高　中 | Senior Secondary School | 100.0 | 4.0 | 10.7 | 8.8 | 25.9 | 15.8 | 34.4 | 0.4 |
| 大学专科 | College | 100.0 | 6.3 | 27.2 | 20.6 | 22.2 | 2.7 | 20.5 | 0.5 |
| 大学本科 | University | 100.0 | 8.3 | 42.5 | 23.6 | 14.6 | 1.1 | 9.6 | 0.3 |
| 研究生及以上 | Graduate and Higher Level | 100.0 | 8.5 | 59.1 | 20.4 | 7.1 | 0.4 | 4.5 | 0.2 |
| **女** | **Female** | **100.0** | **1.0** | **10.9** | **4.4** | **21.7** | **45.1** | **16.7** | **0.2** |
| 未上过学 | No Schooling | 100.0 | 0.2 | 0.7 | 0.4 | 6.0 | 88.0 | 4.7 | 0.0 |
| 小　学 | Primary School | 100.0 | 0.2 | 1.6 | 0.6 | 10.1 | 75.8 | 11.6 | 0.1 |
| 初　中 | Junior Secondary School | 100.0 | 0.7 | 4.4 | 1.4 | 23.6 | 48.4 | 21.3 | 0.2 |
| 高　中 | Senior Secondary School | 100.0 | 1.7 | 17.1 | 7.8 | 39.3 | 13.9 | 19.9 | 0.3 |
| 大学专科 | College | 100.0 | 2.7 | 42.7 | 17.7 | 24.6 | 2.3 | 9.7 | 0.3 |
| 大学本科 | University | 100.0 | 3.1 | 54.2 | 21.9 | 14.1 | 0.7 | 5.8 | 0.2 |
| 研究生及以上 | Graduate and Higher Level | 100.0 | 4.2 | 66.7 | 16.9 | 9.2 |  | 2.8 | 0.2 |

# 3-9 按年龄、性别分的全国就业人员就业身份构成

## Employment Status of Employed Persons by Age and Sex

单位：% (%)

| 年龄 Age | 就业人员 Employed Persons | 雇员 Employee | 雇主 Employer | 自营劳动者 Self-Employed | 家庭帮工 Unpaid Familial Worker |
|---|---|---|---|---|---|
| **总计 Total** | **100.0** | **46.2** | **3.9** | **47.4** | **2.5** |
| 16-19 | 100.0 | 59.9 | 1.4 | 35.3 | 3.4 |
| 20-24 | 100.0 | 65.5 | 2.0 | 29.3 | 3.3 |
| 25-29 | 100.0 | 61.8 | 3.6 | 31.9 | 2.8 |
| 30-34 | 100.0 | 56.1 | 5.3 | 36.2 | 2.4 |
| 35-39 | 100.0 | 50.0 | 5.4 | 42.2 | 2.4 |
| 40-44 | 100.0 | 43.8 | 5.1 | 48.5 | 2.6 |
| 45-49 | 100.0 | 42.2 | 4.7 | 50.6 | 2.5 |
| 50-54 | 100.0 | 36.5 | 3.6 | 57.8 | 2.1 |
| 55-59 | 100.0 | 25.6 | 2.6 | 70.1 | 1.7 |
| 60-64 | 100.0 | 13.5 | 1.8 | 82.7 | 1.9 |
| 65+ | 100.0 | 7.5 | 0.9 | 89.7 | 1.9 |
| **男 Male** | **100.0** | **48.9** | **5.0** | **45.0** | **1.1** |
| 16-19 | 100.0 | 56.9 | 1.1 | 37.8 | 4.3 |
| 20-24 | 100.0 | 64.6 | 2.5 | 29.9 | 3.0 |
| 25-29 | 100.0 | 63.2 | 4.3 | 30.9 | 1.6 |
| 30-34 | 100.0 | 58.0 | 6.7 | 34.6 | 0.8 |
| 35-39 | 100.0 | 52.5 | 6.9 | 40.1 | 0.5 |
| 40-44 | 100.0 | 46.5 | 6.7 | 46.3 | 0.6 |
| 45-49 | 100.0 | 47.2 | 6.2 | 46.0 | 0.5 |
| 50-54 | 100.0 | 45.3 | 4.7 | 49.4 | 0.6 |
| 55-59 | 100.0 | 34.9 | 3.6 | 60.9 | 0.6 |
| 60-64 | 100.0 | 18.3 | 2.7 | 78.1 | 1.0 |
| 65+ | 100.0 | 10.0 | 1.3 | 87.4 | 1.3 |
| **女 Female** | **100.0** | **42.7** | **2.5** | **50.5** | **4.2** |
| 16-19 | 100.0 | 63.4 | 1.8 | 32.3 | 2.5 |
| 20-24 | 100.0 | 66.5 | 1.4 | 28.6 | 3.6 |
| 25-29 | 100.0 | 60.0 | 2.7 | 33.0 | 4.2 |
| 30-34 | 100.0 | 53.8 | 3.7 | 38.1 | 4.3 |
| 35-39 | 100.0 | 47.0 | 3.5 | 44.8 | 4.7 |
| 40-44 | 100.0 | 40.8 | 3.3 | 51.1 | 4.9 |
| 45-49 | 100.0 | 36.0 | 2.7 | 56.3 | 5.0 |
| 50-54 | 100.0 | 23.8 | 2.0 | 70.0 | 4.2 |
| 55-59 | 100.0 | 12.1 | 1.0 | 83.6 | 3.3 |
| 60-64 | 100.0 | 7.0 | 0.8 | 89.0 | 3.2 |
| 65+ | 100.0 | 3.8 | 0.3 | 93.1 | 2.8 |

# 3-10 按就业身份、性别分的全国就业人员年龄构成

## Age Composition of Employed Persons by Employment Status and Sex

单位：% (%)

| 年 龄 Age | 就业人员 Employed Persons | 雇 员 Employee | 雇 主 Employer | 自营劳动者 Self-Employed | 家庭帮工 Unpaid Familial Worker |
|---|---|---|---|---|---|
| **总计 Total** | **100.0** | **100.0** | **100.0** | **100.0** | **100.0** |
| 16-19 | 2.5 | 3.2 | 0.9 | 1.8 | 3.4 |
| 20-24 | 10.9 | 15.5 | 5.5 | 6.7 | 14.4 |
| 25-29 | 11.3 | 15.1 | 10.2 | 7.6 | 12.6 |
| 30-34 | 11.6 | 14.1 | 15.8 | 8.9 | 11.2 |
| 35-39 | 13.4 | 14.5 | 18.3 | 11.9 | 12.9 |
| 40-44 | 15.2 | 14.4 | 19.9 | 15.5 | 15.6 |
| 45-49 | 13.0 | 11.9 | 15.5 | 13.8 | 13.1 |
| 50-54 | 6.9 | 5.5 | 6.3 | 8.4 | 5.7 |
| 55-59 | 7.4 | 4.1 | 4.9 | 11.0 | 5.1 |
| 60-64 | 4.1 | 1.2 | 1.9 | 7.1 | 3.2 |
| 65+ | 3.8 | 0.6 | 0.9 | 7.2 | 2.9 |
| **男 Male** | **100.0** | **100.0** | **100.0** | **100.0** | **100.0** |
| 16-19 | 2.4 | 2.8 | 0.5 | 2.0 | 9.4 |
| 20-24 | 10.3 | 13.6 | 5.1 | 6.9 | 28.7 |
| 25-29 | 11.1 | 14.4 | 9.4 | 7.7 | 16.3 |
| 30-34 | 11.4 | 13.5 | 15.1 | 8.8 | 7.8 |
| 35-39 | 13.2 | 14.2 | 18.2 | 11.8 | 6.1 |
| 40-44 | 14.8 | 14.1 | 19.7 | 15.2 | 7.9 |
| 45-49 | 13.0 | 12.6 | 16.1 | 13.4 | 6.5 |
| 50-54 | 7.4 | 6.8 | 6.9 | 8.1 | 4.2 |
| 55-59 | 8.0 | 5.7 | 5.8 | 10.8 | 4.3 |
| 60-64 | 4.3 | 1.6 | 2.2 | 7.4 | 3.9 |
| 65+ | 4.1 | 0.8 | 1.1 | 8.0 | 5.0 |
| **女 Female** | **100.0** | **100.0** | **100.0** | **100.0** | **100.0** |
| 16-19 | 2.5 | 3.8 | 1.8 | 1.6 | 1.5 |
| 20-24 | 11.7 | 18.2 | 6.4 | 6.6 | 9.8 |
| 25-29 | 11.4 | 16.1 | 12.3 | 7.5 | 11.4 |
| 30-34 | 11.9 | 15.0 | 17.5 | 9.0 | 12.2 |
| 35-39 | 13.5 | 14.9 | 18.5 | 12.0 | 15.1 |
| 40-44 | 15.7 | 14.9 | 20.3 | 15.8 | 18.1 |
| 45-49 | 12.9 | 10.8 | 14.0 | 14.4 | 15.3 |
| 50-54 | 6.3 | 3.5 | 5.0 | 8.7 | 6.2 |
| 55-59 | 6.8 | 1.9 | 2.7 | 11.3 | 5.3 |
| 60-64 | 3.9 | 0.6 | 1.2 | 6.9 | 2.9 |
| 65+ | 3.4 | 0.3 | 0.4 | 6.3 | 2.2 |

# 3-11 按受教育程度、性别分的全国就业人员就业身份构成
# Employment Status of Employed Persons by Educational Attainment and Sex

单位：% (%)

| 受教育程度 | Educational Attainment | 就业人员 Employed Persons | 雇员 Employee | 雇主 Employer | 自营劳动者 Self-Employed | 家庭帮工 Unpaid Familial Worker |
|---|---|---|---|---|---|---|
| **总　计** | **Total** | **100.0** | **46.2** | **3.9** | **47.4** | **2.5** |
| 未上过学 | No Schooling | 100.0 | 9.9 | 0.8 | 87.5 | 1.8 |
| 小　学 | Primary School | 100.0 | 18.9 | 1.9 | 76.9 | 2.3 |
| 初　中 | Junior Secondary School | 100.0 | 39.6 | 4.1 | 53.2 | 3.1 |
| 高　中 | Senior Secondary School | 100.0 | 66.3 | 6.4 | 24.7 | 2.6 |
| 大学专科 | College | 100.0 | 89.0 | 4.4 | 5.7 | 1.0 |
| 大学本科 | University | 100.0 | 94.8 | 2.7 | 2.1 | 0.4 |
| 研究生及以上 | Graduate and Higher Level | 100.0 | 97.6 | 1.6 | 0.8 | |
| **男** | **Male** | **100.0** | **48.9** | **5.0** | **45.0** | **1.1** |
| 未上过学 | No Schooling | 100.0 | 15.8 | 1.8 | 81.7 | 0.8 |
| 小　学 | Primary School | 100.0 | 22.8 | 2.6 | 73.7 | 0.9 |
| 初　中 | Junior Secondary School | 100.0 | 41.9 | 5.1 | 51.8 | 1.1 |
| 高　中 | Senior Secondary School | 100.0 | 64.1 | 7.6 | 26.9 | 1.4 |
| 大学专科 | College | 100.0 | 87.2 | 5.5 | 6.4 | 0.9 |
| 大学本科 | University | 100.0 | 93.5 | 3.5 | 2.6 | 0.5 |
| 研究生及以上 | Graduate and Higher Level | 100.0 | 97.2 | 2.0 | 0.8 | |
| **女** | **Female** | **100.0** | **42.7** | **2.5** | **50.5** | **4.2** |
| 未上过学 | No Schooling | 100.0 | 7.6 | 0.5 | 89.7 | 2.3 |
| 小　学 | Primary School | 100.0 | 15.5 | 1.2 | 79.8 | 3.5 |
| 初　中 | Junior Secondary School | 100.0 | 36.6 | 2.7 | 55.1 | 5.6 |
| 高　中 | Senior Secondary School | 100.0 | 69.7 | 4.5 | 21.4 | 4.4 |
| 大学专科 | College | 100.0 | 91.2 | 3.0 | 4.7 | 1.2 |
| 大学本科 | University | 100.0 | 96.6 | 1.5 | 1.5 | 0.4 |
| 研究生及以上 | Graduate and Higher Level | 100.0 | 98.2 | 1.0 | 0.7 | |

# 3-12 按就业身份、性别分的全国就业人员受教育程度构成

## Educational Attainment of Employed Persons by Employment Status and Sex

单位：%　　　　(%)

| 受教育程度 | Educational Attainment | 就业人员 Employed Persons | 雇　员 Employee | 雇　主 Employer | 自营劳动者 Self-Employed | 家庭帮工 Unpaid Familial Worker |
|---|---|---|---|---|---|---|
| **总　计** | **Total** | **100.0** | **100.0** | **100.0** | **100.0** | **100.0** |
| 未上过学 | No Schooling | 2.0 | 0.4 | 0.4 | 3.6 | 1.5 |
| 小　学 | Primary School | 19.6 | 8.1 | 9.4 | 31.8 | 17.9 |
| 初　中 | Junior Secondary School | 48.7 | 41.8 | 50.8 | 54.7 | 59.5 |
| 高　中 | Senior Secondary School | 16.7 | 24.0 | 27.4 | 8.7 | 17.1 |
| 大学专科 | College | 7.6 | 14.7 | 8.5 | 0.9 | 3.2 |
| 大学本科 | University | 4.9 | 10.1 | 3.3 | 0.2 | 0.8 |
| 研究生及以上 | Graduate and Higher Level | 0.4 | 0.9 | 0.2 | 0.0 | |
| **男** | **Male** | **100.0** | **100.0** | **100.0** | **100.0** | **100.0** |
| 未上过学 | No Schooling | 1.0 | 0.3 | 0.4 | 1.8 | 0.7 |
| 小　学 | Primary School | 16.9 | 7.8 | 8.8 | 27.6 | 14.1 |
| 初　中 | Junior Secondary School | 50.3 | 43.1 | 50.8 | 58.0 | 52.2 |
| 高　中 | Senior Secondary School | 18.6 | 24.5 | 28.0 | 11.1 | 24.4 |
| 大学专科 | College | 7.7 | 13.7 | 8.3 | 1.1 | 6.6 |
| 大学本科 | University | 5.1 | 9.7 | 3.5 | 0.3 | 2.1 |
| 研究生及以上 | Graduate and Higher Level | 0.5 | 0.9 | 0.2 | 0.0 | |
| **女** | **Female** | **100.0** | **100.0** | **100.0** | **100.0** | **100.0** |
| 未上过学 | No Schooling | 3.2 | 0.6 | 0.6 | 5.7 | 1.7 |
| 小　学 | Primary School | 23.1 | 8.3 | 11.0 | 36.4 | 19.1 |
| 初　中 | Junior Secondary School | 46.7 | 40.0 | 50.7 | 51.0 | 61.8 |
| 高　中 | Senior Secondary School | 14.3 | 23.4 | 25.7 | 6.1 | 14.8 |
| 大学专科 | College | 7.6 | 16.1 | 8.9 | 0.7 | 2.1 |
| 大学本科 | University | 4.7 | 10.7 | 2.9 | 0.1 | 0.4 |
| 研究生及以上 | Graduate and Higher Level | 0.4 | 0.9 | 0.2 | 0.0 | |

# 3-13 按年龄、性别分的城镇就业人员就业身份构成
# Employment Status of Urban Employed Persons by Age and Sex

单位：% (%)

| 年 龄<br>Age | 城 镇<br>就业人员<br>Urban<br>Employed<br>Persons | 雇 员<br>Employee | 雇 主<br>Employer | 自营劳动者<br>Self-<br>Employed | 家庭帮工<br>Unpaid<br>Familial<br>Worker |
|---|---|---|---|---|---|
| **总计 Total** | **100.0** | **67.0** | **5.7** | **24.6** | **2.7** |
| 16-19 | 100.0 | 77.3 | 1.1 | 17.7 | 3.9 |
| 20-24 | 100.0 | 78.8 | 2.4 | 15.6 | 3.2 |
| 25-29 | 100.0 | 76.1 | 4.6 | 16.8 | 2.4 |
| 30-34 | 100.0 | 71.8 | 6.9 | 19.0 | 2.4 |
| 35-39 | 100.0 | 67.8 | 7.3 | 22.5 | 2.4 |
| 40-44 | 100.0 | 63.1 | 7.2 | 26.8 | 2.8 |
| 45-49 | 100.0 | 62.7 | 6.8 | 27.5 | 3.0 |
| 50-54 | 100.0 | 60.8 | 5.4 | 31.5 | 2.3 |
| 55-59 | 100.0 | 51.5 | 4.8 | 41.4 | 2.4 |
| 60-64 | 100.0 | 30.7 | 4.6 | 61.1 | 3.5 |
| 65+ | 100.0 | 19.7 | 2.9 | 71.7 | 5.7 |
| **男 Male** | **100.0** | **67.0** | **6.9** | **25.0** | **1.2** |
| 16-19 | 100.0 | 74.1 | 1.2 | 20.5 | 4.2 |
| 20-24 | 100.0 | 76.0 | 3.0 | 17.6 | 3.3 |
| 25-29 | 100.0 | 75.0 | 5.3 | 18.2 | 1.5 |
| 30-34 | 100.0 | 70.8 | 8.1 | 20.4 | 0.7 |
| 35-39 | 100.0 | 67.0 | 8.9 | 23.6 | 0.5 |
| 40-44 | 100.0 | 62.8 | 8.7 | 27.9 | 0.6 |
| 45-49 | 100.0 | 64.7 | 8.3 | 26.4 | 0.6 |
| 50-54 | 100.0 | 66.4 | 6.1 | 26.7 | 0.8 |
| 55-59 | 100.0 | 60.2 | 5.4 | 33.5 | 0.8 |
| 60-64 | 100.0 | 37.3 | 6.0 | 55.0 | 1.7 |
| 65+ | 100.0 | 24.8 | 3.8 | 67.2 | 4.3 |
| **女 Female** | **100.0** | **66.9** | **4.2** | **24.1** | **4.8** |
| 16-19 | 100.0 | 81.0 | 1.1 | 14.3 | 3.6 |
| 20-24 | 100.0 | 81.6 | 1.8 | 13.5 | 3.1 |
| 25-29 | 100.0 | 77.5 | 3.8 | 15.2 | 3.5 |
| 30-34 | 100.0 | 73.0 | 5.4 | 17.3 | 4.4 |
| 35-39 | 100.0 | 68.8 | 5.3 | 21.1 | 4.8 |
| 40-44 | 100.0 | 63.5 | 5.3 | 25.5 | 5.7 |
| 45-49 | 100.0 | 60.0 | 4.8 | 29.0 | 6.2 |
| 50-54 | 100.0 | 49.0 | 3.7 | 41.8 | 5.4 |
| 55-59 | 100.0 | 30.6 | 3.3 | 60.0 | 6.1 |
| 60-64 | 100.0 | 19.7 | 2.2 | 71.4 | 6.7 |
| 65+ | 100.0 | 11.8 | 1.4 | 78.8 | 8.0 |

# 3-14 按就业身份、性别分的城镇就业人员年龄构成

## Age Composition of Urban Employed Persons by Employment Status and Sex

单位：% (%)

| 年 龄 Age | 城 镇 就业人员 Urban Employed Persons | 雇 员 Employee | 雇 主 Employer | 自营劳动者 Self-Employed | 家庭帮工 Unpaid Familial Worker |
|---|---|---|---|---|---|
| **总计 Total** | **100.0** | **100.0** | **100.0** | **100.0** | **100.0** |
| 16-19 | 2.2 | 2.5 | 0.4 | 1.5 | 3.1 |
| 20-24 | 12.0 | 14.1 | 5.0 | 7.6 | 14.2 |
| 25-29 | 13.4 | 15.3 | 10.8 | 9.2 | 11.9 |
| 30-34 | 13.9 | 14.9 | 16.7 | 10.8 | 12.0 |
| 35-39 | 15.1 | 15.3 | 19.3 | 13.8 | 13.2 |
| 40-44 | 16.0 | 15.1 | 20.2 | 17.5 | 16.6 |
| 45-49 | 12.9 | 12.1 | 15.4 | 14.5 | 14.1 |
| 50-54 | 6.2 | 5.6 | 5.8 | 8.0 | 5.2 |
| 55-59 | 4.9 | 3.7 | 4.1 | 8.2 | 4.2 |
| 60-64 | 2.0 | 0.9 | 1.6 | 4.9 | 2.5 |
| 65+ | 1.4 | 0.4 | 0.7 | 4.1 | 3.0 |
| **男 Male** | **100.0** | **100.0** | **100.0** | **100.0** | **100.0** |
| 16-19 | 2.1 | 2.3 | 0.4 | 1.7 | 7.3 |
| 20-24 | 10.6 | 12.1 | 4.6 | 7.5 | 29.9 |
| 25-29 | 12.9 | 14.4 | 9.9 | 9.4 | 16.4 |
| 30-34 | 13.5 | 14.3 | 15.8 | 11.0 | 8.1 |
| 35-39 | 14.9 | 14.9 | 19.3 | 14.0 | 6.2 |
| 40-44 | 15.7 | 14.7 | 20.0 | 17.6 | 7.7 |
| 45-49 | 13.2 | 12.8 | 15.9 | 13.9 | 7.1 |
| 50-54 | 7.4 | 7.4 | 6.6 | 8.0 | 4.9 |
| 55-59 | 6.0 | 5.4 | 4.7 | 8.1 | 4.1 |
| 60-64 | 2.2 | 1.2 | 1.9 | 4.7 | 3.0 |
| 65+ | 1.5 | 0.6 | 0.8 | 4.1 | 5.4 |
| **女 Female** | **100.0** | **100.0** | **100.0** | **100.0** | **100.0** |
| 16-19 | 2.3 | 2.8 | 0.6 | 1.4 | 1.7 |
| 20-24 | 13.8 | 16.8 | 5.8 | 7.7 | 9.0 |
| 25-29 | 14.1 | 16.3 | 12.8 | 8.9 | 10.4 |
| 30-34 | 14.5 | 15.8 | 18.4 | 10.4 | 13.3 |
| 35-39 | 15.4 | 15.8 | 19.3 | 13.5 | 15.5 |
| 40-44 | 16.4 | 15.6 | 20.8 | 17.4 | 19.6 |
| 45-49 | 12.6 | 11.3 | 14.3 | 15.2 | 16.4 |
| 50-54 | 4.6 | 3.4 | 4.1 | 8.0 | 5.3 |
| 55-59 | 3.3 | 1.5 | 2.6 | 8.3 | 4.3 |
| 60-64 | 1.7 | 0.5 | 0.9 | 5.0 | 2.4 |
| 65+ | 1.3 | 0.2 | 0.4 | 4.2 | 2.1 |

# 3-15 按受教育程度、性别分的城镇就业人员就业身份构成

# Employment Status of Urban Employed Persons by Educational Attainment and Sex

单位：% (%)

| 受教育程度 | Educational Attainment | 城镇就业人员 Urban Employed Persons | 雇员 Employee | 雇主 Employer | 自营劳动者 Self-Employed | 家庭帮工 Unpaid Familial Worker |
|---|---|---|---|---|---|---|
| **总计** | **Total** | **100.0** | **67.0** | **5.7** | **24.6** | **2.7** |
| 未上过学 | No Schooling | 100.0 | 25.3 | 2.9 | 66.9 | 4.9 |
| 小学 | Primary School | 100.0 | 35.9 | 4.5 | 55.3 | 4.2 |
| 初中 | Junior Secondary School | 100.0 | 55.0 | 6.4 | 34.9 | 3.7 |
| 高中 | Senior Secondary School | 100.0 | 74.3 | 7.1 | 16.0 | 2.6 |
| 大学专科 | College | 100.0 | 89.6 | 4.7 | 4.8 | 0.9 |
| 大学本科 | University | 100.0 | 95.0 | 2.8 | 1.9 | 0.4 |
| 研究生及以上 | Graduate and Higher Level | 100.0 | 97.7 | 1.5 | 0.8 | |
| **男** | **Male** | **100.0** | **67.0** | **6.9** | **25.0** | **1.2** |
| 未上过学 | No Schooling | 100.0 | 29.4 | 4.5 | 64.8 | 1.2 |
| 小学 | Primary School | 100.0 | 38.9 | 5.9 | 53.5 | 1.6 |
| 初中 | Junior Secondary School | 100.0 | 55.3 | 7.4 | 35.9 | 1.3 |
| 高中 | Senior Secondary School | 100.0 | 72.4 | 8.3 | 17.8 | 1.4 |
| 大学专科 | College | 100.0 | 87.7 | 5.9 | 5.6 | 0.8 |
| 大学本科 | University | 100.0 | 93.7 | 3.7 | 2.3 | 0.4 |
| 研究生及以上 | Graduate and Higher Level | 100.0 | 97.4 | 1.8 | 0.8 | |
| **女** | **Female** | **100.0** | **66.9** | **4.2** | **24.1** | **4.8** |
| 未上过学 | No Schooling | 100.0 | 23.2 | 2.0 | 68.0 | 6.8 |
| 小学 | Primary School | 100.0 | 32.9 | 3.1 | 57.2 | 6.8 |
| 初中 | Junior Secondary School | 100.0 | 54.5 | 5.1 | 33.4 | 7.0 |
| 高中 | Senior Secondary School | 100.0 | 77.1 | 5.3 | 13.3 | 4.3 |
| 大学专科 | College | 100.0 | 91.8 | 3.1 | 3.9 | 1.1 |
| 大学本科 | University | 100.0 | 96.6 | 1.6 | 1.4 | 0.4 |
| 研究生及以上 | Graduate and Higher Level | 100.0 | 98.2 | 1.1 | 0.8 | |

# 3-16 按就业身份、性别分的城镇就业人员受教育程度构成

## Educational Attainment of Urban Employed Persons by Employment Status and Sex

单位：% (%)

| 受教育程度 | Educational Attainment | 城镇就业人员 Urban Employed Persons | 雇员 Employee | 雇主 Employer | 自营劳动者 Self-Employed | 家庭帮工 Unpaid Familial Worker |
|---|---|---|---|---|---|---|
| **总 计** | **Total** | **100.0** | **100.0** | **100.0** | **100.0** | **100.0** |
| 未上过学 | No Schooling | 0.8 | 0.3 | 0.4 | 2.2 | 1.4 |
| 小 学 | Primary School | 9.9 | 5.3 | 7.8 | 22.3 | 15.3 |
| 初 中 | Junior Secondary School | 39.3 | 32.2 | 44.1 | 55.7 | 53.7 |
| 高 中 | Senior Secondary School | 24.9 | 27.6 | 31.0 | 16.2 | 23.4 |
| 大学专科 | College | 14.4 | 19.2 | 11.7 | 2.8 | 4.9 |
| 大学本科 | University | 9.9 | 14.0 | 4.8 | 0.8 | 1.3 |
| 研究生及以上 | Graduate and Higher Level | 0.9 | 1.3 | 0.2 | 0.0 | |
| **男** | **Male** | **100.0** | **100.0** | **100.0** | **100.0** | **100.0** |
| 未上过学 | No Schooling | 0.5 | 0.2 | 0.3 | 1.2 | 0.5 |
| 小 学 | Primary School | 8.8 | 5.1 | 7.5 | 18.8 | 12.1 |
| 初 中 | Junior Secondary School | 39.8 | 32.9 | 43.0 | 57.2 | 43.9 |
| 高 中 | Senior Secondary School | 26.2 | 28.3 | 31.7 | 18.7 | 31.4 |
| 大学专科 | College | 14.0 | 18.3 | 11.9 | 3.1 | 9.2 |
| 大学本科 | University | 9.9 | 13.8 | 5.2 | 0.9 | 3.0 |
| 研究生及以上 | Graduate and Higher Level | 1.0 | 1.4 | 0.3 | 0.0 | |
| **女** | **Female** | **100.0** | **100.0** | **100.0** | **100.0** | **100.0** |
| 未上过学 | No Schooling | 1.2 | 0.4 | 0.6 | 3.5 | 1.8 |
| 小 学 | Primary School | 11.4 | 5.6 | 8.4 | 27.1 | 16.3 |
| 初 中 | Junior Secondary School | 38.7 | 31.4 | 46.6 | 53.7 | 56.9 |
| 高 中 | Senior Secondary School | 23.1 | 26.6 | 29.3 | 12.7 | 20.7 |
| 大学专科 | College | 14.9 | 20.4 | 11.1 | 2.4 | 3.5 |
| 大学本科 | University | 9.9 | 14.3 | 3.8 | 0.6 | 0.7 |
| 研究生及以上 | Graduate and Higher Level | 0.8 | 1.2 | 0.2 | 0.0 | |

# 3-17 按年龄、性别分的城镇就业人员行业构成
## Urban Employed Persons by Age, Sex and Sector

单位：%　　(%)

| 年　龄 Age | 城　镇就业人员 Urban Employed Persons | 农、林、牧、渔业 Agriculture, Forestry, Animal Husbandry and Fishery | 采矿业 Mining | 制造业 Manu-facturing | 电力、热力、燃气及水生产和供应业 Production and Supply of Electricity Power, Heat Power, Gas and Water | 建筑业 Construction | 批发和零售业 Wholesale and Retail Trades |
|---|---|---|---|---|---|---|---|
| **总计 Total** | **100.0** | **13.4** | **1.7** | **22.9** | **1.4** | **6.1** | **15.1** |
| 16-19 | 100.0 | 13.4 | 0.6 | 38.2 | 0.2 | 4.3 | 13.6 |
| 20-24 | 100.0 | 9.1 | 1.0 | 30.2 | 0.7 | 4.6 | 16.8 |
| 25-29 | 100.0 | 7.4 | 1.1 | 25.2 | 1.4 | 5.1 | 17.1 |
| 30-34 | 100.0 | 7.5 | 1.6 | 23.6 | 1.7 | 5.2 | 17.3 |
| 35-39 | 100.0 | 9.5 | 1.9 | 23.5 | 1.6 | 6.4 | 16.0 |
| 40-44 | 100.0 | 12.8 | 2.3 | 21.6 | 1.7 | 7.4 | 15.0 |
| 45-49 | 100.0 | 14.3 | 2.6 | 20.6 | 1.5 | 7.4 | 13.5 |
| 50-54 | 100.0 | 19.5 | 2.6 | 17.2 | 1.6 | 7.6 | 11.8 |
| 55-59 | 100.0 | 31.0 | 1.3 | 15.9 | 1.5 | 6.6 | 9.4 |
| 60-64 | 100.0 | 51.7 | 0.7 | 11.7 | 0.5 | 5.8 | 8.3 |
| 65+ | 100.0 | 65.2 | 0.2 | 6.7 | 0.2 | 3.4 | 8.3 |
| **男 Male** | **100.0** | **11.8** | **2.5** | **23.3** | **1.7** | **9.1** | **12.5** |
| 16-19 | 100.0 | 15.3 | 1.0 | 39.1 | 0.4 | 6.9 | 9.0 |
| 20-24 | 100.0 | 9.4 | 1.8 | 31.8 | 0.8 | 7.3 | 13.2 |
| 25-29 | 100.0 | 7.0 | 1.6 | 27.2 | 1.7 | 7.8 | 13.7 |
| 30-34 | 100.0 | 6.8 | 2.2 | 24.4 | 2.2 | 7.9 | 13.8 |
| 35-39 | 100.0 | 8.2 | 2.7 | 23.2 | 2.0 | 9.4 | 13.6 |
| 40-44 | 100.0 | 11.1 | 3.3 | 20.7 | 2.1 | 11.0 | 13.1 |
| 45-49 | 100.0 | 11.4 | 3.6 | 20.8 | 1.8 | 10.7 | 11.7 |
| 50-54 | 100.0 | 14.2 | 3.3 | 18.9 | 2.0 | 9.9 | 10.7 |
| 55-59 | 100.0 | 21.9 | 1.6 | 17.9 | 2.0 | 8.8 | 9.6 |
| 60-64 | 100.0 | 43.7 | 1.1 | 14.1 | 0.7 | 8.7 | 8.4 |
| 65+ | 100.0 | 58.6 | 0.2 | 7.8 | 0.2 | 5.5 | 8.6 |
| **女 Female** | **100.0** | **15.6** | **0.7** | **22.4** | **0.9** | **2.2** | **18.4** |
| 16-19 | 100.0 | 11.1 | 0.1 | 37.1 | 0.1 | 1.2 | 19.0 |
| 20-24 | 100.0 | 8.8 | 0.2 | 28.6 | 0.5 | 1.8 | 20.5 |
| 25-29 | 100.0 | 8.0 | 0.4 | 22.8 | 1.0 | 1.9 | 21.3 |
| 30-34 | 100.0 | 8.4 | 0.9 | 22.6 | 1.1 | 1.8 | 21.7 |
| 35-39 | 100.0 | 11.1 | 0.9 | 23.9 | 1.2 | 2.7 | 18.9 |
| 40-44 | 100.0 | 15.1 | 1.1 | 22.7 | 1.3 | 2.8 | 17.5 |
| 45-49 | 100.0 | 18.4 | 1.2 | 20.2 | 1.0 | 2.8 | 16.0 |
| 50-54 | 100.0 | 30.8 | 1.0 | 13.5 | 0.8 | 2.7 | 14.1 |
| 55-59 | 100.0 | 52.6 | 0.6 | 11.1 | 0.3 | 1.3 | 9.1 |
| 60-64 | 100.0 | 65.2 | 0.1 | 7.7 | 0.2 | 0.8 | 8.3 |
| 65+ | 100.0 | 75.6 | 0.0 | 5.0 | 0.2 | 0.3 | 8.0 |

# 3-17 续表 1 continued

单位：% (%)

| 年　龄<br>Age | 交通运输、仓储和邮政业<br>Transport, Storage and Post | 住宿和餐饮业<br>Hotels and Catering Services | 信息传输、软件和信息技术服务业<br>Information Transmission, Software and Information Technical Services | 金融业<br>Financial Intermediation | 房地产业<br>Real Estate | 租赁和商务服务业<br>Leasing and Business Services | 科学研究和技术服务业<br>Scientific Research and Technical Services |
|---|---|---|---|---|---|---|---|
| **总计 Total** | **5.5** | **4.1** | **4.8** | **2.4** | **1.2** | **1.6** | **0.9** |
| 16-19 | 2.4 | 9.0 | 4.6 | 1.3 | 0.6 | 0.5 | 0.3 |
| 20-24 | 4.2 | 5.2 | 6.6 | 3.0 | 1.4 | 2.1 | 0.8 |
| 25-29 | 5.5 | 4.1 | 6.3 | 3.3 | 1.2 | 2.5 | 1.3 |
| 30-34 | 5.7 | 3.9 | 5.7 | 2.5 | 1.2 | 1.8 | 1.1 |
| 35-39 | 6.2 | 4.3 | 4.9 | 2.3 | 1.0 | 1.4 | 0.9 |
| 40-44 | 6.3 | 3.9 | 4.2 | 2.4 | 1.1 | 1.5 | 0.8 |
| 45-49 | 6.0 | 3.7 | 3.7 | 2.2 | 1.1 | 1.3 | 0.9 |
| 50-54 | 5.6 | 3.4 | 3.1 | 1.9 | 1.8 | 1.4 | 1.0 |
| 55-59 | 4.6 | 2.6 | 2.9 | 1.3 | 1.7 | 1.1 | 0.7 |
| 60-64 | 2.5 | 2.6 | 1.7 | 0.4 | 1.0 | 1.0 | 0.4 |
| 65+ | 2.0 | 1.1 | 2.0 | 0.3 | 0.4 | 0.6 | 0.4 |
| **男 Male** | **7.7** | **3.3** | **4.3** | **2.1** | **1.3** | **1.7** | **1.0** |
| 16-19 | 3.2 | 8.3 | 3.2 | 1.4 | 0.7 | 0.7 | 0.6 |
| 20-24 | 5.8 | 5.0 | 6.0 | 2.5 | 1.3 | 1.9 | 0.7 |
| 25-29 | 7.5 | 3.7 | 6.1 | 2.8 | 1.3 | 2.2 | 1.4 |
| 30-34 | 8.3 | 3.5 | 5.1 | 2.1 | 1.4 | 2.1 | 1.3 |
| 35-39 | 9.1 | 3.5 | 4.4 | 1.9 | 1.1 | 1.5 | 1.2 |
| 40-44 | 9.1 | 2.8 | 3.6 | 2.2 | 1.1 | 1.6 | 0.9 |
| 45-49 | 8.3 | 2.4 | 3.1 | 2.1 | 1.2 | 1.4 | 1.1 |
| 50-54 | 7.4 | 2.6 | 2.9 | 1.9 | 2.0 | 1.7 | 1.0 |
| 55-59 | 6.0 | 2.1 | 2.8 | 1.5 | 2.0 | 1.3 | 0.8 |
| 60-64 | 3.7 | 2.2 | 1.8 | 0.4 | 1.3 | 1.0 | 0.4 |
| 65+ | 2.9 | 1.2 | 2.3 | 0.5 | 0.6 | 0.9 | 0.6 |
| **女 Female** | **2.6** | **5.0** | **5.5** | **2.8** | **1.0** | **1.6** | **0.7** |
| 16-19 | 1.5 | 9.8 | 6.3 | 1.1 | 0.4 | 0.2 | |
| 20-24 | 2.6 | 5.5 | 7.3 | 3.6 | 1.4 | 2.3 | 0.8 |
| 25-29 | 3.0 | 4.5 | 6.6 | 4.0 | 1.1 | 2.8 | 1.1 |
| 30-34 | 2.6 | 4.4 | 6.4 | 3.0 | 1.1 | 1.5 | 0.8 |
| 35-39 | 2.6 | 5.3 | 5.6 | 2.7 | 1.0 | 1.4 | 0.7 |
| 40-44 | 2.8 | 5.2 | 4.9 | 2.6 | 1.0 | 1.3 | 0.7 |
| 45-49 | 2.9 | 5.5 | 4.4 | 2.5 | 0.9 | 1.2 | 0.6 |
| 50-54 | 1.6 | 4.9 | 3.7 | 1.9 | 1.3 | 0.8 | 0.9 |
| 55-59 | 1.3 | 3.9 | 3.3 | 0.8 | 0.9 | 0.4 | 0.2 |
| 60-64 | 0.5 | 3.4 | 1.6 | 0.5 | 0.6 | 0.9 | 0.3 |
| 65+ | 0.6 | 0.9 | 1.6 | 0.1 | | 0.0 | |

## 3-17 续表 2 continued

单位：% (%)

| 年 龄 Age | 水利、环境和公共设施管理业 Management of Water Conservancy, Environment and Public Facilities | 居民服务、修理和其他服务业 Services to Households, Repair and Other Services | 教 育 Education | 卫生和社会工作 Health and Society | 文化、体育和娱乐业 Culture, Sports and Entertainment | 公共管理、社会保障和社会组织 Public Management Social Security and Social Organizations | 国际组织 International Organizations |
|---|---|---|---|---|---|---|---|
| **总计 Total** | **0.7** | **3.3** | **4.1** | **3.3** | **1.5** | **6.0** | **0.02** |
| 16-19 | 0.2 | 4.7 | 1.7 | 1.7 | 1.5 | 1.2 | |
| 20-24 | 0.3 | 3.3 | 2.4 | 2.7 | 2.0 | 3.5 | 0.01 |
| 25-29 | 0.5 | 3.2 | 4.5 | 3.5 | 1.7 | 5.1 | 0.05 |
| 30-34 | 0.6 | 2.9 | 5.7 | 4.0 | 1.8 | 6.1 | 0.04 |
| 35-39 | 0.8 | 3.3 | 4.2 | 3.4 | 1.4 | 7.0 | 0.03 |
| 40-44 | 0.7 | 3.3 | 4.1 | 3.2 | 1.4 | 6.4 | 0.00 |
| 45-49 | 0.9 | 3.5 | 4.4 | 3.4 | 1.4 | 7.6 | 0.02 |
| 50-54 | 1.2 | 3.1 | 4.3 | 3.2 | 1.3 | 8.5 | 0.01 |
| 55-59 | 1.4 | 3.5 | 3.5 | 2.9 | 1.3 | 6.8 | 0.06 |
| 60-64 | 1.3 | 3.5 | 1.8 | 2.0 | 0.6 | 2.3 | |
| 65+ | 0.4 | 2.7 | 1.2 | 2.5 | 0.8 | 1.5 | 0.04 |
| **男 Male** | **0.7** | **3.2** | **3.0** | **2.4** | **1.4** | **7.0** | **0.04** |
| 16-19 | 0.2 | 5.6 | 0.7 | 0.9 | 1.6 | 1.1 | |
| 20-24 | 0.3 | 4.0 | 1.1 | 1.4 | 1.8 | 3.9 | 0.01 |
| 25-29 | 0.5 | 3.6 | 2.7 | 2.1 | 1.4 | 5.7 | 0.08 |
| 30-34 | 0.6 | 3.0 | 4.0 | 2.8 | 1.6 | 7.1 | 0.07 |
| 35-39 | 0.8 | 2.9 | 3.1 | 2.5 | 1.2 | 7.8 | 0.04 |
| 40-44 | 0.7 | 2.9 | 3.0 | 2.4 | 1.2 | 7.4 | 0.00 |
| 45-49 | 0.7 | 2.8 | 3.7 | 2.9 | 1.2 | 8.9 | 0.03 |
| 50-54 | 1.2 | 2.9 | 3.5 | 2.8 | 1.2 | 9.7 | 0.01 |
| 55-59 | 1.5 | 3.2 | 3.9 | 2.8 | 1.4 | 8.7 | 0.06 |
| 60-64 | 1.3 | 3.5 | 1.8 | 2.4 | 0.6 | 2.9 | |
| 65+ | 0.6 | 2.6 | 1.2 | 2.8 | 1.2 | 1.8 | 0.06 |
| **女 Female** | **0.7** | **3.4** | **5.5** | **4.4** | **1.8** | **4.6** | **0.01** |
| 16-19 | 0.1 | 3.6 | 2.9 | 2.7 | 1.4 | 1.2 | |
| 20-24 | 0.3 | 2.6 | 3.8 | 4.1 | 2.3 | 3.0 | |
| 25-29 | 0.4 | 2.6 | 6.8 | 5.2 | 2.1 | 4.4 | 0.01 |
| 30-34 | 0.5 | 2.9 | 7.8 | 5.6 | 2.0 | 4.9 | |
| 35-39 | 0.8 | 3.7 | 5.7 | 4.5 | 1.5 | 5.9 | 0.01 |
| 40-44 | 0.7 | 3.7 | 5.5 | 4.2 | 1.6 | 5.2 | 0.01 |
| 45-49 | 1.1 | 4.3 | 5.3 | 4.2 | 1.8 | 5.8 | 0.01 |
| 50-54 | 1.1 | 3.6 | 5.8 | 4.2 | 1.4 | 5.8 | |
| 55-59 | 1.1 | 4.0 | 2.6 | 3.1 | 1.1 | 2.3 | 0.06 |
| 60-64 | 1.2 | 3.6 | 1.8 | 1.3 | 0.8 | 1.3 | |
| 65+ | 0.1 | 2.9 | 1.3 | 2.2 | 0.1 | 1.0 | |

# 3-18 按行业、性别分的城镇就业人员年龄构成
# Age Composition of Urban Employed Persons by Sector and Sex

单位：% (%)

| 年龄 Age | 城镇就业人员 Urban Employed Persons | 农、林、牧、渔业 Agriculture, Forestry, Animal Husbandry and Fishery | 采矿业 Mining | 制造业 Manu-facturing | 电力、热力、燃气及水生产和供应业 Production and Supply of Electricity Power, Heat Power, Gas and Water | 建筑业 Construction | 批发和零售业 Wholesale and Retail Trades |
|---|---|---|---|---|---|---|---|
| **总计 Total** | **100.0** | **100.0** | **100.0** | **100.0** | **100.0** | **100.0** | **100.0** |
| 16-19 | 2.2 | 2.2 | 0.7 | 3.6 | 0.4 | 1.5 | 1.9 |
| 20-24 | 12.0 | 8.1 | 7.0 | 15.8 | 5.7 | 9.0 | 13.4 |
| 25-29 | 13.4 | 7.4 | 8.3 | 14.7 | 13.1 | 11.2 | 15.3 |
| 30-34 | 13.9 | 7.8 | 12.8 | 14.3 | 16.8 | 11.8 | 16.0 |
| 35-39 | 15.1 | 10.7 | 16.5 | 15.4 | 17.5 | 15.8 | 16.0 |
| 40-44 | 16.0 | 15.3 | 21.4 | 15.1 | 19.7 | 19.4 | 16.0 |
| 45-49 | 12.9 | 13.8 | 19.4 | 11.6 | 13.5 | 15.6 | 11.6 |
| 50-54 | 6.2 | 9.0 | 9.2 | 4.7 | 7.2 | 7.8 | 4.9 |
| 55-59 | 4.9 | 11.2 | 3.7 | 3.4 | 5.2 | 5.2 | 3.0 |
| 60-64 | 2.0 | 7.5 | 0.8 | 1.0 | 0.7 | 1.8 | 1.1 |
| 65+ | 1.4 | 6.9 | 0.1 | 0.4 | 0.2 | 0.8 | 0.8 |
| **男 Male** | **100.0** | **100.0** | **100.0** | **100.0** | **100.0** | **100.0** | **100.0** |
| 16-19 | 2.1 | 2.7 | 0.9 | 3.5 | 0.4 | 1.6 | 1.5 |
| 20-24 | 10.6 | 8.5 | 7.7 | 14.5 | 5.0 | 8.6 | 11.2 |
| 25-29 | 12.9 | 7.7 | 8.5 | 15.0 | 12.3 | 11.0 | 14.1 |
| 30-34 | 13.5 | 7.8 | 11.9 | 14.1 | 16.8 | 11.7 | 14.9 |
| 35-39 | 14.9 | 10.3 | 16.2 | 14.8 | 16.7 | 15.4 | 16.2 |
| 40-44 | 15.7 | 14.7 | 20.6 | 14.0 | 18.8 | 19.1 | 16.4 |
| 45-49 | 13.2 | 12.7 | 19.3 | 11.8 | 13.4 | 15.6 | 12.3 |
| 50-54 | 7.4 | 9.0 | 9.9 | 6.0 | 8.6 | 8.1 | 6.4 |
| 55-59 | 6.0 | 11.2 | 3.9 | 4.6 | 6.9 | 5.8 | 4.6 |
| 60-64 | 2.2 | 8.0 | 1.0 | 1.3 | 0.9 | 2.1 | 1.4 |
| 65+ | 1.5 | 7.5 | 0.1 | 0.5 | 0.2 | 0.9 | 1.0 |
| **女 Female** | **100.0** | **100.0** | **100.0** | **100.0** | **100.0** | **100.0** | **100.0** |
| 16-19 | 2.3 | 1.6 | 0.2 | 3.8 | 0.2 | 1.2 | 2.4 |
| 20-24 | 13.8 | 7.8 | 3.7 | 17.6 | 7.4 | 11.2 | 15.4 |
| 25-29 | 14.1 | 7.2 | 7.7 | 14.3 | 15.2 | 12.0 | 16.3 |
| 30-34 | 14.5 | 7.8 | 17.1 | 14.6 | 16.7 | 12.0 | 17.1 |
| 35-39 | 15.4 | 11.0 | 17.8 | 16.4 | 19.4 | 18.4 | 15.8 |
| 40-44 | 16.4 | 15.9 | 24.7 | 16.6 | 22.0 | 21.0 | 15.6 |
| 45-49 | 12.6 | 14.9 | 19.9 | 11.4 | 13.6 | 15.8 | 11.0 |
| 50-54 | 4.6 | 9.1 | 6.2 | 2.8 | 3.8 | 5.7 | 3.5 |
| 55-59 | 3.3 | 11.3 | 2.5 | 1.7 | 1.1 | 2.0 | 1.7 |
| 60-64 | 1.7 | 7.1 | 0.2 | 0.6 | 0.4 | 0.6 | 0.8 |
| 65+ | 1.3 | 6.2 | 0.0 | 0.3 | 0.2 | 0.2 | 0.6 |

## 3-18 续表 1 continued

单位：% (%)

| 年 龄 Age | 交通运输、仓储和邮政业 Transport, Storage and Post | 住宿和餐饮业 Hotels and Catering Services | 信息传输、软件和信息技术服务业 Information Transmission, Software and Information Technical Services | 金融业 Financial Intermediation | 房地产业 Real Estate | 租赁和商务服务业 Leasing and Business Services | 科学研究和技术服务业 Scientific Research and Technical Services |
|---|---|---|---|---|---|---|---|
| **总计 Total** | **100.0** | **100.0** | **100.0** | **100.0** | **100.0** | **100.0** | **100.0** |
| 16-19 | 0.9 | 4.8 | 2.1 | 1.2 | 1.0 | 0.6 | 0.7 |
| 20-24 | 9.3 | 15.4 | 16.5 | 15.1 | 13.6 | 15.2 | 10.3 |
| 25-29 | 13.4 | 13.4 | 17.7 | 18.5 | 13.5 | 20.4 | 19.0 |
| 30-34 | 14.6 | 13.3 | 16.4 | 14.6 | 14.6 | 15.5 | 16.3 |
| 35-39 | 17.2 | 16.0 | 15.4 | 14.4 | 12.8 | 13.2 | 15.6 |
| 40-44 | 18.5 | 15.3 | 13.9 | 16.1 | 14.2 | 14.4 | 13.6 |
| 45-49 | 14.3 | 11.9 | 9.8 | 12.0 | 12.1 | 10.5 | 12.9 |
| 50-54 | 6.3 | 5.2 | 4.1 | 5.0 | 9.3 | 5.4 | 6.7 |
| 55-59 | 4.1 | 3.1 | 3.0 | 2.7 | 6.7 | 3.1 | 3.5 |
| 60-64 | 0.9 | 1.3 | 0.7 | 0.3 | 1.7 | 1.2 | 0.8 |
| 65+ | 0.5 | 0.4 | 0.6 | 0.2 | 0.4 | 0.5 | 0.5 |
| **男 Male** | **100.0** | **100.0** | **100.0** | **100.0** | **100.0** | **100.0** | **100.0** |
| 16-19 | 0.9 | 5.2 | 1.6 | 1.4 | 1.2 | 0.8 | 1.1 |
| 20-24 | 8.0 | 16.0 | 15.0 | 12.5 | 10.7 | 11.8 | 7.3 |
| 25-29 | 12.6 | 14.3 | 18.6 | 17.0 | 12.9 | 16.9 | 17.8 |
| 30-34 | 14.6 | 14.1 | 16.0 | 13.8 | 14.2 | 16.6 | 16.5 |
| 35-39 | 17.5 | 15.7 | 15.3 | 13.7 | 12.0 | 13.2 | 16.5 |
| 40-44 | 18.7 | 13.5 | 13.2 | 16.7 | 13.0 | 15.1 | 13.0 |
| 45-49 | 14.3 | 9.6 | 9.7 | 13.0 | 12.6 | 11.1 | 13.8 |
| 50-54 | 7.2 | 6.0 | 5.0 | 6.8 | 11.5 | 7.6 | 7.4 |
| 55-59 | 4.7 | 3.8 | 3.9 | 4.4 | 9.1 | 4.8 | 4.8 |
| 60-64 | 1.0 | 1.4 | 0.9 | 0.4 | 2.1 | 1.3 | 0.9 |
| 65+ | 0.6 | 0.6 | 0.8 | 0.3 | 0.7 | 0.8 | 0.8 |
| **女 Female** | **100.0** | **100.0** | **100.0** | **100.0** | **100.0** | **100.0** | **100.0** |
| 16-19 | 1.3 | 4.5 | 2.6 | 0.9 | 0.8 | 0.4 | |
| 20-24 | 14.3 | 14.9 | 18.1 | 17.6 | 18.3 | 19.9 | 16.0 |
| 25-29 | 16.6 | 12.7 | 16.7 | 19.9 | 14.4 | 25.3 | 21.3 |
| 30-34 | 14.7 | 12.6 | 16.7 | 15.4 | 15.2 | 13.9 | 15.7 |
| 35-39 | 15.9 | 16.2 | 15.5 | 15.1 | 14.1 | 13.3 | 14.0 |
| 40-44 | 17.7 | 16.8 | 14.5 | 15.4 | 16.3 | 13.5 | 14.8 |
| 45-49 | 14.3 | 13.9 | 9.9 | 11.1 | 11.4 | 9.6 | 11.1 |
| 50-54 | 2.9 | 4.5 | 3.1 | 3.2 | 5.7 | 2.4 | 5.4 |
| 55-59 | 1.7 | 2.6 | 2.0 | 1.0 | 2.9 | 0.8 | 1.1 |
| 60-64 | 0.3 | 1.1 | 0.5 | 0.3 | 1.0 | 0.9 | 0.6 |
| 65+ | 0.3 | 0.2 | 0.4 | 0.1 | | 0.0 | |

## 3-18 续表 2 continued

单位：%　　(%)

| 年 龄 Age | 水利、环境和公共设施管理业 Management of Water Conservancy, Environment and Public Facilities | 居民服务、修理和其他服务业 Services to Households, Repair and Other Services | 教 育 Education | 卫生和社会工作 Health and Society | 文化、体育和娱乐业 Culture, Sports and Entertainment | 公共管理、社会保障和社会组织 Public Management Social Security and Social Organizations | 国际组织 International Organizations |
|---|---|---|---|---|---|---|---|
| **总计 Total** | **100.0** | **100.0** | **100.0** | **100.0** | **100.0** | **100.0** | **100.0** |
| 16-19 | 0.5 | 3.1 | 0.9 | 1.1 | 2.2 | 0.4 | |
| 20-24 | 5.6 | 12.1 | 7.1 | 10.0 | 15.8 | 7.0 | 3.4 |
| 25-29 | 8.9 | 13.0 | 15.0 | 14.4 | 15.0 | 11.5 | 28.0 |
| 30-34 | 11.6 | 12.5 | 19.4 | 17.2 | 16.1 | 14.3 | 22.1 |
| 35-39 | 16.7 | 15.1 | 15.7 | 15.5 | 13.5 | 17.6 | 16.3 |
| 40-44 | 16.4 | 16.1 | 15.9 | 15.5 | 14.4 | 17.2 | 2.2 |
| 45-49 | 15.8 | 13.7 | 14.0 | 13.5 | 12.2 | 16.5 | 11.4 |
| 50-54 | 10.3 | 6.0 | 6.5 | 6.2 | 5.1 | 8.8 | 2.3 |
| 55-59 | 9.7 | 5.2 | 4.2 | 4.3 | 4.3 | 5.5 | 12.3 |
| 60-64 | 3.6 | 2.1 | 0.9 | 1.2 | 0.8 | 0.7 | |
| 65+ | 0.9 | 1.2 | 0.4 | 1.1 | 0.7 | 0.4 | 2.1 |
| **男 Male** | **100.0** | **100.0** | **100.0** | **100.0** | **100.0** | **100.0** | **100.0** |
| 16-19 | 0.6 | 3.6 | 0.5 | 0.8 | 2.5 | 0.3 | |
| 20-24 | 4.9 | 13.3 | 3.9 | 6.1 | 13.8 | 6.0 | 3.9 |
| 25-29 | 9.5 | 14.5 | 11.5 | 11.4 | 13.2 | 10.5 | 28.3 |
| 30-34 | 11.4 | 12.5 | 17.9 | 15.7 | 16.1 | 13.8 | 25.3 |
| 35-39 | 15.8 | 13.7 | 15.6 | 15.2 | 13.6 | 16.7 | 16.6 |
| 40-44 | 15.2 | 14.4 | 15.5 | 15.4 | 13.8 | 16.6 | 0.4 |
| 45-49 | 12.8 | 11.7 | 16.5 | 15.8 | 11.9 | 16.9 | 10.6 |
| 50-54 | 12.0 | 6.7 | 8.8 | 8.6 | 6.5 | 10.4 | 2.6 |
| 55-59 | 12.6 | 6.1 | 7.8 | 7.1 | 6.4 | 7.5 | 10.0 |
| 60-64 | 3.8 | 2.4 | 1.3 | 2.2 | 0.9 | 0.9 | |
| 65+ | 1.3 | 1.2 | 0.6 | 1.7 | 1.3 | 0.4 | 2.4 |
| **女 Female** | **100.0** | **100.0** | **100.0** | **100.0** | **100.0** | **100.0** | **100.0** |
| 16-19 | 0.5 | 2.5 | 1.2 | 1.4 | 1.8 | 0.6 | |
| 20-24 | 6.7 | 10.6 | 9.4 | 12.8 | 17.7 | 9.0 | |
| 25-29 | 8.0 | 11.1 | 17.4 | 16.5 | 16.8 | 13.4 | 26.0 |
| 30-34 | 11.9 | 12.6 | 20.4 | 18.2 | 16.1 | 15.3 | |
| 35-39 | 18.0 | 16.9 | 15.8 | 15.7 | 13.4 | 19.5 | 14.1 |
| 40-44 | 18.0 | 18.3 | 16.2 | 15.6 | 15.1 | 18.4 | 14.6 |
| 45-49 | 20.1 | 16.3 | 12.2 | 11.9 | 12.5 | 15.6 | 16.9 |
| 50-54 | 7.8 | 5.0 | 4.9 | 4.4 | 3.6 | 5.8 | |
| 55-59 | 5.5 | 4.0 | 1.6 | 2.3 | 2.1 | 1.7 | 28.3 |
| 60-64 | 3.2 | 1.8 | 0.5 | 0.5 | 0.8 | 0.5 | |
| 65+ | 0.3 | 1.1 | 0.3 | 0.6 | 0.1 | 0.3 | |

# 3-19 按受教育程度、性别分的城镇就业人员行业构成

# Urban Employed Persons by Sex, Educational Attainment and Sector

单位：% (%)

| 受教育程度 | Educational Attainment | 城镇就业人员 Urban Employed Persons | 农、林、牧、渔业 Agriculture, Forestry, Animal Husbandry and Fishery | 采矿业 Mining | 制造业 Manu-facturing | 电力、热力、燃气及水生产和供应业 Production and Supply of Electricity Power, Heat Power, Gas and Water | 建筑业 Construction | 批发和零售业 Wholesale and Retail Trades |
|---|---|---|---|---|---|---|---|---|
| **总　计** | **Total** | **100.0** | **13.4** | **1.7** | **22.9** | **1.4** | **6.1** | **15.1** |
| 未上过学 | No Schooling | 100.0 | 57.1 | 0.3 | 11.5 | 0.1 | 3.8 | 9.0 |
| 小　学 | Primary School | 100.0 | 40.4 | 1.1 | 18.0 | 0.3 | 9.0 | 11.2 |
| 初　中 | Junior Secondary School | 100.0 | 18.9 | 2.0 | 26.5 | 0.7 | 7.8 | 16.2 |
| 高　中 | Senior Secondary School | 100.0 | 5.2 | 2.0 | 26.6 | 1.9 | 5.2 | 19.3 |
| 大学专科 | College | 100.0 | 1.4 | 1.6 | 18.7 | 2.5 | 3.7 | 13.2 |
| 大学本科 | University | 100.0 | 0.7 | 1.2 | 12.8 | 2.2 | 3.0 | 7.6 |
| 研究生及以上 | Graduate and Higher Level | 100.0 | 0.4 | 0.7 | 9.5 | 2.2 | 1.1 | 4.5 |
| **男** | **Male** | **100.0** | **11.8** | **2.5** | **23.3** | **1.7** | **9.1** | **12.5** |
| 未上过学 | No Schooling | 100.0 | 50.6 | 0.6 | 11.3 | 0.2 | 6.9 | 7.7 |
| 小　学 | Primary School | 100.0 | 35.2 | 1.8 | 16.7 | 0.5 | 14.8 | 10.4 |
| 初　中 | Junior Secondary School | 100.0 | 17.1 | 2.9 | 25.2 | 1.0 | 11.9 | 13.0 |
| 高　中 | Senior Secondary School | 100.0 | 5.3 | 2.7 | 28.1 | 2.3 | 7.5 | 15.1 |
| 大学专科 | College | 100.0 | 1.5 | 2.2 | 20.5 | 3.0 | 4.8 | 11.9 |
| 大学本科 | University | 100.0 | 0.8 | 1.5 | 14.5 | 2.5 | 3.8 | 7.5 |
| 研究生及以上 | Graduate and Higher Level | 100.0 | 0.2 | 1.1 | 11.1 | 2.7 | 1.1 | 4.8 |
| **女** | **Female** | **100.0** | **15.6** | **0.7** | **22.4** | **0.9** | **2.2** | **18.4** |
| 未上过学 | No Schooling | 100.0 | 60.4 | 0.2 | 11.6 | 0.1 | 2.2 | 9.6 |
| 小　学 | Primary School | 100.0 | 45.7 | 0.4 | 19.4 | 0.1 | 3.1 | 11.9 |
| 初　中 | Junior Secondary School | 100.0 | 21.3 | 0.7 | 28.2 | 0.4 | 2.3 | 20.7 |
| 高　中 | Senior Secondary School | 100.0 | 5.0 | 1.0 | 24.4 | 1.3 | 1.8 | 25.6 |
| 大学专科 | College | 100.0 | 1.3 | 0.9 | 16.5 | 1.8 | 2.4 | 14.9 |
| 大学本科 | University | 100.0 | 0.4 | 0.7 | 10.6 | 1.8 | 1.8 | 7.8 |
| 研究生及以上 | Graduate and Higher Level | 100.0 | 0.6 | 0.2 | 7.2 | 1.5 | 1.1 | 4.1 |

## 3-19 续表 1 continued

单位：% (%)

| 受教育程度 | Educational Attainment | 交通运输、仓储和邮政业 Transport, Storage and Post | 住宿和餐饮业 Hotels and Catering Services | 信息传输、软件和信息技术服务业 Information Transmission, Software and Information Technical Services | 金融业 Financial Intermediation | 房地产业 Real Estate | 租赁和商务服务业 Leasing and Business Services | 科学研究和技术服务业 Scientific Research and Technical Services |
|---|---|---|---|---|---|---|---|---|
| **总　计** | **Total** | **5.5** | **4.1** | **4.8** | **2.4** | **1.2** | **1.6** | **0.9** |
| 未上过学 | No Schooling | 2.0 | 3.3 | 2.0 | 0.4 | 0.4 | 0.7 | 0.1 |
| 小　学 | Primary School | 3.6 | 4.0 | 2.9 | 0.6 | 0.6 | 0.6 | 0.2 |
| 初　中 | Junior Secondary School | 5.9 | 5.4 | 4.4 | 1.0 | 0.8 | 1.0 | 0.3 |
| 高　中 | Senior Secondary School | 6.7 | 4.4 | 5.8 | 2.1 | 1.4 | 1.8 | 0.7 |
| 大学专科 | College | 5.3 | 2.2 | 5.1 | 4.9 | 1.8 | 2.7 | 1.6 |
| 大学本科 | University | 3.4 | 1.1 | 5.6 | 6.5 | 1.9 | 3.3 | 2.9 |
| 研究生及以上 | Graduate and Higher Level | 1.5 | 0.2 | 5.8 | 6.2 | 1.1 | 4.0 | 10.9 |
| **男** | **Male** | **7.7** | **3.3** | **4.3** | **2.1** | **1.3** | **1.7** | **1.0** |
| 未上过学 | No Schooling | 4.9 | 2.4 | 2.2 | 0.1 | 0.3 | 1.1 | 0.1 |
| 小　学 | Primary School | 6.0 | 2.8 | 2.6 | 0.6 | 0.6 | 0.7 | 0.4 |
| 初　中 | Junior Secondary School | 9.0 | 4.2 | 3.4 | 0.9 | 1.0 | 1.1 | 0.3 |
| 高　中 | Senior Secondary School | 8.8 | 3.8 | 4.8 | 1.7 | 1.6 | 1.9 | 0.7 |
| 大学专科 | College | 6.2 | 2.1 | 4.9 | 4.2 | 1.8 | 2.5 | 1.9 |
| 大学本科 | University | 3.6 | 0.9 | 6.7 | 5.7 | 1.8 | 3.0 | 3.4 |
| 研究生及以上 | Graduate and Higher Level | 2.0 |  | 7.8 | 6.7 | 1.6 | 4.0 | 11.1 |
| **女** | **Female** | **2.6** | **5.0** | **5.5** | **2.8** | **1.0** | **1.6** | **0.7** |
| 未上过学 | No Schooling | 0.5 | 3.7 | 1.9 | 0.5 | 0.5 | 0.5 | 0.1 |
| 小　学 | Primary School | 1.1 | 5.3 | 3.2 | 0.6 | 0.6 | 0.4 | 0.1 |
| 初　中 | Junior Secondary School | 1.7 | 6.9 | 5.8 | 1.2 | 0.7 | 0.8 | 0.2 |
| 高　中 | Senior Secondary School | 3.7 | 5.3 | 7.3 | 2.7 | 1.2 | 1.7 | 0.6 |
| 大学专科 | College | 4.1 | 2.4 | 5.4 | 5.7 | 1.7 | 3.0 | 1.3 |
| 大学本科 | University | 3.1 | 1.4 | 4.1 | 7.6 | 1.9 | 3.5 | 2.3 |
| 研究生及以上 | Graduate and Higher Level | 0.8 | 0.5 | 2.8 | 5.5 | 0.4 | 4.0 | 10.6 |

## 3-19 续表 2 continued

单位：% (%)

| 受教育程度 | Educational Attainment | 水利、环境和公共设施管理业 Management of Water Conservancy, Environment and Public Facilities | 居民服务、修理和其他服务业 Services to Households, Repair and Other Services | 教育 Education | 卫生和社会工作 Health and Society | 文化、体育和娱乐业 Culture, Sports and Entertainment | 公共管理、社会保障和社会组织 Public Management Social Security and Social Organizations | 国际组织 International Organizations |
|---|---|---|---|---|---|---|---|---|
| **总 计** | **Total** | **0.7** | **3.3** | **4.1** | **3.3** | **1.5** | **6.0** | **0.0** |
| 未上过学 | No Schooling | 1.4 | 4.1 | 1.1 | 1.1 | 0.4 | 1.3 | |
| 小 学 | Primary School | 0.7 | 3.7 | 0.9 | 0.9 | 0.4 | 0.9 | 0.0 |
| 初 中 | Junior Secondary School | 0.5 | 4.1 | 1.3 | 1.0 | 0.7 | 1.5 | 0.0 |
| 高 中 | Senior Secondary School | 0.8 | 3.7 | 2.6 | 2.7 | 1.6 | 5.4 | 0.0 |
| 大学专科 | College | 0.8 | 1.7 | 8.1 | 7.7 | 3.0 | 13.9 | 0.1 |
| 大学本科 | University | 0.8 | 1.1 | 14.9 | 9.2 | 3.7 | 18.3 | 0.0 |
| 研究生及以上 | Graduate and Higher Level | 1.0 | 0.3 | 21.4 | 11.7 | 4.0 | 13.3 | 0.0 |
| **男** | **Male** | **0.7** | **3.2** | **3.0** | **2.4** | **1.4** | **7.0** | **0.0** |
| 未上过学 | No Schooling | 1.8 | 4.4 | 1.2 | 1.3 | 0.6 | 2.4 | |
| 小 学 | Primary School | 0.7 | 3.3 | 0.7 | 1.0 | 0.3 | 1.1 | 0.0 |
| 初 中 | Junior Secondary School | 0.5 | 4.0 | 1.0 | 0.9 | 0.6 | 1.9 | 0.0 |
| 高 中 | Senior Secondary School | 0.9 | 3.5 | 1.8 | 1.8 | 1.4 | 6.1 | 0.0 |
| 大学专科 | College | 0.8 | 1.8 | 5.7 | 4.9 | 2.6 | 16.5 | 0.2 |
| 大学本科 | University | 1.0 | 1.2 | 10.9 | 7.1 | 3.1 | 21.0 | 0.0 |
| 研究生及以上 | Graduate and Higher Level | 1.3 | 0.5 | 16.6 | 9.6 | 3.0 | 14.8 | 0.0 |
| **女** | **Female** | **0.7** | **3.4** | **5.5** | **4.4** | **1.8** | **4.6** | **0.0** |
| 未上过学 | No Schooling | 1.2 | 4.0 | 1.0 | 0.9 | 0.3 | 0.7 | |
| 小 学 | Primary School | 0.8 | 4.1 | 1.1 | 0.9 | 0.4 | 0.8 | |
| 初 中 | Junior Secondary School | 0.6 | 4.2 | 1.6 | 1.1 | 0.7 | 1.1 | |
| 高 中 | Senior Secondary School | 0.7 | 3.8 | 3.9 | 3.9 | 2.0 | 4.3 | 0.0 |
| 大学专科 | College | 0.7 | 1.6 | 11.0 | 11.1 | 3.4 | 10.7 | 0.0 |
| 大学本科 | University | 0.7 | 1.1 | 20.1 | 12.0 | 4.4 | 14.8 | 0.0 |
| 研究生及以上 | Graduate and Higher Level | 0.6 | 0.1 | 28.5 | 15.0 | 5.5 | 11.2 | |

# 3-20 按行业、性别分的城镇就业人员受教育程度构成

## Educational Attainment of Urban Employed Persons by Sector and Sex

单位：% (%)

| 受教育程度 | Educational Attainment | 城镇就业人员 Urban Employed Persons | 农、林、牧、渔业 Agriculture, Forestry, Animal Husbandry and Fishery | 采矿业 Mining | 制造业 Manu-facturing | 电力、热力、燃气及水生产和供应业 Production and Supply of Electricity Power, Heat Power, Gas and Water | 建筑业 Construction | 批发和零售业 Wholesale and Retail Trades |
|---|---|---|---|---|---|---|---|---|
| **总　计** | **Total** | **100.0** | **100.0** | **100.0** | **100.0** | **100.0** | **100.0** | **100.0** |
| 未上过学 | No Schooling | 0.8 | 3.4 | 0.1 | 0.4 | 0.1 | 0.5 | 0.5 |
| 小　学 | Primary School | 9.9 | 29.8 | 6.2 | 7.8 | 2.1 | 14.5 | 7.3 |
| 初　中 | Junior Secondary School | 39.3 | 55.2 | 44.3 | 45.4 | 21.0 | 50.2 | 42.4 |
| 高　中 | Senior Secondary School | 24.9 | 9.6 | 29.0 | 28.9 | 34.3 | 21.1 | 31.9 |
| 大学专科 | College | 14.4 | 1.5 | 13.5 | 11.7 | 25.6 | 8.7 | 12.6 |
| 大学本科 | University | 9.9 | 0.5 | 6.6 | 5.5 | 15.4 | 4.8 | 5.0 |
| 研究生及以上 | Graduate and Higher Level | 0.9 | 0.0 | 0.4 | 0.4 | 1.5 | 0.2 | 0.3 |
| **男** | **Male** | **100.0** | **100.0** | **100.0** | **100.0** | **100.0** | **100.0** | **100.0** |
| 未上过学 | No Schooling | 0.5 | 2.0 | 0.1 | 0.2 | 0.0 | 0.4 | 0.3 |
| 小　学 | Primary School | 8.8 | 26.1 | 6.2 | 6.3 | 2.4 | 14.3 | 7.3 |
| 初　中 | Junior Secondary School | 39.8 | 57.6 | 46.6 | 43.0 | 23.1 | 52.1 | 41.2 |
| 高　中 | Senior Secondary School | 26.2 | 11.8 | 28.3 | 31.6 | 34.8 | 21.6 | 31.7 |
| 大学专科 | College | 14.0 | 1.7 | 12.3 | 12.3 | 24.2 | 7.3 | 13.3 |
| 大学本科 | University | 9.9 | 0.7 | 6.0 | 6.1 | 13.9 | 4.2 | 5.9 |
| 研究生及以上 | Graduate and Higher Level | 1.0 | 0.0 | 0.4 | 0.5 | 1.5 | 0.1 | 0.4 |
| **女** | **Female** | **100.0** | **100.0** | **100.0** | **100.0** | **100.0** | **100.0** | **100.0** |
| 未上过学 | No Schooling | 1.2 | 4.8 | 0.3 | 0.6 | 0.1 | 1.2 | 0.6 |
| 小　学 | Primary School | 11.4 | 33.5 | 5.8 | 9.8 | 1.3 | 15.7 | 7.4 |
| 初　中 | Junior Secondary School | 38.7 | 52.8 | 34.0 | 48.6 | 16.0 | 40.2 | 43.5 |
| 高　中 | Senior Secondary School | 23.1 | 7.4 | 31.8 | 25.1 | 33.0 | 18.5 | 32.1 |
| 大学专科 | College | 14.9 | 1.2 | 18.7 | 10.9 | 29.3 | 15.9 | 12.0 |
| 大学本科 | University | 9.9 | 0.3 | 9.2 | 4.7 | 19.0 | 8.1 | 4.2 |
| 研究生及以上 | Graduate and Higher Level | 0.8 | 0.0 | 0.2 | 0.3 | 1.3 | 0.4 | 0.2 |

3-20 续表 1 continued

单位：% (%)

| 受教育程度 | Educational Attainment | 交通运输、仓储和邮政业 Transport, Storage and Post | 住宿和餐饮业 Hotels and Catering Services | 信息传输、软件和信息技术服务业 Information Transmission, Software and Information Technical Services | 金融业 Financial Intermediation | 房地产业 Real Estate | 租赁和商务服务业 Leasing and Business Services | 科学研究和技术服务业 Scientific Research and Technical Services |
|---|---|---|---|---|---|---|---|---|
| **总 计** | **Total** | **100.0** | **100.0** | **100.0** | **100.0** | **100.0** | **100.0** | **100.0** |
| 未上过学 | No Schooling | 0.3 | 0.6 | 0.3 | 0.1 | 0.3 | 0.3 | 0.1 |
| 小 学 | Primary School | 6.4 | 9.9 | 6.0 | 2.4 | 4.8 | 3.3 | 2.6 |
| 初 中 | Junior Secondary School | 42.5 | 51.9 | 36.0 | 17.2 | 27.8 | 23.5 | 11.2 |
| 高 中 | Senior Secondary School | 30.6 | 26.9 | 29.9 | 22.0 | 29.7 | 27.4 | 18.2 |
| 大学专科 | College | 13.8 | 7.9 | 15.3 | 29.2 | 21.2 | 23.6 | 25.4 |
| 大学本科 | University | 6.1 | 2.7 | 11.4 | 26.7 | 15.4 | 19.5 | 31.6 |
| 研究生及以上 | Graduate and Higher Level | 0.3 | 0.0 | 1.1 | 2.4 | 0.9 | 2.2 | 11.0 |
| **男** | **Male** | **100.0** | **100.0** | **100.0** | **100.0** | **100.0** | **100.0** | **100.0** |
| 未上过学 | No Schooling | 0.3 | 0.3 | 0.2 | 0.0 | 0.1 | 0.3 | 0.0 |
| 小 学 | Primary School | 6.8 | 7.5 | 5.3 | 2.4 | 3.8 | 3.5 | 3.1 |
| 初 中 | Junior Secondary School | 46.8 | 50.7 | 31.8 | 17.8 | 29.9 | 26.1 | 11.5 |
| 高 中 | Senior Secondary School | 30.0 | 30.0 | 29.3 | 21.8 | 32.0 | 29.7 | 17.6 |
| 大学专科 | College | 11.3 | 8.8 | 16.1 | 28.1 | 19.2 | 20.3 | 25.3 |
| 大学本科 | University | 4.6 | 2.7 | 15.4 | 26.8 | 13.8 | 17.7 | 32.2 |
| 研究生及以上 | Graduate and Higher Level | 0.3 |  | 1.8 | 3.1 | 1.2 | 2.3 | 10.3 |
| **女** | **Female** | **100.0** | **100.0** | **100.0** | **100.0** | **100.0** | **100.0** | **100.0** |
| 未上过学 | No Schooling | 0.3 | 0.9 | 0.4 | 0.2 | 0.6 | 0.4 | 0.2 |
| 小 学 | Primary School | 5.0 | 12.0 | 6.6 | 2.4 | 6.5 | 3.1 | 1.5 |
| 初 中 | Junior Secondary School | 25.4 | 52.9 | 40.3 | 16.6 | 24.4 | 19.8 | 10.7 |
| 高 中 | Senior Secondary School | 33.3 | 24.2 | 30.4 | 22.3 | 25.8 | 24.3 | 19.2 |
| 大学专科 | College | 23.8 | 7.1 | 14.6 | 30.3 | 24.5 | 28.2 | 25.7 |
| 大学本科 | University | 12.0 | 2.8 | 7.3 | 26.6 | 17.9 | 22.1 | 30.4 |
| 研究生及以上 | Graduate and Higher Level | 0.3 | 0.1 | 0.4 | 1.6 | 0.3 | 2.1 | 12.2 |

## 3-20 续表 2 continued

单位：% (%)

| 受教育程度 | Educational Attainment | 水利、环境和公共设施管理业 Management of Water Conservancy, Environment and Public Facilities | 居民服务、修理和其他服务业 Services to Households, Repair and Other Services | 教育 Education | 卫生和社会工作 Health and Society | 文化、体育和娱乐业 Culture, Sports and Entertainment | 公共管理、社会保障和社会组织 Public Management Social Security and Social Organizations | 国际组织 International Organizations |
|---|---|---|---|---|---|---|---|---|
| **总　计** | **Total** | **100.0** | **100.0** | **100.0** | **100.0** | **100.0** | **100.0** | **100.0** |
| 未上过学 | No Schooling | 1.6 | 1.0 | 0.2 | 0.3 | 0.2 | 0.2 | |
| 小　学 | Primary School | 10.1 | 11.2 | 2.2 | 2.9 | 2.5 | 1.5 | 2.1 |
| 初　中 | Junior Secondary School | 29.2 | 49.1 | 12.3 | 12.0 | 17.0 | 10.1 | 4.2 |
| 高　中 | Senior Secondary School | 29.9 | 27.8 | 16.1 | 20.4 | 26.4 | 22.4 | 23.9 |
| 大学专科 | College | 16.1 | 7.3 | 28.5 | 33.6 | 27.9 | 33.4 | 55.2 |
| 大学本科 | University | 11.8 | 3.5 | 35.9 | 27.7 | 23.5 | 30.3 | 14.3 |
| 研究生及以上 | Graduate and Higher Level | 1.3 | 0.1 | 4.8 | 3.3 | 2.4 | 2.0 | 0.3 |
| **男** | **Male** | **100.0** | **100.0** | **100.0** | **100.0** | **100.0** | **100.0** | **100.0** |
| 未上过学 | No Schooling | 1.1 | 0.6 | 0.2 | 0.3 | 0.2 | 0.2 | |
| 小　学 | Primary School | 7.9 | 9.1 | 2.0 | 3.7 | 2.2 | 1.3 | 2.4 |
| 初　中 | Junior Secondary School | 27.0 | 49.8 | 13.7 | 14.8 | 18.5 | 10.8 | 4.8 |
| 高　中 | Senior Secondary School | 33.6 | 29.0 | 16.0 | 20.1 | 27.1 | 22.9 | 22.8 |
| 大学专科 | College | 15.7 | 7.6 | 26.8 | 28.3 | 27.3 | 33.0 | 57.0 |
| 大学本科 | University | 12.9 | 3.7 | 35.9 | 29.0 | 22.5 | 29.7 | 12.6 |
| 研究生及以上 | Graduate and Higher Level | 1.7 | 0.1 | 5.4 | 3.9 | 2.2 | 2.1 | 0.4 |
| **女** | **Female** | **100.0** | **100.0** | **100.0** | **100.0** | **100.0** | **100.0** | **100.0** |
| 未上过学 | No Schooling | 2.3 | 1.5 | 0.2 | 0.3 | 0.2 | 0.2 | |
| 小　学 | Primary School | 13.4 | 13.9 | 2.3 | 2.3 | 2.9 | 2.0 | |
| 初　中 | Junior Secondary School | 32.4 | 48.2 | 11.2 | 9.9 | 15.5 | 8.8 | |
| 高　中 | Senior Secondary School | 24.6 | 26.4 | 16.2 | 20.6 | 25.6 | 21.3 | 31.1 |
| 大学专科 | College | 16.6 | 6.9 | 29.7 | 37.4 | 28.6 | 34.3 | 42.9 |
| 大学本科 | University | 10.0 | 3.1 | 36.0 | 26.7 | 24.6 | 31.4 | 26.0 |
| 研究生及以上 | Graduate and Higher Level | 0.7 | 0.0 | 4.4 | 2.9 | 2.6 | 2.0 | |

# 3-21 按年龄、性别分的城镇就业人员职业构成
# Occupation of Urban Employed Persons by Age and Sex

单位：% (%)

| 年 龄 Age | 城 镇 就业人员 Urban Employed Persons | 单 位 负责人 Unit Head | 专业技术 人 员 Technical Personnel | 办事人员 和有关 人 员 Clerk and Related Workers | 商业、服务业 人 员 Business Service Personnel | 农林牧渔 水利业 生产人员 Producers in the Sectors of Agriculture, Forestry, Animal Husbandry, Fishery and Water Conservancy | 生产运输设 备操作人员 及有关人员 Production, Transport Equipment Operators and Related Workers | 其 他 Others |
|---|---|---|---|---|---|---|---|---|
| **总计 Total** | **100.0** | **3.3** | **16.4** | **10.1** | **29.5** | **13.7** | **26.7** | **0.4** |
| 16-19 | 100.0 | 0.7 | 7.6 | 4.0 | 33.3 | 13.8 | 40.4 | 0.2 |
| 20-24 | 100.0 | 1.1 | 15.0 | 9.8 | 34.3 | 9.5 | 29.9 | 0.3 |
| 25-29 | 100.0 | 2.6 | 20.4 | 11.5 | 32.1 | 7.8 | 25.3 | 0.4 |
| 30-34 | 100.0 | 3.4 | 21.4 | 10.9 | 31.0 | 7.6 | 25.3 | 0.4 |
| 35-39 | 100.0 | 3.9 | 17.2 | 10.0 | 30.0 | 9.8 | 28.6 | 0.4 |
| 40-44 | 100.0 | 4.0 | 15.7 | 8.9 | 29.0 | 13.1 | 28.9 | 0.4 |
| 45-49 | 100.0 | 4.3 | 15.2 | 10.3 | 28.0 | 14.6 | 27.1 | 0.4 |
| 50-54 | 100.0 | 4.3 | 14.5 | 11.9 | 25.0 | 19.8 | 24.1 | 0.4 |
| 55-59 | 100.0 | 3.5 | 11.3 | 11.5 | 21.6 | 31.0 | 20.6 | 0.5 |
| 60-64 | 100.0 | 2.6 | 7.5 | 5.3 | 19.8 | 51.3 | 13.1 | 0.4 |
| 65+ | 100.0 | 1.8 | 4.5 | 3.7 | 15.7 | 65.0 | 8.6 | 0.8 |
| **男 Male** | **100.0** | **4.4** | **14.2** | **11.1** | **25.3** | **12.2** | **32.3** | **0.5** |
| 16-19 | 100.0 | 0.4 | 5.5 | 3.9 | 28.2 | 16.3 | 45.3 | 0.3 |
| 20-24 | 100.0 | 1.5 | 11.8 | 8.8 | 30.1 | 10.1 | 37.4 | 0.3 |
| 25-29 | 100.0 | 3.1 | 16.9 | 11.3 | 28.5 | 7.6 | 32.0 | 0.4 |
| 30-34 | 100.0 | 4.5 | 17.7 | 11.9 | 27.2 | 7.0 | 31.1 | 0.5 |
| 35-39 | 100.0 | 5.3 | 14.6 | 10.8 | 25.6 | 8.6 | 34.5 | 0.5 |
| 40-44 | 100.0 | 5.1 | 13.7 | 10.2 | 24.3 | 11.2 | 35.0 | 0.5 |
| 45-49 | 100.0 | 6.0 | 14.4 | 12.1 | 22.7 | 11.9 | 32.4 | 0.5 |
| 50-54 | 100.0 | 5.4 | 13.9 | 14.5 | 22.0 | 14.5 | 29.2 | 0.5 |
| 55-59 | 100.0 | 4.6 | 12.4 | 15.1 | 20.1 | 22.2 | 25.2 | 0.5 |
| 60-64 | 100.0 | 3.7 | 8.9 | 7.9 | 19.1 | 43.4 | 16.6 | 0.4 |
| 65+ | 100.0 | 2.5 | 5.3 | 5.0 | 17.7 | 58.2 | 10.3 | 1.0 |
| **女 Female** | **100.0** | **1.8** | **19.3** | **8.6** | **35.0** | **15.7** | **19.3** | **0.3** |
| 16-19 | 100.0 | 1.0 | 10.1 | 4.2 | 39.4 | 10.7 | 34.5 | 0.0 |
| 20-24 | 100.0 | 0.7 | 18.3 | 10.8 | 38.5 | 9.0 | 22.4 | 0.3 |
| 25-29 | 100.0 | 1.9 | 24.5 | 11.8 | 36.4 | 8.0 | 17.1 | 0.3 |
| 30-34 | 100.0 | 2.0 | 25.9 | 9.6 | 35.6 | 8.4 | 18.2 | 0.4 |
| 35-39 | 100.0 | 2.2 | 20.5 | 9.0 | 35.6 | 11.4 | 21.0 | 0.3 |
| 40-44 | 100.0 | 2.5 | 18.2 | 7.2 | 34.9 | 15.5 | 21.3 | 0.4 |
| 45-49 | 100.0 | 2.0 | 16.3 | 7.7 | 35.4 | 18.5 | 19.8 | 0.3 |
| 50-54 | 100.0 | 2.0 | 15.9 | 6.3 | 31.4 | 30.9 | 13.2 | 0.1 |
| 55-59 | 100.0 | 1.2 | 8.8 | 3.0 | 25.3 | 51.9 | 9.5 | 0.3 |
| 60-64 | 100.0 | 0.8 | 5.3 | 0.9 | 21.0 | 64.6 | 7.1 | 0.4 |
| 65+ | 100.0 | 0.7 | 3.2 | 1.5 | 12.5 | 75.7 | 5.9 | 0.6 |

# 3-22 按职业、性别分的城镇就业人员年龄构成
# Age Composition of Urban Employed Persons by Occupation and Sex

单位：% (%)

| 年龄 Age | 城镇就业人员 Urban Employed Persons | 单位负责人 Unit Head | 专业技术人员 Technical Personnel | 办事人员和有关人员 Clerk and Related Workers | 商业、服务业人员 Business Service Personnel | 农林牧渔水利业生产人员 Producers in the Sectors of Agriculture, Forestry, Animal Husbandry, Fishery and Water Conservancy | 生产运输设备操作人员及有关人员 Production, Transport Equipment Operators and Related Workers | 其他 Others |
|---|---|---|---|---|---|---|---|---|
| **总计 Total** | **100.0** | **100.0** | **100.0** | **100.0** | **100.0** | **100.0** | **100.0** | **100.0** |
| 16-19 | 2.2 | 0.5 | 1.0 | 0.9 | 2.4 | 2.2 | 3.3 | 0.9 |
| 20-24 | 12.0 | 4.1 | 11.0 | 11.6 | 14.0 | 8.4 | 13.4 | 9.2 |
| 25-29 | 13.4 | 10.6 | 16.6 | 15.4 | 14.6 | 7.6 | 12.7 | 12.1 |
| 30-34 | 13.9 | 14.4 | 18.2 | 15.1 | 14.6 | 7.8 | 13.2 | 14.8 |
| 35-39 | 15.1 | 18.1 | 15.8 | 15.1 | 15.4 | 10.8 | 16.2 | 15.5 |
| 40-44 | 16.0 | 19.4 | 15.3 | 14.2 | 15.8 | 15.3 | 17.4 | 17.6 |
| 45-49 | 13.0 | 17.1 | 12.0 | 13.2 | 12.3 | 13.8 | 13.1 | 13.7 |
| 50-54 | 6.2 | 8.2 | 5.5 | 7.4 | 5.3 | 9.0 | 5.6 | 5.6 |
| 55-59 | 4.9 | 5.3 | 3.4 | 5.6 | 3.6 | 11.0 | 3.7 | 5.7 |
| 60-64 | 2.0 | 1.6 | 0.9 | 1.0 | 1.3 | 7.3 | 1.0 | 1.9 |
| 65+ | 1.4 | 0.8 | 0.4 | 0.5 | 0.8 | 6.7 | 0.5 | 3.0 |
| **男 Male** | **100.0** | **100.0** | **100.0** | **100.0** | **100.0** | **100.0** | **100.0** | **100.0** |
| 16-19 | 2.1 | 0.2 | 0.8 | 0.7 | 2.3 | 2.8 | 2.9 | 1.2 |
| 20-24 | 10.6 | 3.8 | 8.8 | 8.4 | 12.7 | 8.8 | 12.3 | 7.7 |
| 25-29 | 12.9 | 9.3 | 15.4 | 13.1 | 14.5 | 8.0 | 12.8 | 11.7 |
| 30-34 | 13.5 | 14.0 | 16.8 | 14.4 | 14.5 | 7.8 | 13.0 | 13.3 |
| 35-39 | 14.9 | 18.0 | 15.3 | 14.5 | 15.1 | 10.5 | 15.9 | 16.6 |
| 40-44 | 15.7 | 18.5 | 15.1 | 14.4 | 15.1 | 14.5 | 17.0 | 16.1 |
| 45-49 | 13.2 | 18.1 | 13.4 | 14.4 | 11.9 | 12.9 | 13.2 | 14.1 |
| 50-54 | 7.4 | 9.2 | 7.3 | 9.7 | 6.5 | 8.9 | 6.7 | 7.4 |
| 55-59 | 6.0 | 6.3 | 5.2 | 8.2 | 4.8 | 11.0 | 4.7 | 6.8 |
| 60-64 | 2.2 | 1.8 | 1.3 | 1.5 | 1.6 | 7.7 | 1.1 | 1.8 |
| 65+ | 1.5 | 0.9 | 0.6 | 0.7 | 1.1 | 7.3 | 0.5 | 3.3 |
| **女 Female** | **100.0** | **100.0** | **100.0** | **100.0** | **100.0** | **100.0** | **100.0** | **100.0** |
| 16-19 | 2.3 | 1.3 | 1.2 | 1.1 | 2.6 | 1.6 | 4.1 | 0.3 |
| 20-24 | 13.8 | 5.3 | 13.1 | 17.2 | 15.2 | 7.9 | 16.0 | 12.0 |
| 25-29 | 14.1 | 14.9 | 17.9 | 19.3 | 14.7 | 7.2 | 12.5 | 12.9 |
| 30-34 | 14.5 | 15.4 | 19.4 | 16.2 | 14.7 | 7.7 | 13.7 | 17.7 |
| 35-39 | 15.4 | 18.5 | 16.3 | 16.1 | 15.7 | 11.2 | 16.8 | 13.4 |
| 40-44 | 16.4 | 22.2 | 15.4 | 13.8 | 16.4 | 16.2 | 18.1 | 20.6 |
| 45-49 | 12.6 | 14.0 | 10.7 | 11.3 | 12.8 | 14.9 | 13.0 | 13.1 |
| 50-54 | 4.6 | 5.1 | 3.8 | 3.4 | 4.1 | 9.1 | 3.2 | 2.1 |
| 55-59 | 3.3 | 2.1 | 1.5 | 1.2 | 2.4 | 11.1 | 1.7 | 3.5 |
| 60-64 | 1.7 | 0.7 | 0.5 | 0.2 | 1.0 | 6.9 | 0.6 | 2.0 |
| 65+ | 1.3 | 0.5 | 0.2 | 0.2 | 0.5 | 6.2 | 0.4 | 2.4 |

# 3-23 按受教育程度、性别分的城镇就业人员职业构成
# Occupation of Urban Employed Persons by Educational Attainment and Sex

单位：% (%)

| 受教育程度 | Educational Attainment | 城镇就业人员 Urban Employed Persons | 单位负责人 Unit Head | 专业技术人员 Technical Personnel | 办事人员和有关人员 Clerk and Related Workers | 商业、服务业人员 Business Service Personnel | 农林牧渔水利业生产人员 Producers in the Sectors of Agriculture, Forestry, Animal Husbandry, Fishery and Water Conservancy | 生产运输设备操作人员及有关人员 Production, Transport Equipment Operators and Related Workers | 其他 Others |
|---|---|---|---|---|---|---|---|---|---|
| **总　计** | **Total** | **100.0** | **3.3** | **16.4** | **10.0** | **29.5** | **13.7** | **26.7** | **0.4** |
| 未上过学 | No Schooling | 100.0 | 0.9 | 2.8 | 2.0 | 22.0 | 56.8 | 15.2 | 0.2 |
| 小　学 | Primary School | 100.0 | 1.4 | 3.6 | 2.5 | 24.6 | 40.1 | 27.4 | 0.4 |
| 初　中 | Junior Secondary School | 100.0 | 2.3 | 5.6 | 4.3 | 33.2 | 19.2 | 35.1 | 0.4 |
| 高　中 | Senior Secondary School | 100.0 | 3.7 | 15.1 | 10.8 | 35.6 | 5.6 | 28.8 | 0.4 |
| 大学专科 | College | 100.0 | 4.9 | 33.8 | 20.5 | 23.8 | 1.6 | 14.8 | 0.5 |
| 大学本科 | University | 100.0 | 6.1 | 47.2 | 23.4 | 14.5 | 0.8 | 7.6 | 0.3 |
| 研究生及以上 | Graduate and Higher Level | 100.0 | 6.7 | 62.4 | 19.2 | 8.1 | 0.2 | 3.2 | 0.2 |
| **男** | **Male** | **100.0** | **4.4** | **14.2** | **11.1** | **25.3** | **12.2** | **32.3** | **0.5** |
| 未上过学 | No Schooling | 100.0 | 1.5 | 2.7 | 4.0 | 18.0 | 50.8 | 22.4 | 0.6 |
| 小　学 | Primary School | 100.0 | 2.1 | 3.8 | 3.9 | 21.4 | 34.8 | 33.5 | 0.5 |
| 初　中 | Junior Secondary School | 100.0 | 2.9 | 5.2 | 5.2 | 27.4 | 17.6 | 41.2 | 0.5 |
| 高　中 | Senior Secondary School | 100.0 | 4.8 | 12.4 | 11.5 | 29.7 | 5.9 | 35.3 | 0.4 |
| 大学专科 | College | 100.0 | 6.6 | 27.2 | 22.0 | 22.5 | 1.8 | 19.2 | 0.6 |
| 大学本科 | University | 100.0 | 8.3 | 42.2 | 24.3 | 14.5 | 1.0 | 9.4 | 0.4 |
| 研究生及以上 | Graduate and Higher Level | 100.0 | 8.5 | 59.5 | 20.4 | 7.1 | 0.4 | 4.0 | 0.2 |
| **女** | **Female** | **100.0** | **1.9** | **19.3** | **8.6** | **35.0** | **15.7** | **19.3** | **0.3** |
| 未上过学 | No Schooling | 100.0 | 0.6 | 2.9 | 1.0 | 24.1 | 59.8 | 11.5 | 0.1 |
| 小　学 | Primary School | 100.0 | 0.7 | 3.3 | 1.1 | 27.9 | 45.4 | 21.2 | 0.3 |
| 初　中 | Junior Secondary School | 100.0 | 1.4 | 6.0 | 3.0 | 41.0 | 21.5 | 26.8 | 0.3 |
| 高　中 | Senior Secondary School | 100.0 | 2.0 | 19.2 | 9.6 | 44.6 | 5.1 | 19.2 | 0.4 |
| 大学专科 | College | 100.0 | 2.8 | 42.0 | 18.6 | 25.5 | 1.4 | 9.3 | 0.4 |
| 大学本科 | University | 100.0 | 3.2 | 53.9 | 22.3 | 14.6 | 0.6 | 5.2 | 0.3 |
| 研究生及以上 | Graduate and Higher Level | 100.0 | 4.1 | 66.8 | 17.3 | 9.6 | | 2.1 | 0.2 |

# 3-24 按职业、性别分的城镇就业人员受教育程度构成

## Educational Attainment of Urban Employed Persons by Occupation and Sex

单位：% (%)

| 受教育程度 | Educational Attainment | 城镇就业人员 Urban Employed Persons | 单位负责人 Unit Head | 专业技术人员 Technical Personnel | 办事人员和有关人员 Clerk and Related Workers | 商业、服务业人员 Business Service Personnel | 农林牧渔水利业生产人员 Producers in the Sectors of Agriculture, Forestry, Animal Husbandry, Fishery and Water Conservancy | 生产运输设备操作人员及有关人员 Production, Transport Equipment Operators and Related Workers | 其他 Others |
|---|---|---|---|---|---|---|---|---|---|
| **总计** | **Total** | **100.0** | **100.0** | **100.0** | **100.0** | **100.0** | **100.0** | **100.0** | **100.0** |
| 未上过学 | No Schooling | 0.8 | 0.2 | 0.1 | 0.2 | 0.6 | 3.3 | 0.5 | 0.4 |
| 小学 | Primary School | 9.9 | 4.2 | 2.1 | 2.4 | 8.3 | 29.0 | 10.2 | 11.0 |
| 初中 | Junior Secondary School | 39.3 | 27.1 | 13.3 | 16.7 | 44.3 | 55.2 | 51.6 | 37.0 |
| 高中 | Senior Secondary School | 24.9 | 27.3 | 22.9 | 26.7 | 30.1 | 10.2 | 26.9 | 25.4 |
| 大学专科 | College | 14.4 | 21.3 | 29.6 | 29.3 | 11.6 | 1.7 | 7.9 | 17.7 |
| 大学本科 | University | 9.9 | 18.1 | 28.4 | 23.0 | 4.9 | 0.6 | 2.8 | 8.0 |
| 研究生及以上 | Graduate and Higher Level | 0.9 | 1.9 | 3.5 | 1.7 | 0.3 | 0.0 | 0.1 | 0.4 |
| **男** | **Male** | **100.0** | **100.0** | **100.0** | **100.0** | **100.0** | **100.0** | **100.0** | **100.0** |
| 未上过学 | No Schooling | 0.5 | 0.2 | 0.1 | 0.2 | 0.3 | 2.0 | 0.3 | 0.6 |
| 小学 | Primary School | 8.8 | 4.1 | 2.3 | 3.0 | 7.4 | 25.0 | 9.1 | 10.4 |
| 初中 | Junior Secondary School | 39.8 | 26.4 | 14.6 | 18.7 | 43.1 | 57.4 | 50.7 | 39.0 |
| 高中 | Senior Secondary School | 26.2 | 28.1 | 22.9 | 27.2 | 30.8 | 12.8 | 28.6 | 24.3 |
| 大学专科 | College | 14.0 | 20.9 | 26.7 | 27.6 | 12.4 | 2.1 | 8.3 | 17.4 |
| 大学本科 | University | 9.9 | 18.4 | 29.3 | 21.6 | 5.7 | 0.8 | 2.9 | 8.0 |
| 研究生及以上 | Graduate and Higher Level | 1.0 | 1.9 | 4.1 | 1.8 | 0.3 | 0.0 | 0.1 | 0.3 |
| 女 | Female | **100.0** | **100.0** | **100.0** | **100.0** | **100.0** | **100.0** | **100.0** | **100.0** |
| 未上过学 | No Schooling | 1.2 | 0.4 | 0.2 | 0.1 | 0.9 | 4.7 | 0.7 | 0.2 |
| 小学 | Primary School | 11.4 | 4.5 | 2.0 | 1.4 | 9.1 | 33.0 | 12.6 | 12.1 |
| 初中 | Junior Secondary School | 38.7 | 29.2 | 12.0 | 13.4 | 45.4 | 53.1 | 53.8 | 33.0 |
| 高中 | Senior Secondary School | 23.1 | 24.6 | 22.9 | 25.8 | 29.5 | 7.5 | 23.0 | 27.7 |
| 大学专科 | College | 14.9 | 22.6 | 32.4 | 32.0 | 10.9 | 1.4 | 7.1 | 18.5 |
| 大学本科 | University | 9.9 | 16.9 | 27.6 | 25.5 | 4.1 | 0.4 | 2.7 | 8.0 |
| 研究生及以上 | Graduate and Higher Level | 0.8 | 1.8 | 2.9 | 1.7 | 0.2 |  | 0.1 | 0.5 |

# 3-25 城镇就业人员调查周平均工作时间
# Weekly Working Hours of Urban Employed Persons

单位：小时／周 (hours/per week)

| 分　组 | Group | 2007年11月 Nov.2007 | 2008年11月 Nov.2008 | 2009年11月 Nov.2009 | 2010年11月 Nov.2010 | 2011年11月 Nov.2011 |
|---|---|---|---|---|---|---|
| **全　部** | **Total** | **45.5** | **44.6** | **44.7** | **47.0** | **46.2** |
| **一、按年龄分组** | **By Age** | | | | | |
| | 16-19 | 48.1 | 45.8 | 46.8 | 49.1 | 48.0 |
| | 20-24 | 46.9 | 45.6 | 46.1 | 47.8 | 46.8 |
| | 25-29 | 46.5 | 45.7 | 45.9 | 47.1 | 46.6 |
| | 30-34 | 46.9 | 46.0 | 46.1 | 47.5 | 47.0 |
| | 35-39 | 46.7 | 45.9 | 46.1 | 47.8 | 47.2 |
| | 40-44 | 46.1 | 45.4 | 45.4 | 47.6 | 46.9 |
| | 45-49 | 45.2 | 44.5 | 44.5 | 46.8 | 46.0 |
| | 50-54 | 43.9 | 43.3 | 42.9 | 45.8 | 44.8 |
| | 55-59 | 41.8 | 41.0 | 41.1 | 44.7 | 43.4 |
| | 60-64 | 38.4 | 37.3 | 37.8 | 42.6 | 40.1 |
| | 65+ | 33.4 | 32.7 | 33.4 | 38.5 | 35.0 |
| **二、按职业分组** | **By Occupation** | | | | | |
| 单位负责人 | Unit Head | 47.7 | 47.5 | 47.5 | 47.1 | 47.7 |
| 专业技术人员 | Technical Personnel | 43.4 | 43.0 | 42.8 | 43.1 | 43.7 |
| 办事人员和有关人员 | Clerk and Related Workers | 43.8 | 43.5 | 43.3 | 44.0 | 43.9 |
| 商业、服务业人员 | Business Service Personnel | 50.3 | 49.1 | 49.0 | 49.8 | 49.5 |
| 农林牧渔水利业生产人员 | Producers in the Sectors of Agriculture, Forestry,Animal Husbandry,Fishery and Water Conservancy | 38.2 | 37.7 | 37.7 | 41.5 | 38.2 |
| 生产、运输设备操作人员及有关人员 | Production, Transport Equipment Operators and Related Workers | 49.8 | 48.2 | 48.9 | 49.7 | 48.7 |
| 其　他 | Others | 46.7 | 46.8 | 46.3 | 47.8 | 47.7 |
| **三、按受教育程度分组** | **By Educational Attaiment** | | | | | |
| 未上过学 | No Schooling | 37.3 | 36.4 | 36.9 | 43.5 | 40.1 |
| 小　学 | Primary School | 43.4 | 41.7 | 42.3 | 47.2 | 45.0 |
| 初　中 | Junior Secondary School | 47.3 | 46.1 | 46.1 | 48.9 | 48.1 |
| 高　中 | Senior Secondary School | 46.8 | 46.0 | 46.1 | 47.2 | 47.1 |
| 大　专 | College | 42.9 | 43.0 | 42.9 | 43.7 | 43.8 |
| 大学本科 | University | 41.7 | 41.7 | 41.5 | 42.1 | 42.4 |
| 研究生及以上 | Graduate and Higher Level | 41.4 | 41.1 | 41.1 | 41.1 | 41.7 |

注：1.11月相对应的调查周是10月25日至10月31日。
2.甲栏就业身份和行业职业按主业分组，工作时间包括主业和兼职工作时间(下表同)。

Note: a)The referent week in November is 25th to 31st, October.
b)The items about employment status, sectors and occupation are for the first job. The working hours both include the first and sencond job. The same applies to the tables following.

# 3-26 城镇男性就业人员调查周平均工作时间
# Weekly Working Hours of Urban Male Employed Persons

单位：小时 / 周 (hours/per week)

| 分组 | Group | 2007年11月 Nov.2007 | 2008年11月 Nov.2008 | 2009年11月 Nov.2009 | 2010年11月 Nov.2010 | 2011年11月 Nov.2011 |
|---|---|---|---|---|---|---|
| **全 部** | **Total** | **46.8** | **45.7** | **45.9** | **47.7** | **47.0** |
| **一、按年龄分组** | **By Age** | | | | | |
| | 16-19 | 48.2 | 45.8 | 46.7 | 49.3 | 48.0 |
| | 20-24 | 47.9 | 46.5 | 47.2 | 48.5 | 47.5 |
| | 25-29 | 47.8 | 46.9 | 47.1 | 47.9 | 47.4 |
| | 30-34 | 48.1 | 47.1 | 47.2 | 48.2 | 47.8 |
| | 35-39 | 47.9 | 47.0 | 47.3 | 48.4 | 48.0 |
| | 40-44 | 47.4 | 46.5 | 46.7 | 48.3 | 47.9 |
| | 45-49 | 46.6 | 45.8 | 45.8 | 47.5 | 46.8 |
| | 50-54 | 45.7 | 44.9 | 44.7 | 46.6 | 45.5 |
| | 55-59 | 44.2 | 43.3 | 43.3 | 45.7 | 44.8 |
| | 60-64 | 40.9 | 39.9 | 40.7 | 44.4 | 42.1 |
| | 65+ | 35.5 | 34.7 | 35.2 | 40.1 | 37.4 |
| **二、按职业分组** | **By Occupation** | | | | | |
| 单位负责人 | Unit Head | 47.8 | 47.6 | 47.6 | 47.0 | 47.7 |
| 专业技术人员 | Technical Personnel | 43.9 | 43.3 | 43.3 | 43.6 | 44.2 |
| 办事人员和有关人员 | Clerk and Related Workers | 44.4 | 44.0 | 43.8 | 44.6 | 44.4 |
| 商业、服务业人员 | Business Service Personnel | 50.7 | 49.6 | 49.5 | 50.2 | 50.1 |
| 农林牧渔水利业生产人员 | Producers in the Sectors of Agriculture, Forestry,Animal Husbandry,Fishery and Water Conservancy | 41.0 | 40.2 | 40.2 | 43.3 | 40.6 |
| 生产、运输设备操作人员及有关人员 | Production, Transport Equipment Operators and Related Workers | 50.0 | 48.5 | 49.0 | 49.9 | 48.9 |
| 其 他 | Others | 48.3 | 46.7 | 47.2 | 48.2 | 49.2 |
| **三、按受教育程度分组** | **By Educational Attaiment** | | | | | |
| 未上过学 | No Schooling | 40.3 | 39.2 | 40.2 | 45.2 | 42.6 |
| 小 学 | Primary School | 45.5 | 43.6 | 44.4 | 48.4 | 46.8 |
| 初 中 | Junior Secondary School | 48.5 | 47.2 | 47.3 | 49.6 | 48.9 |
| 高 中 | Senior Secondary School | 47.4 | 46.5 | 46.7 | 47.6 | 47.4 |
| 大 专 | College | 43.3 | 43.3 | 43.1 | 44.0 | 44.5 |
| 大学本科 | University | 42.0 | 42.0 | 41.6 | 42.4 | 42.6 |
| 研究生及以上 | Graduate and Higher Level | 41.4 | 41.3 | 41.3 | 41.3 | 41.8 |

# 3-27 城镇女性就业人员调查周平均工作时间
# Weekly Working Hours of Urban Female Employed Persons

单位：小时／周 (hours/per week)

| 分 组 | Group | 2007年11月 Nov.2007 | 2008年11月 Nov.2008 | 2009年11月 Nov.2009 | 2010年11月 Nov.2010 | 2011年11月 Nov.2011 |
|---|---|---|---|---|---|---|
| **全 部** | **Total** | **44.0** | **43.1** | **43.2** | **46.1** | **45.2** |
| **一、按年龄分组** | **By Age** | | | | | |
| | 16-19 | 48.0 | 45.8 | 46.9 | 48.8 | 48.1 |
| | 20-24 | 46.0 | 44.7 | 45.0 | 47.0 | 46.1 |
| | 25-29 | 45.1 | 44.4 | 44.6 | 46.1 | 45.8 |
| | 30-34 | 45.5 | 44.7 | 44.9 | 46.6 | 46.1 |
| | 35-39 | 45.2 | 44.6 | 44.8 | 46.9 | 46.2 |
| | 40-44 | 44.5 | 44.1 | 44.0 | 46.7 | 45.8 |
| | 45-49 | 43.4 | 43.0 | 43.0 | 45.8 | 45.0 |
| | 50-54 | 40.8 | 40.5 | 39.8 | 44.2 | 43.1 |
| | 55-59 | 37.2 | 36.5 | 37.0 | 42.2 | 40.1 |
| | 60-64 | 34.5 | 33.3 | 33.4 | 39.3 | 36.6 |
| | 65+ | 29.4 | 29.6 | 30.1 | 35.3 | 31.2 |
| **二、按职业分组** | **By Occupation** | | | | | |
| 单位负责人 | Unit Head | 47.6 | 47.1 | 46.9 | 47.2 | 47.8 |
| 专业技术人员 | Technical Personnel | 43.0 | 42.6 | 42.4 | 42.7 | 43.2 |
| 办事人员和有关人员 | Clerk and Related Workers | 42.8 | 42.5 | 42.2 | 42.8 | 43.0 |
| 商业、服务业人员 | Business Service Personnel | 49.9 | 48.7 | 48.6 | 49.5 | 49.0 |
| 农林牧渔水利业生产人员 | Producers in the Sectors of Agriculture, Forestry,Animal Husbandry,Fishery and Water Conservancy | 35.6 | 35.3 | 35.3 | 39.6 | 35.7 |
| 生产、运输设备操作人员及有关人员 | Production, Transport Equipment Operators and Related Workers | 49.3 | 47.7 | 48.7 | 49.5 | 48.4 |
| 其 他 | Others | 43.9 | 46.8 | 44.7 | 47.1 | 44.9 |
| **三、按受教育程度分组** | **By Educational Attaiment** | | | | | |
| 未上过学 | No Schooling | 36.1 | 35.2 | 35.5 | 42.6 | 38.9 |
| 小 学 | Primary School | 41.4 | 40.0 | 40.4 | 45.9 | 43.1 |
| 初 中 | Junior Secondary School | 45.7 | 44.5 | 44.5 | 47.9 | 47.1 |
| 高 中 | Senior Secondary School | 45.8 | 45.4 | 45.3 | 46.5 | 46.5 |
| 大 专 | College | 42.5 | 42.5 | 42.6 | 43.2 | 43.0 |
| 大学本科 | University | 41.3 | 41.3 | 41.3 | 41.7 | 42.0 |
| 研究生及以上 | Graduate and Higher Level | 41.3 | 40.6 | 40.7 | 40.7 | 41.4 |

# 3-28 按年龄、性别分的城镇就业人员工作时间构成

# Working Hours of Urban Employed Persons by Age and Sex

单位：% (%)

| 年 龄 Age | 城 镇 就业人员 Urban Employed Persons | 1-8小时 1-8 Hours | 9-19小时 9-19 Hours | 20-39小时 20-39 Hours | 40小时 40 Hours | 41-48小时 41-48 Hours | 48小时以上 48 Hours Above |
|---|---|---|---|---|---|---|---|
| **总计 Total** | **100.0** | **0.7** | **1.4** | **8.5** | **37.8** | **18.7** | **32.9** |
| 16-19 | 100.0 | 0.7 | 1.7 | 9.2 | 24.2 | 23.3 | 40.8 |
| 20-24 | 100.0 | 0.5 | 0.9 | 7.0 | 35.7 | 22.7 | 33.2 |
| 25-29 | 100.0 | 0.3 | 0.7 | 5.9 | 41.2 | 20.6 | 31.3 |
| 30-34 | 100.0 | 0.4 | 0.7 | 5.7 | 40.8 | 19.3 | 33.2 |
| 35-39 | 100.0 | 0.4 | 0.9 | 6.5 | 38.8 | 19.0 | 34.4 |
| 40-44 | 100.0 | 0.6 | 1.2 | 7.8 | 37.3 | 17.9 | 35.3 |
| 45-49 | 100.0 | 0.8 | 1.5 | 8.7 | 39.4 | 16.6 | 33.0 |
| 50-54 | 100.0 | 1.0 | 1.9 | 11.1 | 40.2 | 16.0 | 29.8 |
| 55-59 | 100.0 | 1.4 | 3.0 | 16.1 | 35.3 | 14.7 | 29.4 |
| 60-64 | 100.0 | 2.6 | 6.2 | 27.0 | 21.5 | 14.5 | 28.2 |
| 65+ | 100.0 | 2.6 | 13.0 | 36.7 | 16.1 | 12.8 | 18.8 |
| **男 Male** | **100.0** | **0.5** | **1.0** | **7.1** | **37.5** | **18.8** | **35.0** |
| 16-19 | 100.0 | 0.4 | 1.7 | 10.0 | 24.2 | 24.1 | 39.5 |
| 20-24 | 100.0 | 0.3 | 0.8 | 6.6 | 32.9 | 24.0 | 35.4 |
| 25-29 | 100.0 | 0.3 | 0.5 | 5.2 | 38.9 | 21.1 | 33.9 |
| 30-34 | 100.0 | 0.3 | 0.5 | 4.7 | 39.3 | 19.2 | 36.0 |
| 35-39 | 100.0 | 0.4 | 0.6 | 5.1 | 38.2 | 18.7 | 37.1 |
| 40-44 | 100.0 | 0.5 | 0.8 | 6.1 | 36.6 | 17.9 | 38.1 |
| 45-49 | 100.0 | 0.7 | 1.0 | 6.8 | 40.4 | 16.6 | 34.6 |
| 50-54 | 100.0 | 0.6 | 1.3 | 8.4 | 43.0 | 16.1 | 30.6 |
| 55-59 | 100.0 | 1.0 | 1.7 | 11.5 | 40.3 | 15.2 | 30.3 |
| 60-64 | 100.0 | 2.4 | 4.5 | 22.6 | 23.3 | 15.1 | 32.2 |
| 65+ | 100.0 | 2.1 | 10.2 | 33.6 | 17.2 | 14.9 | 22.0 |
| **女 Female** | **100.0** | **0.8** | **1.9** | **10.2** | **38.3** | **18.6** | **30.1** |
| 16-19 | 100.0 | 1.2 | 1.7 | 8.2 | 24.2 | 22.4 | 42.4 |
| 20-24 | 100.0 | 0.7 | 0.9 | 7.4 | 38.7 | 21.3 | 31.0 |
| 25-29 | 100.0 | 0.4 | 0.9 | 6.7 | 43.9 | 20.0 | 28.1 |
| 30-34 | 100.0 | 0.4 | 0.9 | 6.8 | 42.8 | 19.4 | 29.7 |
| 35-39 | 100.0 | 0.5 | 1.2 | 8.3 | 39.7 | 19.3 | 30.9 |
| 40-44 | 100.0 | 0.7 | 1.7 | 9.9 | 38.1 | 17.8 | 31.8 |
| 45-49 | 100.0 | 0.9 | 2.2 | 11.4 | 38.1 | 16.7 | 30.7 |
| 50-54 | 100.0 | 1.7 | 3.1 | 17.1 | 34.0 | 15.8 | 28.2 |
| 55-59 | 100.0 | 2.2 | 6.4 | 27.4 | 23.1 | 13.6 | 27.3 |
| 60-64 | 100.0 | 3.0 | 9.1 | 34.7 | 18.5 | 13.5 | 21.2 |
| 65+ | 100.0 | 3.5 | 17.5 | 41.4 | 14.4 | 9.4 | 13.8 |

# 3-29 按受教育程度、性别分的城镇就业人员工作时间构成
## Working Hours of Urban Employed Persons by Educational Attainment and Sex

单位：% (%)

| 受教育程度 | Educational Attainment | 城镇就业人员 Urban Employed Persons | 1-8小时 1-8 Hours | 9-19小时 9-19 Hours | 20-39小时 20-39 Hours | 40小时 40 Hours | 41-48小时 41-48 Hours | 48小时以上 48 Hours Above |
|---|---|---|---|---|---|---|---|---|
| **总　计** | **Total** | **100.0** | **0.7** | **1.4** | **8.5** | **37.8** | **18.7** | **32.9** |
| 未上过学 | No Schooling | 100.0 | 1.2 | 10.0 | 28.4 | 15.7 | 15.3 | 29.3 |
| 小　学 | Primary School | 100.0 | 1.7 | 4.1 | 19.9 | 17.9 | 17.0 | 39.4 |
| 初　中 | Junior Secondary School | 100.0 | 0.7 | 1.8 | 10.6 | 23.3 | 20.1 | 43.5 |
| 高　中 | Senior Secondary School | 100.0 | 0.4 | 0.7 | 5.1 | 39.7 | 21.2 | 33.0 |
| 大学专科 | College | 100.0 | 0.5 | 0.2 | 3.6 | 61.7 | 16.9 | 17.1 |
| 大学本科 | University | 100.0 | 0.2 | 0.2 | 3.3 | 73.4 | 12.6 | 10.3 |
| 研究生及以上 | Graduate and Higher Level | 100.0 | 0.2 | 0.4 | 3.5 | 77.3 | 10.7 | 7.8 |
| **男** | **Male** | **100.0** | **0.5** | **1.0** | **7.1** | **37.5** | **18.8** | **35.0** |
| 未上过学 | No Schooling | 100.0 | 0.3 | 8.3 | 21.3 | 16.5 | 21.0 | 32.6 |
| 小　学 | Primary School | 100.0 | 1.5 | 2.7 | 16.9 | 17.8 | 16.8 | 44.2 |
| 初　中 | Junior Secondary School | 100.0 | 0.5 | 1.4 | 8.9 | 23.4 | 20.2 | 45.6 |
| 高　中 | Senior Secondary School | 100.0 | 0.4 | 0.6 | 4.6 | 39.1 | 20.9 | 34.4 |
| 大学专科 | College | 100.0 | 0.4 | 0.2 | 3.4 | 59.4 | 17.2 | 19.3 |
| 大学本科 | University | 100.0 | 0.2 | 0.2 | 3.2 | 72.3 | 12.5 | 11.5 |
| 研究生及以上 | Graduate and Higher Level | 100.0 | 0.2 | 0.3 | 3.0 | 76.7 | 11.7 | 8.0 |
| **女** | **Female** | **100.0** | **0.8** | **1.9** | **10.2** | **38.3** | **18.6** | **30.1** |
| 未上过学 | No Schooling | 100.0 | 1.7 | 10.8 | 31.9 | 15.3 | 12.5 | 27.7 |
| 小　学 | Primary School | 100.0 | 1.9 | 5.5 | 23.0 | 18.0 | 17.1 | 34.5 |
| 初　中 | Junior Secondary School | 100.0 | 0.9 | 2.3 | 12.9 | 23.2 | 20.0 | 40.7 |
| 高　中 | Senior Secondary School | 100.0 | 0.4 | 0.8 | 5.9 | 40.4 | 21.6 | 30.9 |
| 大学专科 | College | 100.0 | 0.7 | 0.2 | 3.8 | 64.6 | 16.5 | 14.2 |
| 大学本科 | University | 100.0 | 0.3 | 0.1 | 3.5 | 74.9 | 12.6 | 8.7 |
| 研究生及以上 | Graduate and Higher Level | 100.0 | 0.3 | 0.6 | 4.1 | 78.3 | 9.2 | 7.5 |

## 3-30 按户口性质、性别分的城镇就业人员工作时间构成

## Working Hours of Urban Employed Persons by Household Registration and Sex

单位：%　　(%)

| 户口性质 | Household Registration | 城镇就业人员 Urban Employed Persons | 1-8小时 1-8 Hours | 9-19小时 9-19 Hours | 20-39小时 20-39 Hours | 40小时 40 Hours | 41-48小时 41-48 Hours | 48小时以上 48 Hours Above |
|---|---|---|---|---|---|---|---|---|
| **总　计** | **Total** | **100.0** | **0.7** | **1.4** | **8.5** | **37.8** | **18.7** | **32.9** |
| 农　业 | Agriculture | 100.0 | 1.0 | 2.4 | 13.4 | 21.1 | 20.2 | 42.0 |
| 非农业 | Non-Agriculture | 100.0 | 0.4 | 0.5 | 4.3 | 52.0 | 17.5 | 25.3 |
| **男** | **Male** | **100.0** | **0.5** | **1.0** | **7.1** | **37.5** | **18.8** | **35.0** |
| 农　业 | Agriculture | 100.0 | 0.7 | 1.7 | 10.9 | 20.5 | 20.7 | 45.4 |
| 非农业 | Non-Agriculture | 100.0 | 0.4 | 0.5 | 4.0 | 51.5 | 17.3 | 26.4 |
| **女** | **Female** | **100.0** | **0.8** | **1.9** | **10.2** | **38.3** | **18.6** | **30.1** |
| 农　业 | Agriculture | 100.0 | 1.3 | 3.3 | 16.6 | 21.8 | 19.4 | 37.5 |
| 非农业 | Non-Agriculture | 100.0 | 0.3 | 0.6 | 4.7 | 52.7 | 17.9 | 23.7 |

## 3-31 按就业身份、性别分的城镇就业人员工作时间构成

## Working Hours of Urban Employed Persons by Employment Status and Sex

单位：%　　(%)

| 就业身份 | Employment Status | 城镇就业人员 Urban Employed Persons | 1-8小时 1-8 Hours | 9-19小时 9-19 Hours | 20-39小时 20-39 Hours | 40小时 40 Hours | 41-48小时 41-48 Hours | 48小时以上 48 Hours Above |
|---|---|---|---|---|---|---|---|---|
| **总　计** | **Total** | **100.0** | **0.7** | **1.4** | **8.5** | **37.8** | **18.7** | **32.9** |
| 雇　员 | Employee | 100.0 | 0.3 | 0.4 | 4.1 | 47.1 | 20.7 | 27.4 |
| 雇　主 | Employer | 100.0 | 0.4 | 0.7 | 4.4 | 24.2 | 14.8 | 55.5 |
| 自营劳动者 | Self-Employed | 100.0 | 1.7 | 4.2 | 20.9 | 17.2 | 15.0 | 40.9 |
| 家庭帮工 | Unpaid Familial Worker | 100.0 | 0.8 | 2.6 | 15.1 | 19.2 | 11.8 | 50.5 |
| **男** | **Male** | **100.0** | **0.5** | **1.0** | **7.1** | **37.5** | **18.8** | **35.0** |
| 雇　员 | Employee | 100.0 | 0.3 | 0.3 | 3.8 | 46.5 | 20.2 | 28.9 |
| 雇　主 | Employer | 100.0 | 0.4 | 0.8 | 4.3 | 24.4 | 15.2 | 55.0 |
| 自营劳动者 | Self-Employed | 100.0 | 1.2 | 2.9 | 16.7 | 17.4 | 16.4 | 45.4 |
| 家庭帮工 | Unpaid Familial Worker | 100.0 | 1.8 | 3.0 | 13.6 | 17.9 | 12.3 | 51.4 |
| **女** | **Female** | **100.0** | **0.8** | **1.9** | **10.2** | **38.3** | **18.6** | **30.1** |
| 雇　员 | Employee | 100.0 | 0.3 | 0.5 | 4.5 | 48.0 | 21.3 | 25.4 |
| 雇　主 | Employer | 100.0 | 0.5 | 0.5 | 4.6 | 23.8 | 14.1 | 56.5 |
| 自营劳动者 | Self-Employed | 100.0 | 2.3 | 6.0 | 26.9 | 17.0 | 13.1 | 34.7 |
| 家庭帮工 | Unpaid Familial Worker | 100.0 | 0.5 | 2.5 | 15.6 | 19.5 | 11.6 | 50.3 |

# 3-32 按行业、性别分的城镇就业人员工作时间构成

单位：%

| 项　目 | Item | 城　镇<br>就业人员<br>Urban Employed Persons |
|---|---|---|
| **总　计** | **National Total** | **100.0** |
| 农、林、牧、渔业 | Agriculture,Forestry,Animal Husbandry and Fishery | 100.0 |
| 采矿业 | Mining | 100.0 |
| 制造业 | Manufacturing | 100.0 |
| 电力、热力、燃气及水生产和供应业 | Production and Supply of Electricity Power, Heat Power, Gas and Water | 100.0 |
| 建筑业 | Construction | 100.0 |
| 批发和零售业 | Wholesale and Retail Trades | 100.0 |
| 交通运输、仓储和邮政业 | Transport,Storage and Post | 100.0 |
| 住宿和餐饮业 | Hotels and Catering Services | 100.0 |
| 信息传输、软件和信息技术服务业 | Information Transmission, Software and Information Technical Services | 100.0 |
| 金融业 | Financial Intermediation | 100.0 |
| 房地产业 | Real Estate | 100.0 |
| 租赁和商务服务业 | Leasing and Business Services | 100.0 |
| 科学研究和技术服务业 | Scientific Research and Technical Services | 100.0 |
| 水利、环境和公共设施管理业 | Management of Water Conservancy, Environment and Public Facilities | 100.0 |
| 居民服务、修理和其他服务业 | Services to Households, Repair and Other Services | 100.0 |
| 教育 | Education | 100.0 |
| 卫生和社会工作 | Health and Society | 100.0 |
| 文化体育和娱乐业 | Culture, Sports and Entertainment | 100.0 |
| 公共管理、社会保障和社会组织 | Public Management, Social Security and Social Organizations | 100.0 |
| 国际组织 | International Organizations | 100.0 |
| **男** | **Male** | **100.0** |
| 农、林、牧、渔业 | Agriculture,Forestry,Animal Husbandry and Fishery | 100.0 |
| 采矿业 | Mining | 100.0 |
| 制造业 | Manufacturing | 100.0 |
| 电力、热力、燃气及水生产和供应业 | Production and Supply of Electricity Power, Heat Power, Gas and Water | 100.0 |
| 建筑业 | Construction | 100.0 |
| 批发和零售业 | Wholesale and Retail Trades | 100.0 |
| 交通运输、仓储和邮政业 | Transport,Storage and Post | 100.0 |
| 住宿和餐饮业 | Hotels and Catering Services | 100.0 |
| 信息传输、软件和信息技术服务业 | Information Transmission, Software and Information Technical Services | 100.0 |
| 金融业 | Financial Intermediation | 100.0 |

## Working Hours of Urban Employed Persons by Sector and Sex

(%)

| 1-8小时<br>1-8<br>Hours | 9-19小时<br>9-19<br>Hours | 20-39小时<br>20-39<br>Hours | 40小时<br>40<br>Hours | 41-48小时<br>41-48<br>Hours | 48小时以上<br>48 Hours<br>Above |
|---|---|---|---|---|---|
| **0.7** | **1.4** | **8.5** | **37.8** | **18.7** | **32.9** |
| 2.9 | 7.2 | 32.6 | 18.4 | 15.5 | 23.4 |
| 0.3 | 0.5 | 3.1 | 44.3 | 18.9 | 32.9 |
| 0.2 | 0.5 | 3.9 | 34.9 | 25.1 | 35.3 |
| 0.3 | 0.4 | 3.9 | 64.9 | 16.1 | 14.4 |
| 0.3 | 0.6 | 7.4 | 26.9 | 19.0 | 45.8 |
| 0.5 | 0.8 | 5.4 | 29.1 | 18.7 | 45.5 |
| 0.3 | 0.5 | 5.9 | 37.1 | 17.4 | 38.9 |
| 0.3 | 0.7 | 5.3 | 22.8 | 21.3 | 49.5 |
| 0.2 | 0.5 | 3.9 | 34.4 | 18.9 | 42.0 |
| 0.2 | 0.3 | 3.9 | 60.1 | 15.8 | 19.7 |
| 0.3 | 0.3 | 2.8 | 51.6 | 23.3 | 21.6 |
| 0.2 | 0.3 | 3.9 | 50.9 | 20.5 | 24.2 |
| 0.4 | 0.3 | 3.7 | 69.5 | 12.9 | 13.2 |
| 0.5 | 0.5 | 6.4 | 55.5 | 14.7 | 22.4 |
| 0.6 | 1.6 | 7.9 | 27.7 | 15.8 | 46.3 |
| 0.4 | 0.4 | 4.7 | 70.1 | 11.0 | 13.4 |
| 0.3 | 0.3 | 3.8 | 62.1 | 16.1 | 17.4 |
| 0.3 | 0.5 | 4.6 | 53.8 | 19.1 | 21.7 |
| 0.3 | 0.2 | 5.8 | 73.1 | 10.1 | 10.4 |
| | | 12.6 | 53.3 | 17.2 | 16.9 |
| | | | | | |
| **0.5** | **1.0** | **7.1** | **37.5** | **18.8** | **35.0** |
| 2.2 | 5.5 | 27.4 | 19.3 | 17.7 | 27.8 |
| 0.3 | 0.5 | 2.7 | 41.8 | 18.5 | 36.2 |
| 0.2 | 0.4 | 3.2 | 35.4 | 25.4 | 35.4 |
| 0.4 | 0.5 | 3.2 | 62.9 | 16.4 | 16.6 |
| 0.3 | 0.5 | 7.1 | 25.0 | 19.1 | 48.0 |
| 0.5 | 0.8 | 5.0 | 28.9 | 17.2 | 47.6 |
| 0.2 | 0.5 | 5.7 | 33.3 | 17.5 | 42.7 |
| 0.3 | 0.4 | 5.6 | 22.5 | 20.3 | 50.8 |
| 0.2 | 0.4 | 3.6 | 37.6 | 17.5 | 40.8 |
| 0.2 | 0.3 | 3.4 | 60.5 | 14.4 | 21.1 |

## 3-32 续表

单位：%

| 项　目 | Item | 城　镇<br>就业人员<br>Urban<br>Employed<br>Persons |
|---|---|---|
| 房地产业 | Real Estate | 100.0 |
| 租赁和商务服务业 | Leasing and Business Services | 100.0 |
| 科学研究和技术服务业 | Scientific Research and Technical Services | 100.0 |
| 水利、环境和公共设施管理业 | Management of Water Conservancy, Environment and Public Facilities | 100.0 |
| 居民服务、修理和其他服务业 | Services to Households, Repair and Other Services | 100.0 |
| 教育 | Education | 100.0 |
| 卫生和社会工作 | Health and Society | 100.0 |
| 文化体育和娱乐业 | Culture, Sports and Entertainment | 100.0 |
| 公共管理、社会保障和社会组织 | Public Management, Social Security and Social Organizations | 100.0 |
| 国际组织 | International Organizations | 100.0 |
| **女** | **Female** | **100.0** |
| 农、林、牧、渔业 | Agriculture,Forestry,Animal Husbandry and Fishery | 100.0 |
| 采矿业 | Mining | 100.0 |
| 制造业 | Manufacturing | 100.0 |
| 电力、热力、燃气及水生产和供应业 | Production and Supply of Electricity Power, Heat Power, Gas and Water | 100.0 |
| 建筑业 | Construction | 100.0 |
| 批发和零售业 | Wholesale and Retail Trades | 100.0 |
| 交通运输、仓储和邮政业 | Transport,Storage and Post | 100.0 |
| 住宿和餐饮业 | Hotels and Catering Services | 100.0 |
| 信息传输、软件和信息技术服务业 | Information Transmission, Software and Information Technical Services | 100.0 |
| 金融业 | Financial Intermediation | 100.0 |
| 房地产业 | Real Estate | 100.0 |
| 租赁和商务服务业 | Leasing and Business Services | 100.0 |
| 科学研究和技术服务业 | Scientific Research and Technical Services | 100.0 |
| 水利、环境和公共设施管理业 | Management of Water Conservancy, Environment and Public Facilities | 100.0 |
| 居民服务、修理和其他服务业 | Services to Households, Repair and Other Services | 100.0 |
| 教育 | Education | 100.0 |
| 卫生和社会工作 | Health and Society | 100.0 |
| 文化体育和娱乐业 | Culture, Sports and Entertainment | 100.0 |
| 公共管理、社会保障和社会组织 | Public Management, Social Security and Social Organizations | 100.0 |
| 国际组织 | International Organizations | 100.0 |

continued

(%)

| 1-8小时<br>1-8<br>Hours | 9-19小时<br>9-19<br>Hours | 20-39小时<br>20-39<br>Hours | 40小时<br>40<br>Hours | 41-48小时<br>41-48<br>Hours | 48小时以上<br>48 Hours<br>Above |
|---|---|---|---|---|---|
| 0.2 | 0.3 | 2.5 | 51.1 | 23.3 | 22.5 |
| 0.2 | 0.3 | 3.7 | 47.3 | 19.3 | 29.2 |
| 0.3 | 0.4 | 3.4 | 67.8 | 13.8 | 14.3 |
| 0.6 | 0.3 | 5.6 | 57.9 | 13.6 | 21.8 |
| 0.9 | 0.9 | 6.7 | 26.6 | 16.6 | 48.3 |
| 0.4 | 0.6 | 3.8 | 67.8 | 11.0 | 16.5 |
| 0.3 | 0.2 | 3.9 | 58.0 | 16.2 | 21.3 |
| 0.2 | 0.1 | 4.0 | 51.9 | 19.0 | 24.7 |
| 0.4 | 0.2 | 5.2 | 72.3 | 10.5 | 11.4 |
|  |  | 14.4 | 46.5 | 19.7 | 19.3 |
| **0.8** | **1.9** | **10.2** | **38.3** | **18.6** | **30.1** |
| 3.6 | 8.8 | 37.9 | 17.4 | 13.3 | 18.9 |
| 0.1 | 0.2 | 5.0 | 55.2 | 20.8 | 18.7 |
| 0.2 | 0.7 | 5.0 | 34.2 | 24.8 | 35.2 |
| 0.2 | 0.1 | 5.7 | 69.8 | 15.1 | 9.0 |
| 0.7 | 0.8 | 9.1 | 36.8 | 18.9 | 33.9 |
| 0.5 | 0.7 | 5.8 | 29.2 | 20.1 | 43.6 |
| 0.5 | 0.3 | 6.6 | 52.3 | 16.7 | 23.6 |
| 0.4 | 1.0 | 5.1 | 23.1 | 22.1 | 48.4 |
| 0.3 | 0.6 | 4.3 | 31.2 | 20.2 | 43.4 |
| 0.2 | 0.4 | 4.3 | 59.7 | 17.1 | 18.2 |
| 0.5 | 0.3 | 3.3 | 52.4 | 23.4 | 20.1 |
| 0.3 | 0.3 | 4.2 | 55.9 | 22.1 | 17.2 |
| 0.5 | 0.0 | 4.3 | 72.8 | 11.3 | 11.1 |
| 0.3 | 0.8 | 7.5 | 52.1 | 16.3 | 23.1 |
| 0.3 | 2.4 | 9.5 | 29.1 | 14.8 | 43.8 |
| 0.5 | 0.3 | 5.3 | 71.8 | 10.9 | 11.1 |
| 0.3 | 0.4 | 3.7 | 65.0 | 16.1 | 14.6 |
| 0.4 | 0.8 | 5.1 | 55.7 | 19.2 | 18.7 |
| 0.2 | 0.3 | 7.0 | 74.6 | 9.5 | 8.4 |
|  |  |  | 100.0 |  |  |

# 3-33 按职业、性别分的城镇就业人员工作时间构成
# Working Hours of Urban Employed Persons by Occupation and Sex

单位：% (%)

| 职业 | Occupation | 城镇就业人员 Urban Employed Persons | 1-8小时 1-8 Hours | 9-19小时 9-19 Hours | 20-39小时 20-39 Hours | 40小时 40 Hours | 41-48小时 41-48 Hours | 48小时以上 48 Hours Above |
|---|---|---|---|---|---|---|---|---|
| **合　计** | **Total** | **100.0** | **0.7** | **1.4** | **8.5** | **37.8** | **18.7** | **32.9** |
| 单位负责人 | Unit Head | 100.0 | 0.1 | 0.5 | 3.6 | 45.0 | 14.8 | 36.0 |
| 专业技术人员 | Technical Personnel | 100.0 | 0.3 | 0.4 | 4.1 | 62.0 | 16.1 | 17.1 |
| 办事人员和有关人员 | Clerk and Related Workers | 100.0 | 0.3 | 0.2 | 3.8 | 63.8 | 15.3 | 16.7 |
| 商业、服务业人员 | Business Service Personnel | 100.0 | 0.4 | 0.8 | 5.7 | 29.2 | 19.9 | 43.9 |
| 农林牧渔水利业生产人员 | Producers in the Sectors of Agriculture, Forestry, Animal Husbandry, Fishery and Water Conservancy | 100.0 | 2.8 | 6.9 | 31.9 | 19.0 | 15.9 | 23.4 |
| 生产运输设备操作人员及有关人员 | Production,Transport Equipment Operators and Related Workers | 100.0 | 0.3 | 0.6 | 5.3 | 31.0 | 22.1 | 40.7 |
| 其　他 | Others | 100.0 | 0.1 | 1.3 | 4.5 | 33.0 | 25.4 | 35.6 |
| **男** | **Male** | **100.0** | **0.5** | **1.0** | **7.1** | **37.5** | **18.8** | **35.0** |
| 单位负责人 | Unit Head | 100.0 | 0.2 | 0.4 | 3.5 | 44.4 | 15.4 | 36.0 |
| 专业技术人员 | Technical Personnel | 100.0 | 0.3 | 0.4 | 3.9 | 60.1 | 16.0 | 19.4 |
| 办事人员和有关人员 | Clerk and Related Workers | 100.0 | 0.3 | 0.2 | 3.7 | 61.5 | 15.4 | 18.9 |
| 商业、服务业人员 | Business Service Personnel | 100.0 | 0.4 | 0.8 | 5.0 | 29.2 | 19.0 | 45.7 |
| 农林牧渔水利业生产人员 | Producers in the Sectors of Agriculture, Forestry, Animal Husbandry, Fishery and Water Conservancy | 100.0 | 2.2 | 5.2 | 26.4 | 20.1 | 18.4 | 27.7 |
| 生产运输设备操作人员及有关人员 | Production,Transport Equipment Operators and Related Workers | 100.0 | 0.3 | 0.5 | 5.0 | 31.1 | 21.6 | 41.5 |
| 其　他 | Others | 100.0 |  | 0.9 | 3.0 | 29.7 | 28.1 | 38.3 |
| **女** | **Female** | **100.0** | **0.8** | **1.9** | **10.2** | **38.3** | **18.6** | **30.1** |
| 单位负责人 | Unit Head | 100.0 | 0.0 | 0.7 | 3.7 | 46.6 | 13.0 | 35.9 |
| 专业技术人员 | Technical Personnel | 100.0 | 0.4 | 0.4 | 4.2 | 64.0 | 16.1 | 15.0 |
| 办事人员和有关人员 | Clerk and Related Workers | 100.0 | 0.3 | 0.2 | 3.9 | 67.6 | 15.0 | 13.0 |
| 商业、服务业人员 | Business Service Personnel | 100.0 | 0.4 | 0.9 | 6.4 | 29.2 | 20.9 | 42.2 |
| 农林牧渔水利业生产人员 | Producers in the Sectors of Agriculture, Forestry, Animal Husbandry, Fishery and Water Conservancy | 100.0 | 3.6 | 8.7 | 37.7 | 17.9 | 13.4 | 18.8 |
| 生产运输设备操作人员及有关人员 | Production,Transport Equipment Operators and Related Workers | 100.0 | 0.2 | 0.8 | 6.0 | 30.9 | 23.1 | 39.0 |
| 其　他 | Others | 100.0 | 0.4 | 2.3 | 7.4 | 39.6 | 20.1 | 30.3 |

# 3-34 按年龄、性别分的城镇失业人员失业原因构成

## Reason for Unemployment of Urban Unemployed Persons by Age and Sex

单位：%　　(%)

| 年龄 Age | 城镇失业人员 Urban Unemployed Persons | 离退休 Retired | 料理家务 Do Housework | 毕业后未工作 Job-off After Graduated | 因单位原因失去工作 Lost Job for Working Unit Reasons | 因个人原因失去工作 Lost Job for Individual Reasons | 承包土地被征用 Land Expropriated | 其他 Others |
|---|---|---|---|---|---|---|---|---|
| **总计 Total** | **100.0** | **4.0** | **22.3** | **21.7** | **19.6** | **19.4** | **2.6** | **10.4** |
| 16-19 | 100.0 | | 4.8 | 66.9 | 1.4 | 19.9 | 0.8 | 6.2 |
| 20-24 | 100.0 | | 7.8 | 59.3 | 4.2 | 18.0 | 1.1 | 9.5 |
| 25-29 | 100.0 | | 23.9 | 28.4 | 9.4 | 26.8 | 0.8 | 10.7 |
| 30-34 | 100.0 | | 36.6 | 8.7 | 16.1 | 26.3 | 1.5 | 10.8 |
| 35-39 | 100.0 | | 36.6 | 2.7 | 22.9 | 23.4 | 2.8 | 11.6 |
| 40-44 | 100.0 | | 34.1 | 1.4 | 34.7 | 16.8 | 2.7 | 10.3 |
| 45-49 | 100.0 | 5.6 | 23.8 | 0.6 | 39.1 | 15.0 | 4.4 | 11.6 |
| 50-54 | 100.0 | 18.3 | 13.0 | 0.4 | 40.4 | 12.5 | 5.4 | 10.1 |
| 55-59 | 100.0 | 21.7 | 14.7 | 0.1 | 36.2 | 7.7 | 8.9 | 10.7 |
| 60-64 | 100.0 | 57.0 | 9.5 | | 7.6 | 5.4 | 7.0 | 13.5 |
| 65+ | 100.0 | 60.8 | 3.3 | | 1.0 | 10.4 | 13.3 | 11.2 |
| **男 Male** | **100.0** | **3.6** | **3.8** | **26.6** | **26.2** | **22.8** | **3.3** | **13.7** |
| 16-19 | 100.0 | | 1.2 | 70.6 | 0.9 | 19.6 | 1.2 | 6.6 |
| 20-24 | 100.0 | | 1.6 | 63.7 | 5.2 | 19.7 | 1.3 | 8.4 |
| 25-29 | 100.0 | | 2.3 | 36.3 | 14.0 | 32.5 | 0.4 | 14.4 |
| 30-34 | 100.0 | | 6.5 | 13.7 | 20.6 | 41.8 | 1.7 | 15.8 |
| 35-39 | 100.0 | | 7.1 | 2.7 | 32.5 | 31.6 | 5.1 | 21.0 |
| 40-44 | 100.0 | | 3.7 | 2.8 | 50.8 | 22.5 | 4.1 | 16.1 |
| 45-49 | 100.0 | 0.6 | 6.1 | 1.2 | 50.4 | 18.0 | 5.3 | 18.4 |
| 50-54 | 100.0 | 4.3 | 2.4 | 0.4 | 57.5 | 14.9 | 5.7 | 14.7 |
| 55-59 | 100.0 | 16.5 | 7.7 | 0.2 | 46.6 | 8.7 | 7.8 | 12.5 |
| 60-64 | 100.0 | 59.2 | 4.1 | | 8.0 | 6.4 | 6.2 | 16.0 |
| 65+ | 100.0 | 58.7 | | | 1.4 | 9.2 | 17.0 | 13.8 |
| **女 Female** | **100.0** | **4.3** | **38.3** | **17.5** | **13.9** | **16.3** | **2.0** | **7.6** |
| 16-19 | 100.0 | | 13.2 | 58.3 | 2.8 | 20.6 | | 5.2 |
| 20-24 | 100.0 | | 14.2 | 54.8 | 3.3 | 16.3 | 0.8 | 10.7 |
| 25-29 | 100.0 | | 40.4 | 22.4 | 5.9 | 22.4 | 1.1 | 7.9 |
| 30-34 | 100.0 | | 52.6 | 6.0 | 13.7 | 18.0 | 1.4 | 8.1 |
| 35-39 | 100.0 | | 52.7 | 2.8 | 17.6 | 18.9 | 1.6 | 6.5 |
| 40-44 | 100.0 | | 53.0 | 0.6 | 24.7 | 13.3 | 1.8 | 6.6 |
| 45-49 | 100.0 | 9.7 | 38.4 | 0.2 | 29.7 | 12.5 | 3.6 | 5.9 |
| 50-54 | 100.0 | 39.2 | 29.0 | 0.2 | 14.7 | 9.0 | 4.9 | 3.1 |
| 55-59 | 100.0 | 34.6 | 32.2 | | 10.1 | 5.3 | 11.7 | 6.0 |
| 60-64 | 100.0 | 51.3 | 23.4 | | 6.4 | 2.8 | 9.0 | 7.0 |
| 65+ | 100.0 | 66.1 | 11.5 | | | 13.3 | 4.3 | 4.9 |

# 3-35 按失业原因、性别分的城镇失业人员年龄构成
# Age Composition of Urban Unemployed Persons by Reason and Sex

单位：% (%)

| 年 龄 Age | 城 镇 失业人员 Urban Unemployed Persons | 离退休 Retired | 料理家务 Do Housework | 毕业后未工作 Job-off After Graduated | 因单位原因失去工作 Lost Job for Working Unit Reasons | 因个人原因失去工作 Lost Job for Individual Reasons | 承包土地被征用 Land Expropriated | 其 他 Others |
|---|---|---|---|---|---|---|---|---|
| **总计 Total** | **100.0** | **100.0** | **100.0** | **100.0** | **100.0** | **100.0** | **100.0** | **100.0** |
| 16-19 | 4.3 | | 0.9 | 13.1 | 0.3 | 4.4 | 1.3 | 2.5 |
| 20-24 | 22.8 | | 8.0 | 62.1 | 4.9 | 21.2 | 9.2 | 20.8 |
| 25-29 | 13.3 | | 14.3 | 17.4 | 6.4 | 18.5 | 4.0 | 13.7 |
| 30-34 | 11.6 | | 19.0 | 4.6 | 9.5 | 15.7 | 6.6 | 12.0 |
| 35-39 | 12.2 | | 20.1 | 1.5 | 14.2 | 14.8 | 13.1 | 13.6 |
| 40-44 | 12.1 | | 18.5 | 0.8 | 21.4 | 10.5 | 12.3 | 11.9 |
| 45-49 | 11.2 | 15.7 | 11.9 | 0.3 | 22.2 | 8.7 | 18.6 | 12.4 |
| 50-54 | 6.0 | 27.4 | 3.5 | 0.1 | 12.3 | 3.9 | 12.3 | 5.8 |
| 55-59 | 4.4 | 24.2 | 2.9 | 0.0 | 8.2 | 1.8 | 15.1 | 4.5 |
| 60-64 | 1.6 | 23.1 | 0.7 | | 0.6 | 0.5 | 4.3 | 2.1 |
| 65+ | 0.6 | 9.5 | 0.1 | | 0.0 | 0.3 | 3.2 | 0.7 |
| **男 Male** | **100.0** | **100.0** | **100.0** | **100.0** | **100.0** | **100.0** | **100.0** | **100.0** |
| 16-19 | 6.4 | | 2.1 | 17.0 | 0.2 | 5.5 | 2.2 | 3.1 |
| 20-24 | 24.6 | | 10.2 | 59.0 | 4.9 | 21.2 | 9.9 | 15.1 |
| 25-29 | 12.4 | | 7.4 | 16.9 | 6.6 | 17.6 | 1.5 | 13.0 |
| 30-34 | 8.6 | | 14.7 | 4.4 | 6.8 | 15.8 | 4.3 | 9.9 |
| 35-39 | 9.3 | | 17.3 | 0.9 | 11.5 | 12.8 | 14.1 | 14.2 |
| 40-44 | 9.9 | | 9.7 | 1.1 | 19.3 | 9.8 | 12.2 | 11.7 |
| 45-49 | 10.8 | 1.8 | 17.3 | 0.5 | 20.9 | 8.6 | 17.1 | 14.6 |
| 50-54 | 7.7 | 9.4 | 4.9 | 0.1 | 16.9 | 5.0 | 13.2 | 8.3 |
| 55-59 | 6.8 | 31.6 | 13.8 | 0.0 | 12.1 | 2.6 | 15.9 | 6.2 |
| 60-64 | 2.5 | 41.6 | 2.7 | | 0.8 | 0.7 | 4.7 | 2.9 |
| 65+ | 0.9 | 15.6 | | | 0.0 | 0.4 | 4.8 | 1.0 |
| **女 Female** | **100.0** | **100.0** | **100.0** | **100.0** | **100.0** | **100.0** | **100.0** | **100.0** |
| 16-19 | 2.4 | | 0.8 | 7.9 | 0.5 | 3.0 | | 1.6 |
| 20-24 | 21.2 | | 7.8 | 66.1 | 5.0 | 21.2 | 8.0 | 29.8 |
| 25-29 | 14.2 | | 14.9 | 18.1 | 6.0 | 19.4 | 7.6 | 14.8 |
| 30-34 | 14.1 | | 19.4 | 4.9 | 13.9 | 15.6 | 10.1 | 15.2 |
| 35-39 | 14.8 | | 20.3 | 2.3 | 18.7 | 17.1 | 11.5 | 12.6 |
| 40-44 | 13.9 | | 19.3 | 0.4 | 24.7 | 11.3 | 12.5 | 12.2 |
| 45-49 | 11.4 | 25.6 | 11.5 | 0.1 | 24.4 | 8.8 | 20.8 | 9.0 |
| 50-54 | 4.5 | 40.3 | 3.4 | 0.1 | 4.7 | 2.4 | 10.9 | 1.8 |
| 55-59 | 2.4 | 18.9 | 2.0 | | 1.7 | 0.8 | 14.0 | 1.9 |
| 60-64 | 0.8 | 9.9 | 0.5 | | 0.4 | 0.1 | 3.8 | 0.8 |
| 65+ | 0.3 | 5.2 | 0.1 | | | 0.3 | 0.7 | 0.2 |

# 3-36　按受教育程度、性别分的城镇失业人员失业原因构成
## Reason for Unemployment of Urban Unemployed Persons by Educational Attainment and Sex

单位：%　　　　(%)

| 受教育程度 | Educational Attainment | 城镇失业人员 Urban Unemployed Persons | 离退休 Retired | 料理家务 Do Housework | 毕业后未工作 Job-off After Graduated | 因单位原因失去工作 Lost Job for Working Unit Reasons | 因个人原因失去工作 Lost Job for Individual Reasons | 承包土地被征用 Land Expropriated | 其他 Others |
|---|---|---|---|---|---|---|---|---|---|
| **总　计** | **Total** | **100.0** | **4.0** | **22.3** | **21.7** | **19.6** | **19.4** | **2.6** | **10.4** |
| 未上过学 | No Schooling | 100.0 | 7.6 | 47.9 | 4.6 | 3.3 | 1.8 | 3.2 | 31.6 |
| 小　学 | Primary School | 100.0 | 5.0 | 40.9 | 5.9 | 10.0 | 15.7 | 8.4 | 14.1 |
| 初　中 | Junior Secondary School | 100.0 | 4.3 | 28.8 | 12.0 | 20.0 | 19.2 | 4.0 | 11.8 |
| 高　中 | Senior Secondary School | 100.0 | 4.6 | 19.3 | 19.7 | 25.1 | 20.0 | 1.4 | 10.0 |
| 大学专科 | College | 100.0 | 2.4 | 9.3 | 46.0 | 14.0 | 20.3 | 0.2 | 7.7 |
| 大学本科 | University | 100.0 | 0.8 | 6.3 | 54.7 | 13.5 | 19.1 |  | 5.5 |
| 研究生及以上 | Graduate and Higher Level | 100.0 | 6.4 |  | 51.4 |  | 39.0 |  | 3.2 |
| **男** | **Male** | **100.0** | **3.6** | **3.8** | **26.6** | **26.2** | **22.8** | **3.3** | **13.7** |
| 未上过学 | No Schooling | 100.0 | 18.6 | 12.0 | 11.3 |  |  | 0.8 | 57.2 |
| 小　学 | Primary School | 100.0 | 5.6 | 8.2 | 10.5 | 18.2 | 20.4 | 12.0 | 25.1 |
| 初　中 | Junior Secondary School | 100.0 | 4.5 | 4.9 | 17.6 | 27.8 | 23.7 | 5.3 | 16.3 |
| 高　中 | Senior Secondary School | 100.0 | 2.8 | 3.0 | 25.1 | 31.0 | 24.2 | 1.9 | 12.1 |
| 大学专科 | College | 100.0 | 2.8 | 2.5 | 46.3 | 18.3 | 20.4 | 0.4 | 9.4 |
| 大学本科 | University | 100.0 | 1.1 | 0.8 | 54.5 | 19.3 | 18.6 |  | 5.8 |
| 研究生及以上 | Graduate and Higher Level | 100.0 | 13.7 |  | 18.5 |  | 60.8 |  | 7.0 |
| **女** | **Female** | **100.0** | **4.3** | **38.3** | **17.5** | **13.9** | **16.3** | **2.0** | **7.6** |
| 未上过学 | No Schooling | 100.0 |  | 72.5 |  | 5.5 | 3.1 | 4.9 | 14.0 |
| 小　学 | Primary School | 100.0 | 4.6 | 62.7 | 2.9 | 4.6 | 12.5 | 5.9 | 6.8 |
| 初　中 | Junior Secondary School | 100.0 | 4.1 | 47.7 | 7.6 | 13.9 | 15.6 | 3.1 | 8.2 |
| 高　中 | Senior Secondary School | 100.0 | 6.4 | 34.9 | 14.5 | 19.3 | 16.0 | 0.9 | 7.9 |
| 大学专科 | College | 100.0 | 2.1 | 15.9 | 45.8 | 9.9 | 20.3 |  | 6.1 |
| 大学本科 | University | 100.0 | 0.5 | 12.0 | 54.9 | 7.7 | 19.6 |  | 5.3 |
| 研究生及以上 | Graduate and Higher Level | 100.0 |  |  | 79.8 |  | 20.2 |  |  |

# 3-37 按失业原因、性别分的城镇失业人员受教育程度构成

# Educational Attainment of Urban Unemployed Persons by Reason and Sex

单位：% (%)

| 受教育程度 | Educational Attainment | 城镇失业人员 Urban Unemployed Persons | 离退休 Retired | 料理家务 Do Housework | 毕业后未工作 Job-off After Graduated | 因单位原因失去工作 Lost Job for Working Unit Reasons | 因个人原因失去工作 Lost Job for Individual Reasons | 承包土地被征用 Land Expropriated | 其他 Others |
|---|---|---|---|---|---|---|---|---|---|
| **总 计** | **Total** | **100.0** | **100.0** | **100.0** | **100.0** | **100.0** | **100.0** | **100.0** | **100.0** |
| 未上过学 | No Schooling | 0.4 | 0.8 | 0.9 | 0.1 | 0.1 | 0.0 | 0.5 | 1.3 |
| 小 学 | Primary School | 6.3 | 8.0 | 11.7 | 1.7 | 3.2 | 5.1 | 20.3 | 8.6 |
| 初 中 | Junior Secondary School | 39.7 | 42.9 | 51.4 | 21.9 | 40.5 | 39.3 | 61.4 | 44.8 |
| 高 中 | Senior Secondary School | 32.5 | 37.8 | 28.1 | 29.4 | 41.5 | 33.6 | 16.8 | 31.1 |
| 大学专科 | College | 14.9 | 9.0 | 6.2 | 31.5 | 10.6 | 15.6 | 1.0 | 11.0 |
| 大学本科 | University | 5.9 | 1.2 | 1.7 | 14.9 | 4.1 | 5.9 | | 3.2 |
| 研究生及以上 | Graduate and Higher Level | 0.2 | 0.3 | | 0.5 | | 0.4 | | 0.1 |
| **男** | **Male** | **100.0** | **100.0** | **100.0** | **100.0** | **100.0** | **100.0** | **100.0** | **100.0** |
| 未上过学 | No Schooling | 0.4 | 1.9 | 1.2 | 0.2 | | | 0.1 | 1.5 |
| 小 学 | Primary School | 5.5 | 8.6 | 11.7 | 2.1 | 3.8 | 4.9 | 19.6 | 10.0 |
| 初 中 | Junior Secondary School | 37.7 | 48.0 | 48.7 | 24.9 | 40.0 | 39.1 | 59.6 | 44.8 |
| 高 中 | Senior Secondary School | 34.2 | 26.6 | 27.0 | 32.2 | 40.5 | 36.3 | 19.1 | 30.2 |
| 大学专科 | College | 15.6 | 12.2 | 10.2 | 27.3 | 10.9 | 14.0 | 1.7 | 10.7 |
| 大学本科 | University | 6.4 | 1.9 | 1.3 | 13.1 | 4.7 | 5.2 | | 2.7 |
| 研究生及以上 | Graduate and Higher Level | 0.2 | 0.8 | | 0.1 | | 0.6 | | 0.1 |
| **女** | **Female** | **100.0** | **100.0** | **100.0** | **100.0** | **100.0** | **100.0** | **100.0** | **100.0** |
| 未上过学 | No Schooling | 0.5 | | 0.9 | | 0.2 | 0.1 | 1.1 | 0.9 |
| 小 学 | Primary School | 7.1 | 7.6 | 11.7 | 1.2 | 2.3 | 5.5 | 21.3 | 6.4 |
| 初 中 | Junior Secondary School | 41.5 | 39.2 | 51.6 | 17.9 | 41.3 | 39.5 | 64.0 | 44.8 |
| 高 中 | Senior Secondary School | 31.0 | 45.8 | 28.2 | 25.6 | 43.1 | 30.4 | 13.6 | 32.5 |
| 大学专科 | College | 14.2 | 6.7 | 5.9 | 37.1 | 10.1 | 17.6 | | 11.5 |
| 大学本科 | University | 5.5 | 0.7 | 1.7 | 17.3 | 3.1 | 6.6 | | 3.9 |
| 研究生及以上 | Graduate and Higher Level | 0.2 | | | 1.0 | | 0.3 | | |

# 3-38 按年龄、性别分的城镇失业人员受教育程度构成

## Educational Attainment of Urban Unemployed Persons by Age and Sex

单位：%　　　　(%)

| 年龄 Age | 城镇失业人员 Urban Unemployed Persons | 未上过学 No Schooling | 小学 Primary School | 初中 Junior Secondary School | 高中 Senior Secondary School | 大学专科 College | 大学本科 University | 研究生及以上 Graduate and Higher Level |
|---|---|---|---|---|---|---|---|---|
| **总计 Total** | **100.0** | **0.4** | **6.3** | **39.7** | **32.5** | **14.9** | **5.9** | **0.2** |
| 16-19 | 100.0 | 0.7 | 5.0 | 48.5 | 40.3 | 3.9 | 1.7 | |
| 20-24 | 100.0 | 0.0 | 1.1 | 26.2 | 30.9 | 29.2 | 12.4 | 0.2 |
| 25-29 | 100.0 | 0.3 | 1.9 | 32.9 | 29.1 | 23.2 | 12.0 | 0.5 |
| 30-34 | 100.0 | 0.1 | 3.7 | 40.4 | 37.9 | 13.1 | 4.6 | 0.3 |
| 35-39 | 100.0 | 0.4 | 8.6 | 45.1 | 33.0 | 10.3 | 2.4 | 0.2 |
| 40-44 | 100.0 | 0.6 | 8.3 | 51.8 | 30.5 | 6.2 | 2.4 | 0.2 |
| 45-49 | 100.0 | 0.5 | 7.8 | 48.3 | 34.9 | 7.0 | 1.3 | 0.1 |
| 50-54 | 100.0 | 0.6 | 13.3 | 40.8 | 40.4 | 3.8 | 1.2 | |
| 55-59 | 100.0 | 2.0 | 19.8 | 48.1 | 24.4 | 4.1 | 1.5 | |
| 60-64 | 100.0 | 2.4 | 23.6 | 42.7 | 20.5 | 8.8 | 1.2 | 0.8 |
| 65+ | 100.0 | 1.5 | 34.2 | 39.3 | 6.5 | 16.4 | 1.9 | |
| **男 Male** | **100.0** | **0.4** | **5.5** | **37.7** | **34.2** | **15.6** | **6.4** | **0.2** |
| 16-19 | 100.0 | 1.0 | 7.1 | 45.4 | 40.8 | 4.8 | 1.0 | |
| 20-24 | 100.0 | | 0.7 | 25.9 | 33.3 | 27.5 | 12.4 | 0.2 |
| 25-29 | 100.0 | 0.5 | 1.1 | 27.7 | 30.7 | 27.7 | 12.3 | |
| 30-34 | 100.0 | | 5.8 | 36.2 | 38.8 | 13.2 | 5.8 | 0.2 |
| 35-39 | 100.0 | 0.6 | 5.3 | 40.8 | 33.5 | 14.5 | 4.7 | 0.5 |
| 40-44 | 100.0 | 0.0 | 4.4 | 50.5 | 35.7 | 5.9 | 3.1 | 0.4 |
| 45-49 | 100.0 | 0.2 | 5.7 | 45.8 | 37.3 | 8.8 | 2.0 | 0.3 |
| 50-54 | 100.0 | 0.1 | 10.8 | 42.3 | 40.1 | 5.2 | 1.6 | |
| 55-59 | 100.0 | 1.2 | 15.1 | 50.7 | 27.5 | 3.9 | 1.6 | |
| 60-64 | 100.0 | 2.7 | 19.4 | 41.0 | 21.9 | 12.2 | 1.6 | 1.1 |
| 65+ | 100.0 | 0.3 | 31.9 | 42.9 | 7.2 | 15.0 | 2.7 | |
| **女 Female** | **100.0** | **0.5** | **7.1** | **41.5** | **31.0** | **14.2** | **5.5** | **0.2** |
| 16-19 | 100.0 | | | 55.7 | 39.2 | 1.9 | 3.2 | |
| 20-24 | 100.0 | 0.0 | 1.5 | 26.4 | 28.5 | 30.9 | 12.4 | 0.2 |
| 25-29 | 100.0 | 0.1 | 2.6 | 37.0 | 27.9 | 19.8 | 11.7 | 0.9 |
| 30-34 | 100.0 | 0.1 | 2.6 | 42.6 | 37.4 | 13.0 | 4.0 | 0.3 |
| 35-39 | 100.0 | 0.2 | 10.4 | 47.4 | 32.8 | 8.1 | 1.2 | |
| 40-44 | 100.0 | 1.0 | 10.7 | 52.7 | 27.2 | 6.4 | 2.0 | |
| 45-49 | 100.0 | 0.8 | 9.6 | 50.4 | 33.0 | 5.5 | 0.8 | |
| 50-54 | 100.0 | 1.3 | 17.2 | 38.5 | 40.8 | 1.7 | 0.6 | |
| 55-59 | 100.0 | 4.0 | 31.7 | 41.7 | 16.6 | 4.8 | 1.2 | |
| 60-64 | 100.0 | 1.5 | 34.5 | 46.9 | 17.0 | | | |
| 65+ | 100.0 | 4.5 | 39.9 | 30.6 | 4.9 | 20.1 | | |

# 3-39 按受教育程度、性别分的城镇失业人员年龄构成
# Age Composition of Urban Unemployed Persons by Educational Attainment and Sex

单位：% (%)

| 年 龄 Age | 城镇失业人员 Urban Unemployed Persons | 未上过学 No Schooling | 小学 Primary School | 初中 Junior Secondary School | 高中 Senior Secondary School | 大学专科 College | 大学本科 University | 研究生及以上 Graduate and Higher Level |
|---|---|---|---|---|---|---|---|---|
| **总计 Total** | **100.0** | **100.0** | **100.0** | **100.0** | **100.0** | **100.0** | **100.0** | **100.0** |
| 16-19 | 4.3 | 7.1 | 3.3 | 5.2 | 5.3 | 1.1 | 1.2 | |
| 20-24 | 22.8 | 0.6 | 4.0 | 15.0 | 21.7 | 44.7 | 47.6 | 18.4 |
| 25-29 | 13.3 | 8.5 | 4.1 | 11.1 | 12.0 | 20.8 | 27.0 | 32.9 |
| 30-34 | 11.6 | 1.9 | 6.8 | 11.7 | 13.5 | 10.2 | 9.0 | 15.1 |
| 35-39 | 12.2 | 10.2 | 16.5 | 13.9 | 12.4 | 8.5 | 5.0 | 10.3 |
| 40-44 | 12.1 | 17.9 | 15.8 | 15.8 | 11.3 | 5.1 | 4.9 | 9.5 |
| 45-49 | 11.2 | 13.2 | 13.7 | 13.6 | 12.0 | 5.3 | 2.5 | 7.3 |
| 50-54 | 6.0 | 8.0 | 12.5 | 6.1 | 7.4 | 1.5 | 1.2 | |
| 55-59 | 4.4 | 21.1 | 13.9 | 5.4 | 3.3 | 1.2 | 1.1 | |
| 60-64 | 1.6 | 9.2 | 6.0 | 1.7 | 1.0 | 1.0 | 0.3 | 6.4 |
| 65+ | 0.6 | 2.3 | 3.4 | 0.6 | 0.1 | 0.7 | 0.2 | |
| **男 Male** | **100.0** | **100.0** | **100.0** | **100.0** | **100.0** | **100.0** | **100.0** | **100.0** |
| 16-19 | 6.4 | 17.4 | 8.3 | 7.7 | 7.6 | 2.0 | 1.0 | |
| 20-24 | 24.6 | | 3.1 | 16.9 | 23.9 | 43.3 | 47.8 | 18.5 |
| 25-29 | 12.4 | 16.6 | 2.5 | 9.1 | 11.1 | 21.9 | 23.8 | |
| 30-34 | 8.6 | | 9.2 | 8.3 | 9.8 | 7.3 | 7.8 | 9.3 |
| 35-39 | 9.3 | 16.4 | 9.1 | 10.0 | 9.1 | 8.6 | 6.8 | 22.2 |
| 40-44 | 9.9 | 0.8 | 8.0 | 13.3 | 10.4 | 3.7 | 4.8 | 20.6 |
| 45-49 | 10.8 | 4.9 | 11.3 | 13.2 | 11.8 | 6.1 | 3.3 | 15.8 |
| 50-54 | 7.7 | 2.1 | 15.2 | 8.6 | 9.0 | 2.5 | 1.9 | |
| 55-59 | 6.8 | 22.4 | 18.9 | 9.2 | 5.5 | 1.7 | 1.7 | |
| 60-64 | 2.5 | 18.6 | 8.9 | 2.7 | 1.6 | 2.0 | 0.6 | 13.7 |
| 65+ | 0.9 | 0.8 | 5.5 | 1.1 | 0.2 | 0.9 | 0.4 | |
| **女 Female** | **100.0** | **100.0** | **100.0** | **100.0** | **100.0** | **100.0** | **100.0** | **100.0** |
| 16-19 | 2.4 | | | 3.2 | 3.0 | 0.3 | 1.4 | |
| 20-24 | 21.2 | 0.9 | 4.6 | 13.5 | 19.5 | 46.0 | 47.5 | 18.4 |
| 25-29 | 14.2 | 2.9 | 5.2 | 12.6 | 12.8 | 19.8 | 30.1 | 61.4 |
| 30-34 | 14.1 | 3.3 | 5.2 | 14.5 | 17.0 | 12.9 | 10.1 | 20.2 |
| 35-39 | 14.8 | 6.0 | 21.5 | 16.9 | 15.6 | 8.4 | 3.3 | |
| 40-44 | 13.9 | 29.7 | 20.9 | 17.7 | 12.2 | 6.3 | 5.0 | |
| 45-49 | 11.4 | 18.9 | 15.3 | 13.9 | 12.2 | 4.4 | 1.7 | |
| 50-54 | 4.5 | 12.1 | 10.7 | 4.1 | 5.9 | 0.5 | 0.5 | |
| 55-59 | 2.4 | 20.2 | 10.6 | 2.4 | 1.3 | 0.8 | 0.5 | |
| 60-64 | 0.8 | 2.8 | 4.1 | 1.0 | 0.5 | | | |
| 65+ | 0.3 | 3.3 | 1.9 | 0.3 | 0.1 | 0.5 | | |

# 3-40 按年龄、性别分的城镇失业人员寻找工作方式构成

## Method of Job-seeking of Urban Unemployed Persons by Age and Sex

单位：%　　　　(%)

| 年龄<br>Age | 城镇失业人员<br>Urban Unemployed Persons | 在职业介绍机构登记<br>Register in Employment Agency Office | 委托亲友找工作<br>Ask Friends Relatives about Job | 参加招聘会<br>Take Part in Employment Advertise Meeting | 应答或刊登广告<br>Answer or Advertise | 浏览招聘广告<br>Scan and Want Ads | 为自己经营作准备<br>Prepare for Own Business | 其他<br>Others |
|---|---|---|---|---|---|---|---|---|
| **总计 Total** | **100.0** | **8.9** | **51.3** | **9.2** | **1.2** | **7.9** | **7.1** | **14.5** |
| 16-19 | 100.0 | 5.9 | 59.2 | 8.5 | 0.2 | 3.9 | 7.3 | 15.0 |
| 20-24 | 100.0 | 10.1 | 41.6 | 20.3 | 2.0 | 8.8 | 5.8 | 11.5 |
| 25-29 | 100.0 | 8.7 | 45.2 | 13.7 | 1.2 | 10.6 | 7.2 | 13.4 |
| 30-34 | 100.0 | 9.9 | 49.4 | 5.5 | 1.6 | 10.8 | 9.6 | 13.2 |
| 35-39 | 100.0 | 9.3 | 51.8 | 3.7 | 1.2 | 8.0 | 9.9 | 16.0 |
| 40-44 | 100.0 | 8.4 | 57.1 | 4.3 | 1.1 | 7.3 | 7.6 | 14.1 |
| 45-49 | 100.0 | 8.4 | 58.9 | 3.5 | 0.7 | 6.1 | 5.9 | 16.5 |
| 50-54 | 100.0 | 7.7 | 61.4 | 3.3 | 0.3 | 4.5 | 7.3 | 15.4 |
| 55-59 | 100.0 | 7.2 | 63.7 | 2.7 | 0.3 | 4.0 | 2.3 | 19.7 |
| 60-64 | 100.0 | 7.0 | 52.9 | 0.5 | 1.4 | 5.0 | 3.3 | 29.9 |
| 65+ | 100.0 | 1.4 | 63.9 | 1.3 | | | | 33.4 |
| **男 Male** | **100.0** | **9.0** | **48.4** | **9.8** | **1.5** | **8.3** | **8.5** | **14.5** |
| 16-19 | 100.0 | 4.3 | 61.0 | 7.6 | | 2.0 | 9.6 | 15.5 |
| 20-24 | 100.0 | 9.8 | 39.5 | 19.8 | 2.7 | 8.9 | 7.4 | 11.8 |
| 25-29 | 100.0 | 8.3 | 42.0 | 16.3 | 1.6 | 12.4 | 8.9 | 10.5 |
| 30-34 | 100.0 | 10.7 | 41.0 | 7.4 | 1.5 | 14.6 | 12.5 | 12.3 |
| 35-39 | 100.0 | 7.6 | 44.9 | 4.1 | 2.1 | 8.3 | 14.7 | 18.3 |
| 40-44 | 100.0 | 9.7 | 54.5 | 4.2 | 1.1 | 8.4 | 8.7 | 13.4 |
| 45-49 | 100.0 | 9.1 | 56.4 | 4.4 | 0.5 | 6.1 | 7.8 | 15.7 |
| 50-54 | 100.0 | 11.0 | 56.9 | 3.4 | 0.6 | 5.3 | 7.2 | 15.5 |
| 55-59 | 100.0 | 9.3 | 61.0 | 3.3 | 0.4 | 4.8 | 2.5 | 18.7 |
| 60-64 | 100.0 | 8.4 | 51.1 | 0.7 | 2.0 | 6.4 | 3.3 | 28.1 |
| 65+ | 100.0 | 2.0 | 55.6 | | | | | 42.5 |
| **女 Female** | **100.0** | **8.7** | **53.7** | **8.6** | **1.0** | **7.6** | **5.8** | **14.6** |
| 16-19 | 100.0 | 9.7 | 54.9 | 10.6 | 0.8 | 8.4 | 1.9 | 13.7 |
| 20-24 | 100.0 | 10.4 | 43.6 | 20.8 | 1.3 | 8.6 | 4.1 | 11.2 |
| 25-29 | 100.0 | 9.0 | 47.6 | 11.7 | 0.9 | 9.2 | 6.0 | 15.6 |
| 30-34 | 100.0 | 9.5 | 53.8 | 4.6 | 1.6 | 8.8 | 8.0 | 13.6 |
| 35-39 | 100.0 | 10.2 | 55.6 | 3.5 | 0.8 | 7.8 | 7.3 | 14.8 |
| 40-44 | 100.0 | 7.6 | 58.8 | 4.4 | 1.1 | 6.7 | 6.9 | 14.6 |
| 45-49 | 100.0 | 7.8 | 61.0 | 2.8 | 0.8 | 6.1 | 4.3 | 17.2 |
| 50-54 | 100.0 | 2.9 | 68.2 | 3.1 | | 3.2 | 7.5 | 15.2 |
| 55-59 | 100.0 | 2.1 | 70.5 | 1.1 | | 2.1 | 1.9 | 22.3 |
| 60-64 | 100.0 | 3.3 | 57.5 | | | 1.4 | 3.4 | 34.5 |
| 65+ | 100.0 | | 84.3 | 4.5 | | | | 11.3 |

# 3-41 按受教育程度、性别分的城镇失业人员寻找工作方式构成
## Method of Job-seeking of Urban Unemployed Persons by Educational Attainment and Sex

单位：% (%)

| 受教育程度 | Educational Attainment | 城镇失业人员 Urban Unemployed Persons | 在职业介绍机构登记 Register in Employment Agency Office | 委托亲友找工作 Ask Friends Relatives about Job | 参加招聘会 Take Part in Employment Advertise Meeting | 应答或刊登广告 Answer or Advertise | 浏览招聘广告 Scan and Want Ads | 为自己经营作准备 Prepare for Own Business | 其他 Others |
|---|---|---|---|---|---|---|---|---|---|
| **总计** | **Total** | **100.0** | **8.9** | **51.3** | **9.2** | **1.2** | **7.9** | **7.1** | **14.5** |
| 未上过学 | No Schooling | 100.0 | 9.2 | 56.5 | | | 6.2 | 0.6 | 27.5 |
| 小学 | Primary School | 100.0 | 2.7 | 64.9 | 1.0 | 0.4 | 6.0 | 4.8 | 20.1 |
| 初中 | Junior Secondary School | 100.0 | 7.4 | 57.6 | 4.4 | 1.2 | 5.1 | 8.2 | 16.2 |
| 高中 | Senior Secondary School | 100.0 | 9.2 | 50.9 | 7.7 | 1.2 | 9.5 | 7.2 | 14.3 |
| 大学专科 | College | 100.0 | 12.6 | 39.5 | 21.2 | 1.0 | 10.8 | 5.6 | 9.3 |
| 大学本科 | University | 100.0 | 14.5 | 26.5 | 27.3 | 3.1 | 12.6 | 4.7 | 11.2 |
| 研究生及以上 | Graduate and Higher Level | 100.0 | | 8.5 | 41.7 | 6.0 | 11.5 | 22.6 | 9.7 |
| **男** | **Male** | **100.0** | **9.0** | **48.4** | **9.8** | **1.5** | **8.3** | **8.5** | **14.5** |
| 未上过学 | No Schooling | 100.0 | 18.6 | 45.1 | | | 15.3 | | 21.0 |
| 小学 | Primary School | 100.0 | 4.0 | 62.5 | 1.8 | 0.4 | 3.8 | 4.6 | 22.8 |
| 初中 | Junior Secondary School | 100.0 | 7.5 | 55.6 | 4.6 | 1.4 | 4.9 | 10.2 | 15.8 |
| 高中 | Senior Secondary School | 100.0 | 9.0 | 47.3 | 8.9 | 1.4 | 10.3 | 8.8 | 14.3 |
| 大学专科 | College | 100.0 | 12.2 | 38.5 | 21.2 | 1.7 | 10.8 | 5.7 | 9.9 |
| 大学本科 | University | 100.0 | 13.9 | 26.1 | 24.6 | 2.7 | 14.3 | 6.1 | 12.4 |
| 研究生及以上 | Graduate and Higher Level | 100.0 | | 7.9 | 18.5 | | 24.8 | 48.8 | |
| **女** | **Female** | **100.0** | **8.7** | **53.7** | **8.6** | **1.0** | **7.6** | **5.8** | **14.6** |
| 未上过学 | No Schooling | 100.0 | 2.8 | 64.4 | | | | 0.9 | 31.9 |
| 小学 | Primary School | 100.0 | 1.9 | 66.5 | 0.4 | 0.5 | 7.5 | 4.9 | 18.4 |
| 初中 | Junior Secondary School | 100.0 | 7.2 | 59.3 | 4.3 | 0.9 | 5.2 | 6.6 | 16.4 |
| 高中 | Senior Secondary School | 100.0 | 9.3 | 54.4 | 6.5 | 1.1 | 8.7 | 5.7 | 14.3 |
| 大学专科 | College | 100.0 | 13.0 | 40.5 | 21.1 | 0.3 | 10.8 | 5.4 | 8.7 |
| 大学本科 | University | 100.0 | 15.1 | 27.0 | 30.0 | 3.6 | 11.0 | 3.3 | 10.1 |
| 研究生及以上 | Graduate and Higher Level | 100.0 | | 8.9 | 61.7 | 11.2 | | | 18.1 |

# 3-42 按年龄、性别分的城镇失业人员失业前的行业构成

## Sector of Urban Unemployed Persons (Prior to Unemployment) by Age and Sex

单位：%　　(%)

| 年龄 Age | 城镇失业人员 Urban Unemployed Persons | 农、林、牧、渔业 Agriculture, Forestry, Animal Husbandry and Fishery | 采矿业 Mining | 制造业 Manufacturing | 电力、热力、燃气及水生产和供应业 Production and Supply of Electricity Power, Heat Power, Gas and Water | 建筑业 Construction | 批发和零售业 Wholesale and Retail Trades |
|---|---|---|---|---|---|---|---|
| **总计 Total** | **100.0** | **7.3** | **1.7** | **29.9** | **0.8** | **5.7** | **21.3** |
| 16-19 | 100.0 | 5.9 | 0.3 | 40.7 | | 12.4 | 17.0 |
| 20-24 | 100.0 | 5.7 | 0.5 | 26.0 | 0.5 | 4.2 | 25.1 |
| 25-29 | 100.0 | 4.0 | 0.7 | 24.2 | 0.7 | 5.0 | 26.8 |
| 30-34 | 100.0 | 5.8 | 0.9 | 20.8 | 0.6 | 4.6 | 27.5 |
| 35-39 | 100.0 | 5.4 | 2.0 | 26.8 | 0.3 | 4.8 | 28.2 |
| 40-44 | 100.0 | 9.7 | 2.7 | 34.8 | 1.0 | 7.0 | 15.8 |
| 45-49 | 100.0 | 6.4 | 2.4 | 37.7 | 0.9 | 4.7 | 17.3 |
| 50-54 | 100.0 | 10.2 | 2.5 | 31.7 | 1.6 | 9.1 | 15.2 |
| 55-59 | 100.0 | 12.7 | 1.0 | 38.3 | 0.7 | 5.8 | 11.2 |
| 60-64 | 100.0 | 17.0 | 1.9 | 31.2 | 1.5 | 6.9 | 9.8 |
| 65+ | 100.0 | 21.0 | 11.0 | 26.8 | 2.0 | 5.9 | 17.9 |
| **男 Male** | **100.0** | **7.2** | **2.4** | **30.5** | **1.0** | **8.7** | **16.5** |
| 16-19 | 100.0 | 5.6 | 0.5 | 45.4 | | 14.5 | 7.9 |
| 20-24 | 100.0 | 5.8 | 1.1 | 22.8 | 0.4 | 7.1 | 20.4 |
| 25-29 | 100.0 | 4.3 | 0.6 | 22.9 | 0.9 | 8.1 | 19.9 |
| 30-34 | 100.0 | 4.9 | 1.4 | 20.0 | 0.8 | 9.9 | 22.7 |
| 35-39 | 100.0 | 5.0 | 3.9 | 27.3 | 0.6 | 7.5 | 21.1 |
| 40-44 | 100.0 | 8.8 | 3.8 | 36.1 | 0.9 | 10.5 | 11.8 |
| 45-49 | 100.0 | 5.8 | 3.0 | 33.4 | 1.1 | 7.5 | 16.7 |
| 50-54 | 100.0 | 9.1 | 2.8 | 35.5 | 2.2 | 11.1 | 14.4 |
| 55-59 | 100.0 | 9.4 | 1.4 | 43.1 | 0.9 | 6.7 | 10.0 |
| 60-64 | 100.0 | 16.2 | 1.3 | 32.2 | 2.1 | 8.0 | 8.2 |
| 65+ | 100.0 | 26.9 | 11.5 | 22.4 | 2.7 | 8.0 | 13.4 |
| **女 Female** | **100.0** | **7.5** | **1.1** | **29.3** | **0.5** | **2.8** | **25.8** |
| 16-19 | 100.0 | 6.4 | | 31.6 | | 8.4 | 34.5 |
| 20-24 | 100.0 | 5.7 | | 29.0 | 0.5 | 1.5 | 29.6 |
| 25-29 | 100.0 | 3.7 | 0.7 | 25.2 | 0.5 | 2.6 | 32.3 |
| 30-34 | 100.0 | 6.3 | 0.7 | 21.4 | 0.5 | 1.3 | 30.5 |
| 35-39 | 100.0 | 5.6 | 0.8 | 26.5 | 0.0 | 3.0 | 32.9 |
| 40-44 | 100.0 | 10.4 | 1.8 | 33.7 | 1.1 | 4.3 | 18.9 |
| 45-49 | 100.0 | 7.0 | 1.9 | 41.8 | 0.7 | 2.1 | 17.9 |
| 50-54 | 100.0 | 12.0 | 2.2 | 25.3 | 0.6 | 5.7 | 16.6 |
| 55-59 | 100.0 | 21.5 | | 25.4 | | 3.4 | 14.3 |
| 60-64 | 100.0 | 19.1 | 3.8 | 28.5 | | 3.8 | 14.5 |
| 65+ | 100.0 | 4.8 | 9.5 | 38.6 | | | 30.0 |

## 3-42 续表 1 continued

单位：% (%)

| 年 龄<br>Age | 交通运输、仓储和邮政业<br>Transport, Storage and Post | 住宿和餐饮业<br>Hotels and Catering Services | 信息传输、软件和信息技术服务业<br>Information Transmission, Software and Information Technical Services | 金融业<br>Financial Intermediation | 房地产业<br>Real Estate | 租赁和商务服务业<br>Leasing and Business Services | 科学研究和技术服务业<br>Scientific Research and Technical Services |
|---|---|---|---|---|---|---|---|
| **总计 Total** | **5.6** | **5.0** | **6.1** | **2.2** | **0.9** | **1.8** | **0.6** |
| 16-19 | 2.6 | 4.6 | 4.6 | 1.2 | | 1.4 | |
| 20-24 | 4.3 | 6.3 | 5.5 | 2.0 | 2.2 | 3.0 | 0.3 |
| 25-29 | 5.1 | 6.6 | 9.7 | 3.0 | 0.7 | 2.8 | 0.8 |
| 30-34 | 5.3 | 5.5 | 8.0 | 2.5 | 1.1 | 2.3 | 0.8 |
| 35-39 | 5.2 | 4.9 | 7.5 | 3.8 | 0.8 | 1.5 | 0.5 |
| 40-44 | 7.2 | 5.8 | 4.3 | 0.7 | 0.3 | 1.0 | 0.2 |
| 45-49 | 5.4 | 4.2 | 3.8 | 2.4 | 1.1 | 1.5 | 0.9 |
| 50-54 | 5.9 | 3.0 | 5.2 | 1.8 | 0.5 | 1.9 | 0.3 |
| 55-59 | 6.5 | 4.0 | 5.4 | 1.3 | 1.7 | 0.9 | 1.0 |
| 60-64 | 10.9 | 1.8 | 4.1 | | | | 0.8 |
| 65+ | 1.3 | | | | | | |
| **男 Male** | **8.9** | **4.3** | **4.2** | **2.0** | **1.2** | **1.9** | **0.6** |
| 16-19 | 4.0 | 6.7 | 4.2 | 1.8 | | 1.0 | |
| 20-24 | 7.8 | 7.6 | 4.4 | 2.4 | 4.3 | 2.8 | 0.2 |
| 25-29 | 9.5 | 6.0 | 8.0 | 2.7 | 0.6 | 4.0 | 0.3 |
| 30-34 | 9.5 | 3.9 | 3.6 | 2.6 | 1.3 | 2.7 | 0.8 |
| 35-39 | 9.5 | 4.8 | 5.7 | 3.5 | 0.9 | 1.4 | 1.0 |
| 40-44 | 11.3 | 3.4 | 2.8 | 0.7 | 0.3 | 0.5 | 0.3 |
| 45-49 | 8.8 | 3.7 | 1.5 | 2.8 | 1.4 | 1.3 | 1.3 |
| 50-54 | 6.5 | 2.6 | 3.7 | 0.8 | 0.7 | 2.9 | 0.6 |
| 55-59 | 8.5 | 3.3 | 5.9 | 0.6 | 1.2 | 1.0 | 0.8 |
| 60-64 | 13.5 | | 4.5 | | | | 1.1 |
| 65+ | | | | | | | |
| **女 Female** | **2.5** | **5.7** | **7.8** | **2.4** | **0.7** | **1.7** | **0.5** |
| 16-19 | | 0.6 | 5.4 | | | 2.3 | |
| 20-24 | 1.0 | 5.0 | 6.5 | 1.5 | 0.3 | 3.1 | 0.5 |
| 25-29 | 1.6 | 7.1 | 11.0 | 3.3 | 0.8 | 1.8 | 1.2 |
| 30-34 | 2.8 | 6.5 | 10.8 | 2.3 | 1.0 | 2.1 | 0.8 |
| 35-39 | 2.4 | 5.0 | 8.7 | 4.0 | 0.7 | 1.5 | 0.2 |
| 40-44 | 4.0 | 7.6 | 5.5 | 0.7 | 0.2 | 1.4 | 0.2 |
| 45-49 | 2.3 | 4.6 | 6.0 | 1.9 | 0.9 | 1.7 | 0.6 |
| 50-54 | 4.9 | 3.7 | 7.5 | 3.6 | | 0.3 | |
| 55-59 | 1.0 | 5.7 | 4.1 | 3.1 | 3.1 | 0.6 | 1.7 |
| 60-64 | 3.5 | 6.8 | 3.1 | | | | |
| 65+ | 5.0 | | | | | | |

## 3-42 续表 2 continued

单位：%　　(%)

| 年 龄<br>Age | 水利、环境和公共设施管理业<br>Management of Water Conservancy, Environment and Public Facilities | 居民服务、修理和其他服务业<br>Services to Households, Repair and Other Services | 教 育<br>Education | 卫生和社会工作<br>Health and Society | 文化、体育和娱乐业<br>Culture, Sports and Entertainment | 公共管理、社会保障和社会组织<br>Public Management Social Security and Social Organizations | 国际组织<br>International Organizations |
|---|---|---|---|---|---|---|---|
| **总计 Total** | **0.6** | **3.5** | **1.9** | **1.8** | **1.1** | **2.2** | **0.01** |
| 16-19 | | 5.9 | 2.9 | 0.4 | | | |
| 20-24 | 0.5 | 4.5 | 1.9 | 3.5 | 2.3 | 1.7 | |
| 25-29 | 0.6 | 3.5 | 1.7 | 2.7 | 0.8 | 0.8 | |
| 30-34 | 1.2 | 3.8 | 3.0 | 1.8 | 2.7 | 1.8 | |
| 35-39 | 0.2 | 3.7 | 1.5 | 0.9 | 0.7 | 1.5 | |
| 40-44 | 0.4 | 4.3 | 1.2 | 0.5 | 0.6 | 2.6 | |
| 45-49 | 1.2 | 2.5 | 1.3 | 1.4 | 0.4 | 4.4 | |
| 50-54 | 0.5 | 2.7 | 2.2 | 2.0 | 0.5 | 3.0 | 0.1 |
| 55-59 | 0.4 | 2.6 | 1.6 | 1.9 | 1.0 | 1.9 | |
| 60-64 | | 2.4 | 4.1 | 3.1 | 1.1 | 3.4 | |
| 65+ | | 1.0 | 7.1 | 6.2 | | | |
| **男 Male** | **0.9** | **3.4** | **1.4** | **1.4** | **1.0** | **2.6** | |
| 16-19 | | 7.8 | | 0.6 | | | |
| 20-24 | 1.1 | 3.8 | 1.0 | 1.0 | 2.4 | 3.5 | |
| 25-29 | 1.3 | 5.5 | 1.4 | 2.6 | | 1.4 | |
| 30-34 | 2.0 | 4.5 | 2.1 | 2.2 | 3.4 | 1.7 | |
| 35-39 | | 2.9 | 0.9 | 1.1 | 0.8 | 2.0 | |
| 40-44 | 0.6 | 4.2 | 0.9 | 0.3 | 0.8 | 1.9 | |
| 45-49 | 1.9 | 2.2 | 1.0 | 1.2 | 0.5 | 5.2 | |
| 50-54 | 0.7 | 1.9 | 1.5 | 0.8 | 0.2 | 2.0 | |
| 55-59 | | 2.0 | 1.3 | 1.1 | 0.5 | 2.0 | |
| 60-64 | | 0.6 | 4.3 | 2.4 | 1.1 | 4.6 | |
| 65+ | | 1.3 | 6.2 | 7.6 | | | |
| **女 Female** | **0.3** | **3.7** | **2.3** | **2.2** | **1.2** | **1.9** | **0.0** |
| 16-19 | | 2.3 | 8.4 | | | | |
| 20-24 | | 5.2 | 2.7 | 5.9 | 2.2 | | |
| 25-29 | | 1.9 | 2.0 | 2.7 | 1.4 | 0.4 | |
| 30-34 | 0.6 | 3.3 | 3.5 | 1.5 | 2.3 | 1.8 | |
| 35-39 | 0.3 | 4.2 | 1.8 | 0.7 | 0.6 | 1.1 | |
| 40-44 | 0.2 | 4.3 | 1.3 | 0.7 | 0.5 | 3.1 | |
| 45-49 | 0.6 | 2.7 | 1.6 | 1.5 | 0.4 | 3.6 | |
| 50-54 | 0.3 | 4.2 | 3.2 | 4.0 | 1.0 | 4.6 | 0.3 |
| 55-59 | 1.4 | 4.2 | 2.3 | 3.9 | 2.5 | 1.6 | |
| 60-64 | | 7.3 | 3.4 | 5.2 | 1.1 | | |
| 65+ | | | 9.5 | 2.6 | | | |

# 3-43 按受教育程度、性别分的城镇失业人员失业前的行业构成
# Sector of Urban Unemployed Persons (Prior to Unemployment) by Educational Attainment and Sex

单位：% (%)

| 受教育程度 | Educational Attainment | 城镇失业人员 Urban Unemployed Persons | 农、林、牧、渔业 Agriculture, Forestry, Animal Husbandry and Fishery | 采矿业 Mining | 制造业 Manufacturing | 电力、热力、燃气及水生产和供应业 Production and Supply of Electricity Power, Heat Power, Gas and Water | 建筑业 Construction | 批发和零售业 Wholesale and Retail Trades |
|---|---|---|---|---|---|---|---|---|
| **总　计** | **Total** | **100.0** | **7.3** | **1.7** | **29.9** | **0.8** | **5.7** | **21.3** |
| 未上过学 | No Schooling | 100.0 | 13.2 | | 17.1 | 2.0 | 12.9 | 19.2 |
| 小　学 | Primary School | 100.0 | 17.9 | 3.0 | 25.8 | 0.6 | 9.4 | 19.5 |
| 初　中 | Junior Secondary School | 100.0 | 10.5 | 1.9 | 32.2 | 0.6 | 6.4 | 18.4 |
| 高　中 | Senior Secondary School | 100.0 | 3.6 | 1.4 | 31.0 | 0.9 | 4.2 | 24.5 |
| 大学专科 | College | 100.0 | 1.3 | 1.8 | 22.0 | 0.8 | 4.4 | 24.6 |
| 大学本科 | University | 100.0 | | | 25.2 | 0.8 | 6.2 | 21.4 |
| 研究生及以上 | Graduate and Higher Level | 100.0 | | | 34.1 | | | 21.1 |
| **男** | **Male** | **100.0** | **7.2** | **2.4** | **30.5** | **1.0** | **8.7** | **16.5** |
| 未上过学 | No Schooling | 100.0 | 0.9 | | 25.5 | 4.7 | 10.7 | 24.4 |
| 小　学 | Primary School | 100.0 | 14.6 | 2.2 | 26.8 | 0.6 | 16.1 | 17.9 |
| 初　中 | Junior Secondary School | 100.0 | 10.6 | 3.1 | 32.4 | 1.2 | 10.2 | 11.7 |
| 高　中 | Senior Secondary School | 100.0 | 4.5 | 2.0 | 31.3 | 0.8 | 6.2 | 20.5 |
| 大学专科 | College | 100.0 | 1.7 | 1.9 | 22.8 | 0.9 | 7.0 | 19.0 |
| 大学本科 | University | 100.0 | | | 32.4 | 1.5 | 7.2 | 21.6 |
| 研究生及以上 | Graduate and Higher Level | 100.0 | | | 27.9 | | | 27.2 |
| **女** | **Female** | **100.0** | **7.5** | **1.1** | **29.3** | **0.5** | **2.8** | **25.8** |
| 未上过学 | No Schooling | 100.0 | 22.3 | | 10.8 | | 14.4 | 15.3 |
| 小　学 | Primary School | 100.0 | 20.4 | 3.7 | 25.1 | 0.5 | 4.3 | 20.7 |
| 初　中 | Junior Secondary School | 100.0 | 10.5 | 0.8 | 32.0 | 0.1 | 3.0 | 24.3 |
| 高　中 | Senior Secondary School | 100.0 | 2.7 | 0.9 | 30.7 | 1.1 | 2.1 | 28.5 |
| 大学专科 | College | 100.0 | 1.0 | 1.7 | 21.3 | 0.6 | 1.6 | 30.4 |
| 大学本科 | University | 100.0 | | | 17.0 | | 5.1 | 21.2 |
| 研究生及以上 | Graduate and Higher Level | 100.0 | | | 55.7 | | | |

### 3-43 续表 1 continued

单位：%　　　　　　　　　　　　　　　　　　　　　　　　　　　　　　　　　　　(%)

| 受教育程度 | Educational Attainment | 交通运输、仓储和邮政业 Transport, Storage and Post | 住宿和餐饮业 Hotels and Catering Services | 信息传输、软件和信息技术服务业 Information Transmission, Software and Information Technical Services | 金融业 Financial Intermediation | 房地产业 Real Estate | 租赁和商务服务业 Leasing and Business Services | 科学研究和技术服务业 Scientific Research and Technical Services |
|---|---|---|---|---|---|---|---|---|
| **总　计** | **Total** | **5.6** | **5.0** | **6.1** | **2.2** | **0.9** | **1.8** | **0.6** |
| 未上过学 | No Schooling | 17.1 | 5.2 | 11.2 | | | | |
| 小　学 | Primary School | 2.2 | 3.5 | 4.5 | 1.6 | 0.9 | 2.6 | |
| 初　中 | Junior Secondary School | 5.7 | 6.0 | 5.9 | 1.6 | 0.7 | 0.8 | 0.4 |
| 高　中 | Senior Secondary School | 6.1 | 4.8 | 5.7 | 1.8 | 1.0 | 2.3 | 0.8 |
| 大学专科 | College | 5.3 | 3.9 | 7.5 | 5.2 | 1.6 | 3.7 | 0.7 |
| 大学本科 | University | 5.8 | 2.5 | 8.1 | 5.4 | 1.3 | 2.7 | 1.5 |
| 研究生及以上 | Graduate and Higher Level | 12.9 | | 13.1 | | 8.9 | | 9.9 |
| **男** | **Male** | **8.9** | **4.3** | **4.2** | **2.0** | **1.2** | **1.9** | **0.6** |
| 未上过学 | No Schooling | 33.8 | | | | | | |
| 小　学 | Primary School | 4.7 | 1.9 | 2.3 | 1.9 | 0.3 | 1.9 | |
| 初　中 | Junior Secondary School | 9.5 | 4.6 | 3.7 | 1.6 | 1.0 | 1.0 | 0.5 |
| 高　中 | Senior Secondary School | 9.0 | 4.5 | 4.5 | 1.0 | 1.5 | 2.4 | 0.6 |
| 大学专科 | College | 7.3 | 4.7 | 6.6 | 4.8 | 1.7 | 4.3 | 1.0 |
| 大学本科 | University | 9.3 | 1.8 | 3.8 | 6.1 | 1.1 | 0.8 | 2.8 |
| 研究生及以上 | Graduate and Higher Level | 16.7 | | 16.8 | | 11.4 | | |
| **女** | **Female** | **2.5** | **5.7** | **7.8** | **2.4** | **0.7** | **1.7** | **0.5** |
| 未上过学 | No Schooling | 4.8 | 9.1 | 19.5 | | | | |
| 小　学 | Primary School | 0.3 | 4.7 | 6.2 | 1.4 | 1.4 | 3.1 | |
| 初　中 | Junior Secondary School | 2.3 | 7.1 | 7.9 | 1.6 | 0.4 | 0.6 | 0.4 |
| 高　中 | Senior Secondary School | 3.2 | 5.1 | 7.0 | 2.5 | 0.5 | 2.3 | 0.9 |
| 大学专科 | College | 3.3 | 3.0 | 8.5 | 5.6 | 1.5 | 3.0 | 0.3 |
| 大学本科 | University | 1.9 | 3.3 | 12.8 | 4.6 | 1.4 | 4.7 | |
| 研究生及以上 | Graduate and Higher Level | | | | | | | 44.3 |

## 3-43 续表 2 continued

单位：% (%)

| 受教育程度 | Educational Attainment | 水利、环境和公共设施管理业 Management of Water Conservancy, Environment and Public Facilities | 居民服务、修理和其他服务业 Services to Households, Repair and Other Services | 教育 Education | 卫生和社会工作 Health and Society | 文化、体育和娱乐业 Culture, Sports and Entertainment | 公共管理、社会保障和社会组织 Public Management Social Security and Social Organizations | 国际组织 International Organizations |
|---|---|---|---|---|---|---|---|---|
| **总　计** | **Total** | **0.6** | **3.5** | **1.9** | **1.8** | **1.1** | **2.2** | **0.0** |
| 未上过学 | No Schooling | | | | | | 2.2 | |
| 小　学 | Primary School | 0.9 | 4.2 | 0.6 | 1.2 | 0.2 | 1.3 | |
| 初　中 | Junior Secondary School | 0.5 | 4.1 | 1.1 | 1.3 | 0.6 | 1.2 | 0.0 |
| 高　中 | Senior Secondary School | 0.6 | 3.4 | 2.3 | 1.9 | 1.3 | 2.3 | |
| 大学专科 | College | 1.0 | 2.0 | 3.3 | 3.2 | 2.8 | 5.1 | |
| 大学本科 | University | | 2.0 | 5.9 | 3.2 | 1.3 | 6.8 | |
| 研究生及以上 | Graduate and Higher Level | | | | | | | |
| **男** | **Male** | **0.9** | **3.4** | **1.4** | **1.4** | **1.0** | **2.6** | |
| 未上过学 | No Schooling | | | | | | | |
| 小　学 | Primary School | 0.3 | 3.6 | 0.7 | 2.2 | | 1.9 | |
| 初　中 | Junior Secondary School | 0.9 | 4.5 | 0.8 | 0.9 | 0.5 | 1.1 | |
| 高　中 | Senior Secondary School | 1.0 | 3.2 | 1.7 | 1.1 | 1.4 | 2.7 | |
| 大学专科 | College | 1.2 | 0.5 | 2.4 | 3.0 | 2.2 | 7.2 | |
| 大学本科 | University | | 1.6 | 2.2 | 2.4 | 0.9 | 4.4 | |
| 研究生及以上 | Graduate and Higher Level | | | | | | | |
| **女** | **Female** | **0.3** | **3.7** | **2.3** | **2.2** | **1.2** | **1.9** | **0.0** |
| 未上过学 | No Schooling | | | | | | 3.8 | |
| 小　学 | Primary School | 1.4 | 4.6 | 0.5 | 0.4 | 0.4 | 0.8 | |
| 初　中 | Junior Secondary School | 0.2 | 3.7 | 1.2 | 1.7 | 0.7 | 1.3 | 0.0 |
| 高　中 | Senior Secondary School | 0.2 | 3.6 | 3.0 | 2.7 | 1.2 | 1.8 | |
| 大学专科 | College | 0.7 | 3.5 | 4.2 | 3.5 | 3.5 | 2.8 | |
| 大学本科 | University | | 2.5 | 10.0 | 4.2 | 1.7 | 9.6 | |
| 研究生及以上 | Graduate and Higher Level | | | | | | | |

# 3-44 按年龄、性别分的城镇失业人员失业前的职业构成
## Occupation of Urban Unemployed Persons (Prior to Unemployment) by Age and Sex

单位：% (%)

| 年龄 Age | 城镇失业人员 Urban Unemployed Persons | 单位负责人 Unit Head | 专业技术人员 Technical Personnel | 办事人员和有关人员 Clerk and Related Workers | 商业、服务业人员 Business Service Personnel | 农林牧渔水利业生产人员 Producers in the Sectors of Agriculture, Forestry, Animal Husbandry, Fishery and Water Conservancy | 生产运输设备操作人员及有关人员 Production, Transport Equipment Operators and Related Workers | 其他 Others |
|---|---|---|---|---|---|---|---|---|
| **总计 Total** | **100.0** | **1.4** | **11.3** | **7.0** | **38.6** | **7.7** | **33.2** | **0.7** |
| 16-19 | 100.0 | | 10.1 | 0.9 | 35.0 | 5.9 | 47.8 | 0.3 |
| 20-24 | 100.0 | 0.5 | 11.7 | 7.0 | 44.4 | 5.8 | 30.5 | 0.1 |
| 25-29 | 100.0 | 0.7 | 12.2 | 10.5 | 44.9 | 4.1 | 27.6 | 0.1 |
| 30-34 | 100.0 | 1.4 | 12.7 | 7.1 | 46.0 | 6.3 | 25.7 | 0.8 |
| 35-39 | 100.0 | 0.8 | 9.9 | 6.1 | 45.3 | 7.1 | 29.6 | 1.3 |
| 40-44 | 100.0 | 1.6 | 12.3 | 5.1 | 33.7 | 10.4 | 36.3 | 0.6 |
| 45-49 | 100.0 | 1.7 | 9.3 | 6.8 | 33.6 | 6.9 | 40.5 | 1.2 |
| 50-54 | 100.0 | 1.5 | 10.6 | 7.5 | 32.9 | 9.9 | 37.2 | 0.4 |
| 55-59 | 100.0 | 4.1 | 10.5 | 6.8 | 26.7 | 12.7 | 38.3 | 0.9 |
| 60-64 | 100.0 | 4.5 | 15.0 | 10.2 | 19.7 | 16.1 | 34.2 | 0.4 |
| 65+ | 100.0 | 2.4 | 24.5 | 10.2 | 19.4 | 11.7 | 32.0 | |
| **男 Male** | **100.0** | **2.4** | **9.5** | **9.1** | **30.8** | **7.3** | **40.3** | **0.7** |
| 16-19 | 100.0 | | 1.5 | 1.4 | 30.3 | 5.6 | 60.8 | 0.4 |
| 20-24 | 100.0 | 0.7 | 12.3 | 10.0 | 37.2 | 5.8 | 33.8 | 0.2 |
| 25-29 | 100.0 | 1.6 | 7.7 | 13.4 | 35.9 | 4.5 | 36.9 | |
| 30-34 | 100.0 | 2.3 | 9.0 | 10.8 | 37.7 | 5.6 | 34.1 | 0.6 |
| 35-39 | 100.0 | 1.3 | 8.3 | 8.2 | 33.9 | 7.2 | 39.3 | 1.8 |
| 40-44 | 100.0 | 2.7 | 10.1 | 5.8 | 26.5 | 8.8 | 45.9 | 0.3 |
| 45-49 | 100.0 | 2.9 | 8.4 | 8.7 | 30.2 | 5.8 | 43.0 | 1.1 |
| 50-54 | 100.0 | 2.4 | 9.7 | 9.7 | 26.6 | 8.8 | 42.3 | 0.6 |
| 55-59 | 100.0 | 5.2 | 8.9 | 7.1 | 25.2 | 8.5 | 43.7 | 1.3 |
| 60-64 | 100.0 | 4.8 | 14.1 | 12.5 | 16.8 | 16.4 | 34.9 | 0.5 |
| 65+ | 100.0 | 3.3 | 25.4 | 13.9 | 12.5 | 14.2 | 30.8 | |
| **女 Female** | **100.0** | **0.5** | **13.1** | **5.0** | **46.1** | **8.2** | **26.5** | **0.7** |
| 16-19 | 100.0 | | 26.7 | | 44.2 | 6.4 | 22.7 | |
| 20-24 | 100.0 | 0.3 | 11.0 | 4.1 | 51.4 | 5.8 | 27.4 | 0.1 |
| 25-29 | 100.0 | | 15.8 | 8.1 | 52.2 | 3.7 | 20.1 | 0.2 |
| 30-34 | 100.0 | 0.8 | 15.1 | 4.8 | 51.2 | 6.7 | 20.5 | 0.9 |
| 35-39 | 100.0 | 0.4 | 10.9 | 4.7 | 52.8 | 7.0 | 23.1 | 1.0 |
| 40-44 | 100.0 | 0.7 | 14.0 | 4.7 | 39.4 | 11.7 | 28.7 | 0.9 |
| 45-49 | 100.0 | 0.6 | 10.2 | 5.0 | 36.8 | 7.8 | 38.2 | 1.4 |
| 50-54 | 100.0 | | 12.0 | 4.0 | 43.4 | 11.9 | 28.7 | |
| 55-59 | 100.0 | 0.9 | 14.7 | 5.9 | 30.7 | 24.1 | 23.8 | |
| 60-64 | 100.0 | 3.8 | 17.4 | 3.6 | 27.7 | 15.4 | 32.3 | |
| 65+ | 100.0 | | 21.9 | | 38.1 | 4.8 | 35.2 | |

# 3-45 按受教育程度、性别分的城镇失业人员失业前的职业构成

## Occupation of Urban Unemployed Persons (Prior to Unemployment) by Educational Attainment and Sex

单位：% (%)

| 受教育程度 | Educational Attainment | 城镇失业人员 Urban Unemployed Persons | 单位负责人 Unit Head | 专业技术人员 Technical Personnel | 办事人员和有关人员 Clerk and Related Workers | 商业、服务业人员 Business Service Personnel | 农林牧渔水利业生产人员 Producers in the Sectors of Agriculture, Forestry, Animal Husbandry, Fishery and Water Conservancy | 生产运输设备操作人员及有关人员 Production, Transport Equipment Operators and Related Workers | 其他 Others |
|---|---|---|---|---|---|---|---|---|---|
| **总　计** | **Total** | **100.0** | **1.4** | **11.3** | **7.0** | **38.6** | **7.7** | **33.2** | **0.7** |
| 未上过学 | No Schooling | 100.0 | | 13.6 | 5.4 | 29.2 | 13.2 | 38.6 | |
| 小　学 | Primary School | 100.0 | 1.0 | 3.5 | 3.4 | 37.4 | 17.1 | 36.6 | 0.9 |
| 初　中 | Junior Secondary School | 100.0 | 1.2 | 6.9 | 4.6 | 37.0 | 10.8 | 38.7 | 0.8 |
| 高　中 | Senior Secondary School | 100.0 | 1.1 | 11.7 | 8.5 | 41.4 | 4.6 | 32.2 | 0.4 |
| 大学专科 | College | 100.0 | 2.9 | 25.2 | 11.6 | 39.7 | 1.1 | 18.6 | 0.9 |
| 大学本科 | University | 100.0 | 2.2 | 32.4 | 16.0 | 34.4 | 0.5 | 13.8 | 0.6 |
| 研究生及以上 | Graduate and Higher Level | 100.0 | 25.6 | 50.9 | | 10.6 | 12.9 | | |
| **男** | **Male** | **100.0** | **2.4** | **9.5** | **9.1** | **30.8** | **7.3** | **40.3** | **0.7** |
| 未上过学 | No Schooling | 100.0 | | | 12.7 | 29.1 | 0.9 | 57.3 | |
| 小　学 | Primary School | 100.0 | | 3.7 | 6.2 | 28.9 | 15.0 | 45.2 | 1.0 |
| 初　中 | Junior Secondary School | 100.0 | 2.2 | 6.6 | 5.9 | 26.3 | 9.9 | 48.4 | 0.7 |
| 高　中 | Senior Secondary School | 100.0 | 1.8 | 9.0 | 11.3 | 35.1 | 5.3 | 37.1 | 0.4 |
| 大学专科 | College | 100.0 | 5.1 | 17.7 | 12.8 | 36.2 | 1.9 | 24.8 | 1.5 |
| 大学本科 | University | 100.0 | 2.9 | 29.2 | 16.8 | 29.5 | | 20.4 | 1.2 |
| 研究生及以上 | Graduate and Higher Level | 100.0 | 32.9 | 36.8 | | 13.6 | 16.7 | | |
| **女** | **Female** | **100.0** | **0.5** | **13.1** | **5.0** | **46.1** | **8.2** | **26.5** | **0.7** |
| 未上过学 | No Schooling | 100.0 | | 23.7 | | 29.3 | 22.3 | 24.7 | |
| 小　学 | Primary School | 100.0 | 1.8 | 3.4 | 1.2 | 43.9 | 18.8 | 30.0 | 0.9 |
| 初　中 | Junior Secondary School | 100.0 | 0.2 | 7.2 | 3.4 | 46.4 | 11.6 | 30.1 | 1.0 |
| 高　中 | Senior Secondary School | 100.0 | 0.5 | 14.4 | 5.5 | 47.9 | 3.9 | 27.3 | 0.4 |
| 大学专科 | College | 100.0 | 0.5 | 33.2 | 10.3 | 43.4 | 0.3 | 12.0 | 0.4 |
| 大学本科 | University | 100.0 | 1.5 | 36.1 | 15.1 | 40.0 | 1.1 | 6.2 | |
| 研究生及以上 | Graduate and Higher Level | 100.0 | | 100.0 | | | | | |

# 3-46 按受教育程度、性别分的城镇失业人员未工作时间构成
## Unemployment Duration of Urban Unemployed Persons by Educational Attainment and Sex

单位：% (%)

| 受教育程度 | Educational Attainment | 城镇失业人员 Urban Unemployed Persons | 1个月 1 Month | 2-3个月 2-3 Months | 4-6个月 4-6 Months | 7-12个月 7-12 Months | 13-24个月 13-24 Months | 25个月以上 25+ Months+ |
|---|---|---|---|---|---|---|---|---|
| **总 计** | **Total** | **100.0** | **5.5** | **13.0** | **15.8** | **28.6** | **16.4** | **20.7** |
| 未上过学 | No Schooling | 100.0 | 6.8 | 6.0 | 23.4 | 19.0 | 18.3 | 26.5 |
| 小 学 | Primary School | 100.0 | 6.0 | 8.8 | 12.6 | 36.6 | 15.4 | 20.6 |
| 初 中 | Junior Secondary School | 100.0 | 6.1 | 13.3 | 14.3 | 29.0 | 15.5 | 21.8 |
| 高 中 | Senior Secondary School | 100.0 | 4.9 | 12.3 | 15.2 | 28.1 | 17.3 | 22.2 |
| 大学专科 | College | 100.0 | 4.4 | 14.6 | 20.5 | 24.7 | 18.2 | 17.6 |
| 大学本科 | University | 100.0 | 6.1 | 15.6 | 20.4 | 30.2 | 14.9 | 12.8 |
| 研究生及以上 | Graduate and Higher Level | 100.0 | 5.1 | 24.9 | 25.6 | 21.1 | 9.6 | 13.7 |
| **男** | **Male** | **100.0** | **7.1** | **14.4** | **15.3** | **27.9** | **16.3** | **19.0** |
| 未上过学 | No Schooling | 100.0 | 6.1 | 7.4 | 40.9 | 14.9 | 0.8 | 29.9 |
| 小 学 | Primary School | 100.0 | 8.8 | 13.7 | 13.5 | 28.3 | 18.8 | 16.9 |
| 初 中 | Junior Secondary School | 100.0 | 8.6 | 14.5 | 13.6 | 28.6 | 15.4 | 19.2 |
| 高 中 | Senior Secondary School | 100.0 | 6.0 | 13.6 | 14.3 | 27.5 | 18.0 | 20.6 |
| 大学专科 | College | 100.0 | 5.3 | 15.7 | 20.7 | 25.4 | 15.9 | 17.1 |
| 大学本科 | University | 100.0 | 7.3 | 16.2 | 17.8 | 31.7 | 12.0 | 15.2 |
| 研究生及以上 | Graduate and Higher Level | 100.0 | 11.1 |  | 18.5 | 24.7 | 16.3 | 29.5 |
| **女** | **Female** | **100.0** | **4.0** | **11.9** | **16.2** | **29.1** | **16.6** | **22.2** |
| 未上过学 | No Schooling | 100.0 | 7.3 | 5.1 | 11.4 | 21.8 | 30.2 | 24.1 |
| 小 学 | Primary School | 100.0 | 4.1 | 5.6 | 12.0 | 42.1 | 13.1 | 23.1 |
| 初 中 | Junior Secondary School | 100.0 | 4.1 | 12.4 | 14.8 | 29.2 | 15.6 | 23.8 |
| 高 中 | Senior Secondary School | 100.0 | 3.9 | 11.1 | 16.1 | 28.7 | 16.6 | 23.8 |
| 大学专科 | College | 100.0 | 3.7 | 13.5 | 20.3 | 24.0 | 20.4 | 18.1 |
| 大学本科 | University | 100.0 | 4.9 | 15.1 | 23.1 | 28.7 | 17.8 | 10.5 |
| 研究生及以上 | Graduate and Higher Level | 100.0 |  | 46.4 | 31.7 | 18.1 | 3.8 |  |

# 3-47 按年龄、性别分的城镇失业人员未工作时间构成

## Unemployment Duration of Urban Unemployed Persons by Age and Sex

单位：% (%)

| 年龄<br>Age | 城镇<br>失业人员<br>Urban Unemployed<br>Persons | 1个月<br>1<br>Month | 2-3个月<br>2-3<br>Months | 4-6个月<br>4-6<br>Months | 7-12个月<br>7-12<br>Months | 13-24个月<br>13-24<br>Months | 25个月以上<br>25+<br>Months+ |
|---|---|---|---|---|---|---|---|
| **总计 Total** | **100.0** | **5.5** | **13.0** | **15.8** | **28.6** | **16.4** | **20.7** |
| 16-19 | 100.0 | 11.5 | 15.2 | 22.7 | 24.3 | 19.6 | 6.6 |
| 20-24 | 100.0 | 6.1 | 19.5 | 23.1 | 26.8 | 13.5 | 11.0 |
| 25-29 | 100.0 | 5.9 | 14.7 | 15.5 | 29.3 | 17.8 | 16.9 |
| 30-34 | 100.0 | 5.3 | 12.1 | 16.5 | 33.2 | 14.1 | 18.8 |
| 35-39 | 100.0 | 5.7 | 9.0 | 13.6 | 29.8 | 17.2 | 24.8 |
| 40-44 | 100.0 | 4.0 | 10.2 | 12.2 | 28.7 | 14.7 | 30.1 |
| 45-49 | 100.0 | 4.8 | 10.1 | 8.9 | 28.7 | 18.9 | 28.6 |
| 50-54 | 100.0 | 3.3 | 9.0 | 15.1 | 26.9 | 18.2 | 27.4 |
| 55-59 | 100.0 | 2.9 | 9.0 | 9.8 | 26.7 | 24.0 | 27.6 |
| 60-64 | 100.0 | 7.0 | 9.1 | 7.5 | 29.7 | 16.5 | 30.2 |
| 65+ | 100.0 | 3.2 | 5.7 | 6.9 | 17.1 | 21.6 | 45.4 |
| **男 Male** | **100.0** | **7.1** | **14.4** | **15.3** | **27.9** | **16.3** | **19.0** |
| 16-19 | 100.0 | 9.6 | 15.6 | 22.9 | 22.0 | 21.6 | 8.3 |
| 20-24 | 100.0 | 7.1 | 18.8 | 18.5 | 30.0 | 13.3 | 12.4 |
| 25-29 | 100.0 | 7.5 | 17.6 | 16.5 | 28.2 | 13.2 | 16.9 |
| 30-34 | 100.0 | 9.5 | 16.3 | 18.8 | 27.6 | 14.0 | 13.8 |
| 35-39 | 100.0 | 10.9 | 10.0 | 14.5 | 29.6 | 17.7 | 17.3 |
| 40-44 | 100.0 | 5.6 | 13.6 | 13.4 | 28.8 | 13.9 | 24.7 |
| 45-49 | 100.0 | 6.9 | 10.3 | 8.7 | 29.1 | 19.3 | 25.8 |
| 50-54 | 100.0 | 3.0 | 10.8 | 14.1 | 22.8 | 18.0 | 31.3 |
| 55-59 | 100.0 | 3.2 | 8.7 | 11.2 | 26.2 | 24.1 | 26.5 |
| 60-64 | 100.0 | 7.3 | 11.2 | 4.7 | 30.2 | 18.6 | 27.9 |
| 65+ | 100.0 | 4.5 | 7.6 | 5.0 | 18.2 | 21.3 | 43.4 |
| **女 Female** | **100.0** | **4.0** | **11.9** | **16.2** | **29.1** | **16.6** | **22.2** |
| 16-19 | 100.0 | 16.1 | 14.3 | 22.4 | 29.6 | 15.0 | 2.7 |
| 20-24 | 100.0 | 5.2 | 20.3 | 27.7 | 23.6 | 13.7 | 9.6 |
| 25-29 | 100.0 | 4.6 | 12.5 | 14.7 | 30.1 | 21.2 | 16.9 |
| 30-34 | 100.0 | 3.0 | 9.9 | 15.2 | 36.2 | 14.2 | 21.5 |
| 35-39 | 100.0 | 2.9 | 8.4 | 13.1 | 29.9 | 16.9 | 28.9 |
| 40-44 | 100.0 | 3.0 | 8.1 | 11.5 | 28.6 | 15.3 | 33.5 |
| 45-49 | 100.0 | 3.1 | 9.9 | 9.0 | 28.4 | 18.6 | 30.9 |
| 50-54 | 100.0 | 3.8 | 6.3 | 16.7 | 33.0 | 18.5 | 21.7 |
| 55-59 | 100.0 | 2.1 | 9.5 | 6.3 | 27.9 | 23.8 | 30.4 |
| 60-64 | 100.0 | 6.2 | 3.5 | 14.6 | 28.4 | 11.2 | 36.1 |
| 65+ | 100.0 |  | 1.1 | 11.6 | 14.7 | 22.5 | 50.1 |

# 第四部分

Chapter Four

## 2011年城镇单位就业人员统计数据

Data from Statistics on Employment in Urban Units in 2011

# 4-1 各地区分行业国有单位就业人员数

## Employed Persons in State-owned Units by Sector and Region

单位：人 (person)

| 地 区 | Region | 国有单位合计 Total | (一)中央 I. Under Central Government | (二)省、自治区、直辖市 II. Under Provincial Government | (三)地区 III. Under Prefectural Government | (四)县及县以下 IV. At and Below County Level | (五)其他 V. Other | (一)企业 I. Enterprises | #地方 Local |
|---|---|---|---|---|---|---|---|---|---|
| **总 计** | **National Total** | **67041993** | **11280646** | **11281851** | **12353150** | **31357580** | **768766** | **24662842** | **15065030** |
| 北 京 | Beijing | 1887426 | 833583 | 417468 | 518517 | 72707 | 45151 | 650809 | 273731 |
| 天 津 | Tianjin | 858787 | 173836 | 353329 | 215865 | 76386 | 39371 | 382807 | 239782 |
| 河 北 | Hebei | 3224924 | 382594 | 389507 | 548861 | 1900010 | 3952 | 992246 | 665815 |
| 山 西 | Shanxi | 2438097 | 392709 | 526371 | 398965 | 1113709 | 6343 | 987886 | 625032 |
| 内蒙古 | Inner Mongolia | 1731465 | 321827 | 230599 | 351557 | 823274 | 4208 | 645437 | 350306 |
| 辽 宁 | Liaoning | 3037565 | 703727 | 320948 | 738290 | 1234736 | 39864 | 1426993 | 783243 |
| 吉 林 | Jilin | 1709326 | 332828 | 277470 | 342102 | 752759 | 4167 | 609825 | 330692 |
| 黑龙江 | Heilongjiang | 3335991 | 583118 | 1376747 | 435470 | 935546 | 5110 | 2010161 | 1296186 |
| 上 海 | Shanghai | 1472079 | 445582 | 462735 | 511088 | 41798 | 10876 | 749902 | 415050 |
| 江 苏 | Jiangsu | 2910027 | 372668 | 405485 | 556499 | 1531322 | 44053 | 852938 | 539675 |
| 浙 江 | Zhejiang | 2240808 | 217996 | 253663 | 393674 | 1347735 | 27740 | 595002 | 418435 |
| 安 徽 | Anhui | 2190234 | 262887 | 408758 | 434768 | 1035666 | 48155 | 760109 | 535451 |
| 福 建 | Fujian | 1616544 | 175513 | 223466 | 373448 | 810887 | 33230 | 561622 | 420375 |
| 江 西 | Jiangxi | 2004467 | 164947 | 380783 | 318505 | 1132981 | 7251 | 688590 | 555473 |
| 山 东 | Shandong | 4369833 | 627726 | 612876 | 812078 | 2281677 | 35476 | 1612505 | 1080973 |
| 河 南 | Henan | 4002487 | 420497 | 354030 | 731710 | 2386548 | 109702 | 1229470 | 841052 |
| 湖 北 | Hubei | 2923021 | 784920 | 260904 | 479946 | 1378388 | 18863 | 1194936 | 513852 |
| 湖 南 | Hunan | 2750071 | 341356 | 356754 | 471019 | 1544518 | 36424 | 778064 | 485061 |
| 广 东 | Guangdong | 4238829 | 483210 | 466743 | 1025885 | 2138394 | 124597 | 1334508 | 980125 |
| 广 西 | Guangxi | 2094944 | 200133 | 316675 | 461036 | 1113949 | 3151 | 630410 | 458923 |
| 海 南 | Hainan | 532957 | 29713 | 236753 | 61390 | 197189 | 7912 | 234672 | 216094 |
| 重 庆 | Chongqing | 1310018 | 165486 | 308798 | 227144 | 594848 | 13742 | 465064 | 326096 |
| 四 川 | Sichuan | 3464694 | 675585 | 393460 | 595830 | 1771635 | 28184 | 1203196 | 656018 |
| 贵 州 | Guizhou | 1705366 | 204777 | 387663 | 176083 | 930094 | 6749 | 642395 | 451087 |
| 云 南 | Yunnan | 1920248 | 201939 | 404505 | 221406 | 1087921 | 4477 | 562636 | 295385 |
| 西 藏 | Tibet | 218700 | 15330 | 42594 | 46598 | 114178 |  | 36114 | 25936 |
| 陕 西 | Shaanxi | 2635202 | 636084 | 423697 | 378952 | 1145966 | 50503 | 1136371 | 566620 |
| 甘 肃 | Gansu | 1500462 | 235973 | 304177 | 201969 | 756030 | 2313 | 530863 | 317994 |
| 青 海 | Qinghai | 415713 | 84608 | 118366 | 40927 | 170796 | 1016 | 160239 | 82698 |
| 宁 夏 | Ningxia | 378520 | 60895 | 95957 | 77314 | 143080 | 1274 | 115802 | 62427 |
| 新 疆 | Xinjiang | 1923188 | 748599 | 170570 | 206254 | 792853 | 4912 | 881270 | 255443 |

## 4-1 续表 1 continued

单位：人 (person)

| 地区 | Region | (二)事业 II. Institutions | #地方 Local | (三)机关 III. Agencies and Organizations | #地方 Local | (四)民间非营利组织 IV. Civil Nonprofit Organizations | (五)其他 V. Other | (一)农、林、牧、渔业 I. Agriculture, Forestry, Animal Husbandry and Fishery | 1.农业 1.Agriculture | 2.林业 2.Forestry |
|---|---|---|---|---|---|---|---|---|---|---|
| **总　计** | **National Total** | **29720794** | **26748609** | **12552591** | **11930713** | **28889** | **76877** | **3408638** | **1823453** | **864134** |
| 北　京 | Beijing | 907270 | 510599 | 319250 | 265681 | 8739 | 1358 | 10017 | 1313 | 1662 |
| 天　津 | Tianjin | 341462 | 322724 | 130151 | 118122 | 315 | 4052 | 5770 | 977 | 153 |
| 河　北 | Hebei | 1547755 | 1513939 | 684459 | 662112 | 101 | 363 | 53714 | 37130 | 4993 |
| 山　西 | Shanxi | 986638 | 972589 | 462705 | 446899 | 209 | 659 | 23464 | 4798 | 7006 |
| 内蒙古 | Inner Mongolia | 747737 | 736110 | 338229 | 323160 | | 62 | 253619 | 105016 | 89317 |
| 辽　宁 | Liaoning | 1172184 | 1136568 | 438388 | 414027 | | | 253830 | 214690 | 15995 |
| 吉　林 | Jilin | 814725 | 773197 | 273679 | 261512 | | 11097 | 157191 | 29201 | 86805 |
| 黑龙江 | Heilongjiang | 946511 | 915886 | 377118 | 364490 | | 2201 | 932348 | 485123 | 325218 |
| 上　海 | Shanghai | 547930 | 453458 | 166908 | 150661 | 5461 | 1878 | 5937 | 3431 | 253 |
| 江　苏 | Jiangsu | 1491429 | 1410016 | 564696 | 542651 | | 964 | 88131 | 71512 | 4492 |
| 浙　江 | Zhejiang | 1135893 | 1116744 | 502959 | 480679 | 4143 | 2811 | 11649 | 1449 | 2561 |
| 安　徽 | Anhui | 1023412 | 996265 | 401914 | 390832 | | 4799 | 58470 | 33024 | 10665 |
| 福　建 | Fujian | 744457 | 727302 | 307806 | 290695 | 25 | 2634 | 55813 | 28148 | 10605 |
| 江　西 | Jiangxi | 899890 | 879023 | 415195 | 401323 | | 792 | 104239 | 54962 | 31020 |
| 山　东 | Shandong | 1927701 | 1858648 | 815544 | 788998 | | 14083 | 37031 | 7715 | 5008 |
| 河　南 | Henan | 1964420 | 1946414 | 785081 | 771066 | 5626 | 17890 | 46120 | 22057 | 7968 |
| 湖　北 | Hubei | 1269799 | 1185055 | 457252 | 438160 | | 1034 | 91360 | 62414 | 6015 |
| 湖　南 | Hunan | 1397267 | | 565768 | 549388 | 3220 | 5752 | 50509 | 37360 | 7304 |
| 广　东 | Guangdong | 1987700 | 1917615 | 914597 | 855937 | 1035 | 989 | 76365 | 35197 | 17548 |
| 广　西 | Guangxi | 1111287 | 1098255 | 352736 | 337122 | 8 | 503 | 99828 | 54537 | 25718 |
| 海　南 | Hainan | 206850 | 201825 | 90941 | 84834 | | 494 | 115252 | 3888 | 108455 |
| 重　庆 | Chongqing | 599762 | 580672 | 245156 | 237728 | | 36 | 12442 | 383 | 1157 |
| 四　川 | Sichuan | 1520465 | 1410660 | 740797 | 716966 | | 236 | 41295 | 1720 | 17054 |
| 贵　州 | Guizhou | 721325 | 714868 | 340382 | 333398 | | 1264 | 16385 | 2280 | 5332 |
| 云　南 | Yunnan | 913015 | 735324 | 444597 | 351541 | | | 98236 | 27567 | 30718 |
| 西　藏 | Tibet | 83958 | 83276 | 98628 | 94158 | | | 8743 | 518 | 4150 |
| 陕　西 | Shaanxi | 1015081 | 959494 | 483750 | 473004 | | | 41209 | 5535 | 9713 |
| 甘　肃 | Gansu | 663269 | 655937 | 305989 | 300217 | | 341 | 50950 | 18562 | 13895 |
| 青　海 | Qinghai | 166727 | 164290 | 88640 | 82935 | | 107 | 14698 | 2099 | 3008 |
| 宁　夏 | Ningxia | 182138 | 178654 | 80116 | 76494 | | 464 | 26534 | 16879 | 3860 |
| 新　疆 | Xinjiang | 682737 | 593202 | 359160 | 325923 | 7 | 14 | 567489 | 453968 | 6486 |

# 4-1 续表 2 continued

单位：人 (person)

| 地 区 | Region | 3.畜牧业 3.Animal Husbandry | 4.渔业 4.Fishery | 5.农、林、牧、渔服务业 5.Service in support of Agriculture, Forestry, Animal Husbandry and Fishery | (二) 采矿业 II. Mining | 1.煤炭开采和洗选业 1.Mining and Washing of Coal | 2.石油和天然气开采业 2.Extraction of Petroleum and Natural Gas | 3.黑色金属矿采选业 3.Mining of Ferrous Metal Ores |
|---|---|---|---|---|---|---|---|---|
| **总 计** | **National Total** | **237193** | **25213** | **458645** | **2503048** | **1520707** | **703911** | **76067** |
| 北 京 | Beijing | 5001 | 186 | 1855 | | | | |
| 天 津 | Tianjin | 1655 | 145 | 2840 | 3144 | | 2467 | |
| 河 北 | Hebei | 2172 | 688 | 8731 | 122936 | 73300 | 22199 | 17548 |
| 山 西 | Shanxi | 1201 | 178 | 10281 | 237789 | 234824 | 712 | 250 |
| 内蒙古 | Inner Mongolia | 24502 | 4619 | 30165 | 67854 | 64470 | | 1013 |
| 辽 宁 | Liaoning | 4998 | 1169 | 16978 | 146996 | 57052 | 63268 | 13770 |
| 吉 林 | Jilin | 6362 | 2942 | 31881 | 64412 | 55553 | 3337 | 362 |
| 黑龙江 | Heilongjiang | 93195 | 4253 | 24559 | 190283 | 69959 | 118038 | 508 |
| 上 海 | Shanghai | 229 | 24 | 2000 | 180 | | 63 | |
| 江 苏 | Jiangsu | 1350 | 906 | 9871 | 78300 | 47232 | 21622 | 3387 |
| 浙 江 | Zhejiang | 154 | 165 | 7320 | 3447 | | | 105 |
| 安 徽 | Anhui | 540 | 929 | 13312 | 133856 | 131183 | | |
| 福 建 | Fujian | 164 | 195 | 16701 | 13568 | 7080 | | 1227 |
| 江 西 | Jiangxi | 917 | 2037 | 15303 | 63486 | 51438 | | 324 |
| 山 东 | Shandong | 153 | 658 | 23497 | 471840 | 296576 | 151557 | 11327 |
| 河 南 | Henan | 2019 | 333 | 13743 | 222853 | 97141 | 115752 | |
| 湖 北 | Hubei | 3070 | 2283 | 17578 | 52371 | 6090 | 503 | 7559 |
| 湖 南 | Hunan | 938 | 404 | 4503 | 51094 | 38746 | 28 | 14 |
| 广 东 | Guangdong | 639 | 1533 | 21448 | 16863 | 155 | 6254 | 2279 |
| 广 西 | Guangxi | 813 | 220 | 18540 | 26248 | 9808 | | 806 |
| 海 南 | Hainan | 716 | 626 | 1567 | 7944 | 164 | 56 | 5255 |
| 重 庆 | Chongqing | 346 | 115 | 10441 | 30854 | 22666 | 6238 | 1636 |
| 四 川 | Sichuan | 2069 | 79 | 20373 | 107941 | 51852 | 47631 | 4051 |
| 贵 州 | Guizhou | 149 | 176 | 8448 | 53242 | 51159 | 249 | |
| 云 南 | Yunnan | 292 | 49 | 39610 | 39623 | 19784 | | 3203 |
| 西 藏 | Tibet | 155 | | 3920 | 1099 | 27 | | 378 |
| 陕 西 | Shaanxi | 3737 | 21 | 22203 | 214839 | 91871 | 119867 | 552 |
| 甘 肃 | Gansu | 716 | 21 | 17756 | 34520 | 29152 | 72 | |
| 青 海 | Qinghai | 2010 | 35 | 7546 | 11456 | 2401 | 4061 | 284 |
| 宁 夏 | Ningxia | 176 | 8 | 5611 | 5802 | 5802 | | |
| 新 疆 | Xinjiang | 76755 | 216 | 30064 | 28208 | 5222 | 19937 | 229 |

## 4-1 续表 3 continued

单位：人 (person)

| 地区 | Region | 4.有色金属矿采选业 4.Mining of Non-ferrous Metal Ores | 5.非金属矿采选业 5.Mining and Processing of Nonmetal Ores | 6.其他采矿业 6.Mining of Other Ores | (三) 制造业 III. Manufacturing | 1.农副食品加工业 1.Processing of Food from Agricultural Products | 2.食品制造业 2.Manufacture of Foods | 3.饮料制造业 3.Manufacture of Beverage |
|---|---|---|---|---|---|---|---|---|
| **总　计** | **National Total** | **92691** | **71775** | **37897** | **3977838** | **99404** | **48599** | **97114** |
| 北　京 | Beijing | | | | 58692 | 1442 | 194 | 8915 |
| 天　津 | Tianjin | | 677 | | 79489 | 1953 | 888 | 827 |
| 河　北 | Hebei | 106 | 9783 | | 216547 | 2826 | 1628 | 2384 |
| 山　西 | Shanxi | 21 | 1958 | 24 | 155487 | 2864 | 1097 | 10978 |
| 内蒙古 | Inner Mongolia | 1280 | 1091 | | 25086 | 781 | 457 | 574 |
| 辽　宁 | Liaoning | 7160 | 5170 | 576 | 318135 | 7846 | 2677 | 1427 |
| 吉　林 | Jilin | 4952 | 152 | 56 | 118652 | 809 | 224 | 315 |
| 黑龙江 | Heilongjiang | 1371 | 407 | | 159355 | 6473 | 5378 | 4880 |
| 上　海 | Shanghai | | 117 | | 138690 | 507 | 1002 | 91 |
| 江　苏 | Jiangsu | 62 | 5997 | | 157898 | 1869 | 1432 | 3344 |
| 浙　江 | Zhejiang | 1372 | 1970 | | 58894 | 3823 | 1012 | 522 |
| 安　徽 | Anhui | 1802 | 871 | | 100270 | 1619 | 1012 | 7575 |
| 福　建 | Fujian | 242 | 4548 | 471 | 38651 | 645 | 2022 | 577 |
| 江　西 | Jiangxi | 10035 | 1452 | 237 | 132163 | 4639 | 1094 | 1413 |
| 山　东 | Shandong | 8691 | 3689 | | 231122 | 7238 | 2503 | 9045 |
| 河　南 | Henan | 8924 | 1036 | | 145055 | 5605 | 12459 | 4810 |
| 湖　北 | Hubei | 814 | 1534 | 35871 | 300486 | 3224 | 2430 | 2441 |
| 湖　南 | Hunan | 9687 | 2587 | 32 | 123088 | 2809 | 675 | 2471 |
| 广　东 | Guangdong | 2195 | 5974 | 6 | 104113 | 14093 | 2421 | 1018 |
| 广　西 | Guangxi | 12173 | 3411 | 50 | 123147 | 11218 | 863 | 2163 |
| 海　南 | Hainan | 426 | 2043 | | 7665 | 1390 | 49 | 91 |
| 重　庆 | Chongqing | 314 | | | 88227 | 1981 | 256 | 476 |
| 四　川 | Sichuan | 257 | 3995 | 155 | 262704 | 3019 | 692 | 5091 |
| 贵　州 | Guizhou | 636 | 1198 | | 136656 | 872 | 2280 | 22280 |
| 云　南 | Yunnan | 10463 | 5986 | 187 | 128190 | 1512 | 620 | 886 |
| 西　藏 | Tibet | 601 | 92 | 1 | 3208 | 170 | 186 | |
| 陕　西 | Shaanxi | 2250 | 299 | | 324070 | 1882 | 736 | 469 |
| 甘　肃 | Gansu | 4745 | 320 | 231 | 160167 | 4279 | | 1469 |
| 青　海 | Qinghai | 310 | 4400 | | 32828 | 306 | 22 | 129 |
| 宁　夏 | Ningxia | | | | 13213 | 54 | 771 | |
| 新　疆 | Xinjiang | 1802 | 1018 | | 35890 | 1656 | 1519 | 453 |

# 4-1 续表 4 continued

单位：人 (person)

| 地 区 | Region | 4.烟草制品业<br>4.Manufacture of Tobacco | 5.纺织业<br>5.Manufacture of Textile | 6.纺织服装、鞋、帽制造业<br>6.Manufacture of Textile Wearing Apparel, Footware and Caps | 7.皮革、毛皮、羽毛(绒)及其制品业<br>7.Manufacture of Leather, Fur, Feather and Its Products | 8.木材加工及木、竹、藤、棕、草制品业<br>8.Processing of Timbers, Manufacture of Wood, Bamboo, Rattan, Palm and Straw Products | 9.家具制造业<br>9.Manufacture of Furniture | 10.造纸及纸制品业<br>10.Manufacture of Paper and Paper Products |
|---|---|---|---|---|---|---|---|---|
| **总 计** | **National Total** | **142533** | **92721** | **39837** | **11167** | **31171** | **7946** | **44374** |
| 北 京 | Beijing | 952 | 458 | 236 | | 13 | 9 | 348 |
| 天 津 | Tianjin | 880 | 1156 | 262 | 16 | 162 | | 860 |
| 河 北 | Hebei | 3923 | 10120 | 9126 | 850 | | 337 | 3293 |
| 山 西 | Shanxi | | 2595 | 2261 | 75 | 257 | 146 | |
| 内蒙古 | Inner Mongolia | 948 | 24 | 1342 | 681 | 4 | 117 | 102 |
| 辽 宁 | Liaoning | 565 | 1373 | 1034 | 202 | 277 | 225 | 927 |
| 吉 林 | Jilin | 4365 | | 75 | 516 | 10157 | 96 | |
| 黑龙江 | Heilongjiang | 3037 | 894 | 1 | 24 | 3450 | 1955 | 1840 |
| 上 海 | Shanghai | | 1051 | 599 | 710 | 1076 | 38 | 128 |
| 江 苏 | Jiangsu | 6164 | 5946 | 6777 | 606 | | 12 | 2779 |
| 浙 江 | Zhejiang | 3307 | 343 | 188 | 383 | 773 | | 7 |
| 安 徽 | Anhui | 5402 | 3304 | 511 | 9 | 307 | | 1354 |
| 福 建 | Fujian | 3096 | 181 | 164 | | 97 | 403 | 365 |
| 江 西 | Jiangxi | 8354 | 1394 | 1080 | 3765 | 678 | 418 | 1310 |
| 山 东 | Shandong | 5766 | 18766 | 146 | 56 | 563 | 251 | 4411 |
| 河 南 | Henan | 11991 | 9791 | 666 | 1231 | 1138 | 80 | 1910 |
| 湖 北 | Hubei | 10881 | 13122 | 11270 | 140 | 1223 | 48 | 180 |
| 湖 南 | Hunan | 148 | 1663 | 920 | 8 | 886 | | 13244 |
| 广 东 | Guangdong | 5846 | 3756 | 46 | 78 | 1204 | 542 | 7052 |
| 广 西 | Guangxi | 3398 | 1080 | 891 | 122 | 2840 | 113 | 1915 |
| 海 南 | Hainan | | 71 | 3 | | 110 | 74 | 187 |
| 重 庆 | Chongqing | | 211 | 37 | | | 267 | 41 |
| 四 川 | Sichuan | 11164 | 5072 | 131 | 5 | 1083 | 1782 | 362 |
| 贵 州 | Guizhou | 11379 | 119 | 277 | | 559 | 73 | 111 |
| 云 南 | Yunnan | 27615 | 20 | 669 | | 2466 | 722 | 674 |
| 西 藏 | Tibet | | 58 | | 85 | 1267 | 10 | |
| 陕 西 | Shaanxi | 9816 | 5234 | 385 | 720 | 573 | 108 | 732 |
| 甘 肃 | Gansu | 2208 | 100 | | 885 | | 45 | 205 |
| 青 海 | Qinghai | | | 573 | | | | |
| 宁 夏 | Ningxia | 416 | 712 | 82 | | | | |
| 新 疆 | Xinjiang | 912 | 4107 | 85 | | 8 | 75 | 37 |

## 4-1 续表 5 continued

单位：人 (person)

| 地 区 | Region | 11.印刷业和记录媒介的复制 11.Printing, Reproduction of Recording Media | 12.文教体育用品制造业 12.Manufacture of Articles for Culture, Education and Sport Activities | 13.石油加工、炼焦及核燃料加工业 13.Processing of Petroleum , Coking, Processing of Nuclear Fuel | 14.化学原料及化学制品制造业 14.Manufacture of Chemical Raw Material and Chemical Products | 15.医药制造业 15.Manufacture of Medicines | 16.化学纤维制造业 16.Manufacture of Chemical Fiber | 17.橡胶制品业 17.Manufacture of Rubber |
|---|---|---|---|---|---|---|---|---|
| **总 计** | **National Total** | **80107** | **6074** | **140144** | **344482** | **87320** | **20825** | **19191** |
| 北 京 | Beijing | 7553 | 189 | 378 | 1892 | 1896 | | 130 |
| 天 津 | Tianjin | 2020 | 199 | 9768 | 2429 | 712 | 27 | 314 |
| 河 北 | Hebei | 5976 | 25 | 4192 | 19461 | 21016 | 4736 | 242 |
| 山 西 | Shanxi | 3673 | 462 | 3090 | 11833 | 1019 | 49 | 2000 |
| 内蒙古 | Inner Mongolia | 1147 | | | 158 | 1437 | | |
| 辽 宁 | Liaoning | 2597 | 19 | 12169 | 19250 | 3100 | 16 | 252 |
| 吉 林 | Jilin | 1308 | 2 | 856 | 11134 | 2659 | | 32 |
| 黑龙江 | Heilongjiang | 1913 | 240 | 37154 | 5890 | 1419 | 513 | 550 |
| 上 海 | Shanghai | 4691 | 728 | 1747 | 4264 | 2355 | 106 | 1653 |
| 江 苏 | Jiangsu | 2900 | 8 | 723 | 17949 | 1385 | | 1510 |
| 浙 江 | Zhejiang | 649 | | 982 | 15933 | 504 | 641 | 438 |
| 安 徽 | Anhui | 501 | | 12 | 5170 | 2142 | | 4 |
| 福 建 | Fujian | 3850 | 88 | 134 | 4171 | 2071 | | 58 |
| 江 西 | Jiangxi | 2563 | 180 | 8114 | 6674 | 5915 | | 31 |
| 山 东 | Shandong | 4640 | 147 | 6609 | 21899 | 13977 | 342 | 152 |
| 河 南 | Henan | 2621 | | | 12992 | 2173 | 11437 | 12 |
| 湖 北 | Hubei | 2665 | | 17512 | 16679 | 2583 | 12 | 898 |
| 湖 南 | Hunan | 1077 | | 1201 | 18736 | 551 | | 269 |
| 广 东 | Guangdong | 4327 | 2074 | 6036 | 4101 | 4047 | 26 | 1182 |
| 广 西 | Guangxi | 2791 | | 1846 | 9935 | 1674 | | 1310 |
| 海 南 | Hainan | 476 | | | 82 | 1514 | 313 | 103 |
| 重 庆 | Chongqing | 993 | | | 12644 | 2408 | | 1965 |
| 四 川 | Sichuan | 5593 | 1517 | 780 | 18643 | 2870 | 506 | |
| 贵 州 | Guizhou | 1711 | 103 | | 19123 | 655 | | 2344 |
| 云 南 | Yunnan | 1900 | 49 | 2339 | 20998 | 1128 | | 698 |
| 西 藏 | Tibet | 339 | | | | 437 | | |
| 陕 西 | Shaanxi | 4599 | 40 | 7056 | 13262 | 1324 | | 2989 |
| 甘 肃 | Gansu | 2022 | | 3959 | 27316 | 2991 | 1616 | |
| 青 海 | Qinghai | 663 | | 1915 | 14503 | 853 | | |
| 宁 夏 | Ningxia | 42 | 4 | 658 | 5478 | | | |
| 新 疆 | Xinjiang | 2307 | | 10914 | 1883 | 505 | 485 | 55 |

# 4-1 续表 6 continued

单位：人 (person)

| 地 区 | Region | 18.塑料制品业 18.Manufacture of Plastic | 19.非金属矿物制品业 19.Manufacture of Non-metallic Mineral Products | 20.黑色金属冶炼及压延加工业 20.Manufacture and Processing of Ferrous Metals | 21.有色金属冶炼及压延加工业 21.Manufacture and Processing of Non-ferrous Metals | 22.金属制品业 22.Manufacture of Metal Products | 23.通用设备制造业 23.Manufacture of General Purpose Machinery | 24.专用设备制造业 24.Manufacture of Special Purpose Machinery |
|---|---|---|---|---|---|---|---|---|
| **总 计** | **National Total** | **21726** | **183900** | **625782** | **275327** | **58528** | **286067** | **262938** |
| 北 京 | Beijing | 176 | 1605 | 14 | 373 | 253 | 3174 | 8129 |
| 天 津 | Tianjin | 821 | 1396 | 22067 | 353 | 5262 | 3481 | 4687 |
| 河 北 | Hebei | 652 | 9382 | 44136 | 3234 | 2606 | 19160 | 21754 |
| 山 西 | Shanxi | 863 | 9654 | 26824 | 8108 | 989 | 20594 | 18251 |
| 内蒙古 | Inner Mongolia | | 2906 | 347 | 5900 | 309 | 1787 | 2723 |
| 辽 宁 | Liaoning | 713 | 6044 | 175675 | 2523 | 6661 | 15502 | 18787 |
| 吉 林 | Jilin | 19 | 4283 | 6132 | | 700 | 514 | 4164 |
| 黑龙江 | Heilongjiang | 886 | 7284 | 1748 | 10129 | 1400 | 15052 | 11226 |
| 上 海 | Shanghai | 1051 | 3653 | 12900 | 2621 | 3291 | 16153 | 10068 |
| 江 苏 | Jiangsu | 2265 | 8461 | 691 | 9591 | 3428 | 23956 | 7500 |
| 浙 江 | Zhejiang | 81 | 1383 | 10474 | 769 | 372 | 4836 | 3209 |
| 安 徽 | Anhui | 680 | 6533 | 180 | 29518 | 937 | 21126 | 758 |
| 福 建 | Fujian | 765 | 1229 | 3391 | 5517 | 1243 | 2500 | 907 |
| 江 西 | Jiangxi | 1365 | 15662 | 2445 | 24923 | 821 | 4012 | 4455 |
| 山 东 | Shandong | 262 | 16007 | 4495 | 17774 | 1397 | 24554 | 13118 |
| 河 南 | Henan | 634 | 10327 | 6163 | 2890 | 3929 | 7566 | 15450 |
| 湖 北 | Hubei | 5320 | 7449 | 80247 | 3823 | 5107 | 15185 | 6340 |
| 湖 南 | Hunan | | 11789 | 18251 | 3220 | 345 | 5678 | 15844 |
| 广 东 | Guangdong | 303 | 4010 | 251 | 1274 | 3450 | 7330 | 3108 |
| 广 西 | Guangxi | 310 | 11176 | 17392 | 9838 | 452 | 7491 | 8510 |
| 海 南 | Hainan | | 1558 | | | 111 | 5 | 321 |
| 重 庆 | Chongqing | 749 | 3085 | 23507 | 4144 | 26 | 12068 | 3920 |
| 四 川 | Sichuan | 862 | 10726 | 79674 | | 3124 | 18086 | 23589 |
| 贵 州 | Guizhou | 76 | 3553 | 23775 | 5773 | 1219 | 3307 | 5158 |
| 云 南 | Yunnan | 138 | 5352 | 5207 | 32139 | 5622 | 4466 | 4863 |
| 西 藏 | Tibet | | 581 | | 69 | | | 6 |
| 陕 西 | Shaanxi | 1031 | 7377 | 6055 | 43687 | 4209 | 21587 | 40230 |
| 甘 肃 | Gansu | 1374 | 6773 | 41730 | 42343 | 937 | 6197 | 2966 |
| 青 海 | Qinghai | | 707 | 11342 | | | | 575 |
| 宁 夏 | Ningxia | | 1359 | | 2606 | | 480 | 307 |
| 新 疆 | Xinjiang | 330 | 2596 | 669 | 2188 | 328 | 220 | 2015 |

## 4-1 续表 7 continued

单位：人 (person)

| 地 区 | Region | 25.交通运输设备制造业 25.Manufacture of Transport Equipment | 26.电气机械及器材制造业 26.Manufacture of Electrical Machinery and Equipment | 27.通信设备、计算机及其他电子设备制造业 27.Manufacture of Communication Equipment, Computer and Other Electronic Equipment | 28.仪器仪表及文化、办公用机械制造业 28.Manufacture of Measuring Instrument and Machinery for Cultural Activity and Office Work | 29.工艺品及其他制造业 29.Manufacture of Artwork, Other Manufacture | 30.废弃资源和废旧材料回收加工业 30.Recycling and Disposal of Waste |
|---|---|---|---|---|---|---|---|
| **总 计** | **National Total** | **627755** | **110680** | **105913** | **74490** | **29243** | **2480** |
| 北 京 | Beijing | 11568 | 823 | 2895 | 2335 | 2596 | 146 |
| 天 津 | Tianjin | 7138 | 1434 | 7064 | 3151 | 162 | |
| 河 北 | Hebei | 19151 | 3609 | 1319 | 442 | 864 | 103 |
| 山 西 | Shanxi | 13935 | 7506 | 4672 | 486 | 1110 | 96 |
| 内蒙古 | Inner Mongolia | 2457 | 256 | 609 | | 20 | |
| 辽 宁 | Liaoning | 26385 | 4532 | 3233 | 2817 | 1232 | 75 |
| 吉 林 | Jilin | 69790 | 331 | 24 | 22 | | 125 |
| 黑龙江 | Heilongjiang | 26438 | 5673 | 2959 | 681 | 82 | 186 |
| 上 海 | Shanghai | 58694 | 5875 | 1473 | 1073 | 348 | 744 |
| 江 苏 | Jiangsu | 30729 | 11526 | 1712 | 3673 | 957 | 5 |
| 浙 江 | Zhejiang | 4255 | 516 | 1814 | 1312 | 131 | 237 |
| 安 徽 | Anhui | 8403 | 1782 | 1423 | 4 | 4 | |
| 福 建 | Fujian | 2981 | 1556 | 451 | 83 | 55 | 51 |
| 江 西 | Jiangxi | 15769 | 3984 | 2500 | 8457 | 148 | |
| 山 东 | Shandong | 24565 | 12178 | 17606 | 1911 | 729 | 15 |
| 河 南 | Henan | 15523 | 1793 | 401 | 1298 | 23 | 142 |
| 湖 北 | Hubei | 54755 | 10543 | 20169 | 1650 | 4584 | 6 |
| 湖 南 | Hunan | 12852 | 3036 | 5003 | 746 | 1507 | 159 |
| 广 东 | Guangdong | 17346 | 3302 | 3759 | 573 | 1523 | 35 |
| 广 西 | Guangxi | 21188 | 2724 | 1422 | 250 | 235 | |
| 海 南 | Hainan | 581 | 83 | 529 | | 14 | |
| 重 庆 | Chongqing | 9624 | 1058 | 131 | 3436 | 5162 | 38 |
| 四 川 | Sichuan | 54911 | 2258 | 8896 | 1858 | 410 | |
| 贵 州 | Guizhou | 17585 | 1347 | 8713 | 34 | 3937 | 293 |
| 云 南 | Yunnan | 6416 | 809 | 464 | 401 | 17 | |
| 西 藏 | Tibet | | | | | | |
| 陕 西 | Shaanxi | 85057 | 18628 | 6035 | 37624 | 2625 | |
| 甘 肃 | Gansu | 7480 | 2445 | 637 | 173 | 17 | |
| 青 海 | Qinghai | 80 | 534 | | | 626 | |
| 宁 夏 | Ningxia | | 244 | | | | |
| 新 疆 | Xinjiang | 2099 | 295 | | | 125 | 24 |

## 4-1 续表 8 continued

单位：人 (person)

| 地 区 | Region | (四) 电力、燃气及水的生产和供应业 IV. Production and Supply of Electricity, Gas and Water | 1.电力、热力的生产和供应业 1.Production and Supply of Electric Power and Heat Power | 2.燃气生产和供应业 2.Production and Distribution of Gas | 3.水的生产和供应业 3.Production and Distribution of Water | (五) 建筑业 V. Construction | 1.房屋和土木工程建筑业 1.Construction of Building and Civil Engineering | 2.建筑安装业 2.Architectural Installation |
|---|---|---|---|---|---|---|---|---|
| **总 计** | **National Total** | **2149892** | **1692000** | **80861** | **377031** | **3331642** | **2887605** | **333121** |
| 北 京 | Beijing | 28256 | 25828 | 1518 | 910 | 32678 | 27439 | 2359 |
| 天 津 | Tianjin | 20985 | 19040 | 939 | 1006 | 53294 | 38102 | 9507 |
| 河 北 | Hebei | 158209 | 129001 | 6962 | 22246 | 83234 | 67256 | 9951 |
| 山 西 | Shanxi | 76191 | 55749 | 5884 | 14558 | 137744 | 127189 | 8718 |
| 内蒙古 | Inner Mongolia | 71363 | 58089 | 2126 | 11148 | 22627 | 20046 | 2274 |
| 辽 宁 | Liaoning | 98635 | 62204 | 9510 | 26921 | 138984 | 118674 | 19017 |
| 吉 林 | Jilin | 52684 | 37315 | 937 | 14432 | 45722 | 26517 | 17527 |
| 黑龙江 | Heilongjiang | 111036 | 70245 | 7707 | 33084 | 119830 | 105242 | 12915 |
| 上 海 | Shanghai | 44373 | 19959 | 11177 | 13237 | 91089 | 60481 | 25564 |
| 江 苏 | Jiangsu | 72023 | 56210 | 426 | 15387 | 67089 | 49663 | 15167 |
| 浙 江 | Zhejiang | 87649 | 72881 | 1260 | 13508 | 46915 | 40751 | 1473 |
| 安 徽 | Anhui | 57336 | 46157 | 2139 | 9040 | 164776 | 154307 | 1611 |
| 福 建 | Fujian | 55415 | 44212 | 1848 | 9355 | 127223 | 77661 | 40112 |
| 江 西 | Jiangxi | 63189 | 51116 | 610 | 11463 | 140060 | 125092 | 8690 |
| 山 东 | Shandong | 142697 | 116304 | 2696 | 23697 | 158110 | 125206 | 28130 |
| 河 南 | Henan | 138890 | 111372 | 2791 | 24727 | 159879 | 135169 | 21992 |
| 湖 北 | Hubei | 137377 | 122660 | 2324 | 12393 | 233888 | 211148 | 17505 |
| 湖 南 | Hunan | 107004 | 90035 | 440 | 16529 | 155756 | 142151 | 8170 |
| 广 东 | Guangdong | 120131 | 93485 | 1284 | 25362 | 220148 | 200381 | 11737 |
| 广 西 | Guangxi | 69318 | 55689 | 819 | 12810 | 53818 | 51001 | 1427 |
| 海 南 | Hainan | 14491 | 11743 | 475 | 2273 | 30113 | 24482 | 443 |
| 重 庆 | Chongqing | 23333 | 13981 | 3669 | 5683 | 113716 | 110123 | 1539 |
| 四 川 | Sichuan | 85592 | 68714 | 5071 | 11807 | 342771 | 310268 | 28849 |
| 贵 州 | Guizhou | 64043 | 55718 | 407 | 7918 | 206184 | 194704 | 10607 |
| 云 南 | Yunnan | 51782 | 43530 | 3044 | 5208 | 71308 | 60604 | 7808 |
| 西 藏 | Tibet | 7373 | 4891 | 1853 | 629 | 3723 | 3702 | |
| 陕 西 | Shaanxi | 57595 | 46348 | 837 | 10410 | 147735 | 141104 | 4100 |
| 甘 肃 | Gansu | 60244 | 47391 | 1386 | 11467 | 74768 | 61619 | 10874 |
| 青 海 | Qinghai | 9856 | 8142 | | 1714 | 35336 | 33471 | 1143 |
| 宁 夏 | Ningxia | 28497 | 24388 | 666 | 3443 | 8116 | 7170 | 827 |
| 新 疆 | Xinjiang | 34325 | 29603 | 56 | 4666 | 45008 | 36882 | 3085 |

## 4-1 续表 9 continued

单位：人 (person)

| 地 区 | Region | 3.建筑装饰业 3.Architectural Decoration | 4.其他建筑业 4.Other Construction | (六) 交通运输、仓储和邮政业 VI. Transport, Storage and Post | 1.铁路运输业 1.Transport Via Railway | 2.道路运输业 2.Transport Via Road | 3.城市公共交通业 3.Urban Public Traffic | 4.水上运输业 4.Water Transport |
|---|---|---|---|---|---|---|---|---|
| **总 计** | **National Total** | **29585** | **81331** | **4158886** | **1643871** | **894490** | **494650** | **183566** |
| 北 京 | Beijing | 791 | 2089 | 122259 | 83887 | 3086 | 2519 | |
| 天 津 | Tianjin | 350 | 5335 | 65295 | 17248 | 12317 | 16853 | 8005 |
| 河 北 | Hebei | 520 | 5507 | 177608 | 56655 | 56795 | 28522 | 2749 |
| 山 西 | Shanxi | 1056 | 781 | 186067 | 111731 | 34338 | 6524 | 56 |
| 内蒙古 | Inner Mongolia | 300 | 7 | 148898 | 90739 | 27730 | 7326 | 166 |
| 辽 宁 | Liaoning | 573 | 720 | 236428 | 101137 | 50983 | 15169 | 17121 |
| 吉 林 | Jilin | 45 | 1633 | 113442 | 64580 | 14684 | 6641 | 154 |
| 黑龙江 | Heilongjiang | 937 | 736 | 233585 | 118438 | 53663 | 12360 | 3353 |
| 上 海 | Shanghai | 3846 | 1198 | 160492 | 27941 | 7205 | 65614 | 28005 |
| 江 苏 | Jiangsu | 400 | 1859 | 182241 | 44141 | 37454 | 22371 | 17260 |
| 浙 江 | Zhejiang | 139 | 4552 | 136213 | 19281 | 40519 | 32889 | 7647 |
| 安 徽 | Anhui | 140 | 8718 | 106625 | 39653 | 29843 | 8073 | 1411 |
| 福 建 | Fujian | 639 | 8811 | 125792 | 32660 | 28119 | 23454 | 6467 |
| 江 西 | Jiangxi | 2716 | 3562 | 121878 | 60908 | 26249 | 11307 | 1660 |
| 山 东 | Shandong | 1273 | 3501 | 233111 | 68075 | 55160 | 30919 | 29926 |
| 河 南 | Henan | 1114 | 1604 | 216561 | 99397 | 45003 | 34012 | 505 |
| 湖 北 | Hubei | 731 | 4504 | 174047 | 87138 | 39502 | 9971 | 9468 |
| 湖 南 | Hunan | 2814 | 2621 | 158727 | 73677 | 30574 | 16119 | 2110 |
| 广 东 | Guangdong | 1270 | 6760 | 284286 | 47848 | 63140 | 73268 | 20307 |
| 广 西 | Guangxi | 607 | 783 | 126914 | 49997 | 27188 | 6755 | 9807 |
| 海 南 | Hainan | 4727 | 461 | 18986 | 66 | 5483 | 2173 | 797 |
| 重 庆 | Chongqing | 1381 | 673 | 99481 | 22761 | 30086 | 13109 | 10724 |
| 四 川 | Sichuan | 194 | 3460 | 161156 | 49211 | 39809 | 18381 | 4949 |
| 贵 州 | Guizhou | 151 | 722 | 80685 | 31441 | 15965 | 13383 | 496 |
| 云 南 | Yunnan | 93 | 2803 | 90598 | 39330 | 23973 | 1975 | 61 |
| 西 藏 | Tibet | | 21 | 5983 | 49 | 2339 | 1573 | 21 |
| 陕 西 | Shaanxi | 1367 | 1164 | 156261 | 91562 | 37497 | 7337 | 108 |
| 甘 肃 | Gansu | 1271 | 1004 | 86054 | 47336 | 19596 | 1153 | 69 |
| 青 海 | Qinghai | | 722 | 28801 | 14328 | 9349 | 18 | |
| 宁 夏 | Ningxia | 60 | 59 | 28335 | 12232 | 6858 | 4084 | 39 |
| 新 疆 | Xinjiang | 80 | 4961 | 92077 | 40424 | 19983 | 798 | 125 |

## 4-1 续表 10 continued

单位：人 (person)

| 地区 | Region | 5.航空运输业 5.Air Transport | 6.管道运输业 6.Transport Via Pipeline | 7.装卸搬运和其他运输服务业 7.Loading, Unloading Portage and Other Transport Services | 8.仓储业 8.Storage | 9.邮政业 9.Post | (七)信息传输、计算机服务和软件业 VII. Information Transmission, Computer Services and Software | 1.电信和其他信息传输服务业 1.Telecom and Other Information Transmission Services |
|---|---|---|---|---|---|---|---|---|
| **总计** | **National Total** | **130620** | **21146** | **97565** | **155697** | **537281** | **670002** | **635794** |
| 北京 | Beijing | 11 | | 1394 | 6028 | 25334 | 12409 | 3023 |
| 天津 | Tianjin | 1917 | | 2301 | 2849 | 3805 | 3337 | 2865 |
| 河北 | Hebei | 973 | 121 | 1788 | 6098 | 23907 | 24491 | 24407 |
| 山西 | Shanxi | 2538 | | 2997 | 6849 | 21034 | 34236 | 33484 |
| 内蒙古 | Inner Mongolia | 3646 | | 329 | 5732 | 13230 | 35682 | 35427 |
| 辽宁 | Liaoning | 9705 | 1912 | 13289 | 7505 | 19607 | 24159 | 22715 |
| 吉林 | Jilin | 4792 | | 697 | 9783 | 12111 | 27336 | 26954 |
| 黑龙江 | Heilongjiang | 2532 | 795 | 1524 | 16687 | 24233 | 27540 | 26494 |
| 上海 | Shanghai | 6798 | 71 | 2253 | 3375 | 19230 | 22478 | 17965 |
| 江苏 | Jiangsu | 8191 | 10144 | 3485 | 4448 | 34747 | 26937 | 26593 |
| 浙江 | Zhejiang | 3666 | | 2340 | 1701 | 28170 | 21862 | 21192 |
| 安徽 | Anhui | 1552 | | 1060 | 5059 | 19974 | 24912 | 24752 |
| 福建 | Fujian | 3360 | 843 | 6707 | 2954 | 21228 | 18554 | 17826 |
| 江西 | Jiangxi | 2689 | | 328 | 4572 | 14165 | 17940 | 17425 |
| 山东 | Shandong | 3508 | 1138 | 8505 | 13236 | 22644 | 33451 | 31354 |
| 河南 | Henan | 3907 | | 391 | 16823 | 16523 | 26928 | 26716 |
| 湖北 | Hubei | 1264 | 515 | 2866 | 3689 | 19634 | 24683 | 23475 |
| 湖南 | Hunan | 2302 | | 7229 | 4481 | 22235 | 32236 | 32013 |
| 广东 | Guangdong | 18861 | | 9206 | 4978 | 46678 | 55927 | 52169 |
| 广西 | Guangxi | 6045 | | 3242 | 4168 | 19712 | 20388 | 20116 |
| 海南 | Hainan | 2075 | | 4247 | 399 | 3746 | 1870 | 1782 |
| 重庆 | Chongqing | 4848 | | 981 | 3255 | 13717 | 9437 | 9289 |
| 四川 | Sichuan | 13190 | | 6541 | 4139 | 24936 | 35639 | 32839 |
| 贵州 | Guizhou | 2429 | | 573 | 2369 | 14029 | 11944 | 11659 |
| 云南 | Yunnan | 10929 | | 946 | 1106 | 12278 | 19223 | 19033 |
| 西藏 | Tibet | | | | 104 | 1897 | 2235 | 2235 |
| 陕西 | Shaanxi | 512 | 1945 | 947 | 4827 | 11526 | 41775 | 40657 |
| 甘肃 | Gansu | 1303 | | 3042 | 3405 | 10150 | 10605 | 10126 |
| 青海 | Qinghai | 176 | | 1087 | 1328 | 2515 | 7370 | 7347 |
| 宁夏 | Ningxia | 1291 | | 737 | 371 | 2723 | 3607 | 3515 |
| 新疆 | Xinjiang | 5610 | 3662 | 6533 | 3379 | 11563 | 10811 | 10347 |

## 4-1 续表 11 continued

单位：人 (person)

| 地 区 | Region | 2.计算机服务业<br>2.Computer Services | 3.软件业<br>3.Software Industry | (八)<br>批发和零售业<br>VIII. Wholesale and Retail Trades | 1.批发业<br>1.Wholesale Trade | 2.零售业<br>2.Retail Trade | (九)<br>住宿和餐饮业<br>IX. Hotels and Catering Services | 1.住宿业<br>1.Hotels |
|---|---|---|---|---|---|---|---|---|
| **总 计** | **National Total** | **23383** | **10825** | **1457254** | **1004628** | **452626** | **563065** | **462162** |
| 北 京 | Beijing | 6871 | 2515 | 37482 | 24114 | 13368 | 49686 | 46791 |
| 天 津 | Tianjin | 194 | 278 | 37413 | 22865 | 14548 | 8999 | 7782 |
| 河 北 | Hebei | 68 | 16 | 81365 | 48627 | 32738 | 26376 | 21432 |
| 山 西 | Shanxi | 440 | 312 | 90704 | 72191 | 18513 | 19423 | 16066 |
| 内蒙古 | Inner Mongolia | 212 | 43 | 32239 | 24813 | 7426 | 9698 | 8906 |
| 辽 宁 | Liaoning | 1041 | 403 | 39938 | 27086 | 12852 | 20473 | 12164 |
| 吉 林 | Jilin | 279 | 103 | 28248 | 23065 | 5183 | 11995 | 11136 |
| 黑龙江 | Heilongjiang | 663 | 383 | 62789 | 41475 | 21314 | 19579 | 11588 |
| 上 海 | Shanghai | 1452 | 3061 | 42045 | 28516 | 13529 | 22128 | 19521 |
| 江 苏 | Jiangsu | 296 | 48 | 49453 | 29107 | 20346 | 17954 | 15355 |
| 浙 江 | Zhejiang | 555 | 115 | 31924 | 23594 | 8330 | 20952 | 18907 |
| 安 徽 | Anhui | 151 | 9 | 51050 | 39196 | 11854 | 9733 | 8025 |
| 福 建 | Fujian | 265 | 463 | 45616 | 33934 | 11682 | 19604 | 15247 |
| 江 西 | Jiangxi | 515 |  | 43481 | 33493 | 9988 | 12283 | 10743 |
| 山 东 | Shandong | 1804 | 293 | 97818 | 55229 | 42589 | 51745 | 38628 |
| 河 南 | Henan | 202 | 10 | 134035 | 81408 | 52627 | 33602 | 27046 |
| 湖 北 | Hubei | 909 | 299 | 66859 | 46160 | 20699 | 14296 | 11623 |
| 湖 南 | Hunan | 143 | 80 | 37153 | 21867 | 15286 | 19821 | 17985 |
| 广 东 | Guangdong | 2797 | 961 | 101256 | 72827 | 28429 | 47495 | 35202 |
| 广 西 | Guangxi | 154 | 118 | 45045 | 28322 | 16723 | 14909 | 11789 |
| 海 南 | Hainan | 68 | 20 | 7309 | 4767 | 2542 | 8667 | 8109 |
| 重 庆 | Chongqing | 40 | 108 | 31273 | 22273 | 9000 | 8108 | 7018 |
| 四 川 | Sichuan | 2128 | 672 | 59802 | 50578 | 9224 | 21013 | 15945 |
| 贵 州 | Guizhou | 120 | 165 | 35826 | 30529 | 5297 | 7504 | 6562 |
| 云 南 | Yunnan | 37 | 153 | 48422 | 40456 | 7966 | 14662 | 13166 |
| 西 藏 | Tibet |  |  | 3811 | 1624 | 2187 | 3188 | 3188 |
| 陕 西 | Shaanxi | 1118 |  | 48168 | 31788 | 16380 | 21298 | 17689 |
| 甘 肃 | Gansu | 479 |  | 23785 | 13485 | 10300 | 10127 | 9625 |
| 青 海 | Qinghai |  | 23 | 8735 | 5780 | 2955 | 2785 | 2472 |
| 宁 夏 | Ningxia | 92 |  | 7745 | 4471 | 3274 | 1427 | 1095 |
| 新 疆 | Xinjiang | 290 | 174 | 26465 | 20988 | 5477 | 13535 | 11357 |

# 4-1 续表 12 continued

单位：人 (person)

| 地区 | Region | 2.餐饮业 2.Catering Services | (十)金融业 X. Financial Intermediation | 1.银行业 1.Bank | 2.证券业 2.Security Activities | 3.保险业 3.Insurance | 4.其他金融活动 4.Other Financial Activities |
|---|---|---|---|---|---|---|---|
| **总　计** | **National Total** | **100903** | **1462750** | **1146809** | **21356** | **251635** | **42950** |
| 北　京 | Beijing | 2895 | 17816 | 16124 | 844 | 817 | 31 |
| 天　津 | Tianjin | 1217 | 8962 | 8665 | 14 | 181 | 102 |
| 河　北 | Hebei | 4944 | 33015 | 30408 | 97 | 598 | 1912 |
| 山　西 | Shanxi | 3357 | 53353 | 43519 | 385 | 6967 | 2482 |
| 内蒙古 | Inner Mongolia | 792 | 46650 | 36914 | 279 | 8510 | 947 |
| 辽　宁 | Liaoning | 8309 | 79770 | 67400 | 890 | 9628 | 1852 |
| 吉　林 | Jilin | 859 | 42068 | 34366 | 177 | 5943 | 1582 |
| 黑龙江 | Heilongjiang | 7991 | 54576 | 50887 | 607 | 1556 | 1526 |
| 上　海 | Shanghai | 2607 | 46566 | 41167 | 3171 | 870 | 1358 |
| 江　苏 | Jiangsu | 2599 | 90196 | 62357 | 844 | 23907 | 3088 |
| 浙　江 | Zhejiang | 2045 | 66570 | 51433 | 1806 | 11604 | 1727 |
| 安　徽 | Anhui | 1708 | 57658 | 36030 | 1650 | 17922 | 2056 |
| 福　建 | Fujian | 4357 | 48726 | 34597 | 594 | 12905 | 630 |
| 江　西 | Jiangxi | 1540 | 40394 | 30369 | 270 | 8895 | 860 |
| 山　东 | Shandong | 13117 | 79987 | 62068 | 959 | 15486 | 1474 |
| 河　南 | Henan | 6556 | 62806 | 43272 | 706 | 17283 | 1545 |
| 湖　北 | Hubei | 2673 | 74634 | 58999 | 363 | 12146 | 3126 |
| 湖　南 | Hunan | 1836 | 37343 | 26684 | 436 | 7430 | 2793 |
| 广　东 | Guangdong | 12293 | 132977 | 109510 | 3382 | 16825 | 3260 |
| 广　西 | Guangxi | 3120 | 54765 | 40441 | 111 | 11309 | 2904 |
| 海　南 | Hainan | 558 | 8695 | 7508 | 237 | 703 | 247 |
| 重　庆 | Chongqing | 1090 | 27810 | 19697 | 118 | 7257 | 738 |
| 四　川 | Sichuan | 5068 | 92383 | 69933 | 234 | 19353 | 2863 |
| 贵　州 | Guizhou | 942 | 22311 | 20055 | 82 | 1626 | 548 |
| 云　南 | Yunnan | 1496 | 44003 | 35948 | 236 | 7372 | 447 |
| 西　藏 | Tibet |  | 7322 | 7262 |  | 12 | 48 |
| 陕　西 | Shaanxi | 3609 | 40621 | 28420 | 2687 | 7601 | 1913 |
| 甘　肃 | Gansu | 502 | 30361 | 25455 | 40 | 4671 | 195 |
| 青　海 | Qinghai | 313 | 15080 | 11790 | 25 | 3106 | 159 |
| 宁　夏 | Ningxia | 332 | 13346 | 10985 |  | 2361 |  |
| 新　疆 | Xinjiang | 2178 | 31986 | 24546 | 112 | 6791 | 537 |

# 4-1 续表 13 continued

单位：人 (person)

| 地 区 | Region | (十一) 房地产业 XI. Real Estate | #房地产开发经营 Development and Management of Real Estate | #物业管理 Property Management | #房地产中介服务 Agency Services for Real Estate | (十二) 租赁和商务服务业 XII. Leasing and Business Services | 1.租赁业 1.Leasing | 2.商务服务业 2.Business Services |
|---|---|---|---|---|---|---|---|---|
| **总 计** | **National Total** | **476244** | **184059** | **173417** | **21750** | **1278681** | **10538** | **1268143** |
| 北 京 | Beijing | 29112 | 4058 | 16701 | 420 | 177388 | 544 | 176844 |
| 天 津 | Tianjin | 15531 | 9871 | 4597 | | 48356 | 11 | 48345 |
| 河 北 | Hebei | 14021 | 4452 | 5621 | 697 | 27154 | 50 | 27104 |
| 山 西 | Shanxi | 8822 | 4130 | 2460 | 387 | 34618 | 344 | 34274 |
| 内蒙古 | Inner Mongolia | 9982 | 3235 | 1756 | 1164 | 19588 | 45 | 19543 |
| 辽 宁 | Liaoning | 33641 | 10956 | 12323 | 792 | 62050 | 72 | 61978 |
| 吉 林 | Jilin | 13442 | 2009 | 5562 | 1299 | 23173 | 194 | 22979 |
| 黑龙江 | Heilongjiang | 23866 | 4775 | 12576 | 176 | 33640 | 105 | 33535 |
| 上 海 | Shanghai | 33612 | 12617 | 17216 | 415 | 81400 | 11 | 81389 |
| 江 苏 | Jiangsu | 17758 | 6228 | 5318 | 519 | 49356 | 614 | 48742 |
| 浙 江 | Zhejiang | 18103 | 4862 | 6312 | 281 | 88133 | 409 | 87724 |
| 安 徽 | Anhui | 15755 | 7902 | 3266 | 791 | 16710 | 80 | 16630 |
| 福 建 | Fujian | 25147 | 7768 | 13511 | 1192 | 32598 | 168 | 32430 |
| 江 西 | Jiangxi | 13470 | 6479 | 2042 | 993 | 28473 | 271 | 28202 |
| 山 东 | Shandong | 22778 | 11507 | 7398 | 1104 | 57518 | 743 | 56775 |
| 河 南 | Henan | 13282 | 8209 | 1098 | 3975 | 49975 | 1924 | 48051 |
| 湖 北 | Hubei | 18583 | 13213 | 2232 | 1031 | 24063 | 563 | 23500 |
| 湖 南 | Hunan | 17604 | 5614 | 8460 | 616 | 41613 | 661 | 40952 |
| 广 东 | Guangdong | 41392 | 11705 | 22392 | 1888 | 154238 | 230 | 154008 |
| 广 西 | Guangxi | 12108 | 4044 | 3524 | 923 | 42342 | 366 | 41976 |
| 海 南 | Hainan | 5484 | 2235 | 2307 | 181 | 13153 | 291 | 12862 |
| 重 庆 | Chongqing | 15099 | 8910 | 4589 | 304 | 29558 | 60 | 29498 |
| 四 川 | Sichuan | 11842 | 6397 | 1037 | 679 | 39412 | 380 | 39032 |
| 贵 州 | Guizhou | 7674 | 2339 | 1724 | 175 | 10618 | 930 | 9688 |
| 云 南 | Yunnan | 4669 | 1684 | 1149 | 305 | 22299 | 18 | 22281 |
| 西 藏 | Tibet | 215 | 96 | | | 490 | | 490 |
| 陕 西 | Shaanxi | 12934 | 7257 | 2504 | 635 | 21700 | 1222 | 20478 |
| 甘 肃 | Gansu | 8083 | 6582 | 459 | 57 | 14064 | 2 | 14062 |
| 青 海 | Qinghai | 2528 | 1258 | 863 | 91 | 5334 | 13 | 5321 |
| 宁 夏 | Ningxia | 3428 | 2492 | 572 | 293 | 2109 | 74 | 2035 |
| 新 疆 | Xinjiang | 6279 | 1175 | 3848 | 367 | 27558 | 143 | 27415 |

## 4-1 续表 14 continued

单位：人 (person)

| 地 区 | Region | (十三) 科学研究、技术服务和地质勘查业 XIII. Scientific Research, Technical Services and Geological Prospecting | 1.研究与试验发展 1.Research and Experimental Development | 自然科学研究与试验发展 Research and Experimental Development on Physical Science | 工程和技术研究与试验发展 Research and Experimental Development on Engineering and Technical Research | 农业科学研究与试验发展 Research and Experimental Development on Agricultural Science Research | 医学研究与试验发展 Research and Experimental Development | 社会人文科学研究与试验发展 Research and Experimental Development on Social Science and Humanities |
|---|---|---|---|---|---|---|---|---|
| **总 计** | **National Total** | **2182396** | **673319** | **140716** | **348579** | **110825** | **24459** | **48740** |
| 北 京 | Beijing | 209238 | 121447 | 31449 | 70243 | 5027 | 5322 | 9406 |
| 天 津 | Tianjin | 38854 | 8487 | 3095 | 2842 | 918 | 1117 | 515 |
| 河 北 | Hebei | 84474 | 16775 | 1860 | 10837 | 2600 | 214 | 1264 |
| 山 西 | Shanxi | 57801 | 17929 | 3482 | 9227 | 3202 | 748 | 1270 |
| 内蒙古 | Inner Mongolia | 41358 | 9216 | 431 | 3805 | 2915 | 672 | 1393 |
| 辽 宁 | Liaoning | 106865 | 30741 | 10917 | 10923 | 6972 | 501 | 1428 |
| 吉 林 | Jilin | 55780 | 16820 | 5386 | 6824 | 2585 | 663 | 1362 |
| 黑龙江 | Heilongjiang | 110344 | 19980 | 5756 | 6622 | 6377 | 16 | 1209 |
| 上 海 | Shanghai | 83510 | 45952 | 21211 | 20417 | 1802 | 1220 | 1302 |
| 江 苏 | Jiangsu | 85230 | 34120 | 9222 | 18358 | 3606 | 1977 | 957 |
| 浙 江 | Zhejiang | 81167 | 14422 | 1451 | 5257 | 4739 | 632 | 2343 |
| 安 徽 | Anhui | 63560 | 14612 | 2275 | 9371 | 2386 | 227 | 353 |
| 福 建 | Fujian | 40059 | 5907 | 1396 | 1160 | 2232 | 268 | 851 |
| 江 西 | Jiangxi | 54430 | 13431 | 3859 | 2354 | 5602 | 1137 | 479 |
| 山 东 | Shandong | 86499 | 15620 | 4781 | 4648 | 3312 | 1436 | 1443 |
| 河 南 | Henan | 99295 | 23506 | 772 | 13995 | 6529 | 818 | 1392 |
| 湖 北 | Hubei | 101993 | 27342 | 4263 | 16614 | 3776 | 1321 | 1368 |
| 湖 南 | Hunan | 69151 | 15907 | 2101 | 4048 | 8586 | 35 | 1137 |
| 广 东 | Guangdong | 103724 | 23477 | 5940 | 9312 | 6344 | 614 | 1267 |
| 广 西 | Guangxi | 68214 | 16335 | 4616 | 1230 | 5410 | 1397 | 3682 |
| 海 南 | Hainan | 12170 | 4752 | 121 | 123 | 3568 | 58 | 882 |
| 重 庆 | Chongqing | 32138 | 10050 | 77 | 5845 | 1738 | 621 | 1769 |
| 四 川 | Sichuan | 135597 | 58527 | 4674 | 43353 | 5308 | 1722 | 3470 |
| 贵 州 | Guizhou | 40768 | 4054 | 940 | 1013 | 1825 | 35 | 241 |
| 云 南 | Yunnan | 55512 | 13781 | 2958 | 5148 | 4391 | 473 | 811 |
| 西 藏 | Tibet | 7211 | 1516 | 192 | 489 | 670 |  | 165 |
| 陕 西 | Shaanxi | 130161 | 60179 | 3130 | 50273 | 1220 | 554 | 5002 |
| 甘 肃 | Gansu | 47837 | 12520 | 1469 | 7153 | 2941 | 378 | 579 |
| 青 海 | Qinghai | 24327 | 7689 | 724 | 5700 | 872 | 191 | 202 |
| 宁 夏 | Ningxia | 10642 | 1945 | 550 | 258 | 637 | 27 | 473 |
| 新 疆 | Xinjiang | 44487 | 6280 | 1618 | 1137 | 2735 | 65 | 725 |

## 4-1 续表 15 continued

单位：人 (person)

| 地 区 | Region | 2.专业技术服务业 Professional Technical Services | #气象服务 Weather Services | #地震服务 Earthquake Services | #海洋服务 Ocean Services | #测绘服务 Plotting Services | #技术检测 Technique Detection | #环境监测 Environmental Monitoring |
|---|---|---|---|---|---|---|---|---|
| **总 计** | **National Total** | **902910** | **56991** | **16195** | **8336** | **45439** | **169010** | **48802** |
| 北 京 | Beijing | 66005 | 1997 | 1171 | 525 | 1852 | 18024 | 991 |
| 天 津 | Tianjin | 26963 | 515 | 420 | 746 | 149 | 3592 | 462 |
| 河 北 | Hebei | 27240 | 1965 | 627 | | 1267 | 7364 | 2241 |
| 山 西 | Shanxi | 21895 | 2616 | 763 | | 863 | 3358 | 2314 |
| 内蒙古 | Inner Mongolia | 17317 | 2711 | 748 | | 832 | 4639 | 1628 |
| 辽 宁 | Liaoning | 52564 | 2021 | 458 | 73 | 1862 | 13385 | 3609 |
| 吉 林 | Jilin | 27723 | 1265 | 378 | | 1574 | 6621 | 1560 |
| 黑龙江 | Heilongjiang | 26357 | 1501 | 309 | | 2450 | 6052 | 1262 |
| 上 海 | Shanghai | 27982 | 595 | 16 | 772 | 512 | 4917 | 1663 |
| 江 苏 | Jiangsu | 32917 | 1694 | 634 | 722 | 1252 | 7629 | 3999 |
| 浙 江 | Zhejiang | 47973 | 2203 | 178 | 1414 | 3122 | 9530 | 2861 |
| 安 徽 | Anhui | 30413 | 2215 | 478 | | 1465 | 4749 | 1785 |
| 福 建 | Fujian | 25500 | 1451 | 519 | 176 | 1727 | 4116 | 1557 |
| 江 西 | Jiangxi | 14688 | 1580 | 185 | | 1228 | 2465 | 905 |
| 山 东 | Shandong | 33740 | 2241 | 943 | 1251 | 1855 | 5788 | 1359 |
| 河 南 | Henan | 46085 | 2065 | 1162 | | 2682 | 10614 | 3204 |
| 湖 北 | Hubei | 53905 | 1946 | 498 | 130 | 3168 | 5031 | 2312 |
| 湖 南 | Hunan | 34523 | 2285 | 255 | 45 | 2124 | 3786 | 947 |
| 广 东 | Guangdong | 66734 | 2736 | 435 | 2017 | 2494 | 16298 | 3647 |
| 广 西 | Guangxi | 28532 | 2507 | 394 | | 1857 | 4170 | 1607 |
| 海 南 | Hainan | 5377 | 485 | 223 | 172 | 505 | 685 | 344 |
| 重 庆 | Chongqing | 12046 | 856 | 26 | | 1508 | 1417 | 740 |
| 四 川 | Sichuan | 50875 | 3252 | 631 | | 1055 | 7292 | 1779 |
| 贵 州 | Guizhou | 13998 | 1835 | 52 | | 1001 | 1221 | 587 |
| 云 南 | Yunnan | 22038 | 2394 | 1282 | | 894 | 3288 | 1222 |
| 西 藏 | Tibet | 2808 | 1118 | 88 | | | 124 | 73 |
| 陕 西 | Shaanxi | 41656 | 2656 | 1420 | | 4251 | 3950 | 1834 |
| 甘 肃 | Gansu | 15118 | 1823 | 829 | | 288 | 3028 | 1064 |
| 青 海 | Qinghai | 5317 | 1660 | 275 | | 86 | 832 | 340 |
| 宁 夏 | Ningxia | 4752 | 545 | 291 | | 509 | 1331 | 179 |
| 新 疆 | Xinjiang | 19869 | 2258 | 507 | 293 | 1007 | 3714 | 727 |

## 4-1 续表 16 continued

单位：人 (person)

| 地 区 | Region | #工程技术与规划管理 Engineering Technic & Programming Management | 3.科技交流和推广服务业 3.Services of Science and Technology Exchanges and Promotion | 4.地质勘查业 4.Geological Prospecting | (十四)水利、环境和公共设施管理业 XIV. Management of Water Conservancy, Enviroment and Public Facilities | 1.水利管理业 1.Management of Water Conservancy | 2.环境管理业 2.Environmental Management | 3.公共设施管理业 3.Management of Public Facilities |
|---|---|---|---|---|---|---|---|---|
| **总 计** | **National Total** | **511651** | **247618** | **358549** | **1980006** | **473016** | **955740** | **551250** |
| 北 京 | Beijing | 40151 | 17620 | 4166 | 61687 | 6761 | 31301 | 23625 |
| 天 津 | Tianjin | 19300 | 1352 | 2052 | 31473 | 6279 | 12633 | 12561 |
| 河 北 | Hebei | 11712 | 3924 | 36535 | 95615 | 23465 | 35898 | 36252 |
| 山 西 | Shanxi | 10932 | 5365 | 12612 | 63773 | 15245 | 31013 | 17515 |
| 内蒙古 | Inner Mongolia | 6438 | 4010 | 10815 | 73357 | 16599 | 43031 | 13727 |
| 辽 宁 | Liaoning | 23853 | 11369 | 12191 | 130910 | 21411 | 68935 | 40564 |
| 吉 林 | Jilin | 15949 | 5575 | 5662 | 70551 | 21660 | 35701 | 13190 |
| 黑龙江 | Heilongjiang | 12967 | 5620 | 58387 | 94368 | 16008 | 58140 | 20220 |
| 上 海 | Shanghai | 12709 | 7335 | 2241 | 46716 | 4645 | 35736 | 6335 |
| 江 苏 | Jiangsu | 15105 | 7585 | 10608 | 95283 | 32189 | 36776 | 26318 |
| 浙 江 | Zhejiang | 28273 | 12580 | 6192 | 71236 | 8863 | 41599 | 20774 |
| 安 徽 | Anhui | 18619 | 8159 | 10376 | 64168 | 19900 | 27846 | 16422 |
| 福 建 | Fujian | 14408 | 4600 | 4052 | 41433 | 7495 | 22228 | 11710 |
| 江 西 | Jiangxi | 7720 | 2577 | 23734 | 47692 | 7765 | 24819 | 15108 |
| 山 东 | Shandong | 18608 | 9149 | 27990 | 108513 | 24438 | 46027 | 38048 |
| 河 南 | Henan | 26358 | 14704 | 15000 | 115192 | 38047 | 38167 | 38978 |
| 湖 北 | Hubei | 37752 | 12853 | 7893 | 80491 | 28550 | 34104 | 17837 |
| 湖 南 | Hunan | 23816 | 8540 | 10181 | 80585 | 19007 | 39527 | 22051 |
| 广 东 | Guangdong | 36018 | 7018 | 6495 | 106946 | 26196 | 51989 | 28761 |
| 广 西 | Guangxi | 15185 | 17648 | 5699 | 75050 | 13652 | 44005 | 17393 |
| 海 南 | Hainan | 2611 | 1032 | 1009 | 18667 | 3914 | 10374 | 4379 |
| 重 庆 | Chongqing | 7395 | 3606 | 6436 | 32844 | 3509 | 18994 | 10341 |
| 四 川 | Sichuan | 36368 | 8916 | 17279 | 90426 | 11690 | 55365 | 23371 |
| 贵 州 | Guizhou | 8535 | 15608 | 7108 | 35158 | 5191 | 18073 | 11894 |
| 云 南 | Yunnan | 11746 | 12259 | 7434 | 46593 | 12325 | 21429 | 12839 |
| 西 藏 | Tibet | 1397 | 918 | 1969 | 2066 | 252 | 1403 | 411 |
| 陕 西 | Shaanxi | 26705 | 13355 | 14971 | 81972 | 26960 | 29632 | 25380 |
| 甘 肃 | Gansu | 7917 | 9860 | 10339 | 39811 | 19923 | 11627 | 8261 |
| 青 海 | Qinghai | 1821 | 4291 | 7030 | 9478 | 4285 | 4412 | 781 |
| 宁 夏 | Ningxia | 1267 | 1180 | 2765 | 17862 | 5515 | 7631 | 4716 |
| 新 疆 | Xinjiang | 10016 | 9010 | 9328 | 50090 | 21277 | 17325 | 11488 |

## 4-1 续表 17 continued

单位：人 (person)

| 地 区 | Region | (十五) 居民服务和其他服务业 XV. Services to Households and Other Services | 1.居民服务业 1.Services to Households | 2.其他服务业 2.Other Services | (十六) 教育 XVI. Education | #初等教育 Junior Education | #中等教育 Secondary Education | #高等教育 Senior Education |
|---|---|---|---|---|---|---|---|---|
| **总 计** | **National Total** | **307387** | **177813** | **129574** | **15409383** | **5853290** | **6819685** | **1888542** |
| 北 京 | Beijing | 13373 | 8111 | 5262 | 343471 | 56688 | 91168 | 149994 |
| 天 津 | Tianjin | 38042 | 2491 | 35551 | 159919 | 31273 | 53468 | 41749 |
| 河 北 | Hebei | 16547 | 3452 | 13095 | 876669 | 360687 | 400110 | 75033 |
| 山 西 | Shanxi | 4065 | 2310 | 1755 | 480747 | 190932 | 219867 | 44115 |
| 内蒙古 | Inner Mongolia | 17856 | 4097 | 13759 | 342740 | 138505 | 151652 | 31972 |
| 辽 宁 | Liaoning | 19780 | 10327 | 9453 | 525094 | 161844 | 235006 | 98121 |
| 吉 林 | Jilin | 5452 | 2623 | 2829 | 361256 | 147881 | 139249 | 56186 |
| 黑龙江 | Heilongjiang | 45671 | 44670 | 1001 | 452645 | 161326 | 192046 | 74007 |
| 上 海 | Shanghai | 7330 | 4850 | 2480 | 260375 | 41310 | 80895 | 79031 |
| 江 苏 | Jiangsu | 4796 | 3560 | 1236 | 838309 | 292038 | 378542 | 122685 |
| 浙 江 | Zhejiang | 7785 | 6254 | 1531 | 565536 | 186268 | 247079 | 87049 |
| 安 徽 | Anhui | 3021 | 2538 | 483 | 589314 | 250461 | 264824 | 58489 |
| 福 建 | Fujian | 8299 | 3946 | 4353 | 440874 | 174073 | 192086 | 49272 |
| 江 西 | Jiangxi | 4401 | 3290 | 1111 | 470655 | 216485 | 188670 | 47251 |
| 山 东 | Shandong | 26075 | 18451 | 7624 | 1021034 | 374293 | 497970 | 106124 |
| 河 南 | Henan | 8161 | 6090 | 2071 | 1042392 | 363357 | 536332 | 80450 |
| 湖 北 | Hubei | 10460 | 6678 | 3782 | 630469 | 201042 | 293728 | 105118 |
| 湖 南 | Hunan | 4221 | 2185 | 2036 | 668679 | 218487 | 349502 | 77424 |
| 广 东 | Guangdong | 20001 | 11190 | 8811 | 1091428 | 454828 | 485556 | 108755 |
| 广 西 | Guangxi | 2165 | 1789 | 376 | 585594 | 278460 | 235824 | 42297 |
| 海 南 | Hainan | 639 | 497 | 142 | 109352 | 48682 | 45226 | 9726 |
| 重 庆 | Chongqing | 1598 | 1122 | 476 | 351626 | 148354 | 149286 | 42136 |
| 四 川 | Sichuan | 4259 | 3121 | 1138 | 831717 | 320709 | 396201 | 83303 |
| 贵 州 | Guizhou | 5700 | 4136 | 1564 | 413066 | 213732 | 154545 | 22480 |
| 云 南 | Yunnan | 2378 | 1048 | 1330 | 517535 | 254796 | 192019 | 37087 |
| 西 藏 | Tibet | 151 | 104 | 47 | 42568 | 23062 | 14715 | 1793 |
| 陕 西 | Shaanxi | 5333 | 2729 | 2604 | 554253 | 197803 | 239507 | 86823 |
| 甘 肃 | Gansu | 3229 | 2486 | 743 | 351174 | 146322 | 169343 | 29586 |
| 青 海 | Qinghai | 2290 | 2247 | 43 | 72900 | 31549 | 30654 | 5387 |
| 宁 夏 | Ningxia | 222 | 154 | 68 | 80847 | 33372 | 36979 | 6854 |
| 新 疆 | Xinjiang | 14087 | 11267 | 2820 | 337145 | 134671 | 157636 | 28245 |

## 4-1 续表 18 continued

单位：人 (person)

| 地 区 | Region | (十七) 卫生、社会保障和社会福利业 XVII. Health, Social Securities and Social Welfare | 1.卫生 1.Health | 2.社会保障业 2.Social Securities | 3.社会福利业 3.Social Welfare | (十八) 文化、体育和娱乐业 XVIII. Culture, Sports and Entertainment | 1.新闻出版业 1.Journalism and Publishing Activities | 2.广播、电视、电影和音像业 2.Broadcasting, Movies, Television and Audiovisual Activities |
|---|---|---|---|---|---|---|---|---|
| **总 计** | **National Total** | **6059782** | **5758199** | **175260** | **126323** | **1138027** | **246666** | **390084** |
| 北 京 | Beijing | 192171 | 180851 | 4827 | 6493 | 115277 | 56854 | 24003 |
| 天 津 | Tianjin | 85325 | 75417 | 7501 | 2407 | 14918 | 1469 | 3768 |
| 河 北 | Hebei | 277561 | 264375 | 5506 | 7680 | 47179 | 9023 | 17998 |
| 山 西 | Shanxi | 146507 | 135685 | 7667 | 3155 | 43275 | 8115 | 15233 |
| 内蒙古 | Inner Mongolia | 114448 | 106059 | 5318 | 3071 | 32150 | 4514 | 11892 |
| 辽 宁 | Liaoning | 252585 | 232430 | 10983 | 9172 | 47861 | 9894 | 16947 |
| 吉 林 | Jilin | 161034 | 142087 | 15183 | 3764 | 31777 | 5186 | 10797 |
| 黑龙江 | Heilongjiang | 196392 | 185694 | 6058 | 4640 | 39943 | 5875 | 14863 |
| 上 海 | Shanghai | 157214 | 146469 | 4893 | 5852 | 38831 | 6506 | 11332 |
| 江 苏 | Jiangsu | 295358 | 279922 | 9605 | 5831 | 43706 | 8739 | 16596 |
| 浙 江 | Zhejiang | 293044 | 281191 | 6235 | 5618 | 55709 | 13335 | 21572 |
| 安 徽 | Anhui | 175012 | 168695 | 3605 | 2712 | 29350 | 4809 | 14172 |
| 福 建 | Fujian | 139005 | 130087 | 5145 | 3773 | 34293 | 4652 | 15509 |
| 江 西 | Jiangxi | 165835 | 158034 | 5395 | 2406 | 26905 | 3355 | 10403 |
| 山 东 | Shandong | 399464 | 386687 | 6885 | 5892 | 59491 | 12635 | 24414 |
| 河 南 | Henan | 386343 | 372888 | 8031 | 5424 | 64384 | 14296 | 23985 |
| 湖 北 | Hubei | 291807 | 279734 | 5624 | 6449 | 50132 | 11376 | 16794 |
| 湖 南 | Hunan | 295176 | 283897 | 6357 | 4922 | 39213 | 6206 | 18212 |
| 广 东 | Guangdong | 506165 | 487459 | 7741 | 10965 | 68919 | 14826 | 22204 |
| 广 西 | Guangxi | 240710 | 227385 | 9709 | 3616 | 29927 | 5305 | 8605 |
| 海 南 | Hainan | 38345 | 36748 | 962 | 635 | 8959 | 2625 | 3726 |
| 重 庆 | Chongqing | 115258 | 110355 | 2560 | 2343 | 21531 | 8215 | 6158 |
| 四 川 | Sichuan | 308113 | 296047 | 6941 | 5125 | 40090 | 7731 | 12195 |
| 贵 州 | Guizhou | 126803 | 122174 | 3424 | 1205 | 17359 | 2800 | 5534 |
| 云 南 | Yunnan | 169064 | 162407 | 4020 | 2637 | 26736 | 3132 | 7031 |
| 西 藏 | Tibet | 15339 | 14790 | 13 | 536 | 6448 | 603 | 3188 |
| 陕 西 | Shaanxi | 194824 | 185567 | 5441 | 3816 | 34943 | 4469 | 9860 |
| 甘 肃 | Gansu | 106702 | 103486 | 1812 | 1404 | 24328 | 3219 | 8613 |
| 青 海 | Qinghai | 32626 | 30534 | 906 | 1186 | 6997 | 830 | 2429 |
| 宁 夏 | Ningxia | 35770 | 34157 | 1031 | 582 | 7240 | 1605 | 1509 |
| 新 疆 | Xinjiang | 145782 | 136888 | 5882 | 3012 | 30156 | 4467 | 10542 |

## 4-1 续表 19 continued

单位：人 (person)

| 地区 | Region | 3.文化艺术业<br>3.Cultural and Art Activitries | 4.体育<br>4.Sports Activities | 5.娱乐业<br>5.Entertainment | (十九)公共管理和社会组织<br>XIX. Public Management and Social Organizations | #中国共产党机关<br>Organs of Communist Party of China | #国家机构<br>Government Agencies | #人民政协和民主党派<br>People's Political Consultative Conference and Democratic Parties | #群众社团、社会团体和宗教组织<br>Non-Governmental Organizations, Social Organizations, and Religion Organizations |
|---|---|---|---|---|---|---|---|---|---|
| **总　计** | **National Total** | **388447** | **87446** | **25384** | **14527072** | **561004** | **13627935** | **96760** | **233321** |
| 北　京 | Beijing | 25095 | 8066 | 1259 | 376414 | 12025 | 343754 | 2107 | 18528 |
| 天　津 | Tianjin | 6126 | 2714 | 841 | 139681 | 3477 | 133018 | 824 | 1804 |
| 河　北 | Hebei | 14674 | 3413 | 2071 | 808209 | 31590 | 762672 | 4386 | 9561 |
| 山　西 | Shanxi | 16994 | 2467 | 466 | 584031 | 19277 | 551331 | 3476 | 9947 |
| 内蒙古 | Inner Mongolia | 13690 | 1796 | 258 | 366270 | 18053 | 338851 | 3391 | 5975 |
| 辽　宁 | Liaoning | 17279 | 3098 | 643 | 501431 | 22573 | 466243 | 3464 | 8970 |
| 吉　林 | Jilin | 12463 | 2844 | 487 | 325111 | 12884 | 301832 | 2020 | 5106 |
| 黑龙江 | Heilongjiang | 13311 | 3884 | 2010 | 428201 | 14336 | 404968 | 2767 | 5639 |
| 上　海 | Shanghai | 12142 | 7542 | 1309 | 189113 | 2843 | 181612 | 890 | 2718 |
| 江　苏 | Jiangsu | 15602 | 2298 | 471 | 650009 | 14935 | 625060 | 2785 | 7159 |
| 浙　江 | Zhejiang | 18372 | 1947 | 483 | 574020 | 19033 | 542266 | 3204 | 9139 |
| 安　徽 | Anhui | 8374 | 1601 | 394 | 468658 | 15802 | 443890 | 2876 | 5991 |
| 福　建 | Fujian | 10337 | 3386 | 409 | 305874 | 13465 | 283606 | 2965 | 5838 |
| 江　西 | Jiangxi | 10205 | 2429 | 513 | 453493 | 19531 | 419584 | 3278 | 11100 |
| 山　东 | Shandong | 18086 | 3729 | 627 | 1051549 | 37456 | 984935 | 6056 | 23102 |
| 河　南 | Henan | 22070 | 2577 | 1456 | 1036734 | 33921 | 984430 | 5549 | 12834 |
| 湖　北 | Hubei | 16231 | 3960 | 1771 | 545022 | 15471 | 511103 | 3795 | 14653 |
| 湖　南 | Hunan | 12617 | 1663 | 515 | 761098 | 23896 | 724778 | 3974 | 8450 |
| 广　东 | Guangdong | 21917 | 7243 | 2729 | 986455 | 30948 | 939902 | 3518 | 12087 |
| 广　西 | Guangxi | 13123 | 2274 | 620 | 404454 | 17968 | 376802 | 3458 | 6226 |
| 海　南 | Hainan | 2031 | 271 | 306 | 105196 | 4256 | 98249 | 634 | 2057 |
| 重　庆 | Chongqing | 5303 | 1190 | 665 | 265685 | 8130 | 252952 | 1932 | 2671 |
| 四　川 | Sichuan | 17358 | 2241 | 565 | 792942 | 35344 | 740831 | 6700 | 10067 |
| 贵　州 | Guizhou | 5099 | 3771 | 155 | 413440 | 19851 | 385830 | 2925 | 4758 |
| 云　南 | Yunnan | 12223 | 1375 | 2975 | 469415 | 23711 | 430930 | 5617 | 7277 |
| 西　藏 | Tibet | 2136 | 521 | | 97527 | 5493 | 89196 | 1094 | 1744 |
| 陕　西 | Shaanxi | 18234 | 1913 | 467 | 505511 | 25302 | 468634 | 4291 | 7284 |
| 甘　肃 | Gansu | 10696 | 1405 | 395 | 363653 | 27610 | 326857 | 4033 | 5153 |
| 青　海 | Qinghai | 3107 | 534 | 97 | 92288 | 5109 | 84405 | 1306 | 1468 |
| 宁　夏 | Ningxia | 3142 | 823 | 161 | 83778 | 3627 | 77315 | 937 | 1899 |
| 新　疆 | Xinjiang | 10410 | 4471 | 266 | 381810 | 23087 | 352099 | 2508 | 4116 |

# 4-2 各地区分行业城镇集体单位就业人员数

## Employed Persons in Urban Collective-owned Units by Sector and Region

单位：人 (person)

| 地 区 Region | 城镇集体单位合计 Total | (一)企业 I. Enterprises | (二)事业 II. Institutions | (三)机关 III. Agencies and Organizations | (四)民间非营利组织 IV. Civil Nonprofit Organizations | (五)其他 V. Other | (一)农、林、牧、渔业 I.Agriculture, Forestry, Animal Husbandry and Fishery | 1.农业 1.Agriculture | 2.林业 2.Forestry |
|---|---|---|---|---|---|---|---|---|---|
| **总 计 National Total** | **6030617** | **5137673** | **833794** | **13087** | **17853** | **28210** | **40157** | **7121** | **6939** |
| 北 京 Beijing | 200724 | 160866 | 23230 | | 6463 | 10165 | 4456 | 1605 | 1384 |
| 天 津 Tianjin | 88358 | 81012 | 6289 | | | 1057 | 1 | | |
| 河 北 Hebei | 222086 | 188058 | 33381 | 605 | | 42 | 1807 | 4 | 311 |
| 山 西 Shanxi | 248083 | 214788 | 32810 | 232 | | 253 | 1109 | 396 | 51 |
| 内蒙古 Inner Mongolia | 84867 | 68269 | 16553 | | 3 | 42 | 1216 | 387 | |
| 辽 宁 Liaoning | 341462 | 314662 | 25451 | 1349 | | | 1373 | 67 | 132 |
| 吉 林 Jilin | 95640 | 76618 | 18903 | 113 | | 6 | 485 | | 72 |
| 黑龙江 Heilongjiang | 161388 | 148415 | 12725 | 248 | | | 978 | 586 | 296 |
| 上 海 Shanghai | 104293 | 73143 | 27116 | 1658 | 1806 | 570 | 404 | | |
| 江 苏 Jiangsu | 311958 | 204573 | 106990 | 301 | | 94 | 1891 | 415 | 43 |
| 浙 江 Zhejiang | 284634 | 204370 | 76282 | 60 | 2530 | 1392 | 631 | 156 | 55 |
| 安 徽 Anhui | 183436 | 132444 | 49307 | 870 | 392 | 423 | 614 | 68 | |
| 福 建 Fujian | 155589 | 123698 | 31323 | 92 | 186 | 290 | 258 | 11 | 191 |
| 江 西 Jiangxi | 187468 | 175840 | 11289 | 339 | | | 588 | 261 | 120 |
| 山 东 Shandong | 607554 | 520267 | 82807 | 445 | 363 | 3672 | 3894 | 34 | 86 |
| 河 南 Henan | 516584 | 420110 | 87412 | 3085 | 941 | 5036 | 9228 | 1311 | 1311 |
| 湖 北 Hubei | 181827 | 151481 | 27311 | 1780 | 124 | 1131 | 1256 | 56 | 99 |
| 湖 南 Hunan | 278398 | 250806 | 25871 | | 1081 | 640 | 1182 | 97 | 711 |
| 广 东 Guangdong | 628252 | 598074 | 28647 | 118 | 292 | 1121 | 1161 | 152 | 302 |
| 广 西 Guangxi | 187489 | 181301 | 5349 | 395 | 251 | 193 | 779 | 6 | 677 |
| 海 南 Hainan | 36090 | 29930 | 5848 | 59 | 37 | 216 | 887 | 409 | 440 |
| 重 庆 Chongqing | 110098 | 92905 | 16444 | 535 | 208 | 6 | 987 | 11 | 248 |
| 四 川 Sichuan | 337681 | 276216 | 61029 | 278 | 53 | 105 | 2807 | 5 | 6 |
| 贵 州 Guizhou | 76640 | 69826 | 2786 | 106 | 3030 | 892 | 254 | 126 | 115 |
| 云 南 Yunnan | 108586 | 104382 | 3732 | 332 | | 140 | 867 | 562 | 148 |
| 西 藏 Tibet | 3895 | 3878 | 17 | | | | 37 | 20 | |
| 陕 西 Shaanxi | 152370 | 143315 | 8969 | | 66 | 20 | 591 | 215 | 84 |
| 甘 肃 Gansu | 74587 | 70782 | 3086 | 15 | | 704 | 229 | 64 | 57 |
| 青 海 Qinghai | 18597 | 18155 | 442 | | | | 110 | 61 | |
| 宁 夏 Ningxia | 8095 | 7428 | 647 | 20 | | | 8 | | |
| 新 疆 Xinjiang | 33888 | 32061 | 1748 | 52 | 27 | | 69 | 36 | |

## 4-2 续表 1 continued

单位：人 (person)

| 地 区 | Region | 3.畜牧业<br>3.Animal Husbandry | 4.渔业<br>4.Fishery | 5.农、林、牧、渔服务业<br>5.Service in support of Agriculture, Forestry, Animal Husbandry and Fishery | (二)采矿业<br>II. Mining | 1.煤炭开采和洗选业<br>1.Mining and Washing of Coal | 2.石油和天然气开采业<br>2.Extraction of Petroleum and Natural Gas | 3.黑色金属矿采选业<br>3.Mining of Ferrous Metal Ores |
|---|---|---|---|---|---|---|---|---|
| **总 计** | **National Total** | **3868** | **1841** | **20388** | **204086** | **131520** | **3516** | **22769** |
| 北 京 | Beijing | 584 | 52 | 831 | 935 | 6 | | 573 |
| 天 津 | Tianjin | | | 1 | 30 | | | |
| 河 北 | Hebei | 13 | 39 | 1440 | 5275 | 4619 | | 314 |
| 山 西 | Shanxi | 267 | | 395 | 22613 | 21691 | | 829 |
| 内蒙古 | Inner Mongolia | 74 | | 755 | 2270 | 440 | | 1141 |
| 辽 宁 | Liaoning | 9 | 786 | 379 | 14315 | 4725 | | 4647 |
| 吉 林 | Jilin | 8 | 65 | 340 | 2236 | 1716 | | 286 |
| 黑龙江 | Heilongjiang | 69 | 7 | 20 | 18790 | 15114 | 3484 | |
| 上 海 | Shanghai | 3 | | 401 | | | | |
| 江 苏 | Jiangsu | 72 | 148 | 1213 | 1934 | 479 | | 68 |
| 浙 江 | Zhejiang | 83 | 31 | 306 | 2816 | | | 31 |
| 安 徽 | Anhui | | 78 | 468 | 3866 | 3000 | | 722 |
| 福 建 | Fujian | | 12 | 44 | 5868 | 3845 | | 285 |
| 江 西 | Jiangxi | | 122 | 85 | 3676 | 2946 | | 345 |
| 山 东 | Shandong | 1304 | 150 | 2320 | 21514 | 9818 | | 578 |
| 河 南 | Henan | 742 | 45 | 5819 | 9542 | 4027 | | 514 |
| 湖 北 | Hubei | 214 | 48 | 839 | 15651 | 5472 | | 5502 |
| 湖 南 | Hunan | | 212 | 162 | 37627 | 32454 | | 1932 |
| 广 东 | Guangdong | 143 | 28 | 536 | 340 | | | 155 |
| 广 西 | Guangxi | 7 | | 89 | 752 | | | 257 |
| 海 南 | Hainan | 20 | 18 | | 113 | | | |
| 重 庆 | Chongqing | | | 728 | 7743 | 6801 | 26 | |
| 四 川 | Sichuan | 6 | | 2790 | 4851 | 4297 | | |
| 贵 州 | Guizhou | 10 | | 3 | 5727 | 1769 | | 3794 |
| 云 南 | Yunnan | 106 | | 51 | 3615 | 400 | | |
| 西 藏 | Tibet | 17 | | | 108 | | | 100 |
| 陕 西 | Shaanxi | | | 292 | 6589 | 3413 | | 696 |
| 甘 肃 | Gansu | 108 | | | 4252 | 3898 | | |
| 青 海 | Qinghai | | | 49 | 311 | | | |
| 宁 夏 | Ningxia | | | 8 | | | | |
| 新 疆 | Xinjiang | 9 | | 24 | 727 | 590 | 6 | |

# 4-2 续表 2 continued

单位：人 (person)

| 地 区 | Region | 4.有色金属矿采选业 4.Mining of Non-ferrous Metal Ores | 5.非金属矿采选业 5.Mining and Processing of Nonmetal Ores | 6.其他采矿业 6.Mining of Other Ores | (三) 制造业 III. Manufacturing | 1.农副食品加工业 1.Processing of Food from Agricultural Products | 2.食品制造业 2.Manufacture of Foods | 3.饮料制造业 3.Manufacture of Beverage |
|---|---|---|---|---|---|---|---|---|
| **总 计** | **National Total** | **19708** | **25847** | **726** | **1241199** | **35686** | **30532** | **9394** |
| 北 京 | Beijing | | 356 | | 36401 | 695 | 358 | 324 |
| 天 津 | Tianjin | | 30 | | 22281 | 61 | 70 | 73 |
| 河 北 | Hebei | | 273 | 69 | 62827 | 646 | 240 | 10 |
| 山 西 | Shanxi | 19 | 18 | 56 | 62571 | 300 | 260 | 396 |
| 内蒙古 | Inner Mongolia | 545 | 144 | | 16961 | 326 | 196 | 225 |
| 辽 宁 | Liaoning | 1641 | 2882 | 420 | 133743 | 2593 | 198 | 260 |
| 吉 林 | Jilin | | 234 | | 28974 | 266 | 53 | 9 |
| 黑龙江 | Heilongjiang | | 192 | | 45056 | 533 | 1062 | 213 |
| 上 海 | Shanghai | | | | 18644 | 40 | 185 | 68 |
| 江 苏 | Jiangsu | | 1387 | | 66839 | 287 | 400 | 100 |
| 浙 江 | Zhejiang | 85 | 2700 | | 49238 | 158 | 66 | 232 |
| 安 徽 | Anhui | 73 | 71 | | 17795 | 85 | 11 | 86 |
| 福 建 | Fujian | 26 | 1712 | | 31001 | 349 | 1062 | 204 |
| 江 西 | Jiangxi | 366 | 19 | | 12535 | 463 | 514 | 85 |
| 山 东 | Shandong | 9120 | 1998 | | 165336 | 14362 | 3055 | 1445 |
| 河 南 | Henan | 28 | 4973 | | 98988 | 4113 | 7709 | 1201 |
| 湖 北 | Hubei | 324 | 4353 | | 33694 | 2551 | 2174 | 889 |
| 湖 南 | Hunan | 1363 | 1878 | | 47598 | 2101 | 326 | 697 |
| 广 东 | Guangdong | 25 | 160 | | 135662 | 2704 | 7354 | 1126 |
| 广 西 | Guangxi | 194 | 120 | 181 | 29602 | 706 | 2452 | 453 |
| 海 南 | Hainan | | 113 | | 1791 | 134 | 30 | 44 |
| 重 庆 | Chongqing | | 916 | | 20570 | 667 | 74 | 112 |
| 四 川 | Sichuan | 89 | 465 | | 32451 | 665 | 1117 | 86 |
| 贵 州 | Guizhou | 81 | 83 | | 11134 | 86 | 25 | 88 |
| 云 南 | Yunnan | 2830 | 385 | | 14100 | 410 | 418 | 282 |
| 西 藏 | Tibet | | 8 | | 1203 | | | 64 |
| 陕 西 | Shaanxi | 2282 | 198 | | 18344 | 195 | 981 | 90 |
| 甘 肃 | Gansu | 306 | 48 | | 15551 | 136 | | 457 |
| 青 海 | Qinghai | 311 | | | 5492 | 22 | | |
| 宁 夏 | Ningxia | | | | 819 | | | |
| 新 疆 | Xinjiang | | 131 | | 3998 | 32 | 142 | 75 |

## 4-2 续表 3 continued

单位：人 (person)

| 地 区 | Region | 4.烟草制品业 4.Manufacture of Tobacco | 5.纺织业 5.Manufacture of Textile | 6.纺织服装、鞋、帽制造业 6.Manufacture of Textile Wearing Apparel, Footware and Caps | 7.皮革、毛皮、羽毛(绒)及其制品业 7.Manufacture of Leather, Fur, Feather and Its Products | 8.木材加工及木、竹、藤、棕、草制品业 8.Processing of Timbers, Manufacture of Wood, Bamboo, Rattan, Palm and Straw Products | 9.家具制造业 9.Manufacture of Furniture | 10.造纸及纸制品业 10.Manufacture of Paper and Paper Products |
|---|---|---|---|---|---|---|---|---|
| **总 计** | **National Total** | **4186** | **57623** | **49824** | **25884** | **16462** | **6243** | **27046** |
| 北 京 | Beijing | | 1047 | 2583 | 305 | 181 | 295 | 1626 |
| 天 津 | Tianjin | | 1042 | 2022 | 4 | 30 | 13 | 648 |
| 河 北 | Hebei | 306 | 2739 | 3992 | 156 | 224 | 2151 | 952 |
| 山 西 | Shanxi | | 1878 | 2459 | 81 | 665 | 672 | 477 |
| 内蒙古 | Inner Mongolia | | 75 | 515 | 4 | 6 | 93 | 254 |
| 辽 宁 | Liaoning | 303 | 1432 | 2932 | 347 | 740 | 163 | 1082 |
| 吉 林 | Jilin | | 383 | 1043 | 99 | 1176 | 425 | 518 |
| 黑龙江 | Heilongjiang | | 1050 | 598 | 147 | 5602 | 234 | 390 |
| 上 海 | Shanghai | | 769 | 772 | 145 | 5 | 22 | 211 |
| 江 苏 | Jiangsu | | 4025 | 2684 | 397 | 130 | 235 | 617 |
| 浙 江 | Zhejiang | | 3058 | 1079 | 67 | 84 | | 829 |
| 安 徽 | Anhui | 1158 | 736 | 459 | 5 | 51 | 90 | 313 |
| 福 建 | Fujian | | 1439 | 819 | 6606 | 826 | 117 | 2156 |
| 江 西 | Jiangxi | | 197 | 370 | 117 | 98 | 28 | 378 |
| 山 东 | Shandong | | 10313 | 5196 | 2717 | 4197 | 176 | 3131 |
| 河 南 | Henan | 1925 | 9000 | 2897 | 1667 | 40 | 99 | 1268 |
| 湖 北 | Hubei | | 2420 | 902 | 35 | 155 | 113 | 914 |
| 湖 南 | Hunan | | 1331 | 455 | 372 | 708 | 196 | 1959 |
| 广 东 | Guangdong | | 9653 | 14121 | 11303 | 384 | 524 | 5225 |
| 广 西 | Guangxi | | 315 | 1297 | 329 | 272 | 121 | 623 |
| 海 南 | Hainan | | 12 | 14 | | 17 | 44 | 28 |
| 重 庆 | Chongqing | | 2024 | 613 | 81 | 510 | 23 | 478 |
| 四 川 | Sichuan | 416 | 1809 | 410 | 475 | 140 | 2 | 535 |
| 贵 州 | Guizhou | | 70 | 75 | 14 | 29 | 137 | 185 |
| 云 南 | Yunnan | 46 | 357 | 847 | 209 | 138 | 55 | 1245 |
| 西 藏 | Tibet | | 60 | 124 | | 30 | 67 | |
| 陕 西 | Shaanxi | 32 | 346 | 201 | 30 | 15 | 99 | 665 |
| 甘 肃 | Gansu | | 7 | 264 | 114 | | 32 | 210 |
| 青 海 | Qinghai | | | 14 | 53 | | | 14 |
| 宁 夏 | Ningxia | | | | | | 12 | |
| 新 疆 | Xinjiang | | 36 | 67 | 5 | 9 | 5 | 115 |

## 4-2 续表 4 continued

单位：人 (person)

| 地 区 | Region | 11.印刷业和记录媒介的复制 11.Printing, Reproduction of Recording Media | 12.文教体育用品制造业 12.Manufacture of Articles for Culture, Education and Sport Activities | 13.石油加工、炼焦及核燃料加工业 13.Processing of Petroleum, Coking, Processing of Nuclear Fuel | 14.化学原料及化学制品制造业 14.Manufacture of Chemical Raw Material and Chemical Products | 15.医药制造业 15.Manufacture of Medicines | 16.化学纤维制造业 16.Manufacture of Chemical Fiber |
|---|---|---|---|---|---|---|---|
| **总 计** | **National Total** | **34957** | **16157** | **19134** | **71598** | **22715** | **3124** |
| 北 京 | Beijing | 3986 | 156 | 36 | 1339 | 316 | |
| 天 津 | Tianjin | 43 | 56 | 67 | 2736 | 15 | 19 |
| 河 北 | Hebei | 2040 | 516 | | 3216 | 2032 | |
| 山 西 | Shanxi | 1070 | | 1970 | 1982 | 13 | |
| 内蒙古 | Inner Mongolia | 1085 | | | 287 | 60 | |
| 辽 宁 | Liaoning | 3137 | 588 | 9637 | 11439 | 1017 | 1548 |
| 吉 林 | Jilin | 1902 | 15 | 387 | 2100 | 875 | |
| 黑龙江 | Heilongjiang | 1539 | 49 | 148 | 1485 | 218 | |
| 上 海 | Shanghai | 510 | 528 | 68 | 1545 | 351 | |
| 江 苏 | Jiangsu | 1222 | 697 | 169 | 6143 | 5176 | 621 |
| 浙 江 | Zhejiang | 499 | 175 | 11 | 1638 | 3182 | 658 |
| 安 徽 | Anhui | 919 | 1067 | | 832 | 636 | |
| 福 建 | Fujian | 892 | 343 | | 1082 | 416 | |
| 江 西 | Jiangxi | 398 | 19 | | 542 | 93 | |
| 山 东 | Shandong | 1503 | 187 | 758 | 4072 | 858 | 229 |
| 河 南 | Henan | 1874 | 160 | 1751 | 5437 | 1069 | |
| 湖 北 | Hubei | 341 | 123 | | 2391 | 210 | |
| 湖 南 | Hunan | 1024 | 226 | | 4128 | 126 | |
| 广 东 | Guangdong | 3724 | 10659 | | 6796 | 3380 | 5 |
| 广 西 | Guangxi | 777 | 365 | | 2141 | 851 | |
| 海 南 | Hainan | 147 | | | 775 | 119 | |
| 重 庆 | Chongqing | 252 | 6 | | 2196 | 87 | |
| 四 川 | Sichuan | 1115 | 7 | | 4332 | 472 | 42 |
| 贵 州 | Guizhou | 441 | | | 491 | 44 | |
| 云 南 | Yunnan | 1136 | 41 | | 701 | 317 | 2 |
| 西 藏 | Tibet | | 30 | | 21 | 190 | |
| 陕 西 | Shaanxi | 2817 | 102 | 21 | 219 | 592 | |
| 甘 肃 | Gansu | 206 | 21 | 4106 | 191 | | |
| 青 海 | Qinghai | 206 | 6 | | 621 | | |
| 宁 夏 | Ningxia | 82 | 15 | | 23 | | |
| 新 疆 | Xinjiang | 70 | | 5 | 697 | | |

## 4-2 续表 5 continued

单位：人 (person)

| 地 区 | Region | 17.橡胶制品业 17.Manufacture of Rubber | 18.塑料制品业 18.Manufacture of Plastic | 19.非金属矿物制品业 19.Manufacture of Non-metallic Mineral Products | 20.黑色金属冶炼及压延加工业 20.Manufacture and Processing of Ferrous Metals | 21.有色金属冶炼及压延加工业 21.Manufacture and Processing of Non-ferrous Metals | 22.金属制品业 22.Manufacture of Metal Products |
|---|---|---|---|---|---|---|---|
| **总 计** | **National Total** | **17416** | **38580** | **123750** | **47176** | **25943** | **76102** |
| 北 京 | Beijing | 146 | 1877 | 3664 | 68 | 381 | 4612 |
| 天 津 | Tianjin | 796 | 765 | 421 | 3216 | 580 | 3063 |
| 河 北 | Hebei | 2012 | 1131 | 4484 | 7490 | 162 | 6420 |
| 山 西 | Shanxi | 1000 | 1544 | 1959 | 612 | 226 | 7019 |
| 内蒙古 | Inner Mongolia | | 135 | 2693 | 2901 | 1049 | 841 |
| 辽 宁 | Liaoning | 2812 | 3221 | 11238 | 9530 | 5020 | 9170 |
| 吉 林 | Jilin | 307 | 1169 | 1705 | 3463 | 59 | 776 |
| 黑龙江 | Heilongjiang | 914 | 2489 | 5460 | 100 | 773 | 2308 |
| 上 海 | Shanghai | 182 | 396 | 441 | 233 | 120 | 1181 |
| 江 苏 | Jiangsu | 961 | 1785 | 2181 | 282 | 1754 | 4518 |
| 浙 江 | Zhejiang | 197 | 1210 | 2879 | 445 | 313 | 1971 |
| 安 徽 | Anhui | 20 | 263 | 3063 | | | 1002 |
| 福 建 | Fujian | 470 | 1289 | 4048 | 907 | 675 | 353 |
| 江 西 | Jiangxi | 40 | 747 | 3552 | 1193 | 232 | 288 |
| 山 东 | Shandong | 929 | 2384 | 14332 | 898 | 1006 | 8136 |
| 河 南 | Henan | 1523 | 3537 | 10094 | 3493 | 2281 | 5735 |
| 湖 北 | Hubei | 222 | 831 | 6582 | 775 | 1313 | 1981 |
| 湖 南 | Hunan | 324 | 716 | 16982 | 2832 | 1112 | 1152 |
| 广 东 | Guangdong | 1915 | 8234 | 3806 | 56 | 921 | 5292 |
| 广 西 | Guangxi | 213 | 651 | 8797 | 165 | 1267 | 4136 |
| 海 南 | Hainan | 235 | 14 | | 1 | | 82 |
| 重 庆 | Chongqing | 60 | 274 | 1733 | 394 | 139 | 672 |
| 四 川 | Sichuan | 450 | 1152 | 3597 | 226 | 238 | 1730 |
| 贵 州 | Guizhou | 1206 | 182 | 1685 | 2636 | 183 | 604 |
| 云 南 | Yunnan | 126 | 805 | 2196 | 1390 | 88 | 868 |
| 西 藏 | Tibet | | | 272 | | | |
| 陕 西 | Shaanxi | 91 | 817 | 1668 | 210 | 702 | 1316 |
| 甘 肃 | Gansu | 265 | 282 | 813 | 2876 | 3764 | 187 |
| 青 海 | Qinghai | | 81 | 2344 | | 1454 | 334 |
| 宁 夏 | Ningxia | | 420 | 48 | | 52 | 41 |
| 新 疆 | Xinjiang | | 179 | 1013 | 784 | 79 | 314 |

## 4-2 续表 6 continued

单位：人 (person)

| 地 区 | Region | 23.通用设备制造业 23.Manufacture of General Purpose Machinery | 24.专用设备制造业 24.Manufacture of Special Purpose Machinery | 25.交通运输设备制造业 25.Manufacture of Transport Equipment | 26.电气机械及器材制造业 26.Manufacture of Electrical Machinery and Equipment | 27.通信设备、计算机及其他电子设备制造业 27.Manufacture of Communication Equipment, Computer and Other Electronic Equipment | 28.仪器仪表及文化、办公用机械制造业 28.Manufacture of Measuring Instrument and Machinery for Cultural Activity and Office Work |
|---|---|---|---|---|---|---|---|
| **总 计** | **National Total** | **132480** | **74885** | **94943** | **95156** | **39951** | **19428** |
| 北 京 | Beijing | 3570 | 1922 | 2944 | 1775 | 742 | 801 |
| 天 津 | Tianjin | 3409 | 697 | 1219 | 575 | 239 | 385 |
| 河 北 | Hebei | 8640 | 2759 | 6548 | 3482 | 22 | 247 |
| 山 西 | Shanxi | 6002 | 20984 | 5410 | 4166 | 59 | 749 |
| 内蒙古 | Inner Mongolia | 1868 | 116 | 1952 | 925 | | 5 |
| 辽 宁 | Liaoning | 16851 | 9853 | 18180 | 6555 | 1030 | 1543 |
| 吉 林 | Jilin | 1803 | 917 | 7938 | 857 | 5 | 543 |
| 黑龙江 | Heilongjiang | 9858 | 1147 | 4124 | 3615 | 145 | 351 |
| 上 海 | Shanghai | 2323 | 1377 | 3845 | 2319 | 343 | 157 |
| 江 苏 | Jiangsu | 6161 | 4553 | 3118 | 10015 | 3952 | 1483 |
| 浙 江 | Zhejiang | 2204 | 878 | 1149 | 6573 | 18994 | 504 |
| 安 徽 | Anhui | 891 | 3845 | 959 | 1019 | 59 | 60 |
| 福 建 | Fujian | 1448 | 376 | 1070 | 810 | 1394 | 421 |
| 江 西 | Jiangxi | 494 | 376 | 1078 | 310 | 644 | 28 |
| 山 东 | Shandong | 36539 | 9617 | 3351 | 32045 | 894 | 946 |
| 河 南 | Henan | 8048 | 7279 | 11004 | 2755 | 353 | 572 |
| 湖 北 | Hubei | 3682 | 686 | 3083 | 528 | | 199 |
| 湖 南 | Hunan | 2277 | 1570 | 2507 | 1128 | 334 | 152 |
| 广 东 | Guangdong | 1251 | 2671 | 1036 | 10171 | 10220 | 8543 |
| 广 西 | Guangxi | 399 | 517 | 1242 | 469 | 123 | 668 |
| 海 南 | Hainan | | 7 | 39 | 17 | | |
| 重 庆 | Chongqing | 2005 | 638 | 6338 | 385 | 176 | 441 |
| 四 川 | Sichuan | 6044 | 924 | 3258 | 2472 | 106 | 398 |
| 贵 州 | Guizhou | 614 | 627 | 1400 | 147 | 10 | 45 |
| 云 南 | Yunnan | 956 | 135 | 428 | 591 | 8 | 33 |
| 西 藏 | Tibet | | 7 | | | | |
| 陕 西 | Shaanxi | 4124 | 251 | 1350 | 818 | 99 | 154 |
| 甘 肃 | Gansu | 911 | 7 | 69 | 385 | | |
| 青 海 | Qinghai | 12 | 34 | 102 | 195 | | |
| 宁 夏 | Ningxia | 50 | 56 | | | | |
| 新 疆 | Xinjiang | 46 | 59 | 202 | 54 | | |

## 4-2 续表 7 continued

单位：人 (person)

| 地区 | Region | 29.工艺品及其他制造业 29.Manufacture of Artwork, Other Manufacture | 30.废弃资源和废旧材料回收加工业 30.Recycling and Disposal of Waste | (四)电力、燃气及水的生产和供应业 IV. Production and Supply of Electricity, Gas and Water | 1.电力、热力的生产和供应业 1.Production and Supply of Electric Power and Heat Power | 2.燃气生产和供应业 2.Production and Distribution of Gas | 3.水的生产和供应业 3.Production and Distribution of Water |
|---|---|---|---|---|---|---|---|
| **总　计** | **National Total** | **19469** | **5355** | **54916** | **33919** | **1229** | **19768** |
| 北　京 | Beijing | 385 | 267 | 845 | 709 | 8 | 128 |
| 天　津 | Tianjin | 17 | | 230 | 196 | | 34 |
| 河　北 | Hebei | 210 | | 439 | 307 | 81 | 51 |
| 山　西 | Shanxi | 320 | 298 | 2001 | 1817 | | 184 |
| 内蒙古 | Inner Mongolia | 903 | 447 | 861 | 150 | | 711 |
| 辽　宁 | Liaoning | 1069 | 255 | 4440 | 2799 | 187 | 1454 |
| 吉　林 | Jilin | 123 | 58 | 540 | 248 | 56 | 236 |
| 黑龙江 | Heilongjiang | 291 | 213 | 741 | 558 | 6 | 177 |
| 上　海 | Shanghai | 424 | 84 | 1448 | 1330 | | 118 |
| 江　苏 | Jiangsu | 3090 | 83 | 4063 | 2698 | 19 | 1346 |
| 浙　江 | Zhejiang | 185 | | 3008 | 1357 | 75 | 1576 |
| 安　徽 | Anhui | 82 | 84 | 1005 | 865 | 11 | 129 |
| 福　建 | Fujian | 1429 | | 2548 | 2172 | 51 | 325 |
| 江　西 | Jiangxi | 251 | | 697 | 457 | | 240 |
| 山　东 | Shandong | 1999 | 61 | 1700 | 1351 | 18 | 331 |
| 河　南 | Henan | 2104 | | 3020 | 1234 | 233 | 1553 |
| 湖　北 | Hubei | 3 | 591 | 1460 | 719 | | 741 |
| 湖　南 | Hunan | 446 | 2417 | 2253 | 1766 | 15 | 472 |
| 广　东 | Guangdong | 4404 | 184 | 14912 | 6991 | 53 | 7868 |
| 广　西 | Guangxi | 253 | | 607 | 431 | | 176 |
| 海　南 | Hainan | 32 | | 290 | 216 | 13 | 61 |
| 重　庆 | Chongqing | 20 | 172 | 1255 | 582 | 54 | 619 |
| 四　川 | Sichuan | 166 | 67 | 3498 | 2495 | 349 | 654 |
| 贵　州 | Guizhou | 110 | | 955 | 816 | | 139 |
| 云　南 | Yunnan | 220 | 52 | 656 | 485 | | 171 |
| 西　藏 | Tibet | 337 | 1 | | | | |
| 陕　西 | Shaanxi | 318 | 21 | 856 | 704 | | 152 |
| 甘　肃 | Gansu | 248 | | 407 | 369 | | 38 |
| 青　海 | Qinghai | | | 13 | | | 13 |
| 宁　夏 | Ningxia | 20 | | | | | |
| 新　疆 | Xinjiang | 10 | | 168 | 97 | | 71 |

## 4-2 续表 8 continued

单位：人 (person)

| 地 区 | Region | (五) 建筑业 V. Construction | 1.房屋和土木工程建筑业 1.Construction of Building and Civil Engineering | 2.建筑安装业 2.Architectural Installation | 3.建筑装饰业 3.Architectural Decoration | 4.其他建筑业 4.Other Construction | (六) 交通运输、仓储和邮政业 VI. Transport, Storage and Post | 1.铁路运输业 1.Transport Via Railway |
|---|---|---|---|---|---|---|---|---|
| **总 计** | **National Total** | **1873833** | **1697938** | **138308** | **23607** | **13980** | **174950** | **17704** |
| 北 京 | Beijing | 18616 | 12563 | 3692 | 2123 | 238 | 8649 | 1 |
| 天 津 | Tianjin | 35731 | 28704 | 4530 | 1779 | 718 | 952 | |
| 河 北 | Hebei | 36249 | 33700 | 1843 | 528 | 178 | 4842 | 845 |
| 山 西 | Shanxi | 25362 | 22319 | 2693 | 151 | 199 | 5057 | 7 |
| 内蒙古 | Inner Mongolia | 12115 | 10364 | 1330 | 29 | 392 | 2635 | |
| 辽 宁 | Liaoning | 80009 | 61439 | 17653 | 460 | 457 | 8291 | 1827 |
| 吉 林 | Jilin | 11237 | 9085 | 1820 | 65 | 267 | 1202 | |
| 黑龙江 | Heilongjiang | 37780 | 30942 | 6056 | 606 | 176 | 3253 | 107 |
| 上 海 | Shanghai | 17635 | 5035 | 11801 | 650 | 149 | 5477 | 1512 |
| 江 苏 | Jiangsu | 55605 | 50185 | 4894 | 104 | 422 | 12011 | 2546 |
| 浙 江 | Zhejiang | 73817 | 68911 | 2329 | 829 | 1748 | 11964 | 6042 |
| 安 徽 | Anhui | 61935 | 54078 | 6848 | 647 | 362 | 6917 | 644 |
| 福 建 | Fujian | 36744 | 29894 | 3125 | 2382 | 1343 | 3411 | 57 |
| 江 西 | Jiangxi | 124166 | 121035 | 2379 | 207 | 545 | 3505 | 41 |
| 山 东 | Shandong | 186082 | 173431 | 11075 | 980 | 596 | 10269 | 261 |
| 河 南 | Henan | 131707 | 112796 | 12315 | 4689 | 1907 | 19562 | 2614 |
| 湖 北 | Hubei | 51439 | 47864 | 1811 | 488 | 1276 | 5536 | 229 |
| 湖 南 | Hunan | 108851 | 100358 | 7339 | 88 | 1066 | 11547 | |
| 广 东 | Guangdong | 266230 | 253767 | 8413 | 3963 | 87 | 16321 | 53 |
| 广 西 | Guangxi | 97796 | 92816 | 4002 | 812 | 166 | 9629 | |
| 海 南 | Hainan | 16091 | 15859 | 225 | 7 | | 845 | |
| 重 庆 | Chongqing | 45788 | 41457 | 3182 | 918 | 231 | 3350 | 61 |
| 四 川 | Sichuan | 172882 | 164340 | 7921 | 551 | 70 | 9681 | |
| 贵 州 | Guizhou | 25021 | 24187 | 502 | 114 | 218 | 2121 | 329 |
| 云 南 | Yunnan | 42600 | 40279 | 1978 | 301 | 42 | 1945 | 68 |
| 西 藏 | Tibet | 1938 | 1938 | | | | 14 | |
| 陕 西 | Shaanxi | 58211 | 54339 | 2753 | 73 | 1046 | 3590 | |
| 甘 肃 | Gansu | 29132 | 25974 | 3130 | | 28 | 874 | 59 |
| 青 海 | Qinghai | 5418 | 3851 | 1455 | 59 | 53 | 102 | |
| 宁 夏 | Ningxia | 1823 | 1807 | 16 | | | | |
| 新 疆 | Xinjiang | 5823 | 4621 | 1198 | 4 | | 1398 | 401 |

## 4-2 续表 9 continued

单位：人 (person)

| 地 区 | Region | 2.道路运输业 2.Transport Via Road | 3.城市公共交通业 3.Urban Public Traffic | 4.水上运输业 4.Water Transport | 5.航空运输业 5.Air Transport | 6.管道运输业 6.Transport Via Pipeline | 7.装卸搬运和其他运输服务业 7.Loading, Unloading Portage and Other Transport Services | 8.仓储业 8.Storage |
|---|---|---|---|---|---|---|---|---|
| **总 计** | **National Total** | **70646** | **18030** | **21460** | **185** | **106** | **36821** | **8145** |
| 北 京 | Beijing | 1779 | 3683 | | 3 | | 1924 | 1259 |
| 天 津 | Tianjin | 587 | 49 | | | | 81 | 235 |
| 河 北 | Hebei | 2645 | 319 | | | | 899 | 112 |
| 山 西 | Shanxi | 2820 | 177 | | | | 1319 | 734 |
| 内蒙古 | Inner Mongolia | 351 | 37 | | | | 2247 | |
| 辽 宁 | Liaoning | 4044 | 344 | 32 | | | 1440 | 604 |
| 吉 林 | Jilin | 727 | 150 | | | | 266 | 59 |
| 黑龙江 | Heilongjiang | 635 | 429 | 92 | | | 1917 | 73 |
| 上 海 | Shanghai | 1452 | 977 | 102 | | | 863 | 430 |
| 江 苏 | Jiangsu | 6516 | 126 | 2108 | | | 528 | 131 |
| 浙 江 | Zhejiang | 3129 | 284 | 783 | | | 1448 | 169 |
| 安 徽 | Anhui | 2631 | 239 | 2507 | | | 896 | |
| 福 建 | Fujian | 987 | 441 | 983 | | | 896 | 47 |
| 江 西 | Jiangxi | 319 | 713 | 1527 | | 5 | 824 | 76 |
| 山 东 | Shandong | 5150 | 1377 | 388 | | | 763 | 2330 |
| 河 南 | Henan | 9017 | 1522 | 1854 | | | 3827 | 728 |
| 湖 北 | Hubei | 2145 | 314 | 1296 | | | 1483 | 69 |
| 湖 南 | Hunan | 4507 | 322 | 769 | | | 5808 | 113 |
| 广 东 | Guangdong | 6822 | 4375 | 2501 | 29 | | 1823 | 371 |
| 广 西 | Guangxi | 4006 | 4 | 4519 | | | 989 | 111 |
| 海 南 | Hainan | 161 | 433 | 130 | 86 | | 35 | |
| 重 庆 | Chongqing | 848 | 110 | 1026 | | | 1211 | 94 |
| 四 川 | Sichuan | 6877 | 329 | 565 | | 101 | 1782 | 27 |
| 贵 州 | Guizhou | 60 | | 200 | | | 1481 | 40 |
| 云 南 | Yunnan | 481 | 393 | | | | 933 | 70 |
| 西 藏 | Tibet | 14 | | | | | | |
| 陕 西 | Shaanxi | 1113 | 764 | 46 | 67 | | 410 | 51 |
| 甘 肃 | Gansu | 504 | 104 | | | | | 207 |
| 青 海 | Qinghai | 93 | 9 | | | | | |
| 宁 夏 | Ningxia | | | | | | | |
| 新 疆 | Xinjiang | 226 | 6 | 32 | | | 728 | 5 |

## 4-2 续表 10 continued

单位：人 (person)

| 地 区 | Region | 9.邮政业 9.Post | (七) 信息传输、计算机服务和软件业 VII. Information Transmission, Computer Services and Software | 1.电信和其他信息传输服务业 1.Telecom and Other Information Transmission Services | 2.计算机服务业 2.Computer Services | 3.软件业 3.Software Industry | (八) 批发和零售业 VIII. Wholesale and Retail Trades | 1.批发业 1.Wholesale Trade |
|---|---|---|---|---|---|---|---|---|
| **总 计** | **National Total** | **1853** | **13044** | **10065** | **1941** | **1038** | **467557** | **211644** |
| 北 京 | Beijing | | 300 | 93 | 165 | 42 | 13607 | 5939 |
| 天 津 | Tianjin | | 59 | | 59 | | 6884 | 3436 |
| 河 北 | Hebei | 22 | 715 | 670 | 45 | | 29393 | 14776 |
| 山 西 | Shanxi | | 78 | 74 | | 4 | 34121 | 14648 |
| 内蒙古 | Inner Mongolia | | 14 | | 14 | | 3918 | 1746 |
| 辽 宁 | Liaoning | | 247 | 103 | 131 | 13 | 19704 | 12253 |
| 吉 林 | Jilin | | 378 | 3 | 367 | 8 | 4409 | 3055 |
| 黑龙江 | Heilongjiang | | 264 | 120 | 131 | 13 | 10292 | 4965 |
| 上 海 | Shanghai | 141 | 310 | 310 | | | 11672 | 5463 |
| 江 苏 | Jiangsu | 56 | 636 | 618 | 18 | | 17797 | 8364 |
| 浙 江 | Zhejiang | 109 | 804 | 734 | 20 | 50 | 8637 | 4148 |
| 安 徽 | Anhui | | 178 | 178 | | | 12696 | 8390 |
| 福 建 | Fujian | | 131 | 25 | | 106 | 14551 | 6281 |
| 江 西 | Jiangxi | | 315 | 184 | 131 | | 10246 | 6027 |
| 山 东 | Shandong | | 1193 | 257 | 359 | 577 | 49787 | 18410 |
| 河 南 | Henan | | 4909 | 4898 | 5 | 6 | 84721 | 31720 |
| 湖 北 | Hubei | | 102 | 9 | 53 | 40 | 16973 | 2599 |
| 湖 南 | Hunan | 28 | 220 | 149 | | 71 | 6199 | 1810 |
| 广 东 | Guangdong | 347 | 994 | 961 | 5 | 28 | 37327 | 23059 |
| 广 西 | Guangxi | | 96 | 68 | | 28 | 12806 | 5856 |
| 海 南 | Hainan | | 71 | 4 | 33 | 34 | 3083 | 858 |
| 重 庆 | Chongqing | | 155 | 155 | | | 6131 | 2190 |
| 四 川 | Sichuan | | 450 | 58 | 385 | 7 | 11262 | 5991 |
| 贵 州 | Guizhou | 11 | | | | | 5507 | 2621 |
| 云 南 | Yunnan | | 18 | 8 | 2 | 8 | 10094 | 4080 |
| 西 藏 | Tibet | | | | | | 357 | 173 |
| 陕 西 | Shaanxi | 1139 | 403 | 382 | 18 | 3 | 14184 | 5555 |
| 甘 肃 | Gansu | | | | | | 4613 | 2073 |
| 青 海 | Qinghai | | | | | | 1121 | 518 |
| 宁 夏 | Ningxia | | | | | | 712 | 381 |
| 新 疆 | Xinjiang | | 4 | 4 | | | 4753 | 4259 |

## 4-2 续表 11 continued

单位：人 (person)

| 地 区 | Region | 2.零售业<br>2.Retail Trade | (九) 住宿和餐饮业<br>IX. Hotels and Catering Services | 1.住宿业<br>1.Hotels | 2.餐饮业<br>2.Catering Services | (十) 金融业<br>X. Financial Intermediation | 1.银行业<br>1.Bank | 2.证券业<br>2.Security Activities |
|---|---|---|---|---|---|---|---|---|
| **总 计** | **National Total** | **255913** | **99724** | **71559** | **28165** | **501926** | **497727** | **71** |
| 北 京 | Beijing | 7668 | 10790 | 7642 | 3148 | | | |
| 天 津 | Tianjin | 3448 | 2121 | 1438 | 683 | 2731 | 2731 | |
| 河 北 | Hebei | 14617 | 3629 | 2327 | 1302 | 27271 | 26874 | |
| 山 西 | Shanxi | 19473 | 4442 | 2787 | 1655 | 41487 | 41232 | |
| 内蒙古 | Inner Mongolia | 2172 | 1425 | 1045 | 380 | 24017 | 23735 | |
| 辽 宁 | Liaoning | 7451 | 2952 | 2275 | 677 | 24480 | 23407 | |
| 吉 林 | Jilin | 1354 | 1862 | 864 | 998 | 17943 | 17943 | |
| 黑龙江 | Heilongjiang | 5327 | 2405 | 1640 | 765 | 20135 | 20045 | |
| 上 海 | Shanghai | 6209 | 3418 | 1620 | 1798 | 41 | | |
| 江 苏 | Jiangsu | 9433 | 3828 | 3041 | 787 | 22013 | 21993 | |
| 浙 江 | Zhejiang | 4489 | 5310 | 4787 | 523 | 8948 | 8748 | 62 |
| 安 徽 | Anhui | 4306 | 1188 | 914 | 274 | 17346 | 17110 | |
| 福 建 | Fujian | 8270 | 2559 | 1229 | 1330 | 10952 | 10501 | |
| 江 西 | Jiangxi | 4219 | 604 | 303 | 301 | 16772 | 16671 | |
| 山 东 | Shandong | 31377 | 10460 | 8312 | 2148 | 36984 | 36935 | |
| 河 南 | Henan | 53001 | 10023 | 7858 | 2165 | 32721 | 32583 | |
| 湖 北 | Hubei | 14374 | 3452 | 2655 | 797 | 17029 | 17000 | 9 |
| 湖 南 | Hunan | 4389 | 1901 | 1790 | 111 | 12129 | 12037 | |
| 广 东 | Guangdong | 14268 | 9614 | 5453 | 4161 | 42562 | 42438 | |
| 广 西 | Guangxi | 6950 | 2031 | 1515 | 516 | 17054 | 17054 | |
| 海 南 | Hainan | 2225 | 1037 | 857 | 180 | 3183 | 3183 | |
| 重 庆 | Chongqing | 3941 | 2256 | 1352 | 904 | 2429 | 2429 | |
| 四 川 | Sichuan | 5271 | 3388 | 2673 | 715 | 28396 | 28396 | |
| 贵 州 | Guizhou | 2886 | 935 | 838 | 97 | 10183 | 10183 | |
| 云 南 | Yunnan | 6014 | 2134 | 1885 | 249 | 19243 | 18919 | |
| 西 藏 | Tibet | 184 | 91 | 45 | 46 | | | |
| 陕 西 | Shaanxi | 8629 | 2782 | 1787 | 995 | 19171 | 19114 | |
| 甘 肃 | Gansu | 2540 | 1483 | 1183 | 300 | 11822 | 11582 | |
| 青 海 | Qinghai | 603 | 534 | 469 | 65 | 1944 | 1944 | |
| 宁 夏 | Ningxia | 331 | 4 | 4 | | 3223 | 3223 | |
| 新 疆 | Xinjiang | 494 | 1066 | 971 | 95 | 9717 | 9717 | |

## 4-2 续表 12 continued

单位：人 (person)

| 地区 | Region | 3.保险业 3.Insurance | 4.其他金融活动 4.Other Financial Activities | (十一)房地产业 XI. Real Estate | #房地产开发经营 Development and Management of Real Estate | #物业管理 Property Management | #房地产中介服务 Agency Services for Real Estate | (十二)租赁和商务服务业 XII. Leasing and Business Services | 1.租赁业 1.Leasing |
|---|---|---|---|---|---|---|---|---|---|
| **总计** | **National Total** | **1416** | **2712** | **85710** | **27241** | **35503** | **1916** | **318491** | **2856** |
| 北京 | Beijing | | | 16385 | 610 | 8862 | 61 | 44535 | 431 |
| 天津 | Tianjin | | | 1475 | 1261 | 197 | 17 | 2902 | |
| 河北 | Hebei | | 397 | 964 | 101 | 845 | | 12637 | 177 |
| 山西 | Shanxi | 251 | 4 | 1705 | 1128 | 269 | 161 | 14302 | 77 |
| 内蒙古 | Inner Mongolia | | 282 | 96 | 38 | 58 | | 1730 | |
| 辽宁 | Liaoning | 383 | 690 | 2754 | 850 | 1302 | 109 | 16274 | 46 |
| 吉林 | Jilin | | | 239 | 51 | 177 | 11 | 4083 | 12 |
| 黑龙江 | Heilongjiang | | 90 | 1372 | 403 | 895 | | 3943 | 18 |
| 上海 | Shanghai | | 41 | 3672 | 1417 | 2044 | 32 | 7976 | |
| 江苏 | Jiangsu | | 20 | 2806 | 1201 | 1238 | 55 | 16379 | 34 |
| 浙江 | Zhejiang | | 138 | 5097 | 754 | 2960 | 90 | 34235 | 5 |
| 安徽 | Anhui | 13 | 223 | 1137 | 431 | 462 | 8 | 6549 | |
| 福建 | Fujian | 423 | 28 | 2275 | 543 | 1322 | 138 | 12143 | 43 |
| 江西 | Jiangxi | 101 | | 319 | 137 | 56 | 20 | 3969 | 187 |
| 山东 | Shandong | 43 | 6 | 7732 | 5264 | 2145 | 97 | 17441 | 524 |
| 河南 | Henan | 117 | 21 | 3398 | 1238 | 1597 | 563 | 11574 | 512 |
| 湖北 | Hubei | | 20 | 1744 | 1502 | 130 | 50 | 3387 | |
| 湖南 | Hunan | | 92 | 2940 | 1150 | 1369 | 58 | 14345 | 33 |
| 广东 | Guangdong | 22 | 102 | 16721 | 3487 | 5751 | 166 | 43663 | 102 |
| 广西 | Guangxi | | | 1423 | 789 | 417 | 51 | 7771 | 340 |
| 海南 | Hainan | | | 687 | 87 | 196 | 9 | 964 | 12 |
| 重庆 | Chongqing | | | 711 | 121 | 547 | | 1586 | 50 |
| 四川 | Sichuan | | | 1589 | 1289 | 125 | | 7779 | 83 |
| 贵州 | Guizhou | | | 1699 | 489 | 676 | 39 | 4665 | 15 |
| 云南 | Yunnan | | 324 | 595 | 130 | 180 | 44 | 6271 | 14 |
| 西藏 | Tibet | | | | | | | 125 | |
| 陕西 | Shaanxi | 57 | | 4409 | 2306 | 531 | 131 | 8256 | 101 |
| 甘肃 | Gansu | 6 | 234 | 257 | 86 | 156 | | 2803 | 40 |
| 青海 | Qinghai | | | 862 | | 862 | | 1566 | |
| 宁夏 | Ningxia | | | 10 | 10 | | | 880 | |
| 新疆 | Xinjiang | | | 637 | 368 | 134 | 6 | 3758 | |

## 4-2 续表 13 continued

单位：人 (person)

| 地区 | Region | 2.商务服务业 2.Business Services | (十三)科学研究、技术服务和地质勘查业 XIII. Scientific Research, Technical Services and Geological Prospecting | 1.研究与试验发展 1.Research and Experimental Development | 自然科学研究与试验发展 Research and Experimental Development on Physical Science | 工程和技术研究与试验发展 Research and Experimental Development on Engineering and Technical Research | 农业科学研究与试验发展 Research and Experimental Development on Agricultural Science Research | 医学研究与试验发展 Research and Experimental Development |
|---|---|---|---|---|---|---|---|---|
| **总 计** | **National Total** | **315635** | **37333** | **4804** | **216** | **3342** | **685** | **400** |
| 北 京 | Beijing | 44104 | 7479 | 2506 | 44 | 2339 | | 109 |
| 天 津 | Tianjin | 2902 | 336 | 10 | | 10 | | |
| 河 北 | Hebei | 12460 | 651 | 17 | | 15 | 2 | |
| 山 西 | Shanxi | 14225 | 505 | 4 | | 4 | | |
| 内蒙古 | Inner Mongolia | 1730 | 167 | | | | | |
| 辽 宁 | Liaoning | 16228 | 3084 | 192 | | 159 | | 28 |
| 吉 林 | Jilin | 4071 | 799 | 16 | | | 16 | |
| 黑龙江 | Heilongjiang | 3925 | 1267 | 37 | 3 | 33 | 1 | |
| 上 海 | Shanghai | 7976 | 1313 | 270 | | 202 | 51 | |
| 江 苏 | Jiangsu | 16345 | 1205 | 70 | 4 | 66 | | |
| 浙 江 | Zhejiang | 34230 | 3912 | 138 | | 9 | 10 | 9 |
| 安 徽 | Anhui | 6549 | 699 | 12 | | | 12 | |
| 福 建 | Fujian | 12100 | 556 | 26 | | 23 | | 3 |
| 江 西 | Jiangxi | 3782 | 62 | | | | | |
| 山 东 | Shandong | 16917 | 1701 | 136 | 99 | 31 | 6 | |
| 河 南 | Henan | 11062 | 3992 | 218 | 56 | 18 | 85 | 59 |
| 湖 北 | Hubei | 3387 | 670 | 143 | | | 143 | |
| 湖 南 | Hunan | 14312 | 987 | 116 | | 12 | 92 | |
| 广 东 | Guangdong | 43561 | 3257 | 219 | 10 | 2 | 51 | 156 |
| 广 西 | Guangxi | 7431 | 679 | 63 | | | 63 | |
| 海 南 | Hainan | 952 | 525 | 240 | | 216 | 24 | |
| 重 庆 | Chongqing | 1536 | 272 | 73 | | | 73 | |
| 四 川 | Sichuan | 7696 | 577 | 66 | | 49 | 17 | |
| 贵 州 | Guizhou | 4650 | 263 | 27 | | | 27 | |
| 云 南 | Yunnan | 6257 | 938 | 29 | | | 5 | 21 |
| 西 藏 | Tibet | 125 | | | | | | |
| 陕 西 | Shaanxi | 8155 | 850 | 22 | | | 7 | 15 |
| 甘 肃 | Gansu | 2763 | 202 | 154 | | 154 | | |
| 青 海 | Qinghai | 1566 | 266 | | | | | |
| 宁 夏 | Ningxia | 880 | 51 | | | | | |
| 新 疆 | Xinjiang | 3758 | 68 | | | | | |

## 4-2 续表 14 continued

单位：人 (person)

| 地 区 | Region | 社会人文科学研究与试验发展 Research and Experimental Development on Social Science and Humanities | 2.专业技术服务业 Professional Technical Services | #气象服务 Weather Services | #地震服务 Earthquake Services | #海洋服务 Ocean Services | #测绘服务 Plotting Services | #技术检测 Technique Detection |
|---|---|---|---|---|---|---|---|---|
| **总 计** | **National Total** | **161** | **22426** | **196** | **21** | **21** | **1066** | **5662** |
| 北 京 | Beijing | 14 | 2802 | | | | | 1833 |
| 天 津 | Tianjin | | 257 | | | | 2 | 2 |
| 河 北 | Hebei | | 554 | | | | 21 | 319 |
| 山 西 | Shanxi | | 389 | | | | 14 | 180 |
| 内蒙古 | Inner Mongolia | | 157 | | | | 18 | 78 |
| 辽 宁 | Liaoning | 5 | 1820 | | | | 88 | 353 |
| 吉 林 | Jilin | | 673 | | | | 6 | 13 |
| 黑龙江 | Heilongjiang | | 802 | | | | 18 | 134 |
| 上 海 | Shanghai | 17 | 498 | | | | | 109 |
| 江 苏 | Jiangsu | | 920 | 4 | | | 66 | 256 |
| 浙 江 | Zhejiang | 110 | 2696 | 36 | | | 369 | 727 |
| 安 徽 | Anhui | | 363 | | | | | 131 |
| 福 建 | Fujian | | 520 | 19 | | | 30 | 51 |
| 江 西 | Jiangxi | | 30 | | | | | 8 |
| 山 东 | Shandong | | 560 | 17 | | | 41 | 282 |
| 河 南 | Henan | | 2503 | 12 | | | 208 | 315 |
| 湖 北 | Hubei | | 261 | 72 | | | | 8 |
| 湖 南 | Hunan | 12 | 794 | | | | 25 | 79 |
| 广 东 | Guangdong | | 2588 | 7 | | 16 | 34 | 384 |
| 广 西 | Guangxi | | 602 | | | 5 | 28 | 134 |
| 海 南 | Hainan | | 256 | | | | 2 | 37 |
| 重 庆 | Chongqing | | 139 | | | | 10 | 42 |
| 四 川 | Sichuan | | 288 | | | | | 21 |
| 贵 州 | Guizhou | | 133 | 14 | | | 25 | 33 |
| 云 南 | Yunnan | 3 | 722 | | | | 16 | 61 |
| 西 藏 | Tibet | | | | | | | |
| 陕 西 | Shaanxi | | 685 | 15 | | | 45 | 21 |
| 甘 肃 | Gansu | | 41 | | | | | 35 |
| 青 海 | Qinghai | | 254 | | 21 | | | 11 |
| 宁 夏 | Ningxia | | 51 | | | | | |
| 新 疆 | Xinjiang | | 68 | | | | | 5 |

## 4-2 续表 15 continued

单位：人 (person)

| 地 区 | Region | #环境监测 Environmental Monitoring | #工程技术与规划管理 Engineering Technic & Programming Management | 3.科技交流和推广服务业 3.Services of Science and Technology Exchanges and Promotion | 4.地质勘查业 4.Geological Prospecting | (十四)水利、环境和公共设施管理业 XIV. Management of Water Conservancy, Enviroment and Public Facilities | 1.水利管理业 1.Management of Water Conservancy | 2.环境管理业 2.Environmental Management |
|---|---|---|---|---|---|---|---|---|
| **总 计** | **National Total** | **382** | **12577** | **8564** | **1539** | **108072** | **8978** | **81582** |
| 北 京 | Beijing | 147 | 607 | 2162 | 9 | 2651 | 347 | 659 |
| 天 津 | Tianjin | | 117 | 69 | | 130 | 15 | 107 |
| 河 北 | Hebei | | 214 | 80 | | 2069 | 593 | 806 |
| 山 西 | Shanxi | 9 | 163 | 105 | 7 | 5133 | 151 | 4809 |
| 内蒙古 | Inner Mongolia | | 61 | 10 | | 2651 | 111 | 2528 |
| 辽 宁 | Liaoning | 9 | 1203 | 598 | 474 | 3268 | 243 | 1445 |
| 吉 林 | Jilin | 30 | 461 | 110 | | 9029 | 210 | 7911 |
| 黑龙江 | Heilongjiang | | 400 | 138 | 290 | 4024 | 271 | 3378 |
| 上 海 | Shanghai | | 224 | 541 | 4 | 3874 | 39 | 3631 |
| 江 苏 | Jiangsu | 3 | 470 | 215 | | 19442 | 531 | 17138 |
| 浙 江 | Zhejiang | | 1521 | 1050 | 28 | 11285 | 511 | 9302 |
| 安 徽 | Anhui | | 209 | 251 | 73 | 1480 | 93 | 350 |
| 福 建 | Fujian | 13 | 330 | 3 | 7 | 1428 | 273 | 609 |
| 江 西 | Jiangxi | | 10 | 32 | | 3984 | 47 | 3515 |
| 山 东 | Shandong | | 187 | 556 | 449 | 4078 | 301 | 3040 |
| 河 南 | Henan | 8 | 1960 | 1204 | 67 | 2217 | 920 | 486 |
| 湖 北 | Hubei | | 181 | 266 | | 5133 | 888 | 3651 |
| 湖 南 | Hunan | | 511 | 77 | | 1618 | 523 | 882 |
| 广 东 | Guangdong | 112 | 1860 | 444 | 6 | 10754 | 2229 | 5771 |
| 广 西 | Guangxi | | 319 | 14 | | 762 | 124 | 567 |
| 海 南 | Hainan | | 180 | 29 | | 120 | 105 | |
| 重 庆 | Chongqing | | 82 | 44 | 16 | 2868 | 173 | 2622 |
| 四 川 | Sichuan | | 214 | 223 | | 5174 | 88 | 4496 |
| 贵 州 | Guizhou | | 41 | 54 | 49 | 1993 | 108 | 1565 |
| 云 南 | Yunnan | | 238 | 139 | 48 | 2032 | 23 | 1847 |
| 西 藏 | Tibet | | | | | | | |
| 陕 西 | Shaanxi | | 586 | 143 | | 556 | 55 | 251 |
| 甘 肃 | Gansu | | 6 | 7 | | | | |
| 青 海 | Qinghai | | 222 | | 12 | 95 | | |
| 宁 夏 | Ningxia | 51 | | | | 222 | 6 | 216 |
| 新 疆 | Xinjiang | | | | | 2 | | |

# 4-2 续表 16 continued

单位：人 (person)

| 地 区 | Region | 3.公共设施管理业 3.Management of Public Facilities | (十五) 居民服务和其他服务业 XV. Services to Households and Other Services | 1.居民服务业 1.Services to Households | 2.其他服务业 2.Other Services | (十六) 教育 XVI. Education | #初等教育 Junior Education | #中等教育 Secondary Education |
|---|---|---|---|---|---|---|---|---|
| **总 计** | **National Total** | **17512** | **60004** | **25234** | **34770** | **190865** | **73243** | **63724** |
| 北 京 | Beijing | 1645 | 7026 | 2455 | 4571 | 12865 | 755 | 2148 |
| 天 津 | Tianjin | 8 | 6306 | 526 | 5780 | 2626 | 2035 | 38 |
| 河 北 | Hebei | 670 | 2591 | 143 | 2448 | 6061 | 2074 | 3225 |
| 山 西 | Shanxi | 173 | 1643 | 734 | 909 | 5034 | 1631 | 2277 |
| 内蒙古 | Inner Mongolia | 12 | 2220 | 364 | 1856 | 246 | | 135 |
| 辽 宁 | Liaoning | 1580 | 4109 | 2300 | 1809 | 5114 | 429 | 1868 |
| 吉 林 | Jilin | 908 | 1063 | 258 | 805 | 644 | 407 | 69 |
| 黑龙江 | Heilongjiang | 375 | 1980 | 349 | 1631 | 2268 | 64 | 86 |
| 上 海 | Shanghai | 204 | 2100 | 955 | 1145 | 2276 | 197 | 486 |
| 江 苏 | Jiangsu | 1773 | 1806 | 751 | 1055 | 6607 | 1269 | 537 |
| 浙 江 | Zhejiang | 1472 | 1193 | 734 | 459 | 17708 | 4114 | 4406 |
| 安 徽 | Anhui | 1037 | 206 | 188 | 18 | 2119 | 515 | 1152 |
| 福 建 | Fujian | 546 | 1320 | 1235 | 85 | 1747 | 176 | 626 |
| 江 西 | Jiangxi | 422 | 201 | 191 | 10 | 57 | | |
| 山 东 | Shandong | 737 | 3008 | 870 | 2138 | 30561 | 11788 | 14819 |
| 河 南 | Henan | 811 | 2086 | 327 | 1759 | 64540 | 41095 | 19945 |
| 湖 北 | Hubei | 594 | 2035 | 387 | 1648 | 5020 | 2211 | 1411 |
| 湖 南 | Hunan | 213 | 2436 | 1933 | 503 | 5944 | 1759 | 2736 |
| 广 东 | Guangdong | 2754 | 4568 | 3057 | 1511 | 8453 | 838 | 2470 |
| 广 西 | Guangxi | 71 | 2434 | 1728 | 706 | 2030 | 849 | 413 |
| 海 南 | Hainan | 15 | 31 | 2 | 29 | 183 | | 120 |
| 重 庆 | Chongqing | 73 | 605 | 342 | 263 | 916 | 178 | 119 |
| 四 川 | Sichuan | 590 | 3148 | 1777 | 1371 | 1052 | 60 | 489 |
| 贵 州 | Guizhou | 320 | 771 | 524 | 247 | 4474 | 557 | 3681 |
| 云 南 | Yunnan | 162 | 328 | 128 | 200 | 1277 | 23 | 41 |
| 西 藏 | Tibet | | | | | | | |
| 陕 西 | Shaanxi | 250 | 3993 | 2539 | 1454 | 584 | 70 | 378 |
| 甘 肃 | Gansu | | 347 | 331 | 16 | 182 | | 34 |
| 青 海 | Qinghai | 95 | 361 | 98 | 263 | 8 | | |
| 宁 夏 | Ningxia | | | | | 149 | 149 | |
| 新 疆 | Xinjiang | 2 | 89 | 8 | 81 | 120 | | 15 |

## 4-2 续表 17 continued

单位：人 (person)

| 地 区 | Region | #高等教育 Senior Education | （十七）卫生、社会保障和社会福利业 XVII. Health,Social Securities and Social Welfare | 1.卫生 1.Health | 2.社会保障业 2.Social Securities | 3.社会福利业 3.Social Welfare | （十八）文化、体育和娱乐业 XVIII. Culture, Sports and Entertainment | 1.新闻出版业 1.Journalism and Publishing Activities |
|---|---|---|---|---|---|---|---|---|
| **总 计** | **National Total** | **8040** | **514562** | **504568** | **2457** | **7537** | **20160** | **2292** |
| 北 京 | Beijing | 2954 | 13159 | 11697 | 40 | 1422 | 1539 | 555 |
| 天 津 | Tianjin | | 2919 | 2919 | | | 155 | 1 |
| 河 北 | Hebei | | 20924 | 20793 | | 131 | 2076 | 84 |
| 山 西 | Shanxi | 439 | 18883 | 18789 | 46 | 48 | 1895 | 156 |
| 内蒙古 | Inner Mongolia | 70 | 12284 | 12214 | | 70 | 41 | |
| 辽 宁 | Liaoning | 675 | 15453 | 14945 | 40 | 468 | 342 | 48 |
| 吉 林 | Jilin | | 10132 | 9737 | | 395 | 182 | 63 |
| 黑龙江 | Heilongjiang | 1120 | 6426 | 6067 | 31 | 328 | 205 | 98 |
| 上 海 | Shanghai | 5 | 18188 | 16750 | 1023 | 415 | 1465 | |
| 江 苏 | Jiangsu | 42 | 74448 | 73655 | 255 | 538 | 2590 | |
| 浙 江 | Zhejiang | 685 | 43332 | 41744 | 619 | 969 | 946 | 33 |
| 安 徽 | Anhui | | 44858 | 44782 | 3 | 73 | 854 | 27 |
| 福 建 | Fujian | 273 | 27404 | 27299 | 8 | 97 | 526 | 146 |
| 江 西 | Jiangxi | | 5602 | 5564 | | 38 | 40 | |
| 山 东 | Shandong | 268 | 52100 | 51110 | 99 | 891 | 1133 | |
| 河 南 | Henan | 321 | 18532 | 18158 | 59 | 315 | 1013 | 55 |
| 湖 北 | Hubei | 676 | 15234 | 14876 | 26 | 332 | 337 | |
| 湖 南 | Hunan | 323 | 19664 | 19455 | 30 | 179 | 689 | 14 |
| 广 东 | Guangdong | | 14193 | 13749 | 13 | 431 | 1349 | 380 |
| 广 西 | Guangxi | 186 | 945 | 939 | 2 | 4 | 156 | |
| 海 南 | Hainan | | 5651 | 5651 | | | 506 | 370 |
| 重 庆 | Chongqing | 3 | 12040 | 11864 | 8 | 168 | 130 | |
| 四 川 | Sichuan | | 47917 | 47814 | 80 | 23 | 717 | |
| 贵 州 | Guizhou | | 818 | 737 | | 81 | 47 | |
| 云 南 | Yunnan | | 1134 | 1108 | | 26 | 52 | 9 |
| 西 藏 | Tibet | | | | | | 22 | |
| 陕 西 | Shaanxi | | 8109 | 7950 | 75 | 84 | 866 | 10 |
| 甘 肃 | Gansu | | 2330 | 2330 | | | 103 | 63 |
| 青 海 | Qinghai | | 214 | 214 | | | 180 | 180 |
| 宁 夏 | Ningxia | | 194 | 194 | | | | |
| 新 疆 | Xinjiang | | 1475 | 1464 | | 11 | 4 | |

## 4-2 续表 18 continued

单位：人 (person)

| 地 区 | Region | 2.广播、电视、电影和音像业 2.Broadcasting, Movies, Television and Audiovisual Activities | 3.文化艺术业 3.Cultural and Art Activitries | 4.体育 4.Sports Activities | 5.娱乐业 5.Entertainment | （十九）公共管理和社会组织 XIX. Public Management & Social Organizations | #群众社团、社会团体和宗教组织 Non-Governmental Organizations, Social Organizations, and Religion Organizations |
|---|---|---|---|---|---|---|---|
| **总 计** | **National Total** | **3236** | **11834** | **853** | **1945** | **24028** | **6774** |
| 北 京 | Beijing | 114 | 220 | 99 | 551 | 486 | 486 |
| 天 津 | Tianjin | | 131 | | 23 | 489 | |
| 河 北 | Hebei | 226 | 1538 | 30 | 198 | 1666 | 56 |
| 山 西 | Shanxi | 52 | 1509 | 46 | 132 | 142 | 142 |
| 内蒙古 | Inner Mongolia | | 25 | | 16 | | |
| 辽 宁 | Liaoning | 47 | 205 | 5 | 37 | 1510 | 805 |
| 吉 林 | Jilin | 23 | 29 | | 67 | 203 | |
| 黑龙江 | Heilongjiang | | 3 | | 104 | 209 | 126 |
| 上 海 | Shanghai | 172 | 1253 | 40 | | 4380 | 699 |
| 江 苏 | Jiangsu | 481 | 2006 | | 103 | 58 | 5 |
| 浙 江 | Zhejiang | 278 | 359 | 178 | 98 | 1753 | 206 |
| 安 徽 | Anhui | 239 | 588 | | | 1994 | 207 |
| 福 建 | Fujian | 20 | 256 | 79 | 25 | 167 | 167 |
| 江 西 | Jiangxi | | | | 40 | 130 | 50 |
| 山 东 | Shandong | 573 | 517 | 28 | 15 | 2581 | 412 |
| 河 南 | Henan | 202 | 680 | 22 | 54 | 4811 | 494 |
| 湖 北 | Hubei | 26 | 203 | 83 | 25 | 1675 | 1675 |
| 湖 南 | Hunan | 85 | 395 | 172 | 23 | 268 | 268 |
| 广 东 | Guangdong | 508 | 201 | 21 | 239 | 171 | 171 |
| 广 西 | Guangxi | 51 | 8 | 10 | 87 | 137 | 137 |
| 海 南 | Hainan | 10 | 112 | | 14 | 32 | 32 |
| 重 庆 | Chongqing | 10 | 120 | | | 306 | 306 |
| 四 川 | Sichuan | 35 | 578 | 20 | 84 | 62 | 62 |
| 贵 州 | Guizhou | 13 | 34 | | | 73 | 73 |
| 云 南 | Yunnan | 13 | | 20 | 10 | 687 | 157 |
| 西 藏 | Tibet | | 22 | | | | |
| 陕 西 | Shaanxi | 54 | 802 | | | 26 | 26 |
| 甘 肃 | Gansu | | 40 | | | | |
| 青 海 | Qinghai | | | | | | |
| 宁 夏 | Ningxia | | | | | | |
| 新 疆 | Xinjiang | 4 | | | | 12 | 12 |

# 4-3 各地区分行业其他单位就业人员数

# Employed Persons in Units of Other Types of Ownership by Sector and Region

单位：人 (person)

| 地区 | Region | 其他单位合计 Total | (一)内资 I. Domestic Funded | 1.股份合作 1.Cooperative Units | 2.联营 2.Joint Ownership Units | #国有联营 State Joint Ownership Units | #集体联营 Collective Joint Ownership Units | 3.有限责任公司 3.Limited Liability Corporations | #国有独资 State Funded Corporations |
|---|---|---|---|---|---|---|---|---|---|
| **总计** | **National Total** | **71060404** | **49568948** | **1486924** | **366754** | **119304** | **72109** | **32686833** | **3849660** |
| 北京 | Beijing | 4770868 | 3363726 | 77427 | 7239 | 2211 | 1593 | 2430428 | 376853 |
| 天津 | Tianjin | 1735274 | 917527 | 19941 | 5946 | 1751 | 2478 | 646275 | 178114 |
| 河北 | Hebei | 2107226 | 1738066 | 56790 | 27608 | 943 | 434 | 1082873 | 50692 |
| 山西 | Shanxi | 1410689 | 1290820 | 19772 | 6369 | 1373 | 3522 | 1033582 | 296571 |
| 内蒙古 | Inner Mongolia | 807594 | 760240 | 15493 | 1842 | 1188 | 321 | 536774 | 122215 |
| 辽宁 | Liaoning | 2416733 | 1735665 | 65098 | 13374 | 3256 | 629 | 1142321 | 215006 |
| 吉林 | Jilin | 973592 | 839441 | 15228 | 1104 | 624 | 166 | 473637 | 35427 |
| 黑龙江 | Heilongjiang | 1164608 | 1043085 | 89518 | 7682 | 124 | 327 | 660859 | 176897 |
| 上海 | Shanghai | 3396866 | 1442046 | 50558 | 15671 | 4118 | 3728 | 819085 | 57263 |
| 江苏 | Jiangsu | 4890768 | 2672723 | 72505 | 11595 | 2779 | 3241 | 1149627 | 109176 |
| 浙江 | Zhejiang | 7431235 | 5099702 | 121025 | 13394 | 3467 | 5385 | 3699067 | 130713 |
| 安徽 | Anhui | 1741847 | 1491821 | 52143 | 10842 | 1445 | 1006 | 940496 | 189440 |
| 福建 | Fujian | 4191200 | 1906419 | 86973 | 29601 | 6385 | 15310 | 1302638 | 47297 |
| 江西 | Jiangxi | 1252049 | 916339 | 29761 | 2638 | 364 | 360 | 607949 | 38510 |
| 山东 | Shandong | 5527046 | 4062426 | 135353 | 33874 | 23721 | 4056 | 2760540 | 285744 |
| 河南 | Henan | 3871811 | 3435572 | 95541 | 20352 | 9358 | 5664 | 2376424 | 180461 |
| 湖北 | Hubei | 2755681 | 2315177 | 41035 | 17233 | 5461 | 2751 | 1640616 | 134492 |
| 湖南 | Hunan | 2485866 | 2189673 | 77367 | 15898 | 2869 | 5407 | 1418395 | 157781 |
| 广东 | Guangdong | 7515146 | 2855083 | 108018 | 70695 | 24457 | 8132 | 1790468 | 245885 |
| 广西 | Guangxi | 1133902 | 927971 | 27794 | 7893 | 1791 | 303 | 581135 | 183965 |
| 海南 | Hainan | 282222 | 221870 | 3721 | 3604 | 877 | 133 | 154702 | 3157 |
| 重庆 | Chongqing | 1951889 | 1674971 | 29391 | 15487 | 10658 | 1010 | 1313634 | 135014 |
| 四川 | Sichuan | 2337850 | 2080056 | 85447 | 6911 | 3240 | 864 | 1355722 | 91907 |
| 贵州 | Guizhou | 628476 | 592286 | 25722 | 4602 | 680 | 1465 | 387117 | 49878 |
| 云南 | Yunnan | 1471831 | 1410081 | 37389 | 3030 | 831 | 1362 | 593129 | 48684 |
| 西藏 | Tibet | 10568 | 10452 |  | 182 | 11 |  | 4967 | 4481 |
| 陕西 | Shaanxi | 1149389 | 1005860 | 22619 | 7181 | 3434 | 1630 | 720686 | 90772 |
| 甘肃 | Gansu | 417883 | 406035 | 8721 | 1675 | 602 | 280 | 254773 | 47833 |
| 青海 | Qinghai | 171597 | 161026 | 6184 | 123 | 53 | 17 | 127693 | 4028 |
| 宁夏 | Ningxia | 221932 | 207203 | 5929 | 878 | 114 | 513 | 160859 | 62507 |
| 新疆 | Xinjiang | 836766 | 795586 | 4461 | 2231 | 1119 | 22 | 520362 | 98897 |

# 4-3 续表 1 continued

单位：人 (person)

| 地 区 | Region | 4.股份有限公司 4.Share-holding Corporations Ltd | 5.其他 5.Others | (二)港、澳、台商投资 II.Units with funds Entrepreneurs from Hong Kong, Macao and Taiwan | (三)外商投资 III. Foreign Funded Units | (一)企业 I. Enterprises | (二)事业 II. Institutions | (三)机关 III. Agencies and Organi-zations | (四)民间非营利组织 IV. Civil Nonprofit Organi-zations |
|---|---|---|---|---|---|---|---|---|---|
| **总 计** | **National Total** | **11831103** | **3197334** | **9317448** | **12174008** | **70113308** | **407783** | **68281** | **205974** |
| 北 京 | Beijing | 758562 | 90070 | 506376 | 900766 | 4652634 | 19543 | | 42408 |
| 天 津 | Tianjin | 197635 | 47730 | 219766 | 597981 | 1712099 | 1987 | | 861 |
| 河 北 | Hebei | 541858 | 28937 | 109849 | 259311 | 2098813 | 6833 | 354 | 913 |
| 山 西 | Shanxi | 203689 | 27408 | 70425 | 49444 | 1403352 | 3927 | 35 | 656 |
| 内蒙古 | Inner Mongolia | 196124 | 10007 | 16653 | 30701 | 803865 | 2273 | | 1149 |
| 辽 宁 | Liaoning | 436279 | 78593 | 151466 | 529602 | 2373961 | 41061 | 1711 | |
| 吉 林 | Jilin | 302193 | 47279 | 28813 | 105338 | 964796 | 4202 | 1062 | 2942 |
| 黑龙江 | Heilongjiang | 281925 | 3101 | 33656 | 87867 | 1159021 | 4416 | 1115 | |
| 上 海 | Shanghai | 525963 | 30769 | 513219 | 1441601 | 3384120 | 1802 | 453 | 7858 |
| 江 苏 | Jiangsu | 699061 | 739935 | 687197 | 1530848 | 4852303 | 31436 | | 3426 |
| 浙 江 | Zhejiang | 1182805 | 83411 | 1105763 | 1225770 | 7347717 | 26837 | | 25230 |
| 安 徽 | Anhui | 435508 | 52832 | 83064 | 166962 | 1710700 | 14371 | | 11792 |
| 福 建 | Fujian | 367142 | 120065 | 1336427 | 948354 | 4172864 | 9489 | | 6698 |
| 江 西 | Jiangxi | 219592 | 56399 | 194718 | 140992 | 1236487 | 13510 | | 441 |
| 山 东 | Shandong | 915119 | 217540 | 308422 | 1156198 | 5486923 | 20203 | | 7481 |
| 河 南 | Henan | 676252 | 267003 | 277773 | 158466 | 3664290 | 72903 | 49850 | 25719 |
| 湖 北 | Hubei | 529547 | 86746 | 171264 | 269240 | 2710445 | 23317 | 2338 | 9445 |
| 湖 南 | Hunan | 516684 | 161329 | 161633 | 134560 | 2424464 | 25552 | | 23168 |
| 广 东 | Guangdong | 762587 | 123315 | 2832829 | 1827234 | 7468845 | 28835 | 1234 | 7783 |
| 广 西 | Guangxi | 196900 | 114249 | 95325 | 110606 | 1114673 | 7472 | 1056 | 4917 |
| 海 南 | Hainan | 45628 | 14215 | 16469 | 43883 | 272004 | 1372 | 176 | 7697 |
| 重 庆 | Chongqing | 270629 | 45830 | 145495 | 131423 | 1932038 | 11234 | 556 | 2174 |
| 四 川 | Sichuan | 555100 | 76876 | 148448 | 109346 | 2304428 | 21037 | 7174 | 418 |
| 贵 州 | Guizhou | 156809 | 18036 | 12899 | 23291 | 613135 | 1894 | 378 | 2617 |
| 云 南 | Yunnan | 186485 | 590048 | 25810 | 35940 | 1466373 | 4700 | 81 | 219 |
| 西 藏 | Tibet | 2669 | 2634 | | 116 | 7934 | | | |
| 陕 西 | Shaanxi | 243990 | 11384 | 31526 | 112003 | 1140728 | 2773 | | 4484 |
| 甘 肃 | Gansu | 111605 | 29261 | 2906 | 8942 | 414808 | 1339 | 19 | 171 |
| 青 海 | Qinghai | 21405 | 5621 | 6004 | 4567 | 165946 | 1539 | 74 | 3596 |
| 宁 夏 | Ningxia | 34824 | 4713 | 1102 | 13627 | 218901 | 969 | 544 | 658 |
| 新 疆 | Xinjiang | 256534 | 11998 | 22151 | 19029 | 834641 | 957 | 71 | 1053 |

# 4-3 续表 2 continued

单位：人 (person)

| 地 区 | Region | (五) 其他 V.Other | (一) 农、林、牧、渔业 I. Agriculture, Forestry, Animal Husbandry and Fishery | 1.农业 1.Agriculture | 2.林业 2.Forestry | 3.畜牧业 3.Animal Husbandry | 4.渔业 4.Fishery | 5.农、林、牧、渔服务业 5.Service in support of Agriculture, Forestry, Animal Husbandry and Fishery | (二) 采矿业 II. Mining |
|---|---|---|---|---|---|---|---|---|---|
| **总 计** | **National Total** | **265058** | **146395** | **54454** | **22195** | **36551** | **13371** | **19824** | **3408841** |
| 北 京 | Beijing | 56283 | 9159 | 4088 | 742 | 2323 | 87 | 1919 | 66277 |
| 天 津 | Tianjin | 20327 | 262 | 68 | | 53 | 98 | 43 | 100890 |
| 河 北 | Hebei | 313 | 1551 | 199 | 17 | 1095 | 127 | 113 | 155959 |
| 山 西 | Shanxi | 2719 | 7857 | 4872 | 247 | 2599 | 11 | 128 | 596598 |
| 内蒙古 | Inner Mongolia | 307 | 7090 | 2313 | 32 | 4622 | 55 | 68 | 135347 |
| 辽 宁 | Liaoning | | 10153 | 2147 | 60 | 1347 | 6405 | 194 | 169413 |
| 吉 林 | Jilin | 590 | 4986 | 366 | 4033 | 522 | 35 | 30 | 81195 |
| 黑龙江 | Heilongjiang | 56 | 5966 | 5244 | 5 | 588 | 50 | 79 | 225814 |
| 上 海 | Shanghai | 2633 | 7682 | 1591 | 240 | 3601 | 2206 | 44 | 355 |
| 江 苏 | Jiangsu | 3603 | 3487 | 1018 | 60 | 872 | 519 | 1018 | 48274 |
| 浙 江 | Zhejiang | 31451 | 2631 | 1076 | 172 | 669 | 545 | 169 | 9312 |
| 安 徽 | Anhui | 4984 | 590 | 79 | 7 | 492 | | 12 | 202621 |
| 福 建 | Fujian | 2149 | 4901 | 2082 | 1808 | 312 | 19 | 680 | 49685 |
| 江 西 | Jiangxi | 1611 | 3629 | 1429 | 307 | 1720 | 65 | 108 | 22502 |
| 山 东 | Shandong | 12439 | 6905 | 1141 | 9 | 1152 | 736 | 3867 | 240845 |
| 河 南 | Henan | 59049 | 17163 | 6218 | 977 | 5488 | 294 | 4186 | 404295 |
| 湖 北 | Hubei | 10136 | 1180 | 252 | 79 | 209 | 311 | 329 | 61804 |
| 湖 南 | Hunan | 12682 | 2126 | 228 | 84 | 174 | 366 | 1274 | 64751 |
| 广 东 | Guangdong | 8449 | 4653 | 1047 | 658 | 1691 | 413 | 844 | 14910 |
| 广 西 | Guangxi | 5784 | 7695 | 3310 | 1947 | 1700 | 18 | 720 | 20463 |
| 海 南 | Hainan | 973 | 2197 | 763 | 61 | 316 | 810 | 247 | 1917 |
| 重 庆 | Chongqing | 5887 | 2482 | 1417 | 113 | 831 | 3 | 118 | 65426 |
| 四 川 | Sichuan | 4793 | 1518 | 456 | 459 | 421 | | 182 | 100298 |
| 贵 州 | Guizhou | 10452 | 2024 | 1104 | 131 | 697 | 64 | 28 | 76476 |
| 云 南 | Yunnan | 458 | 11039 | 3537 | 6951 | 193 | 19 | 339 | 140825 |
| 西 藏 | Tibet | 2634 | | | | | | | |
| 陕 西 | Shaanxi | 1404 | 604 | 92 | 28 | 402 | | 82 | 67743 |
| 甘 肃 | Gansu | 1546 | 1018 | 427 | | | | 591 | 58144 |
| 青 海 | Qinghai | 442 | 3101 | 2871 | | 230 | | | 14260 |
| 宁 夏 | Ningxia | 860 | 937 | | 526 | | 56 | 355 | 54288 |
| 新 疆 | Xinjiang | 44 | 11809 | 5019 | 2442 | 2232 | 59 | 2057 | 158154 |

## 4-3 续表 3 continued

单位：人 (person)

| 地 区 | Region | 1.煤炭开采和洗选业 1.Mining and Washing of Coal | 2.石油和天然气开采业 2.Extraction of Petroleum and Natural Gas | 3.黑色金属矿采选业 3.Mining of Ferrous Metal Ores | 4.有色金属矿采选业 4.Mining of Non-ferrous Metal Ores | 5.非金属矿采选业 5.Mining and Processing of Nonmetal Ores | 6.其他采矿业 6.Mining of Other Ores | (三)制造业 III. Manufac-turing | 1.农副食品加工业 1.Processing of Food from Agricultural Products |
|---|---|---|---|---|---|---|---|---|---|
| **总 计** | **National Total** | **2542116** | **359454** | **167006** | **200759** | **138137** | **1369** | **35664230** | **1318034** |
| 北 京 | Beijing | 16727 | 29129 | 19994 | 2 | 417 | 8 | 982652 | 31220 |
| 天 津 | Tianjin | 16029 | 76433 | 753 | | 7675 | | 1024828 | 14211 |
| 河 北 | Hebei | 127559 | 9089 | 13508 | 2546 | 3257 | | 1026392 | 35358 |
| 山 西 | Shanxi | 592351 | 792 | 1443 | 1890 | 122 | | 483882 | 6786 |
| 内蒙古 | Inner Mongolia | 100243 | 4901 | 8183 | 13883 | 8078 | 59 | 358064 | 20937 |
| 辽 宁 | Liaoning | 102317 | 45186 | 8132 | 9516 | 4254 | 8 | 1223846 | 54322 |
| 吉 林 | Jilin | 15381 | 50086 | 6276 | 7196 | 2240 | 16 | 501831 | 38043 |
| 黑龙江 | Heilongjiang | 215187 | 2955 | 931 | 3946 | 2772 | 23 | 452277 | 59367 |
| 上 海 | Shanghai | | 173 | | | 182 | | 1710921 | 9991 |
| 江 苏 | Jiangsu | 29893 | | 1699 | 1387 | 15074 | 221 | 3312203 | 44136 |
| 浙 江 | Zhejiang | 2237 | | 1334 | 1010 | 4731 | | 3659344 | 33228 |
| 安 徽 | Anhui | 186424 | | 12025 | 1159 | 3013 | | 737190 | 25333 |
| 福 建 | Fujian | 30097 | | 11256 | 3306 | 5021 | 5 | 2760186 | 81955 |
| 江 西 | Jiangxi | 10057 | | 1949 | 7886 | 2610 | | 733066 | 26478 |
| 山 东 | Shandong | 183124 | 804 | 12628 | 30136 | 14125 | 28 | 3325984 | 280266 |
| 河 南 | Henan | 380365 | 1246 | 5686 | 14400 | 2503 | 95 | 1694161 | 121602 |
| 湖 北 | Hubei | 10339 | 19968 | 10863 | 4021 | 16462 | 151 | 1347989 | 60913 |
| 湖 南 | Hunan | 34618 | | 3870 | 16351 | 9912 | | 1119732 | 52080 |
| 广 东 | Guangdong | | 1904 | 2967 | 6079 | 3960 | | 4949880 | 61944 |
| 广 西 | Guangxi | 6200 | 34 | 5114 | 4720 | 4395 | | 525149 | 85922 |
| 海 南 | Hainan | | | 229 | 499 | 1187 | 2 | 74209 | 13545 |
| 重 庆 | Chongqing | 62890 | | 20 | 88 | 2428 | | 687372 | 17947 |
| 四 川 | Sichuan | 72962 | 362 | 5564 | 8762 | 12429 | 219 | 1121070 | 41825 |
| 贵 州 | Guizhou | 70757 | | 1380 | 1794 | 2489 | 56 | 250992 | 5386 |
| 云 南 | Yunnan | 91749 | 187 | 17483 | 26387 | 4883 | 136 | 490153 | 48057 |
| 西 藏 | Tibet | | | | | | | 2232 | |
| 陕 西 | Shaanxi | 35818 | 8211 | 4403 | 18045 | 1246 | 20 | 508877 | 14689 |
| 甘 肃 | Gansu | 40105 | 10634 | 1468 | 5801 | 136 | | 162890 | 7124 |
| 青 海 | Qinghai | 9267 | | 769 | 3747 | 383 | 94 | 82548 | 1613 |
| 宁 夏 | Ningxia | 53550 | 83 | 449 | | | 206 | 93483 | 4425 |
| 新 疆 | Xinjiang | 45870 | 97277 | 6630 | 6202 | 2153 | 22 | 260827 | 19331 |

## 4-3 续表 4 continued

单位：人 (person)

| 地 区 | Region | 2.食品制造业 2.Manufacture of Foods | 3.饮料制造业 3.Manufacture of Beverage | 4.烟草制品业 4.Manufacture of Tobacco | 5.纺织业 5.Manufacture of Textile | 6.纺织服装、鞋、帽制造业 6.Manufacture of Textile Wearing Apparel, Footware and Caps | 7.皮革、毛皮、羽毛(绒)及其制品业 7.Manufacture of Leather, Fur, Feather and Its Products | 8.木材加工及木、竹、藤、棕、草制品业 8.Processing of Timbers, Manufacture of Wood, Bamboo, Rattan, Palm and Straw Products |
|---|---|---|---|---|---|---|---|---|
| **总 计** | **National Total** | **923839** | **816912** | **50058** | **2277790** | **2038716** | **1006811** | **272823** |
| 北 京 | Beijing | 48433 | 24055 | | 20031 | 37281 | 1625 | 2519 |
| 天 津 | Tianjin | 57203 | 16600 | | 15325 | 70048 | 7644 | 2946 |
| 河 北 | Hebei | 20907 | 18616 | | 45991 | 8177 | 5198 | 3386 |
| 山 西 | Shanxi | 7223 | 6313 | 1096 | 3840 | 2049 | | 193 |
| 内蒙古 | Inner Mongolia | 31247 | 17453 | 1973 | 26003 | 645 | 3454 | 4351 |
| 辽 宁 | Liaoning | 18988 | 21311 | 1819 | 26498 | 66433 | 5932 | 11587 |
| 吉 林 | Jilin | 13315 | 18612 | 249 | 9722 | 6877 | 1601 | 18842 |
| 黑龙江 | Heilongjiang | 34693 | 22134 | 5090 | 9168 | 1324 | 208 | 17437 |
| 上 海 | Shanghai | 56077 | 15653 | 4638 | 41658 | 76276 | 16771 | 7692 |
| 江 苏 | Jiangsu | 43063 | 51143 | | 294915 | 236959 | 41921 | 18704 |
| 浙 江 | Zhejiang | 51383 | 43001 | 217 | 481485 | 279104 | 157074 | 25083 |
| 安 徽 | Anhui | 25763 | 30050 | 146 | 37084 | 24665 | 11783 | 3830 |
| 福 建 | Fujian | 73527 | 43373 | 1932 | 158733 | 550832 | 334258 | 32838 |
| 江 西 | Jiangxi | 16034 | 16869 | 121 | 55721 | 37482 | 47937 | 8333 |
| 山 东 | Shandong | 82656 | 69886 | 1987 | 458713 | 152335 | 71468 | 12164 |
| 河 南 | Henan | 65887 | 41970 | 2515 | 116004 | 35711 | 21264 | 11963 |
| 湖 北 | Hubei | 39636 | 61246 | 622 | 103474 | 77508 | 7692 | 8517 |
| 湖 南 | Hunan | 33887 | 21756 | 2619 | 38887 | 31418 | 27744 | 15446 |
| 广 东 | Guangdong | 87105 | 43978 | 1875 | 188446 | 300978 | 216505 | 23365 |
| 广 西 | Guangxi | 9936 | 16050 | | 23492 | 1633 | 3263 | 15505 |
| 海 南 | Hainan | 4773 | 3082 | 589 | 807 | 3341 | 195 | 1713 |
| 重 庆 | Chongqing | 12982 | 11537 | 6168 | 12326 | 15198 | 6116 | 1300 |
| 四 川 | Sichuan | 32423 | 108112 | 4328 | 31818 | 13105 | 15195 | 9549 |
| 贵 州 | Guizhou | 3231 | 7961 | 2744 | 2799 | 360 | | 2425 |
| 云 南 | Yunnan | 13169 | 35915 | 9330 | 7191 | 886 | 406 | 10468 |
| 西 藏 | Tibet | | 492 | | | | | |
| 陕 西 | Shaanxi | 19071 | 23991 | | 40778 | 3024 | 76 | 1440 |
| 甘 肃 | Gansu | 3030 | 10492 | | 4210 | 1104 | 93 | 614 |
| 青 海 | Qinghai | 1840 | 2881 | | 907 | 1455 | | |
| 宁 夏 | Ningxia | 1901 | 1459 | | 3255 | 948 | 1068 | |
| 新 疆 | Xinjiang | 14456 | 10921 | | 18509 | 1560 | 320 | 613 |

## 4-3 续表 5 continued

单位：人 (person)

| 地 区 | Region | 9.家具制造业 9.Manufacture of Furniture | 10.造纸及纸制品业 10.Manufacture of Paper and Paper Products | 11.印刷业和记录媒介的复制 11.Printing, Reproduction of Recording Media | 12.文教体育用品制造业 12.Manufacture of Articles for Culture, Education and Sport Activities | 13.石油加工、炼焦及核燃料加工业 13.Processing of Petroleum, Coking, Processing of Nuclear Fuel | 14.化学原料及化学制品制造业 14.Manufacture of Chemical Raw Material and Chemical Products | 15.医药制造业 15.Manufacture of Medicines |
|---|---|---|---|---|---|---|---|---|
| **总 计** | **National Total** | **382503** | **617172** | **295943** | **462951** | **468655** | **2081566** | **1048378** |
| 北 京 | Beijing | 14996 | 7655 | 25211 | 6169 | 19946 | 36836 | 59513 |
| 天 津 | Tianjin | 7355 | 12830 | 6101 | 10417 | 6327 | 46701 | 36137 |
| 河 北 | Hebei | 4423 | 6642 | 7776 | 4637 | 25925 | 75280 | 37730 |
| 山 西 | Shanxi | 251 | 315 | 2623 | 286 | 79440 | 72347 | 17307 |
| 内蒙古 | Inner Mongolia | 522 | 4557 | 844 | 17 | 6342 | 29141 | 11724 |
| 辽 宁 | Liaoning | 16490 | 10579 | 4788 | 3481 | 51650 | 75847 | 17617 |
| 吉 林 | Jilin | 3307 | 7245 | 3075 | 334 | 5071 | 51448 | 39488 |
| 黑龙江 | Heilongjiang | 7129 | 5973 | 2667 | 1339 | 25942 | 19900 | 41052 |
| 上 海 | Shanghai | 22094 | 20234 | 17829 | 25415 | 22967 | 79560 | 46143 |
| 江 苏 | Jiangsu | 19342 | 46255 | 17195 | 34960 | 12361 | 191060 | 73794 |
| 浙 江 | Zhejiang | 98129 | 67356 | 28995 | 55517 | 9230 | 144725 | 90549 |
| 安 徽 | Anhui | 1672 | 8923 | 9264 | 5422 | 1506 | 51624 | 24887 |
| 福 建 | Fujian | 38604 | 66841 | 12089 | 60582 | 2792 | 49025 | 15509 |
| 江 西 | Jiangxi | 6033 | 8775 | 6682 | 17180 | 4488 | 38557 | 30533 |
| 山 东 | Shandong | 21061 | 89953 | 20190 | 36918 | 65084 | 226894 | 97838 |
| 河 南 | Henan | 6039 | 40555 | 9684 | 2002 | 20966 | 98944 | 71518 |
| 湖 北 | Hubei | 4668 | 21779 | 14208 | 3739 | 3146 | 108644 | 53131 |
| 湖 南 | Hunan | 6612 | 17620 | 8104 | 3856 | 18082 | 104799 | 30316 |
| 广 东 | Guangdong | 70479 | 61747 | 54946 | 187495 | 21029 | 160352 | 71601 |
| 广 西 | Guangxi | 726 | 31128 | 3736 | 708 | 1847 | 38496 | 24153 |
| 海 南 | Hainan | 296 | 7568 | 797 |  | 691 | 3097 | 7448 |
| 重 庆 | Chongqing | 3456 | 9312 | 6667 | 1015 | 3944 | 41239 | 18885 |
| 四 川 | Sichuan | 25377 | 20849 | 10319 | 818 | 2064 | 107119 | 45544 |
| 贵 州 | Guizhou | 226 | 2840 | 2416 | 594 | 11215 | 39984 | 24088 |
| 云 南 | Yunnan | 1052 | 11729 | 10508 | 50 | 11482 | 59137 | 14715 |
| 西 藏 | Tibet | 20 |  |  |  |  |  |  |
| 陕 西 | Shaanxi | 1091 | 12590 | 5913 |  | 5944 | 39005 | 31058 |
| 甘 肃 | Gansu | 497 | 1015 | 1007 |  |  | 17544 | 5155 |
| 青 海 | Qinghai |  |  | 764 |  | 56 | 14241 | 3551 |
| 宁 夏 | Ningxia | 514 | 9199 | 363 |  | 647 | 16971 | 4846 |
| 新 疆 | Xinjiang | 42 | 5108 | 1182 |  | 28471 | 43049 | 2548 |

## 4-3 续表 6 continued

单位：人 (person)

| 地 区 | Region | 16.化学纤维制造业 16.Manufacture of Chemical Fiber | 17.橡胶制品业 17.Manufacture of Rubber | 18.塑料制品业 18.Manufacture of Plastic | 19.非金属矿物制品业 19.Manufacture and Non-metallic Mineral Products | 20.黑色金属冶炼及压延加工业 20.Manufacture and Processing of Ferrous Metals | 21.有色金属冶炼及压延加工业 21.Manufacture and Processing of Non-ferrous Metals |
|---|---|---|---|---|---|---|---|
| **总 计** | **National Total** | **209928** | **468579** | **928773** | **1876365** | **1491020** | **825994** |
| 北 京 | Beijing | 747 | 7153 | 14944 | 54343 | 14214 | 5083 |
| 天 津 | Tianjin | 538 | 13343 | 32361 | 21237 | 56318 | 8449 |
| 河 北 | Hebei | 829 | 14785 | 15071 | 86770 | 190944 | 11767 |
| 山 西 | Shanxi | 742 | 805 | 3432 | 30168 | 55319 | 41902 |
| 内蒙古 | Inner Mongolia | | 626 | 3754 | 25082 | 70388 | 31004 |
| 辽 宁 | Liaoning | 6927 | 18099 | 25626 | 56476 | 71492 | 33072 |
| 吉 林 | Jilin | 9844 | 1427 | 9553 | 30707 | 27587 | 7672 |
| 黑龙江 | Heilongjiang | 680 | 4086 | 6900 | 25875 | 22891 | 1114 |
| 上 海 | Shanghai | 2343 | 17209 | 70567 | 45997 | 37820 | 15545 |
| 江 苏 | Jiangsu | 28533 | 40706 | 55863 | 98453 | 107475 | 38196 |
| 浙 江 | Zhejiang | 71938 | 48989 | 125247 | 100520 | 43030 | 40666 |
| 安 徽 | Anhui | 6362 | 20743 | 14351 | 32999 | 58703 | 7863 |
| 福 建 | Fujian | 18758 | 53116 | 154477 | 163632 | 29810 | 23764 |
| 江 西 | Jiangxi | 3290 | 5520 | 22326 | 56097 | 58129 | 25322 |
| 山 东 | Shandong | 12661 | 89250 | 46885 | 166554 | 153284 | 34929 |
| 河 南 | Henan | 7989 | 23126 | 20517 | 164437 | 89746 | 97749 |
| 湖 北 | Hubei | 3732 | 7711 | 30366 | 76783 | 38663 | 30058 |
| 湖 南 | Hunan | 2804 | 7221 | 15657 | 93520 | 48012 | 64164 |
| 广 东 | Guangdong | 10936 | 51123 | 193200 | 187751 | 49860 | 46626 |
| 广 西 | Guangxi | 23 | 2131 | 9655 | 43045 | 29000 | 22769 |
| 海 南 | Hainan | 415 | 760 | 1030 | 5299 | 813 | 52 |
| 重 庆 | Chongqing | 500 | 7537 | 5181 | 43473 | 25960 | 15044 |
| 四 川 | Sichuan | 15019 | 15310 | 18060 | 86942 | 71870 | 23478 |
| 贵 州 | Guizhou | | 10740 | 5373 | 28487 | 20325 | 21414 |
| 云 南 | Yunnan | 333 | 1287 | 7748 | 47488 | 53270 | 81048 |
| 西 藏 | Tibet | | | | 1690 | | |
| 陕 西 | Shaanxi | 224 | 743 | 3699 | 26325 | 24764 | 25802 |
| 甘 肃 | Gansu | 178 | 72 | 5002 | 20418 | 3741 | 32664 |
| 青 海 | Qinghai | | 333 | 2597 | 10610 | 6075 | 20252 |
| 宁 夏 | Ningxia | | 2754 | 287 | 5315 | 7065 | 10505 |
| 新 疆 | Xinjiang | 3583 | 1874 | 9044 | 39872 | 24452 | 8021 |

## 4-3 续表 7 continued

单位：人 (person)

| 地 区 | Region | 22.金属制品业 22.Manufacture of Metal Products | 23.通用设备制造业 23.Manufacture of General Purpose Machinery | 24.专用设备制造业 24.Manufacture of Special Purpose Machinery | 25.交通运输设备制造业 25.Manufacture of Transport Equipment | 26.电气机械及器材制造业 26.Manufacture of Electrical Machinery and Equipment | 27.通信设备、计算机及其他电子设备制造业 27.Manufacture of Communication Equipment, Computer and Other Electronic Equipment |
|---|---|---|---|---|---|---|---|
| **总 计** | **National Total** | **1172788** | **1980251** | **1596511** | **3168631** | **2466125** | **4153573** |
| 北 京 | Beijing | 36929 | 65159 | 72681 | 136789 | 59507 | 134668 |
| 天 津 | Tianjin | 42999 | 69083 | 60721 | 148100 | 62449 | 165183 |
| 河 北 | Hebei | 43731 | 59347 | 51562 | 120556 | 60698 | 52997 |
| 山 西 | Shanxi | 4095 | 17944 | 100009 | 15777 | 7372 | 1538 |
| 内蒙古 | Inner Mongolia | 4454 | 15092 | 28597 | 12633 | 3101 | 2341 |
| 辽 宁 | Liaoning | 70151 | 147012 | 78397 | 154660 | 74307 | 71613 |
| 吉 林 | Jilin | 7362 | 14774 | 14846 | 134018 | 12453 | 5414 |
| 黑龙江 | Heilongjiang | 11246 | 40613 | 32844 | 23467 | 17677 | 3472 |
| 上 海 | Shanghai | 75480 | 143355 | 106066 | 206539 | 146696 | 309299 |
| 江 苏 | Jiangsu | 120543 | 240329 | 121456 | 240456 | 253656 | 742019 |
| 浙 江 | Zhejiang | 128920 | 306441 | 121002 | 257919 | 441289 | 233648 |
| 安 徽 | Anhui | 28303 | 49267 | 29920 | 100010 | 83506 | 33272 |
| 福 建 | Fujian | 71123 | 44493 | 51593 | 96188 | 121101 | 236486 |
| 江 西 | Jiangxi | 14695 | 23598 | 25467 | 55305 | 46346 | 48768 |
| 山 东 | Shandong | 82312 | 229007 | 114924 | 240813 | 143928 | 234091 |
| 河 南 | Henan | 31002 | 81582 | 107399 | 91147 | 80679 | 167809 |
| 湖 北 | Hubei | 44466 | 72196 | 48011 | 272107 | 72945 | 61015 |
| 湖 南 | Hunan | 32259 | 61527 | 132448 | 91225 | 49937 | 82899 |
| 广 东 | Guangdong | 227083 | 117443 | 153359 | 294810 | 563228 | 1212618 |
| 广 西 | Guangxi | 7633 | 9813 | 15774 | 68257 | 15893 | 38212 |
| 海 南 | Hainan | 1387 | 1059 | 544 | 6897 | 5990 | 1418 |
| 重 庆 | Chongqing | 10473 | 34907 | 20268 | 215752 | 38076 | 73977 |
| 四 川 | Sichuan | 37137 | 58685 | 36310 | 58098 | 43423 | 180220 |
| 贵 州 | Guizhou | 10767 | 7762 | 6916 | 24147 | 4053 | 2064 |
| 云 南 | Yunnan | 5751 | 14299 | 12597 | 13130 | 10639 | 1362 |
| 西 藏 | Tibet | | | | | | |
| 陕 西 | Shaanxi | 8055 | 29041 | 33602 | 82336 | 24172 | 43239 |
| 甘 肃 | Gansu | 1812 | 11063 | 10603 | 4497 | 10196 | 9387 |
| 青 海 | Qinghai | 6666 | 3532 | 516 | 479 | 895 | 81 |
| 宁 夏 | Ningxia | 900 | 8780 | 5638 | 283 | 4094 | |
| 新 疆 | Xinjiang | 5054 | 3048 | 2441 | 2236 | 7819 | 4463 |

## 4-3 续表 8 continued

单位：人 (person)

| 地 区 | Region | 28.仪器仪表及文化、办公用机械制造业 28.Manufacture of Measuring Instrument and Machinery for Cultural Activity and Office Work | 29.工艺品及其他制造业 29.Manufacture of Artwork, Other Manufacture | 30.废弃资源和废旧材料回收加工业 30.Recycling and Disposal of Waste | (四) 电力、燃气及水的生产和供应业 IV. Production and Supply of Electricity, Gas and Water | 1.电力、热力的生产和供应业 1.Production and Supply of Electric Power and Heat Power | 2.燃气生产和供应业 2.Production and Distribution of Gas | 3.水的生产和供应业 3.Production and Distribution of Water |
|---|---|---|---|---|---|---|---|---|
| **总 计** | **National Total** | **659695** | **563315** | **40531** | **1142109** | **863112** | **123373** | **155624** |
| 北 京 | Beijing | 31993 | 12361 | 591 | 61081 | 41984 | 9010 | 10087 |
| 天 津 | Tianjin | 16954 | 11774 | 5474 | 20899 | 11694 | 5100 | 4105 |
| 河 北 | Hebei | 8332 | 7383 | 1574 | 43426 | 34954 | 3900 | 4572 |
| 山 西 | Shanxi | 1991 | 2611 | 108 | 25159 | 21200 | 844 | 3115 |
| 内蒙古 | Inner Mongolia | 153 | 1449 | 180 | 38549 | 35762 | 356 | 2431 |
| 辽 宁 | Liaoning | 20457 | 7522 | 693 | 67913 | 57458 | 5403 | 5052 |
| 吉 林 | Jilin | 5761 | 1075 | 2109 | 36313 | 30275 | 3915 | 2123 |
| 黑龙江 | Heilongjiang | 4217 | 3372 | 400 | 34225 | 29316 | 1722 | 3187 |
| 上 海 | Shanghai | 58113 | 11777 | 1117 | 15258 | 10539 | 1580 | 3139 |
| 江 苏 | Jiangsu | 73481 | 23784 | 1445 | 56055 | 36218 | 7126 | 12711 |
| 浙 江 | Zhejiang | 90567 | 74314 | 9778 | 48125 | 31315 | 3873 | 12937 |
| 安 徽 | Anhui | 6335 | 3563 | 41 | 39187 | 28695 | 4586 | 5906 |
| 福 建 | Fujian | 42047 | 129811 | 897 | 37357 | 29850 | 983 | 6524 |
| 江 西 | Jiangxi | 7258 | 19506 | 216 | 38757 | 33790 | 2195 | 2772 |
| 山 东 | Shandong | 25799 | 64055 | 79 | 63635 | 46022 | 9752 | 7861 |
| 河 南 | Henan | 26483 | 36187 | 1685 | 72664 | 48761 | 12517 | 11386 |
| 湖 北 | Hubei | 10118 | 7045 | 3850 | 39323 | 23605 | 5608 | 10110 |
| 湖 南 | Hunan | 16926 | 4509 | 3398 | 33854 | 25627 | 4374 | 3853 |
| 广 东 | Guangdong | 171710 | 114089 | 4199 | 63515 | 39153 | 10994 | 13368 |
| 广 西 | Guangxi | 773 | 4791 | 785 | 22159 | 18542 | 973 | 2644 |
| 海 南 | Hainan | 505 | 98 |  | 5038 | 1446 | 745 | 2847 |
| 重 庆 | Chongqing | 15329 | 12420 | 383 | 44379 | 34336 | 6635 | 3408 |
| 四 川 | Sichuan | 6468 | 1237 | 368 | 73660 | 56589 | 8785 | 8286 |
| 贵 州 | Guizhou | 2084 | 465 | 126 | 18109 | 12977 | 3282 | 1850 |
| 云 南 | Yunnan | 4573 | 1570 | 963 | 42449 | 37687 | 1047 | 3715 |
| 西 藏 | Tibet |  | 30 |  |  |  |  |  |
| 陕 西 | Shaanxi | 8011 | 162 | 32 | 38125 | 29336 | 4526 | 4263 |
| 甘 肃 | Gansu | 611 | 761 |  | 9842 | 9127 | 326 | 389 |
| 青 海 | Qinghai | 538 | 2666 |  | 4666 | 4286 | 66 | 314 |
| 宁 夏 | Ningxia | 1953 | 313 |  | 6956 | 6403 | 392 | 161 |
| 新 疆 | Xinjiang | 155 | 2615 | 40 | 41431 | 36165 | 2758 | 2508 |

# 4-3 续表 9 continued

单位：人 (person)

| 地区 | Region | (五)建筑业 V. Construction | 1.房屋和土木工程建筑业 1.Construction of Building and Civil Engineering | 2.建筑安装业 2.Architectural Installation | 3.建筑装饰业 3.Architectural Decoration | 4.其他建筑业 4.Other Construction | (六)交通运输、仓储和邮政业 VI. Transport, Storage and Post | 1.铁路运输业 1.Transport Via Railway |
|---|---|---|---|---|---|---|---|---|
| **总 计** | **National Total** | **12042307** | **10342625** | **962278** | **405912** | **331492** | **2294057** | **99967** |
| 北 京 | Beijing | 374050 | 251664 | 70443 | 43301 | 8642 | 443180 | 40018 |
| 天 津 | Tianjin | 216566 | 131054 | 36849 | 5636 | 43027 | 48014 | 870 |
| 河 北 | Hebei | 386714 | 360472 | 19365 | 3845 | 3032 | 61339 | 3246 |
| 山 西 | Shanxi | 88250 | 78103 | 6265 | 1456 | 2426 | 27602 | 1900 |
| 内蒙古 | Inner Mongolia | 132406 | 122380 | 8501 | 449 | 1076 | 12493 | 259 |
| 辽 宁 | Liaoning | 259881 | 198929 | 37009 | 18675 | 5268 | 84684 | 2516 |
| 吉 林 | Jilin | 76786 | 63473 | 8719 | 3370 | 1224 | 28295 | 425 |
| 黑龙江 | Heilongjiang | 148206 | 116498 | 22919 | 3211 | 5578 | 19421 | 117 |
| 上 海 | Shanghai | 258813 | 204011 | 26903 | 22157 | 5742 | 244350 | 41 |
| 江 苏 | Jiangsu | 529210 | 471798 | 36189 | 15582 | 5641 | 119263 | 1354 |
| 浙 江 | Zhejiang | 2246450 | 2083834 | 65513 | 64093 | 33010 | 125936 | 197 |
| 安 徽 | Anhui | 357552 | 293391 | 43822 | 9847 | 10492 | 53471 | 2235 |
| 福 建 | Fujian | 835484 | 693302 | 49557 | 35109 | 57516 | 49474 | 4674 |
| 江 西 | Jiangxi | 231078 | 207816 | 14103 | 6001 | 3158 | 14247 | 149 |
| 山 东 | Shandong | 875239 | 734547 | 120760 | 13386 | 6546 | 113230 | 3230 |
| 河 南 | Henan | 869011 | 727622 | 88756 | 22833 | 29800 | 66292 | 645 |
| 湖 北 | Hubei | 746062 | 627456 | 71245 | 25185 | 22176 | 76173 | 1654 |
| 湖 南 | Hunan | 608768 | 542067 | 33329 | 7791 | 25581 | 61296 | 2386 |
| 广 东 | Guangdong | 440456 | 333080 | 50641 | 51196 | 5539 | 317872 | 11735 |
| 广 西 | Guangxi | 235404 | 213474 | 12235 | 1630 | 8065 | 47804 | 4536 |
| 海 南 | Hainan | 9635 | 4747 | 3491 | 915 | 482 | 26483 | 4426 |
| 重 庆 | Chongqing | 668668 | 577690 | 45954 | 13790 | 31234 | 48667 | 141 |
| 四 川 | Sichuan | 602385 | 546635 | 31317 | 19449 | 4984 | 55074 | 152 |
| 贵 州 | Guizhou | 51502 | 42986 | 4112 | 1601 | 2803 | 13885 | 84 |
| 云 南 | Yunnan | 367243 | 333661 | 19451 | 10038 | 4093 | 43346 | 226 |
| 西 藏 | Tibet | 2012 | 2012 |  |  |  |  |  |
| 陕 西 | Shaanxi | 140173 | 118820 | 15634 | 3122 | 2597 | 36883 | 11007 |
| 甘 肃 | Gansu | 86646 | 83327 | 2553 | 563 | 203 | 17052 | 50 |
| 青 海 | Qinghai | 25560 | 21197 | 2429 | 1001 | 933 | 5387 | 676 |
| 宁 夏 | Ningxia | 16539 | 14385 | 1715 | 330 | 109 | 3314 | 976 |
| 新 疆 | Xinjiang | 155558 | 142194 | 12499 | 350 | 515 | 29530 | 42 |

## 4-3 续表 10 continued

单位：人 (person)

| 地 区 | Region | 2.道路运输业<br>2.Transport Via Road | 3.城市公共交通业<br>3.Urban Public Traffic | 4.水上运输业<br>4.Water Transport | 5.航空运输业<br>5.Air Transport | 6.管道运输业<br>6.Transport Via Pipeline | 7.装卸搬运和其他运输服务业<br>7.Loading, Unloading Portage and Other Transport Services | 8.仓储业<br>8.Storage |
|---|---|---|---|---|---|---|---|---|
| **总 计** | **National Total** | **724695** | **656404** | **255487** | **204455** | **11206** | **177460** | **85253** |
| 北 京 | Beijing | 41742 | 208520 | 140 | 57927 | 2480 | 46308 | 7706 |
| 天 津 | Tianjin | 4748 | 5598 | 14324 | 1138 | 218 | 15995 | 5123 |
| 河 北 | Hebei | 26234 | 2847 | 24161 | 837 | 1548 | 947 | 1478 |
| 山 西 | Shanxi | 12130 | 10867 | | 2018 | | 210 | 470 |
| 内蒙古 | Inner Mongolia | 5821 | 5613 | | 159 | | 401 | 240 |
| 辽 宁 | Liaoning | 15993 | 21515 | 27763 | 5342 | 1623 | 6033 | 3388 |
| 吉 林 | Jilin | 9994 | 13267 | 589 | 60 | 1406 | 555 | 1928 |
| 黑龙江 | Heilongjiang | 10161 | 3807 | 18 | 2250 | | 2208 | 814 |
| 上 海 | Shanghai | 30381 | 96845 | 26929 | 50220 | 39 | 16919 | 9325 |
| 江 苏 | Jiangsu | 49487 | 19213 | 39103 | 1228 | 298 | 5466 | 2864 |
| 浙 江 | Zhejiang | 60478 | 9331 | 19639 | 6196 | 43 | 12605 | 7562 |
| 安 徽 | Anhui | 24211 | 16362 | 6941 | 1340 | | 981 | 1094 |
| 福 建 | Fujian | 15607 | 7035 | 4777 | 9537 | | 5445 | 2383 |
| 江 西 | Jiangxi | 12310 | 1303 | 438 | | | | 47 |
| 山 东 | Shandong | 47685 | 20494 | 22626 | 7172 | 331 | 5728 | 5762 |
| 河 南 | Henan | 44952 | 7380 | 441 | 3223 | | 3507 | 4713 |
| 湖 北 | Hubei | 24555 | 27053 | 6137 | 4181 | 489 | 6352 | 3912 |
| 湖 南 | Hunan | 30991 | 14252 | 2533 | 2492 | 88 | 7472 | 800 |
| 广 东 | Guangdong | 116919 | 73035 | 39758 | 22559 | 184 | 25667 | 16932 |
| 广 西 | Guangxi | 27481 | 8262 | 2471 | 12 | | 3533 | 1223 |
| 海 南 | Hainan | 7371 | 789 | 4242 | 8174 | | 1345 | 26 |
| 重 庆 | Chongqing | 23342 | 7415 | 10930 | 3423 | | 666 | 2600 |
| 四 川 | Sichuan | 32390 | 13948 | 1146 | 5684 | 674 | 483 | 597 |
| 贵 州 | Guizhou | 8503 | 1596 | 48 | 1412 | | 1669 | 573 |
| 云 南 | Yunnan | 19863 | 12502 | 196 | 2383 | 253 | 6032 | 1352 |
| 西 藏 | Tibet | | | | | | | |
| 陕 西 | Shaanxi | 7166 | 16962 | 55 | | | 170 | 1519 |
| 甘 肃 | Gansu | 4657 | 11517 | | | | 500 | 249 |
| 青 海 | Qinghai | 510 | 4069 | | | | 5 | 127 |
| 宁 夏 | Ningxia | 2155 | 34 | 82 | 67 | | | |
| 新 疆 | Xinjiang | 6858 | 14973 | | 5421 | 1532 | 258 | 446 |

## 4-3 续表 11 continued

单位：人 (person)

| 地 区 | Region | 9.邮政业 9.Post | (七) 信息传输、计算机服务和软件业 VII. Information Transmission, Computer Services and Software | 1.电信和其他信息传输服务业 1.Telecom and Other Information Transmission Services | 2.计算机服务业 2.Computer Services | 3.软件业 3.Software Industry | (八) 批发和零售业 VIII. Wholesale and Retail Trades | 1.批发业 1.Wholesale Trade |
|---|---|---|---|---|---|---|---|---|
| **总 计** | **National Total** | **79130** | **1444545** | **770558** | **188679** | **485308** | **4550073** | **1971794** |
| 北 京 | Beijing | 38339 | 478156 | 131143 | 95328 | 251685 | 584620 | 303806 |
| 天 津 | Tianjin | | 17405 | 13468 | 957 | 2980 | 103154 | 46688 |
| 河 北 | Hebei | 41 | 33383 | 32734 | 266 | 383 | 123978 | 57879 |
| 山 西 | Shanxi | 7 | 15028 | 14750 | 174 | 104 | 55888 | 19825 |
| 内蒙古 | Inner Mongolia | | 6262 | 6063 | 44 | 155 | 39792 | 14282 |
| 辽 宁 | Liaoning | 511 | 60253 | 34650 | 2553 | 23050 | 160660 | 68069 |
| 吉 林 | Jilin | 71 | 30174 | 12947 | 13358 | 3869 | 61167 | 19845 |
| 黑龙江 | Heilongjiang | 46 | 33402 | 29882 | 1743 | 1777 | 90774 | 32924 |
| 上 海 | Shanghai | 13651 | 59244 | 18225 | 14460 | 26559 | 421530 | 237208 |
| 江 苏 | Jiangsu | 250 | 71651 | 41766 | 2376 | 27509 | 253665 | 105709 |
| 浙 江 | Zhejiang | 9885 | 102892 | 60586 | 6457 | 35849 | 338233 | 165978 |
| 安 徽 | Anhui | 307 | 18575 | 15145 | 410 | 3020 | 91394 | 37833 |
| 福 建 | Fujian | 16 | 35597 | 24745 | 3400 | 7452 | 141103 | 61278 |
| 江 西 | Jiangxi | | 13896 | 11711 | 997 | 1188 | 76856 | 27807 |
| 山 东 | Shandong | 202 | 49033 | 35766 | 4677 | 8590 | 334484 | 124889 |
| 河 南 | Henan | 1431 | 26834 | 23610 | 1609 | 1615 | 208583 | 69467 |
| 湖 北 | Hubei | 1840 | 31655 | 18213 | 4626 | 8816 | 189681 | 42613 |
| 湖 南 | Hunan | 282 | 36141 | 29887 | 1902 | 4352 | 129909 | 35152 |
| 广 东 | Guangdong | 11083 | 140431 | 67665 | 19663 | 53103 | 417209 | 205764 |
| 广 西 | Guangxi | 286 | 21601 | 20805 | 127 | 669 | 70311 | 30526 |
| 海 南 | Hainan | 110 | 7807 | 6407 | 765 | 635 | 33611 | 18228 |
| 重 庆 | Chongqing | 150 | 29802 | 27856 | 1213 | 733 | 126538 | 49119 |
| 四 川 | Sichuan | | 28566 | 21566 | 5994 | 1006 | 107415 | 31808 |
| 贵 州 | Guizhou | | 14843 | 13109 | 997 | 737 | 64999 | 30622 |
| 云 南 | Yunnan | 539 | 21497 | 17815 | 1592 | 2090 | 135128 | 50355 |
| 西 藏 | Tibet | | | | | | 665 | 614 |
| 陕 西 | Shaanxi | 4 | 35001 | 16490 | 2303 | 16208 | 86946 | 35662 |
| 甘 肃 | Gansu | 79 | 7438 | 7229 | 196 | 13 | 27605 | 11367 |
| 青 海 | Qinghai | | 1474 | 1272 | 194 | 8 | 12796 | 4514 |
| 宁 夏 | Ningxia | | 2366 | 2135 | 105 | 126 | 7559 | 4293 |
| 新 疆 | Xinjiang | | 14138 | 12918 | 193 | 1027 | 53820 | 27670 |

## 4-3 续表 12 continued

单位：人 (person)

| 地区 | Region | 2.零售业 2.Retail Trade | (九) 住宿和餐饮业 IX. Hotels and Catering Services | 1.住宿业 1.Hotels | 2.餐饮业 2.Catering Serveces | (十) 金融业 X. Financial Intermediation | 1.银行业 1.Bank |
|---|---|---|---|---|---|---|---|
| **总　计** | **National Total** | **2578279** | **1764593** | **846186** | **918407** | **3088567** | **1444431** |
| 北　京 | Beijing | 280814 | 231816 | 97727 | 134089 | 310873 | 134087 |
| 天　津 | Tianjin | 56466 | 56222 | 13527 | 42695 | 65553 | 36557 |
| 河　北 | Hebei | 66099 | 22678 | 13149 | 9529 | 178058 | 87155 |
| 山　西 | Shanxi | 36063 | 25018 | 9471 | 15547 | 55532 | 26366 |
| 内蒙古 | Inner Mongolia | 25510 | 15702 | 8135 | 7567 | 33762 | 18043 |
| 辽　宁 | Liaoning | 92591 | 49594 | 25334 | 24260 | 119941 | 54142 |
| 吉　林 | Jilin | 41322 | 17570 | 9100 | 8470 | 45238 | 28844 |
| 黑龙江 | Heilongjiang | 57850 | 15859 | 8108 | 7751 | 72033 | 26719 |
| 上　海 | Shanghai | 184322 | 141534 | 41719 | 99815 | 231231 | 98055 |
| 江　苏 | Jiangsu | 147956 | 95489 | 43941 | 51548 | 177204 | 96631 |
| 浙　江 | Zhejiang | 172255 | 155185 | 77753 | 77432 | 243284 | 146822 |
| 安　徽 | Anhui | 53561 | 28449 | 21239 | 7210 | 85429 | 42835 |
| 福　建 | Fujian | 79825 | 65217 | 35730 | 29487 | 76298 | 40622 |
| 江　西 | Jiangxi | 49049 | 20362 | 13073 | 7289 | 51716 | 28975 |
| 山　东 | Shandong | 209595 | 73840 | 30425 | 43415 | 229203 | 100794 |
| 河　南 | Henan | 139116 | 61718 | 35628 | 26090 | 142575 | 72621 |
| 湖　北 | Hubei | 147068 | 64199 | 23212 | 40987 | 65947 | 20243 |
| 湖　南 | Hunan | 94757 | 68835 | 44923 | 23912 | 154128 | 69647 |
| 广　东 | Guangdong | 211445 | 232835 | 95349 | 137486 | 285319 | 122889 |
| 广　西 | Guangxi | 39785 | 26216 | 19368 | 6848 | 38247 | 16340 |
| 海　南 | Hainan | 15383 | 42245 | 37227 | 5018 | 12132 | 6882 |
| 重　庆 | Chongqing | 77419 | 60878 | 27377 | 33501 | 84745 | 28733 |
| 四　川 | Sichuan | 75607 | 36947 | 22221 | 14726 | 93679 | 33820 |
| 贵　州 | Guizhou | 34377 | 20975 | 12664 | 8311 | 39052 | 24064 |
| 云　南 | Yunnan | 84773 | 56999 | 40562 | 16437 | 34095 | 16197 |
| 西　藏 | Tibet | 51 | 17 | | 17 | 2047 | |
| 陕　西 | Shaanxi | 51284 | 50027 | 21195 | 28832 | 80702 | 32277 |
| 甘　肃 | Gansu | 16238 | 6967 | 4358 | 2609 | 26832 | 13527 |
| 青　海 | Qinghai | 8282 | 4313 | 2248 | 2065 | 3011 | 1984 |
| 宁　夏 | Ningxia | 3266 | 2603 | 1546 | 1057 | 11457 | 5910 |
| 新　疆 | Xinjiang | 26150 | 14284 | 9877 | 4407 | 39244 | 12650 |

# 4-3 续表 13 continued

单位：人 (person)

| 地 区 | Region | 2.证券业 2.Security Activities | 3.保险业 3.Insurance | 4.其他金融活动 4.Other Financial Activities | (十一) 房地产业 XI. Real Estate | #房地产开发经营 Development and Management of Real Estate | #物业管理 Property Management | #房地产中介服务 Agency Services for Real Estate |
|---|---|---|---|---|---|---|---|---|
| **总 计** | **National Total** | **172529** | **1404410** | **67197** | **1923879** | **1040311** | **736991** | **77544** |
| 北 京 | Beijing | 45229 | 111133 | 20424 | 305807 | 79224 | 183923 | 17107 |
| 天 津 | Tianjin | 1735 | 27033 | 228 | 24546 | 15455 | 8615 | 246 |
| 河 北 | Hebei | 3093 | 86670 | 1140 | 34003 | 28885 | 4478 | 189 |
| 山 西 | Shanxi | 2224 | 26141 | 801 | 10081 | 7439 | 2273 | 32 |
| 内蒙古 | Inner Mongolia | 400 | 14937 | 382 | 9976 | 8273 | 1578 | 43 |
| 辽 宁 | Liaoning | 2826 | 61236 | 1737 | 78961 | 41098 | 32360 | 3864 |
| 吉 林 | Jilin | 2503 | 13320 | 571 | 39243 | 21536 | 16003 | 946 |
| 黑龙江 | Heilongjiang | 1277 | 42868 | 1169 | 30925 | 19683 | 10552 | 382 |
| 上 海 | Shanghai | 19955 | 111146 | 2075 | 117570 | 50388 | 56802 | 8804 |
| 江 苏 | Jiangsu | 8888 | 71090 | 595 | 58748 | 40792 | 14892 | 567 |
| 浙 江 | Zhejiang | 12870 | 78436 | 5156 | 129619 | 62788 | 59037 | 5583 |
| 安 徽 | Anhui | 1781 | 38303 | 2510 | 44569 | 29442 | 14089 | 558 |
| 福 建 | Fujian | 2841 | 32191 | 644 | 63635 | 39506 | 22332 | 1005 |
| 江 西 | Jiangxi | 513 | 22073 | 155 | 22226 | 21163 | 436 | 26 |
| 山 东 | Shandong | 3971 | 123601 | 837 | 103181 | 84942 | 15678 | 1536 |
| 河 南 | Henan | 929 | 66825 | 2200 | 99701 | 78909 | 17014 | 3778 |
| 湖 北 | Hubei | 8056 | 35915 | 1733 | 60778 | 55603 | 4151 | 370 |
| 湖 南 | Hunan | 9323 | 69861 | 5297 | 72275 | 51861 | 18048 | 1948 |
| 广 东 | Guangdong | 28026 | 125262 | 9142 | 275673 | 77251 | 152787 | 24159 |
| 广 西 | Guangxi | 1854 | 18741 | 1312 | 35927 | 19990 | 14732 | 489 |
| 海 南 | Hainan | 789 | 4283 | 178 | 28693 | 18433 | 9553 | 238 |
| 重 庆 | Chongqing | 5103 | 48582 | 2327 | 56736 | 41774 | 10574 | 2678 |
| 四 川 | Sichuan | 3498 | 55255 | 1106 | 51299 | 43764 | 6626 | 471 |
| 贵 州 | Guizhou | 648 | 12758 | 1582 | 33461 | 18230 | 13544 | 671 |
| 云 南 | Yunnan | 1535 | 14791 | 1572 | 48417 | 35535 | 10420 | 1004 |
| 西 藏 | Tibet | 1208 | 839 |  | 48 |  | 48 |  |
| 陕 西 | Shaanxi | 767 | 46787 | 871 | 45592 | 23755 | 20294 | 297 |
| 甘 肃 | Gansu |  | 13147 | 158 | 8024 | 5465 | 2512 | 11 |
| 青 海 | Qinghai |  | 860 | 167 | 6140 | 3814 | 2205 | 64 |
| 宁 夏 | Ningxia |  | 5526 | 21 | 7229 | 3893 | 3210 | 126 |
| 新 疆 | Xinjiang | 687 | 24800 | 1107 | 20796 | 11420 | 8225 | 352 |

## 4-3 续表 14 continued

单位：人 (person)

| 地区 | Region | (十二) 租赁和商务服务业 XII. Leasing and Business Services | 1.租赁业 1.Leasing | 2.商务服务业 2.Business Services | (十三) 科学研究、技术服务和地质勘查业 XIII. Scientific Research, Technical Services and Geological Prospecting | 1.研究与试验发展 1.Research and Experimental Development | 自然科学研究与试验发展 Research and Experimental Development on Physical Science | 工程和技术研究与试验发展 Research and Experimental Development on Engineering and Technical Research |
|---|---|---|---|---|---|---|---|---|
| **总计** | **National Total** | **1268664** | **38545** | **1230119** | **764985** | **91830** | **10223** | **62190** |
| 北京 | Beijing | 365114 | 5979 | 359135 | 288958 | 28906 | 5072 | 17519 |
| 天津 | Tianjin | 12862 | 381 | 12481 | 14177 | 1375 | 57 | 508 |
| 河北 | Hebei | 11310 | 1557 | 9753 | 14872 | 474 | | 474 |
| 山西 | Shanxi | 5914 | 481 | 5433 | 2487 | 553 | | 529 |
| 内蒙古 | Inner Mongolia | 7685 | 34 | 7651 | 2438 | 5 | | 5 |
| 辽宁 | Liaoning | 47367 | 742 | 46625 | 28671 | 8178 | 1627 | 5994 |
| 吉林 | Jilin | 16694 | 641 | 16053 | 11278 | 695 | 123 | 208 |
| 黑龙江 | Heilongjiang | 12902 | 1129 | 11773 | 10104 | 679 | 51 | 566 |
| 上海 | Shanghai | 95113 | 7897 | 87216 | 38792 | 9038 | 599 | 6247 |
| 江苏 | Jiangsu | 46025 | 649 | 45376 | 33147 | 7415 | 384 | 5608 |
| 浙江 | Zhejiang | 154736 | 1171 | 153565 | 69739 | 4086 | 3 | 2150 |
| 安徽 | Anhui | 25198 | 590 | 24608 | 11228 | 3745 | | 3531 |
| 福建 | Fujian | 21297 | 140 | 21157 | 16490 | 694 | | 28 |
| 江西 | Jiangxi | 2082 | 70 | 2012 | 664 | | | |
| 山东 | Shandong | 28468 | 991 | 27477 | 19341 | 2572 | 229 | 1600 |
| 河南 | Henan | 49805 | 2942 | 46863 | 19257 | 1060 | | 524 |
| 湖北 | Hubei | 17196 | 1274 | 15922 | 13425 | 510 | 54 | 427 |
| 湖南 | Hunan | 30795 | 669 | 30126 | 14694 | 697 | 151 | 262 |
| 广东 | Guangdong | 119391 | 2931 | 116460 | 78857 | 12261 | 829 | 10419 |
| 广西 | Guangxi | 43257 | 429 | 42828 | 7431 | 633 | 440 | 124 |
| 海南 | Hainan | 9425 | 2446 | 6979 | 3405 | 844 | 37 | 60 |
| 重庆 | Chongqing | 25908 | 3015 | 22893 | 18749 | 1174 | | 701 |
| 四川 | Sichuan | 16525 | 734 | 15791 | 10071 | 2691 | | 2400 |
| 贵州 | Guizhou | 15988 | 578 | 15410 | 5357 | 464 | 156 | |
| 云南 | Yunnan | 38851 | 554 | 38297 | 7860 | 661 | 371 | 146 |
| 西藏 | Tibet | 913 | | 913 | | | | |
| 陕西 | Shaanxi | 11083 | 27 | 11056 | 12511 | 1767 | | 1570 |
| 甘肃 | Gansu | 1843 | 145 | 1698 | 1852 | 438 | | 431 |
| 青海 | Qinghai | 1509 | 8 | 1501 | 1922 | 136 | | 136 |
| 宁夏 | Ningxia | 11464 | | 11464 | 1890 | | | |
| 新疆 | Xinjiang | 21944 | 341 | 21603 | 5318 | 79 | 40 | 23 |

## 4-3 续表 15 continued

单位：人 (person)

| 地 区 | Region | 农业科学研究与试验发展 Research and Experimental Development on Agricultural Science Research | 医学研究与试验发展 Research and Experimental Development | 社会人文科学研究与试验发展 Research and Experimental Development on Social Science and Humanities | 2.专业技术服务业 Professional Technical Services | #气象服务 Weather Services | #地震服务 Earthquake Services |
|---|---|---|---|---|---|---|---|
| **总 计** | **National Total** | **2969** | **14125** | **2323** | **509282** | **871** | **310** |
| 北 京 | Beijing | 552 | 5547 | 216 | 161830 | 327 | 92 |
| 天 津 | Tianjin | | 795 | 15 | 11156 | | |
| 河 北 | Hebei | | | | 12110 | | |
| 山 西 | Shanxi | | 23 | 1 | 1396 | | |
| 内蒙古 | Inner Mongolia | | | | 1944 | 14 | 164 |
| 辽 宁 | Liaoning | 131 | 405 | 21 | 16853 | | |
| 吉 林 | Jilin | | 364 | | 9724 | | |
| 黑龙江 | Heilongjiang | 45 | 17 | | 6269 | 18 | |
| 上 海 | Shanghai | | 2138 | 54 | 25821 | 55 | |
| 江 苏 | Jiangsu | 228 | 1195 | | 23752 | 112 | |
| 浙 江 | Zhejiang | 291 | 805 | 837 | 47135 | 20 | |
| 安 徽 | Anhui | 10 | 141 | 63 | 7143 | 44 | |
| 福 建 | Fujian | 526 | 61 | 79 | 15161 | | |
| 江 西 | Jiangxi | | | | 649 | | |
| 山 东 | Shandong | 35 | 708 | | 15185 | 78 | 26 |
| 河 南 | Henan | 368 | 62 | 106 | 13844 | 23 | 10 |
| 湖 北 | Hubei | 11 | 18 | | 9491 | 34 | |
| 湖 南 | Hunan | 199 | 85 | | 12744 | 24 | |
| 广 东 | Guangdong | 172 | 774 | 67 | 58132 | 47 | |
| 广 西 | Guangxi | 3 | 66 | | 6439 | 12 | |
| 海 南 | Hainan | 34 | 261 | 452 | 2382 | | |
| 重 庆 | Chongqing | 26 | 225 | 222 | 15535 | 7 | |
| 四 川 | Sichuan | | 291 | | 6745 | 6 | |
| 贵 州 | Guizhou | 90 | 29 | 189 | 4617 | | |
| 云 南 | Yunnan | 121 | 22 | 1 | 6645 | | |
| 西 藏 | Tibet | | | | | | |
| 陕 西 | Shaanxi | 104 | 93 | | 7056 | | 18 |
| 甘 肃 | Gansu | 7 | | | 1352 | | |
| 青 海 | Qinghai | | | | 1442 | | |
| 宁 夏 | Ningxia | | | | 1890 | | |
| 新 疆 | Xinjiang | 16 | | | 4840 | 50 | |

## 4-3 续表 16 continued

单位：人 (person)

| 地 区 | Region | #海洋服务 Ocean Services | #测绘服务 Plotting Services | #技术检测 Technique Detection | #环境监测 Environmental Monitoring | #工程技术与规划管理 Engineering Technic & Programming Management | 3.科技交流和推广服务业 3.Services of Science and Technology Exchanges and Promotion | 4.地质勘查业 4.Geological Prospecting |
|---|---|---|---|---|---|---|---|---|
| **总 计** | **National Total** | **627** | **9039** | **42769** | **3091** | **373998** | **130036** | **33837** |
| 北 京 | Beijing | 65 | 1443 | 17003 | 1255 | 120189 | 73614 | 24608 |
| 天 津 | Tianjin | 81 |  | 1544 | 26 | 5864 | 1243 | 403 |
| 河 北 | Hebei |  | 175 | 422 |  | 7313 | 661 | 1627 |
| 山 西 | Shanxi |  |  | 177 |  | 1211 | 140 | 398 |
| 内蒙古 | Inner Mongolia |  | 57 | 207 |  | 1435 | 68 | 421 |
| 辽 宁 | Liaoning |  | 322 | 808 | 177 | 12210 | 3523 | 117 |
| 吉 林 | Jilin |  | 143 | 407 | 46 | 7804 | 839 | 20 |
| 黑龙江 | Heilongjiang |  | 222 | 289 | 44 | 3881 | 2962 | 194 |
| 上 海 | Shanghai |  | 272 | 1611 |  | 18551 | 3933 |  |
| 江 苏 | Jiangsu |  | 570 | 1387 | 189 | 20338 | 1980 |  |
| 浙 江 | Zhejiang | 35 | 867 | 3966 | 329 | 39145 | 17857 | 661 |
| 安 徽 | Anhui |  | 331 | 218 | 136 | 4636 | 314 | 26 |
| 福 建 | Fujian |  | 48 | 417 | 15 | 4677 | 215 | 420 |
| 江 西 | Jiangxi |  |  | 38 |  | 491 | 15 |  |
| 山 东 | Shandong | 84 | 783 | 640 | 4 | 12331 | 1372 | 212 |
| 河 南 | Henan | 11 | 1288 | 479 | 107 | 11926 | 2253 | 2100 |
| 湖 北 | Hubei |  | 24 | 807 |  | 5745 | 3369 | 55 |
| 湖 南 | Hunan |  | 79 | 616 | 112 | 10092 | 1137 | 116 |
| 广 东 | Guangdong | 351 | 337 | 8019 | 339 | 38051 | 8353 | 111 |
| 广 西 | Guangxi |  | 172 | 336 | 168 | 5059 | 310 | 49 |
| 海 南 | Hainan |  | 47 | 261 | 19 | 1733 | 113 | 66 |
| 重 庆 | Chongqing |  | 207 | 316 | 56 | 14805 | 802 | 1238 |
| 四 川 | Sichuan |  | 128 | 304 |  | 5939 | 293 | 342 |
| 贵 州 | Guizhou |  | 139 | 409 | 51 | 2690 | 240 | 36 |
| 云 南 | Yunnan |  | 310 | 422 |  | 5605 | 412 | 142 |
| 西 藏 | Tibet |  |  |  |  |  |  |  |
| 陕 西 | Shaanxi |  | 1045 | 1066 | 18 | 4012 | 3595 | 93 |
| 甘 肃 | Gansu |  |  |  |  | 1352 | 62 |  |
| 青 海 | Qinghai |  |  | 74 |  | 1368 | 39 | 305 |
| 宁 夏 | Ningxia |  |  | 45 |  | 1655 |  |  |
| 新 疆 | Xinjiang |  | 30 | 481 |  | 3890 | 322 | 77 |

## 4-3 续表 17 continued

单位：人 (person)

| 地 区 | Region | (十四) 水利、环境和公共设施管理业 XIV. Management of Water Conservancy, Enviroment and Public Facilities | 1.水利管理业 1.Management of Water Conservancy | 2.环境管理业 2.Environmental Management | 3.公共设施管理业 3.Management of Public Facilities | (十五) 居民服务和其他服务业 XV. Services to Households and Other Services | 1.居民服务业 1.Services to Households | 2.其他服务业 2.Other Services |
|---|---|---|---|---|---|---|---|---|
| **总 计** | **National Total** | **215415** | **12178** | **68532** | **134705** | **231157** | **85049** | **146108** |
| 北 京 | Beijing | 25297 | 771 | 10366 | 14160 | 52934 | 17994 | 34940 |
| 天 津 | Tianjin | 1957 | | 879 | 1078 | 23817 | 1830 | 21987 |
| 河 北 | Hebei | 3623 | 125 | 2065 | 1433 | 1423 | 793 | 630 |
| 山 西 | Shanxi | 738 | 31 | 254 | 453 | 1408 | 579 | 829 |
| 内蒙古 | Inner Mongolia | 1797 | 400 | 466 | 931 | 1158 | 311 | 847 |
| 辽 宁 | Liaoning | 8065 | 231 | 4189 | 3645 | 6067 | 2198 | 3869 |
| 吉 林 | Jilin | 5297 | 159 | 714 | 4424 | 2488 | 925 | 1563 |
| 黑龙江 | Heilongjiang | 3468 | 496 | 2479 | 493 | 3372 | 1217 | 2155 |
| 上 海 | Shanghai | 12060 | 51 | 7607 | 4402 | 14548 | 2417 | 12131 |
| 江 苏 | Jiangsu | 15205 | 2393 | 3744 | 9068 | 4495 | 1782 | 2713 |
| 浙 江 | Zhejiang | 36559 | 926 | 7064 | 28569 | 7862 | 5187 | 2675 |
| 安 徽 | Anhui | 6397 | 141 | 982 | 5274 | 1362 | 530 | 832 |
| 福 建 | Fujian | 4455 | 142 | 614 | 3699 | 3516 | 1527 | 1989 |
| 江 西 | Jiangxi | 2093 | 60 | 416 | 1617 | 393 | 22 | 371 |
| 山 东 | Shandong | 7292 | 1689 | 2237 | 3366 | 6752 | 3760 | 2992 |
| 河 南 | Henan | 11478 | 1894 | 3080 | 6504 | 8974 | 5040 | 3934 |
| 湖 北 | Hubei | 4270 | 113 | 1130 | 3027 | 2764 | 1405 | 1359 |
| 湖 南 | Hunan | 7185 | 407 | 816 | 5962 | 10040 | 7378 | 2662 |
| 广 东 | Guangdong | 26059 | 759 | 10887 | 14413 | 43763 | 14316 | 29447 |
| 广 西 | Guangxi | 5173 | 118 | 1751 | 3304 | 3575 | 1952 | 1623 |
| 海 南 | Hainan | 2892 | 108 | 384 | 2400 | 3236 | 2604 | 632 |
| 重 庆 | Chongqing | 5864 | 217 | 1205 | 4442 | 6552 | 773 | 5779 |
| 四 川 | Sichuan | 5373 | 108 | 2040 | 3225 | 2671 | 2007 | 664 |
| 贵 州 | Guizhou | 1138 | 135 | 451 | 552 | 6328 | 3503 | 2825 |
| 云 南 | Yunnan | 5899 | 111 | 1891 | 3897 | 4674 | 2510 | 2164 |
| 西 藏 | Tibet | | | | | | | |
| 陕 西 | Shaanxi | 2288 | 192 | 494 | 1602 | 4490 | 1918 | 2572 |
| 甘 肃 | Gansu | | | | | 130 | 4 | 126 |
| 青 海 | Qinghai | 541 | 393 | | 148 | 217 | 197 | 20 |
| 宁 夏 | Ningxia | 60 | 8 | | 52 | 175 | 25 | 150 |
| 新 疆 | Xinjiang | 2892 | | 327 | 2565 | 1973 | 345 | 1628 |

4-3 续表 18 continued

单位：人 (person)

| 地 区 | Region | (十六) 教育 XVI. Education | #初等教育 Junior Education | #中等教育 Secondary Education | #高等教育 Senior Education | (十七) 卫生、社会保障和社会福利业 XVII. Health, Social Securities and Social Welfare | 1.卫生 1.Health | 2.社会保障业 2.Social Securities | 3.社会福利业 3.Social Welfare |
|---|---|---|---|---|---|---|---|---|---|
| **总 计** | **National Total** | **577478** | **76352** | **182659** | **95638** | **216222** | **205126** | **2428** | **8668** |
| 北 京 | Beijing | 69628 | 6340 | 6508 | 8615 | 19000 | 17074 | 123 | 1803 |
| 天 津 | Tianjin | 2039 | 107 | 1142 | 338 | 524 | 467 | 46 | 11 |
| 河 北 | Hebei | 5193 | 728 | 1709 | 913 | 1631 | 1614 |  | 17 |
| 山 西 | Shanxi | 6220 | 1342 | 3491 | 4 | 1895 | 1161 | 232 | 502 |
| 内蒙古 | Inner Mongolia | 3062 | 616 | 1271 | 90 | 1625 | 1538 |  | 87 |
| 辽 宁 | Liaoning | 21044 | 805 | 4159 | 2570 | 13183 | 12719 | 154 | 310 |
| 吉 林 | Jilin | 6431 | 563 | 1815 | 3423 | 3342 | 3021 | 43 | 278 |
| 黑龙江 | Heilongjiang | 3795 | 361 | 1084 |  | 1146 | 1077 | 17 | 52 |
| 上 海 | Shanghai | 14694 | 912 | 3444 | 5202 | 1359 | 1279 |  | 80 |
| 江 苏 | Jiangsu | 25874 | 3028 | 14701 | 5282 | 26831 | 26622 | 143 | 66 |
| 浙 江 | Zhejiang | 51872 | 6722 | 19043 | 4180 | 17067 | 15995 |  | 1072 |
| 安 徽 | Anhui | 24790 | 2976 | 12916 | 3910 | 11158 | 11039 | 44 | 75 |
| 福 建 | Fujian | 17923 | 979 | 10877 | 3513 | 4974 | 4494 | 475 | 5 |
| 江 西 | Jiangxi | 7142 | 3047 | 3105 | 708 | 2270 | 2146 | 54 | 70 |
| 山 东 | Shandong | 27603 | 4346 | 9846 | 5503 | 12565 | 12337 | 24 | 204 |
| 河 南 | Henan | 67019 | 18285 | 21629 | 9444 | 27239 | 25322 | 132 | 1785 |
| 湖 北 | Hubei | 23640 | 2075 | 6530 | 6385 | 6450 | 6201 | 55 | 194 |
| 湖 南 | Hunan | 40054 | 5048 | 20339 | 5412 | 13695 | 12994 | 88 | 613 |
| 广 东 | Guangdong | 61344 | 7274 | 12369 | 8409 | 18580 | 17643 | 465 | 472 |
| 广 西 | Guangxi | 14476 | 2951 | 3922 | 1961 | 5645 | 5324 | 4 | 317 |
| 海 南 | Hainan | 15243 | 1035 | 2612 | 1151 | 532 | 523 | 9 |  |
| 重 庆 | Chongqing | 13462 | 796 | 2795 | 5501 | 1193 | 959 | 32 | 202 |
| 四 川 | Sichuan | 18098 | 1545 | 9376 | 132 | 9852 | 9642 | 193 | 17 |
| 贵 州 | Guizhou | 7844 | 1014 | 2447 | 561 | 3143 | 2967 | 7 | 169 |
| 云 南 | Yunnan | 10113 | 1698 | 2734 | 2826 | 5522 | 5413 | 39 | 70 |
| 西 藏 | Tibet |  |  |  |  |  |  |  |  |
| 陕 西 | Shaanxi | 11712 | 927 | 1639 | 8728 | 3114 | 3087 |  | 27 |
| 甘 肃 | Gansu | 468 |  | 247 |  | 684 | 684 |  |  |
| 青 海 | Qinghai | 2993 | 52 | 285 |  | 1114 | 1114 |  |  |
| 宁 夏 | Ningxia | 1479 | 259 |  | 877 | 108 | 60 |  | 48 |
| 新 疆 | Xinjiang | 2223 | 521 | 624 |  | 781 | 610 | 49 | 122 |

## 4-3 续表 19 continued

单位：人 (person)

| 地区 | Region | (十八) 文化、体育和娱乐业 XVIII. Culture, Sports and Entertainment | 1.新闻出版业 1.Journalism and Publishing Activities | 2.广播、电视、电影和音像业 2.Broadcasting, Movies, Television and Audiovisual Activities | 3.文化艺术业 3.Cultural and Art Activitries | 4.体育 4.Sports Activities | 5.娱乐业 5.Entertainment | (十九) 公共管理和社会组织 XIX. Public Management and Social Organizations | #群众社团、社会团体和宗教组织 Non-Governmental Organizations, Social Organizations and Religion Organizations |
|---|---|---|---|---|---|---|---|---|---|
| **总计** | **National Total** | **191667** | **35300** | **45301** | **28358** | **12088** | **70620** | **125220** | **50823** |
| 北京 | Beijing | 48300 | 11468 | 9991 | 7834 | 3258 | 15749 | 53966 | 11496 |
| 天津 | Tianjin | 898 | 113 | 9 | 58 | 153 | 565 | 661 | 81 |
| 河北 | Hebei | 1604 | 94 | 612 | 43 |  | 855 | 89 | 16 |
| 山西 | Shanxi | 900 | 16 | 291 | 531 | 28 | 34 | 232 | 232 |
| 内蒙古 | Inner Mongolia | 386 | 17 | 85 | 160 | 2 | 122 |  |  |
| 辽宁 | Liaoning | 4189 | 710 | 1000 | 16 | 74 | 2389 | 2848 | 223 |
| 吉林 | Jilin | 5263 | 3661 | 675 | 188 | 235 | 504 | 1 | 1 |
| 黑龙江 | Heilongjiang | 919 | 4 | 357 | 470 |  | 88 |  |  |
| 上海 | Shanghai | 11294 | 2330 | 5085 | 117 | 72 | 3690 | 518 | 64 |
| 江苏 | Jiangsu | 13942 | 1638 | 8950 | 254 | 1503 | 1597 |  |  |
| 浙江 | Zhejiang | 9301 | 766 | 2390 | 1439 | 338 | 4368 | 23088 | 2384 |
| 安徽 | Anhui | 2687 | 956 | 245 | 747 | 280 | 459 |  |  |
| 福建 | Fujian | 3163 | 676 | 547 | 453 | 239 | 1248 | 445 | 445 |
| 江西 | Jiangxi | 1665 | 765 | 249 | 226 |  | 425 | 7405 | 7405 |
| 山东 | Shandong | 5267 | 344 | 1122 | 198 | 183 | 3420 | 4179 | 3924 |
| 河南 | Henan | 5523 | 638 | 637 | 2319 | 162 | 1767 | 19519 | 12283 |
| 湖北 | Hubei | 3044 | 79 | 1412 | 452 | 266 | 835 | 101 | 101 |
| 湖南 | Hunan | 12269 | 3966 | 3298 | 1497 | 240 | 3268 | 5319 | 5319 |
| 广东 | Guangdong | 21727 | 2367 | 1806 | 1121 | 2473 | 13960 | 2672 | 2672 |
| 广西 | Guangxi | 3279 | 298 | 226 | 898 | 265 | 1592 | 90 | 90 |
| 海南 | Hainan | 2800 | 63 | 120 | 111 | 88 | 2418 | 722 | 722 |
| 重庆 | Chongqing | 4468 | 963 | 1189 | 721 | 404 | 1191 |  |  |
| 四川 | Sichuan | 3317 | 100 | 1081 | 37 | 745 | 1354 | 32 | 32 |
| 贵州 | Guizhou | 2083 | 207 | 483 | 268 | 4 | 1121 | 277 | 277 |
| 云南 | Yunnan | 7576 | 611 | 1245 | 943 | 1066 | 3711 | 145 | 145 |
| 西藏 | Tibet |  |  |  |  |  |  | 2634 | 2634 |
| 陕西 | Shaanxi | 13479 | 605 | 2164 | 7152 |  | 3558 | 39 | 39 |
| 甘肃 | Gansu | 253 | 20 |  | 38 | 10 | 185 | 195 | 195 |
| 青海 | Qinghai | 45 |  |  | 34 |  | 11 |  |  |
| 宁夏 | Ningxia | 25 |  | 25 |  |  |  |  |  |
| 新疆 | Xinjiang | 2001 | 1825 | 7 | 33 |  | 136 | 43 | 43 |

# 第五部分

Chapter Five

## 2011 年全国户籍统计人口数据

Data from Household Registration in 2011

# 5-1 各地区总户数、总人口

# Households and Population by Region

| 地 区 | Region | 总户数 (户) Number of Households (household) | 总人口 (人) Total Population (person) | 男 Male | 女 Female | 平均每户人数 (人/户) Average Family Size (person/household) | 性别比 (女=100) Sex Ratio (Female=100) |
|---|---|---|---|---|---|---|---|
| **全 国** | **National Total** | **428925965** | **1355798582** | **696381199** | **659417383** | **3.16** | **105.61** |
| 北 京 | Beijing | 5031503 | 12809157 | 6438446 | 6370711 | 2.55 | 101.06 |
| 天 津 | Tianjin | 3486710 | 10003986 | 5029165 | 4974821 | 2.87 | 101.09 |
| 河 北 | Hebei | 22595303 | 73447625 | 37415631 | 36031994 | 3.25 | 103.84 |
| 山 西 | Shanxi | 12331273 | 34995004 | 17916487 | 17078517 | 2.84 | 104.91 |
| 内蒙古 | Inner Mongolia | 9085406 | 24659325 | 12584558 | 12074767 | 2.71 | 104.22 |
| 辽 宁 | Liaoning | 14986573 | 42549839 | 21436191 | 21113648 | 2.84 | 101.53 |
| 吉 林 | Jilin | 9679216 | 27265389 | 13778950 | 13486439 | 2.82 | 102.17 |
| 黑龙江 | Heilongjiang | 14335288 | 38343150 | 19376712 | 18966438 | 2.67 | 102.16 |
| 上 海 | Shanghai | 5220103 | 14193587 | 7063659 | 7129928 | 2.72 | 99.07 |
| 江 苏 | Jiangsu | 24251086 | 75142501 | 38118435 | 37024066 | 3.10 | 102.96 |
| 浙 江 | Zhejiang | 16180372 | 47813132 | 24269285 | 23543847 | 2.96 | 103.08 |
| 安 徽 | Anhui | 21214580 | 68865812 | 35722969 | 33142843 | 3.25 | 107.78 |
| 福 建 | Fujian | 10209631 | 35517611 | 18284654 | 17232957 | 3.48 | 106.10 |
| 江 西 | Jiangxi | 14613992 | 47525616 | 24873907 | 22651709 | 3.25 | 109.81 |
| 山 东 | Shandong | 30366475 | 95909977 | 48695906 | 47214071 | 3.16 | 103.14 |
| 河 南 | Henan | 31020568 | 109224461 | 56414274 | 52810187 | 3.52 | 106.82 |
| 湖 北 | Hubei | 20341788 | 61640616 | 31939446 | 29701170 | 3.03 | 107.54 |
| 湖 南 | Hunan | 22567911 | 71348863 | 37005118 | 34343745 | 3.16 | 107.75 |
| 广 东 | Guangdong | 23264368 | 86371937 | 44454813 | 41917124 | 3.71 | 106.05 |
| 广 西 | Guangxi | 15495617 | 53686353 | 28231236 | 25455117 | 3.46 | 110.91 |
| 海 南 | Hainan | 2598528 | 9078227 | 4742212 | 4336015 | 3.49 | 109.37 |
| 重 庆 | Chongqing | 12051961 | 33298140 | 17205327 | 16092813 | 2.76 | 106.91 |
| 四 川 | Sichuan | 31121316 | 90583928 | 46655879 | 43928049 | 2.91 | 106.21 |
| 贵 州 | Guizhou | 12043654 | 42384388 | 22057631 | 20326757 | 3.52 | 108.52 |
| 云 南 | Yunnan | 13468356 | 45622875 | 23504135 | 22118740 | 3.39 | 106.26 |
| 西 藏 | Tibet | 765746 | 3022736 | 1516338 | 1506398 | 3.95 | 100.66 |
| 陕 西 | Shaanxi | 12249020 | 39086765 | 20217274 | 18869491 | 3.19 | 107.14 |
| 甘 肃 | Gansu | 7929200 | 27288792 | 14070877 | 13217915 | 3.44 | 106.45 |
| 青 海 | Qinghai | 1664530 | 5575850 | 2832075 | 2743775 | 3.35 | 103.22 |
| 宁 夏 | Ningxia | 2118925 | 6516310 | 3312257 | 3204053 | 3.08 | 103.38 |
| 新 疆 | Xinjiang | 6636966 | 22026630 | 11217352 | 10809278 | 3.32 | 103.78 |

# 5-2 各地区市总户数、总人口

# Households and Population in Cities by Region

| 地 区 | Region | 总户数 (户) Number of Households (household) | 总人口 (人) Total Population (person) | 男 Male | 女 Female | 平均每户人数 (人/户) Average Family Size (person/household) | 性别比 (女=100) Sex Ratio (Female=100) |
|---|---|---|---|---|---|---|---|
| **全 国** | **National Total** | **211180776** | **642554525** | **326941293** | **315613232** | **3.04** | **103.59** |
| 北 京 | Beijing | 4691976 | 12101044 | 6082225 | 6018819 | 2.58 | 101.05 |
| 天 津 | Tianjin | 2892604 | 8201893 | 4112066 | 4089827 | 2.84 | 100.54 |
| 河 北 | Hebei | 8289003 | 26905418 | 13597735 | 13307683 | 3.25 | 102.18 |
| 山 西 | Shanxi | 4758496 | 13889021 | 7079358 | 6809663 | 2.92 | 103.96 |
| 内蒙古 | Inner Mongolia | 3170190 | 8861373 | 4469416 | 4391957 | 2.80 | 101.76 |
| 辽 宁 | Liaoning | 10927333 | 30409554 | 15229317 | 15180237 | 2.78 | 100.32 |
| 吉 林 | Jilin | 6763219 | 18780062 | 9440276 | 9339786 | 2.78 | 101.08 |
| 黑龙江 | Heilongjiang | 8847890 | 22943761 | 11532139 | 11411622 | 2.59 | 101.06 |
| 上 海 | Shanghai | 4919011 | 13505936 | 6725650 | 6780286 | 2.75 | 99.19 |
| 江 苏 | Jiangsu | 17091539 | 51027385 | 25667008 | 25360377 | 2.99 | 101.21 |
| 浙 江 | Zhejiang | 10976444 | 32146157 | 16204560 | 15941597 | 2.93 | 101.65 |
| 安 徽 | Anhui | 7460611 | 23087840 | 11871519 | 11216321 | 3.09 | 105.84 |
| 福 建 | Fujian | 5283999 | 18184314 | 9274041 | 8910273 | 3.44 | 104.08 |
| 江 西 | Jiangxi | 5027239 | 15840790 | 8268128 | 7572662 | 3.15 | 109.18 |
| 山 东 | Shandong | 17821149 | 54510755 | 27506738 | 27004017 | 3.06 | 101.86 |
| 河 南 | Henan | 10943721 | 37370325 | 19121241 | 18249084 | 3.41 | 104.78 |
| 湖 北 | Hubei | 13025218 | 38797033 | 19996044 | 18800989 | 2.98 | 106.36 |
| 湖 南 | Hunan | 8358193 | 25186908 | 12932878 | 12254030 | 3.01 | 105.54 |
| 广 东 | Guangdong | 16237014 | 58793809 | 30220157 | 28573652 | 3.62 | 105.76 |
| 广 西 | Guangxi | 5562343 | 19048762 | 9966311 | 9082451 | 3.42 | 109.73 |
| 海 南 | Hainan | 1596356 | 5569032 | 2892817 | 2676215 | 3.49 | 108.09 |
| 重 庆 | Chongqing | 6070848 | 15778209 | 8040703 | 7737506 | 2.60 | 103.92 |
| 四 川 | Sichuan | 12153608 | 33718969 | 17148722 | 16570247 | 2.77 | 103.49 |
| 贵 州 | Guizhou | 3105223 | 10715752 | 5501670 | 5214082 | 3.45 | 105.52 |
| 云 南 | Yunnan | 3499534 | 10569567 | 5381863 | 5187704 | 3.02 | 103.74 |
| 西 藏 | Tibet | 123300 | 298372 | 147625 | 150747 | 2.42 | 97.93 |
| 陕 西 | Shaanxi | 4457497 | 14357769 | 7333602 | 7024167 | 3.22 | 104.41 |
| 甘 肃 | Gansu | 2733454 | 8804459 | 4516656 | 4287803 | 3.22 | 105.34 |
| 青 海 | Qinghai | 360443 | 1108648 | 553492 | 555156 | 3.08 | 99.70 |
| 宁 夏 | Ningxia | 1111798 | 3182561 | 1604635 | 1577926 | 2.86 | 101.69 |
| 新 疆 | Xinjiang | 2921523 | 8859047 | 4522701 | 4336346 | 3.03 | 104.30 |

注：市，指经国务院批准设立市建制的市，本表中市的各项数字不包括市辖县的数字(表5-6、5-9、5-10同)。

# 5-3 各地区县总户数、总人口

# Households and Population in Counties by Region

| 地 区 | Region | 总户数（户）Number of Households (household) | 总人口（人）Total Population (person) | 男 Male | 女 Female | 平均每户人数（人/户）Average Family Size (person/household) | 性别比（女=100）Sex Ratio (Female=100) |
|---|---|---|---|---|---|---|---|
| **全 国** | **National Total** | **217745189** | **713244057** | **369439906** | **343804151** | **3.28** | **107.46** |
| 北 京 | Beijing | 339527 | 708113 | 356221 | 351892 | 2.09 | 101.23 |
| 天 津 | Tianjin | 594106 | 1802093 | 917099 | 884994 | 3.03 | 103.63 |
| 河 北 | Hebei | 14306300 | 46542207 | 23817896 | 22724311 | 3.25 | 104.81 |
| 山 西 | Shanxi | 7572777 | 21105983 | 10837129 | 10268854 | 2.79 | 105.53 |
| 内蒙古 | Inner Mongolia | 5915216 | 15797952 | 8115142 | 7682810 | 2.67 | 105.63 |
| 辽 宁 | Liaoning | 4059240 | 12140285 | 6206874 | 5933411 | 2.99 | 104.61 |
| 吉 林 | Jilin | 2915997 | 8485327 | 4338674 | 4146653 | 2.91 | 104.63 |
| 黑龙江 | Heilongjiang | 5487398 | 15399389 | 7844573 | 7554816 | 2.81 | 103.84 |
| 上 海 | Shanghai | 301092 | 687651 | 338009 | 349642 | 2.28 | 96.67 |
| 江 苏 | Jiangsu | 7159547 | 24115116 | 12451427 | 11663689 | 3.37 | 106.75 |
| 浙 江 | Zhejiang | 5203928 | 15666975 | 8064725 | 7602250 | 3.01 | 106.08 |
| 安 徽 | Anhui | 13753969 | 45777972 | 23851450 | 21926522 | 3.33 | 108.78 |
| 福 建 | Fujian | 4925632 | 17333297 | 9010613 | 8322684 | 3.52 | 108.27 |
| 江 西 | Jiangxi | 9586753 | 31684826 | 16605779 | 15079047 | 3.31 | 110.12 |
| 山 东 | Shandong | 12545326 | 41399222 | 21189168 | 20210054 | 3.30 | 104.84 |
| 河 南 | Henan | 20076847 | 71854136 | 37293033 | 34561103 | 3.58 | 107.90 |
| 湖 北 | Hubei | 7316570 | 22843583 | 11943402 | 10900181 | 3.12 | 109.57 |
| 湖 南 | Hunan | 14209718 | 46161955 | 24072240 | 22089715 | 3.25 | 108.97 |
| 广 东 | Guangdong | 7027354 | 27578128 | 14234656 | 13343472 | 3.92 | 106.68 |
| 广 西 | Guangxi | 9933274 | 34637591 | 18264925 | 16372666 | 3.49 | 111.56 |
| 海 南 | Hainan | 1002172 | 3509195 | 1849395 | 1659800 | 3.50 | 111.42 |
| 重 庆 | Chongqing | 5981113 | 17519931 | 9164624 | 8355307 | 2.93 | 109.69 |
| 四 川 | Sichuan | 18967708 | 56864959 | 29507157 | 27357802 | 3.00 | 107.86 |
| 贵 州 | Guizhou | 8938431 | 31668636 | 16555961 | 15112675 | 3.54 | 109.55 |
| 云 南 | Yunnan | 9968822 | 35053308 | 18122272 | 16931036 | 3.52 | 107.04 |
| 西 藏 | Tibet | 642446 | 2724364 | 1368713 | 1355651 | 4.24 | 100.96 |
| 陕 西 | Shaanxi | 7791523 | 24728996 | 12883672 | 11845324 | 3.17 | 108.77 |
| 甘 肃 | Gansu | 5195746 | 18484333 | 9554221 | 8930112 | 3.56 | 106.99 |
| 青 海 | Qinghai | 1304087 | 4467202 | 2278583 | 2188619 | 3.43 | 104.11 |
| 宁 夏 | Ningxia | 1007127 | 3333749 | 1707622 | 1626127 | 3.31 | 105.01 |
| 新 疆 | Xinjiang | 3715443 | 13167583 | 6694651 | 6472932 | 3.54 | 103.43 |

# 5-4 各地区镇总户数、总人口
# Households and Population in Towns by Region

| 地区 | Region | 总户数 (户) Number of Households (household) | 总人口 (人) Total Population (person) | 男 Male | 女 Female | 平均每户人数 (人/户) Average Family Size (person/household) | 性别比 (女=100) Sex Ratio (Female=100) |
|---|---|---|---|---|---|---|---|
| **全国** | **National Total** | **244029595** | **779782567** | **401829972** | **377952595** | **3.20** | **106.32** |
| 北京 | Beijing | 1848506 | 3926525 | 1959527 | 1966998 | 2.12 | 99.62 |
| 天津 | Tianjin | 1318636 | 3902427 | 1965615 | 1936812 | 2.96 | 101.49 |
| 河北 | Hebei | 12330400 | 39625275 | 20200088 | 19425187 | 3.21 | 103.99 |
| 山西 | Shanxi | 6157758 | 16708709 | 8572457 | 8136252 | 2.71 | 105.36 |
| 内蒙古 | Inner Mongolia | 5733816 | 15380217 | 7884754 | 7495463 | 2.68 | 105.19 |
| 辽宁 | Liaoning | 5560492 | 16585459 | 8436996 | 8148463 | 2.98 | 103.54 |
| 吉林 | Jilin | 4776078 | 13882504 | 7082828 | 6799676 | 2.91 | 104.16 |
| 黑龙江 | Heilongjiang | 5958311 | 16231194 | 8241565 | 7989629 | 2.72 | 103.15 |
| 上海 | Shanghai | 2387504 | 6213325 | 3089332 | 3123993 | 2.60 | 98.89 |
| 江苏 | Jiangsu | 17105343 | 53524347 | 27211323 | 26313024 | 3.13 | 103.41 |
| 浙江 | Zhejiang | 9533065 | 28402758 | 14474568 | 13928190 | 2.98 | 103.92 |
| 安徽 | Anhui | 14249964 | 46876225 | 24364662 | 22511563 | 3.29 | 108.23 |
| 福建 | Fujian | 6487948 | 23218666 | 11966766 | 11251900 | 3.58 | 106.35 |
| 江西 | Jiangxi | 8827685 | 28526208 | 14960473 | 13565735 | 3.23 | 110.28 |
| 山东 | Shandong | 17981643 | 58392783 | 29734572 | 28658211 | 3.25 | 103.76 |
| 河南 | Henan | 14100317 | 49885608 | 25842378 | 24043230 | 3.54 | 107.48 |
| 湖北 | Hubei | 11771949 | 37206164 | 19359957 | 17846207 | 3.16 | 108.48 |
| 湖南 | Hunan | 13339443 | 42498605 | 22083653 | 20414952 | 3.19 | 108.17 |
| 广东 | Guangdong | 15362220 | 60270584 | 31100198 | 29170386 | 3.92 | 106.62 |
| 广西 | Guangxi | 11178509 | 38743473 | 20465365 | 18278108 | 3.47 | 111.97 |
| 海南 | Hainan | 1904992 | 6904933 | 3603612 | 3301321 | 3.62 | 109.16 |
| 重庆 | Chongqing | 7367199 | 20588000 | 10744965 | 9843035 | 2.79 | 109.16 |
| 四川 | Sichuan | 19292220 | 54683985 | 28140292 | 26543693 | 2.83 | 106.01 |
| 贵州 | Guizhou | 6827701 | 23765167 | 12334555 | 11430612 | 3.48 | 107.91 |
| 云南 | Yunnan | 7076318 | 23707197 | 12146160 | 11561037 | 3.35 | 105.06 |
| 西藏 | Tibet | 250837 | 882998 | 443419 | 439579 | 3.52 | 100.87 |
| 陕西 | Shaanxi | 7465759 | 23639269 | 12291924 | 11347345 | 3.17 | 108.32 |
| 甘肃 | Gansu | 3797655 | 12880176 | 6649390 | 6230786 | 3.39 | 106.72 |
| 青海 | Qinghai | 873439 | 2819232 | 1436097 | 1383135 | 3.23 | 103.83 |
| 宁夏 | Ningxia | 1094864 | 3315537 | 1689290 | 1626247 | 3.03 | 103.88 |
| 新疆 | Xinjiang | 2069024 | 6595017 | 3353191 | 3241826 | 3.19 | 103.44 |

注：镇，指经省级人民政府批准设置的建制镇。

# 5-5 各地区非农业、农业人口
# Non-agricultural and Agricultural Population by Region

单位：人 (person)

| 地 区 | Region | 总人口 Total Population | 非农业人口 Non-agricultural 人口数 Population | 非农业人口 Non-agricultural 比重(%) Proportion | 农业人口 Agricultural 人口数 Population | 农业人口 Agricultural 比重(%) Proportion |
|---|---|---|---|---|---|---|
| **全 国** | **National Total** | **1355798582** | **470585840** | **34.71** | **885212742** | **65.29** |
| 北 京 | Beijing | 12809157 | 10165566 | 79.36 | 2643591 | 20.64 |
| 天 津 | Tianjin | 10003986 | 6152565 | 61.50 | 3851421 | 38.50 |
| 河 北 | Hebei | 73447625 | 23436841 | 31.91 | 50010784 | 68.09 |
| 山 西 | Shanxi | 34995004 | 11624385 | 33.22 | 23370619 | 66.78 |
| 内蒙古 | Inner Mongolia | 24659325 | 10061660 | 40.80 | 14597665 | 59.20 |
| 辽 宁 | Liaoning | 42549839 | 21769924 | 51.16 | 20779915 | 48.84 |
| 吉 林 | Jilin | 27265389 | 12996959 | 47.67 | 14268430 | 52.33 |
| 黑龙江 | Heilongjiang | 38343150 | 18590546 | 48.48 | 19752604 | 51.52 |
| 上 海 | Shanghai | 14193587 | 12677572 | 89.32 | 1516015 | 10.68 |
| 江 苏 | Jiangsu | 75142501 | 40646946 | 54.09 | 34495555 | 45.91 |
| 浙 江 | Zhejiang | 47813132 | 15018831 | 31.41 | 32794301 | 68.59 |
| 安 徽 | Anhui | 68865812 | 15767488 | 22.90 | 53098324 | 77.10 |
| 福 建 | Fujian | 35517611 | 12078339 | 34.01 | 23439272 | 65.99 |
| 江 西 | Jiangxi | 47525616 | 12726331 | 26.78 | 34799285 | 73.22 |
| 山 东 | Shandong | 95909977 | 39448864 | 41.13 | 56461113 | 58.87 |
| 河 南 | Henan | 109224461 | 24118384 | 22.08 | 85106077 | 77.92 |
| 湖 北 | Hubei | 61640616 | 21276767 | 34.52 | 40363849 | 65.48 |
| 湖 南 | Hunan | 71348863 | 15935510 | 22.33 | 55413353 | 77.67 |
| 广 东 | Guangdong | 86371937 | 45056790 | 52.17 | 41315147 | 47.83 |
| 广 西 | Guangxi | 53686353 | 10324902 | 19.23 | 43361451 | 80.77 |
| 海 南 | Hainan | 9078227 | 3461335 | 38.13 | 5616892 | 61.87 |
| 重 庆 | Chongqing | 33298140 | 12776415 | 38.37 | 20521725 | 61.63 |
| 四 川 | Sichuan | 90583928 | 24627120 | 27.19 | 65956808 | 72.81 |
| 贵 州 | Guizhou | 42384388 | 6872567 | 16.21 | 35511821 | 83.79 |
| 云 南 | Yunnan | 45622875 | 7564766 | 16.58 | 38058109 | 83.42 |
| 西 藏 | Tibet | 3022736 | 524310 | 17.35 | 2498426 | 82.65 |
| 陕 西 | Shaanxi | 39086765 | 13905853 | 35.58 | 25180912 | 64.42 |
| 甘 肃 | Gansu | 27288792 | 7145770 | 26.19 | 20143022 | 73.81 |
| 青 海 | Qinghai | 5575850 | 1864078 | 33.43 | 3711772 | 66.57 |
| 宁 夏 | Ningxia | 6516310 | 2532460 | 38.86 | 3983850 | 61.14 |
| 新 疆 | Xinjiang | 22026630 | 9435996 | 42.84 | 12590634 | 57.16 |

# 5-6 各地区市非农业、农业人口
# Non-agricultural and Agricultural Population in Cities by Region

单位：人 (person)

| 地 区 | Region | 总人口 Total Population | 非农业人口 Non-agricultural 人口数 Population | 非农业人口 Non-agricultural 比重(%) Proportion | 农业人口 Agricultural 人口数 Population | 农业人口 Agricultural 比重(%) Proportion |
|---|---|---|---|---|---|---|
| **全 国** | **National Total** | **642554525** | **339002277** | **52.76** | **303552248** | **47.24** |
| 北 京 | Beijing | 12101044 | 9874999 | 81.60 | 2226045 | 18.40 |
| 天 津 | Tianjin | 8201893 | 5783704 | 70.52 | 2418189 | 29.48 |
| 河 北 | Hebei | 26905418 | 14474868 | 53.80 | 12430550 | 46.20 |
| 山 西 | Shanxi | 13889021 | 7894842 | 56.84 | 5994179 | 43.16 |
| 内蒙古 | Inner Mongolia | 8861373 | 6189164 | 69.84 | 2672209 | 30.16 |
| 辽 宁 | Liaoning | 30409554 | 18843076 | 61.96 | 11566478 | 38.04 |
| 吉 林 | Jilin | 18780062 | 10571528 | 56.29 | 8208534 | 43.71 |
| 黑龙江 | Heilongjiang | 22943761 | 13726789 | 59.83 | 9216972 | 40.17 |
| 上 海 | Shanghai | 13505936 | 12401844 | 91.83 | 1104092 | 8.17 |
| 江 苏 | Jiangsu | 51027385 | 31495136 | 61.72 | 19532249 | 38.28 |
| 浙 江 | Zhejiang | 32146157 | 11634186 | 36.19 | 20511971 | 63.81 |
| 安 徽 | Anhui | 23087840 | 10046490 | 43.51 | 13041350 | 56.49 |
| 福 建 | Fujian | 18184314 | 8239707 | 45.31 | 9944607 | 54.69 |
| 江 西 | Jiangxi | 15840790 | 6711493 | 42.37 | 9129297 | 57.63 |
| 山 东 | Shandong | 54510755 | 29943898 | 54.93 | 24566857 | 45.07 |
| 河 南 | Henan | 37370325 | 15092370 | 40.39 | 22277955 | 59.61 |
| 湖 北 | Hubei | 38797033 | 16963114 | 43.72 | 21833919 | 56.28 |
| 湖 南 | Hunan | 25186908 | 9576016 | 38.02 | 15610892 | 61.98 |
| 广 东 | Guangdong | 58793809 | 39264452 | 66.78 | 19529357 | 33.22 |
| 广 西 | Guangxi | 19048762 | 6173448 | 32.41 | 12875314 | 67.59 |
| 海 南 | Hainan | 5569032 | 2301890 | 41.33 | 3267142 | 58.67 |
| 重 庆 | Chongqing | 15778209 | 8064631 | 51.11 | 7713578 | 48.89 |
| 四 川 | Sichuan | 33718969 | 14456314 | 42.87 | 19262655 | 57.13 |
| 贵 州 | Guizhou | 10715752 | 3926675 | 36.64 | 6789077 | 63.36 |
| 云 南 | Yunnan | 10569567 | 3999626 | 37.84 | 6569941 | 62.16 |
| 西 藏 | Tibet | 298372 | 230786 | 77.35 | 67586 | 22.65 |
| 陕 西 | Shaanxi | 14357769 | 7713950 | 53.73 | 6643819 | 46.27 |
| 甘 肃 | Gansu | 8804459 | 4611156 | 52.37 | 4193303 | 47.63 |
| 青 海 | Qinghai | 1108648 | 931012 | 83.98 | 177636 | 16.02 |
| 宁 夏 | Ningxia | 3182561 | 1899516 | 59.69 | 1283045 | 40.31 |
| 新 疆 | Xinjiang | 8859047 | 5965597 | 67.34 | 2893450 | 32.66 |

# 5-7　各地区县非农业、农业人口

# Non-agricultural and Agricultural Population in Counties by Region

单位：人　　　　　　(person)

| 地　区 | Region | 总人口 Total Population | 非农业人口 Non-agricultural 人口数 Population | 非农业人口 Non-agricultural 比重(%) Proportion | 农业人口 Agricultural 人口数 Population | 农业人口 Agricultural 比重(%) Proportion |
|---|---|---|---|---|---|---|
| **全　国** | **National Total** | **713244057** | **131583563** | **18.45** | **581660494** | **81.55** |
| 北　京 | Beijing | 708113 | 290567 | 41.03 | 417546 | 58.97 |
| 天　津 | Tianjin | 1802093 | 368861 | 20.47 | 1433232 | 79.53 |
| 河　北 | Hebei | 46542207 | 8961973 | 19.26 | 37580234 | 80.74 |
| 山　西 | Shanxi | 21105983 | 3729543 | 17.67 | 17376440 | 82.33 |
| 内蒙古 | Inner Mongolia | 15797952 | 3872496 | 24.51 | 11925456 | 75.49 |
| 辽　宁 | Liaoning | 12140285 | 2926848 | 24.11 | 9213437 | 75.89 |
| 吉　林 | Jilin | 8485327 | 2425431 | 28.58 | 6059896 | 71.42 |
| 黑龙江 | Heilongjiang | 15399389 | 4863757 | 31.58 | 10535632 | 68.42 |
| 上　海 | Shanghai | 687651 | 275728 | 40.10 | 411923 | 59.90 |
| 江　苏 | Jiangsu | 24115116 | 9151810 | 37.95 | 14963306 | 62.05 |
| 浙　江 | Zhejiang | 15666975 | 3384645 | 21.60 | 12282330 | 78.40 |
| 安　徽 | Anhui | 45777972 | 5720998 | 12.50 | 40056974 | 87.50 |
| 福　建 | Fujian | 17333297 | 3838632 | 22.15 | 13494665 | 77.85 |
| 江　西 | Jiangxi | 31684826 | 6014838 | 18.98 | 25669988 | 81.02 |
| 山　东 | Shandong | 41399222 | 9504966 | 22.96 | 31894256 | 77.04 |
| 河　南 | Henan | 71854136 | 9026014 | 12.56 | 62828122 | 87.44 |
| 湖　北 | Hubei | 22843583 | 4313653 | 18.88 | 18529930 | 81.12 |
| 湖　南 | Hunan | 46161955 | 6359494 | 13.78 | 39802461 | 86.22 |
| 广　东 | Guangdong | 27578128 | 5792338 | 21.00 | 21785790 | 79.00 |
| 广　西 | Guangxi | 34637591 | 4151454 | 11.99 | 30486137 | 88.01 |
| 海　南 | Hainan | 3509195 | 1159445 | 33.04 | 2349750 | 66.96 |
| 重　庆 | Chongqing | 17519931 | 4711784 | 26.89 | 12808147 | 73.11 |
| 四　川 | Sichuan | 56864959 | 10170806 | 17.89 | 46694153 | 82.11 |
| 贵　州 | Guizhou | 31668636 | 2945892 | 9.30 | 28722744 | 90.70 |
| 云　南 | Yunnan | 35053308 | 3565140 | 10.17 | 31488168 | 89.83 |
| 西　藏 | Tibet | 2724364 | 293524 | 10.77 | 2430840 | 89.23 |
| 陕　西 | Shaanxi | 24728996 | 6191903 | 25.04 | 18537093 | 74.96 |
| 甘　肃 | Gansu | 18484333 | 2534614 | 13.71 | 15949719 | 86.29 |
| 青　海 | Qinghai | 4467202 | 933066 | 20.89 | 3534136 | 79.11 |
| 宁　夏 | Ningxia | 3333749 | 632944 | 18.99 | 2700805 | 81.01 |
| 新　疆 | Xinjiang | 13167583 | 3470399 | 26.36 | 9697184 | 73.64 |

# 5-8 各地区镇非农业、农业人口

## Non-agricultural and Agricultural Population in Towns by Region

单位：人 (person)

| 地　区 | Region | 总人口 Total Population | 非农业人口 Non-agricultural | | 农业人口 Agricultural | |
|---|---|---|---|---|---|---|
| | | | 人口数 Population | 比重(%) Proportion | 人口数 Population | 比重(%) Proportion |
| **全　国** | **National Total** | **779782567** | **184630235** | **23.68** | **595152332** | **76.32** |
| 北　京 | Beijing | 3926525 | 1658848 | 42.25 | 2267677 | 57.75 |
| 天　津 | Tianjin | 3902427 | 816905 | 20.93 | 3085522 | 79.07 |
| 河　北 | Hebei | 39625275 | 11450568 | 28.90 | 28174707 | 71.10 |
| 山　西 | Shanxi | 16708709 | 3942832 | 23.60 | 12765877 | 76.40 |
| 内蒙古 | Inner Mongolia | 15380217 | 4565258 | 29.68 | 10814959 | 70.32 |
| 辽　宁 | Liaoning | 16585459 | 3484052 | 21.01 | 13101407 | 78.99 |
| 吉　林 | Jilin | 13882504 | 4146784 | 29.87 | 9735720 | 70.13 |
| 黑龙江 | Heilongjiang | 16231194 | 5491747 | 33.83 | 10739447 | 66.17 |
| 上　海 | Shanghai | 6213325 | 4767346 | 76.73 | 1445979 | 23.27 |
| 江　苏 | Jiangsu | 53524347 | 23130679 | 43.22 | 30393668 | 56.78 |
| 浙　江 | Zhejiang | 28402758 | 4721517 | 16.62 | 23681241 | 83.38 |
| 安　徽 | Anhui | 46876225 | 6581870 | 14.04 | 40294355 | 85.96 |
| 福　建 | Fujian | 23218666 | 5122479 | 22.06 | 18096187 | 77.94 |
| 江　西 | Jiangxi | 28526208 | 6473368 | 22.69 | 22052840 | 77.31 |
| 山　东 | Shandong | 58392783 | 7521811 | 12.88 | 50870972 | 87.12 |
| 河　南 | Henan | 49885608 | 8442228 | 16.92 | 41443380 | 83.08 |
| 湖　北 | Hubei | 37206164 | 7069634 | 19.00 | 30136530 | 81.00 |
| 湖　南 | Hunan | 42498605 | 7009660 | 16.49 | 35488945 | 83.51 |
| 广　东 | Guangdong | 60270584 | 20881795 | 34.65 | 39388789 | 65.35 |
| 广　西 | Guangxi | 38743473 | 5960539 | 15.38 | 32782934 | 84.62 |
| 海　南 | Hainan | 6904933 | 1532312 | 22.19 | 5372621 | 77.81 |
| 重　庆 | Chongqing | 20588000 | 4853927 | 23.58 | 15734073 | 76.42 |
| 四　川 | Sichuan | 54683985 | 13237140 | 24.21 | 41446845 | 75.79 |
| 贵　州 | Guizhou | 23765167 | 3204138 | 13.48 | 20561029 | 86.52 |
| 云　南 | Yunnan | 23707197 | 3230560 | 13.63 | 20476637 | 86.37 |
| 西　藏 | Tibet | 882998 | 214047 | 24.24 | 668951 | 75.76 |
| 陕　西 | Shaanxi | 23639269 | 6815727 | 28.83 | 16823542 | 71.17 |
| 甘　肃 | Gansu | 12880176 | 2981222 | 23.15 | 9898954 | 76.85 |
| 青　海 | Qinghai | 2819232 | 896323 | 31.79 | 1922909 | 68.21 |
| 宁　夏 | Ningxia | 3315537 | 1016282 | 30.65 | 2299255 | 69.35 |
| 新　疆 | Xinjiang | 6595017 | 3408637 | 51.69 | 3186380 | 48.31 |

# 5-9 按总人口排序的市及人口数

# Cities and Population by Size of Total Population

单位：人 (person)

| 城　市 | City | 人数 Population | 城　市 | City | 人数 Population |
|---|---|---|---|---|---|
| **全国** | **National Total** | **642554525** | 贵阳市 | Guiyang | 2237447 |
| **400万以上** | **over 4 million** | **100753120** | 合肥市 | Hefei | 2183371 |
| 重庆市 | Chongqing | 15778209 | 南昌市 | Nanchang | 2179857 |
| 上海市 | Shanghai | 13505936 | 莆田市 | Putian | 2174249 |
| 北京市 | Beijing | 12101044 | 阜阳市 | Fuyang | 2101128 |
| 武汉市 | Wuhan | 8272385 | 兰州市 | Lanzhou | 2090599 |
| 天津市 | Tianjin | 8201893 | **100万—200万** | **from 1 million to 2 million** | **206088918** |
| 广州市 | Guangzhou | 6713181 | 洛阳市 | Luoyang | 1946422 |
| 西安市 | Xi'an | 5687675 | 南充市 | Nanchong | 1944146 |
| 南京市 | Nanjing | 5515533 | 贵港市 | Guigang | 1910555 |
| 成都市 | Chengdu | 5447824 | 南阳市 | Nanyang | 1910287 |
| 汕头市 | Shantou | 5220147 | 徐州市 | Xuzhou | 1901746 |
| 沈阳市 | Shenyang | 5190707 | 桂平市 | Guiping | 1901043 |
| 哈尔滨市 | Harbin | 4715198 | 福州市 | Fuzhou | 1900164 |
| 杭州市 | Hangzhou | 4403388 | 宿州市 | Suzhou | 1879256 |
| **200万—400万** | **from 2 million to 4 million** | **78811408** | 六安市 | Liuan | 1874013 |
| 佛山市 | Foshan | 3747651 | 厦门市 | Xiamen | 1852646 |
| 长春市 | Changchun | 3648045 | 东莞市 | Dongguan | 1847691 |
| 济南市 | Jinan | 3494419 | 吉林市 | Jilin | 1830415 |
| 唐山市 | Tangshan | 3077113 | 潍坊市 | Weifang | 1829130 |
| 郑州市 | Zhengzhou | 3024101 | 烟台市 | Yantai | 1796372 |
| 大连市 | Dalian | 2971247 | 陆丰市 | Lufeng | 1795669 |
| 长沙市 | Changsha | 2967851 | 商丘市 | Shangqiu | 1792662 |
| 太原市 | Taiyuan | 2836785 | 邳州市 | Pizhou | 1786348 |
| 淮安市 | Huaian | 2814021 | 邓州市 | Dengzhou | 1783819 |
| 淄博市 | Zibo | 2808282 | 高州市 | Gaozhou | 1726343 |
| 深圳市 | Shenzhen | 2793700 | 廉江市 | Lianjiang | 1722632 |
| 青岛市 | Qingdao | 2770929 | 雷州市 | Leizhou | 1711772 |
| 南宁市 | Nanning | 2728181 | 滕州市 | Tengzhou | 1690027 |
| 昆明市 | Kunming | 2540513 | 淮南市 | Huainan | 1687585 |
| 临沂市 | Linyi | 2468527 | 天门市 | Tianmen | 1672575 |
| 石家庄市 | Shijiazhuang | 2467361 | 化州市 | Huazhou | 1652505 |
| 苏州市 | Suzhou | 2452484 | 盐城市 | Yancheng | 1649203 |
| 乌鲁木齐市 | Wulumuqi | 2435700 | 亳州市 | Bozhou | 1638176 |
| 无锡市 | Wuxi | 2394734 | 宿迁市 | Suqian | 1627203 |
| 普宁市 | Puning | 2361606 | 海口市 | Haikou | 1623884 |
| 常州市 | Changzhou | 2289831 | 泰安市 | Taian | 1590311 |
| 襄阳市 | Xiangyang | 2252544 | 兴化市 | Xinghua | 1572992 |
| 枣庄市 | Zaozhuang | 2251754 | 大同市 | Datong | 1565462 |
| 宁波市 | Ningbo | 2247378 | 湛江市 | Zhanjiang | 1560326 |

## 5-9 续表 1 continued

单位：人 (person)

| 城 市 | City | 人 数 Population | 城 市 | City | 人 数 Population |
|---|---|---|---|---|---|
| 台州市 | Taizhou | 1558485 | 禹州市 | Yuzhou | 1282028 |
| 仙桃市 | Xiantao | 1551360 | 莱芜市 | Laiwu | 1269512 |
| 包头市 | Baotou | 1524507 | 乐清市 | Yueqing | 1260270 |
| 菏泽市 | Heze | 1521935 | 广安市 | Guang'an | 1255695 |
| 鞍山市 | Anshan | 1520940 | 通州市 | Tongzhou | 1252545 |
| 遂宁市 | Suining | 1517665 | 宜昌市 | Yichang | 1245873 |
| 毕节市 | Bijie | 1513990 | 芜湖市 | Wuhu | 1240895 |
| 永城市 | Yongcheng | 1511332 | 日照市 | Rizhao | 1239771 |
| 南安市 | Nan'an | 1510274 | 绵阳市 | Mianyang | 1230017 |
| 中山市 | Zhongshan | 1507294 | 呼和浩特市 | Hohhot | 1225007 |
| 自贡市 | Zigong | 1498359 | 罗定市 | Luoding | 1224488 |
| 宣威市 | Xuanwei | 1493314 | 赤峰市 | Chifeng | 1222144 |
| 信阳市 | Xinyang | 1491327 | 定州市 | Dingzhou | 1211805 |
| 邯郸市 | Handan | 1488322 | 瑞安市 | Ruian | 1211186 |
| 温州市 | Wenzhou | 1478239 | 江阴市 | Jiangyin | 1208800 |
| 简阳市 | Jianyang | 1476332 | 泰兴市 | Taixing | 1202071 |
| 泸州市 | Luzhou | 1471930 | 温岭市 | Wenling | 1199321 |
| 抚顺市 | Fushun | 1448481 | 扬州市 | Yangzhou | 1198771 |
| 宝鸡市 | Baoji | 1432785 | 六盘水市 | Liupanshui | 1193200 |
| 浏阳市 | Liuyang | 1423524 | 兴宁市 | Xingning | 1174123 |
| 如皋市 | Rugao | 1422619 | 临海市 | Linhai | 1170930 |
| 常德市 | Changde | 1420003 | 聊城市 | Liaocheng | 1170541 |
| 钦州市 | Qinzhou | 1419905 | 涟源市 | Lianyuan | 1168359 |
| 内江市 | Neijiang | 1419501 | 抚州市 | Fuzhou | 1167334 |
| 信宜市 | Xinyi | 1416405 | 永州市 | Yongzhou | 1164937 |
| 漯河市 | Luohe | 1408114 | 麻城市 | Macheng | 1163405 |
| 齐齐哈尔市 | Qiqihar | 1406871 | 邹城市 | Zoucheng | 1157389 |
| 北流市 | Beiliu | 1399269 | 乐山市 | Leshan | 1155435 |
| 新泰市 | Xintai | 1399209 | 阳春市 | Yangchun | 1145181 |
| 耒阳市 | Leiyang | 1394773 | 济宁市 | Jining | 1134009 |
| 江门市 | Jiangmen | 1389873 | 东台市 | Dongtai | 1133970 |
| 巴中市 | Bazhong | 1383289 | 即墨市 | Jimo | 1131794 |
| 丰城市 | Fengcheng | 1382982 | 汉川市 | Hanchuan | 1128365 |
| 平度市 | Pingdu | 1376204 | 荆州市 | Jingzhou | 1127239 |
| 惠州市 | Huizhou | 1375169 | 启东市 | Qidong | 1124087 |
| 项城市 | Xiangcheng | 1358687 | 吴川市 | Wuchuan | 1121863 |
| 茂名市 | Maoming | 1357524 | 枣阳市 | Zaoyang | 1120522 |
| 大庆市 | Daqing | 1348647 | 英德市 | Yingde | 1120176 |
| 益阳市 | Yiyang | 1329333 | 安阳市 | Anyang | 1110643 |
| 天水市 | Tianshui | 1310025 | 淮北市 | Huaibei | 1106522 |
| 榆树市 | Yushu | 1306100 | 公主岭市 | Gongzhuling | 1099359 |
| 福清市 | Fuqing | 1282346 | 海城市 | Haicheng | 1097063 |

## 5-9 续表 2 continued

单位：人 (person)

| 城　市 | City | 人　数 Population | 城　市 | City | 人　数 Population |
|---|---|---|---|---|---|
| 咸阳市 | Xianyang | 1095965 | 肥城市 | Feicheng | 983503 |
| 资阳市 | Ziyang | 1095210 | 银川市 | Yinchuan | 972170 |
| 岳阳市 | Yueyang | 1095123 | 孝感市 | Xiaogan | 956015 |
| 鄂州市 | Ezhou | 1094323 | 连云港市 | Lianyungang | 955324 |
| 湖州市 | Huzhou | 1093067 | 安丘市 | Anqiu | 950306 |
| 儋州市 | Danzhou | 1091876 | 本溪市 | Benxi | 949277 |
| 汝州市 | Ruzhou | 1088996 | 广水市 | Guangshui | 947293 |
| 来宾市 | Laibin | 1088942 | 大冶市 | Daye | 945652 |
| 诸城市 | Zhucheng | 1085066 | 洪湖市 | Honghu | 941352 |
| 保定市 | Baoding | 1080610 | 锦州市 | Jinzhou | 936558 |
| 宜春市 | Yichun | 1076832 | 肇东市 | Zhaodong | 936009 |
| 宜兴市 | Yixing | 1076098 | 金华市 | Jinhua | 935662 |
| 诸暨市 | Zhuji | 1071988 | 常宁市 | Changning | 935350 |
| 林州市 | Linzhou | 1069934 | 韶关市 | Shaoguan | 935115 |
| 晋江市 | Jinjiang | 1069677 | 普兰店市 | Pulandian | 931846 |
| 钟祥市 | Zhongxiang | 1069642 | 株洲市 | Zhuzhou | 931648 |
| 江都市 | Jiangdu | 1068559 | 湘乡市 | Xiangxiang | 930892 |
| 常熟市 | Changshu | 1067183 | 广元市 | Guangyuan | 928142 |
| 珠海市 | Zhuhai | 1060148 | 蚌埠市 | Bengbu | 927073 |
| 柳州市 | Liuzhou | 1058041 | 青州市 | Qingzhou | 917543 |
| 贺州市 | Hezhou | 1054807 | 营口市 | Yingkou | 910958 |
| 新沂市 | Xinyi | 1047009 | 西宁市 | Xining | 909526 |
| 平顶山市 | Pingdingshan | 1046998 | 张家港市 | Zhangjiagang | 907868 |
| 寿光市 | Shouguang | 1046317 | 岑溪市 | Cenxi | 907357 |
| 醴陵市 | Liling | 1044289 | 庄河市 | Zhuanghe | 906693 |
| 慈溪市 | Cixi | 1041503 | 利川市 | Lichuan | 906143 |
| 镇江市 | Zhenjiang | 1036483 | 保山市 | Baoshan | 905324 |
| 玉林市 | Yulin | 1032812 | 张家口市 | Zhangjiakou | 899339 |
| 泉州市 | Quanzhou | 1031965 | 乐平市 | Leping | 897923 |
| 潜江市 | Qianjiang | 1029660 | 巢湖市 | Chaohu | 895907 |
| 武威市 | Wuwei | 1028385 | 绥化市 | Suihua | 892058 |
| 新乡市 | Xinxiang | 1027666 | 牡丹江市 | Mudanjiang | 885860 |
| 章丘市 | Zhangqiu | 1017720 | 江油市 | Jiangyou | 883243 |
| 安康市 | Ankang | 1012605 | 湘潭市 | Xiangtan | 882555 |
| 五常市 | Wuchang | 1003551 | 新密市 | Xinmi | 876721 |
| 瓦房店市 | Wafangdian | 1002600 | 安顺市 | Anshun | 875078 |
| **80万—100万** | **from 800 thousand to 1 million** | **79183552** | 遵义市 | Zunyi | 874805 |
| 海门市 | Haimen | 999933 | 阆中市 | Langzhong | 873853 |
| 葫芦岛市 | Huludao | 991330 | 莱阳市 | Laiyang | 873694 |
| 台山市 | Taishan | 986640 | 高密市 | Gaomi | 873602 |
| 衡阳市 | Hengyang | 985512 | 鸡西市 | Jixi | 872747 |
| 渭南市 | Weinan | 985085 | 秦皇岛市 | Qinhuangdao | 872033 |

## 5-9 续表 3 continued

单位：人 (person)

| 城　　市 | City | 人　数 Population | 城　　市 | City | 人　数 Population |
|---|---|---|---|---|---|
| 宣城市 | Xuancheng | 865870 | 吴江市 | Wujiang | 801784 |
| 南通市 | Nantong | 864930 | **50万—80万** | **from 500 thousand to 800 thousand** | **118841424** |
| 开封市 | Kaifeng | 863708 | 藁城市 | Gaocheng | 798368 |
| 新余市 | Xinyu | 863166 | 姜堰市 | Jiangyan | 794477 |
| 萍乡市 | Pingxiang | 862249 | 界首市 | Jieshou | 792000 |
| 眉山市 | Meishan | 861749 | 武安市 | Wuan | 791234 |
| 莱州市 | Laizhou | 858063 | 丹东市 | Dandong | 787988 |
| 松滋市 | Songzi | 851757 | 武穴市 | Wuxue | 787755 |
| 海伦市 | Hailun | 849927 | 溧阳市 | Liyang | 787333 |
| 焦作市 | Jiaozuo | 846934 | 高要市 | Gaoyao | 783332 |
| 昭通市 | Zhaotong | 845882 | 阜新市 | Fuxin | 780673 |
| 增城市 | Zengcheng | 845790 | 上虞市 | Shangyu | 777433 |
| 通辽市 | Tongliao | 843254 | 临清市 | Linqing | 767131 |
| 嘉兴市 | Jiaxing | 842778 | 长葛市 | Zhangge | 765023 |
| 胶南市 | Jiaonan | 841222 | 桂林市 | Guilin | 760746 |
| 临汾市 | Linfen | 840556 | 铜川市 | Tongchuan | 759844 |
| 东营市 | Dongying | 837989 | 灵宝市 | Lingbao | 759138 |
| 德惠市 | Dehui | 837233 | 桐城市 | Tongcheng | 755462 |
| 高安市 | Gaoan | 835606 | 汨罗市 | Miluo | 753512 |
| 辉县市 | Huixian | 834849 | 辽阳市 | Liaoyang | 748715 |
| 余姚市 | Yuyao | 834611 | 义乌市 | Yiwu | 747392 |
| 任丘市 | Renqiu | 833451 | 讷河市 | Nehe | 736436 |
| 衢州市 | Quzhou | 831879 | 莱西市 | Laixi | 736323 |
| 泰州市 | Taizhou | 830150 | 安庆市 | Anqing | 735024 |
| 双城市 | Shuangcheng | 826343 | 嵊州市 | Shengzhou | 734643 |
| 龙海市 | Longhai | 823541 | 遵化市 | Zunhua | 731675 |
| 东阳市 | Dongyang | 823384 | 沅江市 | Yuanjiang | 731633 |
| 巩义市 | Gongyi | 822014 | 长治市 | Changzhi | 731132 |
| 兴义市 | Xingyi | 821975 | 郴州市 | Chenzhou | 729712 |
| 武冈市 | Wugang | 821054 | 迁安市 | Qian'an | 727050 |
| 高邮市 | Gaoyou | 820624 | 大丰市 | Dafeng | 725274 |
| 南康市 | Nankang | 817517 | 昆山市 | Kunshan | 723644 |
| 河间市 | Hejian | 816666 | 盖州市 | Gaizhou | 723239 |
| 佳木斯市 | Kiamusze | 816088 | 大石桥市 | Dashiqiao | 720324 |
| 宜宾市 | Yibin | 813604 | 邢台市 | Xingtai | 717813 |
| 驻马店市 | Zhumadian | 813290 | 新郑市 | Xinzheng | 714626 |
| 丹阳市 | Danyang | 812875 | 九台市 | Jiutai | 710735 |
| 廊坊市 | Langfang | 809555 | 揭阳市 | Jieyang | 705975 |
| 胶州市 | Jiaozhou | 807140 | 曲靖市 | Qujing | 705062 |
| 恩施市 | Enshi | 805367 | 荆门市 | Jingmen | 703832 |
| 彭州市 | Pengzhou | 805259 | 舟山市 | Zhoushan | 700380 |
| 伊春市 | Yichun | 803352 | 登封市 | Dengfeng | 698970 |

5-9 续表 4 continued

单位：人 (person)

| 城　市 | City | 人　数 Population | 城　市 | City | 人　数 Population |
|---|---|---|---|---|---|
| 新民市 | Xinmin | 698273 | 九江市 | Jiujiang | 642727 |
| 乐陵市 | Laoling | 696817 | 随州市 | Suizhou | 642286 |
| 阳泉市 | Yangquan | 696795 | 马鞍山市 | Maanshan | 639031 |
| 攀枝花市 | Panzhihua | 690639 | 曲阜市 | Qufu | 638304 |
| 开平市 | Kaiping | 690504 | 兖州市 | Yanzhou | 636789 |
| 长乐市 | Changle | 690183 | 黄石市 | Huangshi | 635402 |
| 濮阳市 | Puyang | 689651 | 龙口市 | Longkou | 634970 |
| 济源市 | Jiyuan | 688827 | 天长市 | Tianchang | 634956 |
| 阳江市 | Yangjiang | 688362 | 鹤壁市 | Hebi | 627030 |
| 邵阳市 | Shaoyang | 682442 | 安陆市 | Anlu | 626912 |
| 应城市 | Yingcheng | 678626 | 辛集市 | Xinji | 626759 |
| 桐乡市 | Tongxiang | 676866 | 栖霞市 | Qixia | 626075 |
| 德阳市 | Deyang | 676475 | 北海市 | Beihai | 625528 |
| 瑞金市 | Ruijin | 674616 | 西昌市 | Xichang | 625443 |
| 鹤岗市 | Hegang | 673217 | 石河子市 | Shihezi | 624435 |
| 崇州市 | Chongzhou | 671763 | 霸州市 | Bazhou | 619613 |
| 靖江市 | Jingjiang | 671503 | 偃师市 | Yanshi | 618498 |
| 石首市 | Shishou | 671299 | 梅河口市 | Meihekou | 618416 |
| 荣成市 | Rongcheng | 670780 | 尚志市 | Shangzhi | 617270 |
| 仁怀市 | Renhuai | 670049 | 周口市 | Zhoukou | 615337 |
| 池州市 | Chizhou | 667493 | 万宁市 | Wanning | 614226 |
| 运城市 | Yuncheng | 667123 | 高碑店市 | Gaobeidian | 612543 |
| 兰溪市 | Lanxi | 666438 | 都江堰市 | Dujiangyan | 611791 |
| 海阳市 | Haiyang | 664999 | 贵溪市 | Guixi | 611541 |
| 宜州市 | Yizhou | 663181 | 大理市 | Dali | 609867 |
| 海宁市 | Haining | 663138 | 东港市 | Donggang | 608869 |
| 舒兰市 | Shulan | 662436 | 咸宁市 | Xianning | 607606 |
| 朔州市 | Shuozhou | 661672 | 朝阳市 | Chaoyang | 606987 |
| 清远市 | Qingyuan | 661569 | 四平市 | Siping | 605722 |
| 邛崃市 | Qionglai | 660452 | 德州市 | Dezhou | 605354 |
| 荥阳市 | Xingyang | 659508 | 广汉市 | Guanghan | 604625 |
| 富阳市 | Fuyang | 653832 | 兴平市 | Xingping | 604615 |
| 绍兴市 | Shaoxing | 652593 | 泊头市 | Botou | 603690 |
| 威海市 | Weihai | 651864 | 江山市 | Jiangshan | 601273 |
| 盘锦市 | Panjin | 651180 | 晋中市 | Jinzhong | 598410 |
| 明光市 | Mingguang | 649979 | 仪征市 | Yizheng | 598348 |
| 赣州市 | Ganzhou | 649406 | 万源市 | Wanyuan | 598097 |
| 福安市 | Fuan | 648195 | 松原市 | Songyuan | 597273 |
| 凌源市 | Lingyuan | 644982 | 文昌市 | Wenchang | 593905 |
| 涿州市 | Zhuozhou | 644705 | 白山市 | Baishan | 593159 |
| 文登市 | Wendeng | 644578 | 樟树市 | Zhangshu | 591560 |
| 滨州市 | Binzhou | 643643 | 句容市 | Jurong | 589142 |

## 5-9 续表 5 continued

单位：人 (person)

| 城市 | City | 人数 Population | 城市 | City | 人数 Population |
|---|---|---|---|---|---|
| 从化市 | Conghua | 586826 | 北镇市 | Beizhen | 521796 |
| 承德市 | Chengde | 585326 | 延吉市 | Yanji | 519972 |
| 开原市 | Kaiyuan | 585070 | 平凉市 | Pingliang | 518488 |
| 昌邑市 | Changyi | 582327 | 卫辉市 | Weihui | 517839 |
| 北票市 | Beipiao | 582282 | 张家界市 | Zhangjiajie | 517679 |
| 福鼎市 | Fuding | 582230 | 张掖市 | Zhangye | 517036 |
| 三亚市 | Sanya | 581441 | 清镇市 | Qingzhen | 516481 |
| 凤城市 | Fengcheng | 580139 | 梧州市 | Wuzhou | 514430 |
| 陇南市 | Longnan | 579176 | 楚雄市 | Chuxiong | 514053 |
| 永康市 | Yongkang | 577438 | 肇庆市 | Zhaoqing | 513790 |
| 宜城市 | Yicheng | 572371 | 汕尾市 | Shanwei | 512622 |
| 乳山市 | Rushan | 571203 | 建德市 | Jiande | 511623 |
| 七台河市 | Qitaihe | 571045 | 白城市 | Baicheng | 510007 |
| 招远市 | Zhaoyuan | 570360 | 安达市 | Anda | 509135 |
| 深州市 | Shenzhou | 569478 | 洪江市 | Hongjiang | 507734 |
| 凌海市 | Linghai | 568535 | 绵竹市 | Mianzhu | 505962 |
| 临河市 | Linhe | 565035 | 灯塔市 | Dengta | 505183 |
| 三河市 | Sanhe | 561366 | 伊宁市 | Yining | 503944 |
| 漳州市 | Zhangzhou | 560156 | 双鸭山市 | Shuangyashan | 502122 |
| 汉中市 | Hanzhong | 555058 | 恩平市 | Enping | 501888 |
| 商洛市 | Shangluo | 554694 | 白银市 | Baiyin | 501734 |
| 金坛市 | Jintan | 551451 | 琼海市 | Qionghai | 501717 |
| 兴城市 | Xingcheng | 551009 | 凯里市 | Kaili | 501022 |
| 吉安市 | Ji'an | 550571 | **30万—50万** | **from 300 thousand to 500 thousand** | **45489860** |
| 黄骅市 | Huanghua | 544426 | 新乐市 | Xinle | 499853 |
| 晋州市 | Jinzhou | 543246 | 沁阳市 | Qinyang | 499815 |
| 沧州市 | Cangzhou | 542260 | 南平市 | Nanping | 497340 |
| 库尔勒市 | Korla | 541951 | 衡水市 | Hengshui | 496663 |
| 防城港市 | Fangchenggang | 541732 | 枝江市 | Zhijiang | 496362 |
| 建瓯市 | Jian'ou | 540334 | 阿克苏市 | Aksu | 496183 |
| 磐石市 | Panshi | 539445 | 原平市 | Yuanping | 489561 |
| 滁州市 | Chuzhou | 538975 | 沙河市 | Shahe | 489314 |
| 十堰市 | Shiyan | 535911 | 平湖市 | Pinghu | 487797 |
| 榆林市 | Yulin | 534304 | 龙岩市 | Longyan | 485855 |
| 忻州市 | Xinzhou | 533951 | 当阳市 | Dangyang | 485664 |
| 老河口市 | Laohekou | 533083 | 奉化市 | Fenghua | 483937 |
| 乐昌市 | Lechang | 530445 | 敦化市 | Dunhua | 483598 |
| 连州市 | Lianzhou | 530144 | 都匀市 | Duyun | 482618 |
| 临湘市 | Linxiang | 528354 | 孝义市 | Xiaoyi | 482356 |
| 临安市 | Lin'an | 526974 | 喀什市 | Kashar | 480202 |
| 禹城市 | Yucheng | 526939 | 高平市 | Gaoping | 478835 |
| 赤壁市 | Chibi | 522011 | 富锦市 | Fujin | 476015 |

5-9 续表 6 continued

单位：人 (person)

| 城　　市 | City | 人　数 Population | 城　　市 | City | 人　数 Population |
|---|---|---|---|---|---|
| 南宫市 | Nangong | 475788 | 海林市 | Hailin | 404096 |
| 南雄市 | Nanxiong | 473469 | 韩城市 | Hancheng | 403958 |
| 辽源市 | Liaoyuan | 473377 | 上饶市 | Shangrao | 403868 |
| 太仓市 | Taicang | 470373 | 景洪市 | Jinghong | 403538 |
| 定西市 | Dingxi | 469831 | 中卫市 | Zhongwei | 397175 |
| 北安市 | Beian | 465800 | 河津市 | Hejin | 397149 |
| 景德镇市 | Jingdezhen | 462763 | 宜都市 | Yidu | 395596 |
| 娄底市 | Loudi | 462501 | 吴忠市 | Wuzhong | 394221 |
| 延安市 | Yan'an | 462389 | 个旧市 | Gejiu | 393205 |
| 丹江口市 | Danjiangkou | 459925 | 鹿泉市 | Luquan | 391208 |
| 固原市 | Guyuan | 458670 | 丽水市 | Lishui | 390248 |
| 哈密市 | Hami | 457903 | 铜仁市 | Tongren | 389277 |
| 石嘴山市 | Shizuishan | 456683 | 宁国市 | Ningguo | 387530 |
| 桦甸市 | Huadian | 454154 | 铁力市 | Tieli | 384641 |
| 蛟河市 | Jiaohe | 451733 | 孟州市 | Mengzhou | 380714 |
| 宁德市 | Ningde | 451669 | 资兴市 | Zixing | 371989 |
| 瑞昌市 | Ruichang | 450790 | 潞西市 | Luxi | 369688 |
| 蓬莱市 | Penglai | 450019 | 鹤山市 | Heshan | 368191 |
| 东方市 | Dongfang | 449074 | 牙克石市 | Yakeshi | 366391 |
| 铜陵市 | Tongling | 448371 | 冀州市 | Jizhou | 366129 |
| 四会市 | Sihui | 448028 | 冷水江市 | Lengshuijiang | 365843 |
| 乌海市 | Wuhai | 445823 | 庆阳市 | Qingyang | 365741 |
| 铁岭市 | Tieling | 445646 | 崇左市 | Chongzuo | 365652 |
| 通化市 | Tonghua | 445642 | 怀化市 | Huaihua | 363537 |
| 黄山市 | Huangshan | 439223 | 五大连池市 | Wudalianchi | 363284 |
| 永济市 | Yongji | 438170 | 昌吉市 | Changji | 363270 |
| 洮南市 | Taonan | 437739 | 华蓥市 | Huaying | 362376 |
| 什邡市 | Shifang | 436902 | 黄冈市 | Huanggang | 360920 |
| 宁安市 | Ning'an | 436401 | 晋城市 | Jincheng | 354208 |
| 峨眉山市 | Emeishan | 434495 | 百色市 | Baise | 352936 |
| 达州市 | Dazhou | 431705 | 潮州市 | Chaozhou | 351310 |
| 扎兰屯市 | Zhalantun | 428200 | 雅安市 | Yaan | 346991 |
| 密山市 | Mishan | 427423 | 建阳市 | Jianyang | 343412 |
| 玉溪市 | Yuxi | 426095 | 舞钢市 | Wugang | 342406 |
| 双辽市 | Shuangliao | 421164 | 丰镇市 | Fengzhen | 340571 |
| 汾阳市 | Fenyang | 419732 | 河池市 | Hechi | 338406 |
| 许昌市 | Xuchang | 416924 | 福泉市 | Fuquan | 328317 |
| 大安市 | Da'an | 415839 | 德兴市 | Dexing | 327129 |
| 安国市 | Anguo | 410656 | 永安市 | Yong'an | 325633 |
| 介休市 | Jiexiu | 409803 | 和田市 | Hotan | 321366 |
| 酒泉市 | Jiuquan | 406392 | 梅州市 | Meizhou | 319884 |

## 5-9 续表 7 continued

单位：人 (person)

| 城 市 | City | 人 数 Population |
|---|---|---|
| 乌兰浩特市 | Wulanhot | 319492 |
| 石狮市 | Shishi | 317550 |
| 临沧市 | Lincang | 316032 |
| 赤水市 | Chishui | 311493 |
| 霍州市 | Huozhou | 310401 |
| 河源市 | Heyuan | 308805 |
| 奎屯市 | Kuitun | 307457 |
| 云浮市 | Yunfu | 305653 |
| 吉首市 | Jishou | 304881 |
| 邵武市 | Shaowu | 303662 |
| 乌兰察布市 | Ulanqab | 303178 |
| **10万—30万** | **from 100 thousand to 300 thousand** | **12822186** |
| 三门峡市 | Sanmenxia | 294970 |
| 穆棱市 | Muling | 292429 |
| 虎林市 | Hulin | 292032 |
| 龙泉市 | Longquan | 290083 |
| 吐鲁番市 | Turpan | 283536 |
| 克拉玛依市 | Karamay | 282267 |
| 吕梁市 | Lvliang | 282205 |
| 三明市 | Sanming | 282168 |
| 开远市 | Kaiyuan | 281012 |
| 漳平市 | Zhangping | 280706 |
| 扬中市 | Yangzhong | 280062 |
| 呼伦贝尔市 | Hulunbuir | 273266 |
| 青铜峡市 | Qingtongxia | 270290 |
| 华阴市 | Huayin | 268792 |
| 博乐市 | Bole | 266887 |
| 津市市 | Jinshi | 266072 |
| 安宁市 | Anning | 265018 |
| 鄂尔多斯市 | Erdos | 263024 |
| 阿图什市 | Artux | 250881 |
| 侯马市 | Houma | 245453 |
| 调兵山市 | Diaobingshan | 240964 |
| 临夏市 | Linxia | 238168 |
| 阿勒泰市 | Altai | 234845 |
| 灵武市 | Lingwu | 233352 |
| 武夷山市 | Wuyishan | 230359 |
| 鹰潭市 | Yingtan | 229333 |
| 乌苏市 | Wusu | 227711 |
| 珲春市 | Hunchun | 226530 |
| 潞城市 | Lucheng | 226489 |
| 古交市 | Gujiao | 222773 |
| 集安市 | Ji'an | 222431 |
| 普洱市 | Puer | 220927 |
| 金昌市 | Jinchang | 207183 |
| 和龙市 | Helong | 194995 |
| 嘉峪关市 | Jiayuguan | 194506 |
| 阿拉尔市 | Alar | 190978 |
| 黑河市 | Heihe | 189725 |
| 拉萨市 | Lhasa | 187759 |
| 同江市 | Tongjiang | 179348 |
| 龙井市 | Longjing | 177257 |
| 锡林浩特市 | Xilinhot | 173651 |
| 临江市 | Linjiang | 170680 |
| 义马市 | Yima | 170517 |
| 塔城市 | Tacheng | 170441 |
| 满洲里市 | Manzhouli | 169550 |
| 阜康市 | Fukang | 167560 |
| 井冈山市 | Jinggangshan | 163020 |
| 图木舒克市 | Tumushuke | 160512 |
| 根河市 | Genhe | 157308 |
| 丽江市 | Lijiang | 152947 |
| 玉门市 | Yumen | 143858 |
| 敦煌市 | Dunhuang | 141943 |
| 合山市 | Heshan | 141006 |
| 东兴市 | Dongxing | 132509 |
| 瑞丽市 | Ruili | 127090 |
| 图们市 | Tumen | 126606 |
| 格尔木市 | Golmud | 125140 |
| 五指山市 | Wuzhishan | 112909 |
| 凭祥市 | Pingxiang | 111724 |
| 日喀则市 | Shigatse | 110613 |
| 韶山市 | Shaoshan | 105816 |
| **10万以下** | **below 100 thousand** | **564057** |
| 合作市 | Hezuo | 91394 |
| 五家渠市 | Wujiaqu | 91018 |
| 额尔古纳市 | Erguna | 83745 |
| 霍林郭勒市 | Huolingol | 82505 |
| 德令哈市 | Delingha | 73982 |
| 绥芬河市 | Suifenhe | 66691 |
| 阿尔山市 | Arxan | 48425 |
| 二连浩特市 | Erlianhot | 26297 |

# 5-10 按非农业人口排序的市及人口数

## Cities and Population by Size of Non-agricultural Population

单位：人 (person)

| 城市 | City | 人数 Population |
|---|---|---|
| **全国** | **National Total** | **339002277** |
| **400万以上** | **over 4 million** | **67658945** |
| 上海市 | Shanghai | 12401844 |
| 北京市 | Beijing | 9874999 |
| 重庆市 | Chongqing | 8064631 |
| 广州市 | Guangzhou | 6713181 |
| 天津市 | Tianjin | 5783704 |
| 武汉市 | Wuhan | 5630647 |
| 汕头市 | Shantou | 5220147 |
| 南京市 | Nanjing | 5144893 |
| 成都市 | Chengdu | 4516128 |
| 沈阳市 | Shenyang | 4308771 |
| **200万—400万** | **from 2 million to 4 million** | **40052129** |
| 佛山市 | Foshan | 3747651 |
| 西安市 | Xi'an | 3563927 |
| 济南市 | Jinan | 3494419 |
| 哈尔滨市 | Harbin | 3397101 |
| 杭州市 | Hangzhou | 3176324 |
| 深圳市 | Shenzhen | 2793700 |
| 青岛市 | Qingdao | 2770929 |
| 大连市 | Dalian | 2700650 |
| 长春市 | Changchun | 2595730 |
| 石家庄市 | Shijiazhuang | 2467361 |
| 苏州市 | Suzhou | 2452484 |
| 太原市 | Taiyuan | 2342950 |
| 郑州市 | Zhengzhou | 2275777 |
| 无锡市 | Wuxi | 2273126 |
| **100万—200万** | **from 1 million to 2 million** | **55540772** |
| 长沙市 | Changsha | 1993663 |
| 兰州市 | Lanzhou | 1872471 |
| 昆明市 | Kunming | 1856355 |
| 乌鲁木齐市 | Urumqi | 1822778 |
| 合肥市 | Hefei | 1817964 |
| 唐山市 | Tangshan | 1769561 |
| 徐州市 | Xuzhou | 1722753 |
| 南昌市 | Nanchang | 1707064 |
| 潍坊市 | Weifang | 1623235 |
| 淄博市 | Zibo | 1617899 |
| 贵阳市 | Guiyang | 1613922 |
| 临沂市 | Linyi | 1607202 |
| 福州市 | Fuzhou | 1583290 |
| 湛江市 | Zhanjiang | 1560326 |
| 厦门市 | Xiamen | 1495039 |
| 江门市 | Jiangmen | 1389873 |
| 南宁市 | Nanning | 1387360 |
| 宁波市 | Ningbo | 1386850 |
| 惠州市 | Huizhou | 1375169 |
| 烟台市 | Yantai | 1364386 |
| 茂名市 | Maoming | 1357524 |
| 襄阳市 | Xiangyang | 1343258 |
| 鞍山市 | Anshan | 1298738 |
| 大同市 | Datong | 1292976 |
| 吉林市 | Jilin | 1282438 |
| 邯郸市 | Handan | 1264089 |
| 宿迁市 | Suqian | 1257061 |
| 包头市 | Baotou | 1249042 |
| 常州市 | Changzhou | 1247384 |
| 抚顺市 | Fushun | 1242367 |
| 芜湖市 | Wuhu | 1240895 |
| 扬州市 | Yangzhou | 1198771 |
| 洛阳市 | Luoyang | 1183652 |
| 大庆市 | Daqing | 1106470 |
| 齐齐哈尔市 | Qiqihar | 1105626 |
| 邳州市 | Pizhou | 1101805 |
| 保定市 | Baoding | 1074290 |
| 淮安市 | Huai'an | 1067078 |
| 珠海市 | Zhuhai | 1060148 |
| **80万—100万** | **from 800 thousand to 1 million** | **16755892** |
| 海口市 | Haikou | 975689 |
| 淮南市 | Huainan | 972970 |
| 商丘市 | Shangqiu | 958282 |
| 东莞市 | Dongguan | 940912 |
| 呼和浩特市 | Hohhot | 940380 |
| 盐城市 | Yancheng | 935684 |
| 韶关市 | Shaoguan | 935115 |
| 柳州市 | Liuzhou | 884470 |
| 秦皇岛市 | Qinhuangdao | 872022 |
| 如皋市 | Rugao | 869296 |

## 5-10 续表 1 continued

单位：人 (person)

| 城 市 | City | 人 数 Population | 城 市 | City | 人 数 Population |
|---|---|---|---|---|---|
| 南通市 | Nantong | 864847 | 荆州市 | Jingzhou | 642349 |
| 公主岭市 | Gongzhuling | 847083 | 株洲市 | Zhuzhou | 641788 |
| 银川市 | Yinchuan | 846540 | 连云港市 | Lianyungang | 639240 |
| 枣庄市 | Zaozhuang | 840556 | 桂林市 | Guilin | 637403 |
| 本溪市 | Benxi | 833538 | 邢台市 | Xingtai | 628277 |
| 宝鸡市 | Baoji | 829298 | 泉州市 | Quanzhou | 625872 |
| 平顶山市 | Pingdingshan | 805630 | 佳木斯市 | Kiamusze | 613372 |
| 淮北市 | Huaibei | 802695 | 鹤岗市 | Hegang | 605616 |
| 中山市 | Zhongshan | 800885 | 辽阳市 | Liaoyang | 605575 |
| **50万—80万** | **from 500 thousand to 800 thousand** | **48030938** | 丹东市 | Dandong | 605205 |
| 镇江市 | Zhenjiang | 790986 | 聊城市 | Liaocheng | 604020 |
| 济宁市 | Jining | 790777 | 长治市 | Changzhi | 599774 |
| 伊春市 | Yichun | 775027 | 黄石市 | Huangshi | 597726 |
| 锦州市 | Jinzhou | 763765 | 日照市 | Rizhao | 596333 |
| 西宁市 | Xining | 755273 | 开封市 | Kaifeng | 592933 |
| 新乡市 | Xinxiang | 754428 | 宜兴市 | Yixing | 592418 |
| 张家口市 | Zhangjiakou | 753291 | 南阳市 | Nanyang | 587603 |
| 安阳市 | Anyang | 736520 | 新沂市 | Xinyi | 585941 |
| 宜昌市 | Yichang | 727103 | 莱芜市 | Laiwu | 581498 |
| 鸡西市 | Jixi | 726705 | 盘锦市 | Panjin | 578433 |
| 营口市 | Yingkou | 726697 | 江都市 | Jiangdu | 572171 |
| 菏泽市 | Heze | 723427 | 石河子市 | Danhezi | 568590 |
| 岳阳市 | Yueyang | 714576 | 阳泉市 | Yangquan | 565458 |
| 揭阳市 | Jieyang | 705975 | 漯河市 | Luohe | 563671 |
| 阜新市 | Fuxin | 696429 | 赤峰市 | Chifeng | 562804 |
| 阳江市 | Yangjiang | 688362 | 湘潭市 | Xiangtan | 562554 |
| 普宁市 | Puning | 686981 | 常熟市 | Changshu | 561859 |
| 绵阳市 | Mianyang | 684527 | 泰州市 | Taizhou | 555101 |
| 陆丰市 | Lufeng | 683795 | 葫芦岛市 | Huludao | 550517 |
| 衡阳市 | Hengyang | 680109 | 四平市 | Siping | 549322 |
| 温州市 | Wenzhou | 677852 | 沧州市 | Cangzhou | 542260 |
| 东营市 | Dongying | 675483 | 攀枝花市 | Panzhihua | 538258 |
| 咸阳市 | Xianyang | 672517 | 防城港市 | Fangchenggang | 537886 |
| 牡丹江市 | Mudanjiang | 672237 | 滨州市 | Binzhou | 533511 |
| 清远市 | Qingyuan | 661569 | 马鞍山市 | Maanshan | 532588 |
| 蚌埠市 | Bengbu | 661368 | 江阴市 | Jiangyin | 532573 |
| 焦作市 | Jiaozuo | 656829 | 常德市 | Changde | 531759 |
| 泰安市 | Taian | 655455 | 滕州市 | Tengzhou | 528120 |
| 天水市 | Tianshui | 648862 | 丰城市 | Fengcheng | 523975 |
| 南充市 | Nanchong | 646719 | 乐山市 | Leshan | 520842 |
| 自贡市 | Zigong | 646523 | 信阳市 | Xinyang | 520260 |

5-10 续表 2 continued

单位：人 (person)

| 城 市 | City | 人 数 Population | 城 市 | City | 人 数 Population |
|---|---|---|---|---|---|
| 阜阳市 | Fuyang | 518978 | 章丘市 | Zhangqiu | 423632 |
| 泸州市 | Luzhou | 518260 | 昆山市 | Kunshan | 421611 |
| 肇庆市 | Zhaoqing | 513790 | 宿州市 | Suzhou | 419990 |
| 汕尾市 | Shanwei | 512622 | 许昌市 | Xuchang | 416924 |
| 枣阳市 | Zaoyang | 511666 | 天门市 | Tianmen | 416792 |
| **30万—50万** | **from 300 thousand to 500 thousand** | **47224173** | 仙桃市 | Xiantao | 415175 |
| 即墨市 | Jimo | 499854 | 大冶市 | Daye | 414837 |
| 潜江市 | Qianjiang | 499272 | 渭南市 | Weinan | 414729 |
| 承德市 | Chengde | 498203 | 儋州市 | Danzhou | 409302 |
| 高州市 | Gaozhou | 495194 | 七台河市 | Qitaihe | 407418 |
| 廊坊市 | Langfang | 493207 | 安丘市 | Anqiu | 407332 |
| 通州市 | Tongzhou | 489552 | 铜川市 | Tongchuan | 405892 |
| 诸城市 | Zhucheng | 489123 | 荣成市 | Rongcheng | 401043 |
| 绍兴市 | Shaoxing | 488726 | 邹城市 | Zoucheng | 398175 |
| 十堰市 | Shiyan | 487304 | 都江堰市 | Dujiangyan | 396554 |
| 寿光市 | Shouguang | 486157 | 张家港市 | Zhangjiagang | 395012 |
| 九江市 | Jiujiang | 485866 | 德阳市 | Deyang | 394529 |
| 威海市 | Weihai | 484836 | 胶南市 | Jiaonan | 393253 |
| 白山市 | Baishan | 468088 | 胶州市 | Jiaozhou | 388274 |
| 安庆市 | Anqing | 464818 | 通化市 | Tonghua | 388022 |
| 东台市 | Dongtai | 464011 | 铜陵市 | Tongling | 388001 |
| 通辽市 | Tongliao | 463305 | 临汾市 | Linfen | 384020 |
| 六盘水市 | Liupanshui | 460207 | 肥城市 | Feicheng | 383319 |
| 遵义市 | Zunyi | 459871 | 辽源市 | Liaoyuan | 382281 |
| 新泰市 | Xintai | 458773 | 宜宾市 | Yibin | 380596 |
| 双鸭山市 | Shuangyashan | 456270 | 石嘴山市 | Shizuishan | 379204 |
| 湖州市 | Huzhou | 454775 | 高密市 | Gaomi | 377405 |
| 延吉市 | Yanji | 448662 | 南安市 | Nan'an | 376264 |
| 平度市 | Pingdu | 446083 | 信宜市 | Xinyi | 376216 |
| 乌海市 | Wuhai | 445651 | 赣州市 | Ganzhou | 375241 |
| 萍乡市 | Pingxiang | 444119 | 景德镇市 | Jingdezhen | 374542 |
| 濮阳市 | Puyang | 441506 | 内江市 | Neijiang | 370459 |
| 嘉兴市 | Jiaxing | 438231 | 廉江市 | Lianjiang | 368219 |
| 莆田市 | Putian | 435180 | 福清市 | Fuqing | 367461 |
| 泰兴市 | Taixing | 434622 | 晋江市 | Jinjiang | 366756 |
| 海门市 | Haimen | 433980 | 龙口市 | Longkou | 366040 |
| 罗定市 | Luoding | 430953 | 莱州市 | Laizhou | 365986 |
| 邵阳市 | Shaoyang | 429549 | 铁岭市 | Tieling | 364068 |
| 德州市 | Dezhou | 428688 | 漳州市 | Zhangzhou | 363183 |
| 鹤壁市 | Hebi | 426787 | 朝阳市 | Chaoyang | 359939 |
| 遂宁市 | Suining | 424643 | 松原市 | Songyuan | 357941 |

5-10 续表 3 continued

单位：人 (person)

| 城市 | City | 人数 Population | 城市 | City | 人数 Population |
|---|---|---|---|---|---|
| 鄂州市 | Ezhou | 357091 | 溧阳市 | Liyang | 305218 |
| 瓦房店市 | Wafangdian | 355374 | 北海市 | Beihai | 305176 |
| 永州市 | Yongzhou | 354753 | 应城市 | Yingcheng | 302147 |
| 牙克石市 | Yakeshi | 353685 | 仪征市 | Yizheng | 300844 |
| 孝感市 | Xiaogan | 352662 | 阳春市 | Yangchun | 300330 |
| 靖江市 | Jingjiang | 351566 | **10万—30万** | **from 100 thousand to 300 thousand** | **59889453** |
| 潮州市 | Chaozhou | 351310 | 哈密市 | Hami | 297832 |
| 抚州市 | Fuzhou | 351147 | 句容市 | Jurong | 295956 |
| 荆门市 | Jingmen | 347515 | 高邮市 | Gaoyou | 294748 |
| 增城市 | Zengcheng | 344387 | 娄底市 | Loudi | 294163 |
| 六安市 | Liuan | 344269 | 莱阳市 | Laiyang | 293967 |
| 郴州市 | Chenzhou | 341899 | 三亚市 | Sanya | 292720 |
| 益阳市 | Yiyang | 339335 | 梧州市 | Wuzhou | 291895 |
| 库尔勒市 | Korla | 338987 | 晋城市 | Jincheng | 290670 |
| 雷州市 | Leizhou | 337041 | 驻马店市 | Zhumadian | 290400 |
| 兴平市 | Xingping | 336759 | 绥化市 | Suihua | 288607 |
| 眉山市 | Meishan | 336686 | 兖州市 | Yanzhou | 287581 |
| 伊宁市 | Yining | 336128 | 喀什市 | Kashar | 286617 |
| 广元市 | Guangyuan | 335929 | 兴化市 | Xinghua | 286485 |
| 新余市 | Xinyu | 333480 | 白城市 | Baicheng | 285814 |
| 衡水市 | Hengshui | 331208 | 舟山市 | Zhoushan | 285643 |
| 吴江市 | Wujiang | 330374 | 海城市 | Haicheng | 285466 |
| 辉县市 | Huixian | 329492 | 广安市 | Guang'an | 285015 |
| 莱西市 | Laixi | 328418 | 肇东市 | Zhaodong | 284215 |
| 白银市 | Baiyin | 327355 | 北安市 | Beian | 281664 |
| 龙岩市 | Longyan | 325878 | 巴中市 | Bazhong | 281566 |
| 兴宁市 | Xingning | 325461 | 定州市 | Dingzhou | 280313 |
| 金华市 | Jinhua | 324917 | 贵港市 | Guigang | 280284 |
| 临清市 | Linqing | 322005 | 衢州市 | Quzhou | 278569 |
| 梅州市 | Meizhou | 319884 | 克拉玛依市 | Karamay | 278443 |
| 吴川市 | Wuchuan | 318283 | 姜堰市 | Jiangyan | 277475 |
| 青州市 | Qingzhou | 317993 | 奎屯市 | Kuitun | 277349 |
| 启东市 | Qidong | 317516 | 丹阳市 | Danyang | 277282 |
| 晋中市 | Jinzhong | 314965 | 铁力市 | Tieli | 275736 |
| 台州市 | Taizhou | 313254 | 曲阜市 | Qufu | 274606 |
| 普兰店市 | Pulandian | 313107 | 达州市 | Dazhou | 274599 |
| 昌邑市 | Changyi | 310781 | 上虞市 | Shangyu | 274478 |
| 河源市 | Heyuan | 308805 | 汉中市 | Hanzhong | 269636 |
| 金坛市 | Jintan | 307597 | 阿克苏市 | Arksu | 267655 |
| 任丘市 | Renqiu | 305819 | 宜春市 | Yichun | 267633 |
| 云浮市 | Yunfu | 305640 | 敦化市 | Dunhua | 267327 |

## 5-10 续表 4 continued

单位：人 (person)

| 城　市 | City | 人　数 Population | 城　市 | City | 人　数 Population |
|---|---|---|---|---|---|
| 大丰市 | Dafen | 265568 | 延安市 | Yan'an | 236027 |
| 彭州市 | Pengzhou | 265338 | 项城市 | Xiangcheng | 235950 |
| 江油市 | Jiangyou | 265299 | 昌吉市 | Changji | 234310 |
| 从化市 | Conghua | 265207 | 平湖市 | Pinghu | 233726 |
| 桐乡市 | Tongxiang | 264898 | 义乌市 | Yiwu | 232389 |
| 台山市 | Taishan | 262671 | 孝义市 | Xiaoyi | 231257 |
| 乌兰察布市 | Ulanqab | 262566 | 武威市 | Wuwei | 230989 |
| 济源市 | Jiyuan | 262442 | 三门峡市 | Sanmenxia | 230926 |
| 滁州市 | Chuzhou | 261908 | 瑞安市 | Rui'an | 230333 |
| 化州市 | Huazhou | 261898 | 海宁市 | Haining | 228845 |
| 南平市 | Nanping | 260245 | 五常市 | Wuchang | 228427 |
| 曲靖市 | Qujing | 258318 | 高碑店市 | Gaobeidian | 226855 |
| 梅河口市 | Meihekou | 258206 | 阆中市 | Langzhong | 225457 |
| 周口市 | Zhoukou | 257965 | 耒阳市 | Leiyang | 223531 |
| 简阳市 | Jianyang | 257440 | 安顺市 | Anshun | 222888 |
| 呼伦贝尔市 | Hulunbuir | 257316 | 安康市 | Ankang | 222563 |
| 招远市 | Zhaoyuan | 255721 | 大石桥市 | Dashiqiao | 220929 |
| 辛集市 | Xinji | 254640 | 玉林市 | Yulin | 218987 |
| 文登市 | Wendeng | 253734 | 三明市 | Sanming | 218906 |
| 临河市 | Linhe | 251194 | 亳州市 | Bozhou | 218468 |
| 老河口市 | Laohekou | 251176 | 汉川市 | Hanchuan | 218274 |
| 霸州市 | Bazhou | 250460 | 钦州市 | Qinzhou | 218125 |
| 资阳市 | Ziyang | 250318 | 三河市 | Sanhe | 218080 |
| 吉安市 | Ji'an | 247521 | 四会市 | Sihui | 217965 |
| 邛崃市 | Qionglai | 246271 | 广汉市 | Guanghan | 213707 |
| 咸宁市 | Xianning | 245772 | 恩平市 | Enping | 212610 |
| 海林市 | Meilin | 245400 | 上饶市 | Shangrao | 212451 |
| 乐昌市 | Lechang | 244518 | 大理市 | Dali | 212228 |
| 钟祥市 | Zhongxiang | 244210 | 海阳市 | Haiyang | 212169 |
| 随州市 | Suizhou | 244206 | 个旧市 | Gejiu | 211693 |
| 尚志市 | Shangzhi | 244053 | 麻城市 | Macheng | 211404 |
| 藁城市 | Gaocheng | 243123 | 朔州市 | Shuozhou | 211299 |
| 长乐市 | Changle | 242374 | 榆树市 | Yushu | 206808 |
| 怀化市 | Huaihua | 242107 | 福鼎市 | Fuding | 206702 |
| 乌兰浩特市 | Wulanhot | 241789 | 黄冈市 | Huanggang | 206551 |
| 宜城市 | Yicheng | 240423 | 恩施市 | Enshi | 206415 |
| 开平市 | Kaiping | 239971 | 黄骅市 | Huanghua | 204987 |
| 庄河市 | Zhuanghe | 239579 | 永城市 | Yongcheng | 204227 |
| 运城市 | Yuncheng | 239172 | 黄山市 | Huangshan | 203103 |
| 巢湖市 | Chaohu | 238814 | 禹州市 | Yuzhou | 202949 |
| 韩城市 | Hancheng | 236196 | 乐平市 | Leping | 202331 |

## 5-10 续表 5 continued

单位：人 (person)

| 城　市 | City | 人　数 Population | 城　市 | City | 人　数 Population |
|---|---|---|---|---|---|
| 忻州市 | Xinzhou | 201869 | 洪湖市 | Honghu | 180818 |
| 温岭市 | Wenling | 201768 | 九台市 | Jiutai | 180372 |
| 北票市 | Beipiao | 201293 | 嵊州市 | Shengzhou | 179716 |
| 太仓市 | Taicang | 201252 | 调兵山市 | Diaobingshan | 179455 |
| 高安市 | Gaoan | 200605 | 蓬莱市 | Penglai | 178415 |
| 登封市 | Dengfeng | 200010 | 沅江市 | Yuanjiang | 177597 |
| 英德市 | Yingde | 199885 | 酒泉市 | Jiuquan | 176682 |
| 崇州市 | Chongzhou | 199820 | 常宁市 | Changning | 175677 |
| 五大连池市 | Wudalianchi | 199120 | 海伦市 | Hailun | 175611 |
| 西昌市 | Xichang | 197800 | 赤壁市 | Chibi | 175049 |
| 安达市 | Anda | 197224 | 武安市 | Wu'an | 174734 |
| 泊头市 | Botou | 196789 | 广水市 | Guangshui | 173631 |
| 舒兰市 | Shulan | 196487 | 磐石市 | Panshi | 173267 |
| 虎林市 | Hulin | 195022 | 邓州市 | Dengzhou | 172835 |
| 嘉峪关市 | Jiayuguan | 194506 | 双城市 | Shuangcheng | 172705 |
| 榆林市 | Yulin | 193768 | 平凉市 | Pingliang | 172556 |
| 丹江口市 | Danjiangkou | 193734 | 汨罗市 | Miluo | 172090 |
| 福安市 | Fuan | 193326 | 蛟河市 | Jiaohe | 170438 |
| 吴忠市 | Wuzhong | 191668 | 宣城市 | Xuancheng | 170318 |
| 商洛市 | Shangluo | 191243 | 满洲里市 | Manzhouli | 169389 |
| 桦甸市 | Huadian | 191173 | 天长市 | Tianchang | 169157 |
| 涿州市 | Zhuozhou | 191094 | 诸暨市 | Zhuji | 168640 |
| 毕节市 | Bijie | 189810 | 禹城市 | Yucheng | 168625 |
| 慈溪市 | Cixi | 189741 | 永安市 | Yong'an | 167973 |
| 张掖市 | Zhangye | 189455 | 桂平市 | Guiping | 167391 |
| 盖州市 | Gaizhou | 188335 | 来宾市 | Laibin | 167097 |
| 栖霞市 | Qixia | 188214 | 扎兰屯市 | Zhalantun | 166947 |
| 冷水江市 | Lengshuijiang | 188100 | 都匀市 | Duyun | 166942 |
| 拉萨市 | Lhasa | 187759 | 雅安市 | Yaan | 165641 |
| 余姚市 | Yuyao | 186617 | 松滋市 | Songzi | 165471 |
| 万宁市 | Wanning | 186241 | 涟源市 | Lianyuan | 165245 |
| 富锦市 | Fujin | 185968 | 博乐市 | Bole | 164405 |
| 乐陵市 | Laoling | 185324 | 武穴市 | Wuxue | 163952 |
| 新密市 | Xinmi | 184895 | 建瓯市 | Jian'ou | 163892 |
| 凯里市 | Kaili | 184604 | 珲春市 | Hunchun | 163465 |
| 河间市 | Hejian | 182758 | 张家界市 | Zhangjiajie | 163412 |
| 峨眉山市 | Emeishan | 182454 | 景洪市 | Jinghong | 163400 |
| 鄂尔多斯市 | Erdos | 182403 | 石首市 | Shishou | 162038 |
| 凤城市 | Fengcheng | 182290 | 双辽市 | Shuangliao | 161147 |
| 密山市 | Mishan | 182082 | 乳山市 | Rushan | 161122 |
| 林州市 | Linzhou | 181093 | 龙海市 | Longhai | 159837 |

## 5-10 续表 6 continued

单位：人 (person)

| 城　市 | City | 人　数 Population | 城　市 | City | 人　数 Population |
|---|---|---|---|---|---|
| 金昌市 | Jinchang | 159489 | 枝江市 | Zhijiang | 138246 |
| 樟树市 | Zhangshu | 158293 | 和田市 | Hotan | 138008 |
| 楚雄市 | Chuxiong | 157721 | 陇南市 | Longnan | 137850 |
| 根河市 | Genhe | 157239 | 北流市 | Beiliu | 137178 |
| 长葛市 | Changge | 156804 | 吕梁市 | Lvliang | 136077 |
| 新郑市 | Xinzheng | 155568 | 义马市 | Yima | 136004 |
| 浏阳市 | Liuyang | 155408 | 原平市 | Yuanping | 135742 |
| 贺州市 | Hezhou | 155199 | 利川市 | Lichuan | 135057 |
| 洮南市 | Taonan | 154000 | 邵武市 | Shaowu | 134871 |
| 巩义市 | Gongyi | 153132 | 凌源市 | Lingyuan | 134263 |
| 中卫市 | Zhongwei | 152685 | 兴城市 | Xingcheng | 134237 |
| 阿勒泰市 | Altai | 152433 | 吉首市 | Jishou | 134178 |
| 醴陵市 | Liling | 152228 | 讷河市 | Nehe | 134015 |
| 琼海市 | Qionghai | 151296 | 黑河市 | Heihe | 133404 |
| 东阳市 | Dongyang | 151192 | 绵竹市 | Mianzhu | 133372 |
| 界首市 | Jieshou | 150849 | 瑞金市 | Ruijin | 133318 |
| 新民市 | Xinmin | 150831 | 湘乡市 | Xiangxiang | 133151 |
| 锡林浩特市 | Xilinhot | 150809 | 侯马市 | Houma | 132458 |
| 临海市 | Linhai | 150239 | 东兴市 | Dongxing | 132117 |
| 临夏市 | Linxia | 149652 | 兰溪市 | Lanxi | 131975 |
| 德惠市 | Dehui | 149317 | 穆棱市 | Muling | 131007 |
| 兴义市 | Xingyi | 149159 | 建德市 | Jiande | 130055 |
| 开原市 | Kaiyuan | 147403 | 新乐市 | Xinle | 128133 |
| 建阳市 | Jianyang | 147352 | 保山市 | Baoshan | 127452 |
| 宁安市 | Ning'an | 146493 | 当阳市 | Dangyang | 127266 |
| 池州市 | Chizhou | 146126 | 德兴市 | Dexing | 126663 |
| 迁安市 | Qian'an | 145712 | 百色市 | Baise | 126168 |
| 大安市 | Daan | 145686 | 固原市 | Guyuan | 125524 |
| 古交市 | Gujiao | 145313 | 卫辉市 | Weihui | 125253 |
| 宣威市 | Xuanwei | 145207 | 昭通市 | Zhaotong | 125136 |
| 鹰潭市 | Yingtan | 144568 | 资兴市 | Zixing | 124893 |
| 玉溪市 | Yuxi | 144465 | 霍州市 | Huozhou | 124816 |
| 安宁市 | Anning | 144249 | 丽水市 | Lishui | 124716 |
| 岑溪市 | Cenxi | 143226 | 凌海市 | Linghai | 124340 |
| 宁德市 | Ningde | 142562 | 介休市 | Jiexiu | 124190 |
| 南康市 | Nankang | 141581 | 洪江市 | Hongjiang | 123915 |
| 华阴市 | Huayin | 141395 | 明光市 | Mingguang | 123894 |
| 东港市 | Donggang | 140728 | 临湘市 | Linxiang | 123849 |
| 图木舒克市 | Tumushuke | 139956 | 乐清市 | Yueqing | 123607 |
| 富阳市 | Fuyang | 139807 | 灵宝市 | Lingbao | 122158 |
| 铜仁市 | Tongren | 139198 | 文昌市 | Wenchang | 121653 |

## 5-10 续表 7 continued

单位：人 (person)

| 城　市 | City | 人 数 Population | 城　市 | City | 人 数 Population |
|---|---|---|---|---|---|
| 和龙市 | Helong | 121277 | 仁怀市 | Renhuai | 96601 |
| 阿拉尔市 | Alar | 119862 | 深州市 | Shenzhou | 96288 |
| 南雄市 | Nanxiong | 119772 | 阜康市 | Fukang | 96024 |
| 沙河市 | Shahe | 119456 | 沁阳市 | Qinyang | 93809 |
| 格尔木市 | Golmud | 119441 | 普洱市 | Puer | 93582 |
| 贵溪市 | Guixi | 119432 | 晋州市 | Jinzhou | 93507 |
| 安陆市 | Anlu | 118851 | 偃师市 | Yanshi | 91337 |
| 瑞昌市 | Ruichang | 118678 | 永济市 | Yongji | 91254 |
| 桐城市 | Tongcheng | 118570 | 汾阳市 | Fenyang | 90117 |
| 灵武市 | Lingwu | 117414 | 五家渠市 | Wujiaqu | 87243 |
| 高要市 | Gaoyao | 116320 | 连州市 | Lianzhou | 86977 |
| 河池市 | Hechi | 116264 | 青铜峡市 | Qingtongxia | 86481 |
| 宜都市 | Yidu | 115026 | 吐鲁番市 | Turpan | 86037 |
| 汝州市 | Ruzhou | 114486 | 阿图什市 | Artux | 85859 |
| 津市市 | Jinshi | 114017 | 漳平市 | Zhangping | 85340 |
| 东方市 | Dongfang | 112703 | 南宫市 | Nangong | 84047 |
| 北镇市 | Beizhen | 112493 | 高平市 | Gaoping | 83724 |
| 临安市 | Lin'an | 110267 | 霍林郭勒市 | Huolinguole | 82401 |
| 庆阳市 | Qingyang | 109757 | 潞西市 | Luxi | 80990 |
| 龙井市 | Longjing | 109590 | 宁国市 | Ningguo | 80747 |
| 临江市 | Linjiang | 108769 | 乌苏市 | Wusu | 80146 |
| 遵化市 | Zunhua | 108637 | 武夷山市 | Wuyishan | 79989 |
| 舞钢市 | Wugang | 108479 | 扬中市 | Yangzhong | 78996 |
| 集安市 | Ji'an | 108370 | 额尔古纳市 | Erguna | 77123 |
| 奉化市 | Fenghua | 108168 | 赤水市 | Chishui | 73518 |
| 河津市 | Hejin | 107558 | 冀州市 | Jizhou | 72576 |
| 鹤山市 | Heshan | 107210 | 崇左市 | Chongzuo | 71159 |
| 华蓥市 | Huaying | 106948 | 丽江市 | Lijiang | 67223 |
| 塔城市 | Tacheng | 106935 | 福泉市 | Fuquan | 63225 |
| 清镇市 | Qingzhen | 106730 | 合山市 | Heshan | 59151 |
| 武冈市 | Wugang | 106162 | 临沧市 | Lincang | 57987 |
| 安国市 | Anguo | 106015 | 德令哈市 | Delingha | 56298 |
| 荥阳市 | Xingyang | 105741 | 合作市 | Hezuo | 55936 |
| 开远市 | Kaiyuan | 105657 | 孟州市 | Mengzhou | 55613 |
| 同江市 | Tongjiang | 104983 | 绥芬河市 | Suifenhe | 55211 |
| 宜州市 | Yizhou | 104039 | 五指山市 | Wuzhishan | 52286 |
| 永康市 | Yongkang | 102641 | 潞城市 | Lucheng | 49183 |
| 江山市 | Jiangshan | 102588 | 阿尔山市 | Arxan | 48425 |
| 丰镇市 | Fengzhen | 101890 | 玉门市 | Yumen | 48188 |
| 图们市 | Tumen | 100448 | 瑞丽市 | Ruili | 47963 |
| **10万以下** | **below 100 thousand** | **3849975** | 日喀则市 | Shigatse | 43027 |
| 灯塔市 | Dengta | 98261 | 井冈山市 | Jinggangshan | 42985 |
| 万源市 | Wanyuan | 97878 | 龙泉市 | Longquan | 42639 |
| 石狮市 | Shishi | 97415 | 敦煌市 | Dunhuang | 40675 |
| 鹿泉市 | Luquan | 97076 | 凭祥市 | Pingxiang | 32873 |
| 什邡市 | Shifang | 96738 | 二连浩特市 | Erenhot | 24806 |
| 定西市 | Dingxi | 96733 | 韶山市 | Shaoshan | 16308 |

# 第六部分

Chapter Six

## 2011年全国计划生育统计人口数据

Data from Family Planning Statistics in 2011

# 6-1 各地区分孩次计划生育率与上年同期比较

## Family Planning Rate Compared with That of Last Year by Birth Order and Region

单位：%　　　　(%)

| 地　区 | Region | 计生率 Family Planning Rate | 与上年对比 Compared with That of Last Year | 一孩计生率 Family Planning Rate of First Birth | 与上年对比 Compared with That of Last Year | 二孩计生率 Family Planning Rate of Second Birth | 与上年对比 Compared with That of Last Year | 多孩计生率 Family Planning Rate of Third Birth & Over | 与上年对比 Compared with That of Last Year |
|---|---|---|---|---|---|---|---|---|---|
| **全　国** | **National** | **91.85** | **1.22** | **97.60** | **0.45** | **80.28** | **2.30** | **43.61** | **5.15** |
| 北　京 | Beijing | 94.26 | -0.80 | 98.34 | -0.31 | 75.84 | 1.85 | 30.69 | -8.93 |
| 天　津 | Tianjin | 98.25 | -0.09 | 99.88 | -0.03 | 91.05 | -0.07 | 7.14 | 7.14 |
| 河　北 | Hebei | 91.42 | 0.06 | 99.22 | 0.02 | 75.09 | -0.39 | 41.28 | 1.96 |
| 山　西 | Shanxi | 88.49 | 1.85 | 98.67 | -0.01 | 70.04 | 3.45 | 31.58 | 11.14 |
| 内蒙古 | Inner Mongolia | 95.68 | -0.08 | 98.46 | -0.12 | 89.75 | -0.28 | 74.35 | 0.05 |
| 辽　宁 | Liaoning | 98.34 | 0.99 | 99.31 | 0.09 | 95.16 | 3.63 | 51.66 | 9.08 |
| 吉　林 | Jilin | 86.08 | 0.74 | 88.63 | 0.66 | 78.60 | -0.21 | 28.89 | 4.51 |
| 黑龙江 | Heilongjiang | 91.77 | -1.80 | 93.34 | -1.87 | 86.31 | -2.35 | 23.63 | 1.69 |
| 上　海 | Shanghai | 95.37 | 0.14 | 97.39 | 0.15 | 90.97 | 0.75 | 24.50 | -4.95 |
| 江　苏 | Jiangsu | 95.72 | -1.33 | 99.06 | 0.38 | 78.77 | -8.01 | 61.08 | -27.80 |
| 浙　江 | Zhejiang | 94.22 | 0.68 | 99.61 | 0.69 | 84.14 | 0.13 | 34.28 | 4.45 |
| 安　徽 | Anhui | 78.57 | -2.40 | 80.42 | -3.18 | 77.26 | -1.31 | 32.86 | 18.50 |
| 福　建 | Fujian | 92.57 | -0.79 | 98.92 | 0.66 | 81.49 | -2.30 | 30.46 | 1.30 |
| 江　西 | Jiangxi | 79.96 | 2.91 | 95.15 | 0.11 | 63.20 | 4.54 | 6.75 | 2.13 |
| 山　东 | Shandong | 94.20 | 2.10 | 99.05 | 0.50 | 80.56 | 3.61 |  | -0.03 |
| 河　南 | Henan | 97.07 | 0.30 | 99.89 | 0.33 | 84.98 | -1.04 | 93.78 | -2.80 |
| 湖　北 | Hubei | 90.21 | 0.21 | 99.14 | 0.03 | 72.72 | 1.75 | 41.52 | 3.07 |
| 湖　南 | Hunan | 89.64 | 1.49 | 99.93 | 4.04 | 76.05 | -2.64 | 0.24 | -2.46 |
| 广　东 | Guangdong | 96.48 | 1.14 | 99.56 | 0.09 | 89.37 | 3.31 | 75.06 | 10.85 |
| 广　西 | Guangxi | 93.53 | 1.14 | 99.46 | 0.22 | 85.23 | 2.79 | 17.50 | 5.14 |
| 海　南 | Hainan | 92.82 | -0.25 | 99.95 | 0.04 | 94.67 | 0.02 | 26.53 | -1.80 |
| 重　庆 | Chongqing | 86.95 | -2.11 | 99.94 | -0.01 | 62.47 | -5.92 | 14.61 | -3.85 |
| 四　川 | Sichuan | 86.88 | 7.18 | 99.45 | 0.25 | 54.29 | 15.31 | 50.55 | 11.50 |
| 贵　州 | Guizhou | 88.93 | 7.78 | 87.62 | 8.07 | 93.83 | 4.26 | 27.20 | 13.20 |
| 云　南 | Yunnan | 97.25 | 1.28 | 98.36 | 0.46 | 96.20 | 1.76 | 61.98 | 20.73 |
| 西　藏 | Tibet | - | - | - | - | - | - | - | - |
| 陕　西 | Shaanxi | 98.67 | 0.22 | 100.00 |  | 94.55 | 1.26 | 88.21 | 9.29 |
| 甘　肃 | Gansu | 92.73 | 1.25 | 99.58 | 0.06 | 79.37 | 1.56 | 60.91 | 6.35 |
| 青　海 | Qinghai | 98.73 | 0.82 | 99.84 | 0.12 | 98.41 | 1.66 | 88.60 | 2.21 |
| 宁　夏 | Ningxia | 91.34 | -0.65 | 99.38 | -0.10 | 83.63 | -0.56 | 52.85 | -1.62 |
| 新　疆 | Xinjiang | 99.75 | -0.07 | 99.99 |  | 99.86 | -0.01 | 98.57 | -0.45 |

# 6-2 各地区已婚育龄妇女领证情况及避孕率与上年同期比较
# Married Women at Childbearing Ages with One-child Certificate and Contraception Rate Compared with That of Last Year by Region

单位：人、%　　　　(person,%)

| 地 区 | Region | 已婚育龄妇女人数 Married Women at Childbearing Ages | 与上年对比 Compared with That of Last Year | 领证人数 Number of Women with Certificates | 与上年对比 Compared with That of Last Year | 领证率 Proportion | 与上年对比 Compared with That of Last Year | 已婚育龄妇女避孕率 Contraception Rate of Married Women at Childbearing Ages | 与上年对比 Compared with That of Last Year |
|---|---|---|---|---|---|---|---|---|---|
| **全 国** | **National** | **277694626** | **4419663** | **61387109** | **-753052** | **22.11** | **-0.63** | **88.60** | **-0.46** |
| 北 京 | Beijing | 2824795 | 25982 | 839027 | -7130 | 29.70 | -0.53 | 83.57 | -1.01 |
| 天 津 | Tianjin | 1731850 | 2600 | 591495 | 9675 | 34.15 | 0.51 | 91.03 | 0.38 |
| 河 北 | Hebei | 14794767 | 236799 | 2272544 | 22004 | 15.36 | -0.10 | 91.19 | 0.36 |
| 山 西 | Shanxi | 6673525 | -196353 | 2024173 | -99186 | 30.33 | -0.58 | 91.25 | 1.13 |
| 内蒙古 | Inner Mongolia | 4971807 | -116229 | 568356 | -121704 | 11.43 | -2.13 | 90.66 | -0.81 |
| 辽 宁 | Liaoning | 8217393 | -6362 | 2708482 | 13747 | 32.96 | 0.19 | 88.20 | 0.04 |
| 吉 林 | Jilin | 5423592 | -62662 | 943326 | -45508 | 17.39 | -0.63 | 89.63 | -0.24 |
| 黑龙江 | Heilongjiang | 7544326 | 2998 | 3368366 | -39061 | 44.65 | -0.54 | 92.14 | -0.42 |
| 上 海 | Shanghai | 4160198 | 351641 | 658203 | -14098 | 15.82 | -1.83 | 80.51 | -2.32 |
| 江 苏 | Jiangsu | 15243601 | 81958 | 5113426 | -79076 | 33.54 | -0.70 | 89.36 | -0.66 |
| 浙 江 | Zhejiang | 10133106 | 12213 | 2987798 | 671 | 29.49 | -0.03 | 87.96 | -0.59 |
| 安 徽 | Anhui | 14919368 | -150647 | 2405929 | 72054 | 16.13 | 0.64 | 89.79 | -0.57 |
| 福 建 | Fujian | 8212589 | 76757 | 1869268 | 6259 | 22.76 | -0.14 | 82.83 | 1.28 |
| 江 西 | Jiangxi | 10414788 | 358248 | 1930727 | 18874 | 18.54 | -0.47 | 94.58 | 0.65 |
| 山 东 | Shandong | 19496216 | 238484 | 7790705 | 107472 | 39.96 | 0.06 | 87.94 | -1.65 |
| 河 南 | Henan | 21493601 | 169298 | 3403259 | 39931 | 15.83 | 0.06 | 89.84 | 0.22 |
| 湖 北 | Hubei | 13074353 | 258685 | 1197309 | -115156 | 9.16 | -1.08 | 86.90 | 0.76 |
| 湖 南 | Hunan | 15069824 | 497102 | 2609619 | 167649 | 17.32 | 0.56 | 86.14 | -6.07 |
| 广 东 | Guangdong | 22348681 | 1230746 | 2134792 | -107397 | 9.55 | -1.07 | 87.24 | -2.68 |
| 广 西 | Guangxi | 10078121 | 160082 | 1267396 | 62134 | 12.58 | 0.42 | 87.24 | 0.16 |
| 海 南 | Hainan | 1610093 | 35170 | 73258 | 3152 | 4.55 | 0.10 | 81.59 | 2.36 |
| 重 庆 | Chongqing | 4956313 | -43931 | 2362791 | -118004 | 47.67 | -1.94 | 89.44 | -1.37 |
| 四 川 | Sichuan | 18708449 | 461285 | 6976969 | -181880 | 37.29 | -1.94 | 90.55 | 2.30 |
| 贵 州 | Guizhou | 6505497 | 121380 | 580084 | 60829 | 8.92 | 0.78 | 88.07 | -0.13 |
| 云 南 | Yunnan | 8814322 | 133457 | 1554960 | 27127 | 17.64 | 0.04 | 87.88 | 1.72 |
| 西 藏 | Tibet | 762567 | 16180 | 12412 | -1010 | 1.63 | -0.17 | 75.35 | -2.61 |
| 陕 西 | Shaanxi | 6950683 | 56067 | 1279336 | 37923 | 18.41 | 0.40 | 91.42 | 0.10 |
| 甘 肃 | Gansu | 5224526 | -85446 | 614980 | 61041 | 11.77 | 1.34 | 88.05 | 0.13 |
| 青 海 | Qinghai | 1230047 | 58896 | 104551 | -8070 | 8.50 | -1.12 | 85.13 | 0.24 |
| 宁 夏 | Ningxia | 1276589 | 13511 | 126842 | 4155 | 9.94 | 0.22 | 91.47 | 0.94 |
| 新 疆 | Xinjiang | 4829039 | 481754 | 1016726 | -530469 | 21.05 | -14.54 | 83.19 | 0.51 |

# 6-3　各地区采用各种节育措施人数

# Contraception User by Method and Region

单位：人　　　　(person)

| 地　区 | Region | 合计 Total | 男性绝育 Male Sterilization | 女性绝育 Female Sterilization | 宫内节育器 IUD | 皮下埋植 Implant | 口服及注射避孕药 Pill/Injection | 避孕套 Condom | 外用药 Diaphragm | 其他 Others |
|---|---|---|---|---|---|---|---|---|---|---|
| **全　国** | **National** | **246026856** | **12094787** | **73861974** | **132077100** | **682839** | **2225020** | **23991438** | **425873** | **667825** |
| 北　京 | Beijing | 2360712 | 4949 | 74473 | 775453 | 3092 | 69557 | 1407811 | 6934 | 18443 |
| 天　津 | Tianjin | 1576492 | 2031 | 125542 | 843141 | 2451 | 25887 | 568071 | 4725 | 4644 |
| 河　北 | Hebei | 13491143 | 596766 | 4077270 | 7528606 | 15544 | 101735 | 1046645 | 7216 | 117361 |
| 山　西 | Shanxi | 6089652 | 32176 | 2377819 | 3601697 | 6154 | 19017 | 48948 | 104 | 3737 |
| 内蒙古 | Inner Mongolia | 4507593 | 5603 | 913856 | 2971126 | 12344 | 36295 | 564351 | 1024 | 2994 |
| 辽　宁 | Liaoning | 7247980 | 847 | 375451 | 5854907 | 12474 | 61163 | 927692 | 11947 | 3499 |
| 吉　林 | Jilin | 4861070 | 643 | 478443 | 3814635 | 22586 | 17690 | 523032 | 2534 | 1507 |
| 黑龙江 | Heilongjiang | 6951068 | 1496 | 802890 | 5533437 | 14376 | 78206 | 499890 | 6316 | 14457 |
| 上　海 | Shanghai | 3349313 | 19667 | 255936 | 1758391 | 4982 | 96719 | 1123473 | 12276 | 77869 |
| 江　苏 | Jiangsu | 13622299 | 246350 | 1889536 | 9411630 | 14604 | 170681 | 1836131 | 40284 | 13083 |
| 浙　江 | Zhejiang | 8912730 | 31675 | 2272033 | 4729134 | 12075 | 82517 | 1753627 | 17000 | 14669 |
| 安　徽 | Anhui | 13396496 | 340345 | 6303481 | 6060834 | 38957 | 116118 | 520431 | 1306 | 15024 |
| 福　建 | Fujian | 6802362 | 380869 | 2953461 | 2943953 | 14322 | 14378 | 488811 | 1638 | 4930 |
| 江　西 | Jiangxi | 9850753 | 24792 | 5471079 | 3439849 | 5745 | 32035 | 850240 | 19903 | 7110 |
| 山　东 | Shandong | 17143998 | 1510630 | 3537983 | 10265048 | 35626 | 11775 | 1775137 | 4876 | 2923 |
| 河　南 | Henan | 19308977 | 2308447 | 8165801 | 7849958 | 67092 | 70241 | 812781 | 16583 | 18074 |
| 湖　北 | Hubei | 11361857 | 397873 | 3756404 | 6018845 | 26850 | 135396 | 979019 | 23673 | 23797 |
| 湖　南 | Hunan | 12980550 | 408971 | 5642527 | 5458285 | 24973 | 25630 | 1365908 | 52486 | 1770 |
| 广　东 | Guangdong | 19496217 | 1662330 | 7909933 | 6636959 | 9753 | 96381 | 3113824 | 11250 | 55787 |
| 广　西 | Guangxi | 8791742 | 846991 | 3139469 | 4154646 | 4682 | 131890 | 443303 | 65909 | 4852 |
| 海　南 | Hainan | 1313741 | 12545 | 683338 | 526569 | 399 | 3110 | 83627 | 2476 | 1677 |
| 重　庆 | Chongqing | 4432910 | 396669 | 117028 | 3563759 | 11598 | 56020 | 280347 | 5665 | 1824 |
| 四　川 | Sichuan | 16940619 | 1594381 | 537836 | 12950828 | 95729 | 264897 | 1279161 | 15382 | 202405 |
| 贵　州 | Guizhou | 5729378 | 847886 | 2948398 | 1827613 | 10233 | 4104 | 77624 | 711 | 12809 |
| 云　南 | Yunnan | 7745958 | 259708 | 2146236 | 4847877 | 21958 | 135250 | 305632 | 16141 | 13156 |
| 西　藏 | Tibet | 574588 | 105 | 65122 | 142427 | 116622 | 139760 | 78790 | 22820 | 8942 |
| 陕　西 | Shaanxi | 6354245 | 130297 | 2851884 | 2928391 | 39838 | 88297 | 295079 | 17594 | 2865 |
| 甘　肃 | Gansu | 4600340 | 4774 | 2881173 | 1524325 | 15799 | 28882 | 137646 | 1461 | 6280 |
| 青　海 | Qinghai | 1047118 | 1015 | 419267 | 522331 | 5498 | 38878 | 54103 | 4535 | 1491 |
| 宁　夏 | Ningxia | 1167638 | 332 | 387669 | 583542 | 4734 | 32606 | 155723 | 2222 | 810 |
| 新　疆 | Xinjiang | 4017317 | 23624 | 300636 | 3008904 | 11749 | 39905 | 594581 | 28882 | 9036 |

# 6-4 各地区采用各种节育措施人数与上年同期比较
# Contraception User Compared with That of Last Year by Method and Region

单位：人 (person)

| 地　区 | Region | 合计 Total | 男性绝育 Male Sterilization | 女性绝育 Female Sterilization | 宫内节育器 IUD | 皮下埋植 Implant | 口服及注射避孕药 Pill/Injection | 避孕套 Condom | 外用药 Diaphragm | 其他 Others |
|---|---|---|---|---|---|---|---|---|---|---|
| **全　国** | **National** | **2657571** | **-538288** | **-1040347** | **1885296** | **-14730** | **-121266** | **2352647** | **-7745** | **142004** |
| 北　京 | Beijing | -6422 | -419 | -6763 | -54994 | -260 | -1617 | 53894 | 918 | 2819 |
| 天　津 | Tianjin | 8951 | -235 | -7384 | -14984 | -286 | -1942 | 34508 | 938 | -1664 |
| 河　北 | Hebei | 269060 | -15661 | -124381 | 377801 | -577 | -79 | 23239 | 271 | 8447 |
| 山　西 | Shanxi | -101619 | -1625 | -79477 | -9785 | -966 | -8277 | 714 | -31 | -2172 |
| 内蒙古 | Inner Mongolia | -146378 | -1389 | -133173 | -36488 | -2637 | -4204 | 30662 | -102 | 953 |
| 辽　宁 | Liaoning | -2595 | -172 | -42275 | 17345 | -1381 | -2744 | 30522 | -868 | -3022 |
| 吉　林 | Jilin | -69510 | -62 | -77252 | -80620 | -2320 | -4719 | 95611 | -270 | 122 |
| 黑龙江 | Heilongjiang | -29077 | -283 | -89626 | 38266 | -455 | 2734 | 20803 | 432 | -948 |
| 上　海 | Shanghai | 194911 | 10880 | 112302 | -106631 | 631 | -8580 | 177854 | -3235 | 11690 |
| 江　苏 | Jiangsu | -26101 | -21936 | -54414 | -37751 | -1551 | -25960 | 116231 | -2562 | 1842 |
| 浙　江 | Zhejiang | -49223 | -2862 | -80287 | -71024 | -776 | -10835 | 117744 | -874 | -309 |
| 安　徽 | Anhui | -221483 | -24305 | -50597 | -123246 | -2748 | -16158 | 74 | -376 | -4127 |
| 福　建 | Fujian | 167919 | -1879 | 55210 | 84511 | -784 | -1913 | 33322 | -473 | -75 |
| 江　西 | Jiangxi | 404511 | -462 | 189168 | -8150 | -761 | -3487 | 230268 | 2333 | -4398 |
| 山　东 | Shandong | -107825 | -91202 | -78498 | 60063 | -4837 | -1875 | 10097 | -910 | -663 |
| 河　南 | Henan | 199400 | 30048 | 28828 | 118498 | -939 | 909 | 27250 | -794 | -4400 |
| 湖　北 | Hubei | 322503 | -21169 | -59641 | 146994 | 30 | -42559 | 257765 | 17286 | 23797 |
| 湖　南 | Hunan | -456090 | -130021 | -427842 | 115589 | -4212 | -4672 | 9948 | -14709 | -171 |
| 广　东 | Guangdong | 507178 | -76170 | -66489 | 96293 | -364 | 2749 | 524705 | -4926 | 31380 |
| 广　西 | Guangxi | 155992 | -20222 | -38583 | 191510 | -575 | -7514 | 30882 | 1239 | -745 |
| 海　南 | Hainan | 65935 | -864 | -12169 | 45589 | -45 | 138 | 32955 | 151 | 180 |
| 重　庆 | Chongqing | -107862 | -48520 | -14654 | -61812 | -646 | -944 | 18412 | -531 | 833 |
| 四　川 | Sichuan | 837694 | -117063 | -14137 | 529814 | 161 | 63176 | 301384 | -3477 | 77836 |
| 贵　州 | Guizhou | 98682 | -2340 | 98347 | 14657 | -2418 | -202 | -10935 | 181 | 1392 |
| 云　南 | Yunnan | 266324 | -3113 | 25726 | 198832 | 1613 | -6735 | 47897 | 777 | 1327 |
| 西　藏 | Tibet | -7321 | 20 | -3615 | 6980 | 14727 | -24550 | -2418 | 342 | 1193 |
| 陕　西 | Shaanxi | 58164 | -4809 | -47328 | 89586 | 1669 | -4979 | 20259 | 2283 | 1483 |
| 甘　肃 | Gansu | -68087 | -430 | -98607 | 11065 | -3569 | -4990 | 30504 | -750 | -1310 |
| 青　海 | Qinghai | 52945 | -58 | 9658 | 40593 | 382 | -695 | 3903 | -1256 | 418 |
| 宁　夏 | Ningxia | 24209 | -121 | -2390 | 20100 | -372 | -1190 | 7485 | 548 | 149 |
| 新　疆 | Xinjiang | 422786 | 8156 | 49996 | 286695 | -464 | 448 | 77108 | 700 | 147 |

# 6-5 各地区采取各种避孕措施分布

## Distribution of Contraception Method by Region

单位：%　　　　(%)

| 地 区 | Region | 男性绝育 Male Sterilization | 女性绝育 Female Sterilization | 宫内节育器 IUD | 皮下埋植 Implant | 口服及注射避孕药 Pill/Injection | 避孕套 Condom | 外用药 Diaphragm | 其他 Others |
|---|---|---|---|---|---|---|---|---|---|
| **全 国** | **National** | **4.92** | **30.02** | **53.68** | **0.28** | **0.90** | **9.75** | **0.17** | **0.27** |
| 北 京 | Beijing | 0.21 | 3.15 | 32.85 | 0.13 | 2.95 | 59.64 | 0.29 | 0.78 |
| 天 津 | Tianjin | 0.13 | 7.96 | 53.48 | 0.16 | 1.64 | 36.03 | 0.30 | 0.29 |
| 河 北 | Hebei | 4.42 | 30.22 | 55.80 | 0.12 | 0.75 | 7.76 | 0.05 | 0.87 |
| 山 西 | Shanxi | 0.53 | 39.05 | 59.14 | 0.10 | 0.31 | 0.80 | | 0.06 |
| 内蒙古 | Inner Mongolia | 0.12 | 20.27 | 65.91 | 0.27 | 0.81 | 12.52 | 0.02 | 0.07 |
| 辽 宁 | Liaoning | 0.01 | 5.18 | 80.78 | 0.17 | 0.84 | 12.80 | 0.16 | 0.05 |
| 吉 林 | Jilin | 0.01 | 9.84 | 78.47 | 0.46 | 0.36 | 10.76 | 0.05 | 0.03 |
| 黑龙江 | Heilongjiang | 0.02 | 11.55 | 79.61 | 0.21 | 1.13 | 7.19 | 0.09 | 0.21 |
| 上 海 | Shanghai | 0.59 | 7.64 | 52.50 | 0.15 | 2.89 | 33.54 | 0.37 | 2.32 |
| 江 苏 | Jiangsu | 1.81 | 13.87 | 69.09 | 0.11 | 1.25 | 13.48 | 0.30 | 0.10 |
| 浙 江 | Zhejiang | 0.36 | 25.49 | 53.06 | 0.14 | 0.93 | 19.68 | 0.19 | 0.16 |
| 安 徽 | Anhui | 2.54 | 47.05 | 45.24 | 0.29 | 0.87 | 3.88 | 0.01 | 0.11 |
| 福 建 | Fujian | 5.60 | 43.42 | 43.28 | 0.21 | 0.21 | 7.19 | 0.02 | 0.07 |
| 江 西 | Jiangxi | 0.25 | 55.54 | 34.92 | 0.06 | 0.33 | 8.63 | 0.20 | 0.07 |
| 山 东 | Shandong | 8.81 | 20.64 | 59.88 | 0.21 | 0.07 | 10.35 | 0.03 | 0.02 |
| 河 南 | Henan | 11.96 | 42.29 | 40.65 | 0.35 | 0.36 | 4.21 | 0.09 | 0.09 |
| 湖 北 | Hubei | 3.50 | 33.06 | 52.97 | 0.24 | 1.19 | 8.62 | 0.21 | 0.21 |
| 湖 南 | Hunan | 3.15 | 43.47 | 42.05 | 0.19 | 0.20 | 10.52 | 0.40 | 0.01 |
| 广 东 | Guangdong | 8.53 | 40.57 | 34.04 | 0.05 | 0.49 | 15.97 | 0.06 | 0.29 |
| 广 西 | Guangxi | 9.63 | 35.71 | 47.26 | 0.05 | 1.50 | 5.04 | 0.75 | 0.06 |
| 海 南 | Hainan | 0.95 | 52.01 | 40.08 | 0.03 | 0.24 | 6.37 | 0.19 | 0.13 |
| 重 庆 | Chongqing | 8.95 | 2.64 | 80.39 | 0.26 | 1.26 | 6.32 | 0.13 | 0.04 |
| 四 川 | Sichuan | 9.41 | 3.17 | 76.45 | 0.57 | 1.56 | 7.55 | 0.09 | 1.19 |
| 贵 州 | Guizhou | 14.80 | 51.46 | 31.90 | 0.18 | 0.07 | 1.35 | 0.01 | 0.22 |
| 云 南 | Yunnan | 3.35 | 27.71 | 62.59 | 0.28 | 1.75 | 3.95 | 0.21 | 0.17 |
| 西 藏 | Tibet | 0.02 | 11.33 | 24.79 | 20.30 | 24.32 | 13.71 | 3.97 | 1.56 |
| 陕 西 | Shaanxi | 2.05 | 44.88 | 46.09 | 0.63 | 1.39 | 4.64 | 0.28 | 0.05 |
| 甘 肃 | Gansu | 0.10 | 62.63 | 33.14 | 0.34 | 0.63 | 2.99 | 0.03 | 0.14 |
| 青 海 | Qinghai | 0.10 | 40.04 | 49.88 | 0.53 | 3.71 | 5.17 | 0.43 | 0.14 |
| 宁 夏 | Ningxia | 0.03 | 33.20 | 49.98 | 0.41 | 2.79 | 13.34 | 0.19 | 0.07 |
| 新 疆 | Xinjiang | 0.59 | 7.48 | 74.90 | 0.29 | 0.99 | 14.80 | 0.72 | 0.22 |

# 6-6 各地区采取各种避孕措施分布与上年同期对比

## Distribution of Contraception Method Compared with That of Last Year by Region

单位：%　　　　(%)

| 地　区 | Region | 男性绝育 Male Sterilization | 女性绝育 Female Sterilization | 宫内节育器 IUD | 皮下埋植 Implant | 口服及注射避孕药 Pill/Injection | 避孕套 Condom | 外用药 Diaphragm | 其他 Others |
|---|---|---|---|---|---|---|---|---|---|
| **全　国** | **National** | **-0.27** | **-0.76** | **0.19** | **-0.01** | **-0.06** | **0.86** | **-0.01** | **0.06** |
| 北　京 | Beijing | -0.02 | -0.28 | -2.23 | -0.01 | -0.06 | 2.44 | 0.04 | **0.12** |
| 天　津 | Tianjin | -0.02 | -0.52 | -1.26 | -0.02 | -0.13 | 2.00 | 0.06 | -0.11 |
| 河　北 | Hebei | -0.21 | -1.56 | 1.72 | -0.01 | -0.02 | 0.02 |  | 0.05 |
| 山　西 | Shanxi | -0.02 | -0.64 | 0.81 | -0.01 | -0.13 | 0.02 |  | -0.03 |
| 内蒙古 | Inner Mongolia | -0.03 | -2.22 | 1.29 | -0.05 | -0.07 | 1.05 |  | 0.02 |
| 辽　宁 | Liaoning |  | -0.58 | 0.27 | -0.02 | -0.04 | 0.43 | -0.01 | -0.04 |
| 吉　林 | Jilin |  | -1.43 | -0.53 | -0.04 | -0.09 | 2.09 |  |  |
| 黑龙江 | Heilongjiang |  | -1.24 | 0.88 | -0.01 | 0.04 | 0.33 | 0.01 | -0.01 |
| 上　海 | Shanghai | 0.31 | 3.09 | -6.62 | 0.01 | -0.45 | 3.57 | -0.13 | 0.23 |
| 江　苏 | Jiangsu | -0.16 | -0.37 | -0.14 | -0.01 | -0.19 | 0.88 | -0.02 | 0.01 |
| 浙　江 | Zhejiang | -0.03 | -0.76 | -0.50 | -0.01 | -0.12 | 1.42 | -0.01 |  |
| 安　徽 | Anhui | -0.14 | 0.39 | -0.17 | -0.02 | -0.10 | 0.06 |  | -0.03 |
| 福　建 | Fujian | -0.17 | -0.27 | 0.18 | -0.02 | -0.03 | 0.32 | -0.01 |  |
| 江　西 | Jiangxi | -0.02 | -0.38 | -1.58 | -0.01 | -0.05 | 2.07 | 0.02 | -0.05 |
| 山　东 | Shandong | -0.47 | -0.33 | 0.72 | -0.03 | -0.01 | 0.12 | -0.01 |  |
| 河　南 | Henan | 0.03 | -0.29 | 0.20 | -0.01 |  | 0.10 | -0.01 | -0.02 |
| 湖　北 | Hubei | -0.29 | -1.51 | -0.22 | -0.01 | -0.42 | 2.08 | 0.15 | 0.21 |
| 湖　南 | Hunan | -0.86 | -1.71 | 2.29 | -0.02 | -0.03 | 0.43 | -0.10 |  |
| 广　东 | Guangdong | -0.63 | -1.43 | -0.40 |  |  | 2.34 | -0.03 | 0.16 |
| 广　西 | Guangxi | -0.41 | -1.09 | 1.36 | -0.01 | -0.11 | 0.27 |  | -0.01 |
| 海　南 | Hainan | -0.12 | -3.72 | 1.54 | -0.01 |  | 2.30 |  | 0.01 |
| 重　庆 | Chongqing | -0.86 | -0.26 | 0.55 | -0.01 | 0.01 | 0.56 | -0.01 | 0.02 |
| 四　川 | Sichuan | -1.22 | -0.25 | -0.69 | -0.03 | 0.31 | 1.48 | -0.03 | 0.42 |
| 贵　州 | Guizhou | -0.30 | 0.84 | -0.30 | -0.05 |  | -0.22 |  | 0.02 |
| 云　南 | Yunnan | -0.16 | -0.64 | 0.43 | 0.01 | -0.15 | 0.50 |  | 0.01 |
| 西　藏 | Tibet |  | -0.48 | 1.51 | 2.79 | -3.91 | -0.24 | 0.11 | 0.22 |
| 陕　西 | Shaanxi | -0.10 | -1.17 | 1.00 | 0.02 | -0.09 | 0.28 | 0.03 | 0.02 |
| 甘　肃 | Gansu | -0.01 | -1.20 | 0.72 | -0.07 | -0.10 | 0.70 | -0.02 | -0.03 |
| 青　海 | Qinghai | -0.01 | -1.16 | 1.43 | 0.01 | -0.27 | 0.12 | -0.15 | 0.03 |
| 宁　夏 | Ningxia | -0.01 | -0.91 | 0.70 | -0.04 | -0.16 | 0.37 | 0.04 | 0.01 |
| 新　疆 | Xinjiang | 0.16 | 0.51 | -0.83 | -0.05 | -0.10 | 0.40 | -0.07 | -0.02 |

# 6-7 各地区实施各种节育手术的例数

## Number of Birth Control Operations by Region

单位：例 (case)

| 地 区 | Region | 合计 Total | 男性绝育 Male Sterilization | 女性绝育 Female Sterilization | 放置宫内节育器 Place IUD | 取出宫内节育器 Take Out IUD | 人工流产 Induced Abortion | 皮下埋植 Implant |
|---|---|---|---|---|---|---|---|---|
| 全 国 | National | **15666656** | **251653** | **2163916** | **10073247** | **1833341** | **1278344** | **66155** |
| 北 京 | Beijing | 31908 | 32 | 301 | 8484 | 9596 | 13458 | 37 |
| 天 津 | Tianjin | 47241 | | 353 | 30853 | 7580 | 8439 | 16 |
| 河 北 | Hebei | 1027675 | 13380 | 63322 | 815867 | 71763 | 63031 | 312 |
| 山 西 | Shanxi | 485396 | 244 | 41728 | 373655 | 66688 | 3055 | 26 |
| 内蒙古 | Inner Mongolia | 228491 | 34 | 11275 | 163697 | 41249 | 11584 | 652 |
| 辽 宁 | Liaoning | 293777 | | 713 | 159296 | 88255 | 44329 | 1184 |
| 吉 林 | Jilin | 191880 | 71 | 2101 | 152395 | 20326 | 16292 | 695 |
| 黑龙江 | Heilongjiang | 155707 | 27 | 1768 | 130574 | 16445 | 6710 | 183 |
| 上 海 | Shanghai | 277351 | | 3820 | 60014 | 119754 | 93318 | 445 |
| 江 苏 | Jiangsu | 916580 | 1403 | 32997 | 561196 | 191617 | 120809 | 8558 |
| 浙 江 | Zhejiang | 455660 | 268 | 54164 | 225920 | 91890 | 82709 | 709 |
| 安 徽 | Anhui | 1091653 | 10783 | 226592 | 715094 | 116209 | 18764 | 4211 |
| 福 建 | Fujian | 579131 | 13348 | 121495 | 342842 | 52924 | 47306 | 1216 |
| 江 西 | Jiangxi | 698740 | 350 | 240007 | 370292 | 29376 | 58311 | 404 |
| 山 东 | Shandong | 1381967 | 49792 | 149593 | 928026 | 123416 | 129687 | 1453 |
| 河 南 | Henan | 1094050 | 31594 | 133847 | 775905 | 101201 | 48690 | 2813 |
| 湖 北 | Hubei | 715474 | 5228 | 83105 | 425552 | 95828 | 102813 | 2948 |
| 湖 南 | Hunan | 871874 | 2401 | 220365 | 517875 | 35020 | 94151 | 2062 |
| 广 东 | Guangdong | 968104 | 44214 | 255398 | 524940 | 67449 | 75488 | 615 |
| 广 西 | Guangxi | 760426 | 25055 | 98229 | 526093 | 68961 | 42029 | 59 |
| 海 南 | Hainan | 79255 | 41 | 10225 | 58831 | 1545 | 8607 | 6 |
| 重 庆 | Chongqing | 222427 | 584 | 753 | 191609 | 12056 | 17045 | 380 |
| 四 川 | Sichuan | 851616 | 3233 | 10705 | 668772 | 98186 | 63826 | 6894 |
| 贵 州 | Guizhou | 536779 | 44861 | 195578 | 251572 | 26565 | 16860 | 1343 |
| 云 南 | Yunnan | 597327 | 4391 | 56950 | 383055 | 107694 | 42267 | 2970 |
| 西 藏 | Tibet | 33139 | 4 | 1800 | 7699 | 2957 | 3441 | 17238 |
| 陕 西 | Shaanxi | 342965 | 129 | 50385 | 236090 | 47108 | 5151 | 4102 |
| 甘 肃 | Gansu | 235810 | 15 | 69218 | 139295 | 17114 | 7948 | 2220 |
| 青 海 | Qinghai | 56517 | 1 | 10631 | 37106 | 5982 | 1848 | 949 |
| 宁 夏 | Ningxia | 89459 | 1 | 12017 | 48733 | 24402 | 4094 | 212 |
| 新 疆 | Xinjiang | 348277 | 169 | 4481 | 241915 | 74185 | 26284 | 1243 |

# 6-8 各地区实施各种节育手术例数与上年同期对比

# Number of Birth Control Operations Compared with That of Last Year by Region

单位：例 (case)

| 地 区 | Region | 合计 Total | 男性绝育 Male Sterilization | 女性绝育 Female Sterilization | 放置宫内节育器 Place IUD | 取出宫内节育器 Take Out IUD | 人工流产 Induced Abortion | 皮下埋植 Implant |
|---|---|---|---|---|---|---|---|---|
| **全 国** | **National** | **-431075** | **-17135** | **-116657** | **-62668.4** | **-65949** | **-151865** | **-16801** |
| 北 京 | Beijing | -7658 | -1239 | 58 | -366 | -1010 | -2748 | -2353 |
| 天 津 | Tianjin | -3026 | -1 | -66 | -1709 | -688 | -541 | -21 |
| 河 北 | Hebei | -41380 | -2323 | -12300 | -19737 | -6157 | -190 | -673 |
| 山 西 | Shanxi | -18561 | -107 | -11958 | -2786 | -3323 | -316 | -71 |
| 内蒙古 | Inner Mongolia | -29654 | -11 | -1188 | -24782 | -3514 | 103 | -262 |
| 辽 宁 | Liaoning | 623 | -4 | 153 | 485 | 6922 | -7067 | 134 |
| 吉 林 | Jilin | -35432 | 20 | -801 | -26042 | -2119 | -6003 | -487 |
| 黑龙江 | Heilongjiang | -17559 | -3 | -108 | -13109 | -3139 | -1081 | -119 |
| 上 海 | Shanghai | 7130 | | -322 | -378 | -889 | 8762 | -43 |
| 江 苏 | Jiangsu | 39861 | 687 | 11762 | 37454 | -2357 | -426 | -7259 |
| 浙 江 | Zhejiang | -47024 | -23 | -1309 | -29073 | -9978 | -6369 | -272 |
| 安 徽 | Anhui | -23349 | 2429 | 11827 | 64627 | 23462 | -124869 | -825 |
| 福 建 | Fujian | 2248 | 1604 | 15874 | -10080 | 254 | -5053 | -351 |
| 江 西 | Jiangxi | -111234 | -194 | -50980 | -27692 | -22781 | -9369 | -218 |
| 山 东 | Shandong | -53189 | -7002 | -10552 | -26115 | -14443 | 5819 | -896 |
| 河 南 | Henan | -17112 | -1707 | -10300 | 8281 | -8497 | -5133 | 244 |
| 湖 北 | Hubei | 54236 | -1561 | -5391 | 16552 | 11093 | 32428 | 1115 |
| 湖 南 | Hunan | 94833 | -812 | 5401 | 73665 | 7821 | 8412 | 346 |
| 广 东 | Guangdong | -87753 | -4500 | -23657 | -22636 | -29500 | -7395 | -65 |
| 广 西 | Guangxi | -10617 | -4424 | -20119 | 19298 | -218 | -5104 | -50 |
| 海 南 | Hainan | -7322 | -37 | -6606 | 647 | -299 | -1021 | -6 |
| 重 庆 | Chongqing | -28603 | 357 | 47 | -31682 | 3213 | -448 | -90 |
| 四 川 | Sichuan | -71657 | -1655 | -3928 | -56728 | 2874 | -11120 | -1100 |
| 贵 州 | Guizhou | 72100 | 7727 | 37652 | 28722 | -3107 | 1224 | -118 |
| 云 南 | Yunnan | -29232 | -3965 | -16318 | -5466 | 871 | -4503 | 149 |
| 西 藏 | Tibet | -2814 | 4 | -128 | -253 | -93 | -373 | -1971 |
| 陕 西 | Shaanxi | -18646 | -57 | -4740 | -2188.4 | -9290 | -1985 | -386 |
| 甘 肃 | Gansu | -36837 | -457 | -17592 | -9250 | -5562 | -2989 | -987 |
| 青 海 | Qinghai | 1455 | -2 | -129 | 2887 | -1024 | -403 | 126 |
| 宁 夏 | Ningxia | 1833 | -1 | -317 | -1844 | 4217 | 9 | -231 |
| 新 疆 | Xinjiang | -6735 | 122 | -622 | -3370 | 1312 | -4116 | -61 |

# 第七部分

Chapter Seven

## 世界部分国家及地区人口和就业统计数据

Population and Employment Data of Selected Countries and Territories of the World

# 一、世界部分国家人口和就业统计数据

## I.Population and Employment Data of Selected Countries of the World

# 7-1 人口数
# Total Population

单位：百万人 (millions)

| 国家 | Country | 2003 | 2004 | 2005 | 2006 | 2007 | 2008 | 2009 | 2010 | 2011 |
|---|---|---|---|---|---|---|---|---|---|---|
| **世界总计** | **Total** | **6211.1** | **6377.6** | **6464.7** | **6540.3** | **6615.9** | **6749.7** | **6829.4** | **6908.7** | **6974.0** |
| **亚洲** | **Asia** | | | | | | | | | |
| 中国 | China | 1304.2 | 1313.3 | 1315.8 | 1323.6 | 1331.4 | 1336.3 | 1345.8 | 1354.1 | 1347.6 |
| 阿富汗 | Afghanistan | 23.9 | 24.9 | 29.9 | 31.1 | 32.3 | 28.2 | 28.2 | 29.1 | 32.4 |
| 孟加拉国 | Bangladesh | 146.7 | 149.7 | 141.8 | 144.4 | 147.1 | 161.3 | 162.2 | 164.4 | 150.5 |
| 缅甸 | Myanmar | 49.5 | 50.1 | 50.5 | 51.0 | | 49.2 | 50.0 | 50.5 | 48.3 |
| 柬埔寨 | Cambodia | 14.1 | 14.6 | 14.1 | 14.4 | 14.6 | 14.7 | 14.8 | 15.1 | 14.3 |
| 印度 | India | 1065.5 | 1081.2 | 1103.4 | 1119.5 | 1135.6 | 1186.2 | 1198.0 | 1214.5 | 1241.5 |
| 印度尼西亚 | Indonesia | 219.9 | 222.6 | 222.8 | 225.5 | 228.1 | 234.3 | 230.0 | 232.5 | 242.3 |
| 伊朗 | Iran | 68.9 | 69.8 | 69.5 | 70.3 | 71.2 | 72.2 | 74.2 | 75.1 | 74.8 |
| 伊拉克 | Iraq | 25.2 | 25.9 | 28.8 | 29.6 | 30.3 | 29.5 | 30.7 | 31.5 | 32.7 |
| 日本 | Japan | 127.7 | 127.8 | 128.1 | 128.2 | 128.3 | 127.9 | 127.2 | 127.0 | 126.5 |
| 约旦 | Jordan | 5.5 | 5.6 | 5.7 | 5.8 | 6.0 | 6.1 | 6.3 | 6.5 | 6.3 |
| 朝鲜 | Korea D.P.Rep. | 22.7 | 22.8 | 22.5 | 22.6 | 22.7 | 23.9 | 23.9 | 24.0 | 24.5 |
| 韩国 | Korea Rep. | 47.7 | 48.0 | 47.8 | 48.0 | 48.1 | 48.4 | 48.3 | 48.5 | 48.4 |
| 科威特 | Kuweit | 2.5 | 2.6 | 2.7 | 2.8 | 2.8 | 2.9 | 3.0 | 3.1 | 2.8 |
| 老挝 | Laos | 5.7 | 5.8 | 5.9 | 6.1 | 6.2 | 6.0 | 6.3 | 6.4 | 6.3 |
| 黎巴嫩 | Lebanon | 3.7 | 3.7 | 3.6 | 3.6 | 3.7 | 4.1 | 4.2 | 4.3 | 4.3 |
| 马来西亚 | Malaysia | 24.4 | 24.9 | 25.3 | 25.8 | 26.2 | 27.0 | 27.5 | 27.9 | 28.9 |
| 蒙古 | Mongolia | 2.6 | 2.6 | 2.6 | 2.7 | 2.7 | 2.7 | 2.7 | 2.7 | 2.8 |
| 尼泊尔 | Nepal | 25.2 | 25.7 | 27.1 | 27.7 | 28.2 | 28.8 | 29.3 | 29.9 | 30.5 |
| 巴基斯坦 | Pakistan | 153.6 | 157.3 | 157.9 | 161.2 | 164.6 | 167.0 | 180.8 | 184.8 | 176.7 |
| 菲律宾 | Philippines | 80.0 | 81.4 | 83.1 | 84.5 | 85.9 | 89.7 | 92.0 | 93.6 | 94.9 |
| 沙特阿拉伯 | Saudi Arabia | 24.2 | 24.9 | 24.6 | 25.2 | 25.8 | 25.3 | 25.7 | 26.2 | 28.1 |
| 新加坡 | Singapore | 4.3 | 4.3 | 4.3 | 4.4 | 4.4 | 4.5 | 4.7 | 4.8 | 5.2 |
| 斯里兰卡 | Sri Lanka | 19.1 | 19.2 | 20.7 | 20.9 | 21.1 | 19.4 | 20.2 | 20.4 | 21.0 |
| 叙利亚 | Syrian Arab Rep. | 17.8 | 18.2 | 19.0 | 19.5 | 20.0 | 20.4 | 21.9 | 22.5 | 20.8 |
| 泰国 | Thailand | 62.8 | 63.5 | 64.2 | 64.8 | 65.3 | 64.3 | 67.8 | 68.1 | 69.5 |
| 土耳其 | Turkey | 71.3 | 72.3 | 73.2 | 74.2 | 75.2 | 75.8 | 74.8 | 75.7 | 73.6 |
| 越南 | Viet Nam | 81.4 | 82.5 | 84.2 | 85.3 | 86.4 | 88.5 | 88.1 | 89.0 | 88.8 |
| 也门 | Yemen | 20.0 | 20.7 | 21.0 | 21.6 | 22.3 | 23.1 | 23.6 | 24.3 | 24.8 |
| **欧洲** | **Europe** | | | | | | | | | |
| 阿尔巴尼亚 | Albania | 3.2 | 3.2 | 3.1 | 3.1 | 3.2 | 3.2 | 3.2 | 3.2 | 3.2 |
| 奥地利 | Austria | 8.1 | 8.1 | 8.2 | 8.2 | 8.2 | 8.4 | 8.4 | 8.4 | 8.4 |
| 保加利亚 | Bulgaria | 7.9 | 7.8 | 7.7 | 7.7 | 7.6 | 7.6 | 7.5 | 7.5 | 7.4 |
| 捷克共和国 | Czech Rep. | 10.2 | 10.2 | 10.2 | 10.2 | 10.2 | 10.2 | 10.4 | 10.4 | 10.5 |
| 丹麦 | Denmark | 5.4 | 5.4 | 5.4 | 5.4 | 5.5 | 5.5 | 5.5 | 5.5 | 5.6 |
| 芬兰 | Finland | 5.2 | 5.2 | 5.2 | 5.3 | 5.3 | 5.3 | 5.3 | 5.3 | 5.4 |
| 法国 | France | 60.1 | 60.4 | 60.5 | 60.7 | 60.9 | 61.9 | 62.3 | 62.6 | 63.1 |
| 德国 | Germany | 82.5 | 82.5 | 82.7 | 82.7 | 82.7 | 82.5 | 82.2 | 82.1 | 82.2 |
| 希腊 | Greece | 11.0 | 11.0 | 11.1 | 11.1 | 11.2 | 11.2 | 11.2 | 11.2 | 11.4 |
| 匈牙利 | Hungary | 9.9 | 9.8 | 10.1 | 10.1 | 10.0 | 10.0 | 10.0 | 10.0 | 10.0 |
| 意大利 | Italy | 60.1 | 57.3 | 58.1 | 68.1 | 58.2 | 58.9 | 59.9 | 60.1 | 60.8 |
| 荷兰 | Netherlands | 16.1 | 16.2 | 16.3 | 16.4 | | 16.5 | 16.6 | 16.7 | 16.7 |
| 挪威 | Norway | 4.5 | 4.6 | 4.6 | 4.6 | 4.7 | 4.7 | 4.8 | 4.9 | 4.9 |
| 波兰 | Poland | 38.6 | 38.6 | 38.5 | 38.5 | 38.5 | 38.0 | 38.1 | 38.0 | 38.3 |
| 葡萄牙 | Portugal | 10.1 | 10.1 | 10.5 | 10.5 | 10.6 | 10.7 | 10.7 | 10.7 | 10.7 |
| 罗马尼亚 | Romania | 22.3 | 22.3 | 21.7 | 21.6 | 21.5 | 21.3 | 21.3 | 21.2 | 21.4 |
| 西班牙 | Spain | 41.1 | 41.1 | 43.1 | 43.3 | 43.6 | 44.6 | 44.9 | 45.3 | 46.5 |
| 瑞士 | Switzerland | 7.2 | 7.2 | 7.3 | 7.3 | 7.3 | 7.5 | 7.6 | 7.6 | 7.7 |
| 英国 | United Kingdom | 59.3 | 59.4 | 59.7 | 59.8 | 60.0 | 61.0 | 61.6 | 61.9 | 62.4 |
| 俄罗斯 | Russian Federation | 143.2 | 142.4 | 143.2 | 142.5 | 141.9 | 141.8 | 140.9 | 140.4 | 142.8 |

资料来源：《世界人口状况》联合国人口基金编。
Sources: UNFPA, State of World Population 2003-2011.

## 7-1 续表 continued

单位：百万人 (millions)

| 国家 | Country | 2003 | 2004 | 2005 | 2006 | 2007 | 2008 | 2009 | 2010 | 2011 |
|---|---|---|---|---|---|---|---|---|---|---|
| **非洲** | **Africa** | | | | | | | | | |
| 阿尔及利亚 | Algeria | 31.8 | 32.3 | 32.9 | 33.4 | 33.9 | 34.4 | 34.9 | 35.4 | 36.0 |
| 安哥拉 | Angola | 13.6 | 14.1 | 15.9 | 16.4 | 16.9 | 17.5 | 18.5 | 19.0 | 19.6 |
| 布隆迪 | Burundi | 6.8 | 7.1 | 7.5 | 7.8 | 8.1 | 8.9 | 8.3 | 8.5 | 8.6 |
| 中非共和国 | Central African Rep. | 3.9 | 3.9 | 4.0 | 4.1 | 4.2 | 4.4 | 4.4 | 4.5 | 4.5 |
| 刚果共和国 | Congo, Republic of the | 3.7 | 3.8 | 4.0 | 4.1 | 4.2 | 3.8 | 3.7 | 3.8 | 4.1 |
| 埃及 | Egypt | 71.9 | 73.4 | 74.0 | 75.4 | 76.9 | 76.8 | 83.0 | 84.5 | 82.5 |
| 埃塞俄比亚 | Ethiopia | 70.7 | 72.4 | 77.4 | 79.3 | 81.2 | 85.2 | 82.8 | 85.0 | 84.7 |
| 加蓬 | Gabon | 1.3 | 1.4 | 1.4 | 1.4 | 1.4 | 1.4 | 1.5 | 1.5 | 1.5 |
| 加纳 | Ghana | 20.9 | 21.4 | 22.1 | 22.6 | 23.0 | 23.9 | 23.8 | 24.3 | 25.0 |
| 几内亚 | Guinea | 8.5 | 8.6 | 9.4 | 9.6 | 9.8 | 9.6 | 10.1 | 10.3 | 10.2 |
| 肯尼亚 | Kenya | 32.0 | 32.4 | 34.3 | 35.1 | 36.0 | 38.6 | 39.8 | 40.9 | 41.6 |
| 利比亚 | Libyan Arab Jamahiriya | 5.6 | 5.7 | 5.9 | 6.0 | 6.1 | 6.3 | 6.4 | 6.5 | 6.4 |
| 利比里亚 | Liberia | 3.4 | 3.5 | 3.3 | 3.4 | 3.5 | 3.9 | 4.0 | 4.1 | 4.1 |
| 马达加斯加 | Madagascar | 17.4 | 17.9 | 18.6 | 19.1 | 19.6 | 20.2 | 19.6 | 20.1 | 21.3 |
| 马里 | Mali | 13.0 | 13.4 | 13.5 | 13.9 | 14.3 | 12.7 | 13.0 | 13.3 | 15.8 |
| 毛里塔尼亚 | Mauritania | 2.9 | 3.0 | 3.1 | 3.2 | 3.2 | 3.2 | 3.3 | 3.4 | 3.5 |
| 摩洛哥 | Morocco | 30.6 | 31.1 | 31.5 | 31.9 | 32.4 | 31.6 | 32.0 | 32.4 | 32.3 |
| 莫桑比克 | Mozambique | 18.9 | 19.2 | 19.8 | 20.2 | 20.5 | 21.8 | 22.9 | 23.4 | 23.9 |
| 尼日利亚 | Nigeria | 124.0 | 127.1 | 131.5 | 134.4 | 137.2 | 151.5 | 154.7 | 158.3 | 162.5 |
| 卢旺达 | Rwanda | 8.4 | 8.5 | 9.0 | 9.2 | 9.4 | 10.0 | 10.0 | 10.3 | 10.9 |
| 索马里 | Somalia | 9.9 | 10.3 | 8.2 | 8.5 | 8.8 | 9.0 | 9.1 | 9.4 | 9.6 |
| 南非 | South Africa | 45.0 | 45.2 | 47.4 | 47.6 | 47.7 | 48.8 | 50.1 | 50.5 | 50.5 |
| 苏丹 | Sudan | 33.6 | 34.3 | 36.2 | 37.0 | 37.8 | 39.4 | 42.3 | 43.2 | 44.6 |
| 突尼斯 | Tunisia | 9.8 | 9.9 | 10.1 | 10.2 | 10.3 | 10.4 | 10.3 | 10.4 | 10.6 |
| 乌干达 | Uganda | 25.8 | 26.7 | 28.8 | 29.9 | 30.9 | 31.9 | 32.7 | 33.8 | 34.5 |
| 喀麦隆 | Cameroon, Republic of | 16.0 | 16.3 | 16.3 | 16.6 | 16.9 | 18.9 | 19.5 | 20.0 | 20.0 |
| 坦桑尼亚 | Tanzania, the United Republic of | 37.0 | 37.7 | 38.3 | 39.0 | 39.7 | 41.5 | 43.7 | 45.0 | 46.2 |
| 赞比亚 | Zambia | 10.8 | 10.9 | 13.0 | 11.9 | 12.1 | 12.2 | 12.9 | 13.3 | 13.5 |
| **大洋洲** | **Oceania** | | | | | | | | | |
| 澳大利亚 | Australia | 19.7 | 19.9 | 20.2 | 20.4 | 20.6 | 21.0 | 21.3 | 21.5 | 22.6 |
| 新西兰 | New Zealand | 3.9 | 3.9 | 4.0 | 4.1 | 4.1 | 4.2 | 4.3 | 4.3 | 4.4 |
| **北美洲** | **North America** | | | | | | | | | |
| 加拿大 | Canada | 31.5 | 31.7 | 32.3 | 32.6 | 32.9 | 33.2 | 33.6 | 33.9 | 34.3 |
| 美国 | United States | 294.0 | 297.0 | 298.2 | 301.0 | 303.9 | 308.8 | 314.7 | 317.6 | 313.1 |
| **拉丁美洲** | **Latin America** | | | | | | | | | |
| 阿根廷 | Argentina | 38.4 | 38.9 | 38.7 | 39.1 | 39.5 | 39.9 | 40.3 | 40.7 | 40.8 |
| 玻利维亚 | Bolivia | 8.8 | 9.0 | 9.2 | 9.4 | 9.5 | 9.7 | 9.9 | 10.0 | 10.1 |
| 巴西 | Brazil | 178.5 | 180.7 | 186.4 | 188.9 | 191.3 | 194.2 | 193.7 | 195.4 | 196.7 |
| 智利 | Chile | 15.8 | 16.0 | 16.3 | 16.5 | 16.6 | 16.8 | 17.0 | 17.1 | 17.3 |
| 哥伦比亚 | Colombia | 44.2 | 44.9 | 45.6 | 46.3 | 47.0 | 46.7 | 45.7 | 46.3 | 46.9 |
| 古巴 | Cuba | 11.3 | 11.3 | 11.3 | 11.3 | 11.3 | 11.3 | 11.2 | 11.2 | 11.3 |
| 多米尼加共和国 | Dominican Republic | 8.7 | 8.9 | 8.9 | 9.0 | 9.1 | 9.9 | 10.1 | 10.2 | 10.1 |
| 厄瓜多尔 | Ecuador | 13.0 | 13.2 | 13.2 | 13.4 | 13.6 | 13.5 | 13.6 | 13.8 | 14.7 |
| 危地马拉 | Guatemala | 12.3 | 12.7 | 12.6 | 12.9 | 13.2 | 13.7 | 14.0 | 14.4 | 14.8 |
| 墨西哥 | Mexico | 103.5 | 104.9 | 107.0 | 108.3 | 109.6 | 107.8 | 109.6 | 110.6 | 114.8 |
| 巴拿马 | Panama | 3.1 | 3.2 | 3.2 | 3.3 | 3.3 | 3.4 | 3.5 | 3.5 | 3.6 |
| 巴拉圭 | Paraguay | 5.9 | 6.0 | 6.2 | 6.3 | 6.4 | 6.2 | 6.3 | 6.5 | 6.6 |
| 秘鲁 | Peru | 27.2 | 27.6 | 28.0 | 28.4 | 28.8 | 28.2 | 29.2 | 29.5 | 29.4 |
| 波多黎各 | Puerto Rico | 3.9 | 3.9 | 4.0 | 4.0 | 4.0 | 4.0 | 4.0 | 4.0 | |
| 乌拉圭 | Uruguay | 3.4 | 3.4 | 3.5 | 3.5 | 3.5 | 3.4 | 3.4 | 3.4 | 3.4 |
| 委内瑞拉 | Venezuela | 25.7 | 26.2 | 26.7 | 27.2 | 27.7 | 28.1 | 28.6 | 29.0 | 29.4 |

# 7-2 人口出生率、死亡率、自然增长率

## Crude Birth Rate, Crude Death Rate and Rate of Natural Increase

| 国　家 | Country | 出生率 Crude Birth Rate(‰) | 死亡率 Crude Death Rate(‰) | 自然增长率 Rate of Natural Increase(%) |
|---|---|---|---|---|
| 美国 | United States | 13 | 8 | 0.5 |
| 日本 | Japan | 8 | 9 | -0.1 |
| 德国 | Germany | 8 | 10 | -0.2 |
| 英国 | United Kingdom | 13 | 9 | 0.4 |
| 法国 | France | 13 | 9 | 0.4 |
| 意大利 | Italy | 9 | 10 | -0.1 |
| 加拿大 | Canada | 11 | 7 | 0.4 |
| 澳大利亚 | Australia | 14 | 6 | 0.7 |
| 波兰 | Poland | 11 | 10 | 0.1 |
| 匈牙利 | Hungary | 9 | 13 | -0.4 |
| 罗马尼亚 | Romania | 10 | 12 | -0.2 |
| 保加利亚 | Bulgaria | 10 | 15 | -0.5 |
| 印度 | India | 23 | 7 | 1.5 |
| 印度尼西亚 | Indonesia | 19 | 6 | 1.3 |
| 巴基斯坦 | Pakistan | 28 | 8 | 2.1 |
| 孟加拉国 | Bangladesh | 22 | 6 | 1.5 |
| 泰国 | Thailand | 12 | 7 | 0.5 |
| 菲律宾 | Philippines | 25 | 6 | 1.9 |
| 马来西亚 | Malaysia | 21 | 5 | 1.6 |
| 韩国 | Korea Rep. | 9 | 5 | 0.4 |
| 新加坡 | Singapore | 9 | 4 | 0.5 |
| 伊朗 | Iran | 19 | 6 | 1.3 |
| 土耳其 | Turkey | 18 | 6 | 1.2 |
| 尼日利亚 | Nigeria | 41 | 16 | 2.5 |
| 埃及 | Egypt | 25 | 5 | 2.0 |
| 埃塞俄比亚 | Ethiopia | 37 | 10 | 2.7 |
| 坦桑尼亚 | Tanzania | 40 | 11 | 2.9 |
| 肯尼亚 | Kenya | 37 | 10 | 2.7 |
| 巴西 | Brazil | 15 | 6 | 0.9 |
| 墨西哥 | Mexico | 19 | 5 | 1.4 |
| 阿根廷 | Argentina | 19 | 8 | 1.1 |
| 哥伦比亚 | Colombia | 18 | 6 | 1.2 |

资料来源：《2011年世界人口数据表》美国人口咨询局编。
Sources:Population Reference Bureau of United States, 2011 World Population Data Sheet.

# 7-3 人口年龄构成
# Age Composition

单位：% (%)

| 国 家 | Country | 0-14岁 Aged 0-14 | 15-64岁 Aged 15-64 | 65岁及以上 Aged 65 and Over |
|---|---|---|---|---|
| 美国 | United States | 20 | 67 | 13 |
| 日本 | Japan | 13 | 64 | 23 |
| 德国 | Germany | 13 | 66 | 21 |
| 英国 | United Kingdom | 17 | 67 | 16 |
| 法国 | France | 18 | 65 | 17 |
| 意大利 | Italy | 14 | 66 | 20 |
| 加拿大 | Canada | 16 | 70 | 14 |
| 澳大利亚 | Australia | 19 | 67 | 14 |
| 波兰 | Poland | 15 | 71 | 14 |
| 匈牙利 | Hungary | 15 | 69 | 16 |
| 罗马尼亚 | Romania | 15 | 70 | 15 |
| 保加利亚 | Bulgaria | 14 | 68 | 18 |
| 印度 | India | 33 | 62 | 5 |
| 印度尼西亚 | Indonesia | 28 | 66 | 6 |
| 巴基斯坦 | Pakistan | 36 | 60 | 4 |
| 孟加拉国 | Bangladesh | 31 | 64 | 5 |
| 泰国 | Thailand | 21 | 70 | 9 |
| 菲律宾 | Philippines | 36 | 60 | 4 |
| 马来西亚 | Malaysia | 30 | 65 | 5 |
| 韩国 | Korea Rep. | 16 | 71 | 13 |
| 新加坡 | Singapore | 17 | 74 | 9 |
| 伊朗 | Iran | 25 | 70 | 5 |
| 土耳其 | Turkey | 26 | 67 | 7 |
| 尼日利亚 | Nigeria | 43 | 54 | 3 |
| 埃及 | Egypt | 31 | 64 | 5 |
| 埃塞俄比亚 | Ethiopia | 44 | 53 | 3 |
| 坦桑尼亚 | Tanzania | 45 | 52 | 3 |
| 肯尼亚 | Kenya | 42 | 55 | 3 |
| 巴西 | Brazil | 25 | 68 | 7 |
| 墨西哥 | Mexico | 29 | 65 | 6 |
| 阿根廷 | Argentina | 26 | 64 | 10 |
| 哥伦比亚 | Colombia | 29 | 65 | 6 |

资料来源：《2011年世界人口数据表》美国人口咨询局编。
Sources:Population Reference Bureau of United States, 2011 World Population Data Sheet.

# 7-4 人口指标
# Demographic Indicators

| 国 家 | Country | 预期寿命(岁) 男 / 女 Life Expectancy at Birth Male / Female (2010-2015) | 五岁以下儿童死亡率(‰) Under age 5 Mortality Rate, Per 1000 Live Births (2009) | 总和生育率 Total Fertility Rate, Per Woman Aged 15-49, (2010-2015) | 人口增长率 (%) Population Growth Rate, Per cent, (2010-2015) | 城市人口比重 (%) Urban Population Per cent, (2010) |
|---|---|---|---|---|---|---|
| 美国 | United States | 76 / 81 | 7.8 | 2.1 | 0.9 | 82 |
| 日本 | Japan | 80 / 87 | 3.3 | 1.4 | -0.1 | 67 |
| 德国 | Germany | 78 / 83 | 4.2 | 1.5 | -0.2 | 74 |
| 英国 | United Kingdom | 78 / 82 | 5.5 | 1.9 | 0.6 | 80 |
| 法国 | France | 78 / 85 | 3.9 | 2.0 | 0.5 | 85 |
| 意大利 | Italy | 79 / 85 | 4.0 | 1.5 | 0.2 | 68 |
| 加拿大 | Canada | 79 / 83 | 6.1 | 1.7 | 0.9 | 81 |
| 澳大利亚 | Australia | 80 / 84 | 5.1 | 1.9 | 1.3 | 89 |
| 波兰 | Poland | 72 / 81 | 6.7 | 1.4 | 0.0 | 61 |
| 匈牙利 | Hungary | 71 / 78 | 6.3 | 1.4 | -0.2 | 68 |
| 罗马尼亚 | Romania | 71 / 78 | 11.9 | 1.4 | -0.2 | 57 |
| 印度 | India | 64 / 68 | 65.6 | 2.5 | 1.3 | 30 |
| 印度尼西亚 | Indonesia | 68 / 72 | 38.9 | 2.1 | 1.0 | 44 |
| 巴基斯坦 | Pakistan | 65 / 67 | 87.0 | 3.2 | 1.8 | 36 |
| 孟加拉国 | Bangladesh | 69 / 70 | 52.0 | 2.2 | 1.3 | 28 |
| 泰国 | Thailand | 71 / 78 | 13.5 | 1.5 | 0.5 | 34 |
| 菲律宾 | Philippines | 66 / 73 | 33.1 | 3.1 | 1.7 | 49 |
| 马来西亚 | Malaysia | 73 / 77 | 6.1 | 2.6 | 1.6 | 72 |
| 韩国 | Korea,Republic of | 77 / 84 | 4.9 | 1.4 | 0.4 | 83 |
| 新加坡 | Singapore | 79 / 84 | 2.8 | 1.4 | 1.1 | 100 |
| 土耳其 | Turkey | 72 / 77 | 20.3 | 2.0 | 1.1 | 70 |
| 尼日利亚 | Nigeria | 52 / 53 | 137.9 | 5.4 | 2.5 | 50 |
| 埃及 | Egypt | 72 / 76 | 21.0 | 2.6 | 1.7 | 43 |
| 埃塞俄比亚 | Ethiopia | 58 / 62 | 104.4 | 3.8 | 2.1 | 17 |
| 坦桑尼亚 | Tanzania | 58 / 60 | 107.9 | 5.5 | 3.1 | 26 |
| 肯尼亚 | Kenya | 57 / 59 | 84.0 | 4.6 | 2.7 | 22 |
| 巴西 | Brazil | 71 / 77 | 20.6 | 1.8 | 0.8 | 87 |
| 墨西哥 | Mexico | 75 / 80 | 16.8 | 2.2 | 1.1 | 78 |
| 阿根廷 | Argentina | 72 / 80 | 14.1 | 2.2 | 0.9 | 92 |
| 哥伦比亚 | Colombia | 70 / 78 | 18.9 | 2.3 | 1.3 | 75 |

资料来源：《世界人口状况-2011》联合国人口基金编。
Sources: UNFPA, State of World Population 2011.

# 7-5 全部就业人数

# Employment

单位：千人 (1000 persons)

| 国　别 | Country | 2009 | 2010 | 2011 |
|---|---|---|---|---|
| 阿 根 廷 | Argentina | 10371.0 | 10547.0 | |
| 澳大利亚 | Australia | 10952.9 | 11247.0 | 11435.5 |
| 加 拿 大 | Canada | 16813.1 | 17041.0 | 17306.2 |
| 埃　及 | Egypt | 22775.5 | 23832.5 | |
| 法　国 | France | 25651.8 | 25692.3 | |
| 德　国 | Germany | 38471.1 | 38737.9 | |
| 匈 牙 利 | Hungary | 3781.8 | 3781.3 | |
| 印度尼西亚 | Indonesia | 104678.1 | 107806.7 | |
| 意 大 利 | Italy | 23025.0 | 22872.3 | |
| 日　本 | Japan | 62878.3 | 62563.3 | |
| 韩　国 | Korea, Republic of | 23505.7 | 23828.8 | |
| 马来西亚 | Malaysia | 11020.2 | 11291.4 | |
| 墨 西 哥 | Mexico | 43678.1 | 44143.9 | |
| 荷　兰 | Netherlands | 8596.1 | 8370.2 | |
| 新 西 兰 | New Zealand | 2164.4 | 2180.3 | |
| 挪　威 | Norway | 2499.5 | 2500.8 | |
| 菲 律 宾 | Philippines | 35061.3 | 36034.8 | |
| 葡 萄 牙 | Portugal | 5054.1 | 4978.2 | |
| 罗马尼亚 | Romania | 9243.5 | 9239.4 | |
| 俄 罗 斯 | Russian Federation | 69305.1 | 69803.3 | |
| 瑞　典 | Sweden | 4499.1 | 4545.3 | 4641.7 |
| 泰　国 | Thailand | 37706.3 | 38037.3 | |
| 英　国 | United Kingdom | 28922.7 | 28941.5 | |
| 美　国 | United States | 139877.5 | 139063.9 | 139869.3 |

注：1)资料来源:国际劳工组织劳动统计数据库(下同)。
a)Date resources:ILO Labour Statistics Database (same as below).

# 7-6 全部女性就业人数

# Female Employment

单位：千人 (1000 persons)

| 国别 | Country | 2009 | 2010 | 2011 |
|---|---|---|---|---|
| 阿根廷 | Argentina | | 4389.0 | |
| 澳大利亚 | Australia | 4994.6 | 5099.3 | 5204.2 |
| 加拿大 | Canada | 8052.4 | 8129.4 | 8221.1 |
| 埃及 | Egypt | 4549.5 | 4674.5 | |
| 法国 | France | 12178.9 | 12194.2 | |
| 德国 | Germany | 17655.2 | 17846.2 | |
| 匈牙利 | Hungary | 1737.0 | 1758.6 | |
| 印度尼西亚 | Indonesia | | 41090.7 | |
| 意大利 | Italy | 9235.8 | 9238.3 | |
| 日本 | Japan | 26421.7 | 26414.2 | |
| 韩国 | Korea, Republic of | 9771.4 | 9913.8 | |
| 马来西亚 | Malaysia | | | |
| 墨西哥 | Mexico | 16464.0 | 16615.6 | |
| 荷兰 | Netherlands | 3947.7 | 3844.3 | |
| 新西兰 | New Zealand | 1015.9 | 1018.9 | |
| 挪威 | Norway | 1190.2 | 1186.0 | |
| 菲律宾 | Philippines | 13657.3 | 14113.3 | |
| 葡萄牙 | Portugal | 2366.5 | 2333.6 | |
| 罗马尼亚 | Romania | 4143.0 | 4127.9 | |
| 俄罗斯 | Russian Federation | 34295.5 | 34303.4 | |
| 瑞典 | Sweden | 2140.0 | 2144.5 | 2198.4 |
| 泰国 | Thailand | 17217.1 | 17384.9 | |
| 英国 | United Kingdom | 13474.5 | 13450.7 | |
| 美国 | United States | 66207.8 | 65704.9 | 65578.8 |

# 7-7 全部男性就业人数

# Male Employment

单位：千人 (1000 persons)

| 国　　别 | Country | 2009 | 2010 | 2011 |
|---|---|---|---|---|
| 阿根廷 | Argentina | | 6157.9 | |
| 澳大利亚 | Australia | 5958.2 | 6147.7 | 6231.3 |
| 加拿大 | Canada | 8760.7 | 8911.6 | 9085.1 |
| 埃　及 | Egypt | 18226.0 | 19158.0 | |
| 法　国 | France | 13472.9 | 13498.1 | |
| 德　国 | Germany | 20815.9 | 20891.7 | |
| 匈牙利 | Hungary | 2044.9 | 2022.7 | |
| 印度尼西亚 | Indonesia | | 66716.0 | |
| 意大利 | Italy | 13789.2 | 13634.0 | |
| 日　本 | Japan | 36455.0 | 36150.8 | |
| 韩　国 | Korea, Republic of | 13734.1 | 13915.0 | |
| 马来西亚 | Malaysia | | | |
| 墨西哥 | Mexico | 27214.1 | 27528.3 | |
| 荷　兰 | Netherlands | 4648.4 | 4525.9 | |
| 新西兰 | New Zealand | 1148.5 | 1161.5 | |
| 挪　威 | Norway | 1309.3 | 1314.8 | |
| 菲律宾 | Philippines | 21403.5 | 21921.3 | |
| 葡萄牙 | Portugal | 2687.6 | 2644.6 | |
| 罗马尼亚 | Romania | 5100.5 | 5111.4 | |
| 俄罗斯 | Russian Federation | 35063.1 | 35500.0 | |
| 瑞　典 | Sweden | 2359.1 | 2400.8 | 2443.3 |
| 泰　国 | Thailand | 20489.3 | 20652.5 | |
| 英　国 | United Kingdom | 15448.2 | 15490.9 | |
| 美　国 | United States | 73669.7 | 73359.2 | 74290.3 |

# 7-8 非农行业有酬就业人数

# Paid-employment in Non-agricultural Activities

单位：千人 (1000 persons)

| 国　别 | Country | 2009 | 2010 | 2011 |
|---|---|---|---|---|
| 阿根廷 | Argentina | | | |
| 澳大利亚 | Australia | 10556.2 | 10842.1 | |
| 加拿大 | Canada | 16496.9 | 16740.3 | 17000.6 |
| 埃　及 | Egypt | | | |
| 法　国 | France | 24898.5 | 24942.5 | |
| 德　国 | Germany | 37823.9 | 38104.7 | |
| 匈牙利 | Hungary | 3607.9 | 3612.6 | |
| 印度尼西亚 | Indonesia | 62358.0 | 65645.9 | |
| 意大利 | Italy | 22175.7 | 22005.6 | |
| 日　本 | Japan | 60386.7 | 60220.8 | |
| 韩　国 | Korea, Republic of | 21857.4 | 22262.5 | |
| 马来西亚 | Malaysia | 9512.2 | 9717.8 | |
| 墨西哥 | Mexico | 37877.2 | 38309.8 | |
| 荷　兰 | Netherlands | 8378.0 | 8137.5 | |
| 新西兰 | New Zealand | 2021.4 | 2031.1 | |
| 挪　威 | Norway | 2432.0 | 2437.1 | |
| 菲律宾 | Philippines | 23018.5 | 24079.3 | |
| 葡萄牙 | Portugal | 4489.3 | 4436.0 | |
| 罗马尼亚 | Romania | 6554.4 | 6459.5 | |
| 俄罗斯 | Russian Federation | 63498.9 | 64275.1 | |
| 瑞　典 | Sweden | 4401.6 | 4449.8 | |
| 泰　国 | Thailand | 23013.8 | 23475.6 | |
| 英　国 | United Kingdom | 28601.8 | 28591.2 | |
| 美　国 | United States | 137774.4 | 136857.9 | 137615.0 |

# 7-9 制造业有酬就业人数

# Paid-employment in Manufacturing

单位：千人 (1000 persons)

| 国　别 | Country | 2009 | 2010 | 2011 |
|---|---|---|---|---|
| 阿根廷 | Argentina | 1151.7 | 1166.6 | 1205.0 |
| 澳大利亚 | Australia | 1014.9 | 997.4 | 1033.8 |
| 加拿大 | Canada | 1781.8 | 1744.3 | 1760.2 |
| 埃　及 | Egypt | | | |
| 法　国 | France | 3510.6 | 3368.5 | |
| 德　国 | Germany | 7848.0 | 7746.5 | |
| 匈牙利 | Hungary | 792.7 | 785.2 | |
| 印度尼西亚 | Indonesia | 12727.6 | 13438.4 | |
| 意大利 | Italy | 4448.0 | 4265.3 | |
| 日　本 | Japan | 10723.3 | 10484.2 | |
| 韩　国 | Korea, Republic of | 3836.3 | 4027.5 | |
| 马来西亚 | Malaysia | 1815.7 | 1898.8 | |
| 墨西哥 | Mexico | 6581.0 | 6801.3 | |
| 荷　兰 | Netherlands | 847.5 | 800.6 | |
| 新西兰 | New Zealand | 249.5 | 247.5 | |
| 挪　威 | Norway | 248.4 | 236.7 | |
| 菲律宾 | Philippines | 2893.5 | 3033.3 | |
| 葡萄牙 | Portugal | 851.7 | 826.6 | |
| 罗马尼亚 | Romania | 1751.3 | 1646.7 | |
| 俄罗斯 | Russian Federation | 10529.0 | 10582.0 | |
| 瑞　典 | Sweden | 611.2 | 601.7 | 612.0 |
| 泰　国 | Thailand | 5373.9 | 5349.6 | |
| 英　国 | United Kingdom | 2792.6 | 2850.9 | |
| 美　国 | United States | 14202.3 | 14081.4 | 14336.3 |

# 7-10 失业人数

# Unemployment

单位：千人 (1000 persons)

| 国 别 | Country | 2009 | 2010 | 2011 |
|---|---|---|---|---|
| 阿根廷 | Argentina | 985.5 | 881.8 | 833.5 |
| 澳大利亚 | Australia | 648.8 | 620.8 | 614.5 |
| 加拿大 | Canada | 1516.0 | 1484.1 | 1393.1 |
| 埃 及 | Egypt | 2359.5 | 2350.3 | |
| 法 国 | France | 2580.7 | 2640.0 | 2612.1 |
| 德 国 | Germany | 3228.2 | 2945.5 | 2501.5 |
| 匈牙利 | Hungary | 420.7 | 474.7 | 467.9 |
| 印度尼西亚 | Indonesia | 9110.8 | 8456.1 | 7910.0 |
| 意大利 | Italy | 1944.9 | 2102.4 | 2107.8 |
| 日 本 | Japan | 3355.8 | 3335.0 | 2911.7 |
| 韩 国 | Korea, Republic of | 888.8 | 918.1 | 854.7 |
| 马来西亚 | Malaysia | 413.7 | 387.7 | 389.1 |
| 墨西哥 | Mexico | 2521.3 | 2572.3 | 2561.1 |
| 荷 兰 | Netherlands | 303.7 | 389.9 | 388.6 |
| 新西兰 | New Zealand | 141.4 | 152.2 | 154.6 |
| 挪 威 | Norway | 80.1 | 91.3 | 84.2 |
| 菲律宾 | Philippines | 2830.5 | 2858.8 | 2814.0 |
| 葡萄牙 | Portugal | 528.6 | 602.6 | 706.1 |
| 罗马尼亚 | Romania | 680.7 | 725.2 | 730.2 |
| 俄罗斯 | Russian Federation | 6403.2 | 5644.9 | 5020.2 |
| 瑞 典 | Sweden | 407.5 | 415.3 | 376.6 |
| 泰 国 | Thailand | 572.3 | 402.2 | 264.3 |
| 英 国 | United Kingdom | 2363.1 | 2440.2 | 2533.8 |
| 美 国 | United States | 14264.6 | 14824.8 | 13747.4 |

# 7-11 消费价格指数
# Consumer Price Index

2000年=100 (year of 2000=100)

| 国 别 | Country | 2002 | 2003 | 2004 | 2005 | 2006 | 2007 | 2008 | 2009 | 2010 |
|---|---|---|---|---|---|---|---|---|---|---|
| 阿根廷 | Argentina | 124.5 | 141.3 | 147.5 | 161.7 | 179.4 | 195.2 | 211.9 | 225.5 | 248.8 |
| 澳大利亚 | Australia | 107.6 | 110.5 | 113.1 | 116.1 | 120.2 | 123.1 | 128.3 | 130.7 | 134.4 |
| 加拿大 | Canada | 104.8 | 107.8 | 109.8 | 112.2 | 114.4 | 116.9 | 119.6 | 119.9 | 122.1 |
| 埃及 | Egypt | 105.0 | 109.5 | 127.4 | 133.7 | 143.9 | 157.6 | 186.4 | 208.4 | 231.6 |
| 法国 | France | 103.6 | 105.8 | 108.0 | 109.9 | 111.8 | 113.4 | 116.6 | 116.7 | 118.5 |
| 德国 | Germany | 103.4 | 104.5 | 106.2 | 108.3 | 110.1 | 112.5 | 115.4 | 115.9 | 117.2 |
| 匈牙利 | Hungary | 115.0 | 120.3 | 128.5 | 133.1 | 138.3 | 149.3 | 158.4 | 165.0 | 173.1 |
| 印度尼西亚 | Indonesia | 124.7 | 133.0 | 141.3 | 156.0 | 176.5 | 187.8 | 207.2 | 216.1 | 227.2 |
| 意大利 | Italy | 105.4 | 108.2 | 110.5 | 112.4 | 114.7 | 116.9 | 120.7 | 121.6 | 123.3 |
| 日本 | Japan | 98.4 | 98.1 | 98.1 | 97.8 | 98.1 | 98.1 | 99.5 | 98.1 | 97.4 |
| 韩国 | Korea, Rep | 106.9 | 110.7 | 114.7 | 100.0 | 102.2 | 104.8 | 109.7 | 112.8 | 116.1 |
| 马来西亚 | Malaysia | 103.2 | 104.4 | 105.9 | 109.1 | 113.0 | 115.3 | 121.5 | 122.3 | 124.4 |
| 墨西哥 | Mexico | 111.7 | 116.8 | 122.3 | 127.2 | 131.8 | 137.0 | 144.0 | 151.6 | 157.9 |
| 荷兰 | Netherlands | 107.6 | 109.9 | 111.2 | 113.1 | 114.4 | 116.2 | 119.1 | 120.6 | 122.1 |
| 新西兰 | New Zealand | 105.4 | 107.2 | 109.7 | 113.0 | 116.8 | 119.6 | 124.4 | 127.0 | 129.9 |
| 挪威 | Norway | 104.4 | 106.9 | 107.4 | 109.1 | 111.6 | 112.4 | 116.7 | 119.2 | 122.0 |
| 菲律宾 | Philippines | 110.1 | 113.9 | 120.6 | 129.8 | 137.9 | 141.8 | 155.0 | 160.0 | 166.1 |
| 葡萄牙 | Portugal | 108.0 | 111.6 | 114.2 | 116.7 | 120.4 | 123.3 | 126.4 | 125.2 | 126.8 |
| 罗马尼亚 | Romania | 164.8 | 189.9 | 212.5 | 231.7 | 246.9 | 258.8 | 279.1 | 294.7 | 312.7 |
| 俄罗斯 | Russian Fed. | 140.6 | 159.9 | 177.3 | 199.7 | 219.1 | 238.8 | 272.5 | 304.3 | 325.2 |
| 瑞典 | Sweden | 104.6 | 106.6 | 107.0 | 107.5 | 109.0 | 111.4 | 115.2 | 114.7 | 116.0 |
| 泰国 | Thailand | 102.3 | 104.1 | 107.0 | 111.8 | 117.0 | 119.6 | 126.1 | 125.0 | 129.2 |
| 英国 | United Kingdom | 103.5 | 106.5 | 109.6 | 112.7 | 116.3 | 121.3 | 126.1 | 125.5 | 131.3 |
| 美国 | United States | 104.5 | 106.9 | 109.7 | 113.4 | 117.1 | 120.4 | 125.0 | 124.6 | 126.6 |

# 二、香港特别行政区人口和就业统计数据

II.Population and Employment Data of
Hong Kong Special Administrative Region

# 7-12 人口主要指标
## Main Indicators of Population

| 项目 | Item | 2007 | 2008 | 2009 | 2010 | 2011 |
|---|---|---|---|---|---|---|
| 年中人口 (万人) | Mid-year Population (10 000 persons) | 691.6 | 695.8 | 697.3 | 702.4 | 707.2 |
| 粗出生率 (‰) | Crude Birth Rate (‰) | 10.2 | 11.3 | 11.8 | 12.6 | 13.5 |
| 粗死亡率 (‰) | Crude Death Rate (‰) | 5.7 | 6.0 | 5.9 | 6.0 | 5.9 |
| 婴儿死亡率 (‰) | Infant Mortality Rate (‰) | 1.8 | 1.8 | 1.7 | 1.7 | 1.2 |
| 自然增长率 (‰) | Rate of Natural Increase (‰) | 4.5 | 5.3 | 5.9 | 6.6 | 7.6 |
| 总和生育率① | Total Fertility Rate① | 1028 | 1064 | 1055 | 1127 | 1204 |
| 登记结婚数 (对) | Registered Marriages (couple) | 47453 | 47331 | 51175 | 52558 | 58369 |
| 登记离婚数 (对) | Divorce Decrees (couple) | 18403 | 17771 | 17002 | 18167 | 19597 |
| 出生时平均预期寿命 (年) | Expectation of Life at Birth (year old) | | | | | |
| 男 | Male | 79.4 | 79.4 | 79.8 | 80.1 | 80.5 |
| 女 | Female | 85.4 | 85.5 | 85.9 | 86.0 | 86.7 |

注：2011年6至8月期间进行的人口普查提供一个基准，用作修订自2006年中期人口统计以来编制的人口数字。上表2007年至2011年与人口有关的数字已作出相应修订。

①不包括外籍佣工。每千名女性的活产婴儿数目。

Notes: The Population Census conducted from June to August 2011 provides a benchmark for revising the population estimates compiled since the 2006 Population By-census.In the above table,population-related figures from 2007 to 2010 have been revised accordingly.

①Excluding female foreign domestic helpers. Refers to live births per 1000 women.

# 7-13 劳动人口及失业状况
## Labour Force and Unemployment

| 项目 | Item | 2007 | 2008 | 2009 | 2010 | 2011 |
|---|---|---|---|---|---|---|
| 劳动人口数目(万人) | Labour Force (10 000 persons) | 362.2 | 363.7 | 366.0 | 363.1 | 370.3 |
| 男 | Male | 195.4 | 194.4 | 194.4 | 193.1 | 194.3 |
| 女 | Female | 166.9 | 169.3 | 171.6 | 170.0 | 176.0 |
| 劳动人口参与率 (%) | Labour Force Participation Rate (%) | 61.2 | 60.9 | 60.8 | 59.6 | 60.1 |
| 就业人口 (万人) | Employed Persons (10 000 persons) | 347.7 | 350.9 | 346.8 | 347.4 | 357.6 |
| 失业人口 (万人) | Unemployed Persons (10 000 persons) | 14.5 | 12.8 | 19.3 | 15.7 | 12.7 |
| 失业率 (%) | Unemployment Rate (%) | 4.0 | 3.5 | 5.3 | 4.3 | 3.4 |

注：数字是根据每年1月至12月进行的“综合住户统计调查”结果，以及由政府统计处与跨部门人口分布推算小组共同编制按区议会分区划分年中人口估计数字而编制。

统计数字在编制过程中涉及应用人口数字。2007年至2010年的年度数字已就2011年人口普查的结果而作出了修订。

2011年人口普查的结果提供了一个基准，用作修订自2006年中期人口统计以来编制的人口数字。

Notes: Figures are compiled based on data collected in the General Household Survey from January to December of the year concerned as well as the mid-year population estimates by District Council district compiled jointly by the Census and Statistics Department and an inter-departmental Working Group on Population Distribution Projections.

Statistics involve the use of the population figures in the compilation process. Annual figures of 2007-2010 have been revised to take into account the results of the 2011 Population Census which provided a benchmark for revising the population figures compiled since the 2006 Population By-census.

# 7-14 按行业划分的就业人数
# Employed Persons by Industry

单位：万人 (10 000 persons)

| 行业 (按香港标准行业分类1.1版分类) | Industry (based on HSIC Version 1.1) | 2005 | 2006 | 2007 |
|---|---|---|---|---|
| 制造业 | Manufacturing | 22.4 | 21.7 | 20.0 |
| 建筑业 | Construction | 26.4 | 26.9 | 27.5 |
| 批发、零售、进出口贸易、饮食及酒店业 | Wholesale, Retail and Import/Export Trades, Restaurants and Hotels | 109.4 | 110.5 | 114.2 |
| 运输、仓库及通讯业 | Transport, Storage and Communications | 35.7 | 36.9 | 37.2 |
| 金融、保险、地产及商用服务业 | Financing, Insurance, Real Estate and Business Services | 50.3 | 52.6 | 54.6 |
| 社区、社会及个人服务业 | Community, Social and Personal Services | 87.0 | 89.2 | 92.0 |
| 其它 | Others | 2.4 | 2.3 | 2.2 |
| 总计 | **Total** | **333.7** | **340.1** | **347.7** |

| 行业 (按香港标准行业分类2.0版分类) | Industry (based on HSIC Version 2.0) | 2008 | 2009 | 2010 | 2011 |
|---|---|---|---|---|---|
| 制造 | Manufacturing | 16.6 | 15.0 | 13.3 | 13.3 |
| 建筑 | Construction | 26.5 | 26.2 | 26.5 | 27.7 |
| 进出口贸易及批发 | Import/Export Trade and Wholesale | 58.9 | 56.2 | 54.7 | 53.9 |
| 零售、住宿①及膳食服务 | Retail, Accommodation① and Food Services | 55.2 | 54.5 | 55.8 | 57.8 |
| 运输、仓库、邮政及速递服务、资讯及通讯 | Transportation, Storage, Postal and Courier Services, Information and Communications | 43.4 | 42.3 | 42.2 | 43.4 |
| 金融、保险、地产、专业及商用服务 | Financing, Insurance, Real Estate, Professional and Business Services | 63.9 | 63.7 | 64.1 | 67.6 |
| 公共行政、社会及个人服务 | Public Administration, Social and Personal Services | 84.3 | 86.7 | 88.5 | 91.5 |
| 其它 | Others | 2.2 | 2.1 | 2.3 | 2.4 |
| 总计 | **Total** | **350.9** | **346.8** | **347.4** | **357.6** |

注：数字是根据每年1月至12月进行的"综合住户统计调查"结果，以及由政府统计处与跨部门人口分布推算小组共同编制按区议会分区划分年中人口估计数字而编制。

统计数字在编制过程中涉及应用人口数字。2007年至2010年的年度数字已就2011年人口普查的结果而作出了修订。

2011年人口普查的结果提供了一个基准，用作修订自2006年中期人口统计以来编制的人口数字。

由2009年开始，数字是按"香港标准行业分类2.0版"编制，其数列已向前估计至2008年。

①住宿服务包括酒店、宾馆、旅舍及其他提供短期住宿服务的机构单位。

Notes : Figures are compiled based on data collected in the General Household Survey from January to December of the year concerned as well as the mid-year population estimates by District Council district compiled jointly by the Census and Statistics Department and an inter-departmental Working Group on Population Distribution Projections.

Statistics involve the use of the population figures in the compilation process. Annual figures of 2007-2010 have been revised to take into account the results of the 2011 Population Census which provided a benchmark for revising the population figures compiled since the 2006 Population By-census.

Starting from 2009, figures are compiled based on the Hong Kong Standard Industrial Classification Version 2.0 and the series has been backcasted to 2008.

①Accommodation services cover hotels, guesthouses, boarding houses and other establishments providing short term accommodation.

# 7-15 按每月收入划分的就业人数

## Employed Persons by Monthly Earnings

单位：万人，另有注明除外 (10 000 persons, unless otherwise specified)

| 每月收入(港元) | Monthly Earnings (HKD) | 2007 | 2008 | 2009 | 2010 | 2011 |
|---|---|---|---|---|---|---|
| < 3000 | < 3000 | 13.8 | 12.8 | 13.3 | 11.3 | 10.1 |
| 3000 － 3999 | 3000 - 3999 | 26.8 | 26.7 | 27.5 | 27.3 | 28.2 |
| 4000 － 4999 | 4000 - 4999 | 11.2 | 9.4 | 9.2 | 8.1 | 6.8 |
| 5000 － 5999 | 5000 - 5999 | 16.9 | 14.6 | 13.2 | 11.6 | 8.5 |
| 6000 － 6999 | 6000 - 6999 | 23.6 | 22.6 | 22.0 | 20.3 | 16.5 |
| 7000 － 7999 | 7000 - 7999 | 24.2 | 23.8 | 23.1 | 23.2 | 22.2 |
| 8000 － 8999 | 8000 - 8999 | 26.0 | 26.2 | 27.7 | 27.2 | 28.9 |
| 9000 － 9999 | 9000 - 9999 | 22.6 | 23.0 | 21.4 | 21.0 | 21.3 |
| 10000 － 11999 | 10000 - 11999 | 31.5 | 32.4 | 32.8 | 35.9 | 38.2 |
| 12000 － 13999 | 12000 - 13999 | 27.5 | 28.5 | 27.7 | 29.6 | 33.0 |
| 14000 － 15999 | 14000 - 15999 | 24.1 | 25.2 | 25.2 | 25.6 | 26.0 |
| 16000 － 17999 | 16000 - 17999 | 9.0 | 9.5 | 8.7 | 8.8 | 9.8 |
| 18000 － 19999 | 18000 - 19999 | 9.8 | 9.8 | 9.5 | 9.5 | 10.1 |
| 20000 － 24999 | 20000 - 24999 | 25.1 | 26.5 | 27.6 | 27.0 | 30.1 |
| 25000 － 29999 | 25000 - 29999 | 13.5 | 14.3 | 12.8 | 13.1 | 14.7 |
| 30000 － 34999 | 30000 - 34999 | 12.6 | 13.7 | 13.9 | 14.6 | 17.1 |
| 35000 － 39999 | 35000 - 39999 | 5.2 | 5.5 | 5.5 | 5.7 | 6.4 |
| 40000 － 44999 | 40000 - 44999 | 5.8 | 5.6 | 5.9 | 6.0 | 6.0 |
| 45000 － 49999 | 45000 - 49999 | 2.8 | 3.2 | 3.2 | 3.7 | 3.8 |
| 50000 － 59999 | 50000 - 59999 | 5.6 | 6.0 | 5.8 | 6.3 | 6.8 |
| 60000 － 79999 | 60000 - 79999 | 4.5 | 5.3 | 4.7 | 5.2 | 5.8 |
| 80000 － 99999 | 80000 - 99999 | 2.2 | 2.3 | 2.3 | 2.5 | 2.6 |
| ≧ 100000 | ≧ 100000 | 3.4 | 4.0 | 3.9 | 4.1 | 4.8 |
| 总　计 | Total | 347.7 | 350.9 | 346.8 | 347.4 | 357.6 |
| 每　月 | Monthly | | | | | |
| 收入中位数(港元) | **Median Earnings (HKD)** | **10 000** | **10 600** | **10 500** | **11 000** | **11 300** |

注：数字是根据每年1月至12月进行的“综合住户统计调查”结果，以及由政府统计处与跨部门人口分布推算小组共同编制按区议会分区划分年中人口估计数字而编制。

统计数字在编制过程中涉及应用人口数字。2007年至2010年的年度数字已就2011年人口普查的结果而作出了修订。

2011年人口普查的结果提供了一个基准，用作修订自2006年中期人口统计以来编制的人口数字。

Notes: Figures are compiled based on data collected in the General Household Survey from January to December of the year concerned as well as the mid-year population estimates by District Council district compiled jointly by the Census and Statistics Department and an inter-departmental Working Group on Population Distribution Projections.

Statistics involve the use of the population figures in the compilation process. Annual figures of 2007-2010 have been revised to take into account the results of the 2011 Population Census which provided a benchmark for revising the population figures compiled since the 2006 Population By-census.

# 7-16 按行业划分管理级(不包括经理级与专业雇员)以下雇员工资指数

# Wage Indices for Employees up to Supervisory Level (Managerial and Professional Employees Are Not Included) by Industry

(1992年9月=100) (September 1992=100)

| 行业主类 | Industry Section | 2008 | 2009 | 2010 | 2011 |
|---|---|---|---|---|---|
| **名义工资指数** | **Nominal Wage Index** | | | | |
| 制造 | Manufacturing | 159.9 | 155.3 | 153.7 | 170.0 |
| 进出口贸易、批发及零售 | Import/Export, Wholesale and Retail Trades | 165.1 | 166.2 | 173.5 | 188.1 |
| 运输 | Transportation | 149.1 | 151.6 | 153.9 | 161.8 |
| 住宿①及餐饮服务活动 | Accommodation① and Food Service Activities | 131.6 | 131.4 | 135.8 | 150.6 |
| 金融及保险活动 | Financial and Insurance Activities | 170.3 | 174.0 | 177.9 | 190.3 |
| 地产租赁及保养管理 | Real Estate Leasing and Maintenance Management | 162.0 | 164.0 | 167.1 | 186.6 |
| 专业及商业服务 | Professional and Business Services | 153.0 | 156.4 | 162.0 | 185.8 |
| 个人服务 | Personal Services | 188.1 | 187.9 | 196.3 | 222.0 |
| 所有选定行业② | All Selected Industries② | 156.6 | 157.9 | 163.1 | 178.3 |
| **实际工资指数③** | **Real Wage Index③** | | | | |
| 制造 | Manufacturing | 117.8 | 111.6 | 107.0 | 112.4 |
| 进出口贸易、批发及零售 | Import/Export, Wholesale and Retail Trades | 121.6 | 119.5 | 120.7 | 124.3 |
| 运输 | Transportation | 109.8 | 109.0 | 107.1 | 106.9 |
| 住宿①及餐饮服务活动 | Accommodation① and Food Service Activities | 96.9 | 94.4 | 94.5 | 99.6 |
| 金融及保险活动 | Financial and Insurance Activities | 125.4 | 125.1 | 123.8 | 125.8 |
| 地产租赁及保养管理 | Real Estate Leasing and Maintenance Management | 119.3 | 117.9 | 116.3 | 123.3 |
| 专业及商业服务 | Professional and Business Services | 112.7 | 112.5 | 112.8 | 122.8 |
| 个人服务 | Personal Services | 138.5 | 135.1 | 136.6 | 146.7 |
| 所有选定行业② | All Selected Industries② | 115.3 | 113.5 | 113.5 | 117.9 |

注：指有关年度12月份的数字。由2009年的统计期开始，工资统计数字是按“香港标准行业分类2.0版”编制，其数列已作出后向估计至2004年3月。

①住宿服务包括酒店、宾馆、旅舍及其他提供短期住宿服务的机构单位。

②指“劳工收入统计调查”内工资统计调查所涵盖的所有行业，包括并没有列出其统计数字的电力及燃气供应业、污水处理及废弃物管理业与出版活动业。

③实际工资指数是以名义工资指数扣除以2009至10年为基期的甲类消费价格指数而计算出来。

Notes : Figures refer to December of the year. Starting from the reference year of 2009, the statistics are compiled based on the Hong Kong Standard Industrial Classification (HSIC) Version 2.0 and the series has been revised and backcasted to March 2004.

①Accommodation services cover hotels, guesthouses, boarding houses and other establishments providing short term accommodation.

②Figures refer to all industries covered by the wage enquiry of the Labour Earnings Survey, including the electricity and gas supply industry, sewerage and waste management activities industry and publishing activities industry, the statistics of which are not separately shown.

③The Real Wage Indices are derived by deflating the Nominal Wage Indices by the 2009/10-based Consumer Price Index (A).

# 7-17 消费价格指数
# Consumer Price Indices

(2009年10月-2010年9月=100) (Oct. 2009 - Sep. 2010=100)

| 项　　目 | Item | 2008 | 2009 | 2010 | 2011 |
|---|---|---|---|---|---|
| **综合消费价格指数** | **Composite Consumer Price Index** | | | | |
| **总指数** | **All Items** | **97.8** | **98.4** | **100.7** | **106.0** |
| 食品 | Food | 97.3 | 98.6 | 100.9 | 108.0 |
| 外出用膳 | Meals Bought away from Home | 97.4 | 99.0 | 100.6 | 105.9 |
| 食品(不包括外出用膳) | Food(Excluding Meals Bought away from Home) | 97.1 | 98.0 | 101.4 | 111.4 |
| 住房① | Housing① | 96.6 | 100.3 | 100.6 | 107.8 |
| 私人房屋租金 | Private Housing Rent | 96.1 | 99.6 | 100.5 | 107.7 |
| 公营房屋租金 | Public Housing Rent | 100.4 | 110.0 | 101.3 | 113.4 |
| 电力、燃气及水 | Electricity, Gas and Water | 96.9 | 72.2 | 103.6 | 99.2 |
| 烟酒 | Alcoholic Drinks and Tobacco | 81.6 | 96.9 | 100.1 | 117.2 |
| 衣履 | Clothing and Footwear | 96.2 | 98.6 | 100.5 | 107.3 |
| 耐用物品 | Durable Goods | 104.7 | 101.7 | 98.7 | 95.0 |
| 杂项物品 | Miscellaneous Goods | 96.1 | 98.3 | 100.6 | 104.4 |
| 交通 | Transport | 99.6 | 98.8 | 100.8 | 105.2 |
| 杂项服务② | Miscellaneous Services② | 100.8 | 98.7 | 100.7 | 104.2 |
| 教育服务 | Educational Services | 103.0 | 99.2 | 100.5 | 103.0 |
| 资讯及通讯服务 | Information and Communications Services | 103.6 | 101.0 | 100.4 | 97.9 |
| 医疗服务 | Medical Services | 96.9 | 99.3 | 100.7 | 104.5 |

注：2009年10月起的消费价格指数是根据2009至2010年住户开支统计调查所得的开支权数编制。较早的指数则是根据旧的开支权数而经过按比例换算与新基期的指数拼接。

①除"私人房屋租金"及"公营房屋租金"外，"住房"类别还包括"管理费及其他住房杂费"和"保养住所材料"。而丙类消费物价指数中的"住房"类别并不包括"公营房屋租金"。

②"杂项服务"类别包括"教育服务"、"资讯及通讯服务"、"医疗服务"及其他杂项服务。

Notes: The CPIs from October 2009 onwards are compiled based on expenditure weights obtained from the 2009/10 Household Expenditure Survey. The CPIs for earlier periods are compiled based on old weights and have been re-scaled to the new base period for linking with the new index series.

①Apart from "Private Housing Rent" and "Public Housing Rent", the "Housing" section also includes "Management Fees and Other Housing Charges" and "Materials for House Maintenance". For CPI(C), the "Housing" section does not include "Public Housing Rent".

②"Miscellaneous Services" section includes "Educational Services", "Information and Communications Services", "Medical Services" and other miscellaneous services.

# 三、澳门特别行政区人口和就业统计数据

III.Population and Employment Data of Macao Special Administrative Region

# 7-18 人口主要指标
## Main Demographic Indicators

| 项目 | Item | 2007 | 2008 | 2009 | 2010 | 2011 |
|---|---|---|---|---|---|---|
| 年中人口 (万人) | Mid-year Population (10 000 persons) | 52.6 | 54.1 | 53.5 | 53.7 | 55.0 |
| 出生率 (‰) | Crude Birth Rate (‰) | 8.6 | 8.7 | 8.9 | 9.5 | 10.6 |
| 死亡率 (‰) | Crude Death Rate (‰) | 2.9 | 3.2 | 3.1 | 3.3 | 3.4 |
| 婴儿死亡率 (‰) | Infant Mortality Rate (‰) | 2.4 | 3.2 | 2.1 | 2.9 | 2.9 |
| 自然增长率 (‰) | Natural Growth Rate (‰) | 5.7 | 5.5 | 5.8 | 6.2 | 7.3 |
| 总和生育率 | Total Fertility Rate | 1.0 | 1.0 | 1.0 | 1.1 | 1.2 |
| 登记结婚 (宗) | Registered Marriages (case) | 2047 | 2778 | 3035 | 3103 | 3545 |
| 离婚 (宗) | Registered Divorces (case) | 684 | 658 | 782 | 889 | 998 |

| 项目 | Item | 2004-2007 | 2005-2008 | 2006-2009 | 2007-2010 | 2008-2011 |
|---|---|---|---|---|---|---|
| 出生时平均预期寿命(岁) | Life Expectancy at Birth (years) | 82.0 | 82.1 | 82.4 | 82.5 | 82.4 |
| 男 | Male | 79.0 | 79.1 | 79.4 | 79.5 | 79.1 |
| 女 | Female | 84.8 | 84.9 | 85.2 | 85.4 | 85.5 |

# 7-19 经济活动人口及失业状况
# Labour Force and Unemployment

| 项 目 | Item | 2007 | 2008 | 2009 | 2010 | 2011 |
|---|---|---|---|---|---|---|
| 劳动人口 (万人) | Labour Force (10 000 persons) | 31.0 | 32.7 | 32.3 | 32.4 | 33.6 |
| 男 | Male | 16.6 | 17.3 | 16.6 | 16.5 | 17.1 |
| 女 | Female | 14.4 | 15.4 | 15.7 | 15.9 | 16.5 |
| 就业人口 (万人) | Employed Population (10 000 persons) | 30.0 | 31.7 | 31.2 | 31.5 | 32.8 |
| 失业人口 (万人) | Unemployed Population (10 000 persons) | 0.9 | 1.0 | 1.1 | 0.9 | 0.9 |
| 劳动力参与率 (%) | Labour Force Participation Rate (%) | 69.2 | 70.7 | 72.3 | 72.0 | 72.5 |
| 失业率 (%) | Unemployment Rate (%) | 3.1 | 3.0 | 3.5 | 2.8 | 2.6 |
| 就业不足率 (%) | Underemployment Rate (%) | 1.0 | 1.6 | 1.8 | 1.7 | 1.1 |

# 7-20 按行业划分的就业人口
# Employed Population by Industry

单位：万人 (10 000 persons)

| 行 业 | Industry | 2009 | 2010 | 2011 |
|---|---|---|---|---|
| 总数 | **Total** | **31.19** | **31.48** | **32.76** |
| 农业、捕渔业 及采矿工业 | Agriculture, Fishing, Mining & Quarrying | 0.11 | 0.06 | 0.08 |
| 制造业 | Manufacturing | 1.64 | 1.52 | 1.28 |
| 水电及气体生产供应业 | Electricity, Gas & Water Supply | 0.09 | 0.09 | 0.13 |
| 建筑业 | Construction | 3.18 | 2.71 | 2.82 |
| 批发及零售业 | Wholesale & Retail Trades | 4.08 | 4.14 | 4.34 |
| 酒店及饮食业 | Hotels, Restaurants & Similar Activities | 4.32 | 4.28 | 4.61 |
| 运输、仓储及通信业 | Transport, Storage & Communications | 1.62 | 1.82 | 1.60 |
| 金融业 | Financial Intermediation | 0.73 | 0.73 | 0.81 |
| 不动产及工商服务业 | Real Estate & Business Activities | 2.53 | 2.75 | 2.80 |
| 公共行政及社保事务 | Public Administration & Social Security | 1.97 | 2.14 | 2.30 |
| 教育 | Education | 1.18 | 1.15 | 1.23 |
| 医疗卫生及社会福利 | Health & Social Welfare | 0.75 | 0.81 | 0.85 |
| 文娱博彩及其他服务业 | Recreational, Cultural, Gaming & Other Services | 7.37 | 7.54 | 8.20 |
| 家务工作 | Domestic Work | 1.60 | 1.74 | 1.68 |
| 其他及不详 | Others and Unknown | 0.01 | 0.01 | 0.02 |

# 7-21 按行业划分的每月工作收入中位数

# Median Monthly Employment Earnings by Industry

单位：澳门元 (MOP)

| 行　业 | Industry | 2009 | 2010 | 2011 |
|---|---|---|---|---|
| **总数** | **Total** | **8500** | **9000** | **10000** |
| 制造业 | Manufacturing | 5000 | 5700 | 6500 |
| 水电及气体生产供应业 | Electricity, Gas & Water Supply | 15000 | 16000 | 17500 |
| 建筑业 | Construction | 9000 | 9500 | 10100 |
| 批发及零售业 | Wholesale & Retail Trades | 7000 | 7500 | 8000 |
| 酒店及饮食业 | Hotels, Restaurants & Similar Activities | 6500 | 7000 | 7500 |
| 运输、仓储及通信业 | Transport, Storage & Communications | 8500 | 8500 | 10000 |
| 金融业 | Financial Intermediation | 12000 | 13000 | 12000 |
| 不动产及工商服务业 | Real Estate & Business Activities | 6000 | 6500 | 7000 |
| 公共行政及社保事务 | Public Administration & Social Security | 19500 | 19500 | 20700 |
| 教育 | Education | 13000 | 14000 | 15000 |
| 医疗卫生及社会福利 | Health & Social Welfare | 10300 | 10000 | 12000 |
| 文娱博彩及其他服务业 | Recreational, Cultural, Gaming & Other Services | 12000 | 12000 | 13000 |
| 家务工作 | Domestic Work | 2800 | 2900 | 3000 |

# 7-22 消费物价指数

# Consumer Price Index

2008年4月至2009年3月=100 (04/2008-03/2009=100)

| 项　目 | Items | 2008 | 2009 | 2010 | 2011 |
|---|---|---|---|---|---|
| **综合消费价格指数** | **Composite Consumer Price Index** | | | | |
| **总指数** | **Global Index** | **100.23** | **101.40** | **104.25** | **110.30** |
| 食品及非酒精饮料 | Food and Non-alcoholic Beverages | 97.19 | 102.57 | 107.41 | 116.16 |
| 烟酒 | Alcoholic Beverages and Tobacco | 99.34 | 109.08 | 114.23 | 115.59 |
| 服装、鞋 | Clothing and Footwear | 95.04 | 104.07 | 110.84 | 118.30 |
| 住房及燃料 | Housing and Fuels | 99.05 | 97.80 | 98.21 | 101.58 |
| 家居设备及用品 | Household Goods and Furnishings | 99.26 | 101.44 | 102.94 | 107.60 |
| 医疗 | Health | 98.68 | 102.08 | 106.57 | 113.04 |
| 交通 | Transport | 102.82 | 96.87 | 102.97 | 111.97 |
| 通讯 | Communications | 97.32 | 95.64 | 92.30 | 82.45 |
| 康乐及文化 | Recreation and Culture | 97.41 | 100.55 | 104.56 | 109.95 |
| 教育 | Education | 119.84 | 107.21 | 99.42 | 100.93 |
| 其他商品及服务 | Miscellaneous Goods and Services | 99.78 | 104.22 | 110.61 | 120.63 |

# 四、台湾省人口和就业统计数据

IV.Population and Employment Data
of Taiwan Province

# 7-23 面积及人口主要指标

# Main Indicators of Area and Population

| 项 目 | Item | 2007 | 2008 | 2009 | 2010 | 2011 |
|---|---|---|---|---|---|---|
| 土地面积（万平方公里） | Area (10 000 sq.km) | 3.6 | 3.6 | 3.6 | 3.6 | 3.6 |
| 户籍登记人口数（万人） | Year-end Population (10 000 persons) | 2295.8 | 2303.7 | 2312.0 | 2316.2 | 2322.5 |
| 男 | Male | 1160.9 | 1162.6 | 1163.7 | 1163.5 | 1164.6 |
| 女 | Female | 1135.0 | 1141.1 | 1148.3 | 1152.7 | 1157.9 |
| 粗出生率 (‰) | Crude Birth Rate (‰) | 8.92 | 8.64 | 8.29 | 7.21 | 8.48 |
| 粗死亡率 (‰) | Crude Death Rate (‰) | 6.16 | 6.25 | 6.22 | 6.30 | 6.59 |
| 一般生育率 (‰) | Fertility Rate (‰) | 32 | 31 | 31 | 27 | 32 |
| 人口自然增加率 (‰) | Natural Population Growth Rate (‰) | 2.76 | 2.40 | 2.07 | 0.91 | 1.88 |
| 结婚率 (对/千人) | Marriage Rate (couple/1 000 persons) | 5.89 | 6.73 | 5.07 | 6.00 | 7.13 |
| 离婚率 (对/千人) | Divorce Rate (couple/1 000 persons) | 2.55 | 2.43 | 2.48 | 2.51 | 2.46 |
| 期望寿命 (岁) | Life Expectancy at Birth (year old) | | | | | |
| 男 | Male | 75.46 | 75.59 | 75.88 | | |
| 女 | Female | 81.72 | 81.94 | 82.46 | | |
| 人口的年龄分布 (%) | Age-specific Distribution (%) | | | | | |
| 0-14岁 | 0-14 | 17.56 | 16.95 | 16.34 | 15.65 | 15.08 |
| 15-64岁 | 15-64 | 72.24 | 72.62 | 73.03 | 73.61 | 74.04 |
| 65岁及以上 | 65 and Over | 10.21 | 10.43 | 10.63 | 10.74 | 10.89 |
| 性别比 (女=100) | Sex Ratio (female=100) | 102.28 | 101.89 | 101.34 | 100.94 | 100.57 |
| 人口密度(人/平方公里) | Population Density (persons/sq.km) | 634.4 | 636.6 | 638.8 | 640.0 | 641.7 |

资源来源：台湾省《统计月报》。
Source: Monthly Statistics Bulletin, Taiwan Province.

# 7-24 劳动力和就业状况

# Labour Force and Employment

| 项　目 | Item | 2007 | 2008 | 2009 | 2010 | 2011 |
|---|---|---|---|---|---|---|
| 劳动力人口 (万人) | Labour Force (10 000 persons) | 1071.3 | 1085.3 | 1091.7 | 1107.0 | 1120.0 |
| 男 | Male | 611.6 | 617.3 | 618.0 | 624.2 | 630.4 |
| 女 | Female | 459.7 | 468.0 | 473.7 | 482.8 | 489.6 |
| 就业人数 (万人) | Employment (10 000 persons) | 1029.4 | 1040.3 | 1027.9 | 1049.3 | 1070.9 |
| 男 | Male | 586.8 | 590.2 | 577.6 | 588.0 | 600.6 |
| 女 | Female | 442.6 | 450.1 | 450.2 | 461.3 | 470.2 |
| 就业者行业构成 (%) | Distribution of Employment by Industry(%) | 100.0 | 100.0 | 100.0 | 100.0 | 100.0 |
| 农、林、渔、牧业 | Agriculture, Forestry, Fishery and Animal Husbandry | 5.3 | 5.1 | 5.3 | 5.2 | 5.1 |
| 工业 | Industry | 36.8 | 36.8 | 35.8 | 35.9 | 36.3 |
| 矿业及土石采取业 | Mining and Quarrying | 0.06 | 0.06 | 0.05 | 0.04 | 0.04 |
| 制造业 | Manufacturing | 27.6 | 27.7 | 27.1 | 27.3 | 27.5 |
| 电力及燃气供应业 | Electricity, Gas | 0.3 | 0.3 | 0.3 | 0.3 | 0.3 |
| 用水供应及污染整治业 | Water Supply and Pollution Management | 0.6 | 0.7 | 0.7 | 0.7 | 0.7 |
| 建筑业 | Construction | 8.2 | 8.1 | 7.7 | 7.6 | 7.8 |
| 服务业 | Services | 57.9 | 58.0 | 58.9 | 58.8 | 58.6 |
| 批发及零售业 | Wholesale and Retail Trades | 17.3 | 17.0 | 16.9 | 16.6 | 16.5 |
| 运输及仓储业 | Transport, Storage, Communications | 4.0 | 4.0 | 3.9 | 3.9 | 3.8 |
| 金融及保险业 | Finance, Insurance | 3.9 | 4.0 | 4.0 | 4.1 | 4.0 |
| 咨讯及通讯传播 | Information and Communication | 2.0 | 2.0 | 2.0 | 2.0 | 2.0 |
| 住宿及餐饮业 | Hotels and Restaurants | 6.6 | 6.6 | 6.7 | 6.9 | 6.8 |
| 教育服务业 | Education | 5.7 | 5.8 | 6.0 | 5.9 | 5.9 |
| 公共行政 | Public Administration | 3.2 | 3.3 | 3.7 | 3.7 | 3.6 |
| 失业人数 (万人) | Unemployment (10 000 persons) | 41.9 | 45.0 | 63.8 | 57.7 | 49.1 |
| 劳动力参与率 (%) | Labour Force Participation Rate (%) | 58.3 | 58.3 | 57.9 | 58.1 | 58.2 |
| 男 | Male | 67.2 | 67.1 | 66.4 | 66.5 | 66.7 |
| 女 | Female | 49.4 | 49.7 | 49.6 | 49.9 | 50.0 |
| 失业率 (%) | Unemployment Rate (%) | 3.9 | 4.1 | 5.8 | 5.2 | 4.4 |

# 7-25 居民消费价格分类指数
## Consumer Price Indices

2006=100 (year of 2006=100)

| 年份 Year | 总指数 General Index | 食品 Food | 服装 Clothing | 居住 Housing | 交通 Transportation | 医药保健 Medicines and Medical Care | 教育娱乐 Education and Entertainment | 杂项 Miscellaneous |
|---|---|---|---|---|---|---|---|---|
| 2004 | 97.2 | 93.8 | 102.5 | 98.8 | 97.1 | 93.1 | 100.1 | 96.1 |
| 2005 | 99.4 | 100.6 | 102.5 | 99.2 | 98.4 | 96.8 | 99.8 | 95.8 |
| 2006 | 100.0 | 100.0 | 100.0 | 100.0 | 100.0 | 100.0 | 100.0 | 100.0 |
| 2007 | 101.8 | 102.9 | 103.0 | 100.9 | 101.7 | 103.9 | 100.6 | 101.9 |
| 2008 | 105.4 | 111.7 | 104.9 | 102.4 | 104.1 | 106.2 | 101.9 | 103.5 |
| 2009 | 104.5 | 111.2 | 104.8 | 102.1 | 99.9 | 106.8 | 100.1 | 106.5 |
| 2010 | 105.5 | 111.8 | 107.3 | 102.6 | 102.7 | 107.5 | 100.1 | 109.4 |
| 2011 | 107.0 | 114.4 | 110.9 | 103.4 | 104.2 | 109.5 | 100.6 | 110.5 |

# 第八部分

Chapter Eight

## 2011 年人口变动和劳动力调查制度说明及主要指标解释

Explanatory Notes on Main Statistical Indicators

# 一、2011年人口变动情况抽样调查制度说明

## （一）总说明

1.调查目的

为了准确、及时地掌握全国和各省（自治区、直辖市）人口变动以及人口计划执行情况，为国家和省级人民政府制定国民经济和社会发展计划、掌握人口增长情况提供可靠的人口数据，为改进宏观调控提供依据，根据国办发[1992]57号文件的要求，特进行2011年人口变动情况抽样调查。

2.调查对象和登记原则

本次调查对象为抽中调查小区内具有中华人民共和国国籍的人。调查以户为单位进行，既调查家庭户，也调查集体户。应在抽中调查小区内各户登记的人包括：①2011年10月31日晚居住在本户的人；②户口在本户，2011年10月31日晚未居住在本户的人。

抽中调查小区内2010年11月1日至2011年10月31日死亡的人口要登记《死亡人口调查表》。

3.调查项目

《人口变动情况抽样调查表》

（1）按户填报的项目有：

户编号、户别、应在本户登记的人数、本户2010年11月1日至2011年10月31日出生人口、本户2010年11月1日至2011年10月31日死亡人口共5个项目。

（2）按人填报的项目有：

姓名、与户主关系、性别、出生年月、民族、调查时点居住地、户口登记地、离开户口登记地时间、离开户口登记地原因、户口性质、一年前常住地、是否识字、受教育程度、学业完成情况、婚姻状况、2010年11月1日至2011年10月31日生育情况、身体健康状况共17个项目；

《死亡人口调查表》

填报的项目有户编号、姓名、性别、出生年月、死亡月份。

4.调查标准时间

本次调查的标准时间为2011年11月1日0时。

5.抽样方法

以全国为总体，各省（自治区、直辖市）为子总体，按照多阶段、分层、整群、概率比例的方法进行抽样设计，在2011年建立的样本轮换框中，根据样本按比例轮换的要求选取本次调查的样本，调查小区为最终样本单位。全国约调查4800个调查小区。

调查的调查小区样本由国家统一抽取下发。

6.调查的组织实施

（1）组织领导。本次调查在当地政府的领导下，以统计部门为主组织实施，并在基层组织的协助下，选派调查员到抽中的调查小区，进行入户登记。各级统计部门要积极争取有关部门的支持和配合，确保调查数据质量。

（2）调查指导员、调查员的选聘、培训与管理。调查指导员、调查员的选聘工作由县级统计机构负责。调查指导员、调查员主要从政府统计系统和基层组织人员中选调，也可从社会招聘，应尽可能保持调查员队伍的稳定。各级统计机构要加强对调查员的培训，应尽可能减少培训层次，以提高培训效果。各级统计机构要加强对调查员工作的监督检查。

（3）调查的宣传工作。为使调查工作顺利进行，各级统计部门和调查工作人员要向调查样本点所在地政府领导做好宣传工作，讲明抽样调查的意义，特别要讲清抽样调查数据对本地、县、乡、村没有代表性，不作为考核本地、县、乡、村人口情况和政绩的依据；要做好对被调查户的宣传工作，使他们解除思想顾虑，如实申报调查资料。

（4）调查摸底、入户登记与复查工作。调查员要按照要求，对所负责调查小区开展调查摸底工作，在此基础上，进行入户登记工作。入户登记完毕后，要采取议查和个别访问的方法认真进行复查。

（5）调查表的报送。调查员在完成登记、复查工作后，要将调查表以调查小区为单位收集，填写调查小区封面，按照调查小区封面在前、《人口变动情况抽样调查表》居中、《死亡人口调查表》放在最后的顺序整理,装入包装袋，交调查指导员统一报县级统计机构。县级统计机构报送调查表方式由各省（自治区、直辖市）统计局根据需要确定。

7.质量控制和抽查

为了保证人口变动调查的质量，各级统计机构应对调查各阶段进行质量控制和抽查。质量控制工作由县级统计机构组织，采用检查、督导等方式进行。地级以上统计机构要对下一级的调查工作进行抽查，具体内容是调查人员的配备和培训以及调查工作的规范性。

8.数据处理与资料管理

（1）数据录入程序和汇总程序由国家统计局人口和就业统计司负责统一编制并下发。

（2）调查数据的录入工作由各省（自治区、直辖市）统计局人口就业处按照规定的格式和要求组织实施。

（3）各省（自治区、直辖市）统计局人口就业处要在规定的时间内，做好有关资料的报送工作：

①摸底数据。2011 年 11 月 2 日前，将调查摸底数据（户主姓名底册中 6、7、10、11 项的合计数、出生人口、死亡人口）报国家统计局人口和就业统计司专项调查处。

②调查原始数据。2011 年 12 月 8 日前，以电子邮件方式报国家统计局人口和就业统计司专项调查处。

（4）全国数据由国家统计局人口和就业统计司负责汇总，各省（自治区、直辖市）的数据要按照国家统一的部署和安排进行汇总。调查数据需经国家统计局审定后方可使用。

（5）报送推算的主要数据。各省（自治区、直辖市）对 2011 年年底本地常住人口总量；出生率、死亡率；城镇人口比重；0-14 岁、15-64 岁、65 岁及以上三个年龄段的常住人口数做初步推算，于 2011 年 12 月 20 日前将初步测算结果及测算方法的简要说明通过电子邮件或传真的方式报送国家统计局人口和就业统计司专项调查处。

（6）数据处理完成后，调查表和原始数据由各省（自治区、直辖市）统计局人口就业处负责妥善管理。

9.调查工作要求

（1）为了保证全国调查数据的范围、分类和计算方法的统一性，各地区必须严格执行调查制度的规定。遇到特殊情况要向上级有关部门请示，不得按照个人的理解擅自处理。

（2）调查员要对其所负责的调查小区的数据质量负责，如果发现调查数据有不实的情况，必须返工重做。

（3）调查员、调查指导员以及各级统计机构及其工作人员都要按照《统计法》的规定，对调查结果、特别是被调查户的情况保守秘密，不得向调查机构以外的任何单位和个人泄漏。

（4）各省（自治区、直辖市）统计局人口就业处要在 2012 年 3 月 1 日前，将本次调查的工作总结报国家统计局人口和就业统计司。

# (二)调查表式

## 2011 年人口变动情况抽样调查表

表　　号：R 1 0 1 表
制表机关：国 家 统 计 局
文　　号：国统字[2011]82 号
有效期至：2012 年 6 月

本户地址：________县(市、区)________乡(镇、街道)________村(居)委会________调查小区

| H1. 户编号 | H2. 户别 | H3. 应在本户登记的人数 | | H4. 本户 2010 年 11 月 1 日至 2011 年 10 月 31 日出生人口 | H5. 本户 2010 年 11 月 1 日至 2011 年 10 月 31 日死亡人口 |
|---|---|---|---|---|---|
| | 1. 家庭户<br>2. 集体户 | 2011 年 10 月 31 日晚居住在本户的人数：____人 | 户口在本户，2011 年 10 月 31 日晚未居住在本户的人数：____人 | 男____人<br>女____人 | 男____人<br>女____人 |

| 每 个 人 都 填 报 | | | | | | | | | | 2010 年 11 月前出生者填报 | 2005 年 11 月前出生者填报 | | | 1996 年 11 月前出生者填报 | 1960 年 11 月至 1996 年 10 月出生的妇女填报 | 1951 年 11 月前出生者填报 |
|---|---|---|---|---|---|---|---|---|---|---|---|---|---|---|---|---|
| R1. 姓名 | R2. 与户主关系 | R3. 性别 | R4. 出生年月 | R5. 民族 | R6. 调查时点居住地 | R7. 户口登记地 | R8. 离开户口登记地时间 | R9. 离开户口登记地原因 | R10. 户口性质 | R11. 一年前常住地 | R12. 是否识字 | R13. 受教育程度 | R14. 学业完成情况 | R15. 婚姻状况 | R16. 2010 年 11 月 1 日至 2011 年 10 月 31 日生育情况 | R17. 身体健康状况 |
| | 0. 户主<br>1. 配偶<br>2. 子女<br>3. 父母<br>4. 岳父母或公婆<br>5. 祖父母<br>6. 媳婿<br>7. 孙子女<br>8. 兄弟姐妹<br>9. 其他 | 1. 男<br>2. 女 | ____年<br>____月 | ____族 | 1. 本调查小区<br>2. 本乡(镇、街道)其他调查小区<br>3. 本县(市、区)其他乡(镇、街道)<br>4. 其他县(市、区)，请填写下面地址<br>5. 港澳台及国外<br>____省(区、市)____地(市)____县(市、区) | 1. 本调查小区<br>2. 本乡(镇、街道)其他调查小区<br>3. 本县(市、区)其他乡(镇、街道)<br>4. 其他县(市、区)，请填写下面地址<br>5. 户口待定→R11 | 1. 没有离开户口登记地→R10<br>2. 不满半年<br>3. 半年及以上 | 1. 务工经商<br>2. 工作调动<br>3. 学习培训<br>4. 随迁家属<br>5. 投亲靠友<br>6. 拆迁或搬家<br>7. 寄挂户口<br>8. 婚姻嫁娶<br>9. 其他 | 1. 农业<br>2. 非农业 | 1. 本乡(镇、街道)<br>2. 本县(市、区)其他乡(镇、街道)<br>3. 本地(市)其他县(市、区)<br>4. 本省其他地(市)<br>____地(市)<br>5. 省外：____ | 1. 是<br>2. 否 | 1. 未上过学→R15<br>2. 小学<br>3. 初中<br>4. 高中<br>5. 大学专科<br>6. 大学本科<br>7. 研究生 | 1. 在校<br>2. 毕业<br>3. 肄业<br>4. 辍学<br>5. 其他 | 1. 未婚→R17<br>2. 初婚有配偶<br>3. 再婚有配偶<br>4. 离婚<br>5. 丧偶 | 1. 未生育→(结束)<br>2. 有生育<br>生育月份：____月<br>婴儿性别：1. 男 2. 女<br>属于第____胎<br>(12 个月内生育两个以上孩子的第二个孩子的状况)<br>生育月份：____月<br>婴儿性别：1. 男 2. 女 | 1. 健康<br>2. 基本健康<br>3. 不健康，但生活能自理<br>4. 生活不能自理 |
| | 1. 配偶<br>2. 子女<br>3. 父母<br>4. 岳父母或公婆<br>5. 祖父母<br>6. 媳婿<br>7. 孙子女<br>8. 兄弟姐妹<br>9. 其他 | 1. 男<br>2. 女 | ____年<br>____月 | ____族 | 1. 本调查小区<br>2. 本乡(镇、街道)其他调查小区<br>3. 本县(市、区)其他乡(镇、街道)<br>4. 其他县(市、区)，请填写下面地址<br>5. 港澳台及国外<br>____省(区、市)____地(市)____县(市、区) | 1. 本调查小区<br>2. 本乡(镇、街道)其他调查小区<br>3. 本县(市、区)其他乡(镇、街道)<br>4. 其他县(市、区)，请填写下面地址<br>5. 户口待定→R11 | 1. 没有离开户口登记地→R10<br>2. 不满半年<br>3. 半年及以上 | 1. 务工经商<br>2. 工作调动<br>3. 学习培训<br>4. 随迁家属<br>5. 投亲靠友<br>6. 拆迁或搬家<br>7. 寄挂户口<br>8. 婚姻嫁娶<br>9. 其他 | 1. 农业<br>2. 非农业 | 1. 本乡(镇、街道)<br>2. 本县(市、区)其他乡(镇、街道)<br>3. 本地(市)其他县(市、区)<br>4. 本省其他地(市)<br>____地(市)<br>5. 省外：____ | 1. 是<br>2. 否 | 1. 未上过学→R15<br>2. 小学<br>3. 初中<br>4. 高中<br>5. 大学专科<br>6. 大学本科<br>7. 研究生 | 1. 在校<br>2. 毕业<br>3. 肄业<br>4. 辍学<br>5. 其他 | 1. 未婚→R17<br>2. 初婚有配偶<br>3. 再婚有配偶<br>4. 离婚<br>5. 丧偶 | 1. 未生育→(结束)<br>2. 有生育<br>生育月份：____月<br>婴儿性别：1. 男 2. 女<br>属于第____胎<br>(12 个月内生育两个以上孩子的第二个孩子的状况)<br>生育月份：____月<br>婴儿性别：1. 男 2. 女 | 1. 健康<br>2. 基本健康<br>3. 不健康，但生活能自理<br>4. 生活不能自理 |
| | 2. 子女<br>3. 父母<br>4. 岳父母或公婆<br>5. 祖父母<br>6. 媳婿<br>7. 孙子女<br>8. 兄弟姐妹<br>9. 其他 | 1. 男<br>2. 女 | ____年<br>____月 | ____族 | 1. 本调查小区<br>2. 本乡(镇、街道)其他调查小区<br>3. 本县(市、区)其他乡(镇、街道)<br>4. 其他县(市、区)，请填写下面地址<br>5. 港澳台及国外<br>____省(区、市)____地(市)____县(市、区) | 1. 本调查小区<br>2. 本乡(镇、街道)其他调查小区<br>3. 本县(市、区)其他乡(镇、街道)<br>4. 其他县(市、区)，请填写下面地址<br>5. 户口待定→R11 | 1. 没有离开户口登记地→R10<br>2. 不满半年<br>3. 半年及以上 | 1. 务工经商<br>2. 工作调动<br>3. 学习培训<br>4. 随迁家属<br>5. 投亲靠友<br>6. 拆迁或搬家<br>7. 寄挂户口<br>8. 婚姻嫁娶<br>9. 其他 | 1. 农业<br>2. 非农业 | 1. 本乡(镇、街道)<br>2. 本县(市、区)其他乡(镇、街道)<br>3. 本地(市)其他县(市、区)<br>4. 本省其他地(市)<br>____地(市)<br>5. 省外：____ | 1. 是<br>2. 否 | 1. 未上过学→R15<br>2. 小学<br>3. 初中<br>4. 高中<br>5. 大学专科<br>6. 大学本科<br>7. 研究生 | 1. 在校<br>2. 毕业<br>3. 肄业<br>4. 辍学<br>5. 其他 | 1. 未婚→R17<br>2. 初婚有配偶<br>3. 再婚有配偶<br>4. 离婚<br>5. 丧偶 | 1. 未生育→(结束)<br>2. 有生育<br>生育月份：____月<br>婴儿性别：1. 男 2. 女<br>属于第____胎<br>(12 个月内生育两个以上孩子的第二个孩子的状况)<br>生育月份：____月<br>婴儿性别：1. 男 2. 女 | 1. 健康<br>2. 基本健康<br>3. 不健康，但生活能自理<br>4. 生活不能自理 |

# 死亡人口调查表

（2010年11月1日至2011年10月31日死亡的人登记）

表　　号：R 1 0 2 表
制表机关：国 家 统 计 局
文　　号：国统字[2011] 82 号
有效期至：2 0 1 2 年 6 月

地址：________县（市、区）________乡（镇、街道）________村（居）委会________调查小区

| S1. 户编号 | S2. 姓名 | S3. 性别 | S4. 出生年月 | S5. 死亡月份 |
|---|---|---|---|---|
| □□□ | □□ | 1. 男<br>2. 女<br>□ | ______年<br>______月<br>□□□□ □□ | ______月<br>□□ |
| □□□ | □□ | 1. 男<br>2. 女<br>□ | ______年<br>______月<br>□□□□ □□ | ______月<br>□□ |
| □□□ | □□ | 1. 男<br>2. 女<br>□ | ______年<br>______月<br>□□□□ □□ | ______月<br>□□ |
| □□□ | □□ | 1. 男<br>2. 女<br>□ | ______年<br>______月<br>□□□□ □□ | ______月<br>□□ |
| □□□ | □□ | 1. 男<br>2. 女<br>□ | ______年<br>______月<br>□□□□ □□ | ______月<br>□□ |
| □□□ | □□ | 1. 男<br>2. 女<br>□ | ______年<br>______月<br>□□□□ □□ | ______月<br>□□ |

调查员（签字）：

# 二、2011-2012年劳动力调查制度说明

## （一）总说明

1.调查目的

为及时、准确地反映我国城乡劳动力资源、就业和失业人口的总量和结构情况，为政府准确判断就业形势，制定和调整就业政策，改善宏观调控，加强就业服务提供依据。根据《国务院办公厅关于建立劳动力调查制度的通知》(国办发[2004]72号)的要求，建立劳动力调查制度。

2.调查范围

劳动力调查的调查范围为我国大陆地区的城镇和乡村的16岁及以上人口。城镇是按国务院于2008年7月12日国函[2008]60号批复的《统计上划分城乡的规定》中划定的城市和镇，其余地域为乡村。

3.登记对象

劳动力调查以户为单位进行，既调查家庭户，也调查集体户。应在被抽中户中登记的人是：

（1）调查时点居住在本户已满16周岁的人；

（2）本户人口中，离开本乡、镇、街道不满半年且已满16周岁的人。

在调查时点前死亡的人口，不调查。

4.调查项目

调查项目分为按户填报的项目和按人填报的项目。

（1）按户填报的项目有户编号、户别、调查时点居住在本户的人口数、调查时点居住在本户已满16周岁的人口数、本户人口中离开本乡镇街道不满半年且已满16周岁的人口数等5个项目。

（2）按人填报的项目有姓名、与户主关系、性别、出生年月、户口登记地、住本户时间、离开户口登记地原因、户口性质、受教育程度、婚姻状况、是否为取得收入而工作、工作单位或经营活动类型、就业身份、是否签订劳动合同、未工作原因、是否想工作、是否寻找工作、未寻找工作原因、当前能否工作、不能工作的原因、行业、职业、参加社会保险情况等25个项目。

（3）抽中社区居委会（村委会）所在社区的失业登记情况。包括：本社区（居委会、村委会）的总户数、总人数、登记失业人数。

5.调查频率及调查时点

全国劳动力调查每年二、四季度调查两次。每年二季度的调查时点为5月10日零时，四季度的调查时点为11月10日零时。

6.抽样方法和样本量

全国劳动力调查的样本，采用分层、多阶段、概率比例抽样的方法抽取调查样本，并实行样本轮换。国家统计局人口和就业司依照第六次人口普查提供的抽样框，抽取各省、自治区、直辖市的村级样本，各省、自治区、直辖市统计局根据国家统计局制定的《劳动力调查抽样方案》，组织基层统计机构在已抽中的村级样本中抽取住户样本。

每次调查的样本量约15万户，调查人数约为46万人。两次调查间，按40%的比例进行样本轮换。

各省、自治区、直辖市统计局人口和就业统计机构要在每次调查前，将调查样本的详细变动情况报国家统计局人口和就业统计司。

7.调查的组织实施

全国劳动力调查与大城市月度劳动力调查结合进行，北京、天津、上海三个直辖市、重庆市主城区以及各省会（首府）城市按《大城市月度劳动力调查制度》要求，组织月度劳动力调查，不再另行组织二、

四季度的调查。其他地区则按《本制度》要求，组织二、四季度的劳动力调查。北京、天津、上海三个直辖市以三个月全部调查数据作为本市季度数据，重庆市主城区及其他省会（首府）城市以三个月的全部调查数据参与全省（区、市）季度数据的汇总。

（1）全国劳动力调查由各省、自治区、直辖市统计局的人口和就业统计机构负责组织实施，在基层组织的协助下，采取派调查员入户登记的方式，对被抽中的住户进行调查。

（2）调查员的选调由县级政府统计机构负责。调查员主要从政府统计系统和基层组织人员中选调，也可从社会招聘。调查员的数量，按一个社区（居委会、村委会）至少一名调查员进行配备。调查指导员应由乡、镇、街道统计人员担任。

（3）调查指导员、调查员的培训和管理。各级统计机构要加强对调查员的培训，应尽可能减少培训层次，以提高培训效果。在培训过程中，除对调查项目和样本核实方法进行讲解外，还应注重加强对调查技巧的培训。调查员和调查指导员，每年至少培训一次，每次调查间出现人员变化时，必须对新任调查员进行业务培训，不得由未经培训的调查员承担调查任务。

为加强对调查过程的管理，各地应建立电话核查和入户回访制度。每次调查应选取不少于 10%的户进行电话核查和不少于 5%的户进行入户回访。

（4）样本核实、入户登记和复查。入户登记前，区县统计局要组织调查员对应调查的住户样本进行核实，如有变动应根据相关规则进行更新并向上级统计机构报送更新情况。入户登记时要对被抽中的所有住户（居住单元）逐一进行调查，对应在本户登记的人口不得漏登，对调查项目要仔细询问，认真核对，确保调查数据的质量；在调查登记结束后，要认真进行复查，复查的重点是“F11.您在调查时点前一周是否为取得收入而工作了 1 小时以上?”、“F17.近三个月内您采取过以下哪种方式寻找工作？”、“F19.如有适合的工作，您能否在两周内开始工作?”等项目。样本核实、入户登记和复查的具体要求，参见本制度的相关工作规则。

（5）调查表编码。调查表编码分专项编码和非专项编码两部分，非专项编码由调查员在登记、复查、逻辑审核无误后进行，专项编码由县级统计机构组织经过培训的专项编码员集中进行。

（6）调查表的报送。调查员在完成登记、复查和非专项编码工作后，将调查表以社区居委会（村委会）为单位，加上封面和本社区居委会（村委会）的失业登记情况表一并装入包装袋后，报县（市、区）统计机构。县（市、区）统计机构调查表报送方式由各省、自治区、直辖市根据需要确定。

8.数据处理、资料上报与管理

（1）国家统计局人口和就业统计司负责数据录入程序和汇总程序的编制和下发。

（2）调查数据的录入工作由各省、自治区、直辖市统计局人口和就业统计机构按照规定的格式和要求，组织实施。

（3）各省、自治区、直辖市统计局要对本省调查数据进行汇总并对本省劳动力主要数据进行推算。

（4）资料报送工作。

各省、自治区、直辖市统计局人口和就业统计机构要按照规定的格式，于下列时间将录入、审核无误的调查原始数据，以电子邮件方式报国家统计局人口和就业统计司。2011 年四季度，12 月 5 日前；2012 年二季度，6 月 5 前。

（5）数据管理。数据录入工作完成以后，调查表和原始数据存放在各省、自治区、直辖市统计局人口和就业统计机构。各省、自治区、直辖市统计局人口和就业统计机构要指派专人登记，建立必要的防火、防盗、防虫、防潮等措施，妥善进行保管。管理期限为两年。

## （二）调查表式

根据《中华人民共和国统计法》的规定，公民有义务提供国家统计调查所需要的情况；我们对您提供的信息负有保密义务。

表　　号：R 2 0 1 表
制表机关：国　家　统　计　局
文　　号：国 统 字（2011）82号
有效期至：2 0 1 2 年 1 2 月

# 劳 动 力 调 查 表

**201　　年　　月**

## 应在本户登记的人：

（一）调查时点居住在本户已满16周岁的人；

（二）本户人口中，离开本乡（镇、街道）不满半年且已满16周岁的人。

本户地址：______县（市、区）______乡（镇、街道）______社区居委会（村委会）____住户组

| H1. 户编号 | H2. 户别 | H3. 调查时点居住在本户的人口数 | H4. 调查时点居住本户，已满16周岁的人口数 | H5. 本户人口中，已满16周岁，离开本乡（镇、街道）不满半年的人口数 |
|---|---|---|---|---|
| ______号 | 1. 家庭户<br>2. 集体户 | 共______人<br>其中：<br>男______人<br>女______人 | 共______人<br>其中：<br>男______人<br>女______人 | 共______人<br>其中：<br>男______人<br>女______人 |
| □□□ | □ | □□　□□　□□ | □□　□□　□□ | □□　□□　□□ |

调查员（签字）：

申报人（签字）：　　　　　　申报人在本户人记录中的编码：____　□□

本户电话：□□□□□□□□□□□

填报日期：20　　年　　月　　日

**以下填写已满16周岁，调查时点居住在本户或本户人口中离开本乡、镇、街道不满半年的人的情况**

| F1. 姓名 | F2. 与户主关系 | F3. 性别 | F4. 出生年月 | F5. 户口登记地 |
|---|---|---|---|---|
| | 0. 户主<br>1. 配偶<br>2. 子女<br>3. 父母<br>4. 岳父母或公婆<br>5. 祖父母<br>6. 媳婿<br>7. 孙子女<br>8. 兄弟姐妹<br>9. 其他 | 1. 男<br>2. 女 | ______年<br>______月 | 1. 户口在本乡（镇、街道），住本户→**F8**<br>2. 户口在本乡（镇、街道），离开本户不满半年→**F8**<br>3. 本县（市、区）其他乡（镇、街道）<br>4. 本地（市）其他县（市、区）<br>5. 本省其他地（市）<br>6. 外省<br>7. 户口待定→**F9** |

| F6. 住本户时间 | F7. 离开户口登记地原因 | F8. 户口性质 | F9. 受教育程度 | F10. 婚姻状况 |
|---|---|---|---|---|
| 1. 住本户半年以上<br>2. 住本户不满半年，离开户口登记地半年以上<br>3. 住本户不满半年，离开户口登记地不满半年<br>4. 不住本户，离开本户不满半年 | 1. 搬家<br>2. 婚姻嫁娶<br>3. 投亲靠友<br>4. 探亲访友<br>5. 上学<br>6. 短期学习或培训<br>7. 工作调动或务工经商<br>8. 寄挂户口<br>9. 找工作<br>10. 其他 | 1. 农业<br>2. 非农业 | 1. 未上过学<br>2. 小学<br>3. 初中<br>4. 高中<br>5. 大学专科<br>6. 大学本科<br>7. 研究生 | 1. 未婚<br>2. 有配偶<br>3. 离婚<br>4. 丧偶 |

| F11. 您在调查时点前一周是否为取得收入而工作了1小时以上? | F12. 您目前的工作单位或经营活动属于以下哪种类型? | F13. 您目前的就业身份属于以下哪一类? | F14. 您是否与用人单位或雇主签订了劳动合同? |
|---|---|---|---|
| 1. 是<br>**上周工作时间**（**包括加班时间和兼职时间**）<br>______**小时**<br>2. 在职，正休假、学习、临时停工或季节性歇业<br>3. 未做任何工作→**F15** | 1. 土地承包者 →**F21**<br>2. 机关团体事业单位<br>3. 国有及国有控股企业<br>（2–3）→**F14**<br>4. 集体企业<br>5. 个体工商户<br>6. 私营企业<br>7. 外商、港澳台投资企业<br>8. 其他类型单位<br>9. 其他 | 1. 雇员<br>2. 雇主<br>3. 自营劳动者<br>4. 家庭帮工<br>（2–4）→**F21** | 1. 是，已签有固定期限合同<br>期限____个月<br>2. 是，已签无固定期限（长期）合同<br>3. 否<br>（1–3）→**F21** |

本户共登记_____人，第_____人

| F15. 您在调查时点前一周未工作是什么原因? | F16. 您目前是否想工作? | F17. 近三个月内您采取过以下哪种方式寻找工作? | F18. 您未找工作是什么原因? |
|---|---|---|---|
| 1. 在校学习(**结束**)<br>2. 丧失劳动能力→**F23**<br>3. 毕业后未工作<br>4. 因单位原因失去原工作<br>5. 因本人原因失去原工作<br>6. 承包土地被征用<br>7. 离退休<br>8. 料理家务<br>9. 其他<br>□ | 1. 想<br>2. 不想<br>□ | 1. 在职业介绍机构登记<br>2. 委托亲戚朋友找工作<br>3. 应答或刊登广告<br>4. 浏览招聘广告<br>5. 参加招聘会<br>6. 为自己经营做准备<br>7. 其他<br>(1–7 →**F19**)<br>8. 未找工作<br>□ | 1. 参加培训<br>2. 照顾家庭<br>3. 健康原因暂时无法工作<br>4. 总也找不到适合的工作<br>5. 等待开始新的工作<br>6. 想找，还未找<br>7. 不想工作<br>8. 其他<br>□ |

| F19. 如有适合的工作，您能否在两周内开始工作? | F20. 您不能在两周内开始工作是什么原因? | F21. 您上周或失去工作前在什么单位工作? (行业) |
|---|---|---|
| 1. 能<br>连续未工作时间<br>________月<br>→**F21**<br>2. 否<br>□ □□ | 1. 参加培训<br>2. 照顾家庭<br>3. 健康原因暂时无法工作<br>4. 其他个人或家庭原因<br>5. 其他<br>(2–5 →**F23**)<br>□ | 1. 详细单位名称<br>主要产品或从事的主要业务<br>2. 从未工作→**F23**<br>□ □□ |

| F22. 您上周或失去工作前做什么具体工作? (职业) | F23. 您参加了以下哪项养老保险? | F24. 您参加了以下哪项医疗保险? | F25. 您是否参加了失业保险? |
|---|---|---|---|
| 从事的具体工作<br>□□ | 1. 基本养老保险<br>2. 城镇居民社会养老保险<br>3. 新型农村社会养老保险<br>4. 退休后的养老金由单位发放<br>5. 商业养老保险<br>6. 未参加<br>□ | 1. 职工基本医疗保险<br>2. 城镇居民基本医疗保险<br>3. 新型农村合作医疗<br>4. 单位报销<br>5. 商业医疗保险<br>6. 未参加<br>□ | 1. 参加<br>2. 未参加<br>□ |

# 三、主要统计指标解释

**人口数** 指一定时点、一定地区范围内有生命的个人总和。年度统计的年末人口数指每年 12 月 31 日 24 时的人口数。年度统计的全国人口总数内未包括香港、澳门特别行政区和台湾省以及海外华侨人数。

**城镇人口和乡村人口** 城镇人口是指居住在城镇范围内的全部常住人口；乡村人口是除上述人口以外的全部人口。

**出生率(又称粗出生率)** 指在一定时期内(通常为一年)一定地区的出生人数与同期内平均人数(或期中人数)之比，用千分率表示。本资料中的出生率指年出生率，其计算公式为：

$$出生率=\frac{年出生人数}{年平均人口}\times 1000‰$$

式中：出生人数指活产婴儿，即胎儿脱离母体时(不管怀孕月数)，有过呼吸或其他生命现象。年平均人数指年初、年底人口数的平均数，也可用年中人口数代替。

**死亡率(又称粗死亡率)** 指在一定时期内(通常为一年)一定地区的死亡人数与同期内平均人数(或期中人数)之比，用千分率表示。本资料中的死亡率指年死亡率，其计算公式为：

$$死亡率=\frac{年死亡人数}{年平均人口}\times 1000‰$$

**人口自然增长率** 指在一定时期内(通常为一年)人口自然增加数(出生人数减死亡人数)与该时期内平均人数(或期中人数)之比，用千分率表示。计算公式为：

$$人口自然增长率=\frac{本年出生人数-本年死亡人数}{年平均人数}\times 1000‰$$

$$=人口出生率-人口死亡率$$

**总抚养比** 也称总负担系数。指人口总体中非劳动年龄人口数与劳动年龄人口数之比。通常用百分比表示。说明每 100 名劳动年龄人口大致要负担多少名非劳动年龄人口。用于从人口角度反映人口与经济发展的基本关系。计算公式为：

$$GDR=\frac{P_{0-14}+P_{65+}}{P_{15-64}}\times 100\%$$

其中：$GDR$ 为总抚养比；

$P_{0-14}$ 为 0-14 岁少年儿童人口数；

$P_{65+}$ 为 65 岁及 65 岁以上的老年人口数；

$P_{15-64}$ 为 15-64 岁劳动年龄人口数。

**老年人口抚养比** 也称老年人口抚养系数。指某一人口中老年人口数与劳动年龄人口数之比。通常用百分比表示。用以表明每 100 名劳动年龄人口要负担多少名老年人。老年人口抚养比是从经济角度反映人口老化社会后果的指标之一。计算公式为：

$$ODR=\frac{P_{65+}}{P_{15-64}}\times 100\%$$

其中：$ODR$ 为老年人口抚养比；

$P_{65+}$ 为 65 岁及 65 岁以上的老年人口数；

$P_{15-64}$为15-64岁的劳动年龄人口数。

**少年儿童抚养比** 也称少年儿童抚养系数。指某一人口中少年儿童人口数与劳动年龄人口数之比。通常用百分比表示。以反映每100名劳动年龄人口要负担多少名少年儿童。计算公式为：

$$CDR=\frac{P_{0-14}}{P_{15-64}}\times100\%$$

其中：$CDR$为少年儿童抚养比；

$P_{0-14}$为0～14岁少年儿童人口数；

$P_{15-64}$为15～64岁劳动年龄人口数。

**经济活动人口** 指在16周岁及以上，有劳动能力，参加或要求参加社会经济活动的人口。包括就业人员和失业人员。

**就业人员** 指在16周岁及以上，从事一定社会劳动并取得劳动报酬或经营收入的人员。这一指标反映了一定时期内全部劳动力资源的实际利用情况，是研究我国基本国情国力的重要指标。

**单位就业人员** 指期末最后一日24时在各类单位中工作，并取得工资或其他形式劳动报酬的人员数。该指标为时点指标，不包括最后一日当天及以前已经与单位解除劳动合同关系的人员，是在岗职工、劳务派遣人员及其他从业人员之和。从业人员不包括：

(1)离开本单位仍保留劳动关系，并定期领取生活费的人员；

(2)利用课余时间打工的学生及在本单位实习的各类在校学生；

(3)本单位因劳务外包而使用的人员。

**城镇私营和个体就业人员** 城镇私营就业人员指在工商管理部门注册登记，其经营地址设在县城关镇(含县城关镇)以上的私营企业就业人员，包括私营企业投资者和雇工。城镇个体就业人员指在工商管理部门注册登记，并持有城镇户口或在城镇长期居住，经批准从事个体工商经营的就业人员，包括个体经营者和在个体工商户劳动的家庭帮工和雇工。

**在岗职工** 指在本单位工作且与本单位签订劳动合同，并由单位支付各项工资和社会保险、住房公积金的人员，以及上述人员中由于学习、病伤、产假等原因暂未工作仍由单位支付工资的人员。在岗职工还包括：

(1)应订立劳动合同而未订立劳动合同人员(如使用的农村户籍人员)；

(2)处于试用期人员；

(3)编制外招用的人员；

(4)派往外单位工作，但工资仍由本单位发放的人员(如挂职锻炼、外派工作等情况)。

**工资总额** 指根据《关于工资总额组成的规定》(1990年1月1日国家统计局发布的一号令)进行修订，在报告期内(季度或年度)直接支付给本单位全部从业人员的劳动报酬总额。包括计时工资、计件工资、奖金、津贴和补贴、加班加点工资、特殊情况下支付的工资，是在岗职工工资总额、劳务派遣人员工资总额和其他从业人员工资总额之和。

工资总额是税前工资，包括单位从个人工资中直接为其代扣或代缴的房费、水费、电费、住房公积金和社会保险基金个人缴纳部分等。

工资总额不论是计入成本的还是不计入成本的，不论是以货币形式支付的还是以实物形式支付的，均应列入工资总额的计算范围。

**平均工资** 指单位就业人员在一定时期内平均每人所得的货币工资额。它表明一定时期职工工资收入的高低程度，是反映就业人员工资水平的主要指标。计算公式为：

$$平均工资=\frac{报告期实际支付的全部就业人员工资总额}{报告期全部就业人员平均人数}$$

**平均工资指数** 指报告期就业人员平均工资与基期就业人员平均工资的比率，是反映不同时期就业人员货币工资水平变动情况的相对数。计算公式为:

$$平均工资指数=\frac{报告期就业人员平均工资}{基期就业人员平均工资}\times100\%$$

**平均实际工资指数** 就业人员平均实际工资指扣除物价变动因素后的就业人员平均工资。就业人员平均实际工资指数是反映实际工资变动情况的相对数，表明就业人员实际工资水平提高或降低的程度。计算公式为:

$$平均实际工资指数=\frac{报告期就业人员平均工资指数}{报告期城镇居民消费价格指数}\times100\%$$

**城镇登记失业人员** 指有非农业户口，在一定的劳动年龄内(16 周岁至退休年龄)，有劳动能力，无业而要求就业，并在当地劳动保障部门进行失业登记的人员。

**城镇登记失业率** 城镇登记失业人员与城镇单位就业人员(扣除使用的农村劳动力、聘用的离退休人员、港澳台及外方人员)、城镇单位中的不在岗职工、城镇私营业主、个体户主、城镇私营企业和个体就业人员、城镇登记失业人员之和的比。计算公式为:

$$城镇登记失业率=\frac{城镇登记失业人数}{\begin{array}{c}(城镇单位就业人员-使用的农村劳动力-聘用的离退休人员-\\聘用的港澳台及外方人员)+不在岗职工+城镇私营业主+城镇\\个体户主+城镇私营企业及个体就业人员+城镇登记失业人数\end{array}}\times100\%$$

# Explanatory Notes on Main Statistical Indicators

**Total Population** refer to the total number of people alive at a certain point of time within a given area. The annual statistics on total population is taken at midnight, the 31st of December, not including residents in Hong Kong SAR, Macao SAR, Taiwan Province and overseas Chinese national residing abroad.

**Urban Population and Rural Population** Urban population refer to all people residing in cities and towns, while rural population refer to population other than urban population.

**Birth Rate** (or Crude Birth Rate) refers to the ratio of the number of births to the average population (or mid-period population) during a certain period of time (usually a year), expressed in per thousand. Birth rate in the yearbook refers to annual birth rate. The following formula is used:

$$\text{Birth Rate} = \frac{\text{Number of Births in the Year}}{\text{Annual Average Number of Population}} \times 1000‰$$

**Where:** Number of births refers to live births, i.e. when a baby has breathed or showed any vital phenomena regardless of the length of pregnancy.

Annual average number of population is the average of the number of population at the beginning of the year and that at the end of the year. Sometimes it is substituted by the mid-year population.

**Death Rate** (or Crude Death Rate) refers to the ratio of the number of deaths to the average population (or mid-period population) during a certain period of time (usually a year), expressed in per thousand. Death rate in the yearbook refers to annual death rate. The following formula is used:

$$\text{Death Rate} = \frac{\text{Number of Deaths in the Year}}{\text{Annual Average Number of Population}} \times 1000‰$$

**Natural Growth Rate of Population** refers to the ratio of natural increase in population (number of births minus number of deaths) in a certain period of time (usually a year) to the average population (or mid-period population) of the same period, expressed in ‰. The following formula is applied:

$$\text{Natural Growth Rate of Population} = \frac{\text{(Number of Births} - \text{Number of Deaths)}}{\text{Annual Average Number of Population}} \times 1000‰$$

$$= \text{Birth Rate} - \text{Death Rate}$$

**Gross Dependency Ratio** also called gross dependency coefficient, refers to the ratio of non-working-age population to the working-age population, express in percent. Describing in general the number of non-working-age population that every 100 people at working ages will take care of, this indicator reflects the basic relation between population and economic development from the demographic perspective. The gross dependency ratio is calculated with the following formula:

$$GDR = \frac{P_{0\text{-}14} + P_{65}}{P_{15-64}} \times 100\ \%$$

Where: GDR is the gross dependency ratio,

$P_{0\text{-}14}$ is the population of children aged 0-14,

$P_{65+}$ is the elderly population aged 65 and over,

$P_{15\text{-}64}$ is the working-age population aged 15-64.

**Old Dependency Ratio** also called old dependency coefficient, refers to the ratio of the elderly population to the working-age population, express in percent. It describes the number of the elderly population that every 100 people at working ages will take care of. Old dependency ratio is one of the indicators reflecting the social implication of population aging from the economic perspective. The old dependency ratio is calculated with the following formula:

$$ODR = \frac{P_{65+}}{P_{15-64}} \times 100\%$$

Where: ODR is the old dependency ratio,

$P_{65+}$ is the elderly population aged 65 and over,

$P_{15\text{-}64}$ is the working-age population aged 15-64.

**Children Dependency Ratio** also called children dependency coefficient, refers to the ratio of the children population to the working-age population, express in percent. It describes the number of children population that every 100 people at working ages will take care of. The children dependency ratio is calculated with the following formula:

$$CDR = \frac{P_{0-14}}{P_{15-64}} \times 100\%$$

Where: CDR is the children dependency ratio,

$P_{0\text{-}14}$ is the children population aged 0-14,

$P_{15\text{-}64}$ is the working-age population aged 15-64.

**Economically Active Population** refers to the population aged 16 and over who are capable of working, are participating in or willing to participate in economic activities, including employed persons and unemployed persons.

**Employed Persons** refer to persons aged 16 and over who are engaged in gainful employment and thus receive remuneration payment or earn business income. This indicator reflects the actual utilization of total labour force during a certain period of time and is often used for the research on China's economic situation and national power.

**Persons Employed in Various Units** refer to the total number of employees who work at various units and obtain wages or other forms of payment at the end of the reference period. This indicator is a kind of time point index and it equals to the sum of the number of employed staff and workers, labor dispatch personnel and other employed persons. Employed persons do not include:

1) persons who have left their working units while keeping their labour contract (employment relation) unchanged and receiving regular alimony;

2)students who do part-time jobs in spare time and all kinds of enrolled students who do internship in various units;

3)persons employed due to labor outsourcing;

4)persons who dissolve labor contracts with their units on the last day of reference period or before.

**Persons Employed in Private Enterprises and Self-Employed Individuals in Urban Areas** Persons employed in private enterprises refer to the persons employed in the private enterprises which have been registered at the departments of industrial and commercial administration for which the business operation are situated at a county town (i.e. a town where the county government is located), or at urban areas with administrative hierarchy higher than a county town. The self-employed individuals in urban areas refer to persons who hold the certificates of residence in urban areas or have resided in the urban areas for a long time and have been registered at the departments of industrial and commercial administration and approved to be engaged in individual industrial or commercial business, including self-employed persons as well as helpers and hired laborers who work in individual households.

**Employed Staff and Workers** refer to persons who signed labor contracts with working units and working units would pay wages, social insurance and housing funds for them. Persons who have their work posts but are temporarily absent from work for reasons of study or on sick, injury or maternal leave and still receive wages from their working units are also included. Employed staff and workers also include:

1)Persons who should have signed the labor contracts but not (like people with rural household registration);

2)Employees on probation;

3)Employees beyond the staffing quota;

4)Employees who are sent to other working units but still obtain wages from their original units (situations like on-the-job placement, expatriated assignment, etc. )

1)Employed Staff and Workers do not include: Dispatched personnel who work and are paid directly by the working units; they shall be counted into "labour dispatch personnel" of the working units;

2)Personnel through labor outsourcing, they shall be counted into "employed staff and workers" of the units which contracted them.

**Total Wage Bill** It is revised according to the "Provision of Composition of Total Wages" (Order No.1 by National Bureau of Statistics on January, $1^{st}$, ,1990), total wage bill refers to the total remuneration payment to all employed persons in various units during the reporting period (by quarter or by year), including hourly-paid wages, piece-rate wages, bonuses, allowance and subsidies, overtime wages and wages paid under special circumstances. It equals to the sum of total wages of employed staff and workers, dispatch labors and other employed persons.

Total wage bill is pre-tax wages, including the room charges, utility bills, housing funds and social insurance paid or withheld by employee's units.

Total wage bill, whether or not included in cost, whether or not paid in money or in kind, shall be included in the calculation of total wage.

**Average Wage** refers to the average per capita wage in money terms during a certain period of time for employed persons. It shows the general level of wage income of staff and worker during a certain period of time, one major indicator to reflect the wage level. It is calculated as follows:

$$\text{Average Wage} = \frac{\text{Total Wage Bill of Employed Persons at Reference Time}}{\text{Average Number of Persons Employed at Reference Time}}$$

**Average Wage Indices** refers to the ratio of average wage of employed persons the reference period to that at the base period, which reflects the change of wage of employed persons at the different period. It is calculated as follows:

$$\text{Average Wage Indices} = \frac{\text{Average Wage of Employed Persons at Reference Time}}{\text{Average Wage of Persons Employed at Base Period}} \times 100\%$$

**Average Real Wage Indices** average real wage of employed persons refers to the average wage of employed persons after removing the effects of the price changes and average real wage indices of employed persons refers to the change of real wage, which reflects the relative increasing or decreasing level of real wage of employed persons ,which is calculated as follows:

$$\text{Average Real Wage Indices} = \frac{\text{Average Wage Indices of Employed Persons at the Reference Time}}{\text{Urban Consumer Price Indices at Reference Time}} \times 100\%$$

**Registered Unemployed Persons in Urban Areas** refer to the persons with non-agricultural household registration at certain working ages (16 years old to retirement age), who are capable of working, unemployed and willing to work, and have been registered at the local employment service agencies to apply for a job.

**Registered Unemployment Rate in Urban Areas** refers to the ratio of the number of the registered unemployed persons to the sum of the number of persons employed in various units (minus the employed rural labour force, re-employed retirees, and Hong Kong, Macao, Taiwan or foreign employees), laid-off staff and workers in urban units, owners of private enterprises in urban areas, owners of self-employed individuals in urban areas, employees of private enterprises in urban areas, employee of self-employed individuals in urban areas, and the registered unemployed persons in urban areas. The formula is as follows:

$$\begin{array}{c}\text{Registered unemployment} \\ \text{rate in urban areas}\end{array} = \frac{\text{number of registered urban unemployed persons}}{\begin{array}{l}\text{number of persons employed in urban units - employed rural labour force} \\ \text{re - employed retirees - Hong Kong, Macao, Taiwan or foreign employees} \\ + \text{laid - off staff and workers} + \text{owners of urban private enterprises} \\ + \text{owners of urban self - employed individuals} + \text{employees of urban private} \\ \text{enterprises} + \text{employees of urban self - employed individuals} + \text{registered} \\ \text{unemployed persons in urban areas}\end{array}} \times 100\%$$